中国高校创意创新创业教育系列丛书

曹　健 著

IT文化

——揭开信息技术的面纱

孙悦红老师惠存

曹健
2018.11.8

清华大学出版社
北　京

内容简介

信息技术已经融入了人们生产和生活的方方面面，其催生的新事物和新理念也令人眼花缭乱、应接不暇，熟练地掌握和运用它们，已经成为一个当代复合型人才必备的素质。

本书主要围绕着网络、数据、计算、智能、安全5条主线介绍信息技术发展史上的趣事以及相关领域的核心技术，详细内容分为引领时代的浪潮、编码的奥秘、计算机硬件、软件、数据管理、互联网、信息安全、人工智能、物联网、大数据、云计算、信息的素养共12个专题，涉及计算机、软件工程、电子、通信、自动化等多个专业的入门知识。

希望通过本书，使读者能够系统地了解信息学科取得的辉煌成就以及IT产业的技术底蕴，初步接触到前沿的、富有挑战性的热点问题，培养敏锐的观察能力和发散的思维能力，激发深入探究、主动创新的科研热情。

图书在版编目(CIP)数据

IT文化：揭开信息技术的面纱/曹健著．—北京：清华大学出版社，2018
(中国高校创意创新创业教育系列丛书)
ISBN 978-7-302-49914-5

Ⅰ.①I… Ⅱ.①曹… Ⅲ.①信息技术—研究 Ⅳ.①G202

中国版本图书馆CIP数据核字(2018)第055451号

责任编辑：谢 琛 战晓雷
封面设计：常雪影
责任校对：李建庄
责任印制：丛怀宇

出版发行：清华大学出版社
网　　址：http://www.tup.com.cn，http://www.wqbook.com
地　　址：北京清华大学学研大厦A座　**邮　　编**：100084
社 总 机：010-62770175　**邮　　购**：010-62786544
投稿与读者服务：010-62776969，c-service@tup.tsinghua.edu.cn
质 量 反 馈：010-62772015，zhiliang@tup.tsinghua.edu.cn
课 件 下 载：http://www.tup.com.cn，010-62795954
印 装 者：北京嘉实印刷有限公司
经　　销：全国新华书店
开　　本：210mm×235mm　**印　　张**：26.5　**字　　数**：638千字
版　　次：2018年7月第1版　**印　　次**：2018年7月第1次印刷
定　　价：79.00元

产品编号：078328-01

前言

从大学阶段学习信息技术开始，我感觉到社会大众对这个领域的看法趋向两个极端：一部分人觉得信息技术非常高、大、上，进入这个圈子的人要么是收入丰厚的白领，要么是智商超群的精英；另一部分人觉得信息技术特别难、苦、累，从事相关行业的人要么是满面沧桑的码农，要么是呕心沥血的极客。为什么两种看法差别如此之大，简直是“天渊之别”？我想这很可能是由于信息技术自身的特点造成的：它不仅与各个学科交织在一起，而且和人们的生活息息相关；人们很容易以偏概全，拿自己接触到的部分当作整体，将个例当作普遍；更何况，信息产业就是经济形势的晴雨表，每两三年就可能让你坐上一趟“过山车”，体会一下什么叫“冰火两重天”……

我自毕业之后就打算写一本介绍信息技术的书，主要也是被两方面的需求所驱动：一方面是觉得有必要给身边的亲戚朋友科普一下，澄清大家对信息技术的误解，以免大家见面都问我电脑修得熟不熟练，漏洞补得瓷不瓷实，网络疏通得拿不拿手；另一方面是在北京工商大学的教学改革中，我尝试开设了一门面向全校本科生的通识选修课——“信息技术前沿”，很需要一本科普性的教学参考书，虽然我翻阅了上百本信息技术类的书籍，但目前还没找到非常合适的书。

从事科研和教学的人不难发现，跟同一领域的专家或者学生交流比较容易。因为大家有相同的知识背景，“行家一出手，就知有没有”，专业词汇和公式一写，不用太多解释，就已“了然”。而“隔行如隔山”，一旦要面向亲朋好友这样的普通大众，就没这么省事儿了，就算你从头至尾全是中文表述，他们还觉得你说得像外语。同理，来上我这门课的很多学生都是文、商、艺术类专业的，即使他们都上过“计算机文化”之类的基础课程，也不能指望他们在完成自己繁重的学业之后，再去苦读信息技术方面的专业书籍。

可以想象，通识课程与专业课程的培养目标、教学内容和授课方式也是大不一样的。我开这门课的初衷就是希望通过课堂上教师的讲述以及多媒体材料的展示，让同学们了解到信息技术如何应用到生产生活的方方面面，透过令人眼花缭乱的各种新理念认识到它们的本质，并初步具备一个当代大学生必需的信息素养。我从一开始就把这门课定位在两个字上——“易”和“趣”。

“易”主要指的是“容易”。长久以来，信息技术类的课程一直以内容深奥、公式繁杂、门槛较高著称。这让非专业人士学习起来无从下手、举步维艰，以致大家“不明觉厉”、敬而远之……我在课程的准备过程中将相关内容重新整理，粗分为12个专题，采用深入浅出的方式，结合生活中的实际例子来描述信息技术的基本原理、方法和应用，即使难度较大的地方也只需要具备中学的基础就能理解。

“趣”指的就是“有趣”。老师尽可能采用举例子、打比方、播视频、放图片的形式完成课堂教学，并讲述相关大牛的趣事、信息产业的规律、知名企业的境况，这不仅有利于吸引同学们的注意力和活跃课堂氛围，而且对于学生扩展知识面、培养发散思维、提升就业竞争力都有很大的帮助。

这门课程教过几轮之后，我开始着手整理这本科普书籍，一边写作一边继续丰富我的教学材料，因此本书的主要框架和课堂教学安排基本一致。当然，没有了授课时间这样的限制，书中就可以在一些有意思的地方铺展开来，并通过“扩展阅读”和“附录”的形式保证每个主题内容的相对完整。至于正文中间的小字内容和旁注，有兴趣的读者可以简单看一下，直接跳过也不会影响对主体内容的理解。

有必要说明一点，本书与课程的目标一致，着重于从纷繁复杂、体量庞大的信息技术领域里捋出清晰的脉络。因此有很多技术细节被我刻意忽略，以免导致信息冗杂而使读者产生认知负担。所以建议大家把这本书看成了解信息技术的入门读物，搭起一个简易的“大框架”之后，再去深入了解每一个小领域的技术细节就会变得轻松一些。

我在写作过程中参考了与信息技术相关的大量书籍，详细书目参见每一章最后列出的参考文献。可以说，没有前辈们的贡献，就没有本书的出版，也希望本书能成为这些参考文献的前期读物。在此，向有关作者表示由衷的感谢。

书中一部分图片是作者创作的，一部分引用的图片明确标注了来源，其余图片大都来自百度图片。书中引用的图片如有版权问题，请原作者告知作者，谢谢！

由于信息技术领域仍处于快速发展和不断更迭的状态，加之作者水平有限，书中难免存在一些不足之处，敬请读者批评指正。如果读者希望在信息技术科普或教学方面与作者进行交流，请将邮件发送到 caojian9527@sina.com。

曹　健
2018年4月
于北京工商大学

目　录

第1章　引领时代的浪潮 …… 1

1.1　信息活动的意义 …… 2
1.2　信息科学与技术 …… 4
1.3　信息技术的革命 …… 6
　1.3.1　语言的突破 …… 7
　1.3.2　文字的诞生 …… 9
　1.3.3　印刷术的出现 …… 12
　1.3.4　电磁波的应用 …… 13
　1.3.5　计算机的发明 …… 15
1.4　信息时代的到来 …… 17
参考文献 …… 19

第2章　编码的奥秘 …… 20

2.1　计数有学问 …… 21
　2.1.1　掰指头数数 …… 21
　2.1.2　画线做记录 …… 23
2.2　简约而不简单 …… 24
　2.2.1　伟大的发明 …… 25
　2.2.2　统一的框架 …… 27
2.3　用电来计数 …… 29
　2.3.1　原始的模拟 …… 29
　2.3.2　开关的电路 …… 30
2.4　神奇的二进制 …… 32
　2.4.1　运算法则 …… 32
　2.4.2　编码字符 …… 34
　2.4.3　度量信息 …… 37

扩展阅读 …… 39
布莱叶盲文 …… 39
莫尔斯电码 …… 40
参考文献 …… 42

第3章 计算机硬件 …… 43

3.1 元器件的进化 …… 44
3.1.1 自动控制的开关 …… 44
3.1.2 从继电器到晶体管 …… 47
3.1.3 集成出来的奇迹 …… 49
3.2 理论指导实践 …… 51
3.2.1 抽象的模型 …… 51
3.2.2 系统的结构 …… 54
3.3 应用无处不在 …… 56
3.3.1 超越科学计算 …… 57
3.3.2 走进千家万户 …… 59
3.3.3 颠覆传统行业 …… 61
3.4 样式千姿百态 …… 64
扩展阅读 …… 67
计算机的那些“祖先” …… 67
“硅谷”名字的由来 …… 69
参考文献 …… 71

第4章 软件 …… 72

4.1 分门别类话软件 …… 73
4.2 强大的操作系统 …… 76
4.2.1 分身有术 …… 76
4.2.2 管理得法 …… 82
4.3 PC时代的主角 …… 87
4.3.1 打造产业链 …… 87
4.3.2 安迪-比尔定律 …… 89
4.4 软件工程的困境 …… 92
4.4.1 软件危机 …… 92

4.4.2 质量保证 …… 95
扩展阅读 …… 98
屡试不爽的“三板斧” …… 98
业务扩展的背后推手 …… 100
参考文献 …… 102
第5章 数据管理 …… 103
5.1 决策的依据 …… 104
5.1.1 多算胜少算 …… 104
5.1.2 数据的文化 …… 107
5.2 科学的方法 …… 110
5.2.1 站在前人的肩上 …… 110
5.2.2 事实胜过雄辩 …… 113
5.2.3 提高质量的法宝 …… 115
5.3 管理的技术 …… 118
5.3.1 数据的批量处理 …… 118
5.3.2 数据库的基本思想 …… 122
5.3.3 挖掘数据中的金矿 …… 126
扩展阅读 …… 128
IBM——数据处理的先行者 …… 128
Oracle——平淡无奇的传奇 …… 129
参考文献 …… 131
第6章 互联网 …… 132
6.1 互联网的结构 …… 133
6.1.1 连接的开始 …… 134
6.1.2 规则的统一 …… 136
6.1.3 分组的传递 …… 139
6.2 互联网的服务 …… 143
6.2.1 电子邮件和文件传输 …… 143
6.2.2 万维网——互联网的“灵魂” …… 145
6.2.3 域名和域名服务 …… 149
6.2.4 服务提供的方式 …… 152

6.3 互联网的进化 …… 155

6.3.1 互联网1.0时代 …… 156

6.3.2 互联网2.0时代 …… 158

6.3.3 互联网3.0时代 …… 162

扩展阅读 …… 165

思科的经营绝招 …… 165

互联网产业的规则 …… 167

参考文献 …… 168

第7章 信息安全 …… 169

7.1 密码学基础 …… 170

7.1.1 古典密码的技术 …… 170

7.1.2 现代密码的思想 …… 174

7.1.3 计算上的安全 …… 178

7.2 完整性技术 …… 181

7.3 身份认证 …… 184

7.3.1 用户所知道的 …… 185

7.3.2 用户所拥有的 …… 187

7.3.3 用户生物特征 …… 190

7.4 网络攻防 …… 192

7.4.1 谁在攻击网络 …… 193

7.4.2 计算机病毒 …… 196

7.4.3 常见黑客技术 …… 199

7.4.4 网络安全防御 …… 201

扩展阅读 …… 203

"一代名机"Enigma …… 203

"世界头号黑客"凯文·米特尼克 …… 207

参考文献 …… 209

第8章 人工智能 …… 210

8.1 智能的前世今生 …… 210

8.1.1 古代的机械智能 …… 211

8.1.2 人工智能的起源 …… 212

8.1.3 人工智能的诞生 …… 214

8.2 思维的探索研究 …… 215

8.2.1 状态搜索与博弈 …… 216

8.2.2 知识表示与推理 …… 219

8.2.3 神经网络与学习 …… 223

8.3 机器人的广泛应用 …… 227

8.3.1 传统机器人 …… 227

8.3.2 半机器人 …… 229

8.3.3 智能机器人 …… 230

8.4 智能时代的隐忧 …… 231

8.4.1 “机器上岗”之利 …… 232

8.4.2 “失业危机”之痛 …… 233

8.4.3 “奇点临近”之惧 …… 236

扩展阅读 …… 238

谷歌公司的智能搜索 …… 238

自然语言处理难在何处? …… 241

参考文献 …… 243

●第9章 物联网 …… 244

9.1 网络协议的变革 …… 245

9.2 独一无二的标识 …… 248

9.2.1 一维条形码 …… 248

9.2.2 二维条形码 …… 250

9.2.3 射频识别 …… 252

9.3 时时刻刻的定位 …… 257

9.3.1 卫星定位 …… 258

9.3.2 基站定位 …… 260

9.3.3 网络定位 …… 262

9.4 全面感知的技术 …… 264

9.4.1 感官的延伸 …… 264

9.4.2 智能的终端 …… 266

9.5 美好生活的憧憬 …… 268

9.5.1 构建智能的家居 …… 269

9.5.2 点亮智慧的地球 …… 273
扩展阅读 …… 277
生活在智慧城市的一天 …… 277
物理世界与信息世界的大融合 …… 278
参考文献 …… 280
●第10章 大数据 …… 281
10.1 大数据的产生 …… 283
10.1.1 大数据的来源 …… 283
10.1.2 大数据的特征 …… 286
10.2 大数据的思维 …… 289
10.2.1 全体数据的威力 …… 290
10.2.2 观其大略的意识 …… 295
10.2.3 预测未来的能力 …… 299
10.3 大数据的应用 …… 307
10.3.1 互联网与大数据 …… 308
10.3.2 物联网与大数据 …… 311
10.4 大数据的挑战 …… 314
10.4.1 没有遗忘的时代 …… 315
10.4.2 全息可见的困境 …… 318
扩展阅读 …… 321
情报整理——多维度的数据分析 …… 321
缉毒新招——大数据让你无所遁形 …… 322
参考文献 …… 324
●第11章 云计算 …… 325
11.1 云计算的先驱 …… 326
11.2 云计算的概念 …… 328
11.2.1 构建数据中心 …… 329
11.2.2 租用网络资源 …… 331
11.2.3 提供云端服务 …… 333
11.2.4 云计算的本质 …… 335
11.3 云计算的实现 …… 338

11.3.1 核心技术问题 …… 339
11.3.2 全社会的关注 …… 342
11.3.3 经济上的考量 …… 343
11.4 云计算的应用 …… 344
11.4.1 人工智能的飞速发展 …… 345
11.4.2 信息产业的重新布局 …… 347
11.4.3 生产生活的全面影响 …… 350
扩展阅读 …… 354
“并行”不是那么简单 …… 354
节能省电各出奇招 …… 355
参考文献 …… 357

第12章 信息的素养 …… 358

12.1 思维方式的转变 …… 359
12.1.1 机械思维的贡献 …… 359
12.1.2 不确定性的颠覆 …… 361
12.1.3 新时代的方法论 …… 363
12.2 信息时代的生活 …… 366
12.2.1 拓展带宽的依据 …… 366
12.2.2 学习观念的转变 …… 369
12.2.3 数据主义的困局 …… 375
12.3 信息时代的创业 …… 378
12.3.1 挖掘“第一桶金” …… 379
12.3.2 站在“风口浪尖” …… 381
12.3.3 创新“商业模式” …… 384
参考文献 …… 389

附录A 计算机的外部设备 …… 390

A.1 海量存储器 …… 390
A.2 输入设备 …… 392
A.3 输出设备 …… 396

● 附录 B IT 产业的那些定律 …… 398

B.1 摩尔定律 …… 399
B.2 安迪-比尔定律 …… 399
B.3 70 - 20 - 10 定律 …… 400
B.4 诺威格定律 …… 402
B.5 基因决定定律 …… 403

● 附录 C 信息时代的科学基础 …… 405

C.1 信息论 …… 405
C.2 控制论 …… 406
C.3 系统论 …… 407

● 后记 …… 409

第1章

引领时代的浪潮

最高深的技术是那些令人无法察觉的技术，这些技术不停地把它们编织进日常生活，直到你无从发现为止。

——马克·韦泽(普适计算之父)

“信息”这个词很早就出现在人们的生活中，唐代杜牧有诗云：“塞外音书无信息，道傍车马起尘埃。”鱼玄机曾在诗中写道：“春来秋去相思在，秋去春来信息稀。”宋朝词人柳永更是伤怀：“自别后，幽怨与闲愁，成堆积。鳞鸿阻，无信息。梦魂断，难寻觅。”中国古典名著《水浒传》中也有一段描写：“宋江大喜，说道：‘只有贤弟去得快，旬日便知信息。’”时至今日，“信息”一词在日常用语中出现得更加频繁。我们会经常说：“这人真有水平，短短一句话，字字珠玑，信息量很大啊！”或者埋怨同伴：“你啰里巴嗦地讲了半天，没啥有用的信息……”但信息究竟是什么？如何度量信息的多与少？我们这个时代为什么被称为“信息时代”？仔细想一想，这些在我们的头脑中还都是一个个不小的问号呢。

同样，“信息技术”也是很早就在人类文明史上占据了重要的地位。且不说人类的语言、文字、珠算都属于信息技术的范畴，我们引以为傲的“四大发明”中就有两项——造纸术和印刷术——也是实打实的信息技术。“诗圣”杜甫的《春望》中，有一句耳熟能详的描述：“烽火连三月，家书抵万金。”这里面的“烽火”和“家书”都是古代最常用的信息技术。到了现代，就更不用说了，你手中的电话、桌上的电脑、客厅里的电视、教室里的投影、街道上的广播、太空中的卫星，无一不是信息技术的产物。尤其是它的英文缩写——IT(Information Technology)热得发烫，几乎到了无人不晓的地步。IT产业不仅是当今全球经济形势的晴雨表，也是世界经济前五大行业中发展速度最快的，没有之一！那么，问题来了：信息技术可以分为哪些门类？它们在人们的工作生活中有哪些具体应用？将来会变成什么样子？只有搞清楚这些问题，我们才算拥有现代社会所需的基本见识，才能初步具备一个复合型人才的信息素养。

世界经济的前五大行业为金融、信息技术、医疗和制药、能源以及日用消费品。其中，只有IT一个行业可以以持续翻番的速度进步。

下面，就让我们做好准备，带着一颗好奇之心去领略IT世界的风光。这个世界是如此的瑰丽雄奇、宽广辽阔，相信你总能找到令自己心驰神往的景色，获取一份终生难忘的阅历。

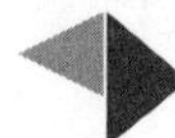

1.1 信息活动的意义

这次实验的研究成果被写成论文，发表在1954年的《加拿大心理学研究》(*Canadian Journal of Psychology*)。

在20世纪50年代初，一群心理学家在加拿大的麦克吉尔大学做了一个实验。这个实验在当时看来似乎有些莫名其妙，但意义深远，后人称之为“感觉剥夺实验”。如图1.1所示，实验方让志愿者长时间待在缺乏刺激(没有图形知觉，限制触觉和听觉)的环境中，来测试“感觉剥夺”对人体的影响。具体地说，就是整个实验在隔音室里进行(用空气调节器的单调嗡嗡声代替人的听觉的背景噪声)，让志愿者戴上特制的半透明的塑料眼镜(可以透进光亮但看不见周围物体)，手和臂上都套有纸板做的手套和套袖，然后静静地躺在舒适的帆布床上。

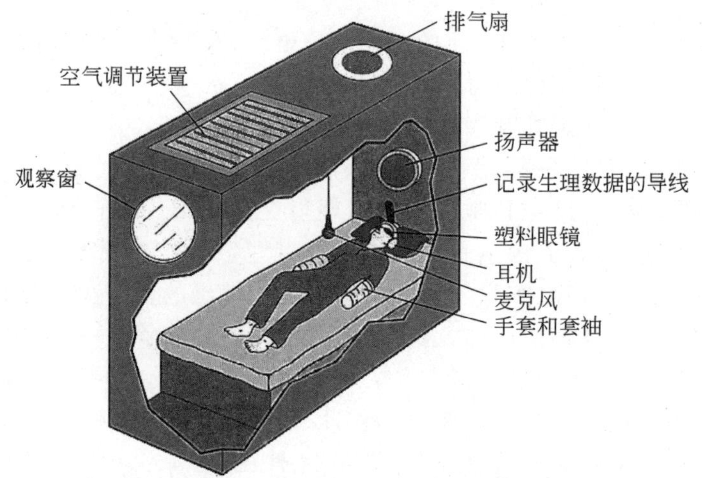

图1.1 “感觉剥夺”实验示意图

实验支付的报酬是每天20美元，而当时大学生打工一小时大约只能挣50美分，这让很多大学生跃跃欲试，认为利用这个机会可以好好睡一觉，或者考虑论文、课程计划。但结果却令很多人大跌眼镜，没过几天，这20多个志愿者就纷纷退出。有材料记录了他们当时的状况：

> 他们感到非常难受，根本不能进行清晰的思考，哪怕是在很短的时间内注意力都无法集中，思维活动似乎总是“跳来跳去”。更为可怕的是，50%的人出现了幻觉，包括视幻觉、听幻觉和触幻觉，例如，出现光的闪烁，似乎听到狗叫声、打字

> 声、滴水声等，感到有冰冷的钢板压在前额和面颊，或感到有人从身体下面把床垫抽走。在过后的几天里，被试注意力涣散，不能进行清晰的思考，智力测试的成绩不理想。通过对脑电波的分析，证明被试的全部活动严重失调，有时被试甚至出现了“白日做梦”的现象。

通过这个实验不难看出，人的身心要想保持在正常的状态，就需要不断地从外界获得刺激，也就是和周边环境进行信息交流。一旦感觉被剥夺了，人会产生难以忍受的痛苦，各种心理功能将受到不同程度的损伤。所以说，信息是人类生存必不可少的基本条件，也是人类生存的基本需求。

其实，所有的生物每天都在进行信息活动，如寻找食物、迁移、辨别敌害、辨认配偶等等，这是生物与生俱来的决定存亡的能力。当然，它可能只是很简单的本能，如当微生物来到酸碱度不适宜的环境中就会逃走；也可能需要高等的能力，如一个人需要从橱柜下面倒数第二个抽屉里取出复习参考书。

感觉剥夺实验企图屏蔽人们和周围环境的所有信息交流，这显然是过于极端了。如果把条件放宽一些，允许人们不断从自然界获得刺激，但是禁止和其他人进行信息交换，也就是说屏蔽人际沟通，对人们的影响是不是就无关痛痒了呢？心理学家的研究同样会否定这个论断——仅仅是人类之间的信息活动，即人际沟通，也是不可或缺的！

很多人在小时候曾经玩过这种游戏：孩子们会先选出一个“受害者”——也许是因为他犯了一个实际的或想象中的错误，也许纯粹是为了好玩。不久之后，惩罚就以沉默的形式开始了。没有人跟他或她说话，也没有人会回应这个倒霉鬼所说的话或做的事。如果你曾经被如此教训过，你可能会体验到一连串的情绪。刚开始你会觉得（至少会表现出）无所谓，但过了一阵子，这种被当成透明人的压力开始萌生。如果这个游戏持续得足够久，你会发现自己要么已经退缩到某种令人沮丧的状态中，要么已经对别人产生敌意。敌意一方面是为了表达自己的愤怒，另一方面是想要得到别人的回应。

成年人也和孩子们一样，会把沉默以对当作一个有力的工具，用来表达他的不愉快。我们都能直觉地感受到人际沟通的重要，缺少与他人的接触对任何人来说都是一种非常残酷的惩罚和无比痛苦的经历。那些自己选择或者不得不成为独居者的事例不断地证实着这一点。W. 卡尔·杰克逊（W. Carl Jackson），一位独自航行 55 天、横越大西洋的探险家，描述了大多数独居者的普遍心情：

> 我发现在第二个月出现的寂寞感使我感到很痛苦。我一直以为自己是一个自给自足的人，但是此刻我终于明白，没有旁人做伴的生活是没有意义的。我开始有了想要跟别人——一个真实的、鲜活的、有气息的人说话的强烈需求。

除了带来情感上的痛苦，若一个人被剥夺陪伴甚至会危及生命本身。腓特烈二世

(Fredrick Ⅱ,亦称弗里德里希二世),公元1196—1250年的德国(神圣罗马帝国)皇帝,可能是第一个以系统化方法证实这个论点的人。一位中世纪的历史学家描述了腓特烈二世独特且残忍的实验:

> 他命令保姆和护士喂养婴儿,帮他们洗澡,但是不准对他们说话,因为他想要知道,在没有人跟婴儿接触之前,婴儿开口会先说哪一种语言——是最古老的希伯来语、希腊语还是拉丁语,又或者是他们亲生父母说的语言?最后,他徒劳无功,因为所有的婴儿都死了。缺乏养育者的拥抱、慈爱的脸孔、深情的言语,他们根本无法存活。

1.2 信息科学与技术

我们一般会想当然地认为:生物体进行信息活动是轻而易举、习以为常的事情,这种能力的获得也是与生俱来、不足为奇的。但是,我们静下心来仔细思考一下其中的机理,尤其是自己动手制造一个物件去模仿实验的时候,才发现其中大有学问,往往完成一个简单的动作就需要一个异常复杂的系统工程。

就拿"在黑夜里摸索前行"来说吧,让我们仔细回忆一下自己是怎么做到的:当我们接触到某个物体的时候,体表的感受器(如手部的皮肤)就产生了相应的触觉,如冷、热、尖锐、粗糙等等;感受器对这些信息进行编码,然后通过传入神经传导到神经中枢(脑和脊髓),由神经中枢中相应的功能区域对信息做进一步的加工处理;当大脑识别出碰到的究竟是什么物体之后,再将反馈信息通过传出神经传导到效应器(例如手或脚);最后由效应器对反馈信息进行解码,并进行相应的动作,例如前进、躲避或将其挪开,如图1.2所示。

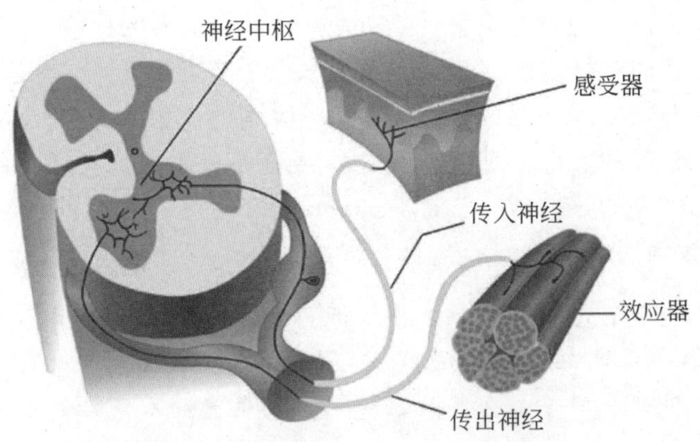

图1.2 人体的信息器官示意图

很多情况下，在感受器获取信息的时候，效应器就直接进行了动作，同时把信息传入神经中枢，进行高层的分析处理。例如你的手背突然触碰到非常烫的物体时，手部肌肉会产生本能的反应，第一时间就躲开了；同时相应的感受信息也传入了大脑，让你意识到刚刚出了意外，仔细查看一下自己烫伤了没有，是否采取下一步动作或者补救措施。

以此类推，人类认识世界和改造世界的所有活动都可以认为是信息活动，即不断从外部世界的客体中获取信息，并对这些信息进行处理，最终根据处理结果反作用于外部世界的过程，这个基本流程和生理模型如图 1.3 所示。信息活动中用到的人体信息器官可以粗分为感觉器官、传导器官（神经系统）、思维器官和效应器官 4 类，分别负责信息获取、信息传输、信息加工和信息应用 4 种功能。

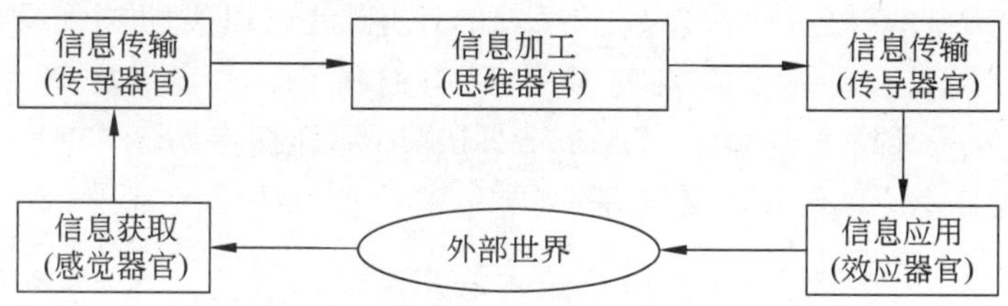

图 1.3　信息活动的基本流程和生理模型

一旦了解了信息活动的整个过程，搞清楚信息器官工作的基本原理之后，就形成了一门覆盖面很广的学问——信息科学。接下来就可以利用信息科学的知识，发明一些工具来扩展人类自身各种器官的功能。于是就出现了感测技术、通信技术、智能技术与控制技术，称为信息技术的四基元。而其他各种眼花缭乱的信息技术通常被看作这 4 种基本技术的综合或衍生。对照表 1.1 能够发现，从仿生学的角度来说，一个典型的信息系统的各个功能模块都是从人体处理信息的自然分工中借鉴的，是在模仿和扩展人类的信息活动能力。

表 1.1　信息技术与人类信息器官的对应关系

信息器官	信息活动	信息技术	相关专业（举例）	研究方向（举例）
感觉器官	信息获取	感测技术	自动化 电子信息	信号分析 数字电路
传导器官	信息传输	通信技术	电子信息 计算机	信息编码 电子技术
思维器官	信息加工	智能技术	计算机 信息管理	人工智能 信息安全
效应器官	信息应用	控制技术	自动化	自动控制

从以上论述可以看出，任何一门科学技术的产生和发展都不是偶然的，而是源于人类各种实践活动的实际需要。而科学和技术是两个不同的词语，虽然总是一起出现，但还是要有所区分："科学"是发现已有的规律，"技术"是发明未有的事物。如果我们仔细观察周边，就会意识到所有的东西基本可以划分为两类：一类是本来就存在于自然中，人类所做的只不过是发现；另一类是本来并不存在，人类所做的是发明。从这个角度来说，信息科学就是人类发现的信息活动的原理和规律，而信息技术毫无疑问都是人类发明出来的种种处理信息的工具和手段了。

当然，科学和技术的关系是非常紧密的。发现往往是发明的基础，一般情况下先是发现了一些规律，才能在这些规律的指导下进行发明创造。例如，人们发现了季节的更替，就可以发明防暑御寒的措施；人们发现了浮力的原理，就可以发明热气球和轮船；人们发现了生物和矿产的特性，就可以发明治疗疾病的医药。所以，艾萨克·牛顿(Isaac Newton)虽然没像托马斯·爱迪生(Thomas Edison)那样拥有两千多项发明，但他的各种伟大发现(如力学定律、万有引力定律等)奠定了整个近代科学的基础。

信息技术的定义

从学科的角度，可以认为信息技术是指在计算机和通信技术支持下，获取、加工、存储、变换、显示和传输文字、数值、图像、视频、音频以及语音信息，并且包括提供设备和信息服务两大方面的方法与设备的总称。

笼统地说，信息技术是能够延长或扩展人的信息能力的手段和方法。在信息技术中，信息的传递是通过现代的通信技术来完成的，信息处理是通过各种类型的计算机(智能工具)来完成的，而信息要为人类所用，又必须是可以控制的。因此，也有人认为信息技术简单地说就是3C：计算机(Computer)、通信(Communication)和控制(Control)，即 IT = Computer + Communication + Control。

由于信息技术主要是应用计算机科学和通信技术来设计、开发、安装和实施信息系统及应用软件，所以信息技术有时也被称为信息和通信技术(Information and Communications Technology, ICT)。更多的时候，信息技术和计算机科学一起称为计算机与信息技术，这时候强调其包含计算机技术、传感技术和通信技术3个方面。

1.3 信息技术的革命

整个人类的进化史同时也是一部人类信息活动的演进史。在人类文明不断前进的过程中，每隔一段时间都会出现或大或小的信息技术变革。其中有5次尤为特殊，它们对人类社会的发展产生了难以想象的巨大推动力，带来了飞跃式的进步。这5次信息革命分别是语言的突破、文字的诞生、印刷术的出现、电磁波的应用以及计算机的发明。

1.3.1　语言的突破

动物之间交流信息的方式主要有 3 种：动作、气味和声音。当然，也有一些动物不走寻常路，例如萤火虫能用腹部末端发光来联络同伴。据考证，早在几百万年前，人类的老祖先——南方古猿就通过肢体动作、自身气味和各种叫声进行沟通协作了，这和许多其他动物(包括所有的猿类和猴类)几乎没有什么区别。

南方古猿(Australopithecus)是人科动物的一个已灭绝的属，是正在形成中的人的晚期代表。生存于距今大约 550 万年前至 130 万年前。

然而，大约 7 万年前，生活在东非的一种智人突然脱颖而出，迈开征服世界的步伐，他们迅速扩张到全球各个角落，把其他古人类赶出了历史的舞台。智人胜出的秘诀究竟是什么呢？耶路撒冷希伯来大学历史系教授尤瓦尔·赫拉利(Yuval Noah Harari)在《人类简史：从动物到上帝》一书中给出了比较令人信服的答案——因为有独特的语言。那么，人类(智人)的语言又有什么特别的地方呢？

一方面，人类的语言最为灵活，表达尤为丰富。虽然人类只能发出有限的声音，但组合起来却能产生无限多的句子，各有不同的含义。于是，人类就能吸收、储存惊人的信息量，并通过语言来间接地了解周围的世界。虽然猴子也能够向同伴大声叫喊，表达类似“小心！有狮子！”的意思，但人类能够告诉同伴，出了山洞往北走，大约 20 分钟之后就能看到一个小池塘，就在刚才，池塘附近有一群狮子正在跟踪一群羚羊，如图 1.4 所示。而且，他还能确切地描述出狮子和羚羊的数量，或是今天的天气情况如何。有了这些信息，大家就能一起讨论：应该召集多少人，什么时间过去，如何把狮子赶走，让羚羊成为自己的囊中物。

图 1.4　哦？你说那边有狮子？

另一方面，人类的语言是一种“八卦”的工具，可以描述我们自己。作为一种社会性的动物，沟通合作一直是人类得以生存和繁衍的关键。所以对于个人来说，光是知道外界环境是不够的，更重要的是要知道自己的部落里谁跟谁有仇，谁跟谁好上了，谁特别能干，谁老是胡说八道……就算只是几十个人，想随时知道他们之间不断变动的关系状况，相关信息的数量已经十分惊人了。大约在 7 万年前，智人的语言能力取得了突破，让他们能够持续“八卦”达数小时之久。通过这些闲话，他们可以理顺部落成员之间的各种关系。于是部落的规模就能够扩大，而智人也能够发展出更紧密、更复杂的合作形式。

八卦是中国道家文化的深奥概念，是一套用三组阴阳组成的形而上的哲学符号。它在现代流行语中衍生出另一含义，指在娱乐圈中非正式的、不确定的明星消息或者新闻。

邓巴数字，也叫150定律(Rule of 150)，由英国牛津大学的人类学家罗宾·邓巴(Robin Dunbar)在20世纪90年代提出。该定律根据猿猴的智力与社交网络推断出：人类智力允许人类拥有稳定社交网络的人数是148人，接近150人。

然而，社会学研究指出，借由"八卦"来维持的最大自然团体大约是150人，即著名的"邓巴数字"。只要超过这个数字，大多数人就无法真正深入了解、"八卦"所有成员的生活情形。直到今日，人类的群体还是继续受到这个神奇的数字影响：只要在150人以下，不论是30人的一个班级、60人的一个家族企业还是100人的一个社会团体，靠着大家都认识、彼此互通消息就能够运作顺畅，而不需要规定出正式的阶层、职称、规范。一旦约越过了150人的门槛，就有了质的变化。很多成功的家族企业在规模小的时候并没有董事会、职业经理人或会计部门；后来规模逐渐扩大，雇佣的人员越来越多，就会陷入危机，不得不彻底重组，才能继续成长下去。

那么，人类是怎么跨过这个门槛，最后创造出了有成千上万居民的城市和国家的呢？这里的秘密很有可能就在于人类善于通过语言来虚构故事，传达一些根本不存在的事物的信息。不论是人类还是许多其他动物，都能通过大喊来提醒同伴："小心！有狮子！"但只有人类能够说："狮子是我们部落的守护神。"我们没法劝一只狮子舍弃口中的羚羊，不要制造杀孽。但是人类就会相信"放下屠刀，立地成佛"，或者向上帝祷告，祈求升上天堂。猴子抢走了游客的挎包、挂在树上，它没有任何不安，也不会受到任何惩罚。但人类拿走了别人的东西就可能面临制裁，或者良心上有所愧疚。可以说，无论是神灵、天堂还是法律、正义，这些概念都只存在于人类的想象之中，都是虚构的故事。

虚构故事的意义不只在于让人类能够拥有想象，更重要的是可以"一起"想象。就算是大批互不相识的人，只要同样相信某个故事，就能共同合作。例如教会的根基就在于宗教故事。两个素未谋面的天主教徒，能够一起参加十字军东征或者一起筹措资金建医院，原因就在于他们同样相信上帝的创世纪和基督的故事。经济的体系也是基于资本故事。两个远隔万里的企业家，只要相信市场的调节作用和私有财产不可侵犯，就能够一起创办跨国公司或者一起投资炒股。正由于大规模的人类合作是以虚构的故事作为基础的，所以只要改变所讲的故事，就能改变人类合作的方式。例如，18世纪的启蒙运动把人们相信的故事从"君权神授"变为了"天赋人权"，于是法国大革命紧接着就爆发了。

可以说语言不仅使沟通更加便利，而且使人类的信息活动从具体走向抽象。我们的祖先借此编织出了极其复杂的故事网络，也因而发展出许许多多的行为模式，而这正是所谓"文化"的主要成分，是人与动物的根本区别之一。正如德国社会学家马克斯·韦伯(Max Weber)所说的："人是悬挂在自我编织的意义之网上的动物。"总之，语言的突破可以说是信息技术的首次革命，对人类的发展影响巨大，与火的使用同样重要。

不过，人类的语言需要面对一个能听见、能理解的同类时才有效。如果一个人面对的是不能进行语言交流的对象(比如聋哑人)，或者由于时间和空间的原因无法接触的对象(例如远方的人或者百年之后的子孙)呢？可见，直接的口头交流还是有其内在的局限性的。更为不幸的是，即便有人来咨询我一些以前亲身经历的事情，我可能已经无法准确地回忆起当时的情景。毕竟,大脑在形成长时记忆的过程中,不自觉地进行了详略整理和信息加工,此外还一直伴随着遗忘。而且在他人分析并存储我的叙述时,会受到其个人发展与生活环境的影响,融入了他自己的理解和想象。这就像孩子们爱玩的"土电话"游戏一样,传话的效果只会越来越糟。如图 1.5 所示,大家轻声细语,一个人一个人地往下传话时,他们在传给下一个人时已经对听到的话"添油加醋"了。这导致的结果就是,队伍中最后一人说出的话往往与最先传出的原话风马牛不相及。

长时记忆(long-term memory)是指存储时间在一分钟以上的记忆,一般能保持多年甚至终生。它的信息主要来自短时记忆阶段加以复述的内容,也有由于印象深刻一次形成的。长时记忆的容量似乎是无限的,它的信息是以有组织的状态被存储起来的。

图 1.5　多人传话的谬误

1.3.2　文字的诞生

如何让信息传递能够跨越空间的距离和时间的长河并保持稳定不变?那就是把信息活动的记录从大脑转移到一些外部"存储器"上,例如绘画。这种古老的信息记录形式可以追溯到三万多年前世界各地的洞穴壁画,其主题经常是动物和猎人,如图 1.6 所示。随着时间的推移,绘画被用于记录生活中的一些场景,从而保存了人类的经验。同时,绘画也记录了社会中的重要事件:战争的胜利或失败,财富的增加或损耗,灾害(洪涝、瘟疫等)的产生或消退。

1994 年 12 月 18 日,让-马林·肖维和他的两位朋友偶然发现了这个岩洞。这些原始人用赭石绘制于三万多年前的犀牛、狮子和熊,虽经岁月侵蚀,却依然能给人带来极大的撼动,此壁画被认为是已知最古老的岩洞壁画。

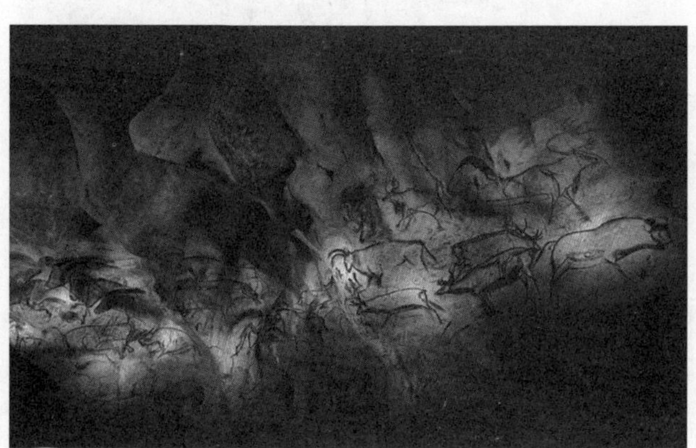

图 1.6　法国肖维岩洞中的史前壁画(大约 3.6 万年前)

这种艺术化的信息记录有着其与生俱来的缺陷：首先是它不仅耗时而且昂贵，艺术家们不得不苦干很长一段时间，才有可能创作出这些令人印象深刻的艺术作品；其次，绘画只适于捕捉某个永恒的瞬间，例如一场战役的关键时刻，但要描绘整个战争如何开始并逐步结束就非常困难了，而且故事的大部分细节还要观看者去想象；再次，抽象的观念或者思想，例如勾股定理或者万有引力定律，都很难用绘画去表现，如果用具体的场景去影射(例如直角三角形或者下落的苹果)将会产生很多种不同的解释，可能会造成令人无法忍受的歧义性。

当然，一系列的绘画应该能够做到这一点——描述事情的发展过程和细节，但这是一个更加耗时的方法。

由于绘画的这些固有缺点，我们的祖先便去寻求其他方法来构建外部的信息记录。尤其是那些专注于生产、贸易与管理的组织，更需要拥有一种能够简便精确地存储与提取信息的方法，由此就有了文字的诞生。让人非常诧异的是，古代的官僚主义与会计人员正是促成因素。例如公元前3500年左右，居住在美索不达米亚南部的苏美尔人已经超越小的村庄形态，形成了更大的群体。为了记录账目与存货，便有人在黏土泥板上刻印小的凹痕进行信息存储。如图1.7所示，目前找到的人类祖先最早留下的文字是一份财务记录："29 086单位大麦37个月库辛"，最有可能正确的解读是："在37个月间，总共收到29 086单位的大麦。由库辛签核"。这些早期的象形文字最终逐渐形成了书写，使得早期苏美尔人的楔形文字成为第一种广泛应用的书面语言。大约在同一时期(公元前三千年)，埃及也出现了象形文字。而几个世纪之后，在东亚的黄河岸边产生了更为成熟的象形文字——甲骨文，并随着中华文明一直流传下去，衍生出了今天的汉字。

这里的"库辛"可能是当时的某个职务，也可能是某个人的名字。如果真的是后者，他可能是史上第一个留下名字的人。而不像"山顶洞人""尼安德特人"这样由后人命名的代号。

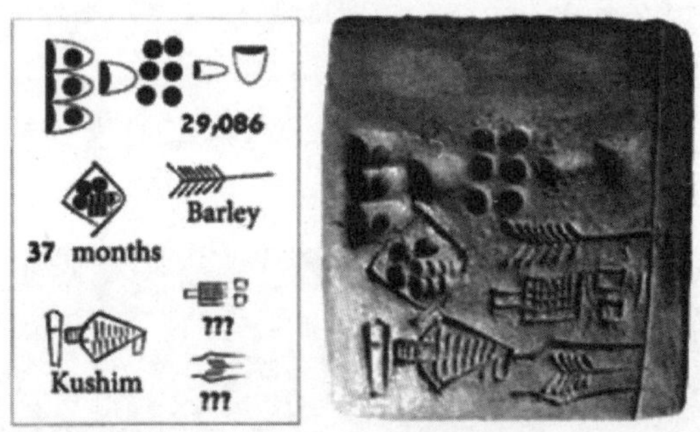

图1.7　来自古城乌鲁克(Uruk)、大约公元前3400—公元前3000年的泥板

(来源：《人类简史：从动物到上帝》)

文字的诞生是信息技术的一个巨大变革，因为一旦书写被大家所知并确立下来，人类的经验与知识就能够被存储在人类的头脑之外，并能够随意地进行准确提取。它记录了复杂的灌溉和耕种流程，流传开来，并进一步促进了广泛的贸易；它降低了征税、行政命令和军事决策的信息管理难度，从而促进了国家的诞生；它让科学技术的传承和发展更加容

易，使得复杂的结构与雄伟的建筑成为可能，例如埃及金字塔、雅典卫城以及中国的长城和故宫。

中西方象形文字的区别

最原始的自源文字（不依傍其他文字而独立创造出来的文字）大多是图画符号，即通过象物来表达。例如古埃及象形文字、赫梯象形文、苏美尔文、古印度文以及中国的甲骨文，都是独立地从原始社会最简单的图画和花纹产生的。但值得注意的是，中国的"象形"与古西方文字的"象形"是两个有着很大不同的概念，事实上，古埃及文字中绝大部分图画符号并非以形表意，而是表音符号，实质上类似于字母文字。举个例子来说，在古埃及文字中看起来像是各种鸟的符号，其实跟鸟无关，而是表示不同的发音。因此，所谓的"古埃及象形文字"也算是世界上最早的拼音文字。现在，世界各国所用的文字多数是拼音文字，我国的藏文、蒙古文、维吾尔文等也都是拼音文字，而汉字却是现存世上为数不多的、仍在使用的象形文字系统。

就文字创设的类型来说，与自源文字相对应的是借源文字，也叫他源文字，指依傍着其他文字而创设的文字，例如日语，其中的假名就是借源于汉字的草书。

文字的使用当然离不开记录和传播文字的载体。早期各个文明采用的方法大致相同，都尝试过陶器、青铜器、树叶、兽皮、骨头、石碑等。例如在中国河南的殷墟出土了大量记录商朝政治军事的文献，全部刻在龟甲与兽骨上，所以命名为甲骨文；亚述帝国的末代国王亚述巴尼拔（Ashurbanipal）喜欢在征服的城市中搜集所有文字材料，这些文本大都整齐地存储在成千上万的黏土块上；统治亚历山大港（今埃及）的托勒密家族诱使精英知识分子从遥远的地方慕名而来，从而获取他们携带的各种记录文字的莎草纸卷轴，由此创建了当时世界上最大的图书馆。

莎草纸是古埃及人广泛采用的书写载体，用当时盛产于尼罗河三角洲的纸莎草的茎制成，类似于竹简，但比竹简的制作过程复杂。

不管是刻在龟甲和石碑上，还是铸在青铜器上，高昂的费用使得早期的文字只能局限于上流社会使用。直到中国的春秋时期，一种新的文字载体开始登上了历史舞台，文字才得以广泛地流传和使用，那就是被认为是文字平民化的使者——竹简。作为一种廉价、轻便的文字载体，竹简流行了 800 多年之久，直至魏晋时期，才随着纸张的推广逐渐退出历史舞台。东汉时期，蔡伦在总结以往造纸经验的基础上革新了造纸工艺，并于公元 105 年进献给汉和帝，得到了皇帝的赞赏，并诏令天下使用推广。此后不久，造纸术就传入了与我国毗邻的朝鲜和越南，随后又传到了日本。大约 8 世纪前后，造纸术又沿着丝绸之路传到了中亚，后来经过阿拉伯传到了欧洲和非洲，欧洲人又带着纸张踏上了新大陆美洲。可以说，1900 多年以来，"纸"这种媒介已经深入到了人类生活的方方面面，它让书写变得更加方便、快捷，极大地促进了各地的文化交流和教育普及，加速了世界文明的进程。

1.3.3 印刷术的出现

文字的诞生和造纸技术的改进，让图书成为信息传播的有力工具。但书籍非常昂贵——它们都是万中选一的，而且每册书都是由经过训练的专业人员辛辛苦苦用手工制作的。最勤奋的抄写员在他们的一生中也仅能制作几十本书，况且许多手工制作的书籍包含丰富的插图和华丽的封面，这些都需要消耗更多的时间。在15世纪开始之前，剑桥大学的图书馆总共只有122本藏书，经过长达半个世纪的努力，这一数量才增加到了330本。手工抄书不仅费时费力，而且容易抄错、抄漏，既阻碍了文化的发展，又给文化的传播带来不应有的损失。

印章和石刻给印刷术提供了直接的经验性启示。印章在先秦时期就存在了，一般只有几个字，表示姓名、官职或机构。印文均刻成反体，有阴文(凹下的文字)和阳文(凸起的文字)之别。在纸没有出现之前，公文或书信都写在简牍上，写完用绳捆好，在打结处填进胶泥，然后将印章盖在泥上，称为泥封。可以说，泥封就是在泥上印刷，这也是当时的一种保密手段。纸张出现之后，泥封演变为纸封，即在几张公文纸的接缝处或公文纸袋的封口处盖印。据记载，在北齐时(550—577年)就有人把用于公文纸盖印的印章做得很大，很像一块小小的雕刻版。

如图1.8所示，雕版印刷是在一定厚度的平滑的木板上粘贴上抄写工整的书稿，薄而近乎透明的稿纸正面和木板相贴，字就成了反体，笔画清晰可辨。雕刻工人用刻刀把版面没有字迹的部分削去，就成了字体凸出的阳文(和字体凹入的碑石阴文截然不同)。印刷的时候，在凸起的字体上涂上墨汁，然后把纸覆在它的上面，轻轻拂拭纸背，字迹就留在纸上了。到了宋朝，雕版印刷事业发展到全盛时期。雕版印刷对文化的传播起了重大作用，但是也存在明显缺点：第一，刻版费时、费工、费料；第二，大批书版存放不便；第三，有错字时不容易更正。

图1.8 雕版示例

北宋平民发明家毕昇总结了历代雕版印刷的丰富的实践经验，经过反复试验，在宋仁宗庆历年间(1041—1048年)制成了胶泥活字，进行排版印刷，完成了印刷史上一项重大的革命。毕昇的方法是这样的：用胶泥做成一个个规格一致的毛坯，在一端刻上反体单字(字画突起的高度像铜钱边缘的厚度一样)，用火烧硬，成为单个的胶泥活字。为了适应排版的需要，一般常用字都备有几个甚至几十个，以备同一版内重复的时候使用。遇到不

图 1.9 铅活字示例

常用的冷僻字，如果事前没有准备，可以随制随用。毕昇的胶泥活字版印刷术，如果只印二三本书，并不算省事，但要印成百上千本不同的文献，工作效率就极其可观了，不仅能够节约大量的人力物力，而且可以极大地提高印刷的速度和质量，比雕版印刷要优越得多。活字版印完之后可以拆版，所以活字可重复使用，且活字比雕版占用的空间小，容易存储和保管。现代铅活字如图 1.9 所示。

大约公元 1450 年的时候，德国人约翰内斯·古登堡在欧洲发明并推广了铅活字版机械印刷机。从此，印刷厂开始大批量地生产娱乐作品以及希腊与罗马经典书籍，还有相对较少的宗教典籍。从 1453 年到 1503 年这 50 年间，大约 800 万本书被印刷出版，可能比 1250 年君士坦丁堡建城以来欧洲所有抄写员制作的书籍还要多，产出的书籍增长了令人瞠目结舌的 25 倍！到了 1574 年，一位出版商将马丁·路德(Martin Luther)翻译的《圣经》印刷了十多万册，供人们在家中与小型社区中大声朗读。人们终于可以不依赖昂贵且腐败的教会机构，直接聆听上帝的教诲。由于古登堡印刷术的推广，仅仅几十年的时间，教会就彻底失去了对信息的掌控。而此前的中世纪，教会禁锢了人们的思想长达千年之久。

书籍和报纸的普及提高了人们的识字率，反过来又扩大了书籍和报纸的需要量。此外，手工业者从早期印行的手册、广告中发觉印行这类印刷品可以名利双收。这样又提高了他们的阅读和书写能力。例证说明，印刷术帮助一些出身低微的人们提高了他们的社会地位，例如在早期德国的教会改革中就有出身鞋匠和铁匠家庭的教士和牧师。这充分说明印刷术能为地位低下的人提供改善社会处境的机会。

总之，印刷术的出现是人类文明史上的光辉篇章。一方面，印本的大量生产，使书籍留存的机会增加，减少了手抄本因为有限的收藏量而亡佚的可能性；另一方面，印刷使得书籍的形式日渐统一，而不再像从前手抄者那样各随所好，使读者养成一种有系统的思想方法，并促进各种不同学科组织的结构方式得以形成；最重要的是，印刷促进了教育的普及和知识的推广，书籍价格变得便宜能使更多人可以获得知识，因而影响他们的人生观和世界观。

1.3.4 电磁波的应用

18 世纪末，继詹姆斯·瓦特(James Watt)改进蒸汽机以来，引发了各国对科学技术的普遍关注。但由于当时正处于一个农业社会的背景下，地域间、国家间的相对封闭影响了信息的广泛交流，从根本上阻碍了世界的整体进步。

19世纪初，人们经过长期研究，发现了电磁波可以传输信息。1837年，美国的萨缪尔·莫尔斯(Samuel Morse)通过试验，发明并建成了电报线路，7年后正式开通了有线电报通信业务。1876年，英国科学家亚历山大·贝尔(Alexander Bell)又发明了电话，并创建了贝尔电话公司(AT&T公司的前身)。到了1895年，意大利的伽利尔摩·马可尼(Guglielmo Marconi)在赫兹实验的基础上进行了25km无线电报的传送，并在4年后让无线电信号跨越了英吉利海峡。1901年，远隔大西洋3200km距离的无线电报试验又获得了成功。无线电报的发明是人类利用电磁波传递信息的一个巨大成就，它把世界各国的距离都拉近了。

1887年，德国科学家海因里希·鲁道夫·赫兹(Heinrich Rudolf Hertz)进行了一项实验，证实了麦克斯韦关于电磁波存在的预言，并由此架起了电磁波从有线通向无线的桥梁。

1906年，美国物理学家费森登(Reginald Aubrey Fessenden)首次在波士顿一座128m高的无线电塔上进行了一次广播，让大西洋航船上的服务员听到了从美国陆地上传来的音乐。1919年，第一个播发语言和音乐的无线电广播电台在英国建成。此后，无线电广播事业在世界各地得到普及，并从中波扩展到短波、超短波，从调幅扩展到调频、脉冲调制等，直至可以进行远距离的现场直播(图1.10)。

图1.10　从电台广播中获取信息

1929年，经过长时间的艰苦奋斗和无数次失败之后，英国科学家约翰·洛吉·贝尔德(John Logie Baird)终于用电信号将人的形象搬上屏幕。之后，英、美先后开始了试验性的电视广播，20世纪中叶，电视广播陆续在世界各地得到发展。从此以后，不仅是语言信息和文字信息，同时也包括音响信息和图像信息都可以通过电视进行广泛的传播和交流。

1957年，苏联人造地球卫星上天，宣告了全球通信时代的到来。1963年，美国把“辛康”2号射入距离地球35 800km的同步轨道，成为第一颗定点通信卫星。20世纪60年代初，美国梅曼研制成功了第一台激光器——红宝石脉冲激光器。不到一年时间，第一个连续激光器——氦氖激光器又研制成功。从此，用于信息技术的电磁波谱从无线电频段扩展到了光频段。此时，华裔物理学家高锟博士首先提出了可用高纯度的玻璃纤维代替导线，用光代替电流，从而实现长距离低损耗的激光通信理论。20世纪70年代，光纤通信技术研制成功并进入实用阶段，这一成果使得全球通信容量扩大了10亿倍。

电磁波理论的具体应用不断取得重大成就，包括无线电技术、微波技术和光波导技术的成就，使电磁波上升为人类传递信息最为重要的形式和手段。它使通信、广播、电视、遥控、遥测、遥感、雷达、无线电导航等得以实现，并进一步使电磁波成为人类探索宇宙宏观世界和物质微观世界的重要途径。

电磁波的发现和利用,使人们获得信息的能力达到了无穷无尽,同时也促进了科学技术更加迅猛地发展,这便是人类历史上第四次伟大的信息革命。这次信息革命的成果推动了工业社会的全面革新,使世界生产力体制发生了质的变化,即由原来的“生产——技术——科学”转变为“科学——技术——生产”。这种革命性的变革使人类文明的进程在短短几十年的时间内超越了以前几个世纪。同时也为下一次信息革命的到来做好了准备。

无线电话及其网络的演进

在过去的十几年里,移动电话技术已经从简单的专用便携设备发展成为复杂的多功能手持式计算机。第一代无线电话网络通过空气传输模拟语音信号,与传统的电话系统非常相似,只是没有穿墙而过的铜线。我们把这些早期的电话系统称为1G网络,即第一代网络。第二代(2G)无线电话网络使用数字信号对语音编码,能够更高效地使用无线电波,还能够传输其他种类的数字数据,如文本消息。第三代(3G)电话网络提供了更高的数据传输速率,支持手机视频通话和其他带宽密集型活动。4G网络的目标包括更高的数据传输速率和一个使用IP协议完全进行分组交换的网络,集3G与WLAN于一体,并能够快速传输数据、音频、视频和图像等。第五代(5G)移动通信网络比4G网络的传输速度要快数百倍,一部超高画质的电影可在1s内下载完成。随着5G技术的诞生,用智能终端分享3D电影、游戏以及超高画质(UHD)节目的时代已向我们走来。

1.3.5 计算机的发明

20世纪下半叶,科学家们在新领域的重大突破、学科与学科间的碰撞交叉、艺术与技术的相互融合、文化氛围的不断创新、区域经济的全球联系、世界格局的多极演变……各种意想不到的新事物、新概念、新形势层出不穷,使人目不暇接。人类社会经历了巨大变迁,生产力得到了翻天覆地的发展。在此背景下,轰轰烈烈的人类社会第五次信息革命爆发了。

1946年,在美国科学家的努力下,世界上第一台通用电子计算机ENIAC宣告诞生(详情见3.1.2节)。该机占地面积140m^2,重达30多吨,每小时耗电140kW,运算速度为5000次/秒,它能按照人编好的程序自动地进行计算。自20世纪50年代开始,电子计算机逐步从军用走向民用,进入工业生产阶段。到了20世纪80年代,个人计算机(Personal Computer,PC)的出现让计算机从工厂和公司走入了千家万户。

很难想象从第一台电子计算机诞生至今不过短短70多年。它发展得如此之快,应用如此之广,早已超出了当年所有人,包括当年计算机领域的顶尖科学家最大胆的想象。历史上其他重大发明，例如轮子和瓷器，从出现到完善再到广泛应用，通常需要上百年甚至更长时间。但是计算机只用短短一两代人的时间就完成了这个过程，而且让我们对它产生如此之大的依赖，不得不说是人类文明史上的奇迹。

历史上，只有很少的几项发明是人类生活不可或缺的，比如火、轮子、瓷器和印刷术等。

计算机的更新换代

第一代计算机采用机器指令或汇编语言，以电子管为主要元件，体积大，能耗高，运算速度慢，存储量小，可靠性差，并且制造成本昂贵。即使如此，人类还是依靠它把人造卫星送上了天。第二代计算机以晶体管构成基本电路，内存改用磁芯，外存大量应用磁盘，运用了算法语言和编译系统，运算速度每秒可达数百万次。和第一代计算机相比，体积、重量、耗电、造价等大为减少。第三代计算机采用中小规模集成电路，已经配有操作系统，例如广泛使用的小型机，有了终端与网络，运算速度每秒可达千万次。第四代计算机采用大规模集成电路，即在一块几平方毫米的芯片上集成几千到几十万个元件，这就使计算机的体积进一步缩小，耗电进一步降低，可靠性进一步提高，从而出现了每秒达数亿次运算的高速度大容量计算机。20世纪80年代以后，第五代计算机开始研制生产，并向巨型化、微型化、多媒体和超媒体化方向发展。作为一个信息采集、存储处理、通信和人工智能结合在一起的信息智能系统，在互联网时代，计算机的功能由单独运行上升到团体合作，由简单数据处理上升到深度知识挖掘，由计算速度的量变上升到智能运作的突变，成为名副其实的“电脑”。

今天，计算机的功能早已超越了科学计算，它的式样也远不止常见的台式机、笔记本电脑和智能手机，而可以是一个大机柜、一块电路板或者一颗小小的芯片，如图1.11所示。计算机存在于我们的城市，存在于我们家中的每一个角落，而且从城市公共基础设施到飞机、火车和汽车等交通工具，从商场、银行的业务系统到家用的各种电器，或多或少都是由计算机控制的。计算机已经成为现代社会生活中不可或缺的一部分了。

图1.11　形态各异的计算机及其相关设备

吴军，著名语言处理和搜索专家，是谷歌中日韩文搜索算法的主要设计者。著有《数学之美》《浪潮之巅》《文明之光》《大学之路》和《智能时代》等科普畅销书。

计算机不仅遍布我们的四周，甚至还在很多人的身体里。吴军博士举了一个例子——他的母亲由于心脏问题在斯坦福大学医院安装智能起搏器。他原本以为智能起搏器只是一个电子装置，按照一定频率发出脉冲信号而已，但是在术后复查的时候，他才了解到那其实是一台功能颇为齐全的计算机。这种智能起搏器记录了安装之后患者全部的心电图数据和其他有关心脏活动的数据。在复查室里，医生通过无线通信装置读取这些数据，并存到医院的设备中，然后根据这些数据和病人的反馈，调整起搏器的设置和部分程序，最后通过无线通信装置再把程序写回到起搏器中，让病人的感觉更为舒适。这个起搏器还具有较强的学习功能，可以根据携带者每日的活动情况自行调节心跳速度（以保证供血量）。对于携带者来讲，这种起搏器其实已经成为身体的一部分，它在帮助（甚至取代）病人的神经系统和内分泌系统控制心脏和循环系统，延续病人的生命，让携带者生活得更好。可以想象，将来我们的身体内或许会植入更多的计算机，到那时，可能很难说清楚我们是肉体的人还是机器人。

计算机技术的发展一直在推动着生产、生活中几乎所有相关领域的信息革命。我们现在已经进入一个进行信息生产、知识生产和智能生产的全新时代。计算机的发展和应用已不单纯是一种科学技术现象，更是一种政治、经济、军事和社会的整体现象。可以预料，计算机还会以更快的速度向前发展，其规模将向全球网络化、纵深化推进，其技术将向超导化、生物化和量子化迈进。这些目标一旦实现，整个社会的信息化水平又会出现一次重大的飞跃。人类社会的文明程度必定会达到史无前例的高度。

1.4 信息时代的到来

前面讲到“整个人类的进化史，同时也是一部人类信息活动的演进史”，那为什么直到最近几十年才把信息提升为最活跃的生产要素和战略资源，才隆重地推出“信息社会”和“信息时代”的概念呢？

人类社会最基本的三个要素是物质、能量和信息。物质是基础，能量是动力，而信息则是社会经济赖以构造和协调的纽带，是合理配置、正确调度的依据，是社会生产力的倍增器。

这主要是因为，信息固然重要，但是在生产力和生产社会化程度不高的时候，人们凭借自身信息器官的能力就基本上满足了当时认识世界和改造世界的需要；另一方面，从发展过程来看，在物质资源、能量资源和信息资源之间，相对而言，物质资源比较直观，信息资源比较抽象，而能量资源则介于两者之间。人类的认识过程是从简单到复杂、从直观到抽象的，所以材料科学与技术往往发展在前，接着是能源科学与技术的发展，最后才是信息科学与技术的发展。

随着材料科学与技术、能源科学与技术的发展，人们对客观世界的认识取得了长足的进步，不断地向客观世界的深度和广度延伸。这时，人类信息器官的功能已明显滞后于行为器官的功能了。从古代的结绳记事、烽火驿亭、笔墨纸砚、算盘算筹、书籍报刊、人口迁徙、车船运输……到现代社会的望远镜、显微镜、火车飞机、电报电话、广播电视、摄像扫描、雷达导航、通信卫星、计算机、传真机、遥感器……我们与生俱来的视力、听力、大脑存储信息的容量、处理信息的速度和精度越来越不能满足生产生活中的实际需求了。

人类的欲望无穷无尽，我们不仅要“上天”“下海”，还要“入地”“探微”；不仅要“千里传音”,还要“过目不忘”;不仅要“远程控制”,还要“自主导航”。全球性通信网络的形成以及满载信息的光盘、磁盘所建立起来的巨大信息库最终使世界缩小了,地球变成了一个村庄。这就是信息的功能在人类实践过程中所释放出来的巨大能量,也是信息社会的真谛所在。

信息技术的发展趋势

近几十年来,信息技术得到了蓬勃发展和广泛普及,其内涵的科学知识和技术手段正深刻影响着人类的生产方式、认知方式和社会生活方式,其发展和应用水平已是衡量一个国家综合竞争力的重要标志。计算机与信息技术已经成为一种典型的通用技术:它不再是与数、理、化、天、地、生等平行的一门学科,而是演变成一种横向型科学技术;不再是以研究信息获取、存储、处理等为主的一门单独的学科,而是更加强调与社会、健康、能源、材料等其他领域的紧密联系。

21世纪计算机与信息技术发展的新取向是:在继续发展工程技术的规模效益的同时,将更加重视技术的多样性、开放性和个性化,更加重视信息技术惠及大众;在重视市场竞争能力和经济效益的同时,将更加重视生态和环境影响,探索对有限自然资源和无限知识资源的分享、共享和持续利用;在重视对周围世界的认知和改善的同时,更加重视医学及与人类健康有关的科学技术;在重视技术作为生产力决定性因素的同时,更加重视其背后的科学理论的探索研究,特别是与生命、材料、能源等科学的交叉研究;在继续将科学与技术紧密结合的同时,更加重视与人文艺术的结合,更加重视信息技术与伦理道德的研究和对社会作用的法制化管理与监督。

阿尔文·托夫勒(Alvin Toffler),世界著名的未来学家,当今最具影响力的社会思想家之一,出生于美国纽约。1970年出版《未来的冲击》,1980年出版《第三次浪潮》,1990年出版《权力的转移》,这三本书被称为未来三部曲,对当今社会思潮有广泛而深远的影响。

早在1980年,阿尔文·托夫勒就在《第三次浪潮》中指出,人类社会正在进入文明的第三次浪潮,其间会出现4种最为关键的高科技产业,即电子电脑产业、空间产业、海洋工程和生物遗传工程。可以说这次浪潮正在汹涌激荡,一浪高过一浪,进而催生了一个崭新的时代——信息时代。这是一个物质文明和精神文明比以往任何时候都更为丰富的时代,世界展露出了新的曙光。而信息载体的演变一次次推动了社会整体功能的发展,信息技术(包含电子电脑产业)已经成为所有高科技产业的基本推动力,引领了这个时代的浪潮(图1.12)。

人类文明的三次浪潮

美国著名未来学家托夫勒认为人类文明迄今已经历过了两次浪潮。第一次是“农业革命”,即人类从原始野蛮的渔猎时代进入以农业为基础的社会,历时几千年。第二次是“工业革命”,历时300年,它摧毁了古老的文明社会。工业革命在第二次世界大战后10年达到顶峰。在第二次浪潮时期,以使用不可再生的化

图 1.12 信息技术引领时代的浪潮

石燃料作为能源基础;技术突飞猛进;出现大规模的销售系统;家庭不再是共同劳动的经济单位。小家庭、工厂式的学校加上大公司,三者形成第二次浪潮时期的社会结构。第三次浪潮时期,以电子电脑产业、空间产业、海洋工程和生物遗传工程为核心组成了一个高科技产业群。社会进步不再以技术和物质生活标准来衡量,而以丰富多彩的文化来衡量。这个时代,鼓励个人人性发展,但不是创造某个理想的超人,而是培养一种新的社会性格。

参考文献

[1] 罗纳德·B. 阿德勒. 沟通的艺术：看入人里,看出人外[M]. 黄素菲,译. 北京：世界图书出版公司，2015.

[2] 张雪峰. 信息安全概论[M]. 北京：人民邮电出版社，2014.

[3] 尤瓦尔·赫拉利. 人类简史：从动物到上帝[M]. 林俊宏,译. 北京：中信出版社，2014.

第 2 章

编码的奥秘

只用一样东西，不明白它的道理，实在不高明。

——林语堂（中国现代著名作家）

我们在 1.3.1 节回顾语言的突破时，认为早期人类了解和需要传播的信息是很少的，但是随着人类自身的进化和文明的发展，需要表达的信息也越来越多，不再是几种不同的声音（像普通动物的吼叫一样）所能完全覆盖的，语言就出现了。自此以后，人们的生活经验和社会秩序作为一种特定的信息（其实是那个时代最宝贵的财富）通过口述的语言传递给了他人，也传递给了后代。

美国科普作家詹姆斯·格雷克（James Gleick）在《信息简史》一书中提到了一种神奇的“鼓语”。在非洲丛林里的那些原始部落，没有纸，没有电报，更没有电话，就靠打鼓来远距离传递信息。“擂出的鼓声可以沿着河流，穿透静谧的夜空，传出近十公里之遥。这样一个村庄接着一个村庄地传递下去，只消一个钟头，消息就可以传至一二百公里开外。”刚开始，欧洲人都以为它只能像烽火和军号一样传达简单的信息。当一位名叫约翰·卡林顿的英国传教士深入非洲丛林生活多年之后，却发现“鼓语”远远不是我们想象的这么简单：

毕竟“鼓语”只有节奏，不像人类的语言有那么多发音和声调的变化。

> 有一天，他一时心血来潮，动身前往小镇雅农伽玛，却在抵达时意外地发现教士、医护助理以及村里的老师已经聚集在那里恭候他的光临了。他们解释说，有鼓声提前通知了他们。后来，卡林顿逐渐了解到，鼓声不仅可以用来传达通知和警报，还可以用来祈祷、吟诗，甚至讲笑话。鼓手们并不是在发送信号，而是在说话：他们说的是一种特殊的、改造过的语言。

其实，口语、鼓语、烽火、军号，与我们发电报、网上传文件没什么本质的区别，都是对信息的编码而已。如果我们掌握了编码的基本原理，就可以用很多不同的方式来表达自己的意思。哪怕只是用肢体语言，就像蜜蜂跳舞一样，也可以传递出含义丰富的信息。接下来，就让我们从最简单的计数开始，一点一点地探索编码的奥秘。

2.1　计数有学问

在漫长的进化历程中，我们的祖先逐渐拥有了一些食物和生产生活用品，这就有了多和少的概念。很遗憾，那时的人类还不会数数，因为他们还不需要。著名的美籍俄裔物理学家乔治·伽莫夫(George Gamow)在他的科普读物《从一到无穷大》一书中讲了这样一则故事：在原始部落中，两个酋长要比一比谁说的数字大，一个酋长想了想，先说了"3"，第二个酋长想了半天，说你赢了。因为在原始部落，物质极其缺乏，很少会超过 3，一旦超过 3，他们就称之为"许多"或者"数不清"。

2.1.1　掰指头数数

当我们的祖先需要记录的物件数量超过 3 时，当他们觉得分得 4 份猎物和分得 7 份猎物还是有区别的时候，计数系统就要产生了，而数字就是计数系统的基础。当然，早期数字并没有书写的形式，而是掰指头，大多数人手指头的数目就是 10，于是我们人类就逐渐适应了这个以 10 为基数的计数方法，也称十进制。英语中 digit 这个单词使用的时候，不仅有数字的意思，也有手指、脚趾的意思，这恐怕不是巧合。而 five(五)和 fist(拳头)这两个单词拥有相同的词根，估计也是同样的道理。

如果人类像卡通人物那样每只手有 4 根指头会怎样？我们很可能就不会建立一个以 10 为基数的数字系统了，而是会自然而然地、不可避免地想到建立一个以 8 为基数的计数方法，即八进制数字。当然，就像十进制没有为"十"设立特殊符号一样(十进制的数字符号是 0、1、2、3、4、5、6、7、8、9，之后的数字 10 是前两个数字符号的组合)，八进制也是用前两个数字符号的组合"10"代表卡通人物两只手的手指数量，如图 2.1 所示。以此类推，如果我们有 12 个指头，那么今天我们数数用的就应该是十二进制了。

手冢治虫在为阿童木设计造型的时候，照搬了很多迪士尼的经验。手指数量是其中之一，但他当时并不明白为什么要 4 根手指。他成为动画漫画大师后，有一次见到沃尔特·迪士尼，曾经亲自问迪士尼为什么要将米老鼠做成 4 根手指，得到的答复是："5 根手指在动画角色运动时，会看起来像有 6 根手指(肉眼错觉)，而 4 根手指则刚刚好。"

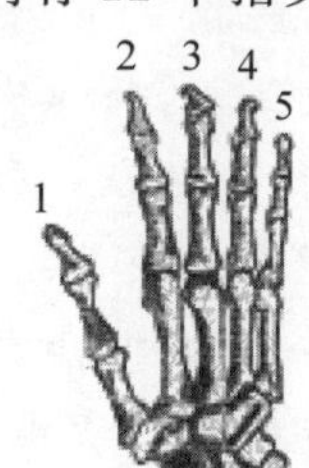

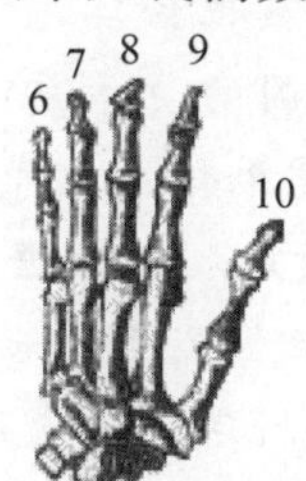

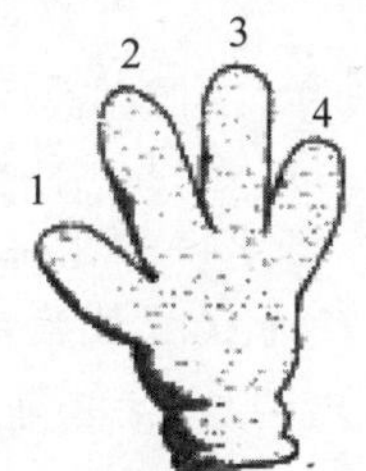

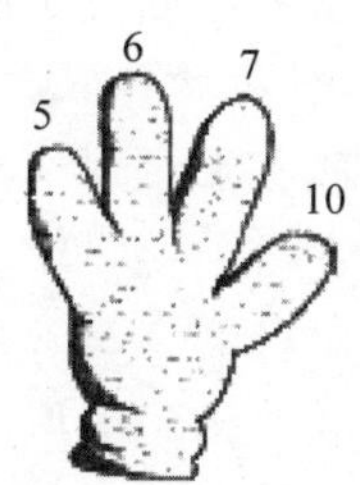

图 2.1　十进制计数与八进制计数

来源：《编码：隐匿在计算机硬件背后的语言》

大多数人类文明都采用了十进制。那么,有没有文明采用二十进制呢?也就是说,他们等数完全部的手指和脚趾才开始进位?答案是肯定的,这就是玛雅文明。因此,玛雅人的一个世纪,他们称为太阳纪,是 400 年。2012 年正好是上一个太阳纪的最后一年,2013 年是新的太阳纪的开始。于是,不知道从何时起,2012 年就被讹传为世界的最后一年了。

相比十进制,二十进制有很多不便之处。我们中国人过去即使是不识几个字的人也能背诵九九乘法表。但是,换成二十进制,要背的可就是 19×19 的围棋盘了。即使到了人类文明的中期,即公元元年前后,除非是学者,几乎没有人能够做到这一点。这也许是玛雅文明发展非常缓慢的原因之一吧。当然,更重要的原因是它的文字也极为复杂,以至于每个部落没有几个人识字。

进制如果搞得复杂,很不利于计数,尤其不利于贸易和经济。美国建国以后之所以着手改革货币体系,就是因为当年北美大陆在英国殖民期间沿用了其基于混合单位制的货币系统。而托马斯·杰斐逊(Thomas Jefferson)认为:"十进制将极大地方便大众的计算,从此以后,最普通的人也可以自己计算买卖和测量。"于是 1793 年,在他的主导下,美国废除了英国的货币体系,开设铸币工厂,印钞铸币。

美国的货币体系改革

在英国殖民期间,北美大陆一直沿用英国的货币系统及测量单位。当时,英国货币单位分为英镑、先令和便士,其中,1 英镑=12 先令,1 先令=20 便士,换算过程比较麻烦。杰斐逊认为,美国应该简化自己的货币体系,以方便大众,推动商业发展。于是,在他的主导下,美国以十进制为基础,推出了以"元、角、分"为单位的新货币体系(1 美元=10 角,1 角=10 美分)。

从 1971 年起,英国也将货币体系改为十进制,即 1 英镑=100 便士,并取消先令。

为了推动新的货币体系在民间尽快流通,杰斐逊还在全美教育系统鼓励"数学和换算"方面的教学,并在随后出版的教材序言中写道:"我亲爱的同胞,我请求你——别再使用英国的货币计算方法,让他们用他们的,我们用我们的!他们的方法确实适用于他们的政府——专制的暴君把会计系统尽可能搞复杂、把人搞糊涂,以操纵税收和财务工作,但一个共和国的货币系统应该简单,简单到最普通的人也能方便地使用。"换句话说,美国货币体系改革的目标就是让一切计算变得简单,让每个人在商业活动中能够方便地利用数据进行思考和决策。

十进制在亚里士多德时代就被发明了,但美国是全世界第一个在货币体系中普及十进制的国家。几年后,法国也跟进,制定了以十进制为标准的货币、测量和重量单位。随后这套标准逐渐推广到整个欧洲乃至全世界。

2.1.2　画线做记录

2.1.1 节提到，大多数历史学家认为数字起源于对事物的计数，例如人数、财产或商业交易的计数等。具有书写形式的数字和象形文字应该诞生于语言之后，但距今也有几千年的历史了。我们可以设想这样的应用场景：一个人的财产中包括 5 只猫，他打算记录下来，用图 2.2 来表示。

这种方法显然效率很低，这个人就会想："为什么我非得要画 5 只猫呢？为什么我不只画一只来代表一下，然后再用画线的方式来表示数量是 5 呢？"于是他改进了方法，如图 2.3 所示。

图 2.2　画图记录 5 只猫　　　图 2.3　画线记录 5 只猫

然后猫的数量在不断增长（猫的繁殖能力也是蛮惊人的），终于有一天，他拥有了 27 只猫。于是，他发现自己这种记录方式还是非常麻烦，和去猫窝里面重新数一遍花费差不多的工夫。

图 2.4　画线记录 27 只猫

面对这种情况，有智者说："我们必须想出一种更好的方法来。"于是数字符号和基于这些数字符号的数字系统就应运而生了。

在所有早期文明的数字符号和数字系统中，只有罗马数字沿用到了今天。我们经常在表盘上、纪念碑和雕像的日期上、一些书的页码中或者在条款的概述中看到罗马数字。而最令人烦恼的就是电影的版权声明，你必须足够快地破译位于演职人员表末尾的 MCMLⅢ，才能知道《罗马假日》这部影片是 1953 年发行的。

27 只猫用罗马数字表示如图 2.5 所示。

这个概念很容易理解：Ⅹ表示10条线，Ⅴ表示5条线。

沿用到今天的罗马数字符号有Ⅰ、Ⅴ、Ⅹ、L、C、D和M共7个。如图2.6所示，符号Ⅰ表示1，可以看作一条线或者一根伸出的手指；符号Ⅴ像一只手，表示5；一个Ⅹ是两个Ⅴ，表示10。此外，L是50；C来自单词centum，表示100；D是500；M来自拉丁文mille，表示1000。

XXVⅡ

图2.5 用罗马数字记录27只猫

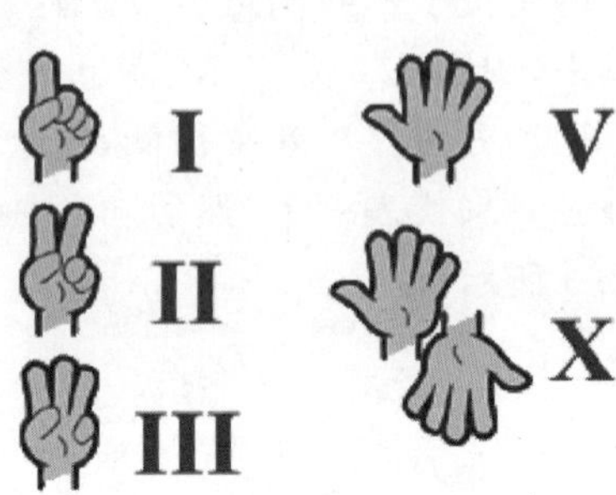

图2.6 罗马数字的象形意义

尽管你不一定认同，但很长一段时间以来，罗马数字被认为用来做加减运算非常容易，这也是罗马数字能够在欧洲用于记账直至今天的原因。事实上，当对两个罗马数字进行相加运算时，只需将这两个罗马数字的所有符号合并，然后用下面几个规则将其简化：5个Ⅰ是一个Ⅴ，两个Ⅴ是一个Ⅹ，5个Ⅹ是一个L，以此类推。

对罗马数字的解码规则也是加减法——小的数字符号出现在大的数字符号左边就减去，出现在右边就加上。例如Ⅳ表示5－1＝4，Ⅶ表示5＋2＝7，ⅡⅩⅩ表示10＋10－1－1＝18。这种解码方法不仅比较费脑子，而且罗马数字描述大的数字和分数会遇到麻烦。如果罗马人想写100万的话，恐怕要MMMMM……地不断写下去，写满一整块黑板。虽然他们后来发明了在M上用上画线表示1000倍，但是如果要书写10亿的话，还是要写一黑板的。

兆本身又有两个含义：百万和万亿。

古代中国的数字系统也和罗马一样用明确的单位来表示数字的不同量级，如个、十、百、千、万、亿、兆。这套数字系统的解码规则是乘法，例如，“三百万”的含义是3×100×10 000。从这个角度上讲，古代中国人的计数方法要比古罗马人高效一些。但是，如果对两个很大的数字进行乘除运算，这两套数字系统都不够直观和方便。

2.2 简约而不简单

今天，我们在日常生活用来计算的数字符号是近代从西方引入的，被称为阿拉伯数字，但它其实是印度人发明的。而且现代阿拉伯人还用了一组和西方颇为不同的数字符号系统，就更叫人一头雾水了。之所以我们叫它阿拉伯数字，是因为阿拉伯人攻打印度的时候发现了这套实用的系统，经过一些数学家的改良后传到中东，进而传入欧洲。公元825 年左右，波斯数学家穆罕默德·伊本穆萨·奥瑞兹姆（Muhammad ibn Musa al-Khwarizmi）写了一本关于代数学的书，书中就用到了印度的计数系统。其拉丁文译本可追溯到 1120 年，对加速整个欧洲从罗马数字到阿拉伯数字系统的转变有着重大影响。

正是根据这个波斯数学家的名字衍生出英文单词 algorithm，也就是“算法”。

2.2.1　伟大的发明

这套阿拉伯数字系统不同于其他文明原有的数字系统，主要体现在以下 3 点：

- 阿拉伯数字系统是和位置相关的。也就是说，一个数字的位置不同，其代表的数量也不同。对于一个数而言，其数字的位置和数字的大小一样，都是很重要的（但实际上，数字的位置更重要）。100 和 1 000 000 这两个数中都只有一个 1，而我们知道，1 000 000 要远远大于 100。
- 阿拉伯数字系统省略了专门代表进制的符号。几乎所有早期的基于十进制的数字系统都有一个专门的符号来表示“十”，但是现在使用的数字系统却是用 1 和 0 两个符号组合而成的。
- 另一方面，阿拉伯数字系统比几乎所有早期的数字系统都多了一个符号，而且事实证明是比代表数字“十”的符号重要得多的符号，那就是 0。

其实，阿拉伯数字系统的革命性不仅在于它的简捷有效，而且标志着数字和文字的分离，这在客观上让自然语言和数学的发展轨迹在几千年的人类历史上没有重合，使数学越走越远。

是的，就是 0。这个小小的 0 毫无疑问是数字和数学历史上最重要的发明之一。它支持位置计数法，因此可以将 15、105、150 和 1500 区分开来。一些在与位置无关的数字系统中显得非常复杂的运算，也由于 0 的出现而变得简单，尤其是乘法和除法。

阿拉伯数字的整体结构能够以我们读数字的方式来展现。以 7613 为例，我们读作“七千六百一十三”（古代中国的数字系统就是这样记录的，显然计算起来还是比阿拉伯数字系统麻烦），意思就是

7 个 1000
6 个 100
1 个 10
3 个 1

也可以将此结构以如下写法写出：

$$7613 = 7000 + 600 + 10 + 3$$

或者对其进一步分解，可以将数字写成

$$\begin{aligned}7613 = 7 \times 1000 &+ \\ 6 \times 100 &+ \\ 1 \times 10 &+\end{aligned}$$

$$3\times 1$$

注意：任何数的0次幂都等于1。

或者以10的整数次幂的形式来表示：

$$7613=7\times 10^3+6\times 10^2+1\times 10^1+3\times 10^0$$

一个多位数中的每一位都有其各自特定的意义。如图2.7所示，这7个方格能代表0～9 999 999中的任何一个数字。每个位置代表10的一个整数次幂。不需要一个专门的符号来表示“十”，因为可以将1放在不同的位置，并用0作为占位符。

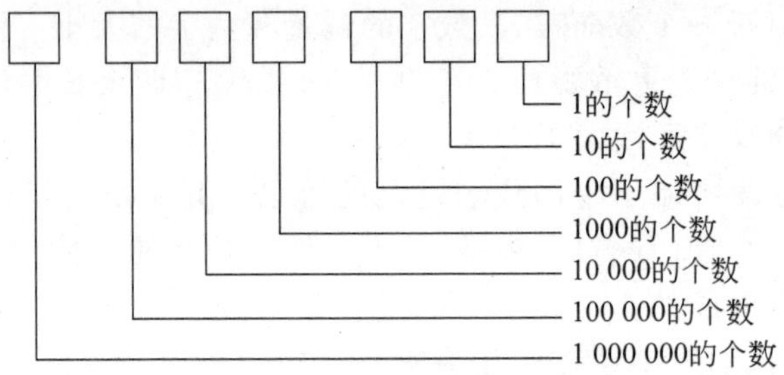

图2.7　位置决定值的大小(十进制)

另一个好处就是，以同样的方式将数字置于小数点右边可以表示小数。数字20.549就是

$$2\times 10+0\times 1+5\div 10+4\div 100+9\div 1000$$

如果和前面的例子一样，统一为只用乘法和加法来表示，则可写为

$$2\times 10+0\times 1+5\times 0.1+4\times 0.01+9\times 0.001$$

或用10的整数次幂的形式来表示：

$2\times10^{1}+$

$0\times10^{0}+$

$5\times10^{-1}+$

$4\times10^{-2}+$

9×10^{-3}

在阿拉伯数字系统中，一旦知道2加6等于8，很容易类推出以下计算结果：20加60等于80，200加600等于800，2000加6000等于8000。任意长度的十进制数相加，都可以把问题进一步分解：先把两个数按照位置对齐；然后从右向左分别把对应位置的两个一位数相加。计算结果若是一位数，就直接作为最终结果的相应位置的数字；如果有进位（计算结果是两位数），就记下个位数作为最终结果的相应位置的数字，再把左边紧邻位置的运算结果加上1即可；以此类推。

当要将两个十进制数相乘的时候，方法稍微复杂一点，但还是只需将问题分解成几步，做一位数的乘法和加法即可。此外，还需要使用在上小学的时候被数学老师强制记住的九九乘法表之类的口诀。

2.2.2　统一的框架

阿拉伯数字系统的这种与位置相关的计数思想，在十进制上应用并没有显现非常大的优势。但是，当把多种进制放在一起来看，阿拉伯数字系统的优点就很明显了——它依然易于计数和运算，规则还是那么简单。下面看一看阿拉伯数字系统在八进制上的应用。

正如2.1节所述，阿拉伯数字系统应用在十进制中，没有专门表示“十”的符号，所以在八进制中，也没有专门表示“八”的符号。在十进制中的数字符号有10个，分别是0、1、2、3、4、5、6、7、8、9，“十”用前两个数字符号的组合10表示。以此类推，在八进制中的数字符号有8个，分别是0、1、2、3、4、5、6、7，怎么表示“八”呢？也用前两个数字符号的组合10吗？的确是那样。在八进制中，7之后紧接着的数字是10，你可以读作“一零（幺零）”，以避免和十进制混淆。之后的数字是11（其值等同于十进制中的9），读作“一一（幺幺）”，12读作“一二（幺二）”，以此类推，30（其值等同于十进制中的24）读作“三零”。

在阿拉伯数字系统中，无论使用哪种进制，当单个的数字符号用完时，第一个两位数都是“10”。

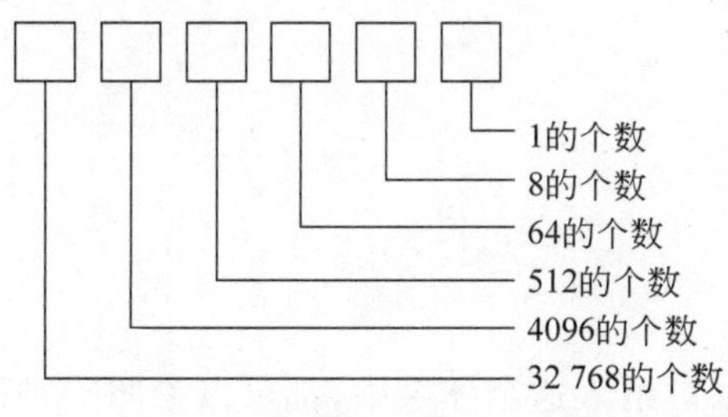

图2.8　位置决定值的大小（八进制）

在阿拉伯数字系统中，八进制和十进制类似，一个多位数中的每一位也有其各自特定的意义——每一个位置代表的值是该位数字乘以8的整数次幂的结果，如图2.8所示。

要想真正避免歧义，不仅要和十进制区分，还得和其他所有进制区分，可以读作“基于8的数二零”或“八进制二零”。

当书写其他进制的数的时候，可以利用下标来区分，以避免混淆和啰唆的解释。

这样，一个八进制数“$7613_{[8]}$”（读作“八进制七六一三”）可以分解成如下形式：

$$7613_{[8]}=7000_{[8]}+600_{[8]}+10_{[8]}+3_{[8]}$$

或者，对其进一步分解，可以将数字写成：

$$\begin{aligned}7613_{[8]}=&7\times1000_{[8]}+\\&6\times100_{[8]}+\\&1\times10_{[8]}+\\&3\times1_{[8]}\end{aligned}$$

或者，用十进制表示每一个位置的值，拆分为

$$\begin{aligned}7613_{[8]}=&7\times512+\\&6\times64+\\&1\times8+\\&3\times1\end{aligned}$$

或者，用8的整数次幂（十进制）的形式来表示：

$$\begin{aligned}7613_{[8]}=&7\times8^3+\\&6\times8^2+\\&1\times8^1+\\&3\times8^0\end{aligned}$$

可以进一步计算出它对应的十进制的数值为3979。所以，上述方法也就是将八进制数转化为十进制数的方法。

说到这里，有人会觉得八进制这类东西很少用，没啥意义，十进制不就足够了么？事实上，我们生活中用到其他进制的机会非常多，它们的重要性绝不亚于十进制。下面就列举一下：

1959年6月25日，中国国务院发布《关于统一计量制度的命令》，将1市斤＝16两改为1市斤＝10两。

七进制：1周＝7天

十二进制：1年＝12月

十六进制：1市斤＝16两

二十进制：1先令＝20便士

二十四进制：1天＝24小时

五十四进制：1副扑克＝54张牌

六十进制：1分＝60秒

……

正是有了阿拉伯数字系统，任意的进制都可以被纳入这个体系中，都可以参照十进制的规则，用相似的方法进行计数和运算。这也为后来用电信号来表示数字并自动计算提供了足够的自由空间——可以选用任意的进制，而不必担心规则改动过大带来的负担。

2.3 用电来计数

19世纪下半叶，电学开始大发展，“电”逐渐成了新的能源，既新潮又干净，用途广，还便宜。从此，人们发明了各种电器为生产和生活服务，例如电视机、空调、冰箱、洗衣机。只要持续给一个电器供电，它就能不眠不休地工作，几乎不用人管理。这时，人们就在想，能不能发明一种电器来自动进行数学计算呢？于是乎，大家就开始动手搞起来了。

2.3.1 原始的模拟

要通过电器进行数学计算，首先要解决的问题是如何用电来表示数字(包括参与计算的数和计算结果)。最自然的想法就是用不同的电压来表示不同的数，例如，要计算30＋18，就在两个输入端分别加上30V和18V的电压，运算完成之后，在输出端获得48V的电压。这是多么美妙的想法啊！

在过去，人们一般是通过将一些精心制作的零件(例如算盘珠子)移动到合适的位置来做到这一点——表示数字和计算结果。

遗憾的是，这种理想化的设计往往会在复杂的实际应用中碰壁。真正实用的工程，其设计都要反复推敲和验证，绝不能靠拍脑袋产生的灵光一现，也不能无视存在的现实条件。上面的设计，当参与运算的数大小得当的时候，应该还算可行。但是数字变得很大的时候，情况就不容乐观了，比如计算85 450 000＋316 674，这意味着你得生成八千多万伏的高压，就算你造出来的工具不被烧毁，我们也不敢买回来使用——听着内部电路“嗞嗞”的叫声，看着外壳上“内有高压，请勿靠近”的醒目标签，你得需要多大的心脏？

如果高压还能容忍的话，那么制造这样一台电器部件真正无法逾越的障碍是表示像0.000 21这样的小数。通常，一个电路只能工作在近似精确的状态，因为有很多因素都会对它产生影响，最常见的一个因素就是温度变化。学过物理的人都清楚，电压和电流有一个关系，用公式表示就是$U=IR$，其中U表示电压，I表示电流，R表示电阻。当电路中有电流通过的时候，导体的温度就会发生变化(例如，电器用久了就会发热)，这也就导致电阻R的值发生变化，进而导致U的值变化。所以仅是想将电压精确地调整到0.000 21V就非常麻烦，如果还想保证它不变化，那几乎就是不可能完成的任务。而在军事、医疗、经济等领域，一旦出现这种精度的误差，都足以致命。

电阻是描述导体导电性能的物理量，电阻的量值与导体的材料、形状、体积以及周围环境等因素有关。

总之，我们要换一种思路了。前面的方案之所以行不通，是因为仅仅只用一根导线是无法表示所有数的，但通过2.2节对阿拉伯数字系统的论述，我们发现无论一个十进制数有多大，它总是0、1、2、3、4、5、6、7、8、9这10个数字符号的不同组合。完全可以用多根导线来表示一个数，其中每根导线都对应着这个数中的一位(与位置相关的计数思想)。如图2.9所示，5根导线自上而下排列，每根导线上的电压分别代表93 850这个数从高到低的每一位。

这种方法的一大特点就是不需要令人畏惧的高电压了，取而代之的是0～9V共9种低电压(可以认为0V属于没有电压)。另一个特点就是表示小数也很方便——只要把导线分成两组，分别代表整数部分和小数部分即可，如图2.10所示。

如果觉得以伏(V)为单位还是太高，可以使用更小的电压单位，如毫伏(mV)，完全不影响效果。

图2.9　用多根导线表示一个数　　　图2.10　整数部分和小数部分的划分

从理论上讲，这种方案还是可行的。基于这种思路制造出来的模拟计算机曾经取得了一些成果。例如，第二次世界大战期间，贝尔实验室研制出的M-9火炮指挥仪就是一种模拟计算机。1940年，一种模拟计算机还安装在潜艇上，用来计算发射鱼雷的方向和速度。

美国贝尔实验室是晶体管、激光器、太阳能电池、发光二极管、数字交换机、通信卫星、电子数字计算机、蜂窝移动通信设备、长途电视传送、仿真语言、有声电影、立体声录音以及通信网等许多重大发明的诞生地。自1925年以来，贝尔实验室共获得25 000多项专利，8项诺贝尔奖(其中7项物理学奖，1项化学奖)。

2.3.2　开关的电路

在导线上施加0～9V的电压来表示一个十进制数，在应用时还是有问题的，主要还是“一个电路只能工作在近似精确的状态”这个原因。以图2.9为例，从上面数第二根导线上，操作者力图用电压3V表示十进制的数字3。如果电路通电时间较长，在各种因素(例如温度影响到电阻值)的作用下电压会发生变化，在某一时刻测量这根导线，发现电压是3.3V了，怎么算？有人说，四舍五入，就算3V，还是表示十进制的3。搬到另一个地方用的时候再测量这根导线，发现电压变为3.7V了，这算表示十进制的3还是4？再过一段时间，再测一次，发现电压是2.9V，这次又怎么估算？

可以想象，当用电路表示电压的时候，每次测量得到的结果都是一个近似值，而且一直在变化，对计算得出的结论我们还敢相信吗？就像上面举的例子一样，当你测量一根导线的电压，得到3.4V或3.6V的时候，估计你内心的纠结是无法言表的吧？

于是我们决定放弃对十进制的模拟了——精确设定并测量电压值实在是一件费力不讨好的事情。我们回想一下儿时做的一种简易电路，材料就是一节电池、一根导线、一个开关和一个灯泡，如图2.11所示。当闭合开关时，接通电路，灯泡就亮了；如果断开开关，切断电路，灯泡就灭了。我们对这两种状态(灯亮和灯灭)的判断不需要任何精密测量工具，就算电压不稳，灯明亮一些或者暗一些，也是无关大局的。

再进一步思考，会发现这种两个状态的表示方法应该比前面设想的10种状态的表示

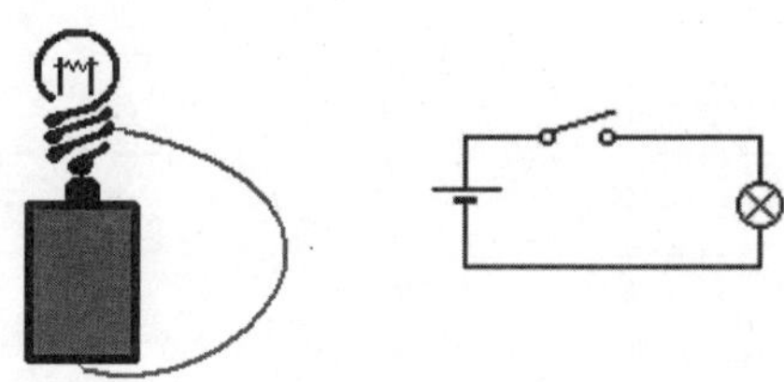

图 2.11 一个电路图的例子(来源:《穿越计算机的迷雾》)

方法更加稳定,更不容易出错。当开关断开时,代表 0;当开关闭合时,代表 1(图 2.12)。这种设计暗合了二进制的思想,开关电路似乎天生就和二进制有着内在的联系。

当然也可以反其道而行之,用开关断开表示 1,闭合表示 0。但是大多数人可能会觉得有些别扭,毕竟我们习惯把“无”看成是 0,断开开关就没有电流了,似乎就应该是 0 才对。

当然,在大多数情况下一个真正的二进制数不是只有一个 0 或者一个 1,它可能包含了很多位,是一连串的 0 或 1。所以,要表示一个真正实用的二进制数,例如 101(也就是十进制的 5),需要一排开关,每一个开关对应二进制数的一位,如图 2.13 所示。

图 2.12 用开关状态表示 0 和 1　　图 2.13 用多个开关表示二进制数

当我们发现了用电路的开关表示二进制数的创意之后,应该立即把它应用到我们正在努力制造的电子元器件中,尽快搞出可以自动计算的电器来。如图 2.14 所示,灰色的方框通常代表一个具有某种功能的电路,在这里它代表的是我们一直努力想要制造的运算部件,这个运算部件的左边和下面各有 5 个开关,分别用于输入两个参与运算的二进制数。通过这个图,我们再次论述一下二进制数之所以在电的世界里受到欢迎的原因。在以前,你必须制作一大堆电路,为的是生成不同的电压。这还不算,为了知道生成的电压够不够数,你还得拿着电压表一遍一遍地挨个测量,而获得这点成就感所付出的却是满头大汗和筋疲力尽。但是现在,你只需要准备一个合适的电源和为数不多的开关就足够了。至于精度,在这里有电表示 1,没有电表示 0,使用多大的电压都无所谓,只要不会烧坏零件或者电着自己,你认为在这里精度会是个问题吗?

除此之外,还有更令人感到振奋的。在前面的设计过程中,由于忙着解决如何将数送到运算部件里去,我们还没有认真研究过另外一个同样很重要的问题,那就是当运算结果出来之后我们怎样知道它是不是正确,是否是我们真正想要的。现在,由于采用了二进制,这个问题也迎刃而解了。方法出奇地简单,因为运算部件是以二进制的方式工作,它送出来的运算结果自然也是用一排导线表示的二进制数。如图 2.15 所示,我们可以把小灯泡接在每一根输出导线上,以此来显示输出结果的每一位到底是 0 还是 1(灯灭还是灯亮)。

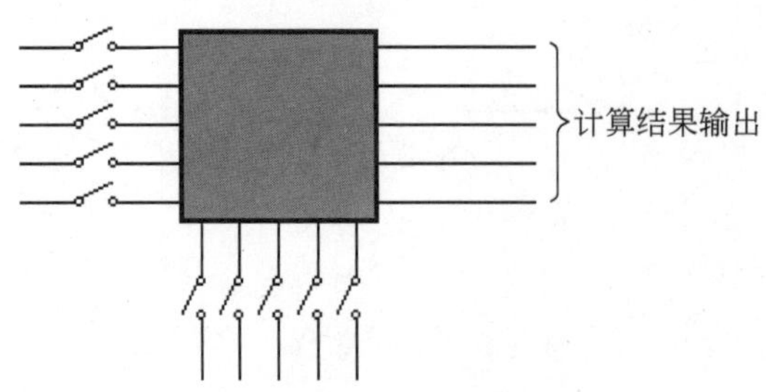

图 2.14 理想中的二进制运算部件

来源:《穿越计算机的迷雾》

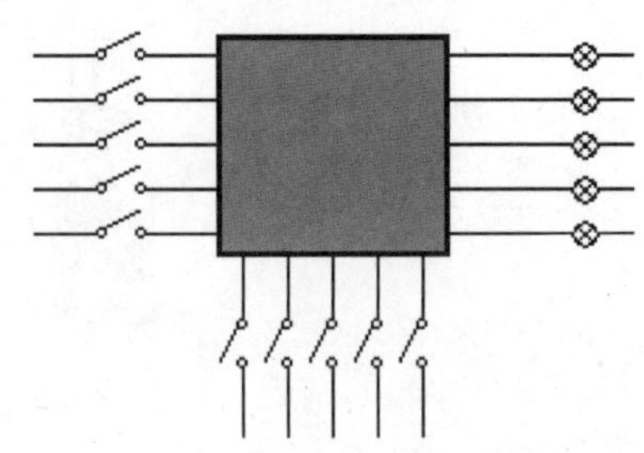

图 2.15 通过灯泡发光直观地看到结果

来源:《穿越计算机的迷雾》

2.4 神奇的二进制

对于电子元器件来说,二进制有着无可比拟的先天优势。事实上,目前的所有 IT 产品中,无论界面、功能多么令人眼花缭乱,本质上都是使用二进制系统,数据最终都要转化成二进制的形式来存储和处理。

2.4.1 运算法则

二进制既然那么好用,我们就要多花点儿时间仔细研究一下,先看一看怎么估算它的值。在一个多位二进制数中,数字的位置和 2 的整数次幂的对应关系如图 2.16 所示。

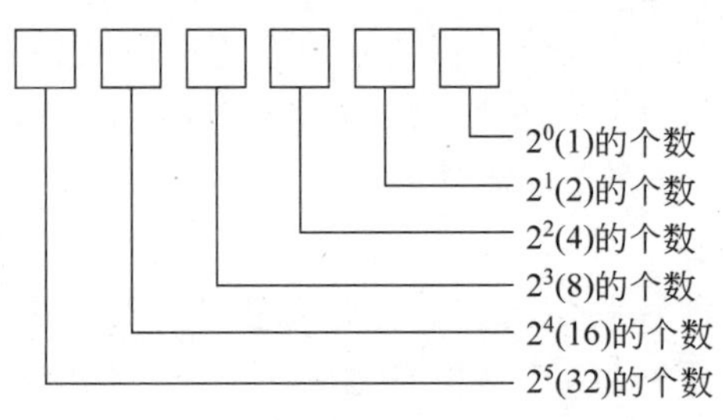

图 2.16 位置决定值的大小(二进制)

假定有一个二进制数 $111010_{[2]}$(读作"一一一零一零"),它可以分解成如下形式:

$$111010_{[2]}=100000_{[2]}+10000_{[2]}+1000_{[2]}+10_{[2]}$$

或者用十进制表示每一个位置的值,拆分为

$$\begin{aligned}111010_{[2]}=&1\times 32+\\&1\times 16+\\&1\times 8+\\&0\times 4+\\&1\times 2+\\&0\times 1\end{aligned}$$

或者用 2 的整数次幂(十进制)的形式来表示:

$$111010_{[2]}=1\times2^5+1\times2^4+1\times2^3+0\times2^2+1\times2^1+0\times2^0$$

将各个部分以十进制的形式相加，就可以计算出 $111010_{[2]}$ 的值为 58。

用二进制计数是这样的：$0_{[2]}$，$1_{[2]}$，$10_{[2]}$，$11_{[2]}$，$100_{[2]}$，$101_{[2]}$，$110_{[2]}$，$111_{[2]}$，$1000_{[2]}$，$1001_{[2]}$，$1010_{[2]}$，$1011_{[2]}$，$1100_{[2]}$，$1101_{[2]}$，$1110_{[2]}$，$1111_{[2]}$，$10000_{[2]}$，$10001_{[2]}$，$10010_{[2]}$，$10011_{[2]}$，$10100_{[2]}$…，最右边的一位(最低位)以 0 和 1 交替。每当该位由 1 变为 0，从右边数第二位(次低位)也随之改变——不是由 0 变到 1，就是由 1 变到 0。因此，每次只要有一个二进制数位的值由 1 变到 0，紧挨着的高位数字也会发生变化(即产生“进位”)。

如果需要对两个二进制数进行加法或乘法，直接运算要比转换成十进制再进行运算要简单得多。二进制加法的口诀非常简单，如表 2.1 所示。

这也是电子元器件都采用二进制数的一个重要原因。

利用这个加法表描述的规则，计算两个二进制数的和：

$$\begin{array}{r} 1100101 \\ +\ 0110110 \\ \hline 10011011 \end{array}$$

从最右边的一列开始做起：1 加 0 等于 1；右数第 2 列：0 加 1 等于 1；第 3 列：1 加 1 等于 0，进位为 1；第 4 列：1(进位值)加 0 再加 0 等于 1；第 5 列：0 加 1 等于 1；第 6 列：1 加 1 等于 0，进位为 1；第 7 列：1(进位值)加 1 再加 0 等于 10。

乘法表甚至比加法表还要简单，因为该表可以由两个基本的乘法规则推导出来：任何数乘以 0 结果都为 0，任何数乘以 1 结果都是这个数本身，如表 2.2 所示。

表 2.1　二进制加法表

+	0	1
0	0	1
1	1	10

表 2.2　二进制乘法表

×	0	1
0	0	0
1	0	1

下面是两个二进制数乘法运算的过程：

$$\begin{array}{r} 1101 \\ \times\ 1011 \\ \hline 1101 \\ 1101 \\ 0000 \\ 1101 \\ \hline 10001111 \end{array}$$

需要注意一点，二进制数的位数增加得特别快，极不利于人类的判读。例如，“一千二在阿拉伯数字系统中，如果十进制数很长，也是用逗号或者空格分隔开来，这有利于辨认。例如“一千二百万”，写作12 000 000，这样你一眼就可以看出大小了。

百万”这个数量用二进制表示为$101101110001101100000000_{[2]}$。为了让它更易读，通常是每4个数字之间用一个连字符或空格分开，例如$1011-0111-0001-1011-0000-0000_{[2]}$或$1011\ 0111\ 0001\ 1011\ 0000\ 0000_{[2]}$。

如果把分隔好的每4个二进制数字符号变成一个数字符号，那就是十六进制数的表示方法(十六进制的16个基本数字符号分别是0、1、2、3、4、5、6、7、8、9、A、B、C、D、E、F)，如此一来$1011\ 0111\ 0001\ 1011\ 0000\ 0000_{[2]}$就可以转化为$B71B00_{[16]}$。如果把每3个二进制数字符号变成一个数字符号，就是八进制数的表示方法，$1011\ 0111\ 0001\ 1011\ 0000\ 0000_{[2]}$可以转化为$55615400_{[8]}$。从二进制转化为十六进制或八进制要比转化为十进制更加直接、便捷。

莱布尼茨与二进制

看起来二进制与电学有着不解之缘，好像它是专门为电子元器件量身定做的一样，遗憾的是这两者之间原本毫无关联。二进制的正式创建早在电气时代之前，大约在1672—1676年，做出这个伟大贡献的是德国人戈特弗里德·威廉·凡·莱布尼茨(Gottfried Wilhelm von Leibniz)。莱布尼茨是伟大的哲学家和数学家，他不但是数理逻辑的开创者，还是和牛顿齐名的数学家，他们各自独立地创建了微积分。当然，这不是他们唯一的共同点，他们生活在同一个时代，都长着喉结，是理所当然的男人，也都很遗憾地一辈子没结婚。到了晚年，他们也都热衷于研究宗教和神学。

尽管莱布尼茨发明了二进制，但这并非是由于他认识到二进制对于计算机来说是多么重要。事实上，尽管他曾经热衷于研究如何制造计算机，也发明了一台机械计算机，但那台机器却根本不使用二进制工作。如果他要是知道自己发明的二进制现在支配着全世界不计其数的计算机的运行，不知该作何感想。历史上有很多伟大的发明和发现究其初衷并不是因为它“有用”，更多的时候纯粹是好奇和偶然的产物(当然，客观地说，每一项发明都饱含辛酸和汗水)，甚至有时候连发明它们的人对它们的应用前景也并不看好，甚至因为担心这些发明具有不良的社会教化作用而忧心忡忡……

2.4.2 编码字符

与其他进制相比，二进制的特殊性在于它是人们所能想到的最简单的数字系统，它只有两个数字符号——0和1。如果想进一步简化它，就只好把1去掉，最后我们就剩下一个数字符号0了。但仅用一个0是做不了任何事情的——只有一个符号，或者说只有一个状态，是没有办法产生变化的。套用中国明代的程允升在《幼学琼林·夫妇》中的一句话，那就是“孤阴则不生，独阳则不长，故天地配以阴阳。”这句话在哲学上的根源是中国古代的哲学典籍《易经》，而恰恰是在这部书中最早尝试用两个符号（“--”和“—”）来对世间万物进行编码，并启迪了后来二进制的正式创建。

在莱布尼茨生活的时代，中国和欧洲交往比较频繁，在中国有一些传教士（是莱布尼茨的朋友）给他带去了中国的典籍和各种杂货，其中最让他感到惊讶的是太极八卦图，当时他高兴得不得了，这张图印证了他的想法，在二进制的研究过程中给了他启示和灵感。

《易经》的两个基本符号“--”和“—”（称为“阴爻”和“阳爻”），不仅看起来简洁优美，而且很有神秘感，让人浮想联翩。如图 2.17 所示，从样子上看“--”很像断开的电路开关，而“—”像闭合的电路开关，如果把前者作为 0，后者作为 1，就可以从图 2.17 中找到 000 到 111 这八个二进制数。

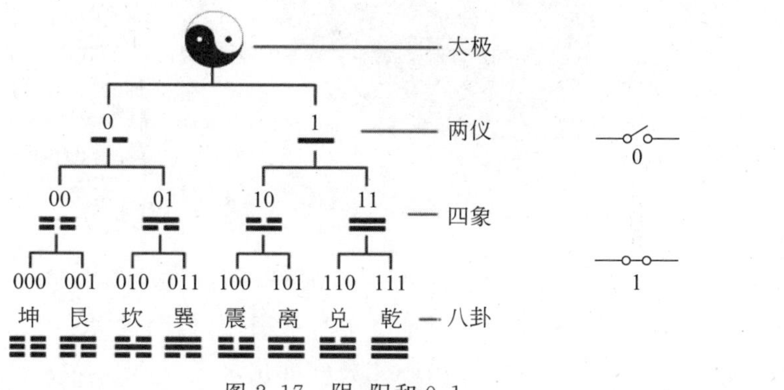

图 2.17　阴、阳和 0、1

正如《易传・系辞上传》的论述：“是故，易有太极，是生两仪，两仪生四象，四象生八卦……”其实，“两仪”是 1 位二进制数，“四象”是 2 位二进制数，“八卦”是 3 位二进制数，经过“八卦”两两组合的“六十四卦”显然就是 6 位二进制数了，如图 2.18 所示。当然《易经》的卦并不是数制，古代人发明它更多地是希望用它来占卜或者论述哲学道理。虽然他们没有研究如何运用这些卦来进行算术运算（例如“艮”卦加上“震”卦，“离”卦乘以“兑”卦等），但是他们显然已经发现用这两个符号就可以变化出无数种不同的组合来，可以指代各种物体和自然现象——这就是一种朴素的编码思想。

现代电子计算机就是延续了这种二进制编码的思想（《易经》用 6 位二进制数组合来表示 64 种事物），用 8 位二进制数组合来表示 256 种可能的字符（囊括了我们目前所用的键盘上的所有按键）。这就是美国国家标准学会（ANSI）制定的美国信息互换标准代码（American Standard Code for Information Interchange，ASCII），通称 ASCII 码。例如，ASCII 码中对“!”的编码是 $0010\ 0001_{[2]}$，对“%”的编码是 $0010\ 0101_{[2]}$，对“A”的编码是 $0100\ 0001_{[2]}$，对“ ”（空格）的编码是 $0010\ 0000_{[2]}$……

不过，ASCII 码是基于拉丁字母的一套计算机编码系统，主要用于显示现代英语和西欧语言，所以它不能满足其他语种的需要，例如中国象形汉字、希腊字母、日文和韩文的特殊符号……为了解决这一问题，20 世纪 90 年代研发了可以容纳世界上所有文字和符号

图 2.18 六十四卦对应 6 位二进制数

的字符编码方案——Unicode(也称统一码、万国码、单一码)。Unicode 利用多达 32 位二进制数组合进行编码,最多可以容纳 1 114 112 个字符,目前世界上大多数程序用的字符集都是 Unicode,这也有利于程序的国际化和标准化。

之所以少于理论上的数量,是因为并不是所有的二进制数组合都用来对字符编码,有一些被保留下来,另有他用。

通过上面的叙述,我们逐渐适应或至少熟悉了“编码”的概念:用以表示其他符号的符号,用以表示其他词语的词语。更高大上一点的说法就是从一种抽象向另一种抽象的转换。你不需要很懂,大体能悟到一点儿意思就行啦。

简单与复杂——二进制的启示

如果回顾人类制造自动计算机器的历史,会发现众多高智商的发明家前仆后继,想出了无数巧夺天工的方案,最终却是基于二进制的开关电路笑到了最后。很奇怪吧? 为什么呢? 就是因为它简单——它的全部,它的一切,就只有 0 和 1。简单意味着具有较少的运算规则;较少的运算规则意味着设计不太复杂;不太复杂的设计又意味着可以用很少的材料来制造,管控起来非常简便。最终这就节省了人力、物力和时间,还能保证机器工作的可靠性!

这让我想起了二战名枪 PPSh-41,也就是波波沙冲锋枪。它不仅火力和精度可靠,而且易于使用和保养,最令人称道的是它制造简单且造价低廉,其主要零件可在汽车修理厂或锡厂由不熟练的劳动力使用非常简单的设备生产(使得更多熟练的技术工人可以投入其他更为精密的武器的制造中)。它的这种设计思想不仅极大地影响了后来的 AK47,也使得 20 世纪 40 年代 PPSh-41 的产量高达 600 多万支,在当时是当之无愧的王者。它的设计者斯帕金曾经说过:“要使某些事情变得非常复杂是非常简单的，但要使它变得简单将非常复杂。”

2.4.3　度量信息

可以说，物质、能量和信息是 3 种非常重要的战略资源。人们很早就知道用秤或者天平计量物质的质量了；到了 19 世纪中叶，能量的计量也通过卡、焦耳等新单位的出现得到了解决；人们认识到声音、图画、文字、数字的重要意义已有几千年历史了，但是它们的总称是什么，如何统一地计量，直到 19 世纪末还没有被正确地提出来，更谈不上如何去解决了。

20 世纪初期，随着电报、电话、照片、电视、无线电、雷达等的发展，如何计量信号中信息量的问题逐渐提上日程。许多科学家都在如何计算信息量这个问题上做了大量的工作，但作出决定性贡献的人还是美国科学家克劳德·艾尔伍德·香农。1948 年，香农发表的长达数十页的论文《通信的数学理论》成了信息论正式诞生的里程碑。在论文中，他引入了“比特”(bit)这个术语作为信息量的度量单位，并定义一条消息的信息量为对消息所有可能含义进行编码时所需要的最少的比特数。

克劳德·艾尔伍德·香农（Claude Elwood Shannon），美国数学家、信息论的创始人。他提出了信息熵的概念，为信息论和数字通信奠定了基础。

看完上面的叙述，估计虽然你对香农非常崇拜，但对信息量的认识还是一头雾水。举几个简单的例子说一下吧。如果我们不知道张三是“男”还是“女”，有人来告诉我们答案，那么我们获得的信息量是多少呢？答案是 1 比特，记作 1b。让我给你解释一下：如果用二进制编码 $1_{[2]}$ 表示“男”，$0_{[2]}$ 表示“女”，对于张三的性别进行编码最少用 1 位二进制数（也就是 1b）就足够了。

比特由英文 bit 音译而来，是二进制数字中的位。20 世纪 40 年代，美国数学家约翰·威尔德·特克（John Wilder Tukey）提议用 bit 作为 binary digit（二进制数）的缩写。

有人会说，那我用 2 位二进制数来表示，也就是 2b，不行吗？当然可以，你用 $00_{[2]}$ 表示“男”，$01_{[2]}$ 表示“女”，但你浪费了 $10_{[2]}$ 和 $11_{[2]}$，也就是浪费了一半的编码量，所以你传递的信息量只是 2b 的一半——1b。

再举个例子，如果我们不知道一种水果在哪个季节成熟，是“春”“夏”“秋”还是“冬”？有人来告诉我们答案，那么我们获得的信息量是多少呢？答案是 2 比特，记作 2b。因为要对“春”“夏”“秋”“冬”4 种可能的含义进行编码，最少需要 2 比特——你用 1 比特试试，$0_{[2]}$ 表示“春”，$1_{[2]}$ 表示“夏”，就没法表示“秋”和“冬”了。

如果有朋友要来探望你，你打个电话问他星期几过来（你需要考虑车辆限号、例会冲突、坐班调休等相关问题，好腾出时间来招待他）。那么他给你的信息量是多少呢？你有经验了，不就是看看最少用多少比特就能给周一到周日编码么？你会发现 2 比特不够用，但 3 比特又多了一点：

$000_{[2]}$ = 星期日

$001_{[2]}$ = 星期一

$010_{[2]}$=星期二

$011_{[2]}$=星期三

$100_{[2]}$=星期四

$101_{[2]}$=星期五

$110_{[2]}$=星期六

$111_{[2]}$(没用上)

所以你估计他给了你不超过 3b 的信息,但具体是二点几比特,仅靠估计是得不到精确结果的。而且,你的估计是建立在概率相等的前提下的,也就是说他来的那天是简单随机的,是星期一、星期二、星期三、星期四、星期五、星期六和星期日其中任一天的概率相等,都是 1/7。

但现实是复杂的,没这么理想化。你的朋友也得上班,咱们假设他工作日过来的可能性是 0,那就只有周六和周日了,很显然,1 比特就足以表示了,信息量成了 1b(就算不打电话,我也知道不是周六就是周日嘛)! 让我们把情况设计得再复杂一点,假设已知他周四和周五一般都是半天班,请个事假也没太大问题,所以他周一到周三来的概率为 0,周四来的概率为 12.5%,周五来的概率为 12.5%,周六来的概率为 50%,周日来的概率为 25%。那么他在电话里告诉你哪天过来,这会给你多少信息量? 估计是不超过 2b 的信息(只有周四、周五、周六、周日 4 种情况),但是,到底是一点几比特? 我们依然没法处理。

熵指的是体系的混乱的程度,它在控制论、概率论、数论、天体物理学、生命科学等领域都有重要应用,在不同的学科中也有引申出的更为具体的定义,是各领域十分重要的参量。熵由鲁道夫·克劳修斯(Rudolf Clausius)提出,并应用在热力学中。后来,香农第一次将熵的概念引入信息论。

看看,这和概率还相关,真是让人挠头。算了,我们资质有限,还是求助于香农吧。香农创立的信息论告诉我们,一条消息 M 中的信息量可以通过它的熵(entropy)来度量,表示为 $H(M)$,它的单位是比特,计算公式为

$$H(M)=-\sum_{x\in R}p(x)\log_2 p(x)$$

这里,把消息 M 看作一个随机变量,它的概率分布为 $p(x)=P(M=x)$,R 为 x 的取值空间,$\sum$ 是求和的意思。有时也将 $H(M)$ 记为 $H(p)$,将$\log_2 p(x)$简写成 $\log p(x)$,并约定 $0\log 0=0$。

这样就可以计算前面那个估算不准的例子了。因为周一到周三来的概率为 0,周四来的概率为 12.5%,周五来的概率为 12.5%,周六来的概率为 50%,周日来的概率为 25%,所以套用熵的公式就是

$$\begin{aligned}H(M)&=-\sum_{x\in R}p(x)\log_2 p(x)\\&=-\left(0\log_2 0+0\log_2 0+0\log_2 0+\frac{1}{8}\log_2\frac{1}{8}+\frac{1}{8}\log_2\frac{1}{8}\right.\\&\qquad\left.+\frac{1}{2}\log_2\frac{1}{2}+\frac{1}{4}\log_2\frac{1}{4}\right)\end{aligned}$$

$$=-\left(0+0+0-\frac{3}{8}-\frac{3}{8}-\frac{1}{2}-\frac{2}{4}\right)$$

$$=-\left(-\frac{6}{8}-1\right)$$

$$=1.75$$

从这里可以看出，用数学的语言来描述问题，不仅简洁概括，而且逻辑严密。所以，伟大的革命导师马克思说过一句话：“一种科学只有在成功地运用数学时，才算达到了真正完善的地步。”

信息是什么？

到目前为止，我们了解了怎么计算信息量。但对于“信息是什么？”，我们依然没有答案。对此，香农在进行信息的定量计算的时候，明确地把信息量定义为随机不定性程度的减少。这就表明了他对信息的理解：信息是用来减少随机不定性的东西。或者表述为香农逆定义：信息是确定性的增加。控制论的创始人诺伯特·维纳则认为“信息是人们在适应外部世界，并使这种适应反作用于外部世界的过程中，同外部世界进行互相交换的内容和名称”，这也被人们作为经典性定义加以引用。

诺伯特·维纳（Norbert Wiener），美国应用数学家，控制论的创始人。在附录C还会介绍他的成就。

“信息”一词在英文、法文、德文、西班牙文中均是 information，日文中为“情报”，我国台湾称之为“资讯”，我国古代用的是“消息”。我们普遍认为，信息是事物发出的消息、指令、数据、符号等所包含的内容。人通过获得、识别自然界和社会的不同信息来区别不同事物，得以认识和改造世界。

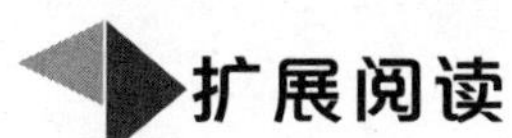

扩展阅读

布莱叶盲文

1809 年 1 月 4 日，路易斯·布莱叶（Louis Braille）生于法国巴黎附近的库普雷村。1812 年，布莱叶 3 岁的时候，一天在他父亲的工作室里玩耍，不慎被一个尖头工具弄伤了一只眼睛，由此而引起的感染很快影响到另一只眼睛，到 5 岁时他双目都失明了。10 岁时，他被牧师雅克·帕路送入巴黎皇家盲人学校学习。

显然，盲人教育中的一个主要障碍就是他们无法阅读印刷的书籍。皇家盲人学校的创始人瓦伦丁·霍伊曾发明过一种在纸面上印下凸起文字供盲人触摸阅读的方法。但这种文字系统使用起来还是很困难，没有推广开来。究其原因，霍伊先生视力健全，对他而言，字母 A 就是 A，记录的时候也必须看起来（或感觉起来）像一个 A。但这是视力正常人的模式，并不适合盲人。

另一种编码方案就是法国军官查尔斯·巴比尔(Charles Barbier)在1819年发明的一种“夜间书写”的文字。他在厚纸上使用凸起的点和划的组合来表示文字(用锥子形的铁笔在厚纸背面刻画)，当部队需要无声交流的时候，哪怕光线很暗，通过手指触摸也能进行阅读。但是，巴比尔的编码太过复杂，使用的是与读音相对应的编码串，有时候仅仅为了表示一个单词，就不得不使用很多的码字，明显不利于长文本的编码。

布莱叶在12岁就熟悉了巴比尔这种编码方案了，并花费心血来改进这个方案。3年以后，他终于创建了自己的编码方法，先是在自己学校内部使用，然后传播到了世界的各个角落。在布莱叶盲文中，每个书写符号都被编码为3×2矩阵中的一个或多个凸起的点，如图2.19所示，我们可以看到每个字符占有6个位置，每个位置要么是凸起的点，要么是平的，这就很像1和0，可以说，这6个位置就是6比特，能够表示64个不同的字符。

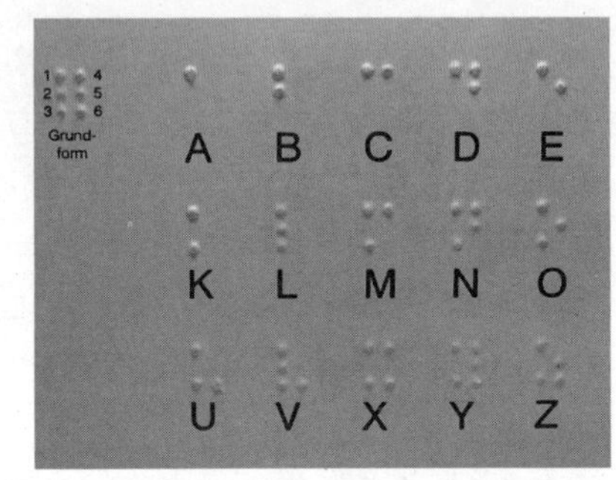

图2.19 布莱叶盲文示例

当然，布莱叶盲文绝非这么简单。它的规则还有很多。例如，如果这些书写字符相互之间间隔较小(小空格)，就认为是一些字母的编码；如果间隔很大(大空格)，就是一些单词的编码。所以，根据上下文不同，这64组编码中有很大一部分有着双重身份甚至多重身份(这种情况类似于汉语中的多音多义字，需要分析和辨别才能确定其真实含义)。

莫尔斯电码

萨缪尔·莫尔斯(Samuel Morse)生于美国一个牧师家庭，1810年毕业于耶鲁大学，早期曾从事印刷和绘画。作为一名画家，莫尔斯是成功的，他曾两度赴欧洲留学，在肖像画和历史绘画方面成了当时公认的一流画家，还在1826—1842年担任美国画家协会主席。但历史也会开个玩笑，真正让莫尔斯名垂青史的却是他在信息技术领域的一次尝试——电报的编码。

据说那是1832年的秋天，莫尔斯乘坐一艘邮轮要从法国前往美国。巧得很，他遇到了一个名叫杰克逊的美国医生。说来也怪，这个医生的医术如何没有人知道，但他知识渊博，居然还懂得电磁感应原理。在百无聊赖的航行途中，画家莫尔斯和医生杰克逊谈得十分投机，他向医生请教了不少电学方面的知识。

此后，莫尔斯就完全被电迷住了，连续几个晚上都失眠了。他想：“电的传递速度那么快，能够在一瞬间传到千里之外，加上电磁铁在有电和没电时能作出不同的反应。利用这种特性不就可以传递信息了吗?”再回想起了船长讲的哥伦布“大海传信”的故事,以及他当时流露出的对及时传递信息的渴望,41 岁的莫尔斯决定放弃他的绘画事业,转行发明一种用电传信的方法——电报(telegraph,字面意思就是“远距离书写”)。

从大量的文献资料中,莫尔斯得知早在 1753 年——人类对电的认识还是处在静电感应时代,一位叫摩立孙的电学家就设计过这样一个实验:架设 26 根导线,每根导线代表一个字母。当导线通电时,在导线的另一端,相应的纸条就被吸引,并记下这个字母。当时由于电源问题没有解决,这个实验未能进一步深入。于是,莫尔斯用了 3 年时间力图重现这个实验,但由于设备过于复杂,花光了所有积蓄也没有做成功。这使得他意识到,必须把 26 个字母的信息传递方法加以简化,这样电报机的结构才会简单实用一些。

“大海传信”的故事内容是,哥伦布在 1498 年组织了一支 6 条船、300 人的队伍,前往赤道附近寻找黄金遍地的乐土。途中由于天气太热,船上的食物全部霉烂了。束手无策的哥伦布写了一封求援信,塞进密封的耶壳里投入大海,指望海水能把这封信送到西班牙。直到哥伦布历经千难万险返回西班牙时,才知道国内并没有收到那封求援信。

“用什么符号代替 26 个英文字母呢?”莫尔斯苦苦思索。他画了许多符号:点、横线、曲线、正方形、三角形。最后,他决定用点、横线和空白共同承担起发报机的信息传递任务。他为每一个英文字母和阿拉伯数字设计出代表符号,这些代表符号由不同的点、横线和空白组成。这就是电信史上最早的编码,后人称之为莫尔斯电码,从图 2.20 不难看出,它的思想和二进制有着异曲同工之妙。

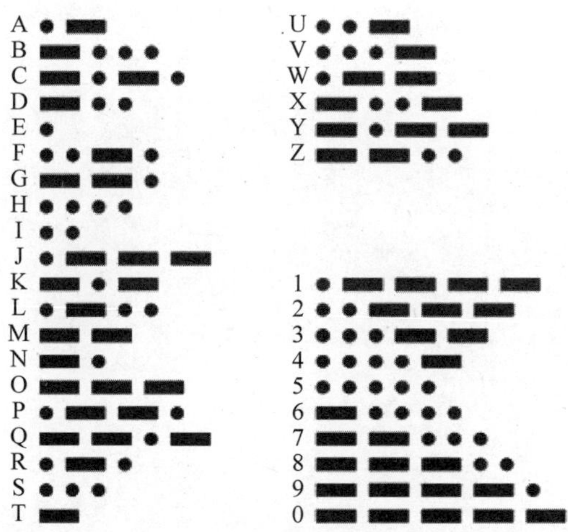

图 2.20 莫尔斯电码示例

有了电码,莫尔斯马上着手研制电报机,并在 1837 年 9 月 4 日制造出了一台模型。它的发报装置很简单,由电键和一组电池组成。按下电键便有电流通过,按的时间短促表示点信号,按的时间长些表示横线信号。它的收报机装置较为复杂,是由一只电磁铁及有关附件组成的。当有电流通过时,电磁铁便产生磁性,这样由电磁铁控制的笔也就在纸上记录下点或横线。这台发报机的有效工作距离为 500m,随后,莫尔斯又对它进行了改进。

为了在实践中检验发报机的性能,莫尔斯计划在华盛顿与巴尔的摩两个城市之间架这是一个源自圣经中的句子："What hath God wrought!"

设一条长约64km的线路。为此，他请求美国国会资助3万美元作为实验经费。国会经过长时间的激烈辩论，终于在1843年3月通过了资助莫尔斯实验的议案，并在一年后拨款建成了这条电报线路。1844年5月24日，莫尔斯坐在华盛顿国会大厦联邦最高法院会议厅中，用激动得发抖的手向远方的巴尔的摩发出了人类历史上第一份长途电报："上帝创造了何等奇迹！"

参考文献

[1] 詹姆斯·格雷克. 信息简史[M]. 高博，译. 北京：人民邮电出版社，2013.

[2] 吴军. 数学之美[M]. 2版. 北京：人民邮电出版社，2014.

[3] 查尔斯·佩措尔德. 编码：隐匿在计算机软硬件背后的语言[M]. 左飞，薛佟佟，译. 北京：电子工业出版社，2010.

[4] 李忠. 穿越计算机的迷雾[M]. 北京：电子工业出版社，2011.

第 3 章

计算机硬件

社会一旦有技术上的需要，则这种需要会比十所大学更能把科学推向前进。

——弗里德里希·恩格斯（德国思想家、哲学家）

和人类历史上许多重大的突破一样，信息技术的领头羊——计算机的出现并不是短短几年间技术突破的结果，而是靠着上千年来无数代人长期的努力和技术的积累。在美国硅谷中心的山景城（Mountain View）有一座计算机博物馆，一进门，在最显眼的位置放着一个大展牌，上面写着“计算机 2000 年的历史”，意思是说计算机的历史已经有 2000 年了。

显然，计算机 2000 年历史的起始点是从类似算盘的计算工具开始的，只不过那是手工操作的计算机。到了近代，人们又在想办法使用机械代替人手拨算盘珠，这就导致了机械计算机的发明。其中，法国的布莱士·帕斯卡（Blaise Pascal）、德国的莱布尼茨和英国的查尔斯·巴贝奇（Charles Babbage）都曾经设计出了基于十进制的机械计算机，虽然实用性稍差了一些，但这些探索都是人类文明史上的宝贵财富。

其中，中国的算盘最为实用，其珠算口诀最为智能。直到 20 世纪 80 年代，算盘还在社会生活中扮演着非常重要的角色。

到了电气时代，人们自然就想到利用电能来发明一种新型实用的自动计算器。于是就像 2.3 节所述，无数先人历经波折，才确定了用基于二进制思想的开关电路来计数，从而发明了电子运算部件。但问题又来了，我们如何输入数据？总不能把手伸到到机器内部，一个一个地断开和闭合这些微小的开关吧？再者，我们如何让这些部件自己做运算？如果每一步的结果都需要人来记录，这能叫自动吗？还有，我们如何让它直接显示出结果来呢？这些都是和“硬件”相关的问题，不解决这些问题，电子计算机的发明和应用就无从谈起。

关于这些发明背后的故事，有兴趣的读者可以看一看本章的扩展阅读——计算机的那些“祖先”。

3.1 元器件的进化

对古代远距离通信有兴趣的读者可以看看詹姆斯·格雷克的《信息简史》一书第5章"地球的神经系统"。

输入数据可以看作一个信息传递的问题，也就是把外面的信息传递到电子器件的内部，这和我们一直尝试的远距离通信有很大的共通之处。而对于远距离通信，古人早已想到了比较直接的方法，就是雇佣一些人作为中转站，通过呼喊、挥动旗子或者快马送信，一个接一个地把信息从远处传递过来。技术上更为复杂一点的方法，就是使用烽火台或者使用带有机械臂的大型装置来代替人做挥旗的工作。

不过，我们既然已经打算用"电"来计算，并已经用"电"来表示数字了，那么，我们还是继续用"电"来传递信息吧。这可不是我先想到的，第2章提到的莫尔斯发明的电报机，就具有这个功能。

3.1.1 自动控制的开关

今天我们看来，电报机的原理很简单：在线路的这一端采取一些措施，使线路的另一端发生某种变化。也就是说，我在线路的一段制造一个状态，线路的另一端就会呈现与之相对应的状态——信息的远距离传递就这样发生了！

丹麦物理学家奥斯特在1820年发表了题为《磁针电抗作用实验》的论文，向科学界公布了他关于电流磁效应的发现。随后，英国物理学家迈克尔·法拉第又发现了磁场也能产生电流，并于1831年确立了电磁感应的基本原理。

那用什么技术来把这个想法落地呢？这还要从中学物理课上的一个知识点——"电磁现象"说起。我们知道，当一根电线有电流通过时，就会在它的周围产生微弱的磁场。这种"电能生磁"的现象叫作电流的磁效应，它和"磁能生电"的现象一起，合称电磁现象。电流的磁效应吸引了很多发明家制作了各种各样的新鲜玩意儿，当然，它们大部分是电磁铁。

如图3.1所示，如果你手头有一根铁棒，在上面用细导线绕上若干圈，然后在导线上接通电流，铁棒变成了一块磁铁(现在它就能吸引其他的铁块和钢块)；断开电流，铁棒的磁性就会消失。使用电磁铁的一个显而易见的好处是，当你把散落在地上的铁钉都吸到一起时，不用再费力地把它们摘下来放到钉盒里(通常这是令人非常烦恼的)，只需要断开电流就行了。

据说在1831年，美国人约瑟夫·亨利(Joseph Henry)制作了一个体积并不是很大的电磁铁，能吸起重达1t的铁块。当然，如果他止步于此，那么电感单位也不会以他的姓氏"亨利"命名了。真正让他名垂青史的是他在电磁铁上更进一步的发明——继电器。

继电器可以看成由上端和下端两套装置组成，如图3.2所示。在下端，是一个开关(通常称之为按键)，可以控制电流的通断，进而决定着一个电磁铁的状态——有磁性和无磁性。在电磁铁的上方，有一个长长铁片——衔铁臂安装在支架上，它可以上下自由活动。平时，也就是电磁铁没有通电产生磁力的时候，它被一根弹簧拉着，以免与电磁铁挨在一起。一旦下端的开关闭合，衔铁臂就会被电磁铁吸引从而接通上端的电路；当下端开关断开时，电磁铁失去磁性，衔铁臂又在弹簧的牵引下回到原来的位置，从而断开了上端的电路。

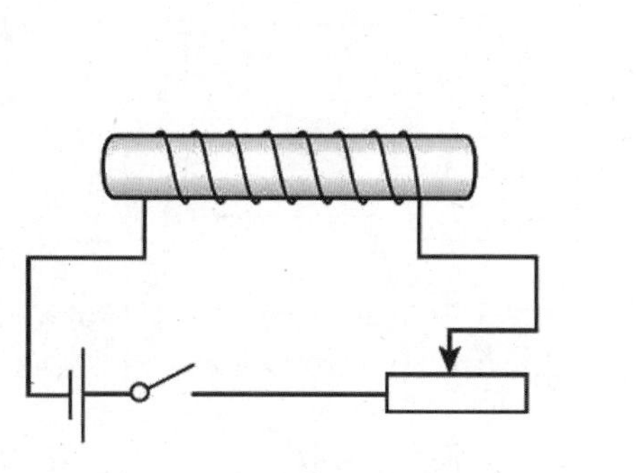

图 3.1 电磁铁的原理图

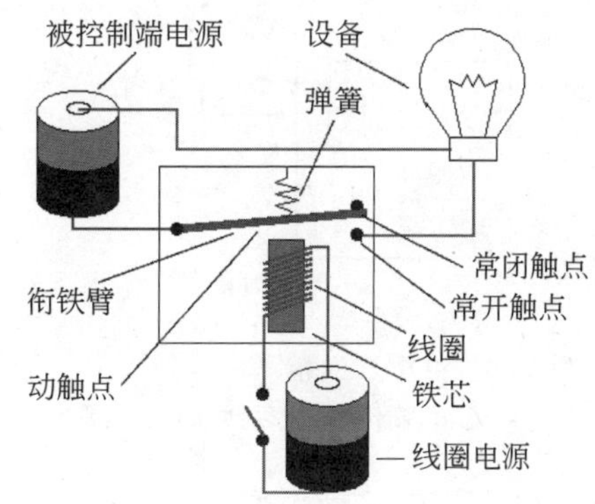

图 3.2 继电器的原理图

继电器最初被莫尔斯用于发明电报机，主要解决了一个问题——长途电报的线路太长，电阻就会变大，这就导致电报线路的另一端电流过于微弱，没法有效地传递信息。如果在电报线路上设置一个一个基于继电器的中继站，那么从远端传来的电流就会驱动继电器的电磁铁拉动衔铁臂，衔铁臂同时又作为一个开关连接着电池和输出线路。通过这种方法，输入的比较弱的电流被“放大”成了较强的输出电流。

就我们的目的而言，我们对继电器放大微弱电流的功能并不怎么关注(这是莫尔斯他们考虑的问题)。真正使我们着迷的是：继电器可以通过电流把一端的信息传递到另一端——下端电路开关闭合的状态可以控制(影响)上端电路开关闭合的状态。而且，继电器是一种真正的通过电流控制而非人工控制的开关！

为了方便起见，可以将继电器的原理图简化一下，如图 3.3 所示，利用接地的方式减少一些电线，用大写字母“V”(代表电压)来指代电池。左侧开关闭合，电流从 V 端流出，进过电磁铁芯流到大地上，产生磁效应，吸合金属簧片(即图 3.2 中的衔铁臂)，从而连通了右侧 V、灯泡和地之间的电路，使灯泡发亮。

在这种情况下，大地仅代表一个公共端，并不是真正意义的物理接地。

实际上，灯泡可以采用两种方式连接到继电器上。注意，弹性金属簧片是被电磁铁拉下来的。平时，金属簧片与上端触点相接触，当电磁铁拉动它时，它就会与下端触点相接触。我们之前一直把金属簧片与下方触点接触作为继电器的输出，而其实也可以把它与上方触点相接触作为输出。如图 3.4 所示，这时，继电器的输出恰好相反，当输入开关断开的时候灯泡发光，当输入开关闭合的时候灯泡熄灭。用开关术语来说，这种继电器叫作双掷继电器。它拥有两个输出，但这两个输出在电的极性上是对立的——当一端有电压时，另一端就没有电压。

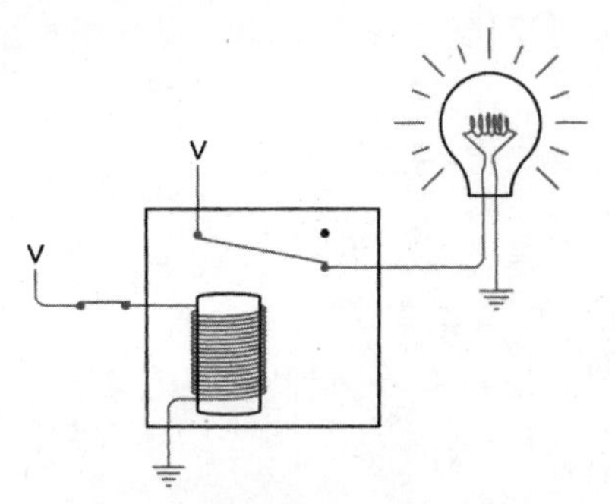

图 3.3 继电器的精简原理图

来源：《编码：隐匿在计算机软硬件背后的语言》

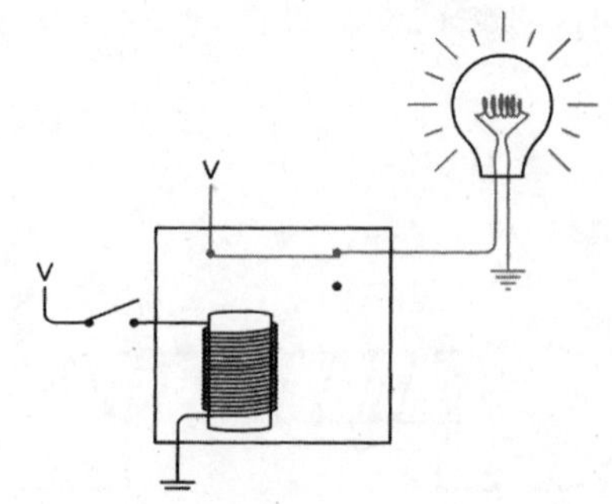

图 3.4 继电器的另一种输出方式

来源：《编码：隐匿在计算机软硬件背后的语言》

两个继电器可以采用串联或并联的方式组合起来使用，如图 3.5 所示。左图是继电器的串联，只有两个继电器都被触发(开关闭合)的时候灯泡才会亮。如果仅仅触发了上面一个继电器，灯泡依然是熄灭的。右图是继电器的并联，只要有一个继电器被触发(开关闭合)，就能点亮灯泡。

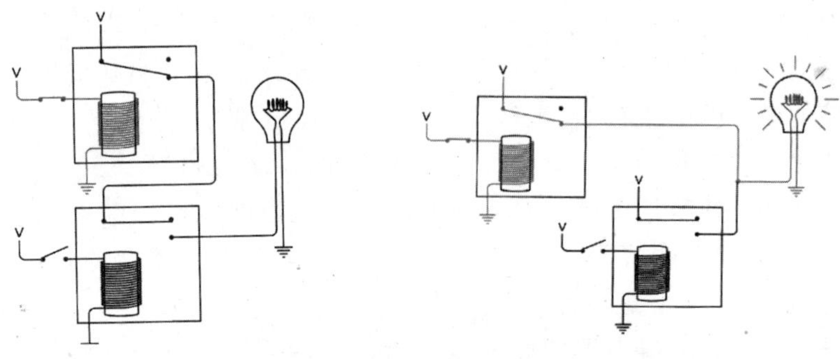

图 3.5 继电器的串联与并联

来源：《编码：隐匿在计算机软硬件背后的语言》

关于布尔代数的内容，在 8.2.2 节介绍。感兴趣的读者还可以读一下查尔斯·佩措尔德的《编码：隐匿在计算机软硬件背后的语言》，该书中有更为详细的论述。

对"离散数学"比较了解的同学，这时候可能已经意识到了，图 3.4 和图 3.5 所描绘的就是布尔代数中的"非""与""或"。最早发现这一点的是信息论的创始人香农。1938 年，他在其硕士论文《继电器与开关电路的符号分析》中就把布尔代数、开关电路和继电器联系到了一起，奠定了数字电路的理论基础。后来，哈佛大学的哈沃德·加德纳(Howard Gardner)教授称赞道："这可能是本世纪最重要、最著名的一篇硕士论文。"

3.1.2 从继电器到晶体管

有了继电器和数字电路的理论，人类就开始尝试发明用电驱动的自动计算机。霍华德·艾肯（Howard Aiken）领导了哈佛大学的一个团队，在IBM公司的资助下，于1944年建成了称为“马克Ⅰ”（ASCC Mark Ⅰ）的自动顺序控制计算机。由于“马克Ⅰ”大量地使用了继电器作为其核心部件，我们将之归为电动机械计算机，以区别于真正的电子计算机。

从实用上讲，继电器并不是制造计算机的理想器件。因为它是机械的，工作时需弯曲一个金属簧片，如果超负荷工作，簧片就会折断，如果有一小片污垢或纸片粘在触点之间，继电器也会失效。一个著名的事件发生在1947年，正在运行中的“马克Ⅱ”（Mark Ⅱ）计算机出了故障，最终发现是因为一只蛾子飞入了一个继电器里面，导致该继电器失效。小组成员格蕾丝·赫柏（Grace Hopper）用胶条把这只蛾子贴到了计算机日志中，并记录道“这是发现的第一只虫子（This is the first actual bug found）。”从此，用“bug”来表示“一个在计算机程序里的错误”成为计算机领域里的一个习惯说法。图3.6展示的是改良过的继电器，它们已经被很好地封装了起来，以避免灰尘等物体的干扰。

与bug相对应，人们将发现bug并加以纠正的过程叫作debug（中文称作“调试”），意即“捉虫子”或“杀虫子”。

电子管（也叫真空管，vacuum tube）是一种可以替代继电器的元件，如图3.7所示，它是由约翰·安布罗斯·弗莱明（John Ambrose Fleming）和李·德·弗雷斯特（Lee de Forest）在进行无线电通信连接研究时开发出来的，一开始就被广泛应用于放大电话信号。电子管同样可以实现开关电路的自动控制，这一点很像继电器，但它改变状态（开关闭合或断开）的速度是继电器的1000倍——每10^{-6}s（即1μs）就可以跳变一次。

图3.6 继电器示例

图3.7 电子管示例

ENIAC的全称是Electronic Numerical Integrator And Calculator（电子数字积分器与计算机），很多文献声称它是第一台电子计算机，其实它是第二台。世界上第一台电子计算机应该是阿塔纳索夫-贝瑞计算机（Atanasoff-Berry Computer，ABC）。

到了20世纪40年代，人们已经开始尝试用电子管来替换继电器，从而将计算机“电子化”。其中最著名的一台计算机就是ENIAC，它是宾夕法尼亚大学的约翰·莫奇利（John Mauchly）博士和他的学生普莱斯佩·埃克特（Presper Eckert）受美国陆军之托而设计的。ENIAC的建造在1945年底基本完成，它使用了接近18 000个真空管，每秒执行 5000 次加法运算或 400 次乘法运算，是继电器计算机的 1000 倍，是手工计算的 20 万倍。

电子管的使用让计算机真正进入了电子时代，并极大提升了其计算效率。然而，真空管同样存在自身的问题，且不说价格昂贵、耗电量大、预热时间长以及产生的热量太多，更麻烦的问题在于电子管容易被烧毁，也就是它的寿命较短。那个年代，有收音机的人习惯于定期更换电子管，电话系统也设计成有许多冗余的电子管（这样一来，烧掉一些电子管还能运转）。然而计算机拥有数量巨大的真空管，按照统计学来分析，每隔几分钟就会烧坏一个，不仅造成了计算机的短命，而且机器的维护需要耗费大量的人力、物力和时间。

一个电子管收音机一般使用五六个电子管，这些电子管的输出功率加在一起只有 1W 左右，却要耗电 40～50W，其他电能都转化成热能浪费了。打开电源开关，要等待一两分钟，基于电子管的电器才能工作。

计算机的普及需要一种比电子管更加便宜、耐用又省电的电子元器件。而 1947 年，贝尔实验室的一项发明——晶体管终于解决了这个问题，它的发明者是威廉·肖克利（William Bradford Shockley）、约翰·巴丁（John Bardeen）和沃尔特·布拉顿（Walter Houser Brattain）。晶体管被人们称为 20 世纪最重要的发明之一，它的 3 位发明者也共同获得了 1956 年的诺贝尔物理学奖。

20 世纪六七十年代，半导体收音机是许多中国家庭的主要信息设备，它的名字的由来就是因为其中的晶体管是用半导体材料（锗元素、硅元素以及一些化合物）制成的。半导体可以掺入一些杂质，即与某些杂质组合，一种类型的杂质称作 N 型（N 表示 negative）半导体，另一种类型的杂质被称作 P 型（P 表示 positive）半导体。

硅是极为常见的一种元素，以硅酸盐或二氧化硅的形式广泛存在于岩石、沙砾、尘土中。硅在宇宙中的储量排在第八位。在地壳中，它是第二丰富的元素，占地壳总质量的 26.4%，仅次于氧（49.4%）。

如图 3.8 所示，把一个 P 型半导体夹在两个 N 型半导体之间，可以使之成为一个放大器。这就是著名的 NPN 晶体管，其 3 部分分别为集电极、基极和发射极。在基极施加微小的电压，就可以控制非常大的电压从集电极到发射极，如果在基极没有施加电压，那么晶体管将不起作用。

如图 3.9 所示，晶体管通常封装在直径为 1/4in（6.35mm）的小金属罐中，并伸出 3 根金属线。可以说，晶体管开创了固态电子器件的时代，即不再需要真空，而是使用固体制造，尤其是使用当今最为常见的硅元素来制造。晶体管的体积比电子管更小，需要的电量更少，产生的热量更少，而且持久耐用。

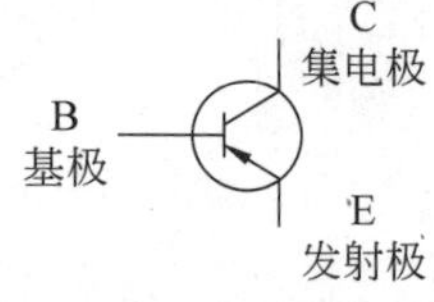

图 3.8 NPN 晶体管原理示意图

图 3.9 晶体管示例

使用继电器构造数字电路以及其他部件的方法对晶体管同样有效。事实上，继电器、电子管和晶体管最初都是为了开发放大器设计的，但它们先后都被用到了数字电路中，并成为计算机的重要组成部件，这不得不说是“无心插柳柳成荫”。

3.1.3 集成出来的奇迹

为了把更多的晶体管、导线及其他器件高效地连接起来，德州仪器公司的杰克·基尔比(Jack Kilby)和仙童半导体公司的罗伯特·诺伊斯(Robert Noyce)分别独立设计出了集成电路。在集成电路中，所有元件在结构上已组成一个整体，使电子元件向着微小型化、低功耗、智能化和高可靠性方面迈进了一大步。

为了对“集成电路”有更加形象的认识，我们就打个比方吧：过去的晶体管、导线及其他器件可以看成乡村里面独立的一间间平房、一条条通路和其他配套设施，现在的集成电路相当于整个一座楼房，它把成百上千的居住单元、消防通道、排污设施等集成到了一起，也许整体占地只有百十平方米，却具有了原来占地上万平方米的居住区的功能！

集成电路(Integrated Circuit，IC)采用一定的工艺，把一个电路中所需的晶体管、电阻、电容和电感等元件及布线互连一起，制作在一小块或几小块半导体晶片或介质基片上，然后封装在一个管壳内，成为具有所需电路功能的微型结构。

在生活中，常常把集成电路称作微电路、微芯片或者芯片。一个纽扣大小的集成电路芯片内部很可能就集成了成千上万个晶体管，虽然生产工序复杂，研发费用较高，但其收益来源于规模经济效益——生产得越多，就越便宜。集成电路本身是比较轻薄易碎的，所以必须被安全地封装起来，这样不仅可以起到保护作用，还可以为芯片之间的连接提供便利。如图3.10所示，左图的这些芯片每个都有多个管脚，可以插入右图的面包板中，通过导线组合成更加复杂的电子器件。

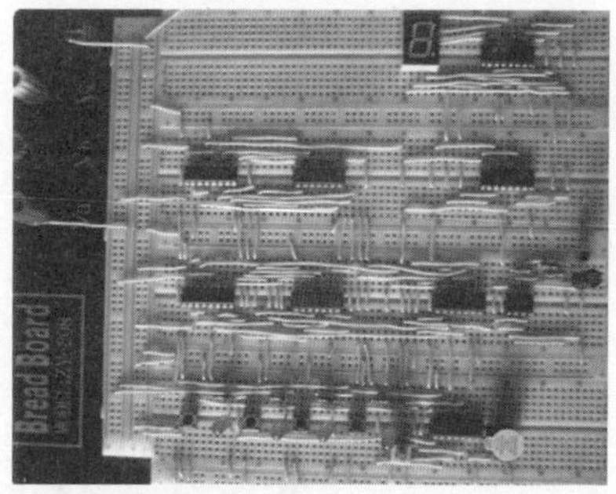

图3.10 芯片(左)和面包板(右)示例

晶体管行业(半导体行业)堪称人类历史上最高产的行业。2002年，人类生产的晶体管数量大概是大米颗粒的40倍，买1粒米的钱可以购买100个晶体管；2009年，晶体管的产量上升到大米颗粒的2500倍，买1粒米的钱可以购买10万个晶体管。

集成电路的发展大体经过了以下几个阶段(根据集成度高低的不同)：小规模集成电路(Small Scale Integrated Circuits，SSIC)、中规模集成电路(Medium Scale Integrated Circuits，MSIC)、大规模集成电路(Large Scale Integrated Circuits，LSIC)、超大规模集成电路(Very Large Scale Integrated Circuits，VLSIC)、特大规模集成电路(Ultra Large Scale Integrated Circuits，ULSIC)和极大规模集成电路(Giga Scale Integration Circuits，GSIC)。从一开始几个晶体管单元的集成，到后来千万个晶体管汇集到一个小小的芯片

上，这种发展速度远远超出了我们一般人的想象。

现实中，总是有牛人能够在事情发生之前就给出比较准确的预言，能够在其他人无所适从的时候果断指出正确的方向。显然，英特尔公司的创始人之一戈登·摩尔(Gordon Moore)博士就是这类先知先觉的人。早在1965年，他就发现从1959年以后的集成电路发展有这样一种趋势：同一面积芯片上可容纳的晶体管数量一到两年将增加一倍。如图3.11所示，纵坐标为晶体管数量，横坐标为年份。该曲线表明，在1971—2011年，大概每两年相同面积的中央处理器集成电路上的晶体管数量就增加一倍。后来，大家又把这个周期调整为18个月，这也意味着每18个月IT产品的性能会翻一番，或者说相同性能的IT产品每18个月价钱会降低一半。

1965年4月19日，《电子学杂志》(*Electronics Magazine*)发表了摩尔的文章《让集成电路填满更多的组件》，文中预言半导体芯片上集成的晶体管和电阻数量将每年增加一倍。1975年，摩尔在IEEE国际电子组件大会上提交了一篇论文，根据当时的实际情况对摩尔定律进行了修正，改为"每两年增加一倍"。普遍流行的说法是"每18个月增加一倍"，但摩尔否认他曾经这么说过。

需要注意的是，纵坐标从2300到10 000再到100 000，其实不成比例，如果严格按比例作图，这将是一条非常陡峭的曲线，页面将无法容纳。

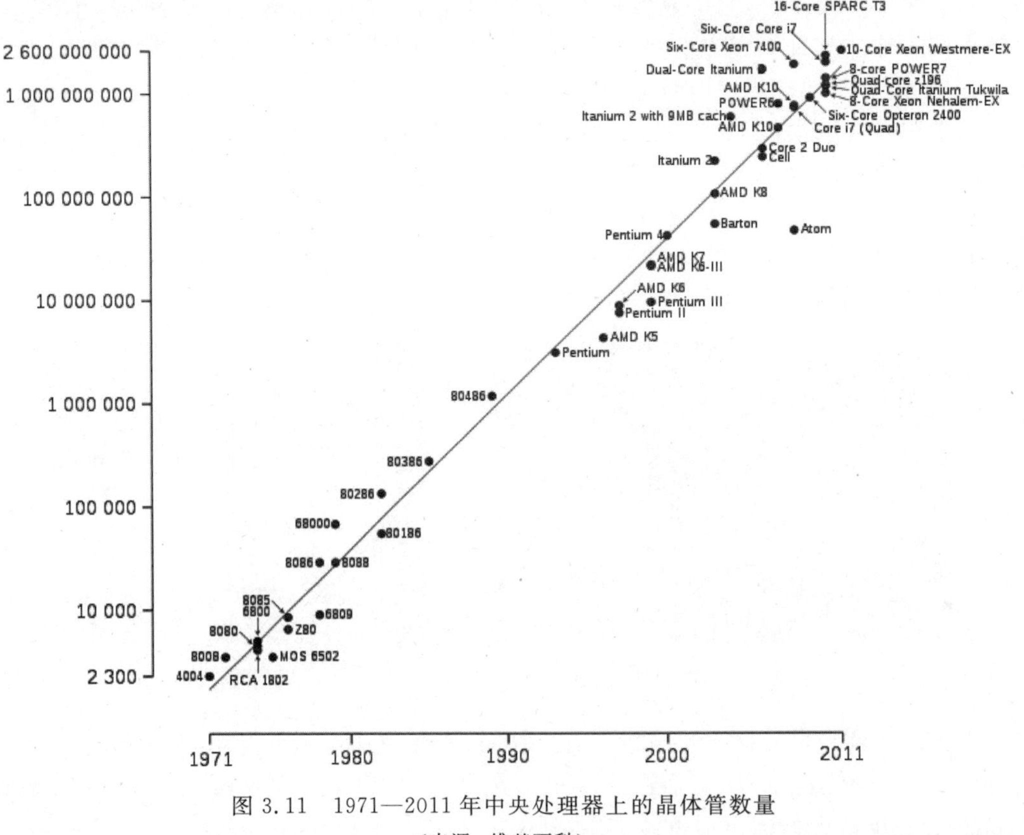

图3.11 1971—2011年中央处理器上的晶体管数量

(来源：维基百科)

摩尔定律(Moore's Law)发展到今天，一根头发尖大小的地方就能放上万个晶体管。在2010年前后，一部手提电脑大概有400亿个晶体管，一部智能手机约有10亿个晶体管。当然，晶体管不可能无限缩小，所以十几年来，业界一直围绕着以下问题展开激烈讨论：摩尔定律所揭示的现象还会不会持续？如果会，又能持续多久？

2003 年，摩尔也被问到了这些问题，他的回答是："创新无止境，下一个 10 年摩尔定律可能还将有效。"事实证明，摩尔是对的。2011 年，英特尔公司宣布发明了 22nm 的 3D（三维）晶体管，这使争论暂时画上了句号。此前的晶体管为 31nm，22nm 的晶体管小了大约 29%。随后，出现的下一代晶体管是 14nm 的尺寸，这又比 22nm 缩小了 36%。

主导 IT 行业发展的摩尔定律

摩尔定律已经成为描述一切呈指数级增长的事物的代名词，它给人类社会带来的影响非常深远。在 IT 产业中，无论是晶体管数量、计算速度、网络速度、存储容量还是相应的价格，都遵循着摩尔定律。世界经济的前五大行业，即金融、IT、医疗制药、能源和日用消费品，只有 IT 一个行业可以以持续翻番的速度进步。

一方面，摩尔定律使得硬件价格大幅下降，功能日益强大，设备体积越来越小。原来"高大上"的产品，如激光打印机、服务器、智能手机，已经逐渐从科研机构、大型企业进入了普通家庭。另一方面，摩尔定律也为信息产业的发展节奏设定了基本步调——如果一个 IT 企业今天和 18 个月前卖掉同样多的相同产品，它的营业额就要降一半（同样的劳动，只得到以前一半的收入）。所以，各个公司的研发必须针对多年后的市场进行技术创新，还必须在较短时间内开发出下一代产品，追赶上摩尔定律规定的更新速度。

连续翻番的事情一旦发生是很可怕的。我们知道古代印度那个在棋盘上放入麦粒的故事，只要后一个格子里的麦粒比前一个翻一番，仅仅几十次，数量就增长了万亿倍甚至更多。

3.2 理论指导实践

从电动机械计算机（继电器开关计算机）到电子计算机绝不是一个元器件的改变，而是在计算理论和信息技术上的一次飞跃，这就如同烟花爆竹和机枪火炮之间的区别。以 ENIAC 为代表的第一批电子计算机之所以能成为计算机发展史上的里程碑，是因为它们的设计不是只根据以往的实践经验，而是有明确的基础理论做指导。这个理论主要来自英国数学家阿兰·麦席森·图灵（Alan Mathison Turing）的"图灵机"（Turing Machine）模型。在 ENIAC 制造进程过半的时候，另外一位科学家约翰·冯·诺依曼（John von Neumann）也加入进来，他又为现代通用计算机的系统结构奠定了扎实的理论基础。

3.2.1 抽象的模型

图灵是一位天才，在短暂的 42 年生涯中，他成就非凡。在数学家眼里，他解决了困扰对图灵的生平有兴趣的读者可以欣赏一下电影《模仿游戏》(*The Imitation Game*),这部影片根据安德鲁·霍奇斯所写的传记《阿兰·图灵传》改编而成,获得了2015年第87届奥斯卡金像奖最佳改编剧本奖,以及包括最佳影片、最佳导演、最佳男主角、最佳女配角在内的7项提名。

数学界30年之久的希尔伯特"可计算性与判定问题";在密码学家和历史学家眼里,他破译了纳粹德军的密码,从而缩短了第二次世界大战的苦难历程;在工程师眼里,他开启了数字时代和人工智能;在生物学家眼里,他对形态发生学做出了贡献;物理学家则铭记他在非线性力学方面的发现;哲学家也反复思考他关于理性与直觉边界的俏皮话:"如果希望机器万无一失,那么它不能同时智能化。"

2012年被宣布为"图灵年",全世界约50个国家和组织举行了各式活动纪念图灵,英国甚至为他发行了特别版邮票。6月23日,当百度首页显示端午赛龙舟动画之际,谷歌(Google)首页的涂鸦显示的则是一条被分成很多小格的纸带,用户可以用鼠标操作模拟修改格子里的数值0和1,如图3.12所示。如果不是右上角的标注"阿兰·图灵诞辰一百周年",很多人都不知道这纪念的是什么。

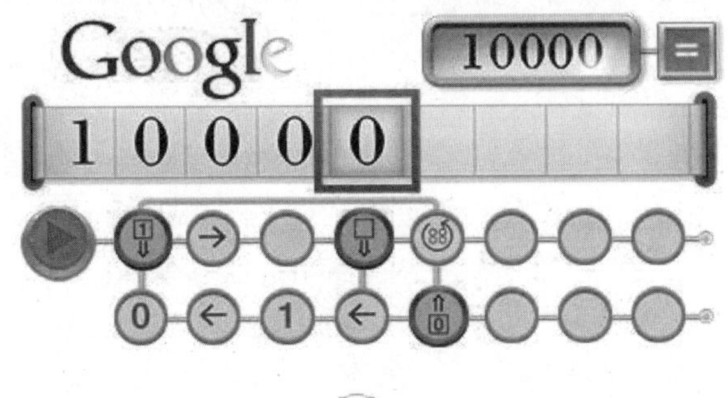

图3.12 谷歌首页的"图灵机"涂鸦

1936年,图灵向伦敦权威的数学杂志投了一篇论文,题为《论数字计算在决断难题中的应用》。在这篇开创性的论文中,图灵给"可计算性"下了一个严格的数学定义,并提出著名的"图灵机"的设想。

谷歌在其首页显示的便是图灵提出的抽象计算模型——图灵机。正因为这个伟大的创意,图灵被誉为"计算机科学之父"。图灵仔细思考了人类用纸笔进行数学运算的过程,并把这样的过程做了抽象,归结为两种简单的动作:

(1) 在纸上写上或擦除某个符号。

(2) 把注意力从纸上的一个位置移动到另一个位置。

而在每个阶段,人要决定下一步的动作时,要依赖于两点:

(1) 此人当前所关注的纸上的某个位置的符号。

(2) 此人当前思维的状态。

为了进一步模拟人的这种运算过程,图灵构造出了一台假想的机器——图灵机,该机器由以下4个部分组成:

(1) 一条无限长的纸带。就像图3.12中Google标志的下方一样,纸带被划分为一个接一个的小格子。纸带上的格子从左到右依次被编号为0,1,2,…,右端无限延伸,这和人计算数学题用的纸张类似。

(2) 一个读写头。就像图 3.12 中套住纸带上最后一个 0 的框(可以想象成铅笔),它可以在纸带上左右移动,停在哪里就可以读出当前所指的格子上的符号,也可以改变当前格子上的符号(相当于人算题时的读写动作)。

(3) 一个控制规则表。图灵机根据当前机器所处的状态和读写头所指的格子上的符号,在查表后,就知道下一步该做什么。当然,按照表上的规则操作之后,图灵机就进入一个新的状态。这张表就相当于老师教的计算方法或者算盘的拨打口诀。

(4) 一个状态寄存器。用来记录图灵机当前所处的状态,寄存器里的内容相当于人算题时的中间结果。

图灵认为这台理想的设备能够模拟人类所能进行的任何计算过程。事实上,在二战期间对抗德国著名密码系统 Enigma(恩尼格玛)的过程中,图灵机就巧妙地模拟出了原本非常复杂的计算方法,从理论上指导了密码分析的实体机 Bombe(炸弹)的建造。

由于在破解德国密码系统过程中的杰出贡献,图灵于 1946 年获得不列颠帝国勋章,详见第 7 章的扩展阅读——“一代名机”Enigma。

总之,图灵机并不是某一款具体的机器,而是对计算机的一种数学描述。它对计算机能做什么进行了界定,并提出了如何自动计算的一套理论。为了说清楚这一点,吴军博士用汽车来打比方,非常形象:虽然在街上跑的汽车多种多样,但是它们都有一些共性,例如能在陆地上移动,不需要人或牲畜作动力,能够运载人或货物,能够转弯、启动和停止。于是,我们把满足这些条件的交通工具都概括成一种虚拟的汽车,如叫“约翰汽车”,以后发明的实体汽车都是在“约翰汽车”的理论指导和约束之下实现的。从这个角度来讲,图灵机也就是这样一个虚拟的计算机。

图　灵　奖

图灵奖是美国计算机协会(ACM)于 1966 年设立的,专门奖励对计算机科学研究与推动计算机技术发展有卓越贡献的杰出科学家。图灵奖是计算机界最负盛名的奖项,有“计算机界诺贝尔奖”之称。奖金通常由计算机界的一些大企业提供(通过与 ACM 签订协议),目前由英特尔公司和谷歌公司赞助,数额高达 100 万美元。

图灵奖对获奖者的要求极高,评奖程序也极严,一般每年只奖励一名计算机科学家,只有极少数年度有两名以上在同一方向上做出贡献的科学家同时获奖。每年,美国计算机协会将要求提名人推荐本年度的图灵奖候选人,并附加一份 200～500 字的文章,说明被提名者为什么应获此奖。美国计算机协会组织评选委员会对被提名者进行严格的评审,并最终确定当年的获奖者。虽然任何人都可以成为候选人,但美国学者的获奖数量依然高居榜首。迄今为止,获此殊荣的华人仅有一位,他是 2000 年图灵奖得主姚期智。

姚期智(Andrew Chi-Chih Yao),祖籍湖北省孝感市孝昌县,世界著名计算机学家,中国科学院院士,美国科学院院士,美国科学与艺术学院院士,清华大学高等研究中心教授,香港中文大学博文讲座教授。

3.2.2 系统的结构

根据图灵机理论的指导并采用电子管搭建的ENIAC，一经投入使用，就极大地加快了美国氢弹研制的步伐。不过，因为ENIAC是美国陆军弹道设计局定制的任务——计算火炮的弹道，所以它是一个专用的计算机，只能计算这一类问题，并不能像今天的计算机一样完成各种不同的任务。

1944年，正在洛斯阿拉莫斯实验室研制氢弹的冯·诺依曼听说莫奇利和埃克特正在研制计算机，冯·诺依曼自己也需要解决大量计算的问题，于是他就加入了这个研究团队。

莫奇利和埃克特在研发过程中意识到了这一点，而且由于ENIAC本身有一些设计缺陷，他们想尽快着手研制另一台计算机，以便改进。有着同样想法的还有一个人，那就是在ENIAC项目启动一年后参与进来的科学家冯·诺依曼。1945年，他们在共同讨论的基础上，提出了一种全新的设计方案——EDVAC（Electronic Discrete Variable Automatic Computer，电子离散变量自动计算机），基本上解决了计算机通用性的问题。在此过程中，冯·诺依曼显示出他雄厚的理论基础，充分发挥了他的顾问作用以及探索问题和综合分析的能力。所以，这个方案一般被称为“冯·诺依曼系统结构”。

阐述EDVAC设计方案的报告 *First Draft of a Report on the EDVAC* 长达101页，即计算机史上著名的“101页报告”。它的核心思想有两点：一是采用二进制编码，以充分发挥电子器件的工作特点，使结构紧凑且更通用化；二是存储程序的概念，程序也被当作数据存进了机器内部，以便计算机能自动一条接着一条地依次执行指令，再也不必去接通什么线路。针对第二点的具体实现，报告还明确指出了新型计算机由5部分组成，即运算器、控制器（逻辑控制装置）、存储器、输入设备和输出设备，并描述了这5部分的逻辑关系，如图3.13所示。

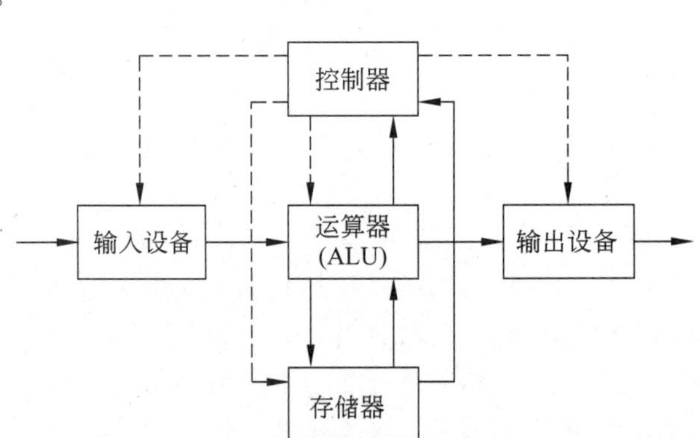

图3.13 冯·诺依曼系统结构（用实线和虚线区分数据流和控制流）

如果将图灵机看作一种对计算机的抽象描述，那么冯·诺依曼系统结构就是对这种抽象描述的一种可行而有效的设计方案。还是以汽车作例子吧，前面提到的“约翰汽车”

只是从理论上说明了汽车的功能、特性和限制，并没有告诉我们怎样才能做出来一辆真实的汽车。我们需要有人(假设名叫戴维)给出汽车的各个组成部分，比如，汽车有3个以上轮子，有发动机，有方向盘，有座椅，有刹车装置，等等。这个“戴维系统结构”就是“约翰汽车”的一种具体可实现的设计。

可以说，今天主流的计算机，无论大小快慢，都是采用冯·诺依曼系统结构来实现一个图灵机，所以也称冯·诺依曼机。也正是从冯·诺依曼系统结构开始，计算机科学也慢慢地演变为硬件(计算机本身)和软件(控制计算机的程序)两部分。为了表彰冯·诺依曼对计算机的杰出贡献，人们称这位美籍匈牙利裔科学家为“现代计算机之父”。

值得一提的是，冯·诺依曼被认为是20世纪和阿尔伯特·爱因斯坦齐名的天才(据说他的心算速度从来不输于使用机械计算机的同事们)。和图灵一样，除了计算机，他在其他七八个领域都对世界做出了巨大的贡献：发明博弈论，发明线性规划，建立数理统计的理论基础，完善测度理论、格理论和集合论，提出量子逻辑和量子机，提出冯·诺依曼代数，发明连续几何学，担任美国原子能计划及氢弹工程的主要负责人……

阿尔伯特·爱因斯坦(Albert Einstein)，犹太裔物理学家。他创立了相对论，并对量子论的发展做出了重要贡献，被公认为是继牛顿以来最伟大的物理学家。

谁的发明

将某项发明的荣誉授予个人总是备受争议。人们将白炽灯的发明归功于托马斯·爱迪生，但是其他研究者也曾研制了类似的灯泡，从某种意义上说，爱迪生只是比较幸运地获得了专利。人们认为是莱特兄弟发明了飞机，但他们曾与其他人竞争并受益于其他人的研究，在某种程度上，他们又被达·芬奇抢先了，这位全才早在15世纪就有了玩玩飞行机器的想法，不过达·芬奇的设计看起来也是借鉴前人的思想。当然，对于这些发明，被认定的发明人的杰出贡献基本上是毋庸置疑的。

但对于一些情况看，历史上的荣誉授予似乎值得商榷，例如冯·诺依曼系统结构。毕竟，阐述EDVAC设计方案的报告 *First Draft of a Report on the EDVAC* 是由冯·诺依曼、莫奇利和埃克特共同起草的，后两人很可能在实践中更早地提出了存储程序概念。不过，当他们将报告提交给军方时，负责人随手写上了冯·诺依曼的名字。之后的1946年，冯·诺依曼为普林斯顿大学高级研究所研制IAS计算机时，在EDVAC方案的基础上又提出了一个更加完善的设计报告《电子计算机逻辑设计初探》。这两份既有理论又有具体设计的文件在全世界掀起了一股“计算机热”，因此计算机界选择了冯·诺依曼作为这种现代计算机体系结构的发明人。

随着集成电路的发展和实际应用的需要，人们在冯·诺依曼系统结构上做了一些局部调整和扩展，这在个人计算机上尤其明显(如图3.14所示)：

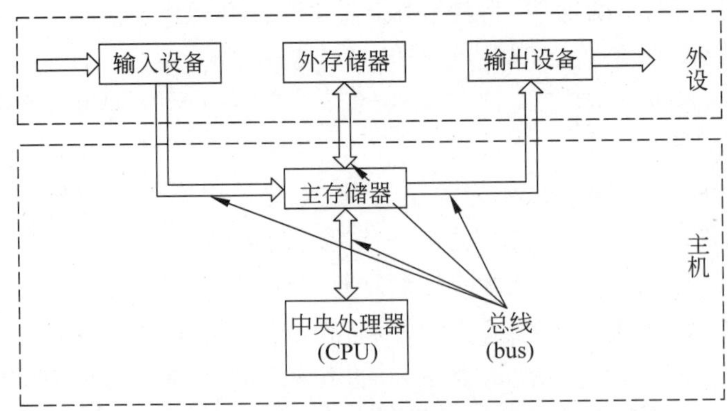

图 3.14 改进的计算机系统结构图

以内存和磁盘为例，两者的随机访问速度相差 1 000 000 倍，但如果是顺序访问的话大约为 7 倍(数据来源：谷歌工程师 Jeff Dean 关于分布式系统的 PPT 文档)。

这里采用的是“计算机组成原理”课程的经典说法。还有一种观点是：I/O 设备主要归入外部设备，其他所有放置于主板上的计算机硬件构成了“主机”。

(1) 把运算器、控制器和寄存器、时钟集成并封装起来，构成了中央处理器(Central Processing Unit,CPU)。一个 CPU 内部会有 20～100 个寄存器，负责存放 CPU 正在操控的数据。它们的速度比普通存储器要快得多，和运算器在一个级别上。时钟负责发出 CPU 开始计时的时钟信号。

(2) 存储器被分成了主存储器(main memory，也称内存储器)和海量存储器(mass storage，也称外存储器)。两者的数据读写速度相差很大，极端情况下前者是后者的上百万倍。海量存储器中的数据必须加载到主存储器中，才能够被 CPU 访问。

(3) CPU、主存储器、外存储器、输入设备和输出设备都安装在计算机主电路板上(motherboard，又称主板)，它们之间通过总线(bus)进行数据传输。如果把主板比作一座城市，那么 CPU 等部件就是核心建筑，总线就像是城市里的公共汽车。

(4) 我们把输入设备和输出设备合称输入输出设备(Input/Output Device，简称 I/O 设备)。I/O 设备和外存储器都归类于外部设备(简称“外设”)，而 CPU 和主存储器构成了主机。

3.3 应用无处不在

早期计算机的研制都是国家行为，可以说是不计成本的，虽然也有私人企业参与部分项目，但没有经营风险(资金由国家拨给，责任由国家承担)。例如，ENIAC 仅仅硬件成本就高达 50 万美元，如果考虑当时的购买力，相当于现在的几千万美元，这还没有考虑到莫奇利和埃克特研究团队的薪水。造价如此昂贵的设备，也只能给财大气粗且优先级高的国防项目使用，普通人肯定是无法触及的。

回顾二战前后，类似这种靠国家大量投入、政府牵头的科技成果还有很多，例如航天技术、雷达技术、磁悬浮技术等。长期以来,它们大都依靠政府的扶持,远离民用,对整个社会的经济生活影响不大。显然,计算机的发展不是这样,它从20世纪50年代开始,就逐步减少了对政府支持的依赖,按照市场规律飞速发展,成为对人类文明影响最大的发明之一。

3.3.1 超越科学计算

1946年2月14日,ENAIC正式运行成功,它的建造者莫奇利和埃克特显然看到了这种神奇机器的商机,于是想把它商业化。不过,宾夕法尼亚大学认为ENIAC属于职务发明,要求两人立即把ENIAC专利交还给大学。双方闹翻了,莫奇利和埃克特一气之下向校方递交了辞呈。

1947年,他们成立了世界上第一家计算机公司——埃克特-莫奇利公司(Eckert-Mauchly Computer Corporation),莫奇利任董事长,埃克特担任副董事长兼技术总监。该公司研制出了两台产品:一台是供美国统计局和军方定制的计算机UNIVAC(起初叫EDVAC Ⅱ),如图3.15所示;另一台是一家飞机制造公司订购的相同类型的计算机BINAC(二进制自动计算机)。或许过去做惯了科研攻关项目,从不考虑钱的问题,这两台机器的预算费用与实际花销之间出现了巨大差额——亏损竟高达20多万美元!莫奇利和埃克特实在支撑不下去,他们的公司不得不宣告破产,UNIVAC的产品线几经转手后成了优利(Unisys)公司的一部分。

图3.15 技术人员在操作UNIVAC

优利公司至今依然是电脑业界著名厂商,以大型主机、服务器制造和系统集成为主要业务。在因特网Unisys主页上,该公司仍自豪地将莫奇利-埃克特电脑公司列在自己的历史之中,以此充当绝妙的广告词。

从世界上第一家计算机公司的经历可以看出:创业并非易事,不是有了好的创意和技术就一定能够成功的,还需要有足够的商业头脑和管理经验,以及同时处理各项杂事的并行能力,这些往往是刚从科研院所和大学校园出来的科技人员最为欠缺的。鉴于此,硅谷的创投公司都会聚集一些有经验的创业者、法律财务专家和管理层的资深人士,对旗下的小公司进行全方位的辅导,以保证新生企业的成活率和回报率。

现在,国内外的产业孵化园、创新工场等平台都对早期创业者需求的资金、商业、技术、市场、人力、法律、培训等提供一揽子服务,帮助创业公司顺利启动和快速成长。这样,创业者们只要做好两件事即可:一是想出真正创新的点子,并拥有过硬的技术;二是以最快的速度实现它。显然,在莫奇利和埃克特所处的时代,创业大环境并没有这么优越。但作为科学家和工程师的榜样,莫奇利和埃克特第一个"吃螃蟹"的胆略依然激励着IT业界的后来者。

从商业思维的角度看，埃克特-莫奇利公司的失败有其必然性——它的产品只是用来计算而已，并没有开展日常办公和商业活动方面的业务。于是，历史的使命就落到了另外一个公司——IBM公司(International Business Machines Corporation，国际商业机器公司)的身上。

由于当时计算机商业化水平不高，美国军方和政府部门要使用计算机都得自己定制，这样既费时间又费钱，所以就产生了这样一种需求——由一家公司来研制和生产大家都用得起的计算机。IBM公司恰恰抓住了这个机会，赶上了这一波浪潮。1954年，IBM公司为空军研发了一种项目代号为SAGE的计算机(图3.16)，用于整个北美地区的防空指挥。这场投入了全公司20%人力的豪赌为IBM公司带来了丰厚的回报——100亿美元，这不仅占了当时IBM公司计算机销售额的80%，而且帮助IBM公司确立了在计算机行业的霸主地位。SAGE是真正意义的商品，软硬件设备齐全，一般的操作人员经过学习和培训后就可以使用，而且用途也从单纯的科学计算扩展到了军事指挥。可以说，SAGE的出现是计算机走向商业应用的关键一步。

SAGE的全称是Semi-Automatic Ground Environment，意思是“半自动地面环境”。

图3.16 IBM公司为北美防空系统研发的SAGE系统

IBM公司的成功绝不是仅仅建立在抓住历史机遇这一点上，更重要的是它发明了以服务为核心的IT商业模式。在20世纪60年代，各行各业刚刚接触到计算机这种先进设备，对它既不熟悉，也不大会使用。于是IBM公司每进入一个新的行业，就先和行业里比较大的公司合作开发行业软件，然后再向全行业推广。为了确保这些客户能把计算机和软件用好，IBM公司会提供技术支持和维护服务(派人去客户那里)，每年向客户收取一些服务费。在IBM公司的“辅导”下，计算机被推广到了一个又一个行业中：1959年进入银行业，1963年进入汽车工业，1964年进入航空业……

信息技术，尤其是计算机的出现，让商业竞争进入全方位、白热化的阶段。在20世纪六七十年代的表现就是，当一个行业中有一家企业开始使用计算机后，其他企业为了竞争就不得不跟进。例如，1964 年，美国航空公司率先采用 IBM 公司研制的计算机订票系统，成为全球首家计算机化的航空公司。在该系统运行初期，一些人还担心这会增加运营成本，但一年后就再没有人提出类似问题了。所有航空公司都不得不采用计算机订票，如果不这么做，它们将无法和美国航空公司竞争。计算机不仅优化了航空公司的售票业务，还及时地为航空公司和旅客提供世界各地机场和航班的信息，这些是以往人工订票业务无法比拟的。

人工订票的流程是：各地订票员接到客户电话后，给客户预留一段时间，然后在航班的座位表上填写客户的信息，各个订票点之间再频繁地通过电话同步。这种方法很不方便，无法及时处理冲突。采用计算机订票系统后，各个订票点都通过电话线连接到 IBM 的大型计算机上，由计算机统一处理，延迟和冲突的问题就得到了根本解决。

就这样，电子计算机大约用了 30 年时间完成了一系列转变：从军用到商用，从不计成本的科研定制到企业学校都能购置，从只有专家才会经常使用的计算仪器到一般工作人员都能操作的办公设备。在这个过程中，科学家和工程师的贡献不容置疑，但以 IBM 公司为代表的企业也功不可没。从这里我们可以看到，技术和商业一旦成功结合起来，对人类社会将会产生多么巨大的影响。

3.3.2 走进千家万户

20 世纪六七十年代的商用计算机价格不菲。且不说 IBM 公司的商用高端机，就算是 DEC 和惠普制造的低端机，售价动辄以十万计，这显然不是普通家庭能够承担得起的。抛开价格因素，当时的最小的计算机也和现在的冰箱不相上下，就算有人免费送你这么一个大家伙，你家里都没地方放，何况它耗电量很大，对个人也没啥用处。

当然，市场调控中有一只“看不见的手”——价值规律，前面讲过的摩尔定律就是在 IT 领域里引领信息技术不断发展的那只手。随着各种半导体设备的性能指标不断翻番，或者说相同性能的信息产品价钱不断折半，一定会出现一个拐点——计算机便宜到个人能够消费得起。这时候，计算机的影响力就不再局限于某些行业了，而是扩大到社会生活的方方面面，开始改变整个世界。这个拐点就出现在 1976 年。

这一年，只读了半年大学的史蒂夫·乔布斯(Steve Jobs)与朋友史蒂芬·沃兹尼亚克(Stephen Wozniak)在一间车库里创建了自己的公司——苹果电脑公司，并研制了世界上第一台可以商业化的个人计算机(Personal Computer，PC)——Apple Ⅰ。这款售价只有 666.66 美元的计算机，价格要比当时任何商用计算机都便宜 1～2 个数量级。如图 3.17 所示，为了节省成本，它用的是其他公司开发的 CPU，没有显示器(用家里的电视机即可)，键盘要另外购

图 3.17 苹果计算机的第一台原型机 Apple Ⅰ

买,内存很小且没有外存储器(有一个音频接口,可以利用盒式录音机将数据保存在录音带中),更没有什么现成的软件可以使用。因此 Apple Ⅰ的使用者大都是计算机爱好者,它的象征意义远远大于实际意义。

不过,沃兹尼亚克很快就开发出了下一代机型——Apple Ⅱ。它对大部分家庭的意义在于提供了游戏卡的接口,可以摇身一变成为游戏机。Apple Ⅱ(及其兼容机)可能是计算机历史上销量最大、生命力最长的个人计算机之一,它的扩展型 Apple Ⅱe 居然卖到了 1993 年。另外,它还有一个中国版的孪生兄弟——中华学习机(一种 Apple 兼容机),在 20 世纪 80 年代的销量居然是中国其他 PC 销量的总和。

苹果公司早期的几款产品证明了计算机是可以进入家庭的,而且这个市场可能比原有的企业级市场还要大。但真正让个人计算机实用起来并普及到千家万户的,还是前面提到的“蓝色巨人”——IBM 公司。

IBM 公司的外号是 Big Blue(蓝色巨人),主要是因为该公司和蓝色有不解之缘:它的徽标是蓝色的,其数以千计的经理人员都穿蓝色衣服。

1980 年,IBM 公司把研发 PC 的任务交给了在佛罗里达的一个只有十几个人的小组。为了节省成本并尽快完成任务,这个小组不得不打破以前 IBM 公司自行设计所有软硬件的做法,采用了第三方处理器——英特尔公司的 8088 芯片,委托微软公司配置软件(例如 MS-DOS 操作系统)。这样仅用一年时间,也就是 1981 年,IBM-PC 就问世了,如图 3.18 所示。它不仅支持文字处理、编程等办公应用,从设计上也比当时苹果公司的 Apple 系列好很多。因此,IBM-PC 一问世就大受欢迎,当年就卖出 10 万台,占领了 3/4 的 PC 市场,《时代周刊》当年就评选其为 20 世纪最伟大的产品。直到今天,IBM-PC 还是个人计算机的代名词。

图 3.18　早期的 IBM-PC

IBM 公司为什么放弃 PC 市场

关于 IBM 的辉煌事迹,有兴趣的读者可以看一看吴军博士的《浪潮之巅》一书的第 2 章“蓝色巨人”。

IBM 公司在历次技术革命中常常不是领跑者,却后发制人,笑到了最后。但是在 PC 时代 IBM 公司却没有延续这一神话,最终为英特尔和微软公司做了嫁衣。随着 2005 年将个人计算机部门卖给了中国的联想公司,IBM 公司彻底退出了 PC 的舞台。造成这种结局的原因很多,虽然也有反垄断和恶意竞争的作用,但起到决定性作用的还是 IBM 公司的基因,也就是它赖以成功的商业模式。

前面提到过,IBM 公司的客户群基本上是政府部门、银行、大企业和科研院所,它的经营方式就是和这些大客户签订大合同,把计算机和服务捆绑在一起销售。IBM 公司一旦签下一个大型服务器销售合同,不但可以直接进账上百万美元，而且每年还可以收取销售价10%左右的服务费。等客户需要更新计算机的时候，十有八九还得向它购买。如此一来，每谈下一笔这样的合同，它就可以坐地收钱了。

相对而言，PC的利润较低而且基本不需要售后服务(很多PC厂商提供免费服务)，这对IBM这样的公司来说就成了鸡肋。例如，IBM-PC第一年营业额大约是两亿美元，虽然对于其他小公司来说这是个天文数字，但只相当于IBM公司当时营业额的1%左右，利润还不如谈下一个大合同。要知道，卖掉十万台PC可比谈一个大型机销售合同费劲得多。因此，从经济学的角度考虑，IBM公司不可能把PC事业上升到公司的战略高度来考虑。

IBM在向大客户销售大型服务器方面具有“比较优势”，而联想、戴尔、惠普经营PC的“经济效率”更高。有兴趣的读者可以看一看经济学方面的书籍，推荐保罗·海恩的《经济学的思维方式》。

3.3.3 颠覆传统行业

随着信息技术的发展，计算机的成本、体积和能耗不断下降，而且它可靠性强、功能丰富的优势越来越明显。计算机使用的场合也就越来越多，以各种形式不断渗入各行各业，人们突然发现，自己使用了多年的东西，被计算机赋予了新的玩法。

在通过计算机颠覆原有行业方面，苹果公司堪称创新的典范。虽然从20世纪80年代末到21世纪初较长的时间里，苹果公司一直处于计算机行业的边缘。但其创始人乔布斯的回归还是让它重新焕发生机，并创造了一个又一个的辉煌。2000—2010年这十年是苹果公司的黄金十年，它的风头甚至盖过了另一家明星公司——谷歌(Google)。由于苹果这一系列产品都是以字母i开头的，所以又称为“i十年”。

面对20世纪末互联网音乐的兴起，乔布斯敏锐地察觉到两个问题：①很多用户想听单曲而不是专辑，想把歌曲直接存放到播放器上而不是随身带着几十张CD或卡带；②市场上已有的mp3之类的小型播放器查找和管理音乐很不方便——从上千首歌曲中按顺序找到自己听的歌曲可能要花几分钟。于是，乔布斯研发出了被称为iPod的音乐和录像播放器，不仅很好地解决了上面提到的技术问题，还把产品做到了极致：它的播放器上有一个用手转圈滑动的音乐查找手段，使得用户可以非常快地找到自己要听的歌；苹果公司还为iPod配套开发了一种叫iTunes的软件，安装之后可以自动地把计算机上和光盘中的音乐传到iPod中。iPod充电一次，播放时长可达10个小时。iPod外观设计时尚漂亮，如图3.19所示。

iPod一经推出，就吸引了大批爱听音乐的年轻人，仅仅一年销售额就突破1亿美元，又过了一年多，销售额接近10亿美元。2001年，iPod只有13万用户，而到了2009年底，用户数就增加到了2.5亿。iPod在给苹果公司带来巨额利润的同时，也颠覆了整个音乐唱片行业。1999年，全球音乐唱片CD的销售额是400亿美元，10年后的2009年，CD几

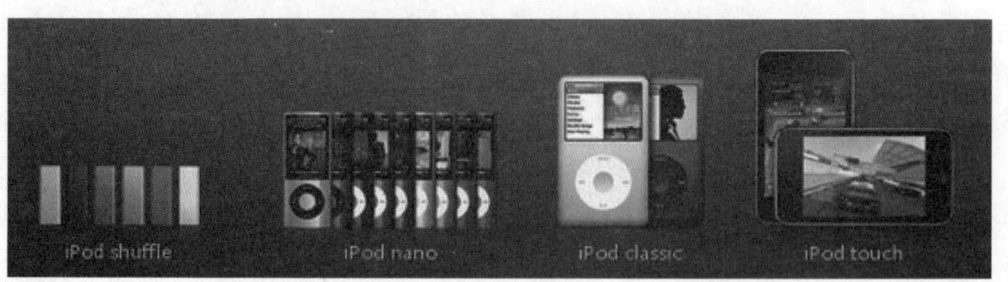

图 3.19 iPod家族的4类主打产品

乎消失，而整个音乐市场（包括iTunes）也由于iPod的效应缩小到不足200亿美元，因为iPod让音乐变得非常便宜。

在iPod改变了音乐市场之后，乔布斯和他的苹果公司没有停下脚步，继续把创新的触角伸向其他领地。制造手机原本是摩托罗拉和诺基亚这些通信设备公司的业务，和计算机公司无关。但是随着手机中信号处理的重要性的逐渐下降（或者说这些技术瓶颈已经消失），打电话的用途在逐渐淡化，对多种附加功能的需求不断上升，于是智能手机出现了。早期智能手机厂商的代表是加拿大的黑莓（Blackberry）公司，它一度垄断智能手机市场，接下来是诺基亚（Nokia）。但它们的思维方式还是没有摆脱以通信为主的限制——电话、短信加上Email功能，而上网和游戏功能的用户体验较差。

苹果公司在2007年推出的iPhone不仅打破了智能手机固有的条条框框，也颠覆了整个通信行业：iPhone首先是一部便携的、可以随时上网的计算机，它让使用者把过去在PC上做的一些日常事务，例如看新闻、查邮件、聊天、听音乐，都用手机来完成了；然后，随着智能手机的普及，移动互联网逐渐代替了原来基于PC的互联网，成为多数人获取信息的首选渠道；接着，iPhone开始改变移动运营商的商业模式，运营商的收入从以话费为主转向以数据套餐为主（由于打电话功能被弱化），而且由于智能手机可以通过WiFi上网，运营商的数据流量收入也受到了挑战；最后，iPhone依然把产品的用户体验做到了极致，率先应用多点触屏、光线传感器、重力感应器、三轴陀螺等超过200项专利与技术，而且打造了一个成功的第三方手机软件销售平台——App Store。如图3.20所示为iPhone系列产品。

WiFi通常也写作Wi-Fi，中文译为“无线保真”，英文全称为Wireless-Fidelity，是一种允许电子设备连接到无线局域网的技术。

2010年，苹果公司又推出了极具人气的触摸型平板电脑iPad。如图3.21所示，早期的iPad有一个9.7英寸显示屏，没有键盘，非常轻巧——大约一本200页16开书的大小和重量。它可以通过触摸输入文字和指令来上网或使用各种应用软件，因此有人说它是一个放大了的iPhone。它对PC产业同样是具有颠覆性的：我们对个人计算机功能上的需求，iPad可以替代90%，甚至更多；由于它的方便性，在大多数场合，我们更倾向于使用iPad而不是PC甚至笔记本电脑；其设计非常人性化，只要用户拿到手中，瞬间就能明白如何使用，整个过程无须解释。

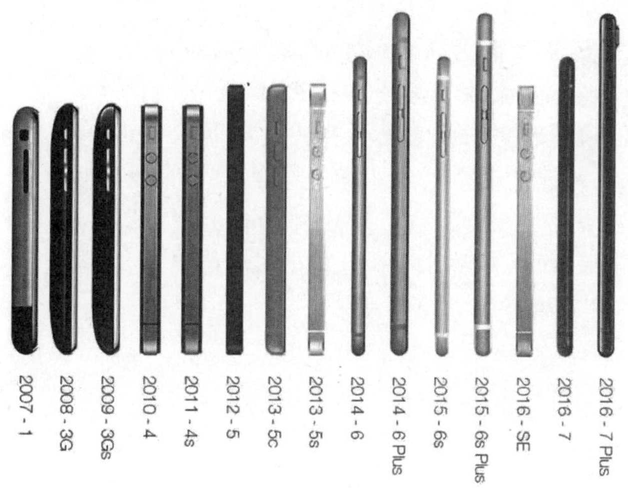

图 3.20 iPhone 系列产品(2007—2016)

图 3.21 简单易用的 iPad

在苹果公司之后，三星等很多厂商推出了基于安卓(Android)操作系统的智能手机和平板电脑。这样，一直由微软公司和英特尔公司控制的 PC 生态链(WinTel 体系)也被动摇了，因为这些手机和平板电脑既不用微软公司的操作系统也不用英特尔公司的处理器。从 2012 年起，自 20 世纪 70 年代开始一直持续增长的 PC 销量开始下降，这标志着一个旧的计算机时代的终结，也是新时代的开始。

Android 的英文意思是“安迪的小东西”，因为其开发者为安迪·鲁宾(Andy Rubin)。

乔布斯的传奇人生

在硅谷，可能没有人比乔布斯更具有传奇色彩了。他算是美国工程院唯一一个没有在大学读完一年的院士，他入选院士的原因是“开创和发展个人计算机工业”。乔布斯不仅主导研发了第一台可以商业化的个人计算机 Apple Ⅰ，还制造了世界上第一款拥有交互式图形界面和鼠标的个人计算机麦金塔(Macintosh)。但就在公司蒸蒸日上的时候，乔布斯和自己请来的 CEO 起了纷争，并被自己的公司开除，但在 11 年后又被公司请回去重掌帅印，这也是独一无二的传奇经历。

在离开苹果公司的日子里，乔布斯买下了一个电影公司的电脑动画部，并把它重构为一个用图形工作站做动画的企业——皮克斯(Pixar)公司，这个公司制作了《玩具总动员》《海底总动员》等票房大片，赢得了 22 项奥斯卡大奖，并作价 74 亿美元卖给了迪士尼公司，这让乔布斯成了迪士尼公司最大的单一股东。乔

1979 年，乔治·卢卡斯(George Lucas)导演的影片《星球大战》大获成功。为了更好地完成电影特效，卢卡斯影业成立了电脑动画部。

布斯回到苹果公司后接连推出了iPod、iPhone和iPad一系列颠覆性产品，并把每一款产品做到了极致。苹果公司的股票市值也在2012年和2014年两次突破六千亿美元，名列全球第一。

苹果最初是便宜的低端品牌，现在成了时尚的高端品牌，类似的矛盾性和戏剧性在乔布斯身上也有着明显的体现。乔布斯一生没有什么挚友，坐拥巨额财富(多达80亿美元)也很少进行捐助，还拒绝承认自己非婚生的女儿，所以在美国，人们对他的为人评价不高。但他对计算机产业的贡献、对产品品质的追求以及在艺术和技术的结合方面让人无法望其项背。在管理企业的过程中，他背负“地狱来的老板”这种恶名，独裁、暴躁，对团队要求苛刻，但有统计调查称，苹果员工对乔布斯的支持率高达97%，这在世界上也是罕见的。

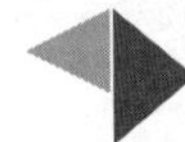

3.4 样式千姿百态

科学技术的迅速发展和人类的需求持续增长，使得计算机的类型不断分化，形成了各种不同种类的计算机。最初计算机按照用途可以简单分为专用计算机和通用计算机两大类。专用计算机是专为解决某一特定问题而设计制造的电子计算机，一般拥有固定的存储程序。例如控制轧钢过程的轧钢控制计算机、计算导弹弹道的专用计算机等，解决特定问题的计算机速度快，可靠性高，且结构简单，价格便宜。通用计算机是指各行业、各种工作环境都能使用的计算机，例如，学校、家庭、工厂、医院、公司等都能使用的就是通用计算机，而平时我们购买的品牌机、兼容机也是通用计算机。

另外一种专业分类是：巨型机、大型机、中型机、小型机、微型机及单片机。这些类型之间的基本区别通常在于其体积大小、结构复杂程度、功率消耗、性能指标、数据存储容量、指令系统和设备、软件配置等的不同。

在通用计算机里面，也是不同类型的计算机支持不同的应用需求，例如处理天气预报与汇总学生成绩所需要的计算环境和计算机类型就相差甚远，前者通常需要高性能计算机，而后者用微型计算机就可以处理了。为了进一步认识这个庞大的家族，我们需要了解一下生产、生活中经常遇到的5种通用计算机，即超级计算机、微型计算机、工作站、服务器和嵌入式计算机。当然，它们之间并不是界限分明的，往往互有交集甚至是包含关系。

1. 超级计算机

超级计算机也就是常说的巨型机，主要用于科学计算，其运算速度在每秒万亿次以上，数据存储容量很大，结构复杂，价格昂贵。超级计算机是国家科研的重要基础工具，在军事、气象、地质等诸多高科技领域的研究中发挥着关键作用，也是航空、化工、汽车、制药等行业的重要科研工具。目前国际上对这类计算机最为权威的评测是世界超级计算机协会的TOP500，每年公布一次世界500强排行榜。在2015年7月公布的第45届全球超级计算机 500 强排行榜上，中国的“天河二号”又一次拔得头筹，获得了“五连冠”的历史记录（图 3.22）。

2016 年和 2017 年，中国“神威·太湖之光”超级计算机连续两次名居榜首，“天河二号”位居第二名。

图 3.22　“天河二号”超级计算机系统

2. 微型计算机

微型计算机简称微型机、微机，是超大规模集成电路发展的结果。微型计算机的特点是体积小，灵活性大，价格便宜，使用方便，目前广泛应用于科研、办公、学习、娱乐等社会生活的方方面面。我们日常使用的台式机（Desktop）、笔记本（Notebook 或 Laptop）、掌上电脑（PDA）以及一体台式机和平板电脑（Tablet PC）都是微型计算机（图 3.23）。

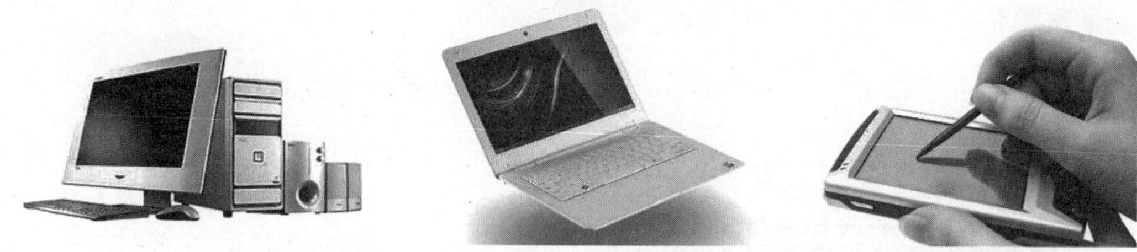

图 3.23　各种微型计算机示例（从左起分别是台式机、笔记本电脑和掌上电脑）

3. 工作站

需要指出的是，这里所说的工作站不同于计算机网络系统中的工作站，后者只是网络中的任一用户结点，可以是网络中的任何一台普通微型计算机或终端。

工作站是微型计算机家族成员之一，它是一种高档的微型计算机（图 3.24）。工作站通常配有容量很大的内存储器和外存储器，主要面向专业应用领域，具备强大的数据运算与图形图像处理能力。工作站主要是为了满足工程设计、动画制作、科学研究、软件开发、金融管理、信息服务、模拟仿真等专业领域而设计开发的高性能微型计算机。

图 3.24 一体化工作站示例

4. 服务器

服务器，也称伺服器，是在网络环境下为网上多个用户提供共享信息资源和各种其他服务的一种高性能计算机（图 3.25）。由于服务器需要响应服务请求，并进行处理，因此一般来说服务器应具备承担服务并且保障服务的能力。在网络环境下，服务器上需要安装网络操作系统、网络协议和各种网络服务软件。根据服务器提供的服务类型不同，分为文件服务器、数据库服务器、应用程序服务器、Web 服务器等。

图 3.25 服务器示意图

5. 嵌入式计算机

嵌入式计算机是指嵌入到对象体系中，实现对象体系智能化控制的专用计算机系统。例如车载控制设备（图 3.26）、智能家居控制器以及日常生活中使用的电饭煲、电冰箱、空调、全自动洗衣机、数码产品等都采用了嵌入式计算机。嵌入式计算机系统是以应用为中心，以计算机技术为基础，并且软硬件可裁剪，适用于对应用系统的功能、可靠性、成本、体积、功耗有严格要求的场合。

图 3.26 车载嵌入式计算机示例

嵌入式计算机一般由嵌入式微处理器、外围硬件设备、嵌入式操作系统以及用户的应用程序 4 个部分组成，用于实现对其他设备的控制、监视或管理等功能。

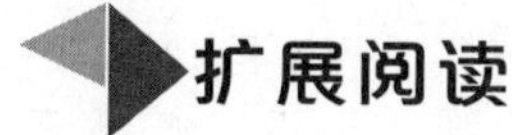

扩展阅读

计算机的那些“祖先”

美国作家西德尼·谢尔顿(Sidney Sheldon)在小说《假若明天来临》(*If Tomorrow Comes*)中讲了这样一个故事。20 世纪 70 年代，当时还没有出现便携式计算机，一个骗子在报纸上刊登了一则邮购广告，说几千美金就可以买一台最轻便、最易用也最可靠的计算机。一些人就付款了，结果收到的却是中国的算盘，于是这些人大呼上当。显然，广告的说法偷换了计算机的概念，因为计算机一般是指电子计算机。但是，严格来讲这则广告并无大错，因为中国的算盘确实是一种手动的计算机。

根据 3.2.1 节中图灵机的思想，一个工具能否算是计算机，关键看它是不是无须“心算”而依据一套操作规则就能进行计算。中国的算盘显然具备这个特性：假如我们在算盘上随便拨弄几下，算盘上就有了一个数字(初始状态)。现在要加上或减去一个新的数字，操作者根据如图 3.27 所示的珠算口诀，用手指完成一些操作，算盘就呈现出了结果(下一个状态)。以此类推，可以不断计算下去……中国算盘和西方古代的算盘最根本的区别就是前者完全靠口诀来操作，这些口诀就对应图灵机中的规则表，也就相当于现代计算机中的程序。

西方算盘的出现可以追溯到距今四千余年的巴比伦，详细内容参见《IT 简史》的相关章节。

加法口诀表

不进位的加			进位的加	
加数	直加	满五加	进十加	破五进十加
一	一上一	一下五去四	一去九进一	
二	二上二	二下五去三	二去八进一	
三	三上三	三下五去二	三去七进一	
四	四上四	四下五去一	四去六进一	
五	五上五		五去五进一	
六	六上六		六去四进一	六上一去五进一
七	七上七		七去三进一	七上二去五进一
八	八上八		八去二进一	八上三去五进一
九	九上九		九去一进一	九上四去五进一

减法口诀表

不退位的减			退位的减	
减数	直减	破五减	退位减	退十补五的减
一	一下一	一上四去五	一退一还九	
二	二下二	二上三去五	二退一还八	
三	三下三	三上二去五	三退一还七	
四	四下四	四上一去五	四退一还六	
五	五下五		五退一还五	
六	六下六		六退一还四	六退一还五去一
七	七下七		七退一还三	七退一还五去二
八	八下八		八退一还二	八退一还五去三
九	九下九		九退一还一	九退一还五去四

图 3.27　珠算的加法口诀和减法口诀

算盘有很多不便之处，例如使用者必须熟记上百条四则运算的口诀，拨打过程又完全是手工，不仅时间长了容易疲劳，而且很难避免操作失误。欧洲一些发明家考虑用机械装置来代替人类计算。1642 年，法国数学家布莱士·帕斯卡就发明了一种机械计算机——

帕斯卡计算器，如图 3.28 所示。这种计算机也称滚轮式加法器，外形像一个长方盒子，用儿童玩具那种钥匙旋紧发条后才能转动。其外观上有 6 个轮子，分别代表个、十、百、千、万、十万。只需要顺时针转动轮子，便可进行加法运算，而逆时针则为减法运算。帕斯卡总共做出了数十台这样的机器，据说现今还有 5 台存世。但它造价昂贵，计算却不够快速，而且不是那么轻巧便携，所以没有得到推广普及。

在法国巴黎工艺学校、英国伦敦科学博物馆都可以看到帕斯卡计算器的原型。据说在中国的故宫博物院也保存着两台铜制的复制品，是当年外国人送给慈禧太后的礼品。

发明了二进制的莱布尼茨也热衷于计算机的研究，虽然他没有用二进制来计数，但还是花了 40 年的时间改进了帕斯卡计算器。改进后的计算器加、减、乘、除四则运算一应俱全，也给其后风靡一时的手摇计算机铺平了道路。为了实现微积分运算，约半个世纪后，英国数学家和发明家查尔斯·巴贝奇设计出了差分机。不过，这台机器的设计如此超前和复杂，预计需要精密零件两万多个，重达 4t，以至于在巴贝奇生前只完成了 1/7。直到 1855 年，斯德哥尔摩的舒茨公司才按巴贝奇的设计制造出世界上第一台可以工作的差分机(图 3.29)。

1991 年，为纪念巴贝奇诞辰 200 周年，伦敦科学博物馆制作了一台完整的差分机，它包含 4000 多个零件，重 2.5t。

图 3.28　帕斯卡计算器

图 3.29　巴贝奇的差分机

自 1936 年开始，德国工程师康拉德·楚泽(Konrad Zuse)为了解决飞机制造中的计算问题，耗时两年多，设计出了第一代电动机械计算机 Z1。Z1 最大的贡献是首次采用了二进制数，这明显是受到了莱布尼茨的启发。这台机器也采用了穿孔带输入程序，不过不是纸带，而是 35mm 电影胶片。更重要的是，这是世界上第一台依靠程序自动控制的计算机，是计算机发展史上的一个重大突破。此后，在升级版 Z2 中，楚泽用继电器取代机械实现了开关电路，因此楚泽也可以说是数字电路设计的先驱。1941 年，楚泽研制出的 Z3 是世界上第一台功能等同于图灵机的计算机，每秒可以进行 5～10 次计算(图 3.30)。

有资料表明，楚泽后来发表的研究报告，副标题就是“向莱布尼茨致敬”。

有意思的是，楚泽一直埋头工作，很少和同行交流，而且由于二战的原因，消息更加闭塞。他不仅不了解图灵的理论，甚至连一百年前的巴贝奇的名字都没听说过……在历史上，经常会有几个人同时独立发明一样东西——在微积分方面，牛顿和莱布尼茨就是这

图 3.30　康拉德·楚泽与 Z3

样;在计算机方面,楚泽和图灵也是如此。他们几乎是同时分别从经验和理论出发,设计出了现代计算机的原型,真可谓英雄所见略同!

"硅谷"名字的由来

在美国西海岸旧金山到圣何塞市(San Jose)之间,围绕着旧金山海湾有一个几十公里长、几公里宽的峡谷,通常称为硅谷(图 3.31)。在过去的 50 年里,这里涌现了无数的神话:这个面积不到美国国土万分之一、人口不到 400 万的地区每年创造了大约八千亿美元的财富。财富全球 100 强公司中,硅谷占了两成;美国纳斯达克前 100 强公司中,硅谷占了四成。硅谷每天都有十几家公司注册,大约每 10 天便有一家公司上市……

图 3.31　明星公司遍布的硅谷

说到硅谷的诞生,不得不提到曾为贝尔实验室赢得第一个诺贝尔奖的科学家肖克利(参见 3.1.2 节)。1956 年,他由于家庭原因离开了新泽西的 AT&T 公司,在加利福尼亚州办起了自己的公司——肖克利实验室股份有限公司。作为晶体管的发明者之一,肖克利网罗了一大批慕名而来的英才。可惜,肖克利是天才的科学家,却缺乏经营能力。他雄心勃勃,但对管理一窍不通,甚至跟其他人打交道的能力也没有,却十分自以为是。一年之中,实验室没有研制出任何像样的产品,第二年就有 8 个年轻人集体"叛逃",并成立了一个新的公司——仙童半导体公司。

这 8 个年轻人递交辞职书的时候,肖克利怒不可遏地骂他们是"八叛逆"(The

这8个人分别是诺伊斯(R. Noyce)、摩尔(G. Moore)、布兰克(J. Blank)、克莱尔(E. Kliner)、赫尔尼(J. Hoerni)、拉斯特(J. Last)、罗伯茨(S. Boberts)和格里尼克(V. Grinich)。

Traitorous Eight)。不过,后来他们都成了大名鼎鼎的人物(图3.32),就连肖克利本人也改口称为“8个天才的叛逆”。这个故事在硅谷形成了一种说法——“坏的管理不一定是缺点,而是特点”,因为这样会派生出更有竞争力的新公司。此后,这类“叛逃”和集体跳槽事件在硅谷频频出现,在客观上也推动了人才的流动。仙童半导体公司就是紧随其后的一个典型例子。

图3.32 仙童半导体公司的8位创始人

仙童公司依靠技术创新优势,一举成为硅谷成长最快的公司,并在20世纪60年代进入了黄金时期。到1967年,公司营业额已接近2亿美元,这在当时可以说是一个天文数字。然而,仙童公司辉煌的同时也孕育着危机——控股仙童公司的母公司费尔柴尔德摄影器材公司不断把利润转移到东海岸去支持母公司的盈利水平。目睹母公司的不公平,“八叛逆”中的赫尔尼、罗伯茨和克莱尔首先负气出走,成立了阿内尔科公司。据说,赫尔尼后来创办的新公司达12家之多。从此,仙童公司的大批精英纷纷出走,自行创业。正如乔布斯形象比喻的那样:“仙童半导体公司就像个成熟了的蒲公英,你一吹它,这种创业精神的种子就随风四处飘扬了。”

费尔柴尔德摄影器材公司是谢尔曼·费尔柴尔德(S. Fairchild)1920年创办的航空摄影公司。费尔柴尔德不仅是企业家,也是发明家。他的发明主要在航空领域,包括密封舱飞机、折叠机翼等。

脱离仙童半导体创办公司者之中,较有名气的是查尔斯·斯波克(C. Sporck)和杰里·桑德斯(J. Sanders)。斯波克曾一度担任仙童半导体公司总经理,1967年出走后,来到国民半导体公司(NSC)担任CEO。他大刀阔斧地推行改革,把NSC从康涅狄格州迁到了硅谷,使它从一家亏损企业快速成长为全球第6大半导体厂商。桑德斯则是仙童半导体公司销售部主任,他在1969年带着7位原仙童公司员工创办了超威半导体公司(Advanced Micro Devices,AMD)。这家公司是全球第二大PC微处理器生产厂商,也是目前业内唯一一个可以提供CPU、GPU、主板芯片组三大组件的公司。当然,最有名的还是要数“八叛逆”中的罗伯特·诺伊斯和戈登·摩尔,他们于1968年带着另外一位员工安迪·格罗夫(A. Grove)一起脱离了仙童公司自立门户。他们创办的公司就是大名鼎鼎的英特尔(Intel)公司——全球最大的个人计算机零件和CPU制造商。

这些不同年代从仙童公司派生出来的庞大群体,到了2014年已经有92家上市,其市值总和高达2.1万亿美元,比印度、加拿大或者俄罗斯的GDP还高。

仙童公司像一只非常能下蛋的母鸡,孵化出众多半导体公司,因此它被誉为“世界半导体公司之母”,如图3.33所示(圈子的大小代表进一步派生出公司的数量多少)。对此,20世纪80年代初出版的著名畅销书《硅谷热》(*Silicon Valley Fever*)中写道:“硅谷(当时大约70家)半导体公司的半数是仙童公司的直接或间接后裔,在仙童公司供职是进入遍布于硅谷各地的半导体行业的途径。1969年,在森尼维尔举行的一次半导体工程师大会上,400位与会者中,未曾在仙童公司工作过的还不到24人。”

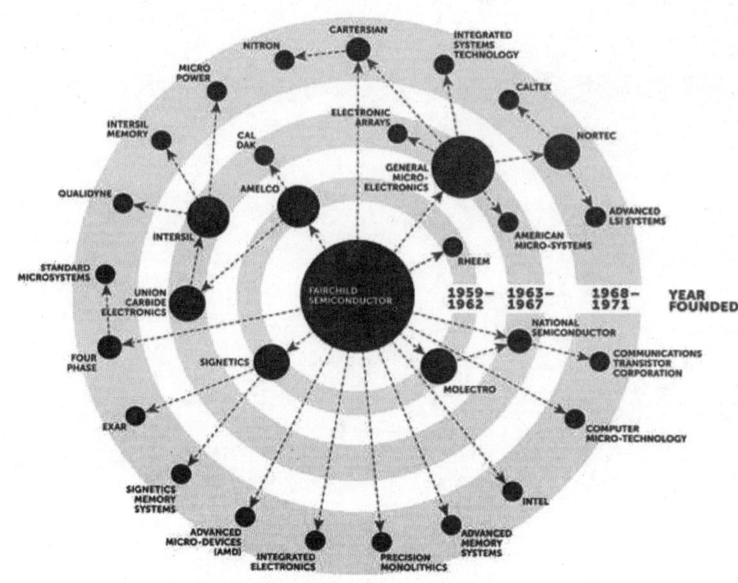

图 3.33 不同年代从仙童公司派生出来的部分公司

可以毫不夸张地说，仙童公司给旧金山湾区带来了半导体产业。由于半导体的材料是硅，因此到了 20 世纪 70 年代，这个地区得到了一个新名称——硅谷。也有人把肖克利称为“硅谷之父”，意思是他逼走了诺伊斯等人，从而导致了硅谷半导体的兴起，这当然多少有点讽刺意味。

“硅谷”这个名字最早由当地企业家瓦尔斯特(Ralph Vaerst)提出，并且在 1971 年首次出现在媒体上。

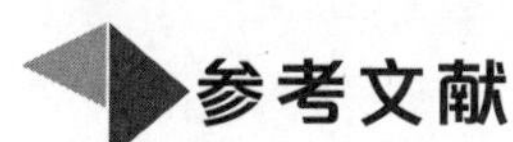

参考文献

[1] 吕云翔，李沛伦. IT 简史[M]. 北京：清华大学出版社，2016.

[2] 黄俊民，顾浩. 计算机史话[M]. 北京：机械工业出版社，2009.

[3] 吴军. 浪潮之巅：上册[M]. 3 版. 北京：人民邮电出版社，2016.

第4章

软　　件

在自然科学中，是大自然给出一个世界，而我们去探索其中的法则。对于计算机来说，却是我们自己来构建法则，创造一个世界。

——艾伦·C. 凯(2003年图灵奖获得者)

从某种角度看，硬件(Hardware)和软件(Software)很像是肉体和灵魂的关系——没有硬件就没有信息的载体，但只有硬件还是无法工作的，因为还需要软件的支持。什么是软件？这个问题看似简单，又不太好回答。我们几乎每天都在使用各种软件，如Windows、Office、IE浏览器、媒体播放器等，它们都是我们再熟悉不过的产品了。但是真要你谈一谈什么是软件，大多数人则不是那么清楚了。

软件也泛指社会结构中的管理系统、思想意识形态、思想政治觉悟、法律法规等。

现在普遍被人们认可的软件的定义包括以下3个要素：

(1) 运行时能够提供所要求的功能和性能的指令或计算机程序集合。

(2) 使程序能够令人满意地处理信息的数据结构。

(3) 描述程序功能需求以及程序如何操作和使用所要求的文档。

概括一下，就是说程序、数据和文档是软件的最基本的3个组成部分。随着软件的不断发展，人们逐渐发现还有一项内容必不可少，那就是服务，例如软件实施培训服务、系统管理咨询服务、后期性能提升服务等。于是，可以用一个简单的公式给出软件的定义：

软件＝程序＋数据＋文档＋服务

有一句哲言说得好：“概念和分类是人类思考和行为的建筑基石。”我们简单了解一下软件的概念之后，接着聊一聊它的类别。

4.1 分门别类话软件

如图4.1所示，所有软件都可以划分为两个大的类别：应用软件和系统软件。应用软件是由一些完成计算机特定任务的程序组成的，目的是满足用户不同领域、不同问题的应用需求。一台用来维护某个制造公司库存单的计算机所包含的应用软件与动画制作人员用的计算机里的专业软件显然是不同的。软件根据用途不同可以分为办公软件（例如Microsoft Office、WPS）、互联网软件（例如微信、QQ）、多媒体软件（例如Adobe Photoshop、Windows Media Player）、游戏软件（例如World of Warcraft、DIABLO）等。

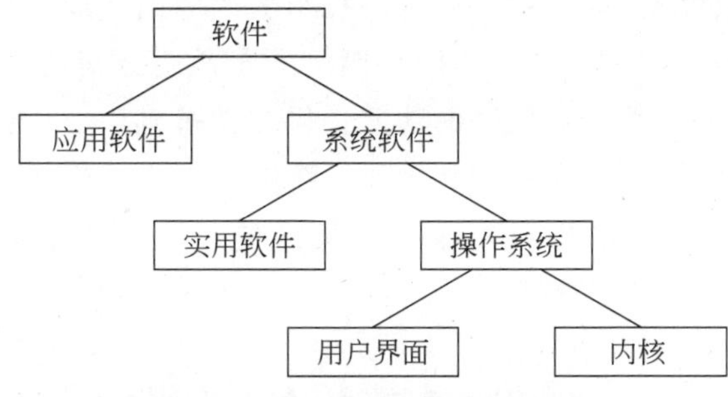

图4.1 软件的一种分类方法

虽然各种应用软件完成的工作各不相同，但它们都需要一些共同的基础操作，例如都要从输入设备取得数据，向输出设备送出数据，向外存写数据，从外存读数据，对数据进行常规管理，等等。这些基础工作也要由一系列指令来完成，人们把这些指令集中组织在一起，形成专门的软件，用来支持应用软件的运行，这种软件称为系统软件。也就是说，系统软件提供了应用软件所需要的基础架构，类似于国家基础设施（政府、道路、公共设施、金融机构等）提供保障公民生活需求的基础服务。

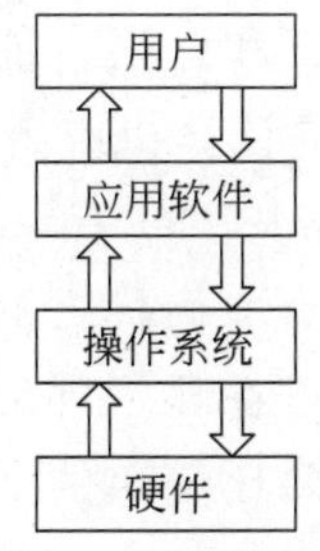

图4.2 操作系统的地位和作用

系统软件又可以分为两类：一类是操作系统（Operating System，OS），另一类是统称为实用软件的软件单元。操作系统是控制计算机整体运行的软件，计算机上发生的所有事情都需要它的知晓和许可，如果没有它，用户无法控制计算机的硬件设备，也无法使用其他软件（图4.2）。操作系统最著名的例子就是视窗（Windows，微软公司已经发布了很多版本，并广泛用于PC领域）和安卓（Android，主要用于移动设备，如智能手机和平板

基础设施主要包括交通运输、机场、港口、桥梁、通信、水利，城市供排水、供气、供电设施，提供无形产品或服务的科教文卫等机构所需的固定资产。它是一切企业、单位和居民生产经营工作和生活的共同的物质基础，是城市主体设施正常运行的保证，既是物质生产的重要条件，也是劳动力再生产的重要条件。

电脑，由谷歌公司和开放手机联盟领导及开发）。

大多数实用软件则包括这样一些程序，它们实现的活动仅仅是计算机的安装基础，而没有包含在操作系统中。从某种意义上说，实用软件是由一些能够扩充（或定制）的操作系统功能的软件单元组成的。举例来说，格式化磁盘或将文件从磁盘复制到光盘中的功能就可以借助于实用软件，而不是在操作系统内部实现。把某些工作作为实用软件来实现，允许定制系统软件，这比把它们交给操作系统来执行更容易满足特定安装的需求。事实上，一些公司和个人对原先和操作系统一起提供的实用软件进行修改和扩充已经是很普通的事情了。

在一些操作系统安装盘中往往会提供许多实用工具，如数据压缩与解压缩软件、处理网络通信的软件和备份本机硬件驱动的软件等。

目前看来，应用软件和实用软件之间的差别已经非常模糊了。一般认为，它们的差别在于其是否是计算机软件架构的一部分。因此，当新的应用变成了一种基础的工具，这个应用就很可能成为一种实用软件。用于因特网的通信软件还处在研究阶段时，它就被认为是一种应用软件，后来这类工具软件的功能变得非常基础（大部分 PC 都需要用到），也就被定义为实用软件。同样，实用软件和操作系统的差别也是模糊的。特别是在 2000 年前后，美国和欧洲的反垄断诉讼案争论的都是这样一个问题：浏览器和媒体播放器这两个组件是微软公司操作系统的一部分，还是微软公司用来压制竞争对手的实用软件？

关于这个问题的背景知识见本章的扩展阅读——屡试不爽的“三板斧”。

操作系统可以分为两个部分：用户界面和内核。内核是操作系统的核心，提供操作系统的最基本的功能，它负责管理系统的进程、内存、设备驱动程序、文件和网络系统，决定着系统的性能和稳定性。而为了完成用户请求的动作，操作系统必须能够与这些用户进行通信，这就需要用户界面，也称为 shell（俗称“壳”，用来区别于“核”）。

内核包含一些能够实现计算机运行所需基本功能的软件组件，例如文件管理程序、设备驱动程序、内存管理程序、调度程序和分派程序等。

如图 4.3 所示，老式的用户界面叫 CLI（Command Line Interface，命令行界面），是通过键盘和显示屏用文本信息与用户通信，这种界面的操作需要记住英文的操作命令，不利于广大的非专业用户。但 CLI 执行起来更快，功能也更强，其脚本语言和宏语言能够提供丰富的控制与自动化的系统管理能力（尤其对于需要操作一群客户端计算机或者是 24 小时运作的服务器）。界面更友好的操作系统一般利用 GUI（Graphical User Interface，图形用户界面）实现与用户的通信，人们不再需要死记硬背大量的命令，取而代之的是可以通过窗口、菜单、按键等方式来方便地进行操作。然而，这种界面通过在显示屏的特定位置以“各种美观而不单调的视觉消息”提示用户“状态的改变”，显然要比简单的文本信息呈现消耗更多的硬件资源。

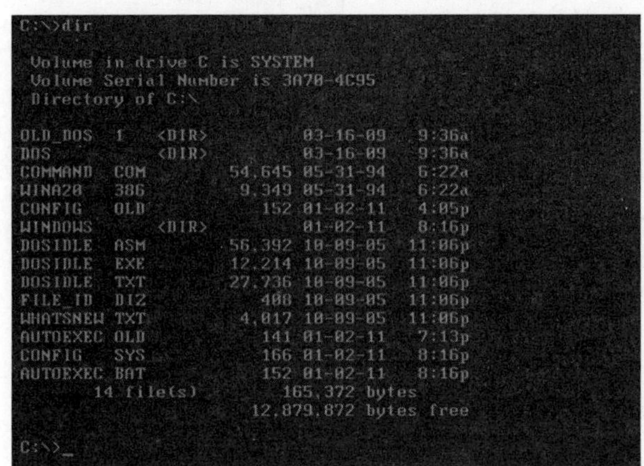

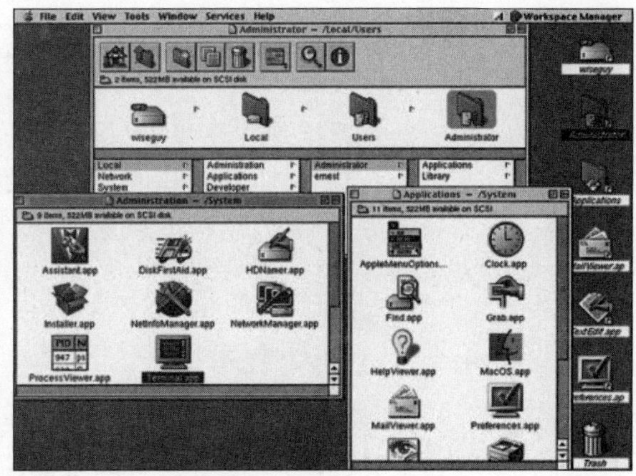

图 4.3 操作系统的两种用户界面，左侧是微软的 DOS，右侧是苹果的 Macintosh

打开“视窗”看世界

20 世纪 80 年代，占大部分市场份额的 IBM-PC 及其兼容机基本上都采用微软公司的 MS-DOS 操作系统。这个系统通过命令行界面操作，使用门槛对非专业人士来说是不低的。早在 1973 年，施乐公司帕洛阿尔托研究中心(Xerox Palo Alto Research Center，简称 Xerox PARC)就发明了一种图形界面的操作系统原型和可实用的鼠标，但没有得到商业推广。

1980 年，西雅图电脑产品公司(Seattle Computer Products)24 岁的程序员蒂姆·帕特森(Tim Paterson)花了 4 个月时间编写出了 86-DOS 操作系统。1981 年 7 月，微软以五万美元从西雅图电脑产品公司购得该产品的全部版权，并将它更名为 MS-DOS。

苹果公司的乔布斯在施乐公司那里得到了启示，把这些技术用到了 Apple Lisa 个人计算机上，接着又用到了新设计的麦金塔(Macintosh)上。在此过程中，乔布斯邀请微软公司创始人比尔·盖茨(Bill Gates)洽谈合作事宜——给麦金塔开发应用软件。这是历史性的一刻，盖茨立刻意识到了这种配有鼠标和图形用户界面的操作系统代表了 PC 的发展趋势，微软公司研发的重心从此转向图形操作系统——视窗(Windows)。

作为一位杰出的商界统帅，盖茨硬是通过开放、兼容和廉价的策略让 DOS 站稳了脚跟，遏制住了苹果系统的扩张。同时微软公司紧锣密鼓、几经坎坷地进行研发工作，终于到 20 世纪 90 年代做出一款媲美麦金塔系统的软件——Windows 3.0。有了以往稳固的市场基础，这个版本的视窗操作系统一上市就确立了微软公司在微机操作系统领域的统治地位。此后推出的 Windows 9x 系列和 Windows XP 功能越来越强大，性能越来越稳定，界面越来越友好，基本上终结了微软与苹果两家公司 PC 操作系统的霸主之争。

Macintosh 是加州的一种苹果的名字，苹果公司为了避免与音频设备制造商麦金托什实验室(McIntosh Laboratory)的名字有冲突，改变了字母的拼写。

4.2 强大的操作系统

操作系统是管理和控制硬件与软件资源的计算机程序，是直接运行在“裸机”上的最基本的系统软件，任何其他软件都必须在操作系统的支持下才能运行。从这个角度讲，它的功能更加强大，结构更加复杂，编写起来更加困难。因此，它也值得我们单独拿出来，认真了解一下。

4.2.1 分身有术

提到操作系统的原理，有一个术语一定要掌握，那就是进程(Process)。那么，什么是进程呢？顾名思义，进程就是进展中的程序，或者说，进程是执行中的程序。就是说，一个程序加载到内存后就变为进程，即

进程＝程序＋执行

如果一款软件的程序只是编写好了，存放在光盘、U盘等外存中，那就只能叫程序，只有操作系统把它加载到内存中执行，它才可以叫作进程。当然在MULTICS操作系统(现代操作系统的基础)出现之前，进程还有一个名字——作业(job)。关于这个名字的问题，还有一段故事。

操作系统的黎明

在20世纪50年代，世界上最先进的计算机是IBM公司的7094。作为礼物，IBM公司向密歇根大学(University of Michigan，UM)和麻省理工学院(Massachusetts Institute of Technology，MIT)分别捐赠了一台7094。不过，捐赠附加了一些条件，这些条件使得学校有些恼火，但又无法拒绝(想想别的学校连这种恼火的机会都没有)。例如，一个条件就是：平时计算机归学校科研和教学使用，一旦进行帆船比赛就得停下一切计算任务为IBM公司服务。但半路停下来，就意味着前半段功夫白费了——比赛结束后，一切从头开始。

IBM的高管喜欢搞帆船比赛，每次比赛都需要使用计算机安排赛程、计算成绩和打印名次。

为了应对这个问题，密歇根大学开发了UMES系统，这个系统可以保存中间结果，等有时间了再从中间结果接着运算。但这显然治标不治本，于是贝尔实验室、麻省理工学院和美国通用电气公司就想联合开发一个可支持多个用户的分时操作系统——MULTICS。在开发过程中，由于意见分歧，贝尔实验室的几个人独立门户，搞出了另外一个著名的操作系统UNIX，并因此获得了图灵奖。由于历史恩怨，参与研发这些系统(UMES、MULTICS和UNIX)人员不愿意沿用IBM公司发明的术语“工作”，改用“进程”了。

可以看出，进程出现的动机就是要“分时”或者“多任务”。分时指的是多个用户共享对同一台计算机的访问，而多任务指的是一个用户同时执行多个任务，实现两者的是同一种技术——多道程序设计。

早期的计算机是“机器等人”，也就是说 CPU 的速度是非常快的，但人的思考和输入要慢得多，如果单一操作员单一终端（唯一的屏幕和键盘），那么 CPU 瞬间处理完操作员的命令，之后大部分时间都是在等待中，利用率太低。后来计算机发展为让多个用户同时连接一台主机，采用多个终端（每个终端是一套显示器和键盘）共享使用的方式进行操作。操作系统把 CPU 的时间分为多个时间片，假设在某个时间片里 CPU 处理 A 用户的进程，这个时间片结束时，A 用户的这个进程被暂停，CPU 快速切换去处理 B 用户的进程，再下一个时间片去处理 C 用户的进程……在很短的时间内就在十几个用户的进程中轮换了一遍，造成一种假象——每个用户都认为计算机一直在只响应自己，感觉和独占机器没有什么不同。

现在 PC 上的 Windows 和 Linux，还有手机上的 iOS 和安卓（Android），虽然不是多用户的分时操作系统，但也都是单用户的多任务操作系统。用户可以同时进行观赏电影、浏览网页、QQ 聊天、整理文档等多个任务，每个任务都和一个或多个进程相关联，操作系统同样是让 CPU 在多个进程之间进行交接或切换，让用户感觉到这些任务都在并行执行。如图 4.4 所示，我们都看过“抛球”表演，杂技演员可以同时抛接多个球而不落地。如果把手看作 CPU，每个球看作一个进程的话，这就类似一个多任务的操作系统——杂技演员的手快速地和每个球进行接触（接触一次用一个时间片），做出超过普通人反应速度的抛接动作（进程处理）。

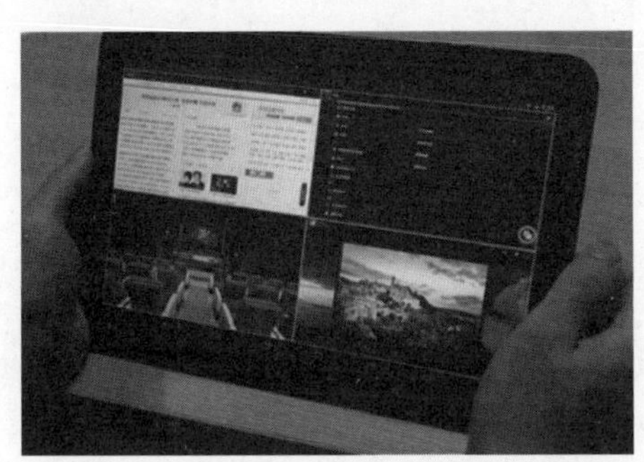

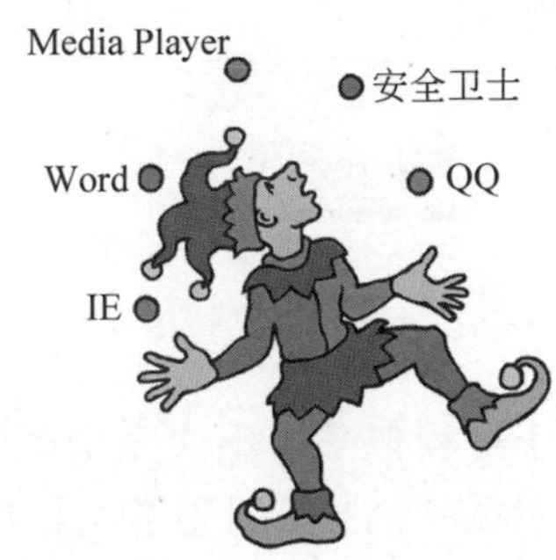

图 4.4 多道程序设计的示例和原理

从上面的描述中可以发现，进程是为了在 CPU 上实现多道程序设计而发明的一个概念。虽然 CPU 能在多个进程之间进行快速切换，造成很多任务并行的假象，但是每个进程自身在一个单位时间内还是只能干一件事情。如果想进一步提高计算机的处理效率，还应该想办法让一个进程同时能做多件事情,也就是在进程中并行起来。

这就让我们想到了传说中的分身术(就像孙悟空那样同时变出多个真身),虽然人在现实生活中做不到,但在操作系统中却可以做到,办法就是用线程——为了让一个进程能够同时干多件事情而发明的"分身术"。

在引入线程的操作系统中,一个进程至少有一个线程,也可以有多个线程,它们可以利用进程所拥有的资源。由于线程比进程更小,基本上不占用系统资源,故对它的调度所付出的开销就会小得多,能更高效地提高系统内多个程序间并发执行的程度,从而显著提高系统资源的利用率和吞吐量。近些年来,通用操作系统大都引入了线程,以便进一步提高系统的并发性,并把它视为现代操作系统的一个重要指标。

操作系统通常都是把进程作为分配资源的基本单位,而把线程作为独立运行和独立调度的基本单位。

当我们使用一款文字处理软件如 Microsoft Word 的时候,它的进程就分为多个线程。这些线程一个负责显示,一个接收输入,一个定时进行存盘。这些线程一起运转,让我们感觉到输入和显示同时发生,而不用在输入一些字符后,等待一会儿才显示到屏幕上。在我们不经意间,文字处理软件还能自动定时存盘。当然,此项操作取决于系统当时的状况,有时我们会感觉到存盘时计算机接收输入的速度慢了下来。但在绝大多数情况下,一切都还是令人满意的,如图 4.5 所示。

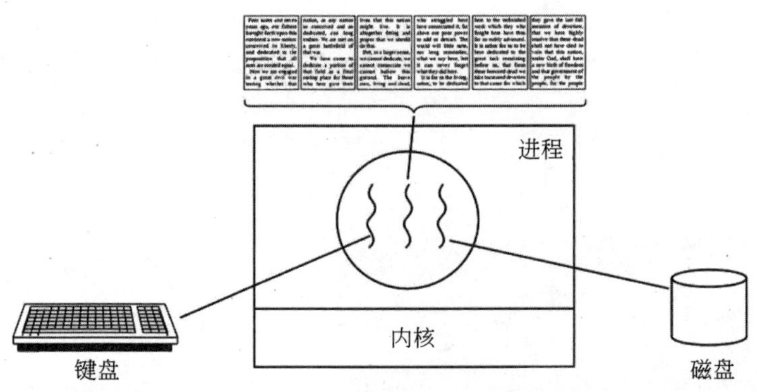

图 4.5　文本处理进程的 3 个线程

单看一个进程似乎还不能完全展示出多线程的好处,那我们就举出一个更真实点儿的例子吧。假设我们打开计算机,用 Photoshop 修改图片,用 Excel 统计报表,同时打开一个窗口玩游戏,这 3 个任务分别对应着进程 1、进程 2 和进程 3,那么总共需要的时间如图 4.6(a)所示。可以把每个进程都进一步分解为 3 个线程,分别负责输入、计算和存储,如图 4.6(b)所示。显然,这 3 个线程匹配的硬件资源是不一样的,输入是和键盘相关,计算需要使用 CPU 中的运算器,而存储是写入硬盘。

为了例子不过于复杂,此处忽略了负责其他子任务的线程,例如显示等。

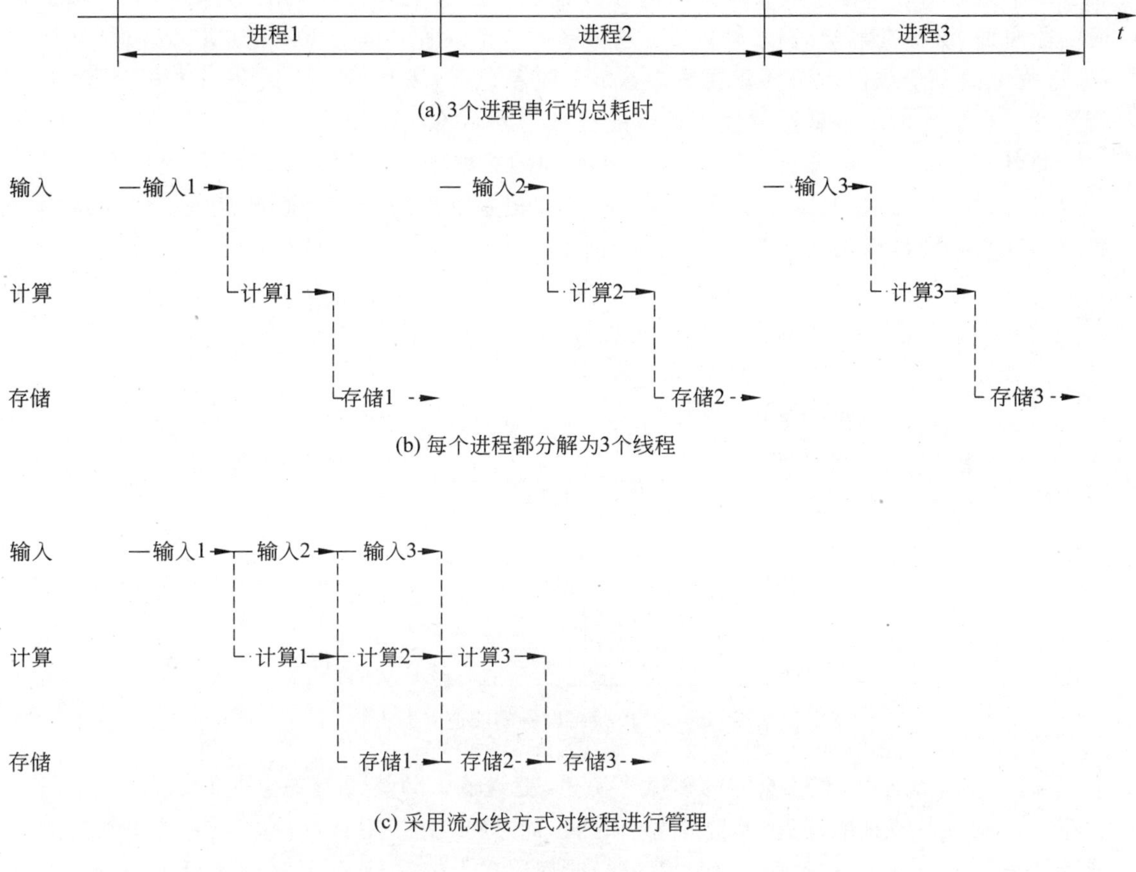

图 4.6　单线程进程与多线程进程效率对比

> 毕竟电子元器件与人不同，在工作期间是不需要休息的，一旦出现长时间的空闲，肯定会影响效率。

仔细观察图 4.6(b)可以发现，完成进程 1 的输入之后，键盘一直在等待，直到进程 1 全部结束，才开始接收进程 2 的输入，然后再等待，直至进程 2 全部结束之后，再处理进程 3 的输入。CPU 和硬盘也一样，它们大部分时间都是空闲的，没有充分利用上，这样效率显然不高。我们希望它们充分忙碌起来，就像工厂车间的流水线一样，不要有大段的等待时间。如图 4.6(c)所示，键盘完成进程 1 的输入，接着就是进程 2 的输入，再下来就是进程 3 的输入，CPU 和硬盘也一样。这就在线程这一层次上并行起来了，尤其在中间那个时间段里面，键盘在响应线程"输入 3"(进程 3 的一个线程)，同时 CPU 在处理线程"计算 2"(进程 2 的一个线程)，而硬盘在响应线程"存储 1"(进程 1 的一个线程)，各司其职，并行不悖……最终的结果就是缩短了整体的任务完成时间，如图 4.6(d)所示。

此外，各种硬件资源的速度也是千差万别的。如图 4.7 所示，CPU 的速度是纳秒(ns)级的，而硬(磁)盘的速度是毫秒(ms)级的，相差百万(10^6)倍，而键盘输入的速度是秒(s)级的，和硬盘相比又相差了上千(10^3)倍。

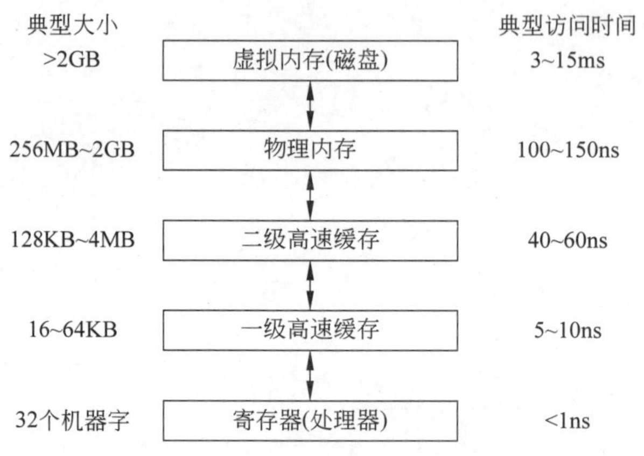

图 4.7　各种存储设备的响应时间

如图 4.8(a)所示，按照真实的速度来衡量，键盘输入就算没有一点儿间歇，硬盘应付相应的存储也绰绰有余，还有大量的富余时间，而 CPU 更是用百万分之一的时间来控制或计算一下……可见，只是对 3 个进程进行线程层次上的并行，还是产生了巨大的资源浪费。于是，操作系统就让硬盘在空闲时间里服务其他线程(属于其他进程)，如存储 b、存储 f、存储 h 等，也让 CPU 在空闲时间里响应其他线程(属于其他进程)，如计算 a、计算 c、计算 d 等，如图 4.8(b)所示。

讲到这里，就可以得到一个结论：线程是很有用的东西，因为它实现了进程内部的并发。线程的出现赋予了进程"分身术"的能力，它在进程级别上实现了多道编程，使得计算机可以在完成一个进程的同时处理更多的任务，提高了程序运行的效率和硬件资源的使用率。但凡事有利就有弊，线程与流水线的管理十分复杂，增加了整个操作系统的不可靠性。这就好比我们每次专注于做好一道菜，按部就班地洗、切、炒……虽然效率不高，但不容易出错；而如果我们在爆炒这道菜的同时，加工另一道菜的原材料，还兼顾着处理其他菜品的后续工作，效率提高了，但也容易发生糊锅、溢水等事件，这显然需要更加复杂的管理手段和资源调度能力。

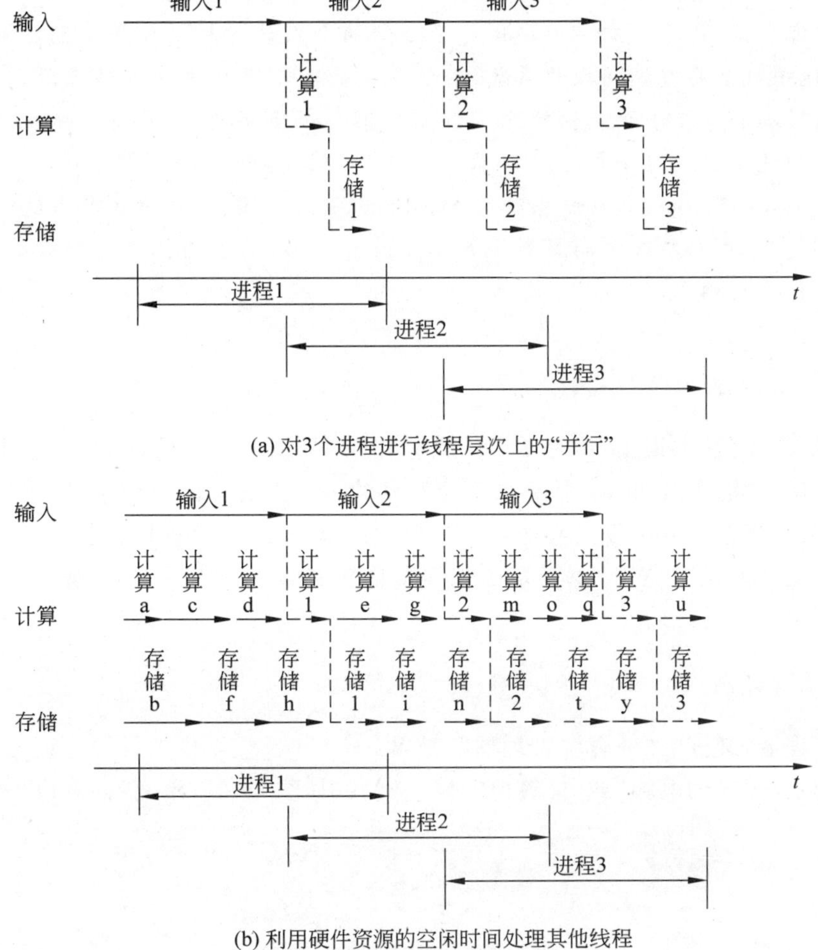

(a) 对3个进程进行线程层次上的“并行”

(b) 利用硬件资源的空闲时间处理其他线程

图 4.8 线程模型的并发操作

本节提到的内容仅仅是进程管理的一部分，而进程管理只是操作系统的三大核心功能之一(另外两个核心功能是内存管理和文件管理)，可见现代操作系统非常复杂。其原因有以下 3 点：①计算机的硬件资源越来越好，越来越多；②计算机上发生的所有事情都需要操作系统的掌控；③人类永不知足，对操作系统提出越来越苛刻的要求。总之，“能力越大，责任越大”，这就是软件尤其是操作系统的真实写照。

智能手机的操作系统

手机的功能越来越强大，除处理语音通话之外还能提供其他服务。现在，常见的智能手机(Smart Phone)可以用于编写文本消息、浏览万维网、导航、查看多媒体内容。简而言之,它可以提供许多传统的个人计算机所能提供的服务。因此,智能手机需要成熟的操作系统,不仅用来管理有限的手机硬件资源,还要支持迅速增加的智能手机应用软件。21世纪第一个十年的后期,智能手机操作系统领域的竞争在黑莓手机生产商Research In Motion的BlackBerry系统、微软的Windows Phone系统、诺基亚的Symbian系统、苹果公司的iOS系统和谷歌的安卓(Android)系统之间激烈展开。目前看来,后两者占据了大部分的市场,统治地位已经确立。

4.2.2 管理得法

虽然操作系统种类很多,但是常用的只有几种,Windows就是在PC上获得广泛应用的最为典型的一款。Windows是微软公司开发的一个多任务的操作系统,采用图形用户界面,用户对计算机的各种复杂操作大都只需通过点击鼠标就可以实现(当然还保留了命令行界面的交互方式)。Windows系统包含了许多经典而且好用的管理工具,下面简单介绍一下其中的3种。

> 除了Windows和Linux,另一个被广泛认可的操作系统就是UNIX,它是服务于较大的计算机系统和PC群的流行选择。事实上,UNIX还是其他两个操作系统的核心:Mac OS是苹果公司为其一系列Mac机提供的一种操作系统,Solaris由Sun Microsystems(现归Oracle所有)开发。

1. 资源管理器

资源管理器,又称"文件资源管理器",是Windows系统提供的资源管理工具,在实际的使用功能上和"我的电脑"或"计算机"是一样的。如图4.9所示,我们可以用它查看本

图4.9 Windows资源管理器示例(Windows 7)

台计算机的所有文件资源（文件、文件夹、桌面、打印机、控制面板、网络等），特别是它提供的树形的文件系统结构使我们能更清楚、更直观地认识计算机的文件和文件夹。

资源管理器的浏览窗口包括标题栏、菜单栏、工具栏、左窗口、右窗口和状态栏等几部分（图 4.9）。左边的文件夹窗口以树形目录的形式显示文件夹，右边的文件夹内容窗口是左边窗口中所打开的文件夹中的内容。

工具栏上的“查看”菜单项里面有很多常见的实用功能，例如改变右窗口的显示方式（大图标、小图标、列表、详细信息等）、排序方式（按照名称、修改日期、类型、大小等）、分组依据……“工具”菜单项里有一些功能虽然不为一般用户所知，但也是非常有用的，例如在“文件夹选项”对话框的选项卡“查看”里就可以进行“显示隐藏的文件、文件夹和驱动器”等高级设置，如图 4.10 所示。另外，在资源管理器中还可以对文件进行各种操作，如创建、打开、复制、移动等。

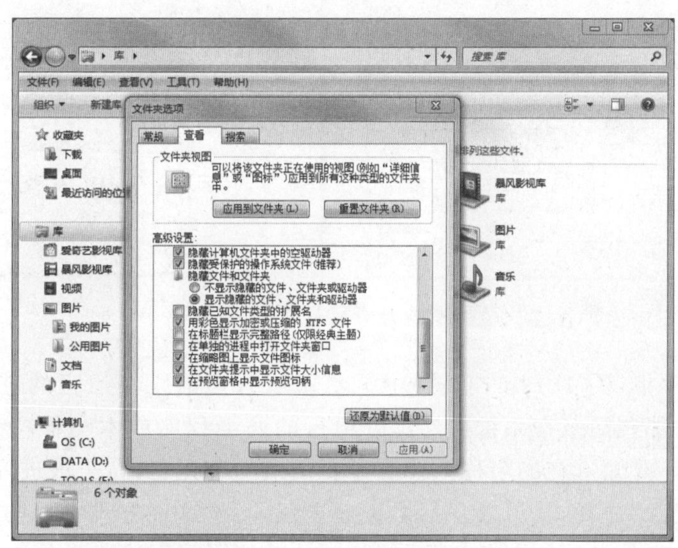

图 4.10　文件夹选项的设置示例

资源管理器一般位于系统盘下，路径是 C:\Windows\explorer.exe（假设 C 为系统盘盘符）。打开资源管理器的方法有很多种，最直接的就是用鼠标右击任务栏上“开始”按钮，选择“打开 Windows 资源管理器”；如果用快捷键，就是 Winkey＋E 键（即同时按下 Winkey 键和 E 键，Winkey 键如图 4.11 所示）；再复杂一点，就是单击“开始”按钮，选择“所有程序”→“附件”→“Windows 资源管理器”。

图 4.11　Winkey 键

Winkey 指的是键盘上带有 Windows 徽标的键，在 Ctrl 键和 Alt 键之间，单独按下去会弹出“开始”菜单。

2. 任务管理器

Windows 任务管理器提供有关计算机性能的信息，并显示计算机上运行的应用程序和后台服务的详细信息。如果连接到网络，那么还可以查看网络状态并迅速了解网络是如何工作的。以 Windows 8 为例，任务管理器的用户界面提供了“文件”“选项”和“查看”3 个菜单项，下面分为“进程”“性能”“应用历史记录”“启动”(开机启动项列表)“用户”“详细信息”和“服务”7 个选项卡，如图 4.12 所示。

早期的 Windows 任务管理器的用户界面提供了文件、选项、查看、窗口、关机、帮助 6 个菜单项，其下还有应用程序、进程、性能、联网、用户 5 个选项卡。窗口底部则是状态栏，可以查看到当前系统的进程数、CPU 使用率、占用的内存容量等数据(默认设置下系统每隔两秒对数据进行一次自动更新，也可以选择“查看”→“更新速度”菜单重新设置)。

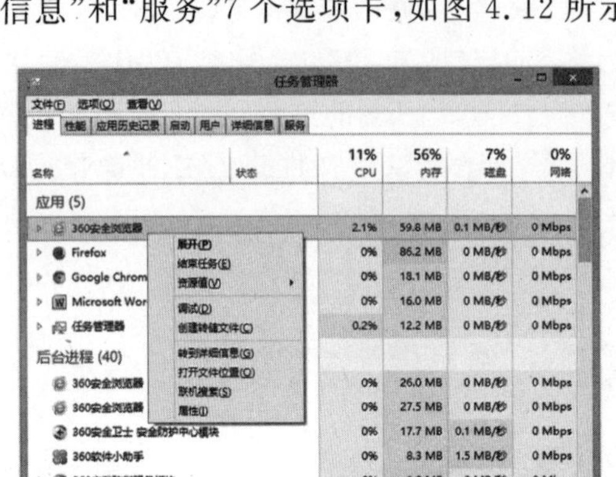

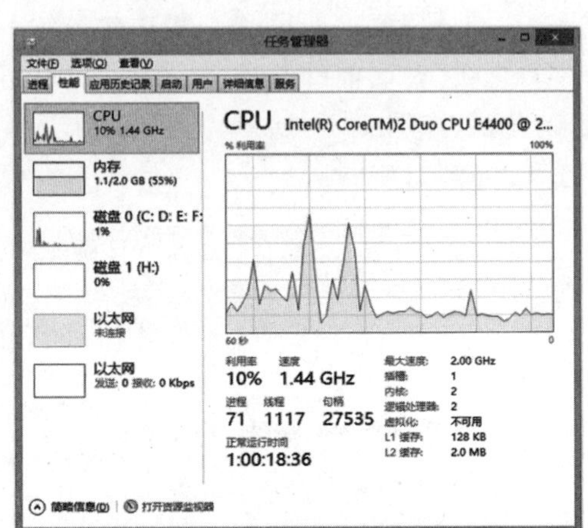

图 4.12 Windows 任务管理器示例(Windows 8)

在“进程”选项卡(图 4.12 的左图)中显示了所有当前正在运行的进程，包括应用程序、后台服务等。那些隐藏在系统底层深处运行的病毒程序或木马程序都可以在这里找到，当然，前提是你要知道它的名称。找到需要结束的进程名，右击该进程，然后执行快捷菜单中的“结束任务”命令，就可以强行终止该进程，不过这种方式将丢失该进程未保存的数据，而且如果结束的是系统服务，则系统的某些功能可能无法正常使用。

Windows 8 及以后版本把“进程”与“应用程序”两个选项卡合并，称之为“进程”。

在“性能”选项卡(图 4.12 的右图)中，任务管理器提供了详细、清晰的图表，显示了计算机在 CPU、内存、磁盘、网络等方面的资源使用情况以及趋势图等信息，一目了然；在“应用历史记录”选项卡中会记录系统中的应用历史，方便用户查询当前用户的资源使用情况，同时了解曾使用的程序占用 CPU 时间、网络使用情况等信息；“启动”选项卡中会列出操作系统的启动进程，与之前的 msconfig 命令类似，能够自动读取启动文件夹及注册表中的启动项，方便用户管理开机启动项；在“服务”选项卡中，可以看到系统的服务信息以及相应的描述和状态，界面下方提供了“打开服务”的按钮，如果右击具体的服务，还可以看到更加丰富的操控菜单。

在“详细信息”页面，可以清楚地查看程序名称、PID、状态、用户名、CPU、内存等信息。

任务管理器也位于系统盘下，路径是 C:\Windows\System32\taskmgr.exe(假设 C 为系统盘盘符)。打开任务管理器的方法也有很多种，入门级方法就是右击任务栏空白处，在快捷菜单中选择“启动任务管理器”；专业级方法就是用快捷键 Ctrl+Shift+Esc(即同时按下 Ctrl 键、Shift 键和 Esc 键)，或者按 Ctrl+Alt+Del 快捷键，弹出“Windows 安全”窗口，选择“启动任务管理器”；骨灰级(显得更加专业)的方法就要配合快捷键和输入命令了：按 Winkey+R 键(即同时按下 Winkey 键和 R 键)，输入 taskmgr 并回车。

常用的输入命令和响应情况：cmd—打开“DOS 命令窗口”；calc—打开“计算器”；msconfig—打开“系统配置”；regedit—打开“注册表编辑器”。

3. 设备管理器

Windows 设备管理器是一种管理工具，提供了计算机上所安装的硬件的图形视图，可用它来管理计算机上的设备，如查看和更改设备属性，更新设备驱动程序，配置设备设置和卸载设备。熟悉计算机硬件的高级用户还可以使用设备管理器的诊断功能解决设备冲突和更改资源设置。

如图 4.13 所示，在“设备管理器”中显示了机器配置的所有硬件设备。从上往下依次排列着光驱、处理器(CPU)、磁盘驱动器、监视器(显示器)、键盘、声音及视频等相关设备的信息，最下方则为显示卡(显示适配器)。想要了解某种硬件的信息，只要单击其前方的三角符号将其下方的内容展开即可。

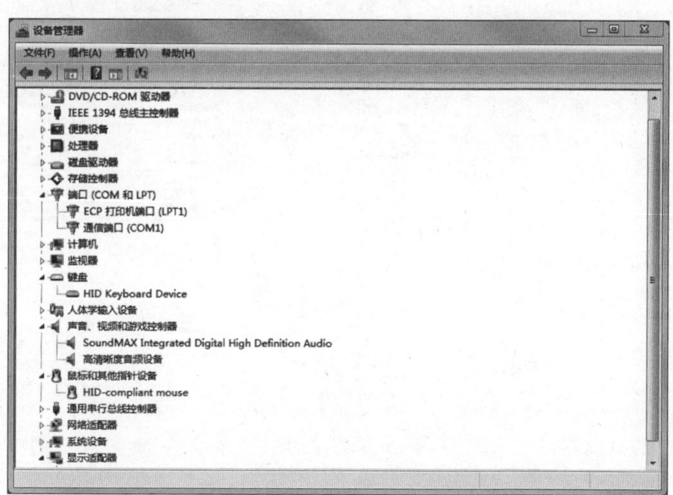

图 4.13 Windows 设备管理器示例(Windows 7)

如果在“设备管理器”窗口中看到有的硬件设备显示了红色的叉号，这说明该设备已被停用，如果想启用它，就右击该设备，从快捷菜单中选择“启用”命令就可以了。如果看到某个设备前显示了黄色的问号或感叹号，表示该硬件未能被操作系统所识别(问号)或者该硬件驱动程序安装不正确(感叹号),解决办法是右击该硬件设备,在快捷菜单中选择“卸载”命令,然后重新启动系统,大多数情况下操作系统会自动识别硬件并安装驱动程序。

某些情况下需要插入驱动程序盘,请按照提示进行操作。

设备管理器也位于系统盘下,路径是 C:\Windows\System32\devmgmt.msc(假设 C 为系统盘盘符)。打开设备管理器的方法也有很多种,入门级方法就是右击桌面上的“我的电脑”或“计算机”,在快捷菜单中选择“属性”→“设备管理器”;专业级方法就是用快捷键和命令了:按 Winkey+R 键,输入 devmgmt.msc 并回车。

DirectX 是微软公司开发的一整套 API 接口方案,用来驱动高速多媒体和游戏,它是 Windows 的核心技术。

还有一些工具可以查看计算机配置信息,例如 DirectX 诊断工具,如图 4.14 所示,它可以显示计算机上与 DirectX 相关的文件,检查正在运行的文件、输入设备以及视频驱动程序版本,还可以用来诊断和测试 DirectPlay、DirectSound、DirectMusic、DirectDraw 和 Direct3D 的功能。运行该工具的步骤为:按快捷键 winkey+R,输入 dxdiag 并按回车。

最详细的展示莫过于“系统信息”工具了,如图 4.15 所示,在“系统信息”的主界面,可以显示本地计算机上的硬件资源、系统组件和软件环境的全面视图,分别单击各项前面的“+”,可以查看更为详尽的参数信息。运行该工具的方法是:按快捷键 winkey+R,输入 msinfo32 并按回车。

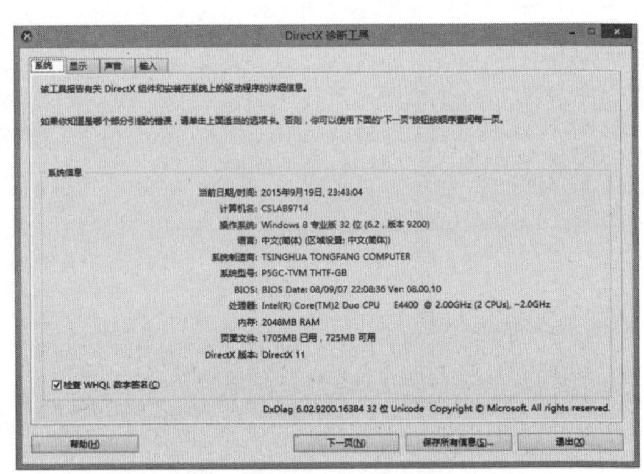

图 4.14 DirectX 诊断工具(Windows 8)

图 4.15 “系统信息”工具示例(Windows 7)

Linux

对于计算机爱好者而言,如果想通过亲手实验来了解一个操作系统,那么就应该选择 Linux。最初的 Linux 操作系统是由林纳斯·托瓦兹(Linus Torvalds)在赫尔辛基大学学习期间设计的类 UNIX 操作系统。Linux 操作系统是一个非专利产品,我们可以免费获得它的源代码和相关文档。因为可以免费获得源代码，所以该系统在计算机爱好者、学习操作系统的学生和程序员中非常流行。而且，Linux 操作系统被认为是当今可用的较可靠的操作系统之一。正因为这个原因，一些公司开始以更实用的形式包装和销售 Linux 操作系统产品，现在这些产品开始向市场上长期被认可的商用操作系统产品发起了挑战。可以在 http://www.linux.org 网站上了解更多有关 Linux 的知识。

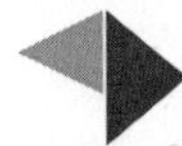

4.3 PC 时代的主角

如果回到 20 世纪 80 年代初，问谁将是个人计算机时代的领导者，十有八九的人会说是 IBM 公司，剩下的可能会说是苹果公司。但历史和他们开了个不小的玩笑，在 PC 时代的这场大戏中，IBM 公司连头号配角都算不上，而发明了 PC 的苹果公司在经历了初期风光之后也只是充当了头号配角而已。真正的主角是一开始藏在 IBM-PC 背后的微软公司和英特尔公司。

IBM-PC 采用了第三方处理器——英特尔公司的 8088 芯片，委托微软公司配置软件(例如 MS-DOS 操作系统)。

4.3.1 打造产业链

在 3.3.2 节中提到过，IBM-PC 一问世就大受欢迎，占领了 3/4 的 PC 市场，以至于今天还是 PC 的代名词。但在之前的反垄断官司中，IBM 公司和美国司法部达成了和解，条件之一就是 IBM 公司要允许竞争对手发展。这个条件在过去没有什么实质作用，因为一个公司要开发计算机，必须是硬件、软件和服务一起做，这个门槛很高。但是 PC 情况不同，IBM-PC 的主要构成——操作系统和处理器芯片都是第三方公司(微软公司和英特尔公司)提供的，磁盘驱动器、显示器和键盘等部件技术门槛又很低。于是在短短几年间，IBM-PC 的兼容机如雨后春笋般冒了出来，但受制于反垄断法，IBM 公司只能坐看康柏(Compaq)、戴尔(Dell)等公司不断做大。

AMD 虽然也生产兼容英特尔处理器的产品，但不足以构成威胁。

后来的 PC 虽然品牌、配置、性能各不相同，但为了与 IBM-PC 兼容，处理器都只能采用英特尔公司的，操作系统也大都是微软公司的(先是 MS-DOS，后是 Windows)。可以说，微软公司和英特尔公司之所以能在各自的领域确立统治地位，IBM 公司功不可没。但由于兼容机的大量出现，IBM 公司又沦为众多 PC 制造商之一，在激烈的竞争中不情愿地成了落伍者。正所谓“长江后浪推前浪，前浪死在沙滩上”。吴军博士在《浪潮之巅》中给出了个人计算机工业的生态链，如图 4.16 所示，应用软件开发商、PC 制造商和其他部件制造商都非常多，他们都不在这个产业的关键路径上。只有微软公司和英特尔公司牢牢扼住了整个生态链的咽喉，处于不可替代的地位，从而主导了 PC 时代。于是有人发明了一个词来描述这一稳固的商业联盟——WinTel，即视窗(Windows 系统)加上英特尔

宋代刘斧《青琐高议》：“我闻古人之诗曰：‘长江后浪推前浪，浮事新人换旧人。’”

(Intel CPU)的意思。

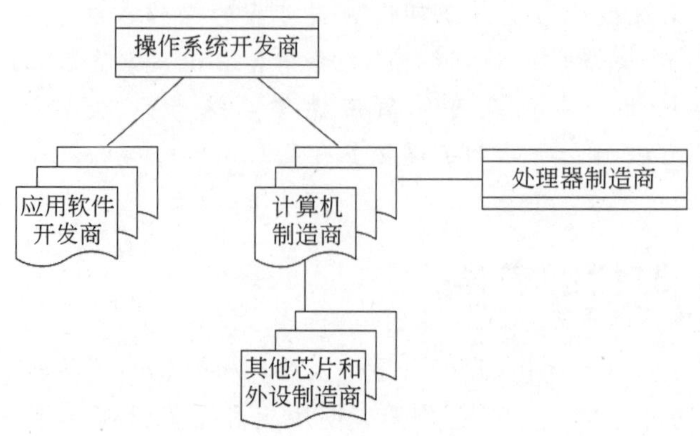

图 4.16 个人计算机工业的生态链
(来源:《浪潮之巅》)

这样,我们就很容易看清楚为什么苹果公司在 PC 时代是一个配角了。苹果公司在某种程度上是置身于这个产业链之外的——从处理器芯片的设计到应用软件的开发全要靠自己做,它的计算机自成一体,和其他的 PC 完全不能兼容。这种封闭的做法导致了 3 个后果:价格贵、软件少和不兼容。因此,即使苹果公司 PC 的界面做得再漂亮,很多人也不去买,按照当时通用汽车公司 CEO 的说法,这是一辆只能在 5%的公路上行驶的汽车。更何况一个公司也很难在方方面面都做得很好,以一个公司之力抗衡行业中其他公司的联合,时间一长就必然落于下风。苹果公司 PC 的市场占有率从 IBM-PC 诞生之后就一直下降,后来它也不得不采用英特尔公司的处理器,并且在 Mac 机上运行微软公司的 Office 办公软件,甚至可以装上微软公司的 Windows 操作系统,市场占有率才回升到 10%~15%。

这时的苹果 PC 已经部分融入了 WinTel 体系了。

WinTel 和苹果公司之争从表面上看是产品之争、技术路线之争,而从更深层看是两种商业模式和文化之争。WinTel 代表着开放与分工合作,这是现代工业社会的基本特征,而苹果公司则代表着封闭和对技术的垄断,因此,苹果公司在 PC 市场上的落败是必然的。当今的智能终端市场也是如此,虽然苹果公司率先推出了最好的智能手机 iPhone 及操作系统 iOS,但在市场占有率上逐渐输给了谷歌采用开放路线的安卓(Android)系统,这还是苹果公司的基因使然。

现在的苹果公司依然和 PC 时代一样,试图通过硬件实现软件的价值,把一条产业链从头吃到尾,但无论产品多么出色,最终往往就是"竖着"吃掉每个环节的一小部分,它的产品也就慢慢变成了消费电子产品中的时尚品牌,如同香奈儿在化妆品、LV 在手袋中的位置。当然,作为时尚的代名词,如果能够不断创新和坚持追求极致,就像乔布斯还在的时候那样，苹果依然可以不断引领 IT 产业的浪潮。

谷歌公司学的就是当年微软公司的做法，目标是横着吃掉智能手机操作系统的大部分市场。它只需要关心最重要的操作系统部分，把上下游全部交出去。比微软公司更绝的是，安卓系统是免费的，这也是互联网公司区别于传统 PC 公司的地方。所以，在 2007 年底，当谷歌公司联合全球几十家移动运营商、手机制造商和芯片制造商组成了安卓联盟的时候，iOS 的最终命运就已经注定了。

为什么要反垄断

前面提到由于反垄断法的限制，IBM 公司只能坐看 IBM-PC 的兼容机如雨后春笋般冒出来，最终逐渐丧失了竞争优势。在世纪之交，美国司法部也裁定微软公司违反了反垄断法，差点就把它拆分为两个公司。在此之前，美国已有两个被强制拆分的真实例子，一个是美孚石油公司，另一个是美国电话电报公司(AT&T)。1890 年出台的《谢尔曼法案》以及 1914 年出台的《克莱顿法案》和《联邦贸易委员会法案》就是上述这些事件的法律依据，也是美国反垄断政策的体现。

为什么要反垄断？其实，就是要鼓励更多、更激烈的市场竞争。如果某个行业出现了垄断型企业，那么它就可以肆无忌惮地将价格提高到远远超过成本的水平，赚取巨额利润，因为消费者别无选择。所以，有些试图垄断本行业的公司会先把产品价格降到成本以下(掠夺性价格)，迫使竞争对手关门，或者阻止新对手的出现；之后再把价格抬高，弥补所有损失，从此一劳永逸，坐地收钱。

就算由于其他原因的制约，让这样的企业按照成本收费，也是有问题的。因为没有市场竞争，企业就会缺乏创新或采用更先进技术的动力，而先进的科技和管理能够提供更好的服务并降低价格。例如，整个 20 世纪直到 90 年代末，美国国际长途电话的价格一直是由 AT&T 和美国联邦通信委员会(FCC)谈判决定的——3 美元一分钟。计算价格的方法听起来很合理——铺设光缆和电缆需要多少钱，购买设备需要多少钱，研发需要多少钱，雇接线员需要多少钱，等等，所以至少一分钟 3 美元才能不亏损。事实上，由于公司的拆分加大了市场竞争的力度，电话费一降再降，到了 2002 年，降到平均一分钟只有 30 美分的时候，AT&T 仍然有 1/3 的毛利润。显然，激烈的竞争会迫使它想方设法创新技术，降低成本，提升服务。

AT&T 的前身是由电话发明人贝尔于 1877 年创建的美国贝尔电话公司。AT&T 在很长时间内垄断美国的电话业务，并且(通过北电)控制加拿大的电话业务。1984 年，根据美国《联邦反垄断法》的要求，AT&T 的市话业务被分出去，根据地区划分为 7 个小公司。

4.3.2 安迪-比尔定律

在 3.1.3 节讲到了主导 IT 行业发展的摩尔定律，它告诉我们：每 18 个月 IT 产品的性能会翻一番，或者说相同性能的IT产品每18个月价钱会降一半。这就给消费者带来一个希望——如果今天IT产品太贵买不起，那么我等18个月就可以用一半的价钱来买。要真是这样简单的话，IT产品的销售量就上不去了，消费者大都会多等几个月再说，而且购买了之后就再也没有动力去更新换代了。

事实上，在2012年以前，世界上的个人计算机销量在持续增长，而且远远高于经济的增长。那么，是什么动力促使人们不断地更新自己的硬件呢？IT界把它总结成安迪-比尔定律(Andy-Bill's Law)，即"比尔要拿走安迪所给的"(图4.17)。

原文是"What Andy gives, Bill takes away."其中，安迪是原英特尔公司CEO安迪·格鲁夫(Andy Grove)，比尔就是微软公司的创始人比尔·盖茨。

图4.17 安迪·格鲁夫与比尔·盖茨

在过去的30多年里，英特尔处理器的速度每18个月翻一番，计算机内存和硬盘的容量以更快的速度在增长。但是，微软公司的操作系统和运行在上面的应用软件越来越大，也越来越耗资源。所以，现在的计算机虽然比10年前快了100倍，但运行现在的软件感觉上还是和以前差不多。而且，早期整个Windows操作系统不过十几兆字节(MB)大小，现在要几个吉字节(GB)，应用软件甚至比操作系统还大。虽然新的软件功能比以前的版本强了一些，但是，增加的功能绝对不是和它的大小成比例的。因此，一台10年前的计算机能装多少应用程序，现在的也不过装这么多，虽然硬盘的容量增加了1000倍。更糟糕的是，用户发现，如果不更新计算机，现在很多新的软件就用不了，连上网也是个问题；而10年前买的汽车却照样可以跑。

这种现象乍一看来是微软等软件公司在和大家做对。实际上，盖茨本人和其他厂商也不想把操作系统和应用程序搞得这么大。一方面是人们对软件的功能需求越来越多，质量要求也越来越苛刻，这将在4.4节中详细论述；另一方面，现在软件开发人员不再像早年间那样精打细算了，有了足够的硬件资源，他们开始讲究自己的工作效率、程序的规范化和可读性等。想一想我们自己，现在的生活也不会像三四十年前那么紧巴了，毕竟物质丰富之后，人工成本也在提高，把精力花费到有限的"节流"上往往不如"开源"更划算，这也符合经济学的思维方式。

虽然新的软件把硬件提升所带来的好处几乎全部用光，这使用户非常烦恼，但是在IT领域，各个硬件厂商恰恰是靠软件开发商用光自己提供的硬件资源得以生存。举个例子，因为微软公司新的操作系统迟迟不能面市，用户没有更新计算机的需求，2005年上半年，从英特尔到惠普、戴尔等整机厂商，再到美满(Marvell)和希捷(Seagate)等外设厂商，销售都受到很大的影响，股票下跌了20%～40%。2005年底，Windows Vista终于上市，萧条了一年多的英特尔公司在2006年初就扭转了颓势，惠普公司和戴尔公司也同时得到增长，接下来硬盘、内存和其他计算机芯片的厂商开始复苏。相比前一个版本 Windows XP，Windows Vista 大约多提供了 20%的功能，但是内存使用几乎要翻两番，CPU 使用要翻一番，这样，除非是新机器，否则无法运行 Windows Vista。当然，用户可以选择使用原来的操作系统 Windows XP，但是微软和其他软件开发商很快就会逐渐减少对 Windows XP 系统的支持，这样就逼着用户更新机器。

可以看出，个人计算机工业整个的生态链是这样的：以微软公司为首的软件开发商吃掉硬件提升带来的全部好处，迫使用户更新计算机让惠普和戴尔等公司获得收益，而这些整机生产厂再向英特尔这样的半导体公司订购新的芯片、同时向希捷等外设厂商购买新的配件。在这中间，各家的利润先后得到相应的提升，股票也随着增长。各个硬件半导体和外设公司再将利润投入研发，按照摩尔定律预测的速度，提升硬件性能，为微软公司下一步更新软件、吃掉硬件性能做准备。

华尔街的投资者都知道，如果微软的开发速度比预期的慢，软件的业绩不好，那么就一定不能买英特尔等公司的股票了。

图 4.18 个人计算机和智能终端的生态链核心

现在，智能手机产业的格局和个人计算机产业也很类似：谷歌公司的安卓（Android）渐渐起到了当年微软公司 Windows 的作用，而高通（Qualcomm）、三星（Samsung）、苹果和美满（Marvell）这一大三小的基于 ARM 的处理器芯片公司起到了当年英特尔公司和 AMD 公司的作用（图 4.18）。也许这个格局可以描述成 And-Arm。各种其他芯片厂商，还有主要的手机品牌厂商，如三星、LG、华为、联想、HTC 等，都被这个格局所掌控，成为智能手机生态链的一环。所以，安迪-比尔定律的意义依然存在，一直在把原本属于耐用消费品的计算机、手机等 IT 产品变成了消耗性商品，刺激着整个 IT 领域的发展。

英国 ARM 公司（全称 Advanced RISC Machines）设计了大量高性价比、耗能低的 RISC 处理器、相关技术及软件。

能力与欲望

一般在谈到硬件和软件的关系时，习惯于把这两者比作信息系统的“肉体”和“灵魂”。但是从安迪-比尔定律的意义上来看，我更愿意将它们比作人类在信息时代的“能力”和“欲望”。可以认为硬件的发展反映了人类拥有的资源越来越多，能力越来越强，而软件的需求反映了人类的欲望水涨船高、永无止境。虽然它们的发展速度都遵循摩尔定律，但软件需求的增长显然比硬件性能的提升更快，就像人类欲望的增长要比能力提高更快一样。

有句谚语：“人一切的痛苦，本质上都是对自己的无能的愤怒！”所以我们在年轻的时候一往无前，拼命学习知识，锻炼各方面能力，进而实现目标，满足自己的欲望。的确，合适的目标、适度的欲望会促使我们提升自己的能力，不断成长，这是好事。但是目标过高，欲望太大，远远超出了自己的能力范围，也会变成坏事。所以，还有这么一种说法："幸福取决于两方面，一是提升自己的能力，二是降低自己的欲望。"不过，话说回来，寻找这种平衡，把握这个度，岂是那么容易的事情！

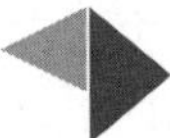

4.4 软件工程的困境

在计算机刚刚投入实际使用的时候，软件设计往往只是为了一个特定的应用而在指定的计算机上设计和编制，采用密切依赖于计算机的机器代码或汇编语言。软件的规模比较小，文档资料通常也不存在，很少使用系统化的开发方法。设计软件往往等同于编制程序，基本上是个人设计、个人使用、个人操作、自给自足的私人化的软件生产方式。

随着信息技术的发展，计算机的成本、体积和能耗不断下降，使用的场合也就越来越多，对软件的需求也在急剧增长。软件系统的规模越来越大，复杂程度越来越高，软件可靠性问题也越来越突出。例如，UNIX 和 Linux 的代码量已达 200 万行左右，Windows 2000 为 2900 万行，而 Windows XP 和 Window 7 大约 4000 万行，Mac OS X"Tiger"竟然高达 8000 多万行……原来的个人设计、个人使用的方式显然不能满足要求，迫切需要改变软件生产方式，提高软件生产率。

4.4.1 软件危机

早在 1968 年和 1969 年，北大西洋公约组织(North Atlantic Treaty Organization，NATO)的计算机科学家在联邦德国连续召开了两次国际学术会议，提出了软件危机和软件工程两个概念。软件危机主要表现在：①软件开发费用和进度失控；②软件的可靠性差；③生产出来的软件难以维护；④软件成本在计算机系统总成本中所占的比例居高不下，且逐年上升；⑤软件生产不能满足日益增长的软件需求；⑥软件系统实现的功能与实际需求不符。

软件生产的这种知识密集和人力密集的特点是造成软件危机的根源所在。例如，开发大型复杂的软件系统，要求许多人工作很长时间，而在这期间，预期的系统需求可能会改变，参与该项目的人员也可能会变动，这些诸如人员管理和项目管理之类的问题更多是与业务管理相关，而不是与传统的计算机科学相关。软件工程正是从技术和管理两方面进行研究，致力于寻找大型复杂软件系统的开发原则。

大型工程要考虑多少问题?

为了帮助理解软件工程中涉及的问题，这里可以想象构造一个大型的复杂设施(一辆豪华汽车、一座大型立交桥或者一幢多层的办公大楼),对此进行设计,然后监管其构造过程。如何估算完成该项目所需的时间、费用以及其他资源?如何把项目分割成几个便于管理的模块?如何保证构建的模块相互协调一致?如何使工作在不同模块的人员相互便捷沟通?如何衡量进度?如何妥善处理更广泛的细节问题(如门把手的选择、壁饰的设计、各种玻璃的需求量、承重墙或柱子的强度,供暖系统的管道铺设等)?与之相比,在一个大型软件系统的开发过程中,需要面对的问题只多不少,而且更加复杂。

有人也许会这样认为,工程是一个很成熟的领域,因此一定会有大量现成的工程技术可以用来解决软件工程中的这些问题。这种推断有一定的道理,但是忽略了一点——软件工程与其他工程领域之间存在着本质上的不同。这些不同之处引爆了软件危机,让广大软件行业的管理和技术人员在很长一段时间内一筹莫展。所以,在发展软件工程学科上,首先要做的工作是弄清这些差别。

第一个差别涉及通过常用的预先定制的构件来构造系统的能力。一些传统的工程领域已经长期受益于这种能力,即在构造复杂的设备时,采用各种现成的构件。如图4.19所示,设计一辆新车时,没有必要重新设计引擎和传感器,利用这些构件以前的设计方案即可。设计一台PC时,也没有必要重新设计CPU、存储器和电源,直接采用现成的方案甚至采购已有的产品就行。然而,软件工程在这一点上却是很落后的,以前的软件构件都是为专门的应用设计的,无法直接拿来使用。因此,复杂的软件系统往往都是从头做起。

软件开发中的模块化方法,尤其是面向对象的程序设计方法,为代码的复用做出了重要贡献,但还是有很多工作要做。

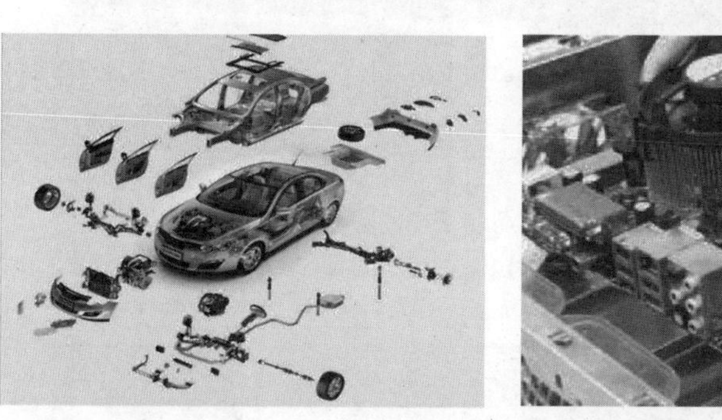

图4.19 利用已有构件制造汽车和计算机

第二个差别在于缺少度量技术——度量学来衡量软件的属性。例如,为了计算开发一个软件系统的费用,人们希望能够估算出预期产品的复杂度,但是软件的复杂度估算方法还不太成熟。同样,评价软件质量的方法现在也不太成熟。对于传统机械,质量的重要度量是平均无故障时间,这是对设备耐损耗性的一个基本衡量指标;但软件没有这种损耗,所以这个指标在软件工程中并不适用。

第三个差别是软件的维护。软件工程最基础的概念是软件生命周期，如图 4.20 所示，软件一旦开发完成，就进入了一个既被使用又被维护的循环，这个循环将永不停止，直至软件生命周期结束。这种模式在许多工业产品中很常见。不同之处在于，对于其他产品，维护阶段往往是一个修复过程；而对于软件，维护阶段往往包括改错和更新。对软件的任何改动都可能带来连锁反应，从而引发更多的问题，所以在这个阶段，从头开发软件的某个部分要比成功修改现有的软件包更容易。

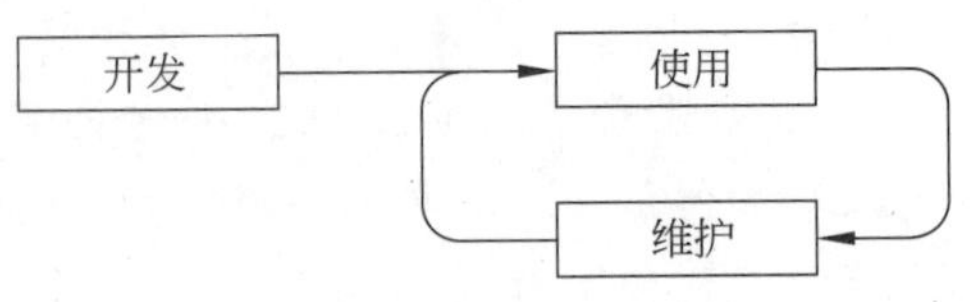

图 4.20 软件的生命周期

传统的软件开发分为需求分析、设计（概要设计和详细设计）、实现和测试 4 个阶段。

1993 年，在“典型”意识的推动下，史玉柱将巨人大厦的规划从 38 层加高到 70 层，要建全国最高的楼宇，最终导致资金链断裂，大厦工程烂尾。

第四个显著的差别在软件开发的第一个阶段——需求分析。和其他领域一样，需求指引着整个项目的方向，所以必须保证需求的充分、正确和稳定。但软件工程的需求更难做到这些，一般而言，客户能够描述出来自己需要什么样的住宅、什么样的交通工具、什么样的餐饮服务，但很难弄清楚自己需要什么样的软件，甚至通过软件公司的专业团队来沟通和梳理也不容易搞定（图 4.21）。另一方面，客户对软件的需求往往不断变更，以期获得更好的服务，这在其他工程中是不可想象的，例如，已经打好了 38 层的高楼地基，客户突然改动需求要盖成 70 层，巨人大厦当年的教训足以警诫后人不敢再犯，但在软件工程领域类似的事情还是不断发生，这让人很无奈。

图 4.21 软件项目因需求问题而失败

4.4.2　质量保证

4.4.1 节提到了软件工程和其他工程领域的一大差别在于缺少度量技术来衡量软件的质量。关于质量的定义比较抽象，不容易说清楚，那就用健康做一个类比吧。早先人们以为长得结实、饭量大就是健康，这显然是不科学的。现代人通过考察多方面的生理因素来判断是否健康，如测量身高、体重、心跳、血压、体温等，如果上述指标都合格，那么表明这个人是健康的；如果某个指标异常，就表明此人在某方面需要注意，甚至可能需要医生对症下药，进行治疗。

软件能力成熟度模型（CMM）对质量的定义是：①一个系统、组件或过程符合特定需求的程度；②一个系统、组件或过程符合客户或用户的要求或期望的程度。

同理，也可以通过考核软件的质量属性来评价软件的质量，并给出提高软件质量的方法。软件的质量属性种类繁多，大体区分为功能性和非功能性两个大类：功能性质量属性有正确性、健壮性和可靠性；非功能性质量属性有性能、易用性、清晰性、安全性、可扩展性、兼容性和可移植性。下面选取几个容易误解的质量属性，简单加以介绍。

1. 健壮性

健壮性是指在异常情况下软件能够正常运行的能力。正确性与健壮性的区别是：前者描述软件在需求范围之内的行为，而后者描述软件在需求范围之外的行为。用户是不会管正确性与健壮性的区别的，反正软件出了差错都是开发方的错，所以提高软件的健壮性也是开发者的义务。

健壮性有两层含义：一是容错能力，二是恢复能力。容错是指发生异常情况时系统不出错误的能力，对于应用于航空航天、武器、金融等领域的高风险系统，容错设计非常重要。容错能力强就意味着非常健壮，例如 UNIX 系统，使用起来很难出问题，所以国内外的大型服务器都使用该操作系统。而恢复则是指软件发生错误后（不论死活）重新运行时，能否恢复到没有发生错误前的状态的能力。从语义上理解，恢复不及容错那么健壮。

还是用健康来类比，某人挨了坏蛋一顿拳脚，特别健壮的人一点事都没有，说明他有容错能力；比较健壮的人，虽然被打倒在地，过了一会还能爬起来，除了皮肉之痛外倒也不用去医院，说明他恢复能力比较强；而虚弱的人可能短期恢复不过来，得在病床上躺很久。

恢复能力也是很有价值的。微软公司早期的视窗系统，如 Windows 3.x 和 Windows 9x，动不动就死机，其容错性的确比较差。但它们的恢复能力还不错，计算机重新启动后一般都能正常运行，看在这个份上，人们也愿意将就着用。

2. 安全性

这里的安全性是指信息安全，是防止系统被非法入侵的能力，既属于技术问题又属于管理问题。信息安全是一门比较深奥的学问，其发展是建立在正义与邪恶的斗争之上的

(将在第 7 章详细讨论)。这个世界似乎不存在绝对安全的系统,连美国军方的系统都频频遭黑客入侵。如今全球黑客泛滥,真是"道高一尺,魔高一丈"啊!

对于大多数软件产品而言,杜绝非法入侵既不可能也没有必要。因为开发商和客户愿意为提高安全性而投入的资金是有限的,他们要考虑是不是值得。究竟什么样的安全性是令人满意的呢?一般来说,如果黑客为非法入侵花费的代价(考虑时间、费用、风险等多种因素)高于得到的好处,那么这样的系统就可以认为是安全的。

3. 兼容性

金山软件股份有限公司创建于 1988 年,是中国领先的应用软件产品和服务供应商。先后自主研发了适用于个人用户和企业级用户的 WPS Office、金山词霸、剑侠情缘等系列知名产品。

兼容性是指两个或两个以上的软件相互交换信息的能力。由于软件不是在"真空"里应用的,它需要具备与其他软件交互的能力。例如,两个字处理软件的文件格式兼容,那么它们都可以操作对方的文件,这种能力对用户很有好处。国内金山公司开发的字处理软件 WPS 就可以操作 Word 文件。

兼容性的商业规则是:弱者设法与强者兼容,否则无容身之地;强者应当避免被兼容,否则市场将被瓜分。如果你经常看香港拍的"黑帮"影片,就很容易明白这个道理。所以 WPS 一定要与 Word 兼容,否则活不下去;但是 Word 绝对不会主动与 WPS 兼容,除非 WPS 在中国称老大。

4. 可移植性

软件的可移植性指的是软件不经修改或稍加修改就可以运行于不同软硬件环境(CPU、操作系统和编译器)中的能力,主要体现为代码的可移植性。编程语言越低级,用它编写的程序越难移植,反之则越容易。这是因为,不同的硬件体系结构(如 Intel CPU 和 SPARC CPU)使用不同的指令集和字长,而操作系统和编译器可以屏蔽这种差异,所以高级语言的可移植性更好。

Java 是一种高级语言,Java 程序号称"一次编译,到处运行",具有 100%的可移植性。为了提高 Java 程序的性能,最新的 Java 标准允许人们使用一些与平台相关的优化技术,这样优化后的 Java 程序虽然不能"一次编译,到处运行",仍然能够"一次编程,到处编译"。一般地,软件设计时应该将"设备相关程序"与"设备无关程序"分开,将"功能模块"与"用户界面"分开,这样可以提高可移植性。

上医治未病

魏文王问名医扁鹊:"你家兄弟三人,都精于医术,到底哪一位最好呢?"扁鹊答:"长兄最佳,中兄次之,我最差。"文王再问:"那为什么你最出名呢?"扁鹊答:"长兄治病,于病情发作之前,一般人不知道他能事先铲除病因,所以他的名气无法传出去;中兄治病,于病情初起时,一般人以为他只能治轻微的小病,所以他的名气只及乡里；而我是治病于病情严重之时，大家都看到我下针放血、敷以猛药，就以为我医术高明，因此名气响遍全国。”

这个故事告诉我们，要开发高质量的软件，就和名医看病一样，“预防胜于治疗”。最高层次就是尽善尽美地完成需求分析和设计，然后一次性编写出高质量的代码。低一个层次就是在整个软件周期里面，工作成果刚刚产生就进行严格检查，及时消除一切隐藏的问题。最低层次就是把软件交付用户后，出了问题再赶过去补救，这个代价是相当高的，但往往让用户觉得技术水平了得，这不得不让人感叹……

质量的死对头就是缺陷，缺陷是混在产品中的人们不喜欢、不想要的东西。缺陷越多质量越低，缺陷越少质量越高。软件测试的目的就是尽可能早一些发现软件缺陷，并确保其得以修复，所以说软件测试就是保证软件质量的重要手段。而随着软件工程的发展，人们逐渐认识到：软件测试并不等于程序测试，也不只是软件工程最后一个亡羊补牢的环节，它贯穿于软件定义与开发的整个过程中。于是，软件测试的对象也扩展为需求规格说明、概要设计规格说明、详细设计规格说明和源程序，如图 4.22 所示。

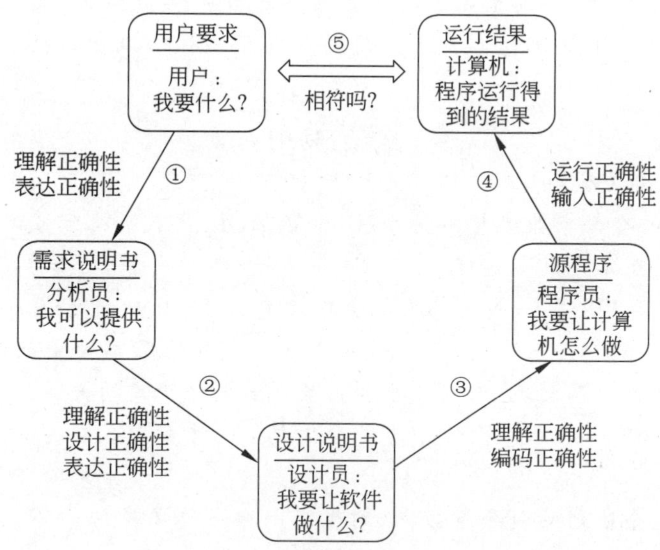

图 4.22　软件测试贯穿整个开发过程

软件测试可以分为黑盒测试和白盒测试两大类。黑盒测试是从用户的角度来完成的，在测试过程中并不关心软件本身是如何工作的，只注重软件是否能够实现用户的需求目标，表现如何。如图 4.23 所示，将被测软件看作一个打不开的黑盒，黑盒里面的内容是完全不知道的，只在盒面上写着软件要做什么（软件的规格说明），我们输入数据看看输出和预想的是否一致，有无功能遗漏，等等。很多软件产品在发布之前，都会把 beta 版发给特定用户试用，以了解软件在现实环境中的运行情况，这就是黑盒测试的一种——β 测试。β 测试的优点远远不止于排查缺陷，公司还可以参考反馈意见（无论正面还是负面）来调整市场策略，而且有助于其他软件发行商设计出与之兼容的产品。

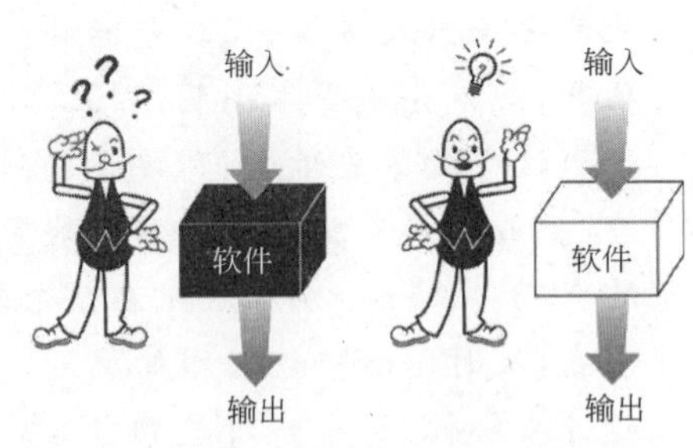

图 4.23　黑盒测试（左）与白盒测试（右）

例如，就 Windows 系统来说，其 beta 版的发布能够鼓励与之兼容的软件工具的开发，所以正式版上市之后，就已经有与之相配的应用软件可供用户使用了。

白盒测试则是依赖于对被测试软件的内部构成的理解，全面了解程序内部逻辑结构，从而对所有逻辑路径进行测试。当然，即使是一个简单的程序，也可能有无数条可以遍历的路径，于是软件工程师就开发出一些方法，在有限次的测试中尽可能多地发现缺陷。其中一种是基于这样的观察——软件中的缺陷趋于集中，也就是说，经验表明，一个大型的软件系统中会有一小部分模块比其他模块更容易出问题。所以，与其把所有模块都进行相同频度的、不彻底的测试，还不如确定哪些是容易有缺陷的模块，对它们进行彻底的测试，这样可以发现系统的更多错误。这就是所谓的帕累托法则（Pareto principle）的一个实例。

帕累托法则

帕累托法则，又名二八定律、80/20 定律、不平衡原则等，该法则援引自意大利经济学家、社会学家维弗雷多·帕累托（Vilfredo Pareto），后被广泛应用于社会学、管理学、商学等众多领域。

1897 年，帕累托在一个偶然的机会中注意到了 19 世纪英国人的财富和收益模式——大部分的财富流向了少数人手里。在其他国家的文献记载中，这种微妙的关系也都一再出现，而且在数学上呈现出一种稳定的关系。于是，帕累托提出，社会上 20％的人占有 80％的社会财富，即财富在人口中的分配是不平衡的。

人们在这个法则的引导下，认识到生活中存在许多类似的不平衡现象。例如，20％的人成功，80％的人不成功；20％的人支配别人，80％的人受人支配；20％的人眼光长远，80％的人只顾眼前；20％的人敢于面对困难；80％的人逃避现实……因此，帕累托法则成了这种不平等关系的简称，而不管结果是不是恰好为 80％和 20％（从统计学上来说，精确的 80％和 20％出现的概率很小）。

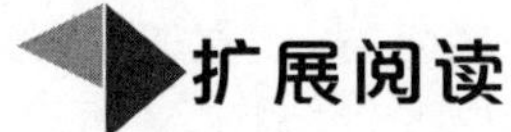

屡试不爽的“三板斧”

提起蝉联世界首富 13 年、美国首富 20 多年的比尔・盖茨，简直是无人不知无人不晓。他一手创建的微软帝国是其他 IT 公司眼中最可怕的竞争对手，在 PC 时代傲视群雄，无往不胜。时至今日，微软公司仍然算得上世界上最挣钱、现金最多的公司之一，并且是市值最高的科技公司之一。

关于盖茨和微软公司的各种传奇经历，在《浪潮之巅》等书中有着详细的介绍，本书就不做赘述了。下面主要聊一聊盖茨广为大家诟病但又非常实用的 3 种商业手段。就是这看似简单的“三板斧”，创造了一个又一个商业竞争的奇迹。曾在 Borland 公司工作多年的资深技术顾问李维说：“微软公司有天下无敌的三绝招，那就是：打不过你就模仿你；再搞不定就和你比流血，看谁流得久；如果还不行，那就挖光你的人。”他的这个见解不可谓不深刻！

Borland 公司成立于 1983 年，总部设在美国加州的 Scotts Valley，是领先全球的软件交付最优化（SDO）平台独立解决方案供应商，业务遍及全球，曾经是世界第三大软件公司。

前面提到过，盖茨意识到自己的 MS-DOS 和苹果公司的麦金塔系统不在一个层次上，就在为苹果公司开发应用软件的过程中学习其技术，悄悄开发自己的 Windows，最终确立了微软公司在微机操作系统领域的统治地位。盖茨以后干脆多次打擦边球，仿制甚至抄袭别人的东西，这种做法的好处就是避免了很多漫无目的的研究和不必要的失败，因为别的公司已经把成功的经验和失败的教训告诉了他。微软公司的 Media Player 和 RealPlayer 十分相似，Visual C++ 和 Borland C++ 很相像，Excel 与 Lotus 1-2-3 还有 Word 与 WordPerfect 几乎是一脉相承。所以在创业初期，微软公司一直背负抄袭者的恶名，为了一桩又一桩的侵权案支付了总计百亿美元的赔偿（表 4.1）。但这与微软公司的利润相比不过是九牛一毛，毕竟，能用钱解决的问题都不是什么问题！

表 4.1　微软在知识产权案中的赔偿

获得赔偿的公司	金额/美元
Sun	19.5
IBM	8.5
美国在线	7.5
Novell	5.3
Eolas	5.3
InterTrust	4.4
苹果	2.5
⋮	⋮

（来源：《浪潮之巅》）

1994年,网景公司推出了图形界面的网络浏览器——网景浏览器,不到一年就热卖几百万份。这引起了盖茨的重视,因为微软公司之所以得以控制整个微机行业,在于它控制了人们使用计算机时无法绕过的接口——操作系统。现在,网景浏览器控制了人们通向互联网的接口,这意味着如果微软公司不能将它夺回来,将来在互联网上就会受制于人。在收购方案被拒绝之后,微软公司立刻就推出了自己的同类型产品——IE(Internet Explorer)。虽然功能上远不如网景浏览器,但盖茨动用了他的杀招——和Windows捆绑,免费提供给用户。很快,网景公司就被垄断了操作系统的微软公司用这种非技术、非正常竞争的手段打败。同样,通过捆绑播放器软件Media Player,微软公司又打败了做媒体浏览器RealPlayer的RealNetworks公司。在PC时代,面对微软公司的这种流氓手段。其他软件公司很难应对,也无法模仿,因为微软公司在PC操作系统上的垄断地位独一无二,但这也为日后微软公司差点儿被拆分埋下了伏笔。

当上面两种手段都不起作用时,盖茨就开始动用其最后一招——挖墙脚。1996年的一天,微软公司派出的一辆加长型轿车开到Borland公司门前,来接对方的核心骨干安德斯·海尔斯伯格(Anders Hejlsberg)和盖茨共进晚餐,之后3次提高薪水和其他待遇,终于将其招至麾下。有资料称,截至1997年5月,在此前的30个月内,微软公司从Borland公司挖走了34名关键的技术人员,而且几乎每个人到微软公司后都担当了在Borland公司的技术研发项目上的同样角色。Borland公司痛苦不堪,最后还向美国法院提出了诉讼。其实,在开发Windows对抗苹果公司的时候,盖茨就直接去施乐公司找那批最早做图形界面的人来助阵,毕竟苹果公司也是借鉴了施乐公司的系统。其中,著名的操作系统专家吉姆·阿尔钦(Jim Allchin)根本瞧不上微软公司的技术,他说,你们微软公司的东西是世界上最烂的。盖茨听了回答道,正是因为它们很烂,才要请您来把它们做好。最后,盖茨的诚意和微软公司的股票期权打动了阿尔钦。在20世纪80年代末到2000年这段日子里,微软公司狠挖墙脚,广罗英杰,基本上是人才净流入,这和其他一些人员流出的公司相比已经占有了先机。

安德斯·海尔斯伯格(Anders Hejlsberg),丹麦人,Turbo Pascal编译器的主要作者,Delphi和C#之父,同时也是.NET的创立者。

业务扩展的背后推手

IT时代的商业竞争可谓惨烈至极。想当年,柯达、摩托罗拉、诺基亚这些公司在各自的领域里都是“一哥”,但在它们登上巅峰没多长时间就跌至谷底,甚至一蹶不振。更为可怕的是,突然出现的“篡位者”往往之前并不是做相同产品的,而是把业务扩展过来的。微软公司也是一样,早期只是经营Basic编译器,但是他很快做起了操作系统、办公软件、网络浏览器,然后就把这些产品原先的老大一个一个掀翻在地。

我们不禁要问道,为什么非得“吃着碗里的,望着锅里的,还想着地里的”?大家保持“各守一摊”“相安无事”的状态不好吗?就不能避免这种“你死我活”的残酷竞争么?很遗憾，这不是他们自己能说了算的。疯狂扩展业务的背后有一只看不见的推手，这就是IT产业的一个规律——诺威格定律（Norvig's Law）。"当一个公司的市场占有率超过50%后，就无法再使市场占有率翻番了。"这句人人都懂的大白话道出了许多大公司兴衰的根源。

提出者为彼得·诺威格（Peter Norvig）博士，谷歌研究院主任，美国计算机协会（ACM）资深会员，人工智能专家。

当一个公司刚刚兴起的时候，有朝气、有技术而市场占有率很小，它可以不断拓宽市场而根本不用担心成长的空间。例如其一款产品的市场占有率从2%增长为4%、8%直至32%……但当它占领了大部分市场后，形势就发生了根本性的变化——仅仅依靠成倍扩大市场占有率来追赶摩尔定律的速度已经是不可能的了（如果其主打产品已经占有51%的市场份额了，是无法再扩大到102%的）。但是，如果你的营业额没有翻番（摩尔定律的节奏），就意味着你的步伐跟不上时代了，不被市场看好了，于是你很难吸引到优质的投资和优秀的人才，衰落成为了必然。所以说，一个市场占主导地位的公司必须不断开拓新的财源，寻找新的增长点，才能做到长盛不衰。目前为止，开拓新财源的有效途径只有两条——扩展和转型。

通过横向扩展业务来摆脱诺威格定律的宿命，谷歌公司是一个典型。谷歌公司在20世纪末就开始打造全球最大的搜索引擎了，随之而来的商业优势就是它成为了世界最大的互联网广告平台。到了2006年它收购了视频网站YouTube，一年后收购了可用于YouTube广告的双击公司，2007年又牵头成立了Android手机联盟，于是大家都认为谷歌公司在逐渐将业务从互联网转移到了移动终端上。但如果仔细分析就会发现，谷歌的扩张实际依然围着互联网广告业务进行——无论是YouTube上的视频广告还是手机上的广告，都还只是谷歌公司现有技术在相邻领域的推广。众多的广告商以前通过谷歌公司在互联网上做广告，以后也有可能通过谷歌公司在传统媒体（视频）和智能终端（手机）上做广告。显然，谷歌公司的所作所为没有超出原有的广告工业范畴。

在工业史上，这种成功的扩展事例非常之多。例如前面提到的微软公司，从编译器（Basic）到PC操作系统（Windows），到PC应用程序（Office），到家庭娱乐（Xbox），再到平板电脑（Surface），一直也是在软件相关的领域里面闯荡。而迪士尼公司一开始只是专注于少儿动画，2006年收购皮克斯动画工作室之后把业务扩展到了3D动画和电脑特技，到了2009年收购漫威漫画公司后又开始涉足超级英雄类型片，但总体来说依然是在影视娱乐这个行业里面横向发展。扩展可以最大限度地利用公司原有的经验和优势，从而在新的领域很快站住脚。不过，前提是相邻领域有可扩展的空间。当一个行业已经进入老年期，无从扩展的时候，这个领域领头的公司要想继续发展，甚至只是为了生存，就不得不考虑转型了。

从1996年开始，诺基亚连续14年占据全球手机市场份额第一的位置。

转型要比扩展难得多，一方面要跨越行业去寻找大方向，另一方面还要有足够的执行力，此外还得有一些运气。比如芬兰的诺基亚公司（Nokia Corporation），它在1865年成立的时候主营木材加工和造纸，紧跟着工业时代的浪潮不断变换业务，在其后的几十年时间里从事过胶鞋、轮胎和电缆的生产。该公司几经生死，直至20世纪90年代才开始主营无线通信业务，发展成为世界知名的手机制造商。虽然从2011年之后，诺基亚公司的手机业务被苹果公司和三星公司全面赶超，并且在2014年出售给了微软公司，但其150多年的辉煌成就和几经波折的转型经历也着实让人感叹。另一个典型就是美国通用电气公司(General Electric，GE)，其历史可追溯到托马斯·爱迪生于1878年创立的爱迪生电灯公司。一开始的时候GE主营发电、铺设电线到生产电灯泡这些业务。直到1981年杰克·韦尔奇(Jack Welch)担任CEO之后，将落后的业务全部裁掉或卖掉，同时收购了许多市场更为广阔的新兴业务，不仅发展出了金融、传媒、医疗保健等六大部门，还把GE打造成了集高科技、高附加值服务、金融和娱乐于一体的全球最大的经济联合体。总体来说，工业史上转型失败的例子非常多，而成功的例子却凤毛麟角。对此感兴趣的读者，可以阅读吴军博士的《浪潮之巅》第19章“成功的转基因”。

美国通用电气公司又称奇异公司，是世界上最大的提供技术和服务业务的跨国公司，也是自道·琼斯工业指数1896年设立以来唯一至今仍在指数榜上的公司。

参考文献

[1] 邹恒明．操作系统之哲学原理[M]．2版．北京：机械工业出版社，2012.

[2] 布鲁克希尔．计算机科学概论[M]．刘艺，等译．11版．北京：人民邮电出版社，2011.

[3] 林锐，韩永泉．高质量程序设计指南：C++/C语言[M]．3版．北京：电子工业出版社，2012.

第5章

数据管理

除了上帝，任何人都必须用数据来说话。

——爱德华兹·戴明（美国著名质量管理专家）

数据可以说伴随人们的一生。从你呱呱坠地的那一刻，就有一堆数据被记录下来——妊娠周数、出生时刻、体重、身长、体温等；在你成长的过程中，总是被大量数据所环绕——年龄、住址、学习成绩、工作经历、婚姻状况等；就算你离开人世之后，还是摆脱不了数据的纠缠——死亡时间、死亡原因、生前工作单位、生前声誉、生前贡献……如果没有这些数据，你无法“客观”地认识自己和评价别人。

人类的文明与进步，从某种意义上讲是通过对数据进行收集、处理和总结而达成的。在史前时代，人类的祖先在没有发明记事的媒体工具时，其实已经开始使用数据了——从父辈和周围人的口耳相传中，知道了哪些环境可以居住，哪些动植物可以食用，哪些情况暗藏危险；有了文字之后，我们通过记录下来的历史数据来获取更多的经验教训——“秀才不出门，全知天下事”“以史为鉴，可以知兴替”；到了近代自然科学萌芽之后，数据的重要性逐渐提升到了一个前所未有的高度——不论是在哪个领域，科学家们很重要的一项工作就是做实验采集数据，因为科学发明需要通过这些数据来推导或证实。

那么，什么是数据呢？传统意义上的数据是指“有根据的数字”，例如我们常说的实验数据、统计数据就是以数字的形式表现出来的，这些其实只是狭义上的数据。随着技术的进步，数据的内涵得以扩大，可以指代许多“结构化的信息和情报”，例如我们经常提到的一个词——数据库，其实就是指符合一定格式的信息的汇总。数据库里的数据可以是某个机构所有成员的基本情况，包括姓名、年龄、通信方式、学历以及履历等（文字信息），这些已经超出数字的范畴。进入信息时代之后，数据的含义更加宽泛，包括任意形式的信息，例如互联网上的全部内容、档案资料、设计图纸、病例、影像资料等。可以说数字、文本、音频、视频、图形等各种形式的记录组成了广义的数据。

5.1 决策的依据

我们经常痛苦于“彷徨”和“纠结”，这两者的区别在于：彷徨是因为无路可走，纠结是因为有太多路可走(图 5.1)。的确，生活中总是需要我们做出取舍，进行选择。而决策的失误往往直接导致失败，因为选错了方向走错了路，加倍努力也很难取得预想的效果。有句话说得好：“朝相反的方向奔跑，停下来就是前进。”

图 5.1 纠结的痛苦

那么做决策的依据应该是什么呢？直觉，占卜，还是古圣先贤的哲言？我们常说“事实胜于雄辩”，这个“事实”往往指的就是数据，所以说数据才应该成为我们做决策的基本依据。下面就先从古今中外的军国大事的决策中看看数据的重要作用。

5.1.1 多算胜少算

《孙子兵法》十三篇为后世兵家所推崇，被誉为“兵学圣典”，这部著作总结了春秋以前战争胜负的许多经验，是兵家必读之书，是世界三大兵书之一(另外两部是克劳塞维茨的《战争论》和宫本武藏的《五轮书》)。

孙武，生于公元前 545 年，是中国古代兵法的集大成者。他在《孙子兵法》中就提到了以数据作为决策依据的思想：“夫未战而庙算胜者，得算多也；未战而庙算不胜者，得算少也。多算胜少算，而况于无算乎！吾以此观之，胜负见矣。”而且，他还在书中对使用数据的具体方法也做了论述：“一曰度，二曰量，三曰数，四曰称，五曰胜。”其中，“度”是指国土的大小，“量”是指粮草资源的多少，“数”是指军队的数量，“称”是指双方实力的对比。孙武的意思是，战争的胜负可以通过这 4 个因素进行估计，而这 4 个因素本质上都是数据，作战双方都不断刺探对方的实力，试图获得准确的数据，同时也不断释放数据“烟幕”，以迷惑对方，掩盖自己的实力。

通过释放数据“烟幕”，以计诈敌，中国古代有不少著名的战例。战国时期，魏将庞涓率领十万大军进攻韩国，韩国不敌，向齐国求救。驰援韩国的齐军采用了军师孙膑的“减灶计”——开始的时候设 10 万个灶，其后设 5 万个灶，最后减到了 3 万个灶。庞涓见到齐军所留的灶迹不断减少，就判定齐军出现了大量掉队、减员的现象，因此撇下步兵，率领骑兵分队加速追击，结果在马陵中了孙膑的埋伏，兵败身亡。东汉时期，西北边陲的羌族入侵武都郡，名将虞诩率兵前往救援。因为一开始兵力不足，虞诩需要避免正面决战，等待援军集结，就在行军途中使用“增灶计”——让官兵每人各作两个锅灶，以后每日增加一倍。羌兵见此，认为郡兵已来接应，不敢纠缠，因此争取到了行军时间。到达郡府后，虞诩集合全部军队，命令他们次日先从东门出城，再从北门入城，然后改换服装，往返多次。羌人不知城中有多少汉军，惊恐不安，最终被虞诩击败。

每战必胜的原因

林彪从红军带兵时起，身上就有个小本子，上面记载着每次战斗缴获和歼敌数量。这种几十年如一日收集数据的习惯是一般人是难以想象的。1948年辽沈战役开始后，林彪每天深夜都在东北野战军前线指挥所里听取军情汇报，由值班参谋读出下属各个纵队、师、团用电台报告的当日战况和缴获情况。林彪的要求很细，俘虏要分清军官和士兵，缴获的枪支要统计出机枪、长枪、短枪，击毁和缴获尚能使用的汽车也要分出大小和类别。经过一天紧张的战斗指挥工作后，作战室里清醒的估计只剩林彪和读电报的参谋了。

东北野战军攻克锦州后，与敌精锐廖耀湘军团二十余万在辽西相遇，一时间形成了混战。战局瞬息万变，谁胜谁负实难预料。一天深夜，值班参谋正在读着下面某师上报下属部队的战报，说他们的部队碰到了一个难度不大的遭遇战，歼敌部分，其余逃走。与其他之前所读的战报看上去并无明显异样，值班参谋就这样读着读着，林彪突然叫了一声"停！"他眼里闪光，问道："刚才念的在胡家窝棚那个战斗的缴获，你们听到了吗？"在场的人睡意已深，似乎没有在意那些枯燥的数字，无人回答。林彪扫视一周，又接连问了三句："为什么那里缴获的短枪与长枪的比例比其他战斗略高？为什么那里缴获和击毁的小车与大车的比例比其他战斗略高？为什么在那里俘虏和击毙的军官与士兵的比例比其他战斗略高？"其他人还没有来得及思索，林彪已经等不及了，他大步走向挂满军用地图的墙壁，指着地图上的那个点说："我猜想，不，我断定！敌人的指挥所就在这里！"随后林彪口授命令，各部队坚决追击并打掉从胡家窝棚逃走的那部分敌人。廖耀湘万万没有想到自己精心隐蔽的司令部那么快就被发现和消灭了……

在中外战争史上，大规模、系统化运用数据的经典战役莫过于谢尔曼（William T. Sherman）将军在南北战争期间领导的"向大海进军"（March to the Sea）。1864年8月，谢尔曼率6万大军挺近南方的中心城市亚特兰大之后，采取了后世史学家认为整个南北战争中"最为大胆、最为关键的一次行动"：挥师东进，横穿佐治亚州，一路打到美国东海岸线。

兵马未动，粮草先行。在还没有飞机的时代，军队的行进路线安排必须充分考虑后勤补给。北宋年间的中国科学家沈括分析过，对一支10万人的军队而言，随军辎重就要占去1/3的兵力，最后真正能上阵打仗的士兵其实不足7万，如果一个士兵需要3个民夫供应，那就要征召30万民夫和额外的管理人员，但就是这样庞大的后勤规模，也只能支持行

每个民夫可以背6斗米，一个士兵可以自带5天的干粮。1个民夫供应1个士兵，两人同吃同行，可以维持18天，如果计回程的话，只能进军9天；2个民夫供应1个士兵的话，单程可以维持26天，若计回程，只能进军13天；3个民夫供应1个士兵，且每吃完1袋粮食就遣返1名民夫，单程最多进军31天，若计回程，只能进军进16天。

军 31 天。沈括因此得出结论：凡行军作战，应该争取从当地获取粮草和补给，这是最为紧迫的事情，否则不仅耗费大，而且走不远，跑不快，作战能力极为有限！但是如何在当地获取补给，沈括却只字未提。

谢尔曼一方面从国家的人口普查部门获得了南方的人口、资源等方面的宏观数据，另一方面在亚特兰大搜寻了一切关于佐治亚州的地图、财税明细和各种统计表格。然后，他计划主动切断后方补给，以统计数据为“航标”，根据农场、牲畜、集市、车站等重要资源的分布，通过后勤参谋的精心计算，确定最佳的行军路线和在各地停留的时间。如图 5.2 所示，5 路大军沿着规划好的路线向东部沿海重镇萨凡纳突进，部队不仅在当地完成了补给，摧毁了敌方重要的基础设施，而且遭遇了最少的正面阻击。攻占萨凡纳之后，谢尔曼向联邦军总司令格兰特报告说，部队沿途消耗骡子 15 000 头，牛 10 000 余头，各种粮食都来自当地，和战争开始前的预测相差无几。经此一战，南方的战略资源被掠夺和破坏殆尽，几个月后南北战争结束。

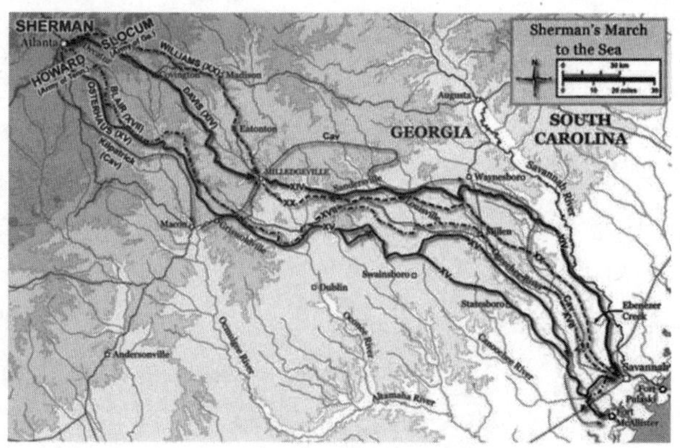

图 5.2 “向大海进军”的行军路线图

谢尔曼在战后给美国普查办公室主任约瑟夫·肯尼迪发去了感谢信：“此战证明，您给我提供的各种统计表格和数据价值巨大，没有它们，我不可能完成任务……”在回忆录中，他总结说：“历史上没有任何一次行军远征曾经建立在像这次一样完善和肯定的数据之上。”

在南北战争正式爆发的前一年，也就是 1860 年，这是美国的大选年。这一年，一位伟大的美国平民——亚伯拉罕·林肯（Abraham Lincoln）——经历种种逆袭，最终入主白宫，登上了美国政治的中心舞台。而这一年也是美国第 8 次人口普查年，所以林肯总统可以直接从普查办公室主任肯尼迪那里获取大量的相关数据，来预测这次内战的最终胜负。

围绕着《孙子兵法》所论述的“度、量、数、称、胜”5 个角度，我们看一看当时美国南北方的潜在军事力量对比：国土面积上，美国当时有 33 个州，其中 22 个州站在联邦一方（北方）；粮草资源上，虽然南方最大的优势就是其棉花出口，占据全国出口额的 60%，堪称国民经济的命脉，但是棉花毕竟不是粮食，北方的农业生产足以保证战时粮草的供应；军队数量上，全国 18～45 岁的青壮年劳力约有 69%集中在自由州，即使中间的摇摆州全部倒戈，南方的力量也不过 31%；双方经济实力的对比上，联邦更是占有绝对优势，北方集中了全国 2/3 的铁路，90%的工业常量。这些数据起到了“定心丸”的作用，林肯深信，如果打持久战，胜利最终将属于北方。

可以看出，无论是林肯的信心还是谢尔曼的传奇，都源于他们手头的数据是大量的、系统的、成片的，背后有专业人员给予支持和维护的。这种“有数可用”，得益于美国建国之后就开始的、长期的、周期性的努力和强大的制度保障。有无这种制度化的数据收集体系，才是近代战争中美国和其他国家在数据使用方面拉开差距的根本原因。

5.1.2 数据的文化

美国是个年轻的国家，其开国至今不过 200 多年，但数据在其政治活动和社会生活中的历史却几乎和其建国史相生相伴。美国的建国者一开始就把人口普查写进了宪法。他们认为，国家权力应该在人口之间平均分配，这个平均，必须用数据来说话。

当时的政论家、教育家诺亚·韦伯斯特（Noah Webster）继而指出，在所有的事实当中，用数据描述的事实是最准确、最锐利、最有说服力的。因此，描述一件事实，增强客观性、减少主观性的最好方法，就是尽可能地使用数据。

美国人对数据依赖到何种地步，从 1787 年在费城召开的制宪会议中的一个片段——讨论“一个黑奴应该拥有多少权利和义务”——就可以看得出来：

> 既然人口的多少一定程度上决定了权力的大小，那南方拥有庞大的黑奴群体，是否也应该计入总数？一开始，大家都认为，奴隶本来就不拥有政治权力，因此不应该计入总数，但在后续的讨论中，人口的多少不仅成为分权的依据，还和纳税的义务挂上了钩，即人口多的州，国会占的席位多，也要缴纳更多的税收。南方则主张，黑奴既然不享受政治权利，也不应该承担义务，但北方又认为这样南方占了便宜。争论又起，最后的结论是，每个黑奴按 3/5 个白人（自由人）的标准纳入南方人口的总数，这个总数才是南方权力分配和纳税的依据。

每个黑奴等同于 3/5 个白人，这一规则被写进了宪法，成为种族不平等的历史明证。宪法颁布之后，曾引起很多追问，例如：为什么是 3/5，而不是 1/2 或者 2/3？当时主导辩论的汉密尔顿也说不清楚，他后来坦承：这是一个瑕疵，但当时必须找出一个数字，这个数字可能不完美，但比没有强。这就是美国人对数据的执着，哪怕是歧视，也要用数据来衡量。

随着人口普查的作用从政治领域不断扩张,首先蔓延到了政策制定领域,然后是社会生活领域。人口普查也转化为向社会寻找"真正事实"的统计活动,通过收集充足的数据,国家可以掌握整个社会出生率、性别、年龄、婚姻状况、健康、职业、寿命等方方面面的情况。这就逐渐形成了一种数据文化:一方面提高识字率,减少文盲;另一方面要推广数学教育,减少"数盲",以提高公民的思辨能力,使其学会独立思考。

华盛顿的第一份工作是弗吉尼亚州的土地测量员,他深知数据对于认识客观世界的重要性,在第一次人口普查期间,他甚至亲力亲为,组织了美国的第一次农业调查;杰斐逊也曾做过土地测量员,除了是一位政治家,他还研究密码学、测量学和考古学;富兰克林则是一位政治家、外交家和科学家,年轻时曾沉迷于研究雷电,后来发明了避雷针。

美国的国父们都推崇数据文化,华盛顿、杰斐逊和富兰克林就是其中的突出代表。1788年,华盛顿曾经这样描述数学教育:"从某种程度上说,文明生活的方方面面都不可缺少数字的科学,对数学真理的追踪可以训练推理的方法和正确性,这是一项有益的活动,尤其适合理性的人类。"杰斐逊则建议,所有的小学除了教授阅读、写作外,还应该开设数学课。他认为:"就像身体的其他组织一样,大脑的功能也可以通过练习而改善、加强。因此,基于数学的推理和演绎,是人类了解深奥法则的有益准备。"到了1802年,数学已经正式成为哈佛大学入学考试内容。

在这样一批建国者的推动下,数学教育很快在这个新生国家普及,并影响到了美国的货币体系改革(见2.1.1节中"美国的货币体系改革"的论述)和测量单位的统一。这些工作对后世美利坚民族数据意识的形成、数据文化的建立,也产生了深远的影响。

19世纪30年代,英国哲学家托马斯·汉密尔顿(Thomas Hamilton)来到美国游历,并把他的亲身见闻写成了一本书《美国人及其作风》。他发现,美国人已经习惯于通过数据来做决策。例如,美国人会根据他人的财务状况对其进行分门别类,"我已经被清楚地告知,我的熟人当中谁有良好的名声和信誉以及他们每年的开支。"他最后在书中得出结论说:"我认为,在这群不断猜测、估算、预期和计算的美国人当中,算术就像是一种与生俱来的本能。"

类似的观察还有很多。1825年,费城的一名医生统计了7077名新生儿的体重,并制作了一张重量分布表,发放给新生儿的母亲,以方便她们对比掌握自己孩子的情况。他还监测了孕妇在280天孕期中每天增长的体重,并发放给孕妇作为其每天饮食标准以及体重增长的参考。

百分位(percetile)是个体指标相对于全体的平均水平的参照。例如,体重38%的百分位,意味着这个个体的体重超过了38%的同类个体。

今天,现代化的医院一般都秉承了这种数据传统,从体检、诊断到治疗,几乎所有的医疗环节都以数据为支撑。例如,孩子一出生就要开始接受体检,身高、体重、头围是3个基本的检查指标,美国医院除了提供各项指标的大小,还会提供该项指标的百分位。

在美国做手术,术前病人或家属会被告知手术的风险,例如0.03%的死亡率、0.1%的感染率以及各种并发症的可能性。这些百分比的得出都建立在长期收集数据的基础上。2013年,美国外科医师协会(ACS)利用信息技术推陈出新,收集了2009—2012年全国393所医院、140多万个病人的数据,在这个基础上开发了一个手术风险计算器(ACS/

NSQIP Surgical Risk Calculator)。该计算器能针对病人的情况,计算 1557 种手术的风险及各种并发症的可能性,为医生和病人提供手术前的决策参考和准备。

反观我国,数据意识淡薄由来已久,甚至可以称之为国民性的一部分。从古至今的大量典籍里面,我们都能发现各种非常模糊、夸张的描述,比如各种正史文字中的"千余轻骑""几十万大军""向北百余里""身高丈余",仔细想想这些已经不是"差之毫厘"了,怎么都能算得上"谬以千里"。

涂子沛在《大数据:正在到来的数据革命》一书中提及,在国外留学期间,通过工作和生活中的对比,他感觉到了中国人缺乏"用数据说话"的素养。中国的语言表达方式中"重定性、轻定量"的特点非常明显,口语中常常使用"大概""差不多""少许""若干""一些"等等高度模糊的词语。比如中国菜的烹调方法,就会令美国教授抓耳挠腮、不知所措,其中关于"盐少许""酒若干""醋一勺"的提法,完全是跟着感觉走,让初学者无从下手。

涂子沛,江西吉安人,著名信息管理专家、科技作家,《大数据》《数据之巅》作者。毕业于卡内基·梅隆大学,系微软认证高级程序员,曾居美国硅谷。

中国近现代著名的思想家胡适就对一些人"凡事差不多、凡事只讲大致如此"的习惯和作风深感忧虑。1919 年,他写下了著名的《差不多先生传》,活灵活现地描画了当时国人不肯认真、缺乏逻辑、甘于糊涂的庸碌形象:

胡适的这篇传记体寓言对过去中国人数据意识淡薄、不肯认真、拒绝精准的庸碌形象进行了讽刺。全文原载于 1919 年出版的《新生活》杂志第二期。

差不多先生传

你知道中国最有名的人是谁?

提起此人,人人皆晓,处处闻名。他姓差,名不多,是各省各县各村人氏。你一定见过他,一定听过别人谈起他。差不多先生的名字天天挂在大家的口头,因为他是中国全国人的代表。

差不多先生的相貌和你和我都差不多。他有一双眼睛,但看的不很清楚;有两只耳朵,但听得不很分明;有鼻子和嘴,但他对于气味和口味都不很讲究。他的脑子也不小,但他的记性却不很精明,他的思想也不很细密。

他常说:"凡事只要差不多,就好了。何必太精明呢?"

他小的时候,他妈叫他去买红糖,他买了白糖回来。他妈骂他,他摇摇头说:"红糖白糖不是差不多吗?"

他在学堂的时候,先生问他:"直隶省的西边是哪一省?"他说是陕西。先生说:"错了。是山西,不是陕西。"他说:"陕西同山西,不是差不多吗?"

后来他在一个钱铺里做伙计;他也会写,也会算,只是总不会精细。十字常常写成千字,千字常常写成十字。掌柜的生气了,常常骂他。他只是笑嘻嘻地赔礼道:"千字比十字只多一小撇,不是差不多吗?"

有一天,他为了一件要紧的事,要搭火车到上海去。他从从容容地走到火车站,迟了两分钟,火车已开走了。他白瞪着眼,望着远远的火车上的煤烟,摇摇头道:"只好明天再走了,今天走同明天走,也还差不多。可是火车公司未免太认真了。八点三十分开,同八点三十二分开,不是差不多吗?”他一面说,一面慢慢地走回家,心里总不明白为什么火车不肯等他两分钟。

有一天,他忽然得了急病,赶快叫家人去请东街的汪医生。那家人急急忙忙地跑去,一时寻不着东街的汪大夫,却把西街牛医王大夫请来了。差不多先生病在床上,知道寻错了人;但病急了,身上痛苦,心里焦急,等不得了,心里想道:“好在王大夫同汪大夫也差不多,让他试试看罢。”于是这位牛医王大夫走近床前,用医牛的法子给差不多先生治病。不上一点钟,差不多先生就一命呜呼了。差不多先生差不多要死的时候,一口气断断续续地说道:“活人同死人也差……差……差不多,……凡事只要……差……差……不多……就……好了,……何……何……必……太……太认真呢?”他说完了这句话,方才绝气了。

他死后,大家都称赞差不多先生样样事情看得破,想得通;大家都说他一生不肯认真,不肯算账,不肯计较,真是一位有德行的人。于是大家给他取个死后的法号,叫他做圆通大师。

他的名誉越传越远,越久越大。无数无数的人都学他的榜样。于是人人都成了一个差不多先生——然而中国从此就成为一个懒人国了。

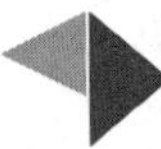

5.2 科学的方法

黄仁宇,美籍华人,密歇根大学历史学博士,以历史学家、明史专家、大历史观的倡导者而为世人所知。著有《万历十五年》《中国大历史》等畅销书。

著名的华人历史学家黄仁宇曾经在《中国大历史》等著作中对古代中国文化的一些缺陷做了剖析。他认为:在中国传统的学问——理学和道学当中,一直都分不清伦理之“理”与物理之“理”的区别。这两个“理”混沌不分的结果,是中国人倾向于粗略的主观性,排斥精确的客观定量,从而养成了重形象、重概括、轻逻辑、轻数据的文化习惯。这种文化习惯,使中国人长期沉浸在含蓄、模糊的审美意识中,凡事只能在美术化的角度来印证,满足于基于相似的“模糊联想”,止步于用逻辑来分析,用数据来证明,最终将表象上的相似当作本质上的相同。

归根结底,传统中国人对数据的漠视缘于一种文化上的欠缺:随意、盲目、不求甚解、理性不足。从某种意义上讲,正是因为这种文化上的问题,近代科学最终在西方国家产生,中国近代的坎坷命运就此铸成。

瓷器是彻底的人造物,它和金属、玻璃(包括水晶)等材料不同,在自然界是找不到的,完全是人类活动的结果和文明的标志。

5.2.1 站在前人的肩上

中国的瓷器是一个伟大的发明,它对世界的政治文化和人类的日常生活都产生了巨大的影响。尤其是在宋代和明代,中国瓷器在世界上每到一处,就会掀起一股奢侈品购置的热潮，并改变当地人的生活方式、当地的文化，甚至改变当地的制造业。世界上还没有第二种商品能在几百年的时间里长期做到这一点。

葡萄牙国王曾经用260件中国瓷器装饰了桑托斯宫的天顶，这表明在当时欧洲最富有的皇室眼里，瓷器是美和财富的象征。大航海时代，西班牙人从美洲带走了16 000t(约五亿两)白银，这些白银的1/3都用来购买了中国的货物，主要是瓷器和茶叶。这让中国赚足了欧洲人发现新大陆后150年的红利。在欧洲，还有后来的美国，中产家庭大都有一个带玻璃门的瓷器柜(这种瓷器柜就叫China)，里面展示着各种瓷质的餐具。家里没有瓷器柜，会被认为没有品位。

1545年，西班牙人在玻利维亚发现了银矿，第二年他们在墨西哥的萨卡特卡发现了更大的银矿，这个银矿至今仍然是世界三大银矿之一。

我们也对历史上的中国名瓷耳熟能详，比如代表性的唐宋青瓷、元明青花瓷，还有宋代著名的五大名窑——汝、官、哥、钧、定(图5.3)。这些都是人造的奇迹、祖先智慧的结晶，也是我们的骄傲。但你可能不知道，当今欧洲瓷器占据着世界高端瓷器市场90%的份额，其余份额由美国和日本瓜分，Made in China(中国制造)的瓷器只能出现在中低端市场。这究竟是什么原因导致的呢？而且欧洲人喜欢讲“中国人发明了瓷器，后来欧洲人再发明了它”，这又有什么鲜为人知的故事呢？

汝窑青瓷流传至今的真品已知的仅67件，“纵有家财万贯，不如汝瓷一片。”在香港苏富比于2012年举办的“中国瓷器及工艺品”拍卖中，北宋汝窑天青釉葵花洗经34口叫价，以2亿多港元成交。

图5.3 中国名瓷，左图为汝窑杯盏，右图为元代青花瓷器——鬼谷下山

其实欧洲人制造瓷器的历史很富有戏剧性。由于和瑞典开战，萨克森公国的国王奥古斯都二世的财力几乎枯竭，于是他在1706年抓住了两个炼金术士来为自己炼制黄金，当然很快他就发现这件事是不可能的。由于在欧洲的瓷器售价堪比黄金，他就命令两个炼金术士研制瓷器，其中一个叫约翰·弗里德里希·伯特格尔的人因此而名垂青史。

从被奥古斯都二世软禁到阿尔布莱希茨堡(Albrechtsburg)到制造出欧洲的第一件瓷器，伯特格尔花了4年时间，做了3万次实验。他不仅记录了全部的实验过程和结果，而且把每一次实验之间的细小差异全都记录了下来。与熟练掌握瓷器制造工艺却不明白其中的化学原理的亚洲工匠不同，这种科学实验和材料分析的方法让欧洲人对瓷器烧制的原理有了理性认识和定量的了解，他们可以通过细微调节瓷土中元素的配比和调整烧

伯特格尔的这些文件现保存于德国德累斯顿国家档案馆。为了保密，这些文件都是用密码书写的，只有他和助手看得懂。

制过程来制造各种精致的瓷器。

伯特格尔的成功给萨克森公国带来了巨大的财富和荣誉，到了18世纪，德国麦森瓷器的售价已经是中国瓷器的两倍。今天麦森仍然是世界瓷都之一，并且在国际高端瓷器市场占有很大的份额。随后，奥地利和法国都在麦森瓷器的基础上不断研发新的工艺，比如西洋珐琅彩瓷器（图5.4，左）被欧洲人带到中国，康熙皇帝非常喜欢，下令在大内仿制，这实际上标志着中国在瓷器制造技术上已落后于欧洲了。

珐琅彩瓷是一种将玻璃液化后烧制在瓷器表面的技术，不仅在瓷器表面营造出一种晶莹剔透的效果，也使得瓷器更加经久耐用。

图5.4 欧洲制瓷工艺，左图为西洋珐琅彩瓷器，右图为韦奇伍德骨质瓷

1769年，韦奇伍德在自己开办的埃特鲁利亚陶瓷工厂里实行精细的劳动分工，把原来由一个人从头到尾完成的制陶流程分成几十道专门工序，分别由专人完成。这样一来，原来意义上的“制陶工”就不复存在了，分成了专门的挖泥工、运泥工、拌土工、制坯工等，他们必须按固定的工作节奏劳动，服从统一的劳动管理。

18世纪中后期，“英国陶瓷之父”乔赛亚·韦奇伍德(Josiah Wedgewood)先是在工厂中搞出了一种叫作“流水线”生产管理方式，后来又把当时最先进的科技产品——蒸汽机引入瓷器制造。这些措施不仅极大地提高了瓷器的制造效率，而且不同批次的瓷器品质都能得到保障。他的后人在1812年还发明了骨质瓷器（图5.4，右），这种加入牛骨粉的制瓷工艺让瓷器更加结实，因此可以做得更薄，甚至薄到半透明的状态。正是从韦奇伍德的时代开始，瓷器首次在世界范围内供大于求。

从这段历史看来，欧洲人之所以在瓷器制造上超越中国，正是重视科学方法和数据记录的结果。欧洲人在研制瓷器过程中保留了全部的原始数据和实验报告，这样，前人每取得一点进步，后人都可以直接受益。例如，前面提到的伯特格尔把3万多次尝试的点点滴滴都保留了下来，同样，韦奇伍德在研制碧玉细炻器的时候，进行了5000多次实验，也把所有的细节都记录下来。相比之下，中国工匠更多的是具有对制瓷工艺的悟性，他们靠“师傅带徒弟”的方法将经验代代相传，而徒弟是否能超越师傅，则完全靠悟性。中间即使有一些发明和改进，却因为没有详细的过程记载，或许是出于保密故意略去，很多精湛的工艺都无法传世，比如宋代五大名窑的制作工艺大多失传了。这样后世常常不得不重复前人的失败，而无法直接“站在巨人的肩上”进行攀登，久而久之，造成了瓷器制造技术“起点很高，进步缓慢”的窘境。

这种对数据记录的不重视，不是中国瓷器制造业特有的问题，而是中国古代手工业普遍存在的现象。其实,中国古代的文献记录中一直有这么一种现象:注重帝王,不注重平民;注重人文,不注重科学;注重定性,不注重定量。这也是导致中华文明在近代逐渐落后于西方文明的一大原因吧。

5.2.2　事实胜过雄辩

5.2.1 节提到了"欧洲人再发明瓷器"的一个里程碑式的人物——约翰·弗里德里希·伯特格尔,他最初是一个炼金术士。炼金术历史悠久,横跨了多个文明(图 5.5):在西方和穆斯林世界,人们企图将廉价的金属变成贵重的黄金;在古代中国,则主要是为了制造万灵丹药和长生不老药,因此也叫"炼丹术"。我们学过化学之后,知道这些"炼金术"是行不通的,但正是这些术士们一代代的前仆后继,催生了火药的发明,找到了各种矿物质,积累了实验的方法,制造了很多设备,进而产生了化学这门学科。

炼金术大约有 2500～3000 年的历史,存在的地域包括美索不达米亚、埃及、波斯、印度、中国、希腊和罗马,以及穆斯林文明和中世纪的欧洲。

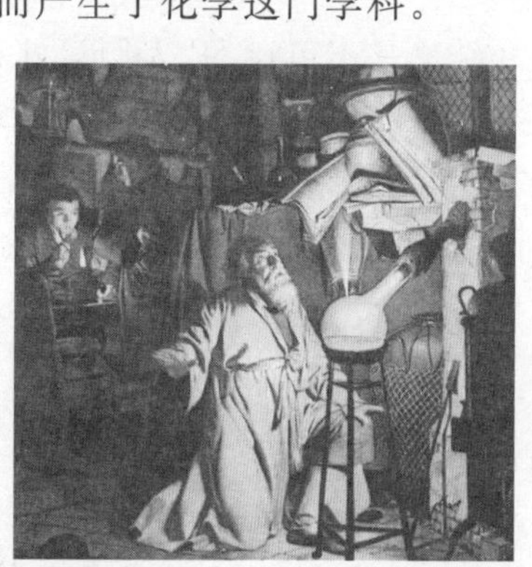

图 5.5　炼金术士的形象,左图为古代中国的炼丹道士,右图为中世纪欧洲炼金术士

为什么化学这门学科诞生于近代欧洲而不是中国,这有很大一部分原因归于欧洲的炼金术士有意无意地采用了科学的方法。首先他们对自己做过的实验都有详细的实验记录,这些实验记录至今还保留在很多国家的档案馆里。还是拿 5.2.1 节提到的伯特格尔和韦奇伍德发明瓷器的过程举例,由于有了他们这些人的完整数据记录,我们现在才能轻而易举地复制欧洲历史上任何一件名瓷,但是中国的很多工艺却免不了"发明、失传、再发明、再失传"的命运,以至于现在我们还无法完全仿制出宋代的汝瓷。

今天大多数中学生可能对物理和化学实验都颇有兴趣,但是对写实验报告恐怕就没那么认真了,记录实验结果时常常随便找张纸潦草地写几个数据了事,更有甚者可能过分相信自己的大脑,记在脑子里回去再整理成实验报告。不仅丢失了实验细节,还会为了应付老师,篡改实验数据来迎合教材上的结论……我非常赞同吴军博士的说法:"一旦养成不做记录的习惯,就很难改,这么做试验无法很好地积累经验,后人只好重复前人的错误。"例如,我们今天不是很了解中国的道士们在炼丹技术上都做了哪些改进,明清道士炼丹的水平恐怕并不比隋唐时期的道士高多少,因为没有实验的数据积累,或者记录过于粗略。

科学方法的另一个要素也是炼金术士的贡献,即对每次实验的结果进行定量分析。量杯、天平、比重计和各种简单的测量工具都被用于炼金试验中,有了这些定量的记录和分析,后人就可以重复前人的实验结果,并在此基础上进行自己的改进和创新。这一点也成为了今天在高级别学术杂志和学术会议上发表论文的前提条件。例如,在信息科学领域,要证明一种新的算法比以往的算法都好,就必须先重复近期发表的同类算法的实验结果。如果你只是给出自己算法的效果,而没有对比前人的算法在同等条件下取得的结果,任何权威的学术机构都不会承认你的工作。

定量分析带来的另一个结果就是,在科学上从尊重权威变成尊重事实。没有定量的衡量,很多观点和结论是不可比的,人们只好相信权威。在古代,人们喜欢说,亚里士多德是这么说的,孔子是这么说的。到了近代,人们立论的证据不再是经典上的教条,而是根据自己的观察或做实验的结果,因为定量的结果很容易比较出好坏对错。笛卡儿就非常强调:是事实而不是权威,才是验证一个结论正确与否的前提。

拉瓦锡的实证精神

安托万-洛朗·德·拉瓦锡(Antoine-Laurent de Lavoisier),法国化学家、生物学家,被后世尊称为"近代化学之父"。他提出规范的化学命名法,撰写了第一部真正的现代化学教科书《化学基本论述》(*Traité Élémentaire de Chimie*);提出了"元素"的定义并于1789年发表了第一个现代化学元素列表,列出33种元素;他还统一了法国的度量衡,并且最终形成了现行的公制。

拉瓦锡列出的33种元素包括光与热和一些当时被认为是元素的化合物。

发现氧气和证实质量守恒定律是拉瓦锡的两个重大成果。在此过程中,他坚持采用了科学的方法:首先对命题进行怀疑;然后通过实验寻找证据,并对实验进行详细记录和定量分析;有了这些证据之后,再通过逻辑推理得出正确结论。可以说,拉瓦锡在研究过程中再次确认了科学方法的重要性,对整个学科进行了综合,提出了新的学术思想,并建立了近代化学的学科体系。

法国大革命爆发后,拉瓦锡被雅各宾派领导人送上了断头台,据说这是他进行的最后一次"科学实验"——验证头砍下来之后是否还有感觉。行刑前,他和刽子手约定自己被砍头后尽可能多地眨眼睛,据说拉瓦锡的眼睛一共眨了11次(另一种说法是15次)。虽然这个故事不见于正史,但是人们还是愿意相信它,因为拉瓦锡一生都在强调实验是认识的基础,这个传奇桥段的确是太符合他的做事风格了。

5.2.3 提高质量的法宝

近些年，每逢节假日都会有新闻报道，大量中国游客去日本游玩，回国之前抢购了大量日本产品，其中还不乏在中国制造的日本品牌……这种现象说明在国人心目中，"日本制造"已经成为了品质的象征。但大家可能不知道：二战前后日本商品在国际上恰恰以"山寨""低劣"而闻名；"日货"的崛起是在二战之后短短十几年间完成的，而为此做出巨大贡献的竟是一个美国物理学博士——爱德华兹·戴明(W. Edwards. Deming)。

让我们把视线移到 1950 年 7 月 13 日，虽说戴明早已多次搭乘军用飞机来日本了(帮助指导人口普查和战后重建)，但这一天的意义极为特殊。在日工盟主席石川一郎的安排下，戴明在晚餐会上见到了日本的 21 位行业巨头，和他们一起坐在榻榻米上喝清酒，看艺妓表演。面对着掌管日本 80%财富的行业巨头们，戴明向他们承诺说："如果按照我倡导的原则去做，你们就可以生产出高质量的产品。5 年内，日本的产品将占领整个国际市场。"5 年！当时晚餐会上的所有人都认为这匪夷所思，但事实证明了戴明博士预言的准确性。日本的产品质量总体水平在 4 年多后(大约 1955 年)就超过了美国，到 20 世纪七八十年代，不仅在产品质量上，而且在经济总量上，对美国工业造成了巨大的挑战。

日本科学与工程联盟(JUSE)简称日工盟。

跨界造就的管理大师

爱德华兹·戴明是耶鲁大学的物理学博士。在物理试验中产生大量的数据，处理这些数据使他深刻体会到了"实际偏差是如何产生的，又该如何控制"；与数学博士乔治·盖洛普长时间的合作讨论，加上参与美国人口普查的经历，使得他逐渐偏离了原来的研究方向，进入了统计领域，成为美国首屈一指的抽样专家；接下来，他开始研究如何用统计方法进行质量控制；再后来，他又进入管理领域，成为名扬世界的质量管理大师。

戴明先物理、后统计、再管理，用现代的话来说，就是"跨界"。跨界是指跨越不同的领域、行业甚至不同的文化，对其中的相关因素进行融合和嫁接，进而开创一片新领域、一种新风格或者一个新模式。戴明的跨界开创了一个应用统计科学进行质量管理的新领域，其中的过程曲折起伏，令人感叹，感兴趣的读者可以阅读涂子沛的《数据之巅》第五章"抽象时代：统计革命的福祉"。

乔治·盖洛普(George Horace Gallup)，美国数学家，抽样调查方法的创始人，民意调查的组织者，他几乎是民意调查活动的代名词。他于 1935 年创立盖洛普公司，是全球知名的民意测验和商业调查/咨询公司。

戴明的质量管理立足于一个基本信念，即高质量可以降低成本。控制质量，需要在生产过程中尽可能收集数据，利用偏差控制图和鱼骨图等可视化工具来进行分析。戴明认为，无论企业的管理者还是生产者，都要学会制作这两类图表。

如图 5.6 所示，偏差控制图为每个偏差定义了一个变化的上限和下限，一旦波动超出了这个限度，就说明可能发生了特殊原因。特殊原因应该首先消除，但这还不够，真正的质量控制，不仅要使偏差落在规定的范围之内，还要让偏差波动的范围越小越好，即在生产过程中也要全力消减共同原因，达到“稳定的一致性”。他认为，是否追求这种一致性，正是后来日本成功、美国失败的原因。

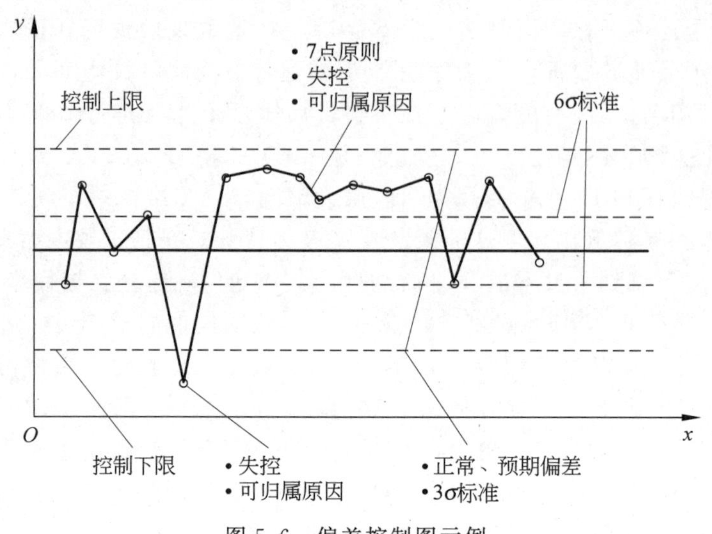

图 5.6 偏差控制图示例

石川馨（Ishikawa Kaoru），日本式质量管理的集大成者，20 世纪 60 年代初期日本“质量圈”运动最著名的倡导者。石川馨是日工盟主席石川一郎的儿子，曾担任过戴明的翻译。

发现了偏差，确定了偏差发生的类型，接下来就要针对产生偏差的原因进行因果关系分析，分析工具就是鱼骨图（这种图像鱼的骨头，故而得名）。鱼骨图是由日本学者石川馨提出，得到了戴明的充分肯定，从 20 世纪 60 年代开始在全世界企业管理领域风行。图 5.7 就是针对某产品出现“尺寸超差”问题而绘制的鱼骨图，问题的起因可能有“材料、人员、环境、方法和设备”五大来源，每一个来源又分为若干个小因素，每个箭头都表示一个因素。戴明主张通过一线生产小组的集体讨论，共同绘制出这种分析图，并通过这个过程让生产者、管理者一起积极地确定问题产生的原因，增强大家对于问题的理解并竭力避免。

丰田公司可以说是戴明质量控制理论最早、最大的受益者。到 1961 年，丰田公司已经在戴明和石川馨等人的指导下开创了一套全面质量控制体系（TQC），不仅在生产过程中全力缩小偏差范围，还完全吸纳了消费者调查方法。例如，在进入一个新市场的时候，公司甚至会派人去测量当地人的身高、腿长，以调整变速杆的高度和乘客腿部空间的大小。

让我们欣赏一下丰田公司以及日本汽车工业的战绩吧：1975 年，丰田超过德国大众，成为美国最大的汽车进口商；1981 年，日本主导了整个国际汽车市场，成为全球最大的汽车生产国和出口国，其出口量是美、德、法三国轿车出口量之和；1983 年，丰田推出的

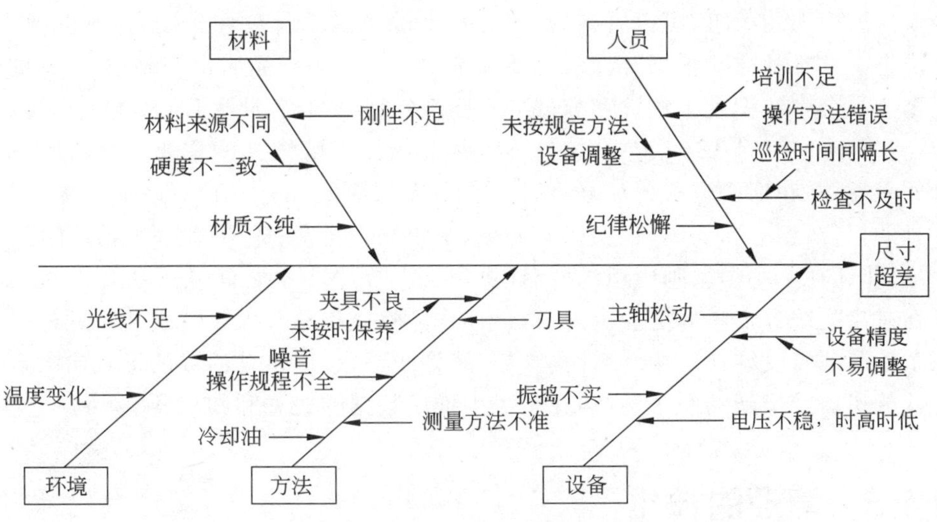

图 5.7　鱼骨图示例

佳美车型独步天下，之后 10 年中有 9 年都是美国市场最畅销的车型。而同时期的美国汽车巨头（如通用、福特、克莱斯勒）经营业绩不断下滑，每年都是高达十几亿的亏损。更要命的是，除了汽车，电视机、摩托车、录音机、复印机等日本商品在美国也大行其道，“美国制造”黯然失色。

丰田的佳美车型只有一年屈居第二，输给的还是一个日本品牌——本田雅阁。

1980 年，丰田总裁丰田章一男在采访中说：“我没有一天不在思考，戴明博士于我们的意义何在——戴明是我们整个管理思想的核心！”据说，丰田总部大堂的走廊里挂着 3 幅肖像画，其中两幅小的是丰田的创始人和现任董事局主席，而中间最大的一幅就是戴明。

图 5.8　戴明质量奖章

日本人为了表达感激与敬意，用戴明捐赠的课程讲义稿费和募集到的资金设立了著名的戴明质量奖，用以奖励在质量管理方面取得重大成就的企业。戴明质量奖章如图 5.8 所示，在其肖像下面镌刻着戴明的一句话：“良好的质量和稳定性是商业繁荣与和平的基础。”

1951 年以来，日本每年都评选戴明质量奖，国家电视台会现场直播每次颁奖典礼，视其为年度盛事。

1960 年，日本天皇还授予戴明二等瑞宝奖章，他是第一位获此殊荣的美国人，这也是外国人在日本能够获得的最高荣誉。日本时任首相岸信介亲自将奖章别到戴明的胸前，并在颁奖词中说：日本人民认为，日本的录音机、收音机、照相机、望远镜、缝纫机等一系列产品在国际市场上取得的成功都归功于戴明，日本工业的重生和崛起就是因为贯彻了戴明的学说和理论。

今天回顾戴明的故事，可以看到，戴明对日本的贡献不仅仅在于质量，戴明更大的遗泽在于推进了日本社会对数据统计的普及和重视——因为产品质量的崛起，日本的企业、政府甚至全社会都认识到了统计和数据的重要性。1973 年 7 月 3 日，日本内阁经会议讨论决定，将每年的 10 月 18 日定为"统计日"，帮助国民理解统计的重要性，鼓励他们形成对统计的兴趣，并在国家进行各项普查时予以最大限度的配合。日本政府内务部负责每年统计日的宣传、组织和实施，包括印制海报、组织知识竞赛、成果展览等。除了国家统计日，日本每年还在中小学教师中组织"统计讲习会"，在中小学之间开展统计图表大赛，入选作品在东京的统计资料博览会上展出，最佳作品将获得总务大臣特别奖。此外，日本政府还在全国各地建设统计广场、统计资料馆、统计图书馆，以生动活泼的形式向大众介绍、展示统计的历史及最新的图书资料，在全民中推广数据的概念和知识。

5.3 管理的技术

如果我们把所有的学科粗分一下，可以划分为 3 个大类：自然科学、社会科学和人文艺术。自然科学的研究对象是物理世界，讲究的就是"精确"，丝毫不能含糊，这正是西方文明的一个传统，所以近代自然科学的辉煌是欧美人造就的；社会科学研究的是社会现象，探讨的是人和社会的关系，如经济学、政治学、社会学，因为关系到多变的人，导致了"测不准"，早熟的中华文明曾经在这方面占据优势；人文艺术则主要包括文学、艺术、哲学，它探讨的是人的信仰、情感和价值，并不强调精确，有时候甚至模糊就是美，各个文明的艺术都有自己独特的魅力。随着时代的进步，我们发现社会科学也越来越依赖于定量分析，人文艺术里面也开始寻求数据的支持，这是无法阻挡的大趋势。

黄仁宇在《万历十五年》等一系列著作中探讨过中西方社会的异同。他论述到："资本主义社会是一种现代化的社会，它能够将整个的社会以数目字管理（Mathematically Management，即以数字为核心的精确管理）"。他还认为，中国在过去百多年的动乱落后，很大程度上是因为中国未能像西方那样实行"数目字管理"的现代治国手段。如果进一步引申他的论断，也可以说，在今天，唯有重视"数据管理"，培养"数据精神"，利用"数据分析"，才可以在自然科学、社会科学和人文艺术上大放异彩，才能取得国家和社会的全面进步。

5.3.1 数据的批量处理

前面讲到了数据的重要性以及"数据文化"的意义。但是有了数据之后，如何整理数据就成为了一个不容回避的话题。很显然，人类的大脑很难同时处理大量的数据，甚至只是少部分数据就会让我们头晕脑涨、不知所以。例如，我们要统计学生信息，每个同学都向班长交了一份文档，如图 5.9 所示，这个文档中的数据很多，但结构不够规整，顺序有些杂乱。如果几十份甚至上百份这样的文档放在一起，你会发现很难快速找到某个同学的某门课程成绩，更难以计算出有多少个同学体重超过 80kg，多少个同学高数不及格……

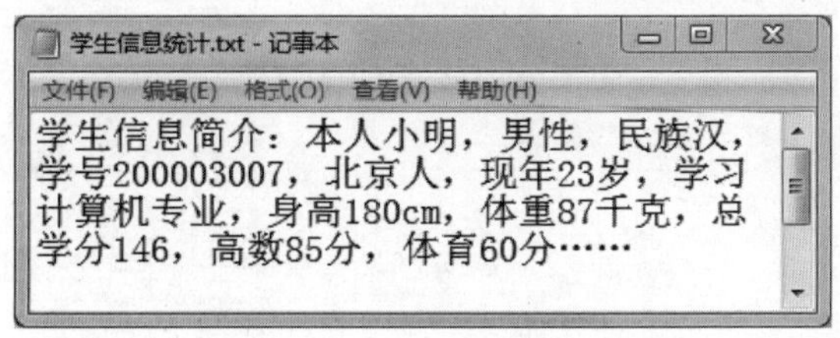

图 5.9 学生个人信息示例

为了进一步批量处理数据，就要对这些“原始数据”进行整理，得到可以说明社会现象及其发展过程的数据，再把这些数据按一定的顺序排列在表格中，就形成“统计表”。如表 5.1 所示，统计表是以网格状的表格来表现统计资料的一种形式，一般由表题（总标题）、行标题、列标题和数字资料 4 个主要部分构成，必要时可以在统计表的下方加上表外附加。统计表能将大量统计数字资料加以综合组织安排，使资料更加系统化、标准化，更加紧凑、简明、醒目和有条理，便于人们阅读、对照比较，从而更加容易发现现象之间的规律性。利用统计表还便于资料的汇总和审查，便于计算和分析。因此，统计表是统计分析的重要工具。

统计表是集中而有序地体现统计资料的表格。为满足实际需要，常常要把工农业生产、科学技术与日常工作中所得到的相互关联的数据按照一定的要求进行整理、归类，并且按照一定的顺序把数据排列起来，制成表格，这种表格称之为统计表。

表 5.1 学生信息统计表示例

学　号	姓名	性别	民族	籍贯	年龄	专业	身高/cm	体重/kg	总学分	高数	体育
200003007	小明	男	汉	北京	23	计算机	180	87	146	85	60
200003015	小红	女	回	河北	22	软件	160	52	146	90	70
200004002	小强	男	蒙	内蒙古	25	经济	175	75	149	84	80
⋮	⋮	⋮	⋮	⋮	⋮	⋮	⋮	⋮	⋮	⋮	⋮

说明：表题应放在表的上方，它所说明的是统计表的主要内容，是表的名称；行标题和列标题通常安排在统计表的第一列和第一行，它所表示的主要是所研究问题的类别名称和指标名称，通常也被称为“类”；表外附加通常放在统计表的下方，主要包括资料来源、指标的注释、必要的说明等内容。

其实，在收集“原始数据”的过程中，也建议按照所需的内容项目画成网格形式，分别填写文字或数字的书面材料，一方面格式规整避免遗漏，另一方面易于查找和翻阅，而且还便于汇总成统计表。由于调查手段和研究侧重点有所不同，所以如何设计形式与内容相一致的表格也是一门学问。如图 5.10 所示，我国和美国进行人口普查所使用的表格从内容到风格上都有着明显的区别。

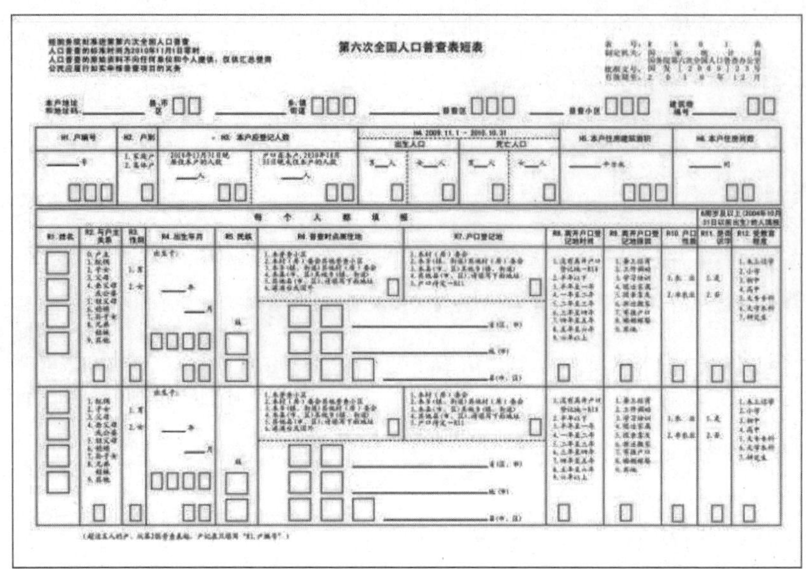

第六次全国人口普查表短表

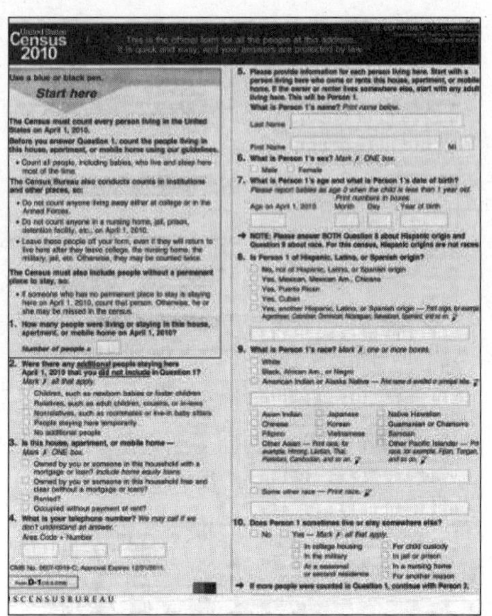

Census 2010

Use a blue or black pen.

Start here

图 5.10　人口普查表示例，左图为中国的人口普查表，右图为美国的人口普查表

可以看出，人口普查所调查的信息内容庞杂，远不是前面所列举的“学生信息”所能比拟的。如果想对整个国家数以万计的人口普查表进行整理，进而形成与表 5.1 类似的“统计表”，需要耗费的人力物力难以想象，而且经历的时间也是比较漫长的。如表 5.2 所示，19 世纪中后期的几次人口普查，数据整理和分析工作平均耗时 8 年之久。到了 1880 年以后，美国人口突破了 5000 万，人口普查收回调查问卷多达 1000 多万份。由于普查进行了全面改革，问卷问题也从以前的 100 多个上升到 1 万多个，涵盖了人口、出生死亡率、农业、社会、工业等 5 个部分。按照推算，1890 年的普查数据整理和分析将耗时 13 年左右，超过了人口普查的周期(10 年)，也就是说统计结果出来的时候，1900 年的人口普查都将过去了 3 年，时效性的丧失将会极大地降低人口普查的意义。

当时的美国普查办公室负责人弗朗西斯·沃克思来想去，对策无非是 3 种思路：①缩小普查问卷的范围；②增加数据处理的人手；③推动技术手段的创新。显然，缩小普查范围是不行的，相反，问卷范围还将继续扩大。在增加人手方面普查办公室已经竭尽全力，这一招治标不治本，况且美国的人口还在不断增加，数据的增长速度不断加快。所以，最后的突破口一定就是推动技术创新！

表 5.2　美国人口普查数据处理耗时

普 查 年 份	整理数据耗时/年
1850	9
1860	6
1870	8
1880	8
1890	13*

* 当时推算的耗时。

当时已经有许多人着手发明一些简单处理人口普查表的机器了，而且有了“打孔卡片”的思想——所有信息，无论性别、年龄还是籍贯等，都可以通过在一张卡片的固定位置打孔来表示。例如，约翰是一名 30 岁的男性公民，那么就在“性别”栏“男”的位置打个小孔，“年龄”栏的 30 下面也打个小孔，以此类推，所有的普查信息都通过“有孔没孔”的形式存储在卡片上，如图 5.11 所示。剩下来的问题就是要发明一种专门的机器，可以读出每个特定位置上的孔洞，并自动统计。

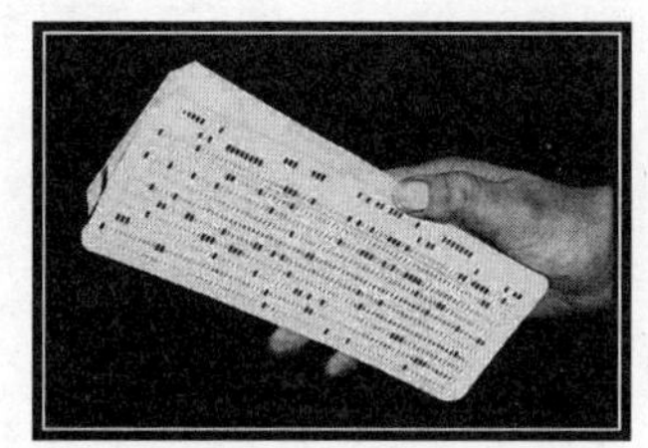
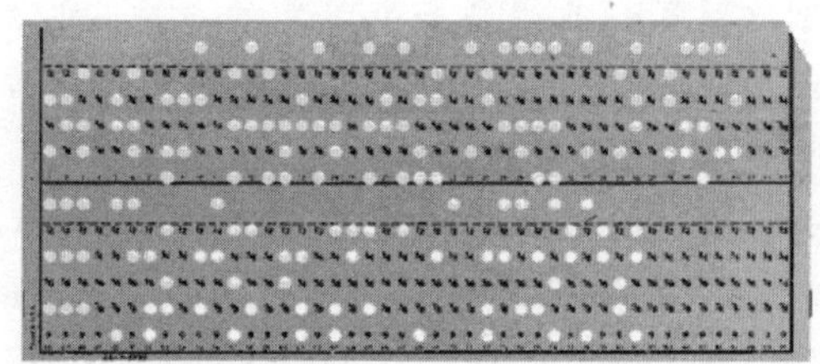

图 5.11　打孔卡片示例

1882 年 9 月，托马斯·爱迪生在纽约珍珠街(Pearl Street)建立了世界上第一个供电系统，一时间，曼哈顿地区灯火通明、夜如白昼，这震惊世界的发明宣告着电气时代的到来。曼哈顿的灯光刺激了一个为制造“自动读卡机”冥思苦想的人——赫尔曼·霍尔瑞斯(Herman Hollerith)，让他想到了用电来解决卡片处理的问题。霍尔瑞斯的主要设计思想如下：通过机械装置将打好孔的卡片传输到一个固定的位置；在这个固定位置上方有一根金属棒，下方是一个水银杯；工作时，金属棒轻轻压下，如果该位置上没有孔，金属棒就会被卡片挡住，反之，金属棒就会和水银杯接触，导通电路产生电流，使得计数器加 1。

在 1890 年人口普查开展之前，美国普查办公室举行了一次公开招标。在 3 个入围的方案中，只有霍尔瑞斯的打孔卡片制表机(图 5.12)用到了电。比赛以 1 万多个真实的普查数据为样本，贯穿打孔、统计、制表等所有流程，而霍尔瑞斯以绝对的优势脱颖而出：数据录入的打孔过程，他用了 72h，其他两个方案分别用了 100h 和 144h；数据统计的过程，他以 5h 25min 再次夺冠，其他两个方案则分别用了 44h 和 55h。也就是说，打孔卡片制表机的统计速度要比两个对手快 7.8 倍和 10 倍！

图 5.12　打孔卡片制表机

接下来，人口普查办公室向霍尔瑞斯租用了 106 台制表机，其全部的数据处理工作以前所未有的惊人速度在两年半之内悉数完成。要知道，使用原先的方法来处理数据估计要用 13 年左右！这就是科技的力量！

数据的 3 种来源

数据最早来源于测量，所谓“有根据的数字”，是指数据是对客观世界测量结果的记录，而不是随意产生的。正如第 2 章所述，数字之所以出现，是因为人类在实践中发现，仅仅用语言、文字和图形来描述这个世界是不精确的，也是远远不够的。例如，有人问“天安门广场有多大？”，如果回答说“很大”“非常大”“最大”，别人听了只能得到一个抽象的印象，因为每个人对“很”“非常”有不同的理解，“最”也是相对的，但如果回答说“44 万平方米”，就一清二楚了。

除了测量，新数据还可以由“原始数据”经计算衍生而来。我们说的“原始数据”，并不是“原始森林”这个意义上的“原始”，原始森林是指天然存在的，而原始数据仅仅是指第一手的，没有经过人为篡改的。毕竟，无论测量和计算都是人为的，没有“纯天然”。有了计算这个手段，我们就可以得到一些衍生的、间接的数据。在很多生产实践中，这些衍生数据甚至比原始数据更能起到直接的作用。例如，我们无法直接测量地球的质量，但是我们还是可以通过测量地球上的物体质量和自然现象来计算出重量加速度、万有引力恒量、地球半径等数据，然后再通过这些数据进一步计算地球的质量。

进入信息时代之后，“数据”二字的内涵开始扩大，不仅指代“有根据的数字”，还统指一切保存在计算机中的信息，包括档案资料、设计图纸、病例、影像资料等。而文本、音频、视频的来源往往不是对世界的测量，而是对世界的一种记录，所以信息时代的数据又多了一个来源：记录。

5.3.2　数据库的基本思想

在应用需求的推动下，在计算机硬件、软件发展的基础上，数据管理技术经历了人工管理、文件系统和数据库(DataBase,DB)3个阶段。5.3.1节提到的用打孔卡片这种方式,以及原理类似的穿孔纸带和磁带来存放数据,就属于第一阶段。到了第二阶段,随着磁盘等直接存取设备的出现,操作系统中也有了专门的数据管理软件,一般称为文件系统,如图5.9所示,文件系统可以把数据组织成相互独立的数据文件,保存在计算机的外存储器上,然后利用"按文件名访问,按记录进行存取"的管理技术,可以对文件进行修改、插入和删除的操作。

虽然文件系统比原始的人工管理方式要高级了很多,但是管理数据依然很不方便。因为文件系统实现了记录内的结构性,但整体无结构。例如,图5.9所示的文件中保存了一名同学的个人信息,在这个记录内是有组织结构的——姓名、性别、民族、学号、籍贯……但是,多个此类文件之间是没有联系的:另外一个文件中另一名同学的籍贯可能和这个文件中的同学籍贯属于同一个地方,但是我们无法直接得到这个联系。还有一个财务文件中的补助信息也是这个学生的,我们却无法从这个个人信息文件直接联系到那个财务文件上去。

这种整体无结构会导致数据管理极为不便,例如,想知道"有多少个学生的籍贯是北京",就不得不一个一个打开个人信息文件查看每个学生的籍贯,然后再进行统计。如果想得到一个学生的学习成绩、补助额度和父母亲人的情况,那就需先从教务处的一堆学生成绩文件中找到并查看该学生的每门成绩,然后再从财务处的一堆学生财务文件中找到并查看该学生的补助记录,最后还要从学生处的一堆档案文件中找到并查看该学生的直系亲属信息。这一过程不仅耗费很多时间和精力,而且容易遗漏重要信息。

通常按照数据模型的特点将传统的数据库系统分为网状数据库、层次数据库和关系数据库3类。

随着数据的规模增大,数据的应用越来越广泛,人们就希望能够把数据专门独立出来进行管理,不仅让记录内部有结构,而且记录整体也要有结构、有联系,这就产生了数据库的概念。目前理论最成熟、应用最普及的就是关系数据库,它的理论模型是IBM研究院的埃德加·弗兰克·科德(Edgar Frank Codd)在1970年提出的。所以,科德被誉为"关系数据库之父",并因为在数据库管理系统的理论和实践方面的杰出贡献于1981年获得图灵奖。

1970年,科德发表了《大型共享数据库数据的关系模型》,首次提出了数据库的关系模型。1976年又发表了《R系统:数据库关系理论》,介绍了关系数据库理论和结构化查询语言SQL。

从用户的观点看,关系模型由一组关系组成,每个关系的数据结构是一张规范化的二维表。以图5.13所示的学生登记表为例,我们可以简单了解一下关系模型中的一些术语。

- 关系:一个关系对应通常说的一张表,如图5.13的这张学生登记表。
- 元组:表中的一行,也就是一条记录,称为一个元组。
- 属性:表中的一列,也称为字段。给每一个属性起一个名字即属性名。如这张学生登记表有6列,对应6个属性(学号、姓名、年龄、性别、系名和年级)。

- 码：也称为码键。表中的某个属性组，它可以唯一确定一个元组，如图5.13中的学号，可以唯一确定一个学生，也就成为本关系的码。
- 域：属性的取值范围，例如大学生年龄的域是{14,15,…,38}，性别的域是{男，女}，系名的域是一个学校所有系名的集合。
- 分量：元组中的一个属性值，或者说是一条记录的一个列值。

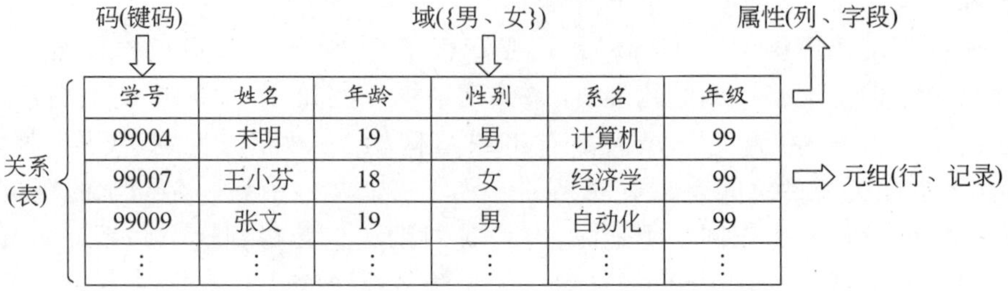

码(键码)　域({男、女})　属性(列、字段)

关系(表)

学号	姓名	年龄	性别	系名	年级
99004	未明	19	男	计算机	99
99007	王小芬	18	女	经济学	99
99009	张文	19	男	自动化	99
⋮	⋮	⋮	⋮	⋮	⋮

元组(行、记录)

图5.13　关系模型的数据结构(学生登记表)

结构化数据是指存储在数据库中的有统一结构和格式的数据，这种数据比较容易分析和处理。非结构化数据是指无法用数字或统一的结构来表示的信息，包括各种文档、图像、音频和视频等，这种数据没有统一的大小和格式，给整理和分析带来了更大的挑战。

关系模型要求关系必须是规范化的，即要求关系必须满足一定的规范条件(符合这些条件的数据可以称之为"结构化数据")。例如，所有元组的同一个属性的值必须类型相同，也就是说任何一列都只有一个数据类型。表5.3的两个元组的属性"专业"的值不是同一个数据类型，一个是字符串类型，另一个是数值类型，这就不符合关系模型的规范条件。

表5.3　属性值类型不统一的学生信息表

学号	姓名	性别	年龄	系别	专业	入学时间	班级
9527	张三	男	20	计算机	软件工程	2000年	1班
9529	李四	女	19	车辆	3	2001年	2班

还有一条非常重要的规范条件就是，关系的每一个分量必须是一个不可分的数据项，也就是说，不允许表中还有表。表5.4中"工资"和"扣除"都是可分的数据项，"工资"又分为"基本工资""津贴"和"职务补贴"，"扣除"又分为"房租"和"水电"，这就不符合关系模型的要求。

表5.4　"表中有表"的工资表示例

职工号	姓名	职称	工资			扣除		实发
			基本工资	津贴	职务补贴	房租	水电	
86051	陈平	讲师	1305	1200	50	160	112	2283
⋮	⋮	⋮	⋮	⋮	⋮	⋮	⋮	⋮

我们可以把表 5.4 所展现的这种表称为“报表”，它虽然不满足规范条件，但往往是人们在工作和生活中经常用到的，它可以由数据库中的基本数据表关联组合，最终呈现在用户的面前，如图 5.14 所示。从这里可以看出数据库的一个作用，那就是把“原始数据”格式化存储成一个一个符合关系模型的“基本数据表”，然后用这些基本数据表来关联组合成我们所需要的“统计报表”。

职工号	姓名	职称
86051	陈平	讲师
⋮	⋮	⋮

职工号	基本工资	津贴	职务补贴
86051	1305	1200	50
⋮	⋮	⋮	⋮

职工号	房租	水电
86051	160	112
⋮	⋮	⋮

职工号	姓名	职称	工资			扣除		实发
			基本	津贴	职务补贴	房租	水电	
86051	陈平	讲师	1305	1200	50	160	112	2283
⋮	⋮	⋮	⋮	⋮	⋮	⋮	⋮	⋮

图 5.14　通过查询基本数据表生成报表

如何定义这些关系模型，如何存储这些基本数据表，如何掌握这些基本数据表之间的关系，如何对数据进行各种修改、插入和删除的操作，这些问题处理起来都需要专业化的技能和复杂的流程。此外，还会出现多个用户（或者应用程序）同时对数据库进行操作，甚至同时存取数据库中同一个数据的情况。这就需要一种系统软件，也就是我们常说的数据库管理系统（DataBase Management System，DBMS），来帮助用户管理数据库。如图 5.15 所示，用户可以直接根据实际应用发送命令操作数据（在抽象意义下处理数据），而不必顾及这些数据在计算机中的布局和物理位置，具体的技术细节和异常处理都交给数据库管理系统即可。

分布式数据库

网络能力的提高促进了分布式数据库的发展，其包含的数据都分别驻留在不同的机器里。例如，一个跨国公司可以将其地方公司的员工记录在本地站点进行存储和维护，然后通过网络链接这些记录，从而创建单个分布式数据库。

分布式数据库包含的数据可以是碎片数据，也可以是数据的副本。第一种情况中，数据库的不同片段存放在不同的地方。在第二种情况中，不同的地方存放数据库同一部分的几个副本，这种副本的存放可以减少信息的获取时间。两种情况都提出了传统的集中式数据库所没有遇到过的新问题：如何掩饰这种数

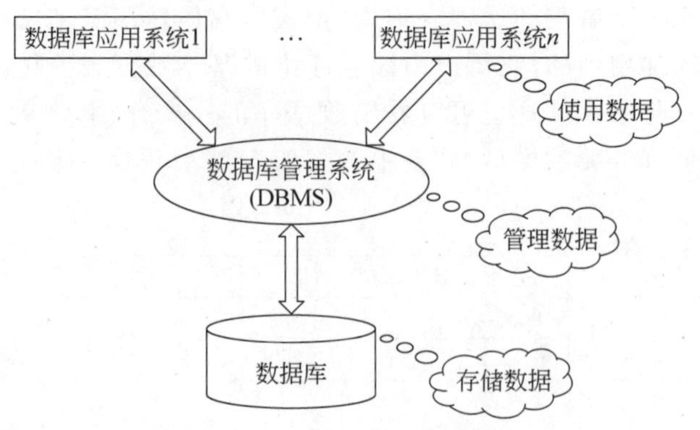

图 5.15 数据库系统框架

数据库系统一般由数据库、数据库管理系统及其开发工具、应用系统和数据库管理员组成。在一般不致混淆的情况下常常把数据库系统简称为数据库。

据库的分布式特性,使它像一个连贯的系统那样工作?如何保证数据库更新时其中的各个副本仍保持一致?所以,分布式数据库是当前的一个重要研究领域。

5.3.3 挖掘数据中的金矿

传统意义上的数据、信息、知识和智慧是完全不同的概念。如图 5.16 所示,数据是信息的载体;信息是有背景的数据;知识是经过人类的归纳和整理,最终呈现规律的信息;而智慧则是根据运用已有知识,对获取的信息进行分析,并找出解决问题的方案的能力。

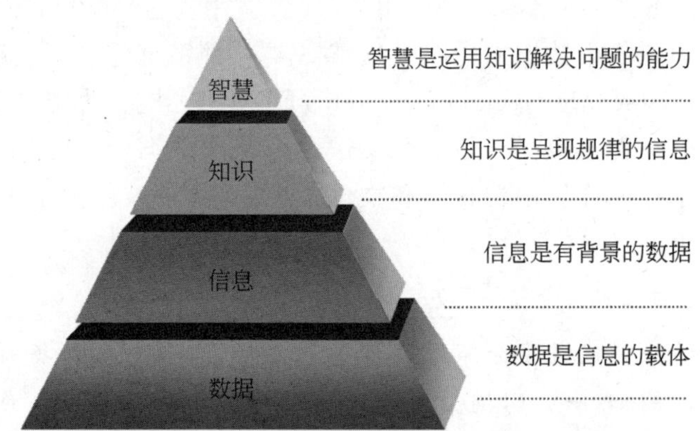

图 5.16 数据-信息-知识-智慧体系

例如,30 是一个传统意义上的数据,给它赋予背景之后就成了“今年北京 7 月 16 日,气温 30℃”,这就是一个有逻辑含义的信息。再结合每年北京 7 月每天的温度信息,就可以进一步提炼出气候规律——“北京 7 月的平均气温全年最高,天气炎热”,这就形成了知识。如果能够利用这个气候方面的知识,7 月在北京策划一次防暑产品或避暑旅行的推介会,进而解决了公司的经营业绩问题,这就可以称得上有智慧了。

再举一个科学史上的案例,人们通过测量星球的位置和对应的时间,就得到了大量天文数据;在这些数据的基础上可以计算出星球运动的轨迹,就是更为抽象信息;通过这些信息进一步总结出来的开普勒三定律,也就是更有意义的知识;如果利用这些知识能够预测天文现象,确定时间节气,从而改变人们的生活和周围的世界,这就是智慧的体现了。

开普勒定律是德国天文学家开普勒提出的关于行星运动的三大定律,分别是椭圆定律、面积定律和调和定律。

随着信息系统的普及,各行各业的数据数量和种类激增,产生了一大堆问题,比如:信息过量,难以消化;鱼龙混杂,真假难辨;形式不一,不好处理……数据库系统的建立和运行,虽然可以高效地实现数据的录入、查询、统计等功能,但难以发现数据中隐含的关系和规律,无法根据现有的数据预测未来的发展趋势,这就导致了“数据爆炸但知识贫乏”的现象。20 世纪 90 年代,管理大师彼得·德鲁克就曾经发出感叹:迄今为止,我们的系统产生的仅仅是数据,而不是信息,更不是知识!

彼得·德鲁克(Peter F. Drucker),现代管理学之父,其著作影响了几代追求创新以及最佳管理实践的学者和企业家,各类商业管理课程也都深受其思想的影响。

数据挖掘(data Mining)就是通过特定的计算机算法对大量的数据进行自动分析,从而揭示数据之间隐藏的关系、模式和趋势,为决策者提供新的知识。所以,在某些场合下,数据挖掘又被人们称为数据库中的知识发现(Knowledge Discovery in Database,KDD)。

图 5.17 从数据中挖山凿矿

数据挖掘是对数据进行挖山凿矿式的开采(图 5.17),它的主要目的,一是要发现潜藏在数据表面之下的历史规律,二是对未来进行预测。前者称为描述性分析,后者称为预测性分析。在商业应用上,很多超市会从购物记录中挖掘“哪些商品常常会被顾客同时购买”,这就是一种典型的描述性分析;如果考察所有历史数据,以特定的算法对下个月某种商品的销售量进行估计以确定进货量,则是一种预测性分析了。

利用数据挖掘进行营销策划

零售帝国沃尔玛拥有世界上数一数二的数据库系统,也是最早应用数据挖掘技术的企业之一。在一次例行的数据分析之后,研究人员突然发现:跟尿布一起搭配购买最多的商品竟然是啤酒!尿布和啤酒,听起来风马牛不相及,但这是对历史数据进行挖掘的结果,反映的是潜在的规律。于是沃尔玛随后对啤酒和尿布进行了捆绑销售,并尝试着将两者摆在一起,结果使得两者销量双双激增,为公司带来了大量的利润。后来的跟踪调查发现,在美国有孩子的家庭中,太太经常嘱咐丈夫下班后去超市为孩子买尿布,而 30%~40%的丈夫们都会在

沃尔玛是世界最大的零售商,拥有 8400 多家分店、200 多万雇员(和美国联邦政府的雇员数相同),它的收入在 2010 年突破了 4000 亿美元,超过了许多国家的 GDP 总值。

买完尿布以后又顺手买点啤酒犒劳自己。

天睿资讯(Teradata)与沃尔玛进行合作,从 2004 年开始对沃尔玛所有的历史交易记录进行整合与分析。发现每次飓风来临,不仅手电筒、电池、水这些商品热销,而且一种袋装小食品 Pop-Tarts 的销量也会明显增加。于是,飓风来袭之前,沃尔玛就提高 Pop-Tarts 的仓储量,以防脱销,并且把它和水捆绑销售。研究人员后来发现,这个规律的背后原因是:一方面美国人喜欢此类甜食,另一方面 Pop-Tarts 在停电的时候吃起来非常方便。如果没有数据挖掘,Pop-Tarts 和飓风的微妙关系就难以被发现。

数据挖掘把数据分析的范围从“已知”扩大到了“未知”,从“过去”推向了“将来”,这也是商务智能(Business Intelligence)真正的生命力和“灵魂”所在。它的发展和成熟最终推动了商务智能在各行各业的广泛应用。

1989 年,高德纳咨询公司的德斯纳给出了“商务智能”的一个正式定义:商务智能指的是一系列以事实为支持、辅助商业决策的技术和方法。

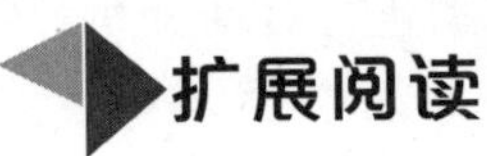

扩展阅读

IBM——数据处理的先行者

在 1890 年的美国人口普查中,打孔卡片制表机大展身手,霍尔瑞斯也因此获得了第一桶金。随后,制表机在巴黎国际博览会上展出,引来了欧洲同行的称赞,英国、法国、意大利、奥地利、挪威等多个国家的人口普查后来都使用了霍尔瑞斯的技术。1897 年,俄国开展了第一次人口普查,因为人口已经过亿,所以向霍尔瑞斯订购了几百台制表机。1904 年,制表机甚至打入了亚洲市场,用于菲律宾的人口普查。

霍尔瑞斯依靠打孔卡片制表机相关的专利开创了自己的公司。其商业模式与众不同:他的机器只租不卖,类似于我们今天讲的“设备即服务”。这种模式不仅有利于保护其专利,也减少了客户的负担。霍尔瑞斯也不断改进自己的设备,降低其成本,他提出,要像缝纫机走进每一个家庭一样,让制表机走进每一个企业。到 1907 年,他的公司几乎垄断了整个数据处理的市场,个人事业也达到了巅峰。

随着专利到期,美国普查局为打破垄断研发自己的制表机,公司的效益和管理都出现了危机。1911 年,霍尔瑞斯的公司和其他公司合并,成立了名为 CTR(Computing Tabulating Recording)的新公司,并聘请托马斯·沃森(Tomas Watson)担任职业经理人。1924 年,沃森将 CTR 公司改组为国际商用机器公司(International Business Machines Corporation),也就是今天大名鼎鼎的 IBM 公司(图 5.18)。

沃森是一名经营天才,在他的领导下,IBM 公司把美国带进了一个打孔卡片的时代。

图 5.18 百年历史回顾——从霍尔瑞斯公司到 CTR 公司再到 IBM 公司

“二战”期间，美国军方的信息管理系统完全由打孔卡片和制表机主导，士兵的名册、军饷、装备、岗哨、伤亡情况，甚至飞机的出勤率、轰炸的命中率、炮弹的使用数量等都被制成图表，用于管理和分析。战后，打孔卡片已经从军用到民用、从政府到企业无处不在了，入学、上班、就医、保险、膳食都要用到打孔卡片。

随着人类第一台电子计算机 ENIAC 的出现，数据处理进入了一个崭新的阶段。其后的 UNIVAC 被用于了美国第 17 次人口普查，也成为全世界第一台商用计算机。IBM 公司的新总裁小沃森(Thomas Watson Jr)敏锐地看到计算机将在今后社会生活中扮演非常重要的角色，决定投入巨资进行研发。他先是将 IBM 公司的研发经费从公司营业额的 3%增加到 9%，然后聘请了冯·诺依曼担任技术顾问，并与麻省理工学院(林肯实验室，Lincoln Labs)合作研制计算机。

小托马斯·沃森(Thomas Watson Jr)，是老托马斯·沃森的长子，IBM 第二代总裁，他领导公司走过了一个前所未有的长期的、惊人的迅猛增长时期。

IBM 公司在两年后发布了其第一台商用电子计算机 IBM701。随后，人工智能专家塞缪尔(Arthur Lee Samuel)在这台机器上开发了第一个跳棋程序，展示了计算机不仅能处理数据，还具备和人下棋的能力。大家都为之震惊，IBM 公司的股票应声上涨了 15 个百分点，IBM 公司也重新占领了广阔的市场。1954 年，IBM 公司又为空军研发了一种项目代号为 SAGE 的计算机，用于整个北美地区的防空指挥，进一步巩固了 IBM 公司在计算机产业中的霸主地位。

虽然电子计算机开始大行其道，但是一开始的时候键盘、鼠标和打印机都还没有诞生，数据的输入输出还是依靠打孔卡片或者类似的穿孔纸带，如图 5.19 所示，这种情况一直延续到 20 世纪 70 年代。也正是因为一方面主导了打孔卡片和制表机行业，另一方面引领电子计算机从政府走向社会、从单纯的科学计算走向商业应用，IBM 公司得以成为信息领域的巨人。到 20 世纪 60 年代，IBM 公司已经坐上了计算机产业的头把交椅，顺应信息技术的大潮一

图 5.19 操作人员使用穿孔纸带进行输入输出

漂就是30多年，至今它仍然是世界上员工人数最多、营业额和利润最高的技术公司之一。

Oracle——平淡无奇的传奇

Oracle的意思是"预言家"，后来起中文名字的时候，采用了中国古代预言的记录文字——甲骨文。

在企业界提到数据库，Oracle(也就是甲骨文公司)几乎是无人不知、无人不晓。据统计，Oracle是世界领先的信息管理软件供应商，《财富》100强中的98家公司都采用其技术；Oracle是第一个跨整个产品线(数据库、业务应用软件和应用软件开发与决策支持工具)开发和部署100%基于互联网的企业软件的公司；Oracle还是全球最大的企业级软件公司和世界第二大独立软件公司(仅次于微软公司)。

关于IT创业的例子，从微软、苹果到后来的谷歌和Facebook，大都是20多岁年轻人的传奇故事，而且是一次成功。如果屡败屡战，到30岁还没有一鸣惊人，那么后来成功的可能性就不大了。不过凡事都有例外，Oracle的创始人拉里·埃里森(Larry Ellison)就是一个大器晚成的"硅谷老兵"。之所以有这个称谓，是因为埃里森虽然22岁就到硅谷工作了，但只是在别的公司打工，直到10年之后才与人合伙创办了一家数据库公司。1978年，公司开发的第一个数据库产品(代号Oracle1)就失败了，但埃里森坚持继续做下去，推出下一个版本Oracle2，卖给了美国空军，公司才得以在关系数据库市场占据一席之地。

历史上，热门的关系型数据库管理系统有Oracle、Microsoft SQL Server、DB2、Access、MySQL、Sybase以及PostgreSQL等。

推出数据库产品和Oracle同场竞技的企业数不胜数，但真正可怕的对手只有两个，一是郭士纳领导的IBM(郭士纳1993—2002年任CEO)，二是盖茨领导的微软(1975—2000年任CEO)。郭士纳和盖茨可以称得上是整个IT时代最伟大的统帅，他们在各自主攻的领域所向披靡，几乎没有败绩。在和这两个奇才长达十多年的较量中，埃里森居然没有落下风，而且越战越勇，并最终获得了胜利，很值得我们认真研究和学习。从他的身上我们可以得到3个经验，那就是坚持到底、定位专一和少犯错误。

在郭士纳领导的10年间，IBM的旗舰数据库产品DB2市场份额稳步增长，到了2002年在全球数据库市场的份额一度成为世界第一。同年，微软的数据库系统SQL Server的销量也比前一年猛增20%，加上微软在操作系统上的统治地位，拉大了它和Oracle在公司总营业额上的差距。2001—2002年还赶上了互联网泡沫的崩溃，Oracle公司诸事不顺，股价从2000年最高点下跌了5/6，企业收入也在持续下滑。这让很多人估计Oracle可能会在IBM和微软的双重打击下降为一个二流IT公司。

有句话说得好，"谁笑到最后，谁笑得最好。"埃里森熬过了郭士纳和盖茨的巅峰时期，等到这两个人离开了CEO的岗位，Oracle终于迎来了它在数据库市场唯我独尊的时代。这就如同中国晋代的司马懿和日本战国时代的德川家康，当同一时期的其他巨人(曹操、刘备和孙权，丰臣秀吉和武田信玄)都从历史舞台上消失的时候，他们便开始唱主角了。2005年，Oracle获得了46.8%的数据库市场份额，超过了IBM和微软的总和。到了2007

年，Oracle 占据了全球数据库市场份额的 48.6%，超过了 IBM、微软和 SAP 三家的总和，而且一直保持并扩大这种优势。所以说坚持到底是成功者的一个基本素质，因为一旦放弃就会失去了竞争的资格，“不离开牌桌，才能有翻盘的机会。”

Oracle 在定位和产品的推广上非常专一。埃里森不断强调 Oracle 是数据库公司，而 IBM 是一个系统服务公司，微软是一个 PC 软件开发公司。吴军博士在《浪潮之巅》中提到一个现象，那就是一个产品线较长的公司在某个产品上往往竞争不过专门从事这项产品的专一公司。例如摩托罗拉在处理器上竞争不过英特尔、在手机上竞争不过诺基亚，微软在互联网上竞争不过雅虎和谷歌，而谷歌在社交网络上竞争不过 Facebook。这里面不仅仅是产品线较长的公司容易“分心”，更重要的是市场和用户对专一的公司更容易认可。

Oracle 的发展可以用平淡无奇来形容，它更多的是靠着很好的管理和经验一步步做起来的。它很少犯错误，这一点尤其重要，有时候一次重大的失误就足以让一家企业陷入万劫不复的境地。正如沃伦·巴菲特（Warren Buffet）在讲解投资的秘诀时强调的：“成功的关键不在于做对了多少件事，而在于少犯多少错误。”想想 Oracle 在多次并购的过程中没有贪多贪大、迷失自我，总是小心翼翼，严格围绕着核心业务对并购的企业“取其精华，弃其糟粕”。对比当年的康柏收购 DEC、惠普收购康柏这些失败的案例，更能显出埃里森和 Oracle 的可贵之处。

2004 年，以 103 亿美元收购仁科软件公司；2006 年，以 58.5 亿美元收购 Siebel 公司；2007 年，以 33 亿美元收购 Hyperion 公司；2008 年，以 85 亿美元收购 BEA 公司；2010 年，以 74 亿美元收购 Sun 公司。

参考文献

[1]　涂子沛. 数据之巅：大数据革命，历史、现实与未来[M]. 北京：中信出版社，2014.

[2]　吴军. 文明之光：第二册[M]. 北京：人民邮电出版社，2014.

[3]　黄仁宇. 中国大历史[M]. 北京：生活·读书·新知三联书店，2014.

[4]　黄仁宇. 万历十五年（增订纪念本）[M]. 北京：中华书局，2006.

[5]　王珊，萨师煊. 数据库系统概论[M]. 5 版. 北京：高等教育出版社，2014.

第6章

互 联 网

我们通过结合把自己变为一种新的更强大的物种，互联网重新定义了人类对自身存在的目的及在生活中所扮演的角色。

——凯文·凯利(《连线》杂志创始主编)

提到当今时代的特点，总会有几个词出现在面前——“数字化”“网络化”“信息化”。尤其是到了21世纪，这是一个以网络为核心的信息时代，如图6.1所示，截至2016年1月，全世界的半数人口已经通过互联网连接到了一起。互联网已经不仅仅是一种将各种计算机连接到一起的技术，也不只是为人类提供全新通信方式的手段，而是从政治、经济、文化和生活上根本地改变了我们的社会，并且推动了人类文明的飞速进步。

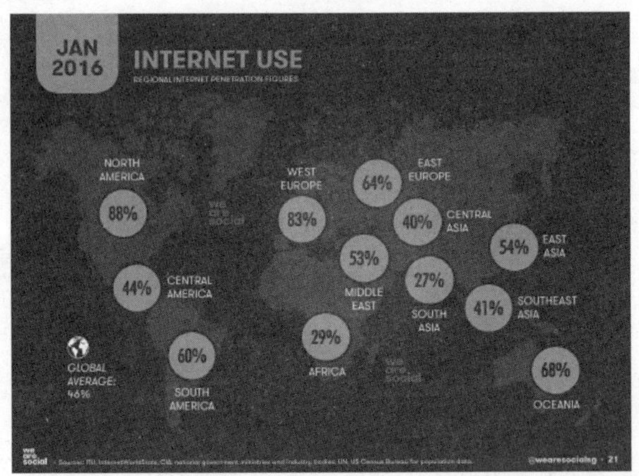

图6.1　2016年世界各个地区的互联网用户比例

从政治上看，互联网不仅帮助美国进行总统选举，帮助中国整治贪污腐败，而且在加速中东地区很多政权的更替上起到了过去通过军事手段达不到的作用。从经济上看，在过去的20多年里，互联网可以说是世界经济的晴雨表和经济发展的火车头，但凡互联网产业有长足进步的时候，全世界的经济行情都是被人大为看好的。根据联合国贸易和发展会议(UNCTAD)的数据显示，2015年全球电商市场规模高达22.1万亿美元(远远大于美国的GDP)，但这仅仅是互联网产业中的一个分支。

从文化上看，互联网不仅方便了文化的传播，例如把好莱坞的电影、日韩的电视剧送到了中国以及把中国的传统艺术带给了世界，而且产生了基于互联网的新文化，例如各种网红的直播节目和网络视频脱口秀。从生活上看，许多人已经可以通过网络在自己喜欢的任意时间和地点工作和学习，还可以向网上更广泛的群体寻求帮助和分享快乐。更有甚者，待在网络虚拟空间的时间远远超过了现实世界，人们不禁哀叹"世界上最遥远的距离，莫过于我们坐在一起，你却在玩手机"。

2014年，中央电视台拍摄了大型电视纪录片《互联网时代》，在全球范围内采访了上百名与互联网发展、研究相关的各界重要人物，后来居然发现还是有很多遗漏。其中的根本原因在于：互联网不是一个人、一个研究机构或者公司，甚至不是一个国家的发明，而是整个世界共同贡献的结果。所以，本章也只能管中窥豹，简要回顾互联网的过去和现在，展望它的未来。

6.1　互联网的结构

为了共享资源(例如打印机、扫描仪)和交换信息(传递文件、联机游戏)，我们会把两台或两台以上的计算机相互连接构成一个局域网(Local Area Network，LAN)。如图6.2中左图所示，可以认为局域网就是一种最简单、最基础的计算机网络。世界上存在多个不同的局域网，它们常常使用不同的软硬件，而连接到一个局域网中的人经常要与另一个局域网中的人通信。为了做到这一点，那些相互之间不同且通常不兼容的局域网也要连接起来，这就构成了图6.2中右图所示的互联网络(internetwork)或互联网(internet)。

有些文献把覆盖范围较大(达到一个城市)的局域网命名为城域网(Metropolitan Area Network，MAN)

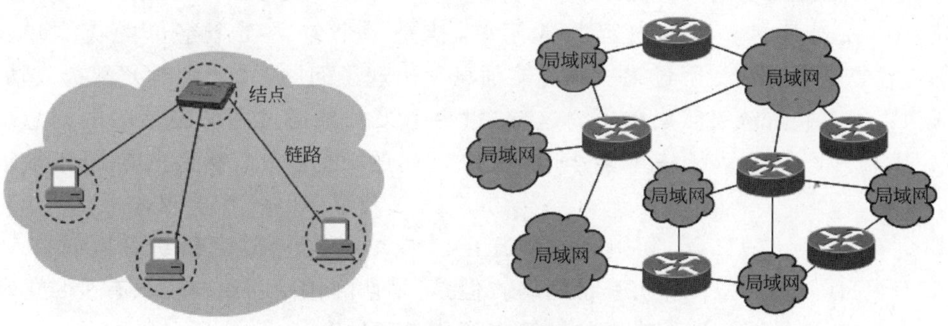

图6.2　计算机网络的拓扑结构：局域网和互联网

需要注意，互联网具有通用意义，它“泛指由多个计算机网络相互连接而成的网络”，故首字母一般是小写。而因特网(Internet)“特指目前全球最大的一个互联网，是由美国的阿帕网(ARPANET)发展演变而来的”，首字母要用大写来表示。可以认为因特网是一个特殊的互联网，也是影响力最大的互联网，所以在一些文献中往往用因特网来代表互联网。本节内容也希望通过介绍因特网的来龙去脉，进一步描绘出互联网的通用结构。

互联网除了因特网之外，还有欧盟网(Euronet)、欧洲学术与研究网(EARN)、欧洲信息网(EIN)、国际学术网(BITNET)、飞多网(全球性的BBS系统)等。

6.1.1 连接的开始

因特网的雏形是美国高级研究计划署(Advanced Research Projects Agency，ARPA)在20世纪60年代建立的阿帕网。如图6.3所示，最早接入到阿帕网的只有4个结点，即分布在斯坦福大学的斯坦福研究中心(Stanford Research Institute，SRI)、加州大学洛杉矶分校(UCLA)、加州大学圣巴巴拉分校(UCSB)以及犹他州大学(University of Utah)这4所美国西部大学的4台大型计算机。

ARPA是作为对苏联1957年发射的Sputnik(第一颗人造地球卫星)以及由此导致的恐惧(潜在的军事用途)的直接反应，由美国国防部组建的一个研究和开发新的尖端科技的机构。

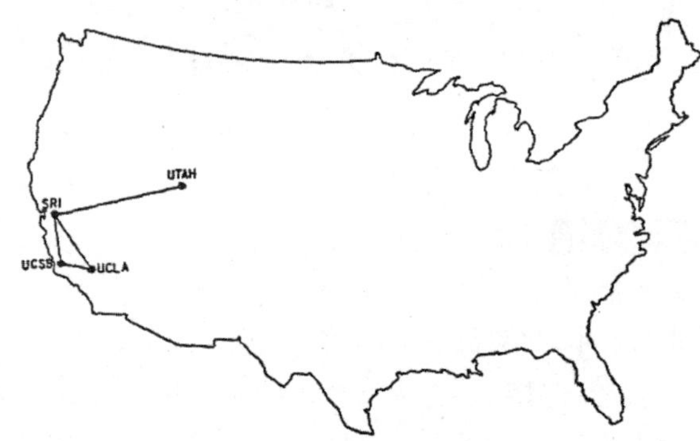

图6.3 阿帕网的设计草图(早期的4个结点)

1969年10月29日10点30分，计算机科学家伦纳德·克兰罗克(Leonard Kleinrock)和他的助手查理·克莱恩(Charley Kline)尝试从加州大学洛杉矶分校向斯坦福研究中心发送消息。消息内容非常简单，就是一个包含5个字母的英文单词——LOGIN，意思是“登录”。不过第一次传输消息就出现了问题，“L”和“O”都被成功传送，在传输“G”的时候系统突然崩溃了。这样，世界上第一条通过阿帕网传输的消息就成了“LO”。工程师们又忙活了一个多小时，才修复问题，把这5个字母的单词完整地传送过去。

伦纳德·克兰罗克在计算机领域特别是计算机网络领域做出了一些很重要的理论贡献。他于2001年获得美国工程院Draper奖。

如图6.4所示，1971年，阿帕网扩大到了15个结点，众多计算机纷纷被编制入网，平均每20天就有一台大型计算机登录网络。但是，早期阿帕网的用户也只有少量的科研人员，包括学生。这是因为那个时候的计算资源非常稀缺和昂贵，一所名牌的美国大学所拥有的计算能力比今天一个普通用户的个人计算机强不到哪里去。为了方便科学研究，1981 年，美国自然科学基金会（National Science Foundation，NSF）首先在阿帕网原有的基础上做了大规模的扩充，形成了后来的 NSFNET。这个网络连接了一些超级计算中心，可以让大学教授和科研院所的研究院远程使用这些超级计算机，不仅有利于共享研究成果，而且节约了大量的差旅费用。

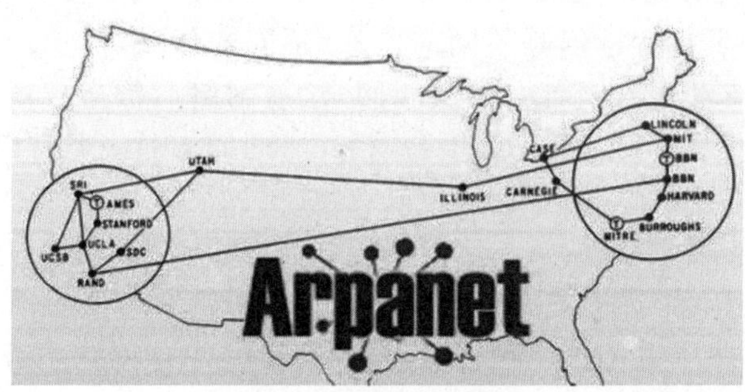

图 6.4　只有 15 个结点的阿帕网（1971 年）

到了 20 世纪 80 年代末，一些公司也希望接入这个网络之中，当然美国自然科学基金会没有义务为他们买单，因此就出现了商业的互联网服务提供商。这时，由于担心军事机密安全问题，美国军方已经从阿帕网分离出来，创建了自己的军网，去那里从事军事上的研究。几年之后，美国自然科学基金会也从管理机构中退出，这标志着政府将这个产业完全交给了民间组织和私营企业。从此以后，整个因特网迅速开始商业化，大量资金的涌入使得因特网开始爆炸式地增长。因特网乃至整个互联网的辉煌历程说明，产业的发展更多地是靠市场机制而不是政府的扶持。

中国互联时代的开启

1987 年 9 月 20 日 20 点 55 分，“德国互联网之父”维纳·措恩（Werner Zorn）在北京的计算机应用技术研究所起草了一封电子邮件——“Across the Great Wall we can reach every corner in the world.”（越过长城，走向世界），并与中国的王运丰教授一起署名后发出，成功地传到德国卡尔斯鲁厄大学的一台计算机上。这封邮件成为中国用互联网向世界发出的第一封电子邮件，开启了中国人使用互联网的新时代。

1984 年 8 月 2 日，经过维纳·措恩教授的努力，德国首次接入国际互联网。为此，他于 2006 年获得德国总统亲自颁发的联邦十字勋章，被称为“德国互联网之父”。

20 世纪 90 年代初，诺贝尔奖获得者、美籍物理学家丁肇中教授和中国科学院高能物理研究所开展了科研合作。为了方便双方每天及时通报交流实验结果，经批准，高能物理研究所通过一条 64kb/s 的专线直接连到了美国斯坦福大学线性加速器实验室（SLAC），就这样，中国和因特网开始了最初的连接（虽然当时还只能访问美国指定的一些网站)。到了1994年4月20日,中国终于实现了与因特网的全功能连接,成为正式接入因特网的第77个国家。

6.1.2 规则的统一

1973年,阿帕网就跨越了大西洋,利用卫星技术与英国、挪威实现连接,世界范围内的互联互通已经提上了日程。但是不同的国家、不同的领域,甚至同一个国家的不同地区,先后采用不同的技术建立了各自的局域网,这些网络的信息编码和传输标准各不相同,就如同文化和语言迥异的人们一起开会,相互之间的沟通是非常困难的。

为了让这些被称为"科研网""校园网"或者"法国网""英国网"的网络准备敞开大门、相互接纳,形成统一的网络,这就亟须建立一个规范电子设备如何连入、数据如何传输的共同标准。很多时候,人类集团之间的协商总是比人与机器的协商耗费更高的成本,各种计算机互联技术发明出来也不过平均耗时3年左右,但是在这众多各有坚持的网络通信协议中进行选择却整整历时10年之久。1983年1月1日,阿帕网的TCP/IP(Transmission Control Protocol/Internet Protocol,传输控制协议/因特网互联协议)最终胜出,成为了人类至今共同遵循的网络传输控制协议。

有"互联网之父"美誉的人还包括前阿帕信息技术处理办公室主任罗伯特·泰勒、前阿帕网项目负责人拉里·罗伯茨、加州大学洛杉矶分校特聘教授伦纳德·克兰罗克以及万维网发明人蒂姆·伯纳斯-李等人。

TCP/IP协议是由温顿·瑟夫(Vinton G. Cerf)和罗伯特·卡恩(Robert Elliot Kahn)一起设计的,他们不仅因此在1997年被克林顿总统授予国家最高科技奖项——美国国家技术奖,在2004年获得了图灵奖,而且都被人们誉为"互联网之父"。由此可见,TCP/IP协议对互联网来说是多么的重要。

IP地址

在生活中,如果我们想给朋友打电话或邮寄包裹信件,就要首先知道对方的电话号码或家庭住址。IP地址就是计算机在互联网上的"电话号码"和"家庭住址"。正是有了IP地址,计算机才可以在网络里面找到想要连接的主机,然后相互传递信息。可以进入"控制面板",接着单击"网络和共享中心",然后单击"本地连接",最后单击"详细信息"来查看包括IP地址在内的网络协议配置情况。

目前最常用的IP协议还是第4个版本,称为IPv4(Internet Protocol Version 4)。它规定IP地址是一个32位的二进制数,通常被分割为4个"8位二进制数"(也就是4B),例如11000000 00001001 11001000 00001101。为便于表达和识别,计算机的软件工具都是以十进制形式呈现给用户,每段(1B)所能表示的十进制数最大不超过255,4段之间用"."隔开,例如192.9.200.13。

更显专业的方法是:按Win-key+R键,在弹出的运行窗口输入cmd,在弹出的命令行窗口输入ipconfig/all。

实际上,TCP/IP协议包含了100多个协议,因为TCP和IP是其中两个最重要的协议,所以用它们来给整个协议集命名。如图6.5所示,协议模型采用了4层的层级结构,有时候为了和国际标准化组织提出的 OSI(Open System Interconnection,开放式系统互联)参考模型相一致,也会把它分成了 5 层来描述。

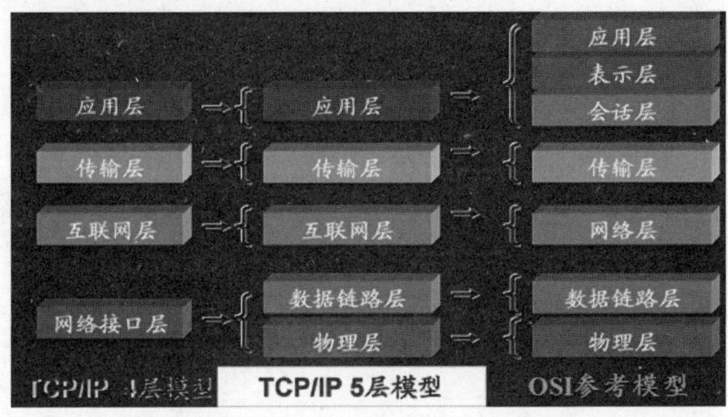

图 6.5　TCP/IP 模型和 OSI 参考模型

TCP/IP 协议首要任务就是提供从一台机器到另一台机器传输报文所需要的基础设施。在因特网上,报文传递活动是通过软件单元的层次结构完成的,这和两个不同国家的企业进行合作谈判过程类似。如图 6.6 所示,首先,公司 1 的总裁给出合作方向,制定谈判原则;接着经理要根据总裁的思路斟酌合作的各项业务;秘书把经理的具体方案都整理出来,用严谨的语言、规范的格式进行描述;然后翻译把秘书撰写的文字材料翻译成国际通用的语言;最后通过相应的渠道把合作材料送到公司 2。公司 2 则从底向上进行相应的操作: 翻译先把合作材料翻译成本国语言;秘书核实具体的谈判条款;经理对接各项具体业务进行初步分析;最后由总裁权衡利弊做出决策。

报文(message)是网络中交换与传输的数据单元,即站点要一次性发送的数据块。报文包含了将要发送的完整的数据信息,其长度可变。

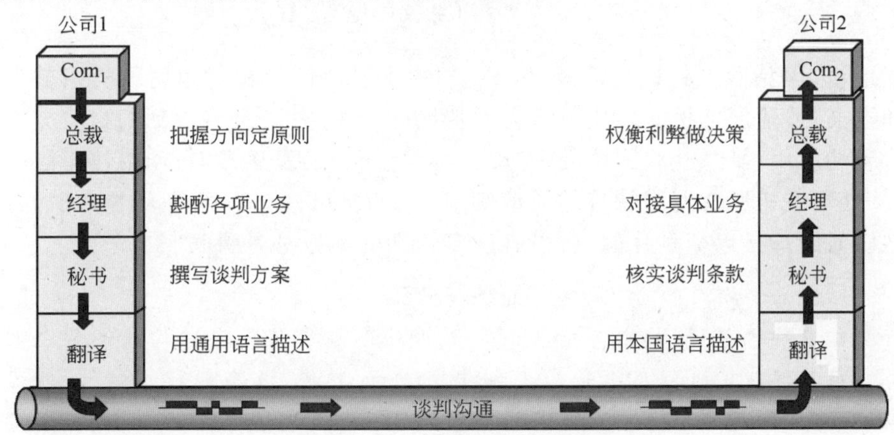

图 6.6　公司合作谈判的例子

简而言之，这个合作谈判过程需要4层组织：总裁、经理、秘书、翻译。每一层把下一层当作抽象工具来使用——经理不太关心秘书的工作细节，秘书也不需要考虑翻译的专业水平。组织的每一层在两个公司都有代理，公司2的代理完成公司1的相应代理的“逆向”工作。

在因特网上的两个主机进行消息传递，就可以类比为公司谈判进行理解，如图6.7所示。在主机1这端，由应用层产生一个报文，当这个报文准备发送的时候，从应用层向下传递，经由传输层和互联网层，最后传递到网络接口层，转化为电信号或光信号进行传输。主机2的网络接口层接收到了信号之后，沿逆向分层结构向上传递，层层重组信息，直到把报文交给应用层来解读。

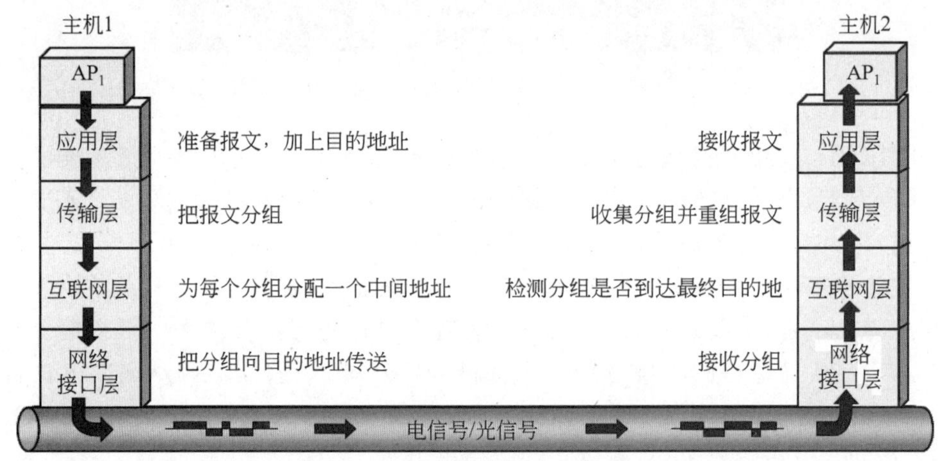

图6.7 因特网上报文的传输过程

概括地说，因特网上的通信涉及TCP/IP的4层协议的相互作用。应用层以应用的角度处理报文；传输层把报文转换成适合因特网的分组，并负责将收到的报文分组重构好后交给适当的应用程序；互联网层处理分组在因特网中的发送方向；网络接口层负责实际的传输，并处理主机所在网络特有的通信细节。令人惊讶的是，虽然有这么多的工作，因特网的响应时间却是以毫秒计的，所以有许多繁杂的事务都是瞬间完成。

抽象与分工

在信息技术领域，抽象是指一个实体的外部特征与其内部构成细节之间的分离。抽象使我们可以忽略一些复杂设备（如计算机、汽车和微波炉等）的内部细节，而把它们作为单一的可理解的单元，这样我们的精力就集中了，可以考虑一个部件如何与同一层面其他部件发生作用，以及这些部件如何作为一个整体形成更高级别的部件。而且正是通过抽象，我们可以按技术分工，只关注自己感兴趣或擅长的工作，那些复杂的系统才能被设计和生产出来，庞大的任务才能由团队合作完成。

抽象并不局限于科学和技术领域，它是一门重要的简化技术，我们的社会所形成的任何一种生活方式都离不开抽象。很少有人知道，日常生活中各种各样的便利是怎样实现的：我们需要吃饭穿衣，但不用自己生产；我们使用电信设备和交通工具，但不必解它们的内部构造；我们享受其他人提供的服务，但也不需要知道他们的专业技巧。对于每一项新的发展只有一小部分社会成员专职负责实现，其他人则将实现的结果作为抽象工具来使用。这也符合现代经济学的思维方式——把专业的活交给专业的人来做，我们不需要事必躬亲，分工合作才是王道！

6.1.3　分组的传递

提到传递信息，我们曾经最常用的手段就是电话了。在电话问世后不久，人们就发现，要让所有的电话机都两两相连是不现实的。如图6.8所示，两部电话只需要一根电线就能够相互连接起来，但如果是5部电话要两两相连则需要10根，N部电话要两两相连，就需要$N(N-1)/2$根电线。也就是说电线数量以指数级增长，当电话机数量很大的时候，代价实在是太高了。于是人们发明了电话交换机，用户把电话都连接到交换机（或者多个交换机彼此相连组成的电信网）上，这样就只需要和电话机数量差不多的电线就能搞定了。

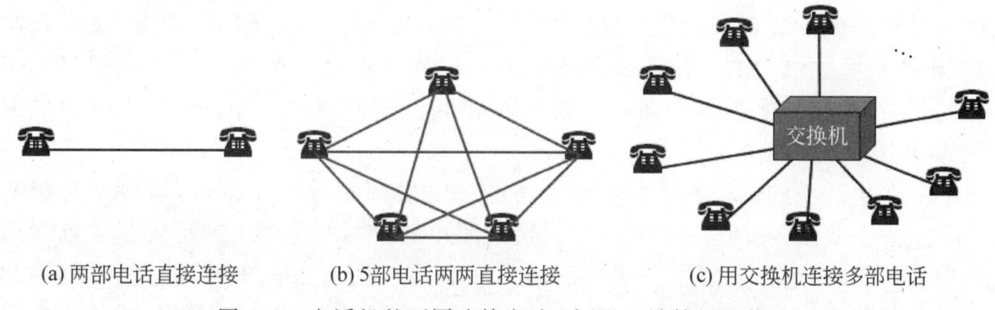

图6.8　电话机的不同连接方法（来源：《计算机网络》）

在用电话通信之前，必须先拨号建立连接，如图6.9所示，作为主叫端的用户A和被叫端B之间就建立了一条连接（物理通路）。这条连接占用了双方通话时所需的通信资源，而这些资源在双方通信时不会被其他用户占用，这就保障了通信质量。通话完毕挂机后，这些交换机才会释放刚才使用的这条物理通路，归还占用的通信资源。这种必须经过

“建立连接(占用通信资源)→通话(一直占用通信资源)→释放连接(归还通信资源)”3个步骤的交换方式称为电路交换。

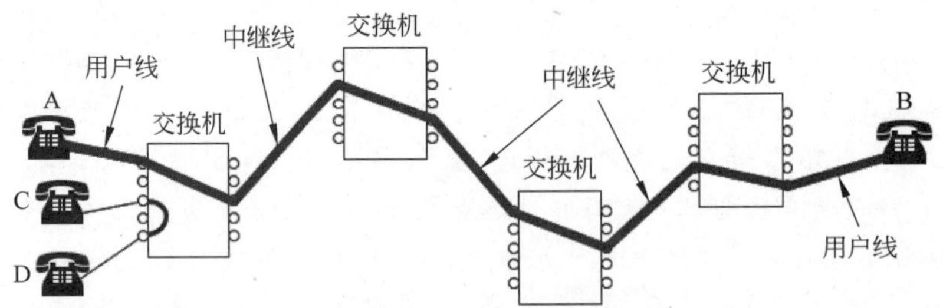

图 6.9 用户始终占用端到端的通信资源

大家可以发现,电路交换的一个重要特点就是在通话的全部时间内,通话的两个用户始终占用端到端的通信资源。在A和B通话的过程中,无论是C还是D都无法和A或B建立连接,如果此时C或D向A或B拨号呼叫,也只能听到占线的提示音——“您拨打的用户忙,请稍后再拨”。虽然目前大部分手机可设置呼叫等待功能,但你还是要等待对方通话结束之后才能和他真正通话。

可以想象,使用电路交换来进行计算机网络的数据传输显然是不合适的——如果A和B一旦进行消息传递(例如A用户在B网站上看视频或者下载软件)就始终占用端到端的通信资源,其他小伙伴都无法和他们进行游戏互动或者QQ聊天,这样的互联网肯定效率不高,用处不大。计算机用户一般都是多任务的,大部分时间都在同时干各种事情,例如编辑文档、观赏视频、试听音乐、浏览网页。而这些应用(文档、视频、音乐、网页)所需的数据都是很快就下载到了我们的PC本地内存里面,我们进行编辑、观赏、试听和浏览的时候,已经被我们占用的通信线路在绝大部分时间里都是空闲的。由于我们习惯于始终在线的感觉(这和打电话不一样),所以如果用电路交换方法来运行互联网,宝贵的通信线路资源都会被白白浪费了。

关于多任务的详细内容参见4.2.1节。

想象一个生活中的例子:现在大学生毕业的时候都流行毕业旅行,假设全年级共有3000多人,想一起从北京去一趟珠海。如果按照电路交换的思想,就要从北京到珠海开通一趟专线,例如“北京-石家庄-郑州-长沙-广州-珠海”,所有人都坐着同一辆专列一起往返。这样的代价太高——整条铁路线上只有我们一辆专列,利用率极低,而且根本不现实。别说专线专列了,3000多人能买上同一辆火车的票也几乎是不可能的。

实际上,大家只要分批前往,就能很好地解决这个问题,例如以班级、宿舍甚至个人为一个基本单元购买不同的车次,没必要纠结于在旅途中大家都在一起。如果一条线路购票紧张,可以分出一部分同学购买其他线路的车票,途经不同的城市,就算绕点路也没什么大不了的。甚至有人可以早出发两天,有人晚出发两天,最终定下一个合适的时间在珠海集合就行了。起始地点和目的地是固定的,采用分批前往的策略要机动灵活得多,也提高了整个铁路网的运输效率。

如图 6.10 所示,和分批运送的铁路交通一样,互联网中的信息传递一般采用分组交换的思想。通常把计算机一次要发送的信息称为一个报文,在发送报文之前,都把它划分为一个个更小的基本单元,例如,规定这个基本单元大小为 1024b 或者 16b。然后,还要在每个基本单元前面加上首部,其中存放了一些必要控制信息,例如,这个基本单元是从哪里发送过来,要到哪里去,属于这个报文的第几部分。于是整个报文就变成了一个一个的分组,又称为包,分组的首部也可称为包头。而接收端的计算机陆续获取了这些分组之后,可以按照其首部中的控制信息,把这些数据段按照原先的次序拼接起来重组报文。

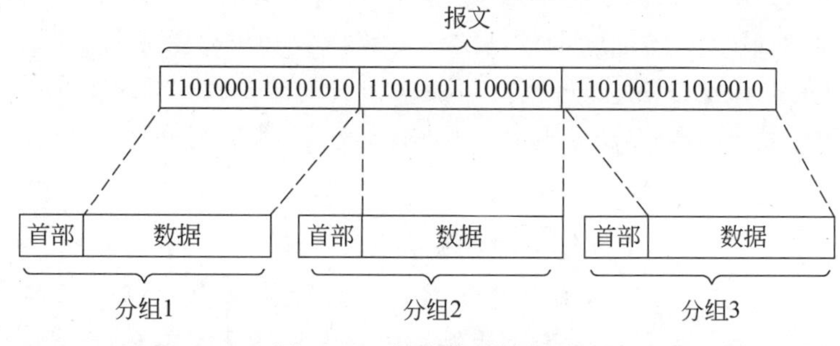

图 6.10　报文分组的概念

这些分组在互联网中传递的过程中,很可能经过不同的结点,到达目的地的时间也可能各不相同。如图 6.11 所示,假设主机 H_1 和 H_2 同时向 H_5 发一个报文,H_1 发送的报文被分为 3 个分组——分组 11、分组 12 和分组 13,H_2 发送的报文也被分为 3 个分组——分组 21、分组 22 和分组 23。H_1 先把分组 11 传递到了最近的结点 A,然后 A 把分组 11 转发到结点 B,接下来 B 再把分组 11 转发到 E,E 转发给 H_5 即可(此时 A-B 这段链路已经空闲了,可以为其他主机发送分组使用)。如果结点 A 在打算转发分组 11 给 B 的时候,发现 B 正在给 H_2 转发分组 21,那么结点 A 可以沿着另外一条路线,即转发分组 11 给结点 C,C 再转发给 E,就行了。

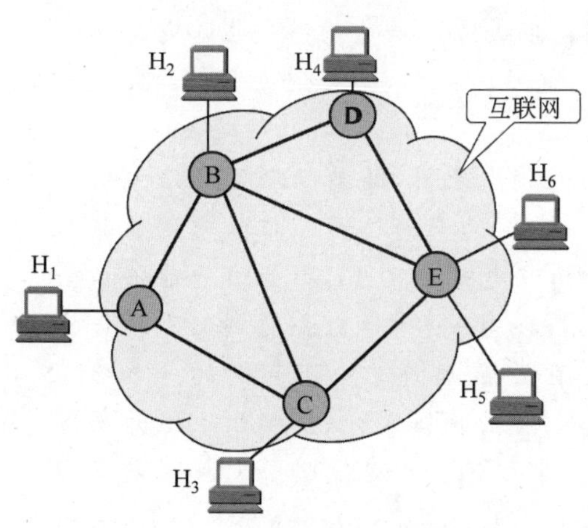

图 6.11　分组交换的示意图

链路就是从一个结点到相邻结点的一段物理线路,中间没有任何其他的交换结点。在进行数据通信时,两个计算机之间的通路往往是由许多链路串接而成的。

以此类推，主机 H_1 和 H_2 把所有分组通过不同的结点分批发送给 H_5，而给用户的感觉就像 H_5 一直只和自己进行消息传递一样，同时 H_1 和 H_2 还可以接收到网络中其他主机给它们发送的消息。

可以看出，分组交换在传送数据之前不必先占用一条端到端的通信资源。分组只有在某段链路上传送时，才真正占用这段链路的通信资源。分组到达一个结点之后，先暂时存储下来，等查找到合适的链路再转发到下一个结点(如果计划使用的链路已经被其他分组占用，就可以更改计划，换一条链路转发到另外一个结点)。分组在传输时就这样一段段地断续占用通信资源，而且还省去了像电路交换那样建立连接和释放连接的开销，因而整个网络的传输效率更高。

图 6.11 中的 A、B、C、D、E 这些结点就是互联网的枢纽——路由器，被称为互联网中的“交通警察”，也是最重要的互联网设备之一。路由器和主机都是计算机，只不过它的作用不一样：专门负责转发分组，即进行分组交换。目前路由器已经广泛应用于各行各业，各种不同档次的产品已成为实现各种骨干网内部连接、骨干网间互联和骨干网与互联网互联互通业务的主力军。

谁是互联网设备的“一哥”?

20 世纪 80 年代初，斯坦福大学计算机系的计算机中心主任莱昂纳德·波萨卡(Leonard Bosack)和商学院的计算机中心主任桑蒂·勒纳(Sandy Lerner)，合作设计了一款叫作“多协议路由器”的联网设备，而这款设备被认为是联网时代真正到来的标志。当然，坊间流传一些八卦，说这二人为了用计算机传递情书方便，就在爱情力量的驱动下，着手将校园内不兼容的局域网整合在一起形成一个统一的网络。不管怎么说，这二人后来真的结为夫妇，并且创办了世界上最著名的通信设备制造公司——思科公司(Cisco)。

思科公司一开始就占据了路由器市场的领先地位，随着互联网的浪潮所向披靡，直到最近几年才遇到真正的对手——中国的华为公司。作为中国民族工业的代表，华为公司销售额的 2/3 来自海外，它也是中国 IT 行业唯一能够在全球市场和行业老大一较高低的公司。和思科公司一样，华为公司创始人任正非把公司的技术起点定得很高。20 世纪 80 年代末，当原邮电部下面的一些研究所还在和 AT&T 等跨国公司谈二流技术的转让和合作时，任正非已经开始带领团队开发具有国际先进水平的 08 程控交换机了。正是凭借着对技术研发和服务质量的重视，华为公司一路高歌猛进，在 2015 年底产值超越思科公司，成为全球最大的电信和网络设备生产公司。

6.2 互联网的服务

TCP/IP协议的最顶层是应用层，这一层的协议提供了很多和用户直接相关的标准服务，包括远程终端访问（允许一台机器上的用户登录到远程机器上，并进行工作）、文件传输（提供有效地将文件从一台机器上移动到另一台机器上的方法）、电子邮件传输（用于电子邮件的收发）、万维网访问（用于在万维网上获取主页）、域名服务（用于把主机名映射到网络地址）、网络文件系统（让多个客户主机透明地使用服务器上的文件和目录）和网络信息服务（集中管理系统通用访问文件）。围绕着这些服务，互联网给人们呈现了丰富多彩的内容。其中，电子邮件、文件传输、万维网和域名服务都是人们工作生活中最常用的功能。

6.2.1 电子邮件和文件传输

大家都能感觉到，电话这种实时通信有两个严重的缺点。一是主叫和被叫双方都必须同时在线。虽然高级的电话有留言功能，但还是不方便。二是常常不必要地打断我们的工作和休息。当一个人驾驶汽车、参加会议或者睡意正浓的时候，电话铃声的突然响起总是让他无比恼火。

图6.12 使用电子邮件方便快捷地沟通

电子邮件（E-mail）就很好地解决了上面两个问题（图6.12）。你可以把电子邮件发送到收件人的邮箱（有时候也称为电子信箱），收件人可以随时上网到自己的邮箱里查看，抽空回复，并把回复的邮件再发回到你的邮箱。电子邮件不仅简单易用，而且传递迅速，费用低廉（现在基本不用花钱）。据报道，使用电子邮件之后可以提高30%以上的劳动生产效率。现在已经很少有人愿意去邮局发电报和寄纸质信件了，因为那样又贵又慢，还不够方便。

关于电子邮件的起源，有这么一个故事流传甚广。为阿帕网工作的麻省理工学院博士雷·汤姆林森（Ray Tomlinson）把一个可以在不同的计算机网络之间进行复制的软件和一个仅用于单机的通信软件进行了功能合并，命名为SNDMSG（即Send Message）。为了测试，他使用这个软件在阿帕网上发送了第一封电子邮件，收件人是另外一台计算机上的自己。尽管这封邮件的内容连他本人也记不起来了，但那一刻仍然具备了十足的历史意义：电子邮件诞生了。阿帕网的科学家们以极大的热情欢迎了这个石破天惊般的创新，因为他们的想法及研究成果终于可以方便快捷地与同事共享了。许多人回想起来，都觉得阿帕网所获得的巨大成功当中，电子邮件功不可没。

和传统的纸质邮件一样，电子邮件也由“信封”和“内容”两部分组成。电子邮件的传输程序根据邮件信封上的信息来传送邮件，而在信封上最重要的就是收件人的地址。TCP/IP 协议规定电子邮件地址的格式如下：

```
USER@SERVER.COM
```

可见，邮件地址由 3 部分组成：①USER 是收件人邮箱名，也就是用户邮箱的账号，对于同一个邮件接收服务器来说，这个账号必须是唯一的；②@是分隔符，据说，汤姆林森选择这个符号主要是因为它比较生僻，不会出现在任何一个人的名字当中，而且这个符号的读音也有“在”的含义；③SERVER.COM 是收件人邮箱的邮件接收服务器域名，用以标志其所在的位置。

早期，电子邮件的正文只有文字信息。随着技术的发展，现在电子邮件的正文里也可以有背景音乐和动画视频之类的多媒体信息了，而且附件中还可以传送各种格式的文件。但是，我们一般也只用 E-mail 来传输少量的较小的文件，批量传送大文件还是要使用专门的文件传输工具，而这些文件传输工具大部分是基于文件传输协议(File Transfer Protocol，FTP)的，所以也称 FTP 工具(图 6.13)。

图 6.13　批量文件传输

FTP 提供交互式的访问，允许用户指明文件的类型和格式(如指明是否使用 ASCII 码)，并允许文件具有存取权限(如访问文件的用户必须经过授权，并输入有效的口令)。FTP 屏蔽了各个计算机系统的细节，因而适合在异构网络中任意计算机之间传送文件。在图形化界面的 FTP 工具(如 CuteFTP、LeapFTP、FlashFXP 等)中，只需要拖动一下就能把文件或文件夹从 FTP 站点下载到自己的 PC 硬盘中(图 6.14)。

远程终端访问

有时候，我们希望在本地计算机上连接到远端的另一台计算机(使用主机名或 IP 地址)，然后将自己的操作传到远端计算机上，同时也将远端计算机的输出返回到本地计算机的屏幕上。如此一来，用户感觉到好像键盘和显示器是直接连接在远端主机上一样。而实现这种功能的协议就是 TELNET，又称终端仿真

图 6.14　CuteFTP 的图形界面

协议。

TELNET 本身不具有图形功能，它仅仅提供基于字符界面的访问。而现在的许多应用软件甚至操作系统的实用工具都提供了图形界面以方便用户进行远程终端访问。如图 6.15 所示，Windows 系统自带的“远程桌面”是一个典型的例子，这种在自己的计算机桌面上呈现另一台计算机桌面的方式，让人感觉很不一样。

6.2.2　万维网——互联网的“灵魂”

万维网(World Wide Web，WWW)，简称 Web，中文名字为环球信息网。它并非某种特殊的计算机网络，而是无数个网络站点和网页(文件扩展名为.html 或.htm)的集合，它们构成了当今互联网最主要的部分。

万维网的每一个文档都有唯一的标识符 URL(Uniform Resource Locator，统一资源定位符)，在浏览器的地址栏中输入某个网页的 URL，也就是我们常说的网址，就可以打开这个网页，浏览它的信息。如图 6.16 所示，网页中有些地方的文字是用特殊方式显示的(例如用不同的颜色，或添加了下画线)，而当我们将鼠标移动到这些地方时，鼠标的箭头就变成了一只手的形状。这就表明这些地方有一个链接(有时，也称为超链接)，如果在这些地方点击鼠标，也能获取另外一个网页的 URL 并跳转到该网页上进行浏览。万维

在因特网发展的早期，用 FTP 传送文件占整个因特网通信量的 1/3，其次是电子邮件。从 1995 年开始，万维网的通信量一直稳居第一。

图 6.15　远程桌面连接示例

网用链接的方法能非常方便地从因特网上的一个站点访问另一个站点，从而主动地按照用户的需求获取丰富的信息，这种动动鼠标就能在不同网页之间跳转的方式被广大网民亲切地称为“网上冲浪”。

“网上冲浪”的英文是 surfing the Internet，首先由作家简·阿莫尔·泡利（Jean Armour Polly）在他的作品《网上冲浪》中提出，使这个概念被大众接受。

在浏览器的“查看”下拉菜单里面就有“查看网页源代码”命令。

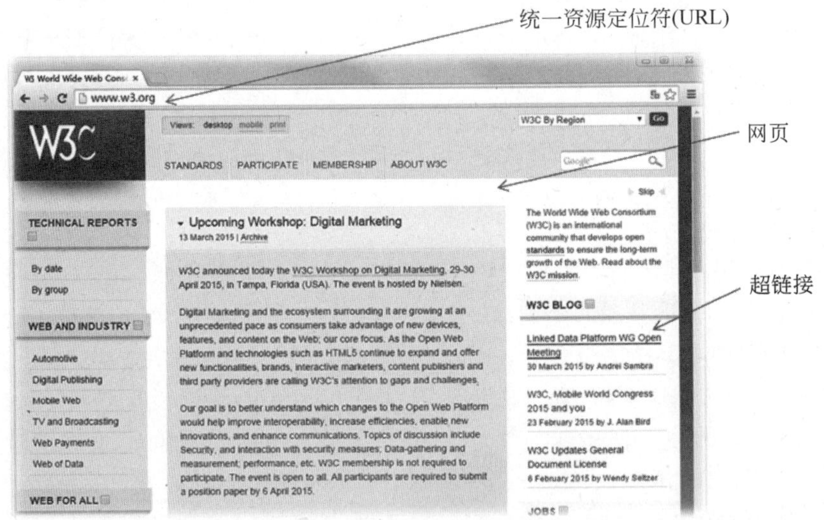

图 6.16　一个网页的示例

大家可能会发现，网页不是一个普通的文档，不仅文字有不同的格式（例如用大的字体表示标题，用带有下画线或不同颜色的字体表示超链接），而且还有图形、图像、声音、动画和视频等大量媒体文件。为了在网页中展示这些丰富多彩的内容，万维网使用了超文本标记语言（Hypertext Markup Language，HTML）。

如图 6.17 所示，打开一个网页的源代码，就可以看到 HTML 对如何显示内容做了很多标记说明，即“标签”，用尖括号来表示。例如＜I＞表示后面开始用斜体字排版，＜/I＞则表示斜体字排版到此结束。＜A＞表示后面开始的内容是一个超链接，＜/A＞则表示超链接到此结束。这就像有的秘书给经理写演讲稿一样，为了让经理合理运用语气和把握节奏，也要在文档之中加上标签。例如，在重要词语后面用圆括号标注“（此处反复强调 3 次）”，在精彩句子结束处提醒“（此处有掌声）”。当然，这只是给经理的提示，如果经理把这些圆括号中的文字都念出来了，那就闹大笑话了。浏览器显然不会那么傻，它只要看到文档的格式是网页（以.html 或.htm 为后缀），就会按照这些标签描述的格式对文档进行展示，而不会把所有的标签本身显示出来。

图 6.17　网页显示和它的源代码（html 文件）

为了保证计算机正确快速地传输超文本文档，并且能够确定传输文档中的哪一部分，以及哪部分内容首先显示（如文本先于图形）等等，万维网的运行是需要有一个统一标准的，这个标准就是超文本传输协议（HyperText Transfer Protocol，HTTP）。大家在浏览器的地址栏中输入某个网址的时候，常常会发现网址前面有一串字符“http://”，显然，这个网页是默认遵循超文本传输协议的。

为了方便浏览网页，1993 年 2 月，第一个图形界面的浏览器开发成功，名字叫 Mosaic。它的研发者之一马克·安德森接着创办了一家软件公司——网景，并于 1995 年推出了Netscape Navigator浏览器，不到一年就卖出几百万份，几乎占据了这个市场的全部份额。此时，微软公司也开始研发Internet Explorer，也就是Windows系统自带的IE浏览器，并采用非常规手段击败了网景。目前的浏览器领域依然硝烟弥漫，如图6.18所示，谷歌公司的Chrome浏览器在全球的市场份额超越了微软公司的IE，而和Netscape渊源很深的火狐浏览器Firefox紧随其后，排名第三。

关于这部分内容，参见第4章的扩展阅读——“屡试不爽的‘三板斧’”。

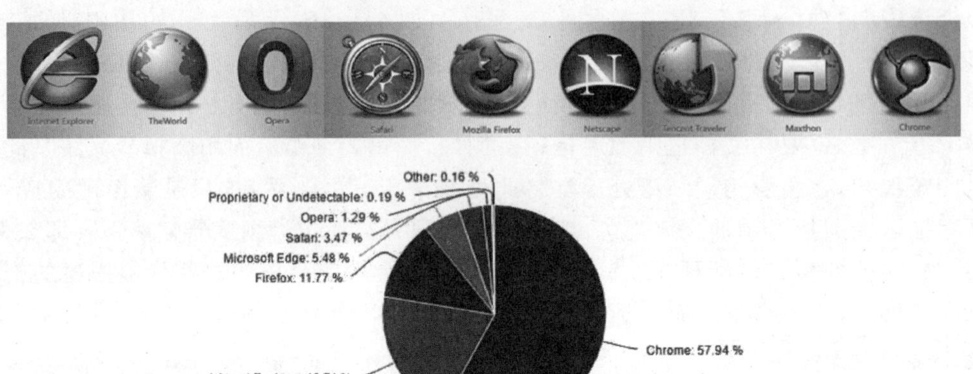

图6.18 各种主流浏览器及其全球市场份额(2017年1月)

可以说，WWW技术给Internet赋予了强大的生命力，Web浏览的方式给了互联网靓丽的青春。正是由于万维网的出现，使互联网从仅由少数计算机专家使用变为普通百姓也能利用的信息资源。随着网站数量的指数规模增长，全世界的网民纷纷涌入互联网。因此，万维网的出现是互联网发展中的一个非常重要的里程碑。

“感谢蒂姆”

1989年仲夏之夜，英国计算机科学家蒂姆·伯纳斯-李(Tim Berners-Lee)开发了世界上第一个Web服务器和第一个Web客户机，并在12月为他的发明正式定名为World Wide Web，即我们熟悉的WWW。1994年，万维网联盟(World Wide Web Consortium，又称W3C理事会)在麻省理工学院计算机科学实验室成立，伯纳斯-李担任这个联盟的领导人，为万维网的发展继续贡献自己的力量。

在万维网大功告成之时，伯纳斯-李放弃了申请专利，将自己的创造无偿地贡献于全人类。因为对互联网的卓越贡献，英国女王伊丽莎白二世于2004年向伯纳斯-李颁发了大英帝国爵级司令勋章，美国国家科学院也在2009年遴选其为外籍院士。在2012年伦敦奥运会开幕典礼上，伯纳斯-李应邀来到了主体育场的中央。在全世界的瞩目下，他在自己当年构建万维网雏形的同型号计算机上敲击出他对整个世界的呼唤："This is for everyone"（献给每一个人）（图 6.19）。

图 6.19 蒂姆·伯纳斯-李在伦敦奥运会开幕式上

6.2.3 域名和域名服务

我们在浏览器的地址栏中输入网址，例如 www. baidu. com，来访问这个网站的内容。你认为网址就是这个站点服务器的名字，我们一般用"域名"来强调这是在互联网中的机器"名字"。在 6.1.2 节提到过，IP 地址是计算机在互联网上的"电话号码"和"家庭住址"，也就是说通过 IP 地址就可以直接寻找到某个站点服务器并进行访问。那么我们为什么还要搞出"域名"呢？这不是多此一举么？

在现实生活中，我们会发现人类的大脑更擅长形象化的思维，也就是说对文字描述比数字编码更加敏感。虽然我们每个人都有身份证号，这个更加正式和唯一，但是我们还是喜欢用姓名去称呼和区别周围的人。虽然，在历史上也有不正常的例子，例如元朝，老百姓如果不能上学和当官就没有名字，只能以父母年龄相加或者出生的日期命名。于是明太祖朱元璋的原名叫朱重八（也就是朱八八），他的父亲叫朱五四，祖父叫朱初一，曾祖叫朱四九，高祖叫朱百六……总之，我是经常分不清谁是谁，估计元朝登记户口的人也时常眼花。

很显然，当用户与网上的某个计算机通信的时候，当然不愿意使用很难记忆的 32 位二进制 IP 地址，就算表示为十进制数字也不方便。所以，大家都愿意使用这种形象化的域名，长度可长可短，灵活好用。如图 6.20 所示，每一个域名都是由几个标号（英文字母或数字字符串）组成的，各个标号之间用点来隔开。每个标号不超过 63 个字符（但为了记忆方便，最好不超过 12 个字符），也不区分大小写字母（例如，CCTV 和 cctv 在域名中是等效的)。标号中除了连字符“-”外不能使用其他的标点符号。级别最低的域名写在最左边,而级别最高的顶级域名写在最右边。由多个标号组成的完整域名总共不超过 255 个字符。

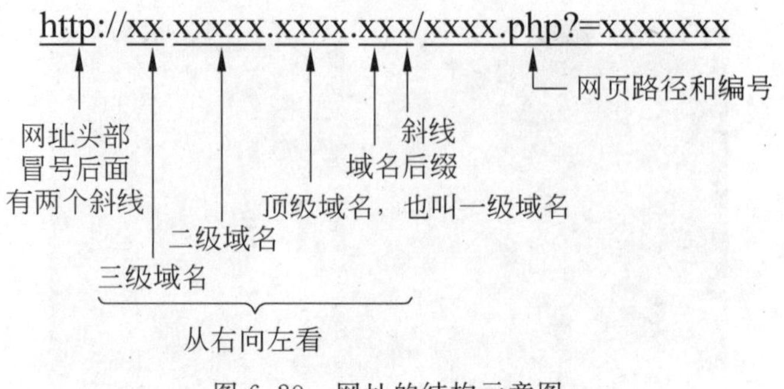

图 6.20 网址的结构示意图

以网易新闻报道“国内首条无人驾驶轨道交通线路开通”网页为例,其网址是 http://bj. news. 163. com/photoview/75UK0438/1769. html? from = tj _ xytj # p = D6T7121L75UK0438NOS。域名 bj. news. 163. com 中间的标号 163 是这个域名的主体,可以看作网易公司的“代号”;其后的标号 com 则是该域名的后缀,用以标识 163 是一个 com 类型的顶级域名;而 163 之前的标号 news 是二级域名,表示这是网易的新闻版块;bj 是三级域名,代表这里的新闻都是关于北京的;com 之后的内容 photoview/75UK0438/1769. html? from=tj_xytj # p=D6T7121L75UK0438NOS 就是该网页在域名 bj. news. 163. com 对应服务器下的具体路径和编号了。

根据域名后缀,可以初步辨识这个域名的种类。例如,普通的机构或公司通常有 com、net 和 org 3 种类型可以选择,其代表的业务或服务性质如下:com 用于商业性的机构或公司,net 用于从事 Internet 相关的网络服务的机构或公司,org 用于非营利的组织团体。还有一些用来标识地区的地理顶级域名,如图 6.21 所示。

此外,edu 用于教育机构,gov 用于政府部门,mil 用于军事机构,int 用于国际组织。

域名虽然便于人类的记忆和使用,但 IP 地址依然不能丢掉。毕竟计算机和人类不一样,它们最擅长处理的还是固定长度的数字。这就是“萝卜青菜,各有所爱”吧。于是为了让人和机器更好地合作,互联网就需要提供一种服务,能够进行域名和 IP 地址的转换(也称作解析),这种服务就是域名服务(Domain Name System,DNS)。域名服务器就是提供域名服务的程序及其运行机器,从某种角度上讲,它和我们查找电话号码的“大黄页”功能类似(图 6.22)。

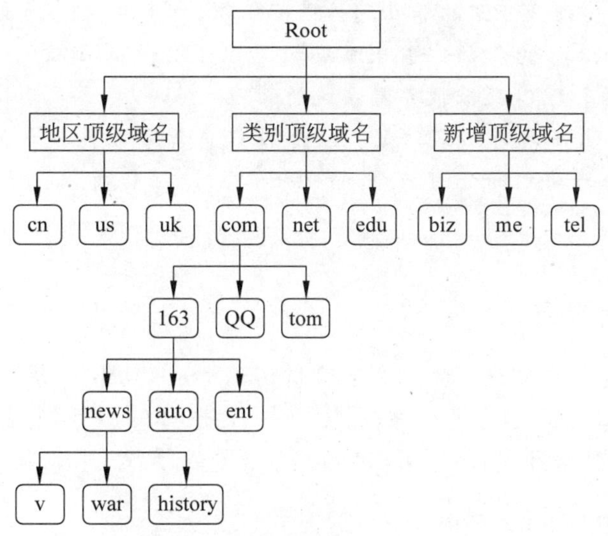

图 6.21　域名的层次结构(部分列举)

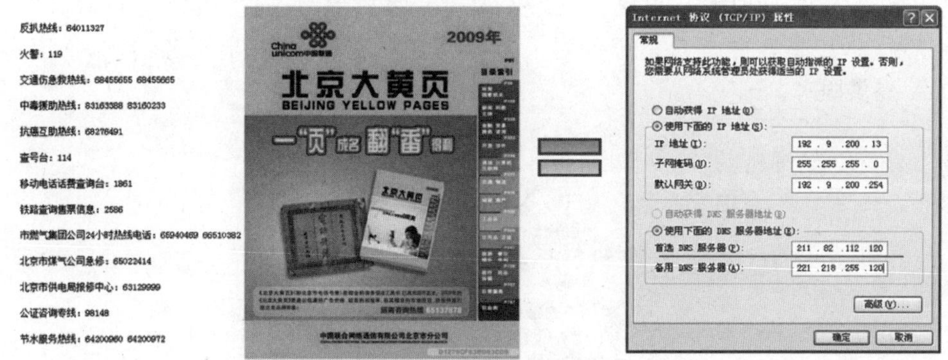

图 6.22　“大黄页”和 DNS 服务器

国际域名的注册与管理

域名是一种非常有限的资源，Internet 上的每个域名都是独一无二的。而且国际域名遵循先申请先注册的原则，也就是说，如果一个域名被注册了，其他任何机构都无权再注册相同的域名。可见，虽然域名是网络中的概念，但它已经具有类似于产品的商标和企业的标识物的作用。

ICANN(The Internet Corporation for Assigned Names and Numbers，互联网名称与数字地址分配机构)成立于 1998 年 10 月，是一个集合了全球网络界商

业、技术及学术各领域专家的非营利性国际组织，负责互联网协议(IP)地址的空间分配、协议标识符的指派、通用顶级域名(gTLD)和国家(地区)顶级域名(ccTLD)系统的管理以及根服务器系统的管理。

但ICANN并不负责域名注册，ICANN只负责管理其授权的域名注册商，在ICANN和注册商之间还有一个Verisign公司，注册商相当于从Verisign公司批发域名。

6.2.4 服务提供的方式

前面提到的浏览网页发送、电子邮件、文件传输都是互联网上最常见的服务。围绕着这些服务可以从逻辑上把计算机分为两类——提供服务的服务器端和接受服务的客户端。它们的通信方式(服务模式)也可以分为客户/服务器方式和对等方式。

1. 客户/服务器(Client/Server，C/S)方式

这种方式在互联网上是最传统也是最常见的，其主要特征是：客户是服务请求方，服务器是服务提供方。如图6.23所示，主机A运行客户程序，而主机B运行服务器程序。在这种情况下，A是客户而B是服务器。客户A向服务器B发出服务请求，而服务器B向客户A提供服务。

Apache是世界使用量排名第一的Web服务器软件。它可以运行在几乎所有计算机平台上，由于其跨平台性和安全性被广泛使用，是最流行的Web服务器端软件之一。它快速、可靠，可通过简单的API扩充，将Perl/Python等解释器编译到服务器中。

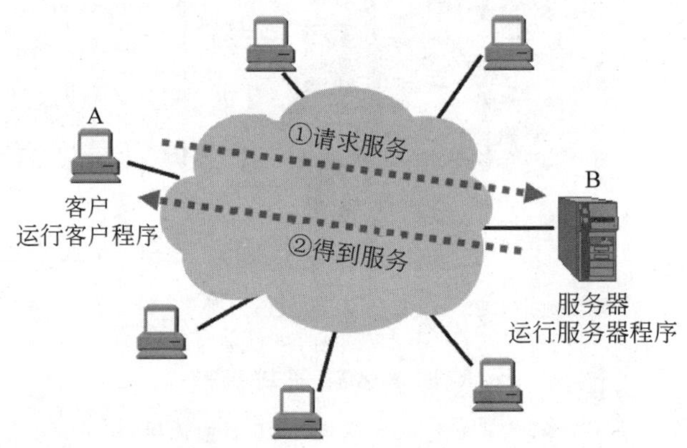

图6.23 客户/服务器方式

一般来说，客户程序不需要特殊的硬件和很复杂的操作系统，例如以浏览器为客户程序，随便一台普通配置的PC或手机都可以安装，然后就可以发起请求并得到万维网服务(Web服务)。而服务器程序是一种专门用来提供某种服务的程序，可同时处理多个远地或本地客户的请求，例如提供万维网服务(Web服务)的Apache，虽然也可以在普通PC

上搭建网站，但是考虑到服务质量（同时服务大量客户、响应服务时间短）和稳定性（系统启动后即自动调用并一直不断地长时间运行），所以需要的硬件和系统软件的配置相对较高。

一些书里还提到了浏览器/服务器（Browser/Server，B/S）方式，其实它仍然属于 C/S 方式。只不过一般的 C/S 方式需要针对每一种服务安装专门的客户端程序，例如 QQ 客户端、魔兽世界客户端、优酷客户端等。而作为一种特殊的 C/S 方式，B/S 模式只需要安装浏览器即可，也就是说用浏览网页的方法搞定很多不同的服务。由于它可以统一客户端软件，简化了各种服务的软件开发、系统维护和用户操作，所以很多通信软件、游戏软件都发布了网页版。

2. 对等（Peer-to-Peer，P2P）方式

对等方式是指两个主机在通信的时候并不区分服务请求方和服务提供方，只要两个主机都运行了对等连接软件（P2P 程序），它们就可以进行平等的通信。如图 6.24 所示，主机 C、D、E 和 F 都运行了 P2P 程序，因此这几个主机都可以进行对等通信（如 C 和 D，E 和 F，以及 C 和 F）。

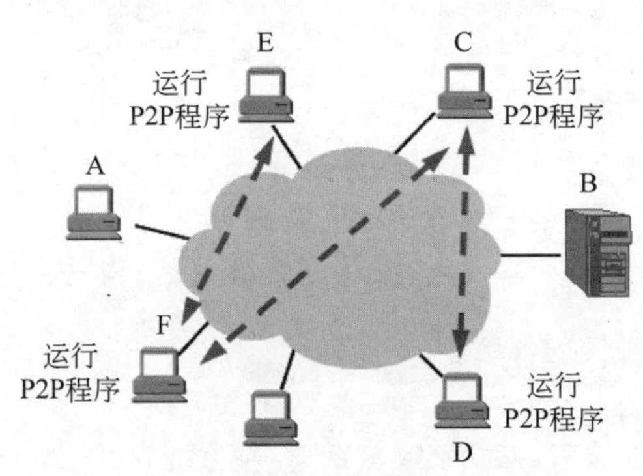

图 6.24　对等方式

实际上，对等方式从本质上看仍然是使用客户/服务器方式，只是对等连接中的每一个主机既是客户又同时是服务器。例如主机 C，当 C 请求 D 的服务时，C 是客户，D 是服务器。但如果 C 又同时向 F 提供服务，那么 C 又同时起着服务器的作用。

自从能够提供视频/音频服务后，互联网的用户开始急剧增长。很多用户上网的目的就是更快、更方便地下载视频/音频文件，例如儿童和老人，他们打开平板电脑的第一件事往往不是看视频就是听音乐。这也导致了数量有限的媒体服务器经常工作在过负荷状态，甚至直接瘫痪。而 P2P 这种工作方式不需要使用集中式的服务器，正好可以解决了传统媒体服务器可能出现的瓶颈问题。

P2P 技术最早出现于 1999 年，美国东北大学的一年级新生肖恩·范宁（Shawn Fanning）编写了一个叫 Napster 的程序，可以用来在网上免费下载 MP3 音乐。在最高峰时 Napster 拥有 8000 万的注册用户，这让它成为因特网上最流行的 P2P 应用，同时也推动了 MP3 成为网络音乐事实上的标准。

运行 Napster 的用户都要及时报告自己存有哪些音乐文件，这些文件信息（即文件名

和相应的IP地址)都会在Napster的目录服务器中集中管理。当某个用户想下载某个MP3文件时,就向目录服务器发出询问,检索出存放这一文件的PC地址,然后从中选取一个地址开始下载。可以看出,虽然Napster的文件传输是分散的,但文件的定位(目录服务器)是集中的,这成为其性能的瓶颈。而以Gnutella为代表的第二代P2P文件共享程序采用了全分布方法定位内容,避免了使用集中式的目录服务器。

Gnutella是一套开放式、非集中化的个人对个人搜索系统,主要用于通过因特网寻找和交换文件。最早的Gnutella客户端是由Nullsoft公司开发的。

后来的BT(BitTorrent)、电驴(eDonkey Network)和KaZaA属于第三代P2P文件共享程序,它们结合了分散传输和分散定位技术来进一步提升共享效率。如图6.25所示,BT把每一个文件都划分为许多小文件块,这样用户无须从一个地方下载整个文件,而是可以同时从很多地方(比如几十个不同的计算机)下载同一个文件的不同文件块,只要每个小文件块都正确下载,最后就一定可以拼出完整无误的文件。值得注意的是,用户在下载文件的同时,也在将自己本地下载的完整的文件块上传。所以,加入下载的人越多,实际上传的人也越多,其他用户下载得就越快,这就有了"下载的人越多,下载的速度越快"的说法。

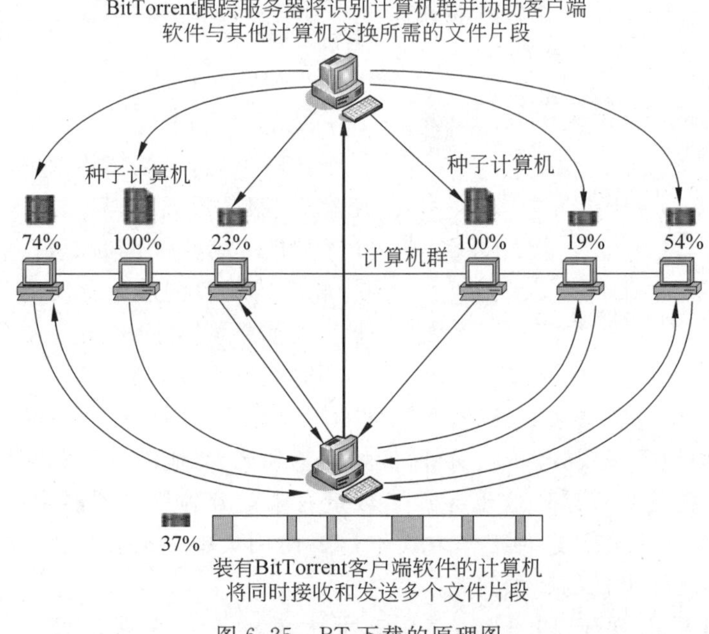

图6.25 BT下载的原理图

BT不使用集中式的目录服务器,而是采用BT文件(种子文件)来确定下载源。BT文件后缀名为.torrent,容量很小,通常是几十千字节(KB)。这个文件里面存放了对应的发布文件的描述信息、该使用哪个Tracker(记录下载用户信息的服务器)、文件的校验信息等。BT 客户端通过处理 BT 文件找到下载源和进行相关的下载操作。

互联网时代的"去中心化"

1995 年，当时的一个互联网接入服务商 Netcom 公司的 CEO Dave Garrison 去法国说服投资者对互联网业务投资。这些法国投资者都有很好的商业头脑，也非常热衷于美国人搞的新东西，但是有一件事他们理解不了——谁是互联网的主席？Garrison 解释说，互联网是"网络的网络"，并没有集中的领导机构。可当时的法国人认为，不管什么东西，都肯定得有一个领导才能避免混乱，他们不明白去中心化（decentralization）这种结构（图 6.26），甚至认为双方的交流肯定出了翻译上的问题。最后 Garrison 被逼无奈，只得说他自己是互联网的主席。

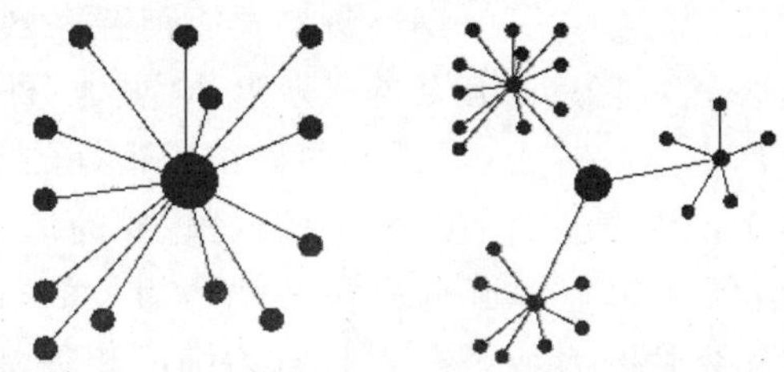

图 6.26　中心化（左）与去中心化（右）的组织结构

互联网没有主席。整个互联网是一个开放的基础设施，所有计算机都可以接入和扩大它，并没有哪家公司或哪个国家拥有和指挥它。在互联网时代，去中心化的事物比比皆是：现在非常火的比特币没有中央发行机构，任何人都可以自己开采和私下交易；维基百科的贡献者都是不要钱也不接受指定任务的志愿者；豆瓣上的兴趣小组很大程度上是用户自我管理。没人指挥，几乎没人管理，这些东西却都发展壮大了。

6.3　互联网的进化

从 20 世纪至今的历史进程可以明确看出，全球化成为世界不可逆转的趋势，全世界对于开放的信息交流需求持续增加，互联网也因此得到了长足的发展。它迅速地从军用、科研专用进入了民用、商用领域，不断突破技术瓶颈，颠覆人们固有的观念。

在前面提到了一些互联网产业的大事件，例如，互联网从学术界向商业领域转移的过程中，对网络设备的大量需求造就了思科公司的神话；网景公司推出图形界面浏览器，为互联网用户提供了最为方便直接的互联网访问手段,并在短时间内成为IT行业最热门的公司;还有微软公司用4亿美元买下了Hotmail,通过电子邮件占据了整个互联网流量的很大一部分。

但这些仅仅是互联网时代的开始,随后而来的才是互联网1.0时代的巨浪,此后10年一浪高过一浪,互联网2.0时代和互联网3.0时代的到来,把一个个明星企业推到了世界舞台的中央,成为带动全球IT行业乃至整个经济发展的动力。

6.3.1 互联网1.0时代

微软公司之所以能够控制整个PC行业,在于它控制了人们使用计算机时无法绕过的接口——操作系统。网景公司之所以在互联网领域一时风头无二,也是在于它曾经控制了人们登录互联网无法绕过的接口——网络浏览器。但互联网产业的发展现状告诉我们,只是控制了浏览器远远不够,它只是互联网产业这个"城池"外城的大门,还得控制"内城"的入口,这才是王道!而在这一点上,雅虎公司做出了很好的示范。

早期的互联网上内容杂乱无章,人们很难找到自己想要的信息。例如,你想了解一下本科高校今年的招生情况,但是你不知道有哪些网站是相关的,也不知道各个高校的网址,你只能通过咨询少数有经验的人或者直接打电话询问相关部门,耗时费力且效率很低……这就是当年大多数网民一开始面对互联网时的境况。

斯坦福大学电机工程系博士生杨致远(Jerry Yang)和戴维·费罗(David Filo)并不是网络技术专业人士,但他们和另外一个同学对互联网有着非比寻常的兴趣。1994年,3个人趁着教授学术休假一年的机会,悄悄放下手上的研究工作,开始为互联网做了一个分类整理和查询网站的软件,这就是后来雅虎的技术基础。杨致远回忆当时的情景:"我们想我们可以创建一个目录,就像黄页一样。我们可以收集网站,让全世界的人们提交他们的网站,告诉我们描述,然后我们可以创立(网站)分类,分类就是目录,然后把它放在了学校用于研究的计算机中。"

在发达国家,学术休假(Sabbatical Leave)是大学教师在职发展的一种重要而有效的制度,是所有教师在服务一定期限之后都可以享有的权利。一些大学还把学术休假作为教师的一项个人福利加以保障。

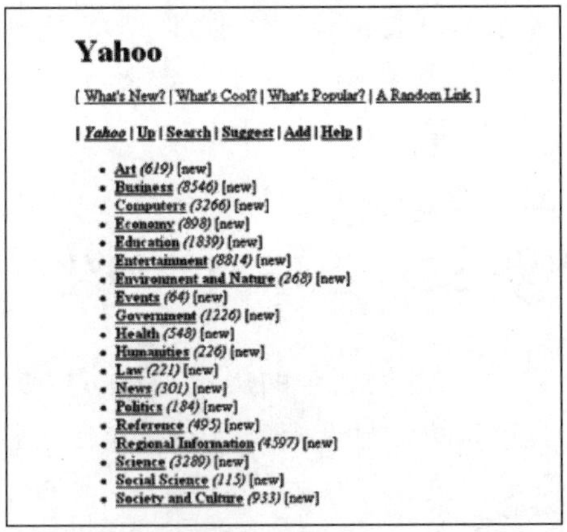

这个目录工具做好之后,就被放在斯坦福大学校园网上供大家免费使用。互联网用户发现通过雅虎可以方便地找到自己想要的网站或有用的信息。这样,大家上网的时候会先访问雅虎,通过点击雅虎页面上的链接进入别的网站。门户网站的概念从此就诞生了,图6.27所示为

图6.27 早期的雅虎主页,就是一个分类目录的样子

早期的雅虎主页。

1994 年秋天，全球联网的计算机也就是千万台的规模，而雅虎网站的日访问量就已经突破 100 万。网景公司发现这个现象之后，就主动地来谈合作——在自己的浏览器上添加了一个登录雅虎的图标，这样，雅虎的影响力就更加大了。1995 年年初，雅虎网站日益增长的访问量让学校的服务器和网络多次陷入瘫痪。校方只好请杨致远和费罗将网站搬走，这个时候，网景公司又送了他们一台服务器，于是，雅虎公司就正式成立了。

与机遇失之交臂

当杨致远和戴维·费罗决定暂时放弃学业创建雅虎的时候，另外一个和他们一起做分类目录的同学犹豫了。也许他觉得趁着教授不在私自搞起了雅虎已经有点不太合适了，再退学去办公司就更不合适了，于是选择了留在学校。吴军博士在《浪潮之巅》中提及这段的时候说："如果将世界上最郁闷的人排个队，他一定名列前茅。一个人一辈子赶上一次大潮就足以告慰平生了，但是他却在机会面前失之交臂。"

在雅虎的访问量超过百万时，网景公司就多多少少地发现了它的价值，但是没有采取合理的行动。网景公司甚至没有意识到当初其浏览器默认启动页面的价值，轻易就把它给了雅虎，以至于用户一上网就知道雅虎，从而养大了后者。当杨致远和费罗把雅虎搬出校园成立公司的时候，网景赠送了他们一台服务器，却没有去收购或模仿它。可能是因为浏览器软件卖得太好了吧，网景在形势一片大好的时候，没有居安思危，继续拓展业务走上门户网站之路，这不得不说是一个遗憾。

雅虎在上市之后迅速成为互联网的第一品牌(图 6.28)，杨致远和费罗也双双进入了亿万富翁的行列。Excite、Lycos 和 Infoseek 等公司纷纷效仿雅虎，全世界的互联网公司都以雅虎为榜样。两年之后的 1997 年，中国的三大门户网站——搜狐、新浪和网易也相继成立。到了 2000 年，世界上流量最大的网站全部是门户网站。

可以说 1994—2000 年是互联网的大航海时代。各类网站大批量涌现，从政府部门、学校、公司到个人都在自建网站，原来通过各种报纸传递的信息，通过网页以更快的速度传播开来。互联网上的内容呈几何级数增加，人类真正进入了信息爆炸的时代。

在互联网 1.0 时代，以门户网站为代表的各大网站处于互动的主动一方，而用户处于被动的一方。门户网站除了提供上网的服务(雅虎和 MSN 都和电信公司一起提供 DSL 等用户上网服务)和主要的网络应用(例如电子邮件、文件传输、分类目录)，还负责提供内容。从信息的流向分析，总体来讲是从门户网站向二级网站以及用户推送，这和传统的媒体——报纸、广播和电视完全相同，只不过知识信息的载体变成了互联网。

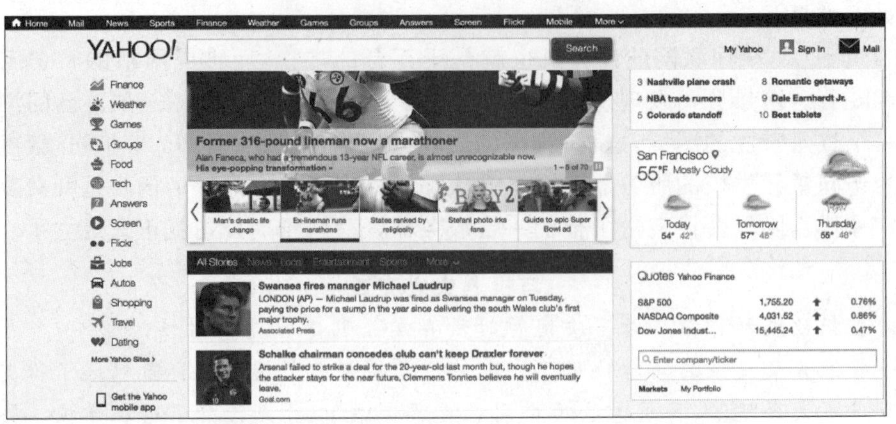

图 6.28　后来的雅虎主页，内容丰富，形式多样

虽然很多网站的留言板(BBS)可以供用户发言，但是BBS很难完整地记录一个人的思想和观点。

在这个时代，网民(包括个人和团体)要想有用发言权，最好的途径是自己创办网站，而有好的想法和技术并想通过互联网为社会提供任何服务，更是需要先办一个网站。2000年前后，全世界各种网站如雨后春笋般涌现。当然，互联网的商业基础——电子商务和在线广告是无法支持这么多网站的，而事实上全世界也不需要这么多网站，所以很多网站都是门可罗雀。过不了一年，当风险投资和通过上市融资得到的钱烧完之后，99%的网站也就都关门大吉了。

从2000年底到2002年，互联网泡沫崩溃。但是这种崩溃更多是对互联网产业的整顿，清除了那些浪费资源、价值不大、没有前景的中小网站，为互联网2.0的发展铺平了道路。

6.3.2　互联网2.0时代

Facebook源自传统的纸质"花名册"。通常美国的大学和预科学校把这种印有学校社区所有成员的"花名册"发放给新来的学生和教职员工，帮助大家认识学校的其他成员。

2003年10月的一个凌晨，一个评选全校最优秀女孩儿的网站在哈佛大学里面引起了轰动，蜂拥而至的学生对网站上2.2万张图片评头论足，3个小时内就让学校网络陷入瘫痪。网站的制作者，大二学生马克·艾略特·扎克伯格(Mark Elliot Zuckerberg)由于使用了未经授权的照片受到了学校严厉的处罚。不过，从这个事件中他窥探到了人类非常渴望的社交需求，并创办了Facebook，也就是脸书，或称脸谱网。

Facebook起初只对在校大学生和教授开放，因为它要求有一个edu域名的E-mail账号才能注册。并根据大学以及专业对用户进行分组，以保证用户能够得到自己同学的真实资料，但无法直接获得其他大学学生的资料。当第一批用户从大学毕业后，Facebook便渐渐向全社会开放了。这是Facebook的性质才由原来的以交友为主的网站变成了一个虚拟的社会，但是这个虚拟社会一直具有真实性，这一点也是它和其他社交网站的区别。

不过，虚拟社会的真实化虽然能让用户感觉到交友踏实，但并不能保证这个社交网站就比竞争对手发展得快。在中国，人人网是一个类似 Facebook 的比较真实的社交平台，但它从来不曾对腾讯的 QZone（一个完全虚拟的世界）构成什么威胁，这又怎么解释呢？其实，Facebook 成功的根本原因还是在于它是一个互联网 2.0 的公司，它的出现也标志着互联网进化到 2.0 时代。虽然很多公司自称是互联网 2.0，实际上大都是在炒作这个概念。根据吴军博士的观点，一般说来，每家互联网 2.0 公司都应该具有以下 3 个特征。

（1）必须有一个平台，可以接收并管理用户提交的内容，而且这些内容是服务的主体。

最早的互联网 2.0 公司应该就是后来被谷歌收购的博客网站——Blogger。在互联网 1.0 时代，能够让互联网用户发言的地方只有留言板（BBS），但是这些留言板是围绕着主题而不是作者展开的，且管理权属于版主（版主有权删除他认为不合适的帖子），这让很多人感觉不爽。于是很多人就开始自己办网站，但是这需要掌握一定的专业知识并投入相当规模的人力物力来维护。显然这是一道很难逾越的门槛，所以在 2000 年前后办网站的除了政府企业外还有明星大腕，例如演艺界的姜昆等人。博客出现以后，那道门槛消失了，每个普通人都可以在互联网上拥有一块自己的空间，在这里自己就是所有者和管理者。人们相当于不用自己买设备、买软件、编代码就可以创办自己的报纸、杂志和出版社了。

Blogger 是第一家大规模博客服务提供商，由旧金山一家名为 Pyra Labs 的小型公司于 1999 年 8 月创办。

另外一个很好的例子就是美籍华人陈士骏在 2005 年创建的 YouTube（后来也被谷歌收购了），这个全球最大的视频网站目前拥有超过 10 亿的用户（图 6.29）。早期的一些网站也给用户上传的视频提供存储空间，但是只当作普通文件来处理，让用户把链接发给朋友，对此感兴趣的少数人必须等到夜深人静网络“不太忙”的时候下载到本地硬盘观看，

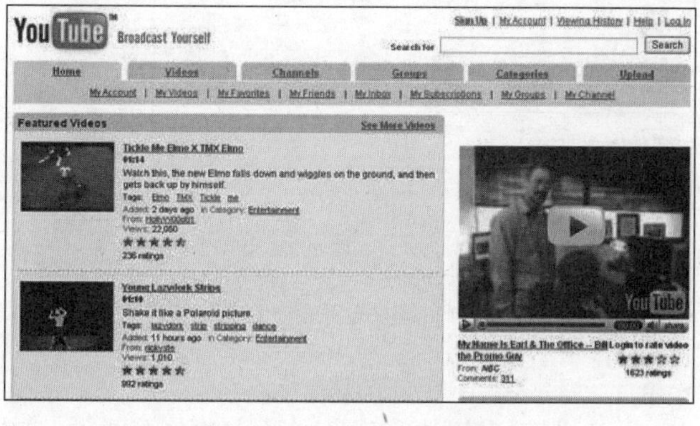

图 6.29　全球最大的视频网站 YouTube

极不方便。YouTube 则不同，它在接收用户提交的视频时，也提供其他用户使用这些视频内容的工具，甚至可以像电视台一样，供用户在上面开设自己的频道。90 多岁的英国女王最喜欢这项功能，她不用再麻烦 BBC 一大帮人来帮她制作节目了，只需要自己在 YouTube 上开设一个频道，就可以随时向大家介绍英国王室的日常生活。

(2) 提供一个开放的平台，让用户可以在上面开发自己的应用程序，并且提供给其他用户使用。

几乎所有公司的创始人和管理者都懂得一个道理：公司要想发展，就要不断满足用户的需求，提供给用户新的产品和服务。所以，各大公司的经理总是挖空心思地研究用户到底需要什么，最近又有了什么新的需求。如果他们猜对了，就有可能获得成功，否则就可能一败涂地。

Facebook 独辟蹊径，在公司创立 3 年之后，扎克伯格宣布全面开放 Facebook，让所有人都能够登上这个平台开发软件，提供内容和其他服务。不久以后，Facebook 上出现了游戏、娱乐、工作、资讯等各类不同的应用程序，而这些都是由世界各地的用户开发上传的。

按照 Facebook 前总裁帕克的话讲，Facebook 只是让用户感到很酷就可以了，至于在这个平台上用户需要什么，就让用户们自己去开发好了。就这样，Facebook 不提供具体的应用服务，也就不用承担任何产品决策错误的风险，而是一门心思专注于把平台做酷做好。到 2010 年为止，来自 180 多个国家超过 100 万名各种软件技术人员为 Facebook 提供了 55 万种应用程序，这让 Facebook 成为世界上人数最多、成长最快的虚拟世界(图 6.30)。

图 6.30 Facebook 平台上的应用程序

(3) 最重要的一条——非竞争性和自足性。

司马迁在《史记 · 货殖列传》中论述管理者和商人的关系时说：“故善者因之，其次利导之，其次教诲之，其次整齐之，最下者与之争。”意思是说，好的管理者应因势利导，不干预商业活动；次一等是对商人和企业家诱之以利；再次一等的是对商业行为指手画脚；差的是将商业管得死死的；而最差的自己跳进去和商人争利。

互联网2.0公司是通过提供交互的网络技术和资源将互联网用户联系起来，使得这些用户自己提供、拥有和享用各种服务和内容，是一种自足的生态环境。而互联网2.0公司不应该过多主导内容和服务，不应该参与和用户的竞争。以YouTube为例，它托管的内容是用户（包括个人和专业的传媒公司）提供的，它自己并不制作和拥有内容，与其他提供内容的用户竞争。而有的视频网站虽然貌似YouTube，但是主要内容是由网站自己提供（直接的或变相的）而非用户提供的，这就不符合互联网2.0公司的要求了。

可以说，在互联网2.0时代，强调的是信息交互的双向流动和信息发布的“制播分离”——概括地讲，就是每一个人或者公司都专心做自己所擅长的事情，然后分工合作、相互促进。如果你擅长做内容，那么就专注于产生内容（如文章或视频），放到博客或者YouTube上；如果你擅长做服务，那么就把它变成大家需求的应用软件（和应用服务），放到Facebook上。这样一来，用户就可以发挥特长，心无旁骛，而不需要做很多自己不在行的事情（例如演员搭建网站）。作为在信息技术和产品上实力强大的公司，例如谷歌和Facebook，就专注于做好平台，为大家提供稳定的网络基础服务。互联网2.0时代，整个互联网产业变得更加合理有序。

“制播分离”作为传统媒体的术语，指的是影视节目的制作和传播由两家不同的公司完成。

微博改变中国

在中国，互联网2.0的最好代表是微博。相比美国最早的微博服务——推特(Twitter)，中国的新浪微博和腾讯微博虽然起步稍晚，但是却有了十足的创新。在其他国家，微博的社交性较强，而媒体特征很弱，虽然它有几次及时地发布了传统媒体传不出来的一些新消息，但这种时候并不多。平时大家还是通过电视、在线视频和报纸获得第一手新闻。但是在中国则不同，微博成为老百姓获得准确消息最好的方式。

可以说，微博成为中国民众最喜闻乐见的新闻渠道，对传统的门户网站和新闻媒体都造成了极大的冲击。同时，中国老百姓在微博上也非常活跃。在美国，一个博主能有一两万粉丝就不错了，好莱坞大腕儿汤姆·克鲁斯(Tom Cruise)也不过有400万粉丝，连中国大V几千万粉丝的零头都不到。正是由于这种可互动媒体的出现，很多原来注意不到的社会问题逐渐得到了关注，普通群众对社会的责任感也明显提高。在中国，微博实实在在地改变了人们的生活方式，对整个社会产生了巨大的影响。

6.3.3 互联网3.0时代

作为互联网2.0时代的明星，Facebook的光辉还没有来得及照耀太长的时间，就被另一片光芒盖过去了。这不是因为Facebook进步得慢，而是因为互联网时代进步得太快——互联网3.0开始了。

NTT DOCOMO(日语：NTTドコモ)是日本最大的移动通信运营商，拥有超过6000万的签约用户。在全日本范围内提供3G网络服务，并早在2010年就已提供LTE商用网络服务。

其实早在1999年，日本的NTT DOCOMO公司就开始推广移动互联网了，而且卖掉了不少能上网的手机。但是由于配套的条件还不具备，当时的移动互联网只是PC互联网的一个补充而已。如果你仔细观察，会发现日本用户在那个年代通过无线上网和用PC上网所做的事情完全不同。在PC互联网上，干的是“正经的工作”，除了处理公务外，还包括写正式的邮件、阅读网页内容以及网上购物等个人的事情。而上网手机的功能除了收发邮件和短信外，就是满足年轻人在地铁等交通工具上打发时间。由于数据服务非常昂贵，当时的年轻人在下班或离开实验室之前，都要通过WiFi等设备把新闻、小说等从PC端发到手机端，然后在路上离线阅读。

2007—2008年这短短两年内，包括中国在内的40多个国家都开始了移动网络从2G或2.5G向3G的升级，网络速度的提升和上网费用的下降给移动互联网的发展铺平了道路。与此同时，苹果和谷歌也先后进入了智能手机市场，iPhone手机和安卓(Android)系统的问世在客观上也推动了互联网的移动化。由于屏幕较小，智能手机的输入和观看受到了很大的限制，PC的一些功能无法在上面实现，但是苹果公司的CEO乔布斯似乎早就想到了这一点。2010年初，苹果公司推出了一款对PC冲击更大的移动终端——触摸式平板电脑iPad，你既可以把它看成放大了的手机，也可以把它看成没有键盘的笔记本。

随着三星、HTC以及后来的联想、华为等公司分别推出了基于安卓系统的智能手机和平板电脑，今天的人们使用移动终端的时间越来越长，似乎更为习惯于苹果操作系统iOS和安卓的用户界面，以至于微软在Windows 8之后的操作系统中也不得不使用类似的界面(图6.31)，而且各个PC厂商也纷纷把自己的笔记本和台式机的显示器做成触摸屏。智能终端开始反过来影响PC市场，这种态势不可逆转。

到了2012年，互联网乃至整个IT行业的格局有了巨大的变化。这一年发生了两件事情：一是全球PC销量首度下滑(图6.32)，而智能终端的销量让人瞠目结舌——这一年仅仅智能手机的销量就高达9.1亿部，远远超过了PC的3.5亿台；二是为移动设备提供芯片的高通公司超过了为PC提供处理器的英特尔公司，成为全球市值最大的半导体公司。

这两件事情标志着以WinTel为核心，主导了IT行业长达20多年的PC时代结束了，从PC时代到移动时代的新旧交替已经完成。曾几何时，几乎所有人都认为英特尔和微软搭建的WinTel体系是无法撼动的，就像吴军博士在《浪潮之巅》中所述的那样：“当

图 6.31 Windows 8 之后的视窗界面和智能终端统一了风格

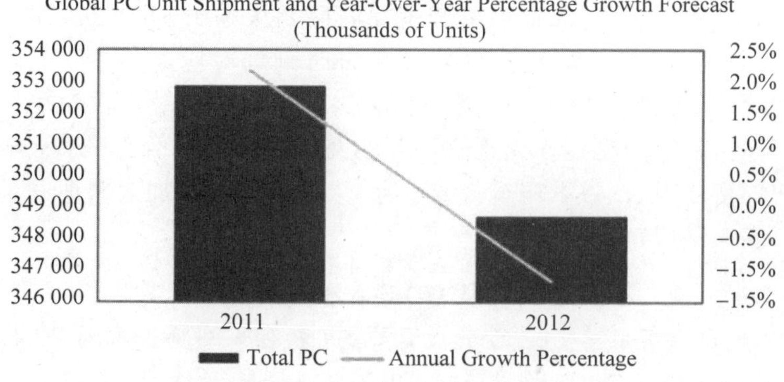

图 6.32 2012 年 PC 销量首次下降

（来源：IHS iSuppli Research October 2012）

一个公司处于一轮科技发展的浪潮之巅时，没有其他的公司可以挑战它。"但是到了 21 世纪的第二个 10 年，这座大厦在不知不觉中就坍塌了。新的科技浪潮已经来临，新老交替之际，一切皆有可能。

在移动互联网时代的另一个格局变化是，在互联网 2.0 时代发展落后于 Facebook 的谷歌重新获得了竞争优势，因为它基于移动互联网的 Google Play 应用软件平台（以及苹果的 App Store 平台）很大程度上取代了原来 Facebook 的应用软件平台。越来越多的人使用移动设备上的应用软件，越来越多的开发者从 PC 平台转移到了手机和平板电脑上。

移动互联网不仅改变了 IT 行业的格局，也改变了人们的上网习惯，例如从 PC 移到了手机上，从连续几个小时坐在电脑桌前改成了用碎片时间上网，等等。不过，更重要的是，移动互联网把互联网从机器的网络变成了人的网络(图 6.33)，这无疑是一场了不起的革命，因此它才被称为新一代的互联网，这个时代才被称为互联网 3.0 时代。

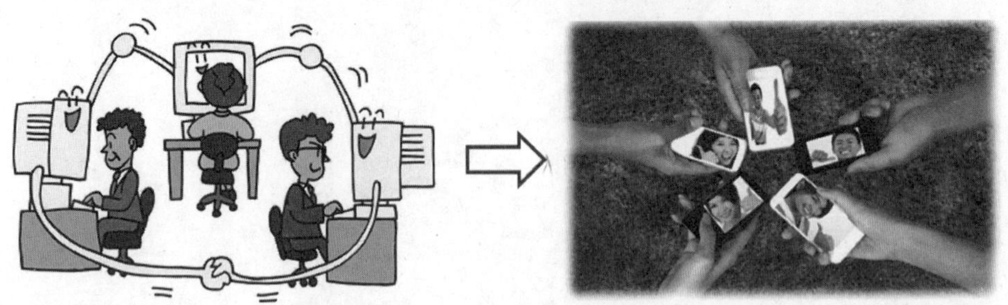

图 6.33　从机器的网络到人的网络

在互联网 1.0 和 2.0 时代，人们有很明显的现实世界和虚拟世界之分。当我们通过 PC 连接到网上，很大程度上进入了一个虚拟的世界，和日常生活“脱钩”；而一旦从 PC 上离开，比如走出办公室或机房，我们就离开了互联网。从本质上讲，互联网 1.0 和 2.0 连接的是计算机，而网上的每一台计算机并不是时时刻刻对应着每一个人。但是互联网 3.0 时代就不同了，几乎所有的移动设备(比如手机)都是和人紧密联系在一起的，当互联网连上了这个设备，就等于将这个人连进了互联网。除了智能手机和平板电脑之外，各种可穿戴设备(比如智能手表、谷歌眼镜等)也会将人和互联网更加紧密地联系在一起，我们无须刻意登录，随时随地都在网上！

从 QQ 到微信

中国的腾讯公司成名于它的一款 PC 应用软件——腾讯即时通信(Tencent Instant Messenger，简称 TIM 或腾讯 QQ)，以其合理的设计、良好的应用、强大的功能、稳定高效的系统运行赢得了用户的青睐。其实，国际上早先已经有一款类似的聊天工具叫 ICQ，意思是 I seek you(我寻找你)。腾讯不仅模仿了它的内容，而且在其名字前加了一个字母 O，成了 opening I seek you，意思是“开放的 ICQ”。后来被指侵权，于是腾讯老板马化腾就把 OICQ 改了名字叫 QQ。QQ 的出现满足了中国人的社交需求，所以使用人数一路飙升：2000 年 4 月，用户注册数达 500 万；2001 年 2 月，增至 5000 万；2002 年 3 月，突破 1 亿大关；2004 年 4 月，用户数再创高峰，突破 3 亿；2009 年，成为世界上唯一一个超过 10 亿用户的聊天工具。

除了名字变化，腾讯 QQ 的标志没有改，一直是小企鹅。标志中的小企鹅可爱、迷人而且很受女生的青睐，用英语来说就是 cute，因为 cute 和 Q 是谐音的，所以小企鹅配 QQ 也是一个很好的名字。

面对 QQ 取得的巨大成功，腾讯公司居安思危，于 2010 年 10 月开始筹划打造移动互联网时代的 QQ——微信。这款原创于中国的手机通信产品对人们的很多帮助是过去PC互联网的各种服务所做不到的。它不仅聚集了你能想到的各种通信方式——文字、语音、图像、视频、游戏、应用软件，而且是一个很好、很方便的移动社交平台。截至2015年第一季度，微信已经覆盖中国90%以上的智能手机，月活跃用户达到5.49亿。此外，各品牌的微信公众账号总数已经超过800万个，移动应用对接数量超过85 000个，微信支付用户则达到了4亿左右。如果不是因为腾讯公司缺乏国际化经验等因素制约，微信已经可以在全球挑战Facebook了。

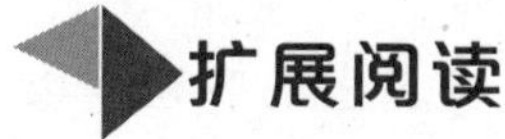

扩展阅读

思科的经营绝招

节选自吴军博士的《浪潮之巅》第8章“互联网的金门大桥”。

一个成功的公司的早期员工是非常宝贵的财富。他们一般是一些非常爱冒险的人，否则他们不会选择加入新开办的甚至是还没有投资的小公司；他们技术和能力非常强，常常每个人可以独当一面，因为早期的公司要求员工什么都得能干；他们同时对新技术非常敏感，否则他们在众多新兴公司中就不会选中那些日后成功的公司。但是，他们也有自身的弱点。他们虽然善于开创，但不善于或者不愿意守成，而后者对于一个大公司发展至关重要；他们做事快，但是不够精细，因为在公司很小时，抢时间比什么都重要。因此在公司发展到一定阶段，他们会和新的管理层发生冲突——新的主管会觉得他们不好管。这就如同打江山的人未必能治理江山。这些员工很可能自己出去开公司。而留在公司的这些早期员工已经腰缠万贯，原先的动力也要大打折扣。因此，如何留住早期员工，并且调动他们的积极性，便成为每一个上市的科技公司的难题。

另外，一个公司大到一定程度后，每个人的贡献就不容易体现出来，大锅饭现象几乎是全世界的通病。一些员工虽然有很好的想法，也懒得费功夫去推动它，因为自己多花几倍的时间和精力最多能多得百分之几的奖金。偶尔出来一两个人试图推动一下，又会发现在大公司里阻力很大。因此，有些员工一旦有了好的想法，宁可自己出来创业，也不愿贡献给自己的公司。这两个问题在硅谷普遍存在，而思科是这些问题解决得最好的公司。

思科的办法很像在大航海时代西班牙和葡萄牙国王对待探险者的做法。那时，包括哥伦布和麦哲伦在内的很多航海家都得到了王室的资助。这些冒险者中很多是亡命之徒，其航海的目的并不是为了名垂青史，而是为了实实在在的利益。他们和王室达成协议，一旦发现新的岛屿和陆地，则以西班牙或者葡萄牙王室的名义宣布这些土地归国王所有，同时国王封这些发现者为那个岛屿或者土地的总督，并授予他们征税的权力。这样一来，西班牙和葡萄牙王国的疆土就得以扩大。

思科具体的做法是，如果公司里有人愿意自己创业，公司又觉得他们做的东西是好东西，就让他们留在公司内部创业而不要到外面去折腾，而思科会作为投资者而不再是管理者来对待这些创业的人。一旦这些小公司成功了，思科有优先权把它们买回来，思科的地盘就得到扩大。而这些独立的小公司的创办者和员工又可以得到很高的回报。这样本来想离开思科出去创业的人也就不用麻烦了，接着上自己的班，只是名义上换了一家公司。当然，如果这些小公司没办好，关门了，那么思科除了赔上一些风险投资的钱，没有额外的负担。这种做法不仅调动了各种员工尤其是早期员工的积极性，也避免了这些员工将来成为自己的对手或者加入对手的阵营。

思科自己公布的从 1993 年起的收购超过百起，其中没有包括很多小的收购。以 1999 年思科 70 亿美元天价收购 Cerent 公司为例，后者是由思科前副总裁 Bhadare 创办的，从事互联网上数据传输设备制造，并且在早期得到思科 1300 万美元的投资。Cerent 的技术和产品显然是思科所要的。事实上，从思科分出来的这些小公司比其他创业的公司更容易被思科收购。因为，一方面这些创始人最清楚思科要什么技术和产品，也最了解思科本身的产品，可以为思科量身定做。另一方面，他们容易得到风险投资的支持，因为风投公司能看得清它们投的公司将来出路在哪里——卖回给思科。所以，在硅谷一些想通过新兴公司发上市财和收购财的人，当看不准哪个公司有发财相时，简单的办法就是加入那些思科人，尤其是思科高管和技术骨干开的小公司。这一招在千禧年的前几年颇为灵验，当然这些弄潮儿还得让人家公司看得上。

1995 年钱伯斯接手思科的时候，它还只是一个拥有 4000 名员工，营业额不到 20 亿美元的中型企业。而在 2015 年钱伯斯离任时，思科已经成为了在全球拥有 7 万多名员工，年收入近 500 亿美元的超大型跨国公司。美国《商业周刊》曾经在短短 3 年间两次将他评为全球前 25 位高级企业总裁之一，钱伯斯也因此享有“互联网先生”的美誉。

在思科，人们经常会遇见自己“二进宫”甚者“三进宫”的同事。一个员工因为转到思科支持的小公司，从名义上讲暂时不算思科员工了，但是随着思科收购那家小公司，这个员工再次“加入”思科。这个员工出去转了几年，回到原来的位置，但是却腰缠万贯了。

思科通过这种做法，基本上垄断了互联网路由器和其他重要设备的技术。因为一旦有更新更好的技术出现，思科总是能有钱买回来。如果说微软是赤裸裸地直接垄断市场，那么思科则是通过技术间接垄断了互联网设备的市场。在一般人印象中，硬件生产厂家的利润不会太高，但是思科的毛利却高达 65%。不仅在整个 IT 领域大公司里排第二位，仅次于微软的 80%，而且远远高于一般人想象的高利润的石油工业(35%)。这种高利润只有处于垄断地位的公司才能做到。

大家也许会问，既然思科这种办法证明有效，为什么别的公司学不来？当然这一方面因为并非所有公司的领袖都有思科 CEO 钱伯斯(John Chambers)的胸怀和远见卓识，更重要的是思科的基因使然——思科自身的创建就是用到了两个创始人(波萨卡夫妇)的职务发明。斯坦福大学当时虽然很想独占“多协议路由器”的发明，但是最终很开明地和两个发明人共享了这项技术。后来，波萨卡夫妇为斯坦福捐了很多钱。此外，斯坦福大学还拥有很多思科的股票，可以说斯坦福大学和波萨卡夫妇通过思科实现了双赢。正是如此，思科能做到宽容员工用自己的职务发明开办公司。另外，思科员工的发明一般很难单独成为一种产品，而必须应用到现有网络通信系统或设备中，因此它们最好的出路就是卖给思科。所以，思科倒是不怕这些小公司将来反了天。

托尔斯泰讲，幸福的家庭都是相似的，不幸的家庭各有各的不幸。在信息工业中，这句话要反过来讲，成功的公司各有各的绝招，失败的公司倒是有不少共同之处。思科这种成功的做法，一般的公司是照搬不来的。

互联网产业的规则

节选自吴军博士的《浪潮之巅》一书第 9 章“英名不朽”。

因特网最初是由美国自然科学基金会出钱，为美国大学的教授和在校学生提供的特权。网上免费的内容少得可怜，而且杂乱无章，而访问一些联网数据库的费用则是高得惊人，而且要按每次搜索计费。随着通信事业的发展，互联网向公众开放成为不可阻挡的潮流。虽然以前在校的学生和教授们上网是免费的，但是美国自然科学基金会和各国政府不可能替所有的使用者买单。而且一项事业要飞速发展，不可能光靠政府投资，得靠全社会的力量。因此，当互联网开始面向公众时，用什么商业模式维持互联网运营的费用就决定了互联网的方向。

互联网运营的费用不外乎有 3 种来源。第一是靠政府，其实就是靠税收。这样做看上去是可以免费的，但是实际上是每个纳税人掏腰包，而且可能掏得不少，不管是否上网；而且政府机构办事一般都要比私营公司成本高但效率低。第二是靠每一个上网的人，按时间计费。这实际上就是美国在线的做法，它像收电话费一样，每月 20 美元外加一些莫名其妙的费用。按这种模式发展下去，互联网很难得到迅速普及，即使经过很多年之后，它也至多不过是家庭的第二种电话或者另一个有线电视网。第三个办法就是把互联网从最初的非营利性质变为营利的，刺激电子商务的发展，从电子商务和广告中挣钱来维护和运营互联网，从而做到用户上网免费，这就是人们所说的“羊毛出在猪身上”。

美国在线这种商业模式不是孤例，至今，世界各国的电信运营商，比如美国的 AT&T 和 Verizon，还企图像控制电话网一样控制互联网。

杨致远是一位技术和商业兼修的人才，他很快想到了通过为大公司做广告挣钱的好办法。传统的广告业是按每 1000 次显示收钱的。比如在报纸上做一版广告，每 1000 次收费 500 美元，报纸的发行量为 100 万份，那么广告公司就得付给报纸 50 万美元。在电视上、杂志上做广告也是如此。在美国，报纸的订费只占其收入的小头，广告费是大头，有些报纸甚至是免费的。杨致远完完全全照搬了报纸等传统媒体广告的商业模型，即免费服务，然后用广告费养活自己并发展。在报业，发行量最重要；换到互联网行业，就变成了网站的流量。在互联网发展的初期，网站的流量严重不足，即使在今天，雅虎首页的广告也很难抢到，因此，把流量做上去成了雅虎的首要目的。要想让网站的流量提高，关键是要有好的内容，能吸引用户。雅虎在很长时间里就是这样做的，它一心一意地把自己办成互联网上最好的媒体，外界也一直以一个媒体公司看待雅虎，这显然是一条正确的道路。随着流量的增长，雅虎的营业额也以前所未有的速度增长。1996—2006 年，雅虎的营业额增长了 260 倍，从 2000 多万增长到 60 多亿。而同期，IBM 和微软的营业额分别增长了 20%和 10 倍。这也就是华尔街当时追捧雅虎的原因。

在 2006 年之后，世界互联网增长的火车头变成了谷歌，雅虎的重要性不再有当年那么突出了。

我们可以把雅虎和美国在线的商业模式做一个对比，看看他们的做法有哪些不同的影响。雅虎的所有服务都是免费的，它在网络泡沫破碎以前，甚至在美国主要的都市提供免费的拨号入网服务。雅虎为全世界的人提供免费的电子邮件业务，虽然它后来的 CEO 塞缪尔(Terry Semual)试图对邮箱收费。雅虎的搜索引擎（采用 Inktomi 的技术）和网站目录向全世界开放，无条件地为全世界的网页建立索引。而此时，美国在线却采用了电话公司注册索引词的方式来查找公司。过去使用美国在线的用户不仅必须记住公司的网址，还得记住它们在美国在线的注册词，直到美国在线 2002 年采用谷歌的搜索引擎为止。如果我们将互联网产业和微机产业做一个对比，那么美国在线相当于封闭的苹果而雅虎相当于微软，电话公司则相当于微机制造商。美国在线同时扮演微机制造商和操作系统制造商两个角色，因为在它看来，门户网站要挣钱就必须收取上网费，如同软件必须通过硬件挣钱一样。而雅虎只是把互联网的门户做好，上网费的钱交给电话和宽带公司去挣。在谷歌成为主流搜索引擎以前很长的时间里，大量的用户通过雅虎这个门户访问网络，因此门户网站在某种程度上起到了操作系统的作用。事实证明雅虎是对的，由于反摩尔定律的作用和竞争的影响(见附录 B)，上网费这笔钱是越挣越少，就如同微机厂商的利润越来越薄一样，而门户网站(后来过渡到搜索引擎)的钱却越挣越多。

美国的公司为了方便消费者记住自己的电话，常常用公司的名称作电话号码，比如 AT&T 的服务电话是 1-800-CALL-ATT，用户可以通过电话键盘上的字母对应出数字，即 1-800-2255-288。一个公司要取得这个和自己公司名字相同的号码，必须向电话公司购买。

可以说，杨致远和戴维·费罗对世界的贡献远不止创建世界上最大的互联网门户网站——雅虎公司，更重要的是制定了互联网这个行业全世界至今遵守的游戏规则——开放、免费和营利。正是因为他们的贡献，我们得以从互联网上免费得到各种信息，并且用它来传递信息，分享信息，我们的生活因此得以改变。

参考文献

[1] 吴军. 文明之光：第三册[M]. 北京：人民邮电出版社，2015.

[2] 谢希仁. 计算机网络[M]. 6 版. 北京：电子工业出版社，2013.

[3] 中央电视台大型纪录片《互联网时代》主创团队. 互联网时代[M]. 北京：北京联合出版公司，2015.

第7章

信息安全

安全重于泰山，防范必于未然。

——互联网搜索结果

提到“安全”这个词，我们可能首先想到的是人身安全，毕竟人的生命是非常宝贵的，我们对亲人朋友最大的祝福就是“平平安安”；其次，就是财产安全，金钱、物资、房屋、土地等物质财富都是我们生存和发展的保障，也都受到了法律的保护；此外，还有日益突出的食品安全问题，我们在解决了食品的数量短缺之后就是希望能够保障食品的质量，“民以食为天，食以安为先”；而信息安全在近几年屡屡成为新闻热点，这是因为计算机和互联网的普及，让信息安全与食品安全、财产安全甚至生命安全都紧密地联系到了一起。

“有一种崩溃叫作你密码输入错误，有一种惊慌叫作你账号异地登录，有一种失落叫作你没有访问权限。”网上流传的这段句话生动地列举了我们在工作和生活中经常遇到的3种威胁。其实，在信息时代还有更多的威胁潜伏在我们身边，比如，个人资料泄露、论坛账号被窃取、信用卡盗刷、计算机中毒、黑客攻击、服务器无法访问、网络瘫痪等等。这些威胁样式繁多、层出不穷，但是归纳起来可以分为4类，即“截取”“篡改”“伪造”“中断”。

我们用网上聊天为例，解释一下这4类威胁的含义：你可能在和好友聊一些私密的话题(你肯定不希望被其他人知道)，如果别人偷听到了你们的话或者看到了你们的聊天记录，这就是信息被“截取”，即保密数据的泄露；也许你觉得无所谓，“事无不可对人言”嘛，但是你不会希望你的话传到对面的时候变了样子——丢失了一部分或者替换了一段，也就是说信息被“篡改”了，即数据完整性的破坏；也有人会说这也没啥，关键是心灵的交流嘛，不在乎那些细枝末节，可是你会在乎和你聊的究竟是不是你的好友，很有可能“所聊非人”啊，这就是身份的“伪造”，即假冒对象进行欺骗；就算你认为，不就是打发时间嘛，和谁聊不是聊，聊什么不是聊，那也有让你更加绝望的威胁，这就是服务被“中断”，即网络、数据、系统等资源均不可用。

如表7.1所示，信息所面临的4类威胁——截取、篡改、伪造、中断，其实是分别针对信息安全的4个目标的。这4个目标也是我们希望信息能够持有的4个理想特性——机密性、完整性、不可抵赖性和可用性。而要保障信息的这4个特性,我们采取了4种技术手段,即加密技术、完整性技术、认证技术和网络防御技术。下面各节将简要介绍这些技术手段是如何防范各种潜在的威胁,从而确保信息安全的。

表7.1　信息安全的威胁、目标和技术手段

安全威胁	技术手段	保障目标
截取	加密技术	机密性
篡改	完整性技术	完整性
伪造	认证技术	不可抵赖性
中断	网络防御技术	可用性

7.1　密码学基础

密码技术是信息安全的核心技术,它最早应用在军事和外交领域,随着科技的发展而逐渐进入人们的生活中。密码的起源可以追溯到几千年前的埃及、巴比伦、古希腊、古代中国等。戴维·卡恩(David Kahn)在《破译者》一书中说:"人类使用密码的历史几乎与使用文字的时间一样长。"

如果以20世纪40年代作为分界线,可以把密码学的历史划分为两个阶段:在此之前称为"古典密码"阶段,之后称为"现代密码"阶段。这不仅是因为电子计算机的出现使密码工具迈上了一个崭新的台阶,还因为香农在1949年发表了一篇题为《保密系统的通信理论》的著名论文,该文首先将信息论引入了密码学,把密码置于坚实的数学基础之上,奠定了密码学的理论基础,也标志着密码学作为一门学科的形成。

7.1.1　古典密码的技术

公元前405年,雅典和斯巴达之间爆发了战争。一次,斯巴达人在一名疑似雅典信使的人身上搜到了一条异样的皮带,上面写满了杂乱无章的希腊字母。斯巴达军队的统帅莱桑德猜测这应该是情报,但是无法琢磨出其中的奥秘。就在他百思不得其解的时候,无意中把皮带缠在了手中的剑上,从而误打误撞地发现了情报的内容。

如图7.1所示,后来的斯巴达密码棒就受到了上面这个故事的启发:把皮革缠绕在一个固定粗细的木棒上,然后在上面写好消息(横着书写);解下皮革后再看(相当于竖着读取),只有杂乱无章的字符;只有再次以同样的方式缠绕到同样粗细的木棒上,才能看出

所写的内容。

我们仔细思考一下，传递的消息经过斯巴达密码棒的处理，字母还是那些字母，只不过顺序被打乱了——横竖位置发生了变化。这很像线性代数中的转置矩阵，也就是说，把一个矩阵的行和列互换位置。举一个例子来说明，比如传递一条消息"Help me. I am under attack!"，去掉标点符号和空格，并把字母全部变为大写，则为"HELPMEIAMUNDERATTACK"。这可以写成一个 4 行 5 列的矩阵，如图 7.2 所示。

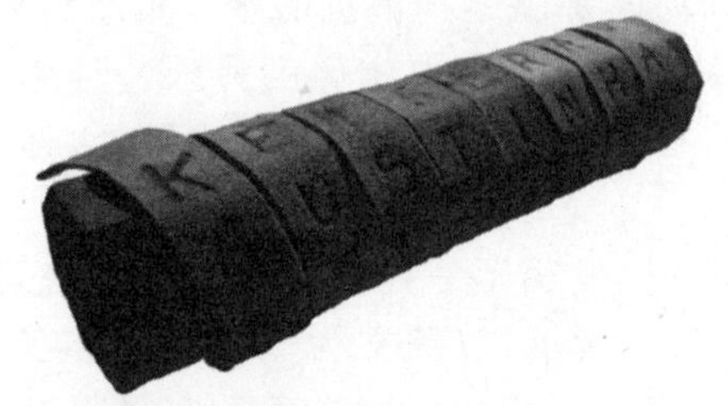

图 7.1　斯巴达密码棒示意图

H	E	L	P	M
E	I	A	M	U
N	D	E	R	A
T	T	A	C	K

图 7.2　简单的行列转置加密

我们写的时候是从左到右按行写的，写完之后就从左到右按列读出来，得到了加密后的消息"HENTEIDTLAEAPMRCMUAK"。如果这个加密后的消息被人窃取，但他不知道我们的加密方法，那么他就很难从这一长串字符中得到有用的情报。我方接收到消息的人员把"HENTEIDTLAEAPMRCMUAK"按列（从左到右）写在一个相同尺寸（4 行 5 列）的矩阵里，然后再按行（从左到右）读出来，就可以将其还原为"HELPMEIAMUNDERATTACK"了。

当然，你可能觉得这种加密方式太简单，容易被对方察觉。毕竟，多试几次就有可能猜出这个矩阵的尺寸，这样加密就失效了。那么，还可以加大其破解的难度。如图 7.3 中左图所示，把每一列都标上不同的序号。

3	4	2	1	5
H	E	L	P	M
E	I	A	M	U
N	D	E	R	A
T	T	A	C	K

4	1	5	2	3
P	M	R	C	L
A	E	A	H	E
N	T	E	I	D
T	M	U	A	K

图 7.3　复杂的行列转置加密

加密的时候，按照序号标识的顺序先后读取该列，先读 1 列"PMRC"，再读 2 列"LAEA"，然后读 3 列"HENT"，然后 4 列"EIDT"，最后 5 列"MUAK"，这样得到了加密后的消息"PMRCLAEAHENTEIDTMUAK"。如果想将这个加密后的消息还原，不仅需要知道矩阵的尺寸，还要知道列的序号“34215”。

当然，还可以进行多步行列转置，让破解的困难更大。如图 7.3 中右图所示，把上一步加密后的消息“PMRCLAEAHENTEIDTMUAK”继续按行写到矩阵(4 行 5 列)中，并改变每一列上方的序号。然后，再按照序号标识的顺序先后读取每列，得到第二次加密后的消息“METMCHIALEDKPANTRAEU”。这样，还原消息需要掌握的信息就更多了：一是矩阵的尺寸，二是加密的次数，三是每次加密的序号。

上面描述的这种密码技术有一个本质的特征，那就是把消息的字母重新排列，打乱顺序，所以称之为“置换”或“换位”(substitution cipher)。古典密码的另外一种思路就不局限于只改变字母的位置了，而是将消息的字母替换成其他字母、数字或符号，称为“代换”或“替换”(transposition cipher)。

公元前 2 世纪，希腊人波利比乌斯(Polybius)发明了一种简单的“代换”密码，被后世称为“棋盘密码”或“波利比乌斯方表”。如图 7.4 所示，以英文为例，将 26 个字母按照顺序放在一个 5×5 的棋盘里面(i 和 j 放在同一个格子里)。这样，每个字母都对应了两个数字——一个是该字母所在行的标号，另一个是该字母所在列的标号。比如，字母“C”对应 13，“M”对应 32，“Y”对应 54。

于是，按照这个“波利比乌斯方表”，就可以把任意一串英文消息加密为一长串的数字符号了。解密的方法也是一样，比如接收到的加密消息为“23 15 31 35 32 15 24 11 32 45 33 14 15 42 11 44 44 11 13 25”(本无空格，这里是为了辨识方便)，对照着图 7.4 的棋盘格，很容易就可以解读出消息为“HELPMEIAMUNDERATTACK”(“24”会解读为“I”或“J”，但根据上下文很容易推测出是“I”还是“J”)。

据说是凯撒率先使用这种代换加密方法，因此这种加密方法被称为凯撒密码。但历史文献中还记载了凯撒使用的另一种加密方法——把明文的拉丁字母逐个代之以相应的希腊字母，这种方法看来更贴近凯撒在《高卢战记》中的记叙。

在专业术语中，原始的未加密的数据称为明文，加密的结果称为密文。用“棋盘密码”加密之后，明文和密文有着明显的不同——明文是字母，密文成了数字。而另外一种基于“代换”思想的加密方法——“凯撒密码”，它处理之后的密文和明文一样，还是字母。

如图 7.5 所示，“凯撒密码”也叫“移位密码”(shift cipher)或“加法密码”，它的基本思想是：通过把字母移动一定的位数来实现加密和解密。明文中的所有字母都在字母表上向后(或向前)按照一个固定步长进行偏移后被替换成密文。例如，当步长是 3 的时候，明文中的所有字母 A 将被替换成 D，B 变成 E，以此类推，X 将变成 A，Y 变成 B，Z 变成 C……

	1	2	3	4	5
1	A	B	C	D	E
2	F	G	H	I/J	K
3	L	M	N	O	P
4	Q	R	S	T	U
5	V	W	X	Y	Z

图 7.4　棋盘密码示意图

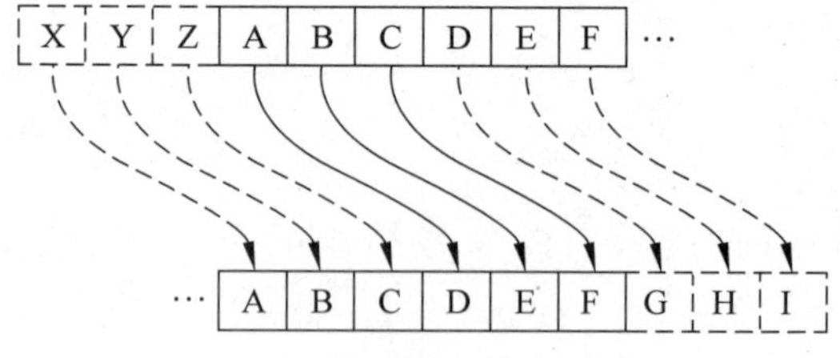

图 7.5　凯撒密码示意图

如果明文还是“HELPMEIAMUNDERATTACK”，向后移动的步长依然是 3 的话，密文就是“KHOSPHLDPXQGHUDWWDFN”。如果让每一个字母等价于一个数值，即 A=0，B=1，…，Z=25，那么“凯撒密码”的加密公式可以写为 $C=(M+3) \bmod 26$，其中 C 为密文字母，M 为明文字母。如果移动的步长可以是任意整数 k，则更加通用的加密公式为 $C=(M+k) \bmod 26$，解密公式为 $M=(C-k) \bmod 26$。由此可见，“移位密码”的方法很容易掌握，其关键就是移动的步长 k，我们称之为“密钥”，而加密和解密的过程都要在密钥的控制下进行。

需要特别注意的是，随着密码学的不断发展，数据安全基于密钥而不是算法的保密。也就是说，对于一个密码体制，其算法是可以公开的，让所有人来使用和研究，但具体对于某次加密过程中所使用的密钥则是保密的。如果把加密和解密算法看作一个函数，密钥就类似于函数中的参数的具体取值。函数的类型、计算方法都可以公开，但某次使用过程中具体参数的设置是保密的。

如果沿着上面的思路，即把加密和解密看作函数运算，进一步推广，那么还可以弄出来和“加法密码”类似的“乘法密码”，加密公式为 $C=(M\times k) \bmod 26$。还可以把“加法密码”和“乘法密码”结合起来构成具有两个参数 k_1 和 k_2 的“仿射密码”，加密公式为 $C=(k_1M+k_2) \bmod 26$。当 $k_1=1$ 的时候，仿射密码就变成了加法密码；当 $k_2=0$ 的时候，仿射密码又变为了乘法密码。

当然，简单的“置换”和“代换”类的加密方法都是过去式了。为了更加保险起见，一般都是把这两种技术结合起来，比如先利用代换技术加密，再用置换技术将密文再次加密。

信息隐藏技术

在生活中，我们很容易看到一些和密码学很类似但又有着本质不同的信息安全措施，信息隐藏就是有代表性的一种。例如一群学生在准备一次考试，题型为选择题(选项为 A、B、C、D)。其中，张三准备得很充分，他决定“帮助”一下其他人。考前，大家约定用以下方式传送答案：如果张三咳嗽，表示该题答案为 A；如果叹气，表示答案为 B；如果跺脚，表示答案为 C；如果转笔，表示答案为 D。外界(老师和其他同学)可能会注意到张三的行为，这些行为本身是公开的信息，里面却隐藏着秘密信息，也就是题目答案。《西游记》中孙悟空拜师学艺的时候也出现了类似的场景，须菩提祖师手持戒尺，在大庭广众之下“将悟空头上打了三下，倒背着手，走入里面，将中门关了……”，徒弟们都看到了老师发怒责打了孙悟空，但只有孙悟空领悟了老师的暗示——“三更时分存心，从后门进步，秘处传他道也”。

另外一种信息隐藏技术就是“隐写术”，不仅常在中外影视作品中出现，而且我国古代早已有之。据《三朝北盟汇编》记载，公元 1126 年，开封被敌军围困之时，宋钦宗“以矾书为诏”发出指令，采用的就是“以矾书帛，入水方现”的方法。它主要是用明矾溶于水得到一种“矾水”，然后用这种“矾水”在布条上书写秘密情报，晾干之后看上去和无字的布料没有什么区别。收到该情报的人需要将布条浸水，才能让上面的字迹再次显现出来。后来的“不可见墨水”也是如此，都是用一些特殊材料书写之后不留下痕迹，除非加热或者加入某些化学物质，才能显露出信息。

目前，“数字水印”已成为信息隐藏技术的研究热点，它的基本原理就是将特制的标记隐藏在数字产品中，用以证明原创作者对作品的所有权，解决版权保护和信息防伪等问题。所以说，信息隐藏就是将某一秘密信息隐藏于另一公开的信息内容中，其形式可以是任何一种数字媒体，如图像、声音、视频或一般的文本文档等，然后通过公开信息的传输来传递秘密信息（图 7.6）。信息隐藏的目的是要掩盖秘密信息的存在，让别人只关注到了秘密信息的载体——公开信息。而密码学则不需要通过这种隐蔽性来实现安全，它是通过对秘密信息进行转换来实现信息对外的不可读。

图 7.6 信息隐藏之“暗语”

7.1.2 现代密码的思想

到了 20 世纪 40 年代，随着电子计算机和信息论的出现，现代密码学开始针对二进制位而不是字母进行变换了。毕竟，在计算机等信息设备中，所有的文本、音频、图像、图形都被存储为一串二进制编码。这又迫切需要设计一种更为有效的算法（计算机在运算方面不怕麻烦），能在密钥的控制下，把 n 位明文简单而又迅速地置换成唯一的 n 位密文，并且这种改变是可逆的。

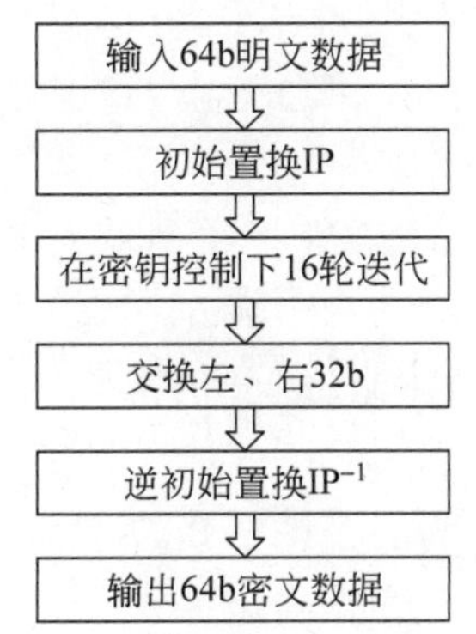

图 7.7 DES算法的基本原理

数据加密标准(Data Encryption Standard, DES)的产生被认为是现代密码发展史上的里程碑之一。DES利用的思想还是古典密码学中的代换和置换,不过是计算更为复杂,超出了人类自身的极限,以至于只能通过计算机来实现。如图 7.7 所示,它首先将二进制序列的明文分成每 64 位一组,这样就可以对明文进行分组处理;将这 64 位明文进行初始置换,也就是按照算法打乱它们的顺序;然后,在 64 位主密钥产生的 16 个子密钥控制下,进行 16 轮乘积变换(代换和置换);最后,再进行逆初始置换就得到了 64 位已加密的密文。

DES 是由 IBM 公司在 20 世纪 70 年代研制的。经过政府的加密标准筛选后,于 1976 年 11 月被美国政府采用,随后被美国国家标准局和美国国家标准协会所认可。

DES 的出现是密码学史上的一个创举,以前任何设计者对于密码体制及其设计细节都是严加保密的。而 DES 的算法则公开发表,任由大家研究和分析,真正实现了安全性完全依赖于所用的密钥。而且 DES 除了密钥输入顺序之外,加密和解密的步骤完全相同,这就使得在制作 DES 芯片时易于做到标准化和通用化,非常适合现代通信的需要。

这种将明文按一定位长分组,输出也是固定长度的密文的加密方法就是“分组密码”。

从应用实践来看,DES 具有良好的“雪崩效应”。所谓雪崩效应,就是明文或密钥的微小改变将对密文产生很大的影响。通过实验发现,两条仅有一位不同的明文,使用相同的密钥进行 3 轮迭代,所得两段准密文就有 21 位不同;同一条明文,使用两个仅一位不同的密钥加密,经过数轮迭代之后,有半数的位都不一样了。

除了数据加密标准 DES,国际数据加密算法(International Data Encryption Algorithm, IDEA)、高级加密标准(Advanced Encryption Standard, AES)等计算机加密算法和古典密码技术一样,都属于对称密码体制,也称为单钥密码体制。它们在加密和解密的时候用到的密钥相同,或者加密密钥和解密密钥之间存在着确定的转换关系,很容易相互推导出来。

如图 7.8 所示,对称密码体制在实际应用中存在着不小的缺陷。例如,老师要求同学们把课后作业上传到公共邮箱或网盘中,但是又不希望同学们相互抄袭(甲从公共邮箱中下载一份乙的作业,修改一下再上传作为自己的作业),就需要让每个同学都加密上传。在对称密码体制下,大家不能使用同一个密钥,否则甲加密后上传,乙依然可以下载下来解密并抄袭,因为用这个密钥加密就可以用它再解开。这就迫使每个同学使用各不相同的密钥,然后老师又得记住每一个同学的密钥(否则老师也无法解密并批改作业)。

当同学人数为 59 的时候,老师就得记住 59 个密钥,这还是所有同学只和老师通信的情况。如果是同学之间也两两加密通信的话,那么老师和同学每个人都要保存 59 个不同的密钥,总共存在着 1770 个不同的密钥。使用数学上的组合公式推算,一个通信网络有

n 个用户，那么整个网络中就需要 $C_n^2 = n(n-1)/2$ 个密钥。一个拥有 10 万用户的民用密码通信网就要保存接近 50 亿个密钥，而且还要经常地生产、分配和更换，其困难可想而知。

鉴于上述问题和其他一些不足，人们希望设计一种新的密码，从根本上克服对称密码体制的缺陷。1976 年，美国斯坦福大学的迪菲(Diffie)和赫尔曼(Hellman)发表了 *New Direction in Cryptography* 一文，首次公开提出了非对称密码体制(即公钥密码体制)的概念，开创了现代密码学的新时代。

如图 7.9 所示，非对称密码体制要求密钥成对出现：一个为公开的密钥(K_e)，简称公钥；另一个为非公开的密钥(K_d)，简称私钥；不可以从其中一个推导出另一个。而且，使用其中一个密钥加密，必须用另一个密钥才能解密，这也是“非对称”的本意所在。

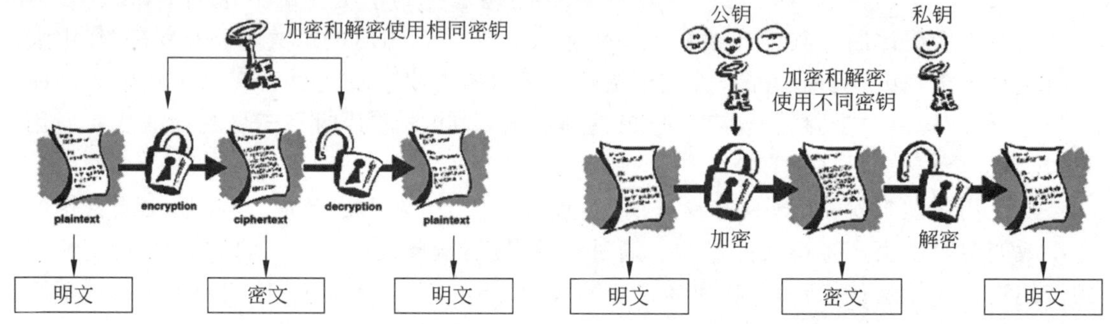

图 7.8　对称密码体制的加解密流程

图 7.9　非对称密码体制的加解密流程

如早期的RSA算法、背包加密算法、后来的ElGamal算法和椭圆曲线算法等。

还是回到“学生交作业”这个例子上，老师可以采用非对称密码体制的算法生成自己的一对密钥。然后在课堂上或者网络上公布自己的公钥，同学们可以使用老师的公钥对作业进行加密并上传到公共邮箱或网盘中。显然，同学们无法通过登录公共邮箱或网盘抄袭别人的作业(用老师的公钥加密的文件是不能用公钥解密的)。而老师则可以下载同学们的作业，用自己的私钥解密并批改。这样，只需要一对密钥就解决问题了，比对称密钥要方便多了。

如果老师和同学们两两之间进行通信，可以每个人都事先生成自己的一对密钥。然后，都把自己的公钥发布在网络上指定的公开数据库中，就像把自己的电话号码公开在电话号码本或班级主页上一样。任何一位同学或老师要与某个人(例如张三)通信，只要在公开的数据库中查到张三的公钥，用此公钥将明文加密为密文，然后把密文传送给张三(或者在公共平台上@张三)，其他人(没有张三的私钥)都不能从密文恢复出明文。而张三可以用仅有自己知道的私钥对收到的密文进行解密，恢复出明文，从而完成了保密通信。

有的同学可能会问，既然非对称密码技术那么好，不仅可以很方便地发布公钥进行通信，而且需要管理的密钥数量更少，那么对称密码技术还有什么用呢？这就涉及两类技术的优缺点对比了。从算法速度上看，对称密码技术是非常快的，而非对称密码技术太慢。如果进行大规模数据的加密和解密，采用非对称密码不仅计算复杂度高，而且影响通信的时效性。所以，一般利用非对称密码处理小规模的数据，比如密钥。

n 个用户的通信网中，采用对称密码技术需要 $n(n-1)/2$ 个密钥，而采用非对称密码技术只需要 n 对密钥即可。

如图 7.10 所示，如果 A 向大洋彼岸的 B 传送原文明文(一批规模较大的数据)，为了保密起见，A 采用了对称密码技术(例如 DES)生成了会话密钥，并使用会话密钥将原文明文加密成了原文密文，再进行传送。但是 B 要想解密原文密文，必须知道 A 生成的会话密钥。这个会话密钥的传输就成了关键问题，显然不能直接发送过来(一旦被第三方截获，那么对原文的加密就毫无意义了)。这个时候，非对称密码技术就发挥作用了，只要 B 把自己的公钥发布在网上，A 用 B 的公钥把会话密钥加密为密钥密文，发送给 B 即可。B 接收到 A 发送来的密钥密文，用自己的私钥解密获得了会话密钥，再用会话密钥解密原文密文，最终就读取到了原文明文，完成了本次保密通信。这种加密方案称为混合加密。

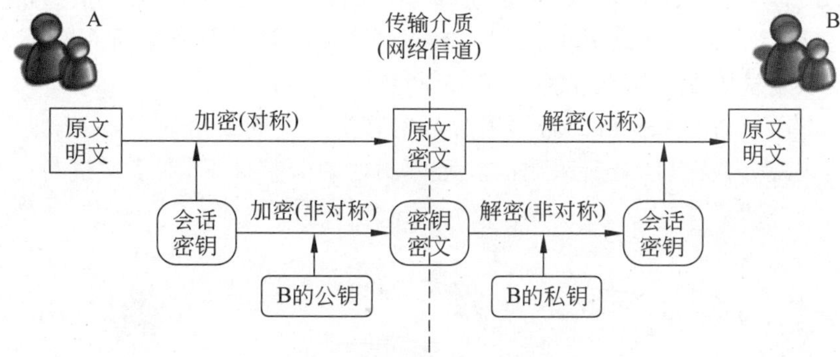

图 7.10　混合加密的通信方案

数字签名技术

在介绍非对称密码体制的时候，提到了它的特点是“使用其中一个密钥加密，必须用另外一个密钥才能解密”。这岂不意味着不仅可以用公钥加密私钥解密，也可以用私钥加密公钥解密了？的确是这样。为了区分这两者，我们把前者叫作加密，后者叫作“数字签名”。因为自己的私钥只有自己才知道，用自己的私钥加密发布的数字文件，就和手写签名的纸质文件一样，能代表着自己已经知情同意，具有不可否认性。

举个例子，如果同学们在公共邮箱或网盘中发现一个文件——《本次课后作业题》，标题声称是老师发布的。但是大家会心存疑虑——你自己说是老师布置的就是老师布置的了？会不会是某个同学的恶作剧，或者是网上黑客的病毒文件？如果是写在纸上或黑板上，大家就没有这种疑虑了，因为有老师的笔迹嘛（大家都认得）。其实网络上的数字文件也有这种类似亲笔签名的方法，就是数字签名。

老师可以使用自己的私钥对文件进行签名（加密），同学们接收到该文件（密文）之后，用老师发布的公钥进行验证（解密）。如果是别人发布的文件（未曾签名或者用其他人的私钥签名），那么用老师的公钥来验证是会报错的（老师的公钥只能解密老师的私钥加密过的文件）。所以，数字签名也是一种非对称加密，只不过是用私钥来加密而已，这和用公钥加密有着不同的用处。

7.1.3 计算上的安全

哲学告诉我们："矛盾存在于一切事物的发展过程中，每一事物的发展过程中存在着自始至终的矛盾运动。"密码学也不例外，这个领域中同样存在着一对矛盾——密码编码学和密码分析学。密码编码学研究的是通过编码技术来改变被保护信息的形式，使得编码后的信息除指定接收者之外的其他人都不可理解。密码分析学研究的是如何攻破一个密码系统，恢复被隐藏起来的信息的本来面目。

如图 7.11 所示，用户 A 和 B 希望通过加密算法来实现安全通信，而入侵者（截取者）C 在不知道解密密钥及通信者所采用的加密体制的细节条件下，对密文进行分析，试图获取机密信息。

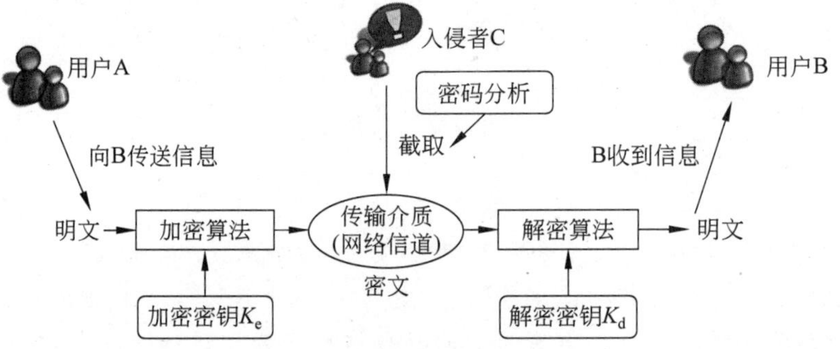

图 7.11 密码编码与密码分析

那么入侵者 C 会采用什么方法来破译密码呢？最直接的方法就是"穷举攻击"，也就是把所有的加密算法和密钥都尝试一遍，直到试出正确的加密算法和密钥为止。当然，这种方法耗时耗力，是最蠢笨的。但是无论对于多么优秀的密码技术，都必须考虑到穷举攻击的威胁，尤其是信息系统具有了强大的计算能力之后。

聪明的人善于发现并利用规律，密码分析的专家肯定不会局限于“穷举攻击”这么低级的手段。大名鼎鼎的侦探夏洛克・福尔摩斯(Sherlock Holmes)就是这么一个厉害的角色，他破译密码的能力在《跳舞的小人》一案中展现得淋漓尽致。如图 7.12 中左图所示，一个叫希尔顿・丘比特的先生拿着一张稀奇古怪的纸条找到福尔摩斯，上面画着一行跳舞的小人。他感到非常困扰，因为他的妻子看到这些小人就会非常惊恐，而且这些奇怪的小人文字会经常出现在他家的窗台上和工具房的门上，他想求福尔摩斯帮忙解开这个谜团。福尔摩斯在分析了丘比特先生陆续送来的几张纸条上的信息之后，终于破解了其中的秘密，最终捉住了凶手。

19 世纪末的英国侦探小说家阿瑟・柯南・道尔(Arthur Conan Doyle)塑造的一个才华横溢的虚构侦探。福尔摩斯系列小说包含了 4 篇长篇、56 篇短篇，故事的发生年代大约集中在 1875—1907 年。

希尔顿交给福尔摩斯的纸条

①

两个星期后，希尔顿在工具间的门上发现的纸条

②

两天后，希尔顿收到的纸条

③

三天后，希尔顿收到的纸条

④

希尔顿寄给福尔摩斯的另一张纸条

⑤

福尔摩斯给写纸条的人的回信

⑥

A		G		M		S		Y	
B		H		N		T		Z	
C		I		O		U			
D		J		P		V			
E		K		Q		W			
F		L		R		X			

图 7.12　跳舞的小人

显然，福尔摩斯很了解古典密码，尤其是“代换”技术。他不仅猜测出了打着旗子应该相当于一个单词的结束，而且利用“频率分析”的思想进行了合理的推理，从而确定了每个小人和英文字母的对应关系，如图 7.12 右图所示。

在使用自然语言的过程中，人们发现有些字母会比其他的字母出现得更频繁。如表 7.2 所示，在英文文献中，E 是出现频率最高的字母，其次是 T、A、O、I、N、S、H、R 等。而古典密码技术很难隐藏这样的统计信息。就拿简单的代换密码来说，每个字母只是简单地被替换成另一个符号而已，那么在密文中某个符号出现的次数与它在明文中对应字

世界上最早的破解密码方法的文字记录可以追溯到 9 世纪阿拉伯通才 Al Kindi 所著的《破解密码信息》(*A Manuscript on Deciphering Cryptographic Messages*)，这篇文章论述了频率分析的方法。

母出现的次数是一样的。所以,大多数情况下,可以认定出现频率最高的符号最有可能是E。

表 7.2 英文字母出现的频率

字 母	出现频率	字 母	出现频率	字 母	出现频率	字 母	出现频率
a	0.082	h	0.061	o	0.075	v	0.010
b	0.015	i	0.070	p	0.019	w	0.023
c	0.028	j	0.002	q	0.001	x	0.001
d	0.043	k	0.008	r	0.060	y	0.020
e	0.127	l	0.040	s	0.063	z	0.001
f	0.022	m	0.024	t	0.091		
g	0.020	n	0.067	u	0.027		

如果有了“打着旗子”这种单词分隔符,就更容易利用其他的英语统计规律了:单个符号出现的最可能是A或I,超过半数的英文单词以E、S、D、T结尾,接近半数的英文单词以T、A、S、W开头,最常见的双字母组合是TH、HE、IN等等,最常见的三字母组合是THE、ING、AND等等……

信息战中的博弈

1942年1月,美国和日本在太平洋战场上激战正酣。美军通过对日本战舰残骸的打捞,发现了一个密码本,从而破译了日本海军的部分密码。到了5月,美军谍报人员已经能够读懂接近1/3的日军密电,但他们并不知道日军用于描述特定地点的那些代号的含义。比如,在一份截获的日军密电中,就透露出“AF”将会是一次攻击的主要目标。作为美国海军夏威夷情报中心的指挥官,约瑟夫·罗切福特(Joseph Rochefort)猜测这次攻击很有可能发生在中途岛,但还需要进一步证实。

罗切福特决定设计一个巧妙的方法来确定“AF”的含义。他让中途岛的美军发出一份明文电报,大意是由于蒸馏设备损坏,中途岛急需淡水。然后又让珍珠港的总部煞有介事地回电:已向中途岛派出供水船。果然,日军很快就中招了。美军截获了一份新的日军密电,电文中通知主力进攻部队携带更多的淡水净化器,以应对“AF”淡水匮乏。这就证实了“AF”的确指代中途岛。可以说这一情报直接决定了日本在中途岛海战的惨败,进而成为整个太平洋战争的转折点。

当然，随着现代密码学的发展，使用简单的频率分析已经无法破解计算机处理过的信息了。但是"道高一尺，魔高一丈"，大家早就开始利用计算机运行更加复杂的算法来破解计算机加密了。正是在与密码编码学的激烈较量中，密码分析学才得以不断发展。现在，它不仅在外交、军事、公安、商业等方面发挥着重要的作用，也是研究历史、考古、古代语言学和古代音乐理论的重要手段之一。

总之，大家要清楚一点："所有的加密算法都不是无条件安全的。"也就是说，任何加密算法在理论上都是可能被攻破的。所以，我们常用的加密算法只是在力争做到有条件的安全，也就是计算上的安全，它们至少应该满足下面的两个条件之一：

（1）破译密码的代价超出密文信息的价值。

（2）破译密码的时间超出了密文信息的有效期。

如果满足了第一个条件，那么对于破解密码的人来说，这么做就得不偿失。就像耗费了一万元的人力物力盗取了价值几千元的财物。如果满足了第二个条件，意味着当密码被破译的时候，明文实际上已经丧失了使用价值。就像在战斗结束的时候才打探到了战斗开始的时间和地点，胜负已定，情报没有意义了。

理论上讲，一次一密（One-Time Pad）可以满足无条件安全。它规定用一组完全无序的密钥对消息进行编码，而且只能使用一次。但是由于这种加密方式的密钥序列至少和消息一样长，安全传递密钥本身的复杂性就相当于甚至高于传递消息本身，所以并没有什么实用价值。

7.2 完整性技术

在日常生活中，人们很多时候通信并不需要保密，比如政府机关在网站上发布公告，在网上下载应用软件，通过社交工具给朋友送去祝福的话语……但是，我们还是会担心这些信息在传递的过程中发生变化——丢失了一部分或者被替换了一段，也就是说信息被篡改了，即数据完整性受到了破坏。

2010 年 1 月 4 日，西班牙政府为担任欧盟轮值主席国而设立的官方网站遭黑客攻击，一张憨豆先生瞪眼微笑的图片插入其中，取代了当时的西班牙首相何塞·路易斯·罗德里格斯·萨帕特罗(José Luis Rodríguez Zapatero)的视频，如图 7.13 所示。显然，这就属于典型的信息被篡改。虽然这种改动比较容易被察觉。但是，如果是改动了官网上的一些政府文件、电话号码、办公地址，恐怕凭借人工去辨认就很难发现了。

英国演员罗恩·阿特金森（Rowan Atkinson）扮演的喜剧人物憨豆先生赢得了全世界观众的喜爱，在西班牙更是颇有人气。不少人喜欢联系萨帕特罗与憨豆先生的外形特点，拿首相"开涮"。

如何能发现接收的信息已经被篡改了呢？想想在生活中类似的情形——邮寄包裹。如果你担心在运送过程中被调包，丢失部分财物，或者有恐怖分子在里面加入了"邮包炸弹"。可以提前把包裹的信息，比如体积、重量、封装情况等，编辑成一条信息发给收件人。收件人在收到包裹的时候，就可以根据信息进行核对。如果包裹体积、重量和封装情况与信息描述得不一致，就说明包裹的完整性已经被破坏，有潜在的威胁了。

邮包炸弹指在邮包内藏有炸弹，一般是不法之徒制造，通过邮局或信差派送。邮包炸弹有时会由恐怖分子制造。一般邮包炸弹都会被设计成在打开邮包时爆炸，期望严重伤害甚至杀害收件人。

于是，在网上传递的文件过程中，我们可以把文件的大小（多少字节）、格式（.txt 还是.exe）、生成日期等特征编辑成额外的信息发送给接收方。接收方通过信息描述的这些

图 7.13　憨豆先生与萨帕特罗

特征来验证文件的完整性。但这种方法还是过于简单，在一些情况下很容易失效。比如，文件在传送的过程中被替换成了同等大小的其他文件，而且格式、生成日期也都一模一样。或者在文件中插入了一些恶意代码，同时删除了和代码同等大小的文件内容，并且修改生成日期和格式，使其保持不变。

参照判断论文抄袭的情形，可以找到一种更为实用的方法。设想一下，要看两篇文章是否一样，没有必要从头到尾一字一字地对照。只需要从每一段中，尤其是开头、结尾和中间几段，各自找到一些关键的词句对比一下，就大体能够看出文章是不是一样了。这些关键词句合在一起，就很类似一篇文章的摘要，只不过是按照固定的方法自动生成的"文章摘要"。只要自动生成的"文章摘要"相同，我们就可以认定文章是完全一样了。

可以把上面的思路推广到网络消息的传递中。如图 7.14 所示，通信双方 A 和 B 都使用同一个软件，也就是同样的算法 $H()$。A 先用算法 $H()$生成了消息 M 的摘要 h，并将其与消息 M 都发送给 B。B 接收之后，也用算法 $H()$对接收到的消息 M 进行处理，生成了摘要 h'，通过对比 h 和 h'就可以判断消息 M 在传输过程中是否被篡改。这一过程被称为消息认证，使用的算法 $H()$被称为哈希(Hash)函数，也称散列函数，算法生成的结果 h 和 h'称为消息摘要，也叫消息文摘或者数字指纹。

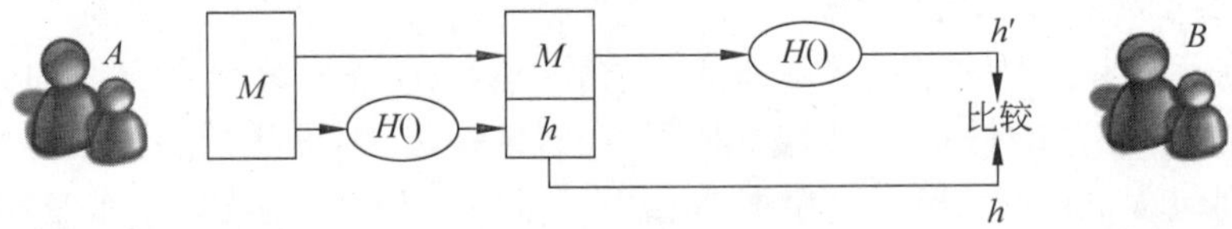

图 7.14　消息认证流程

哈希函数一般都是一个公开的函数，它的作用就是将任意长度的信息映射为一个固定长度的信息。最简单的例子就是取手机尾号后 4 位。比如,手机号大都是130****1234、130****2345、137****4829、138****8354、182****2396,只需要抽取关键的一部分即后 4 位,就能区分出大多数的手机号,如果两个手机号后 4 位正好相同,这种现象就叫冲突,需要另外想办法了(例如,抽取首 3 位和后 4 位一起作为摘要)。还有一种简单的哈希函数就是平方取中法,其思想就是把一个数字的平方掐头去尾。比如 1234 的平方就是 1522756,掐头去尾保留中间 3 位就是 227。而 2061 的平方就是 4310541,掐头去尾保留中间 3 位就是 105。早在第 2 章就提到了,任意文件在计算机内部都存储为二进制串,对二进制串的处理和对普通数值的处理基本上是一样的。

当然,真正实用的哈希函数要复杂得多,生成的消息摘要也要长一些。比如,消息摘要算法第 5 版(Message Digest Algorithm 5,MD5)就可以把任意长度的消息变为 128 位的二进制串。而安全散列算法(Secure Hash Algorithm,SHA)输出的消息摘要长度为 160～512b,这主要是由于版本的不同造成的。总之,采用同样的算法,无论输入的消息有多长,计算出来的消息摘要的长度总是固定的。但是,只要输入的消息稍有不同,产生的消息摘要就肯定不同(完全相同的输入必会产生相同的消息摘要)。

SHA 的版本除了 SHA-1 之外还有 SHA-256、SHA-384 和 SHA-512。

使用哈希函数进行消息认证已是比较常见的应用了。如图 7.15 中的左图所示,管理员在网站上发布软件的同时也公布了软件的消息摘要,即 MD5 码。我们下载软件之后,可以用 MD5 生成器对软件重新生成一遍消息摘要,然后和网站公布的 MD5 码进行对比,如图 7.15 的右图所示。如果两个 MD5 码的值完全一样,则说明这个软件是完整的,没有被篡改过。

图 7.15 验证文件的完整性

消息摘要的妙用

通过哈希函数生成消息摘要和前面讲的密码技术有着一个本质的区别,就是它是单向的。也就是说,只能对原文进行正向变换生成摘要,而无法从摘要中逆向恢复出原文。密码编码则不同,正向处理可以加密,即在加密密钥的控制下,从明文变为密文;逆向处理还可以解密,即在解密密钥的控制下,从密文恢复出明文。从数学的角度,可以认为哈希函数不可逆,即没有反函数。那么,这个特性有什么巧妙的用处吗?

我们大都使用过支付宝、微信钱包、网银这类工具,进行支付操作的时候一般需要用户名和口令(就是所谓的密码),而这些信息都是存放在服务器上的。可以想象,如果服务器的管理员直接看到这些信息,会有多么大的隐患——他很可能在下班后使用你的用户名和口令进行消费。实际上,支付软件会对我们设置的口令生成消息摘要,存放在服务器上(不存放口令本身)。一旦进行网上支付的时候,服务器会调出存放的口令的消息摘要,和我们当前输入的口令所生成的消息摘要进行对比,来核实是否是本人的合法操作。而服务器管理员只能看到我们存放的口令的消息摘要,却无法得到口令本身(哈希函数是单向的)。

网上竞价拍卖也是如此,它有一个封闭性规则。也就是说,每一个竞拍者都只有一次机会提交一个秘密的报价。只有当所有报价都提交之后,竞拍价格才会公开。依照惯例,报价最高者获胜。但这个过程中有一个安全隐患。比如,A、B、C三个人都想出价竞拍一个物品。A先提交了报价10.00元,看到了这个报价的系统管理员(内鬼)立刻告诉了B,B就可以报价10.01元了。而C等A和B都提交报价之后,利用黑客工具进入系统看到他们的报价,之后提交报价10.02元(当然在竞拍截止期限之前)。这样一来,就产生了欺骗。为了消除这个隐患,可以让每个竞拍者把自己报价的消息摘要提交上来,一旦收齐,系统就在网上公布这些报价的消息摘要,以供所有人查阅。然后,所有竞拍者再把实际报价提交上来看谁获胜。同时,系统对这些报价分别生成消息摘要,并和原先每个竞拍者提交的消息摘要核对,以防有人修改了原先的报价。

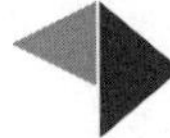

7.3 身份认证

俄国作家果戈里的作品《钦差大臣》是一部极具讽刺性和批判性的喜剧。故事讲述了一个纨绔子弟与人打赌输得倾家荡产之后,冒充钦差大臣的故事。在风闻钦差大臣微服私巡的消息后,腐败的地方官吏们慌乱不堪,想方设法贿赂这个所谓的"钦差大臣"。市长甚至打算把女儿嫁给他,以图攀上关系,步步高升……可见,认证一个人的身份是多么的重要。

和人类一样,计算机也是通过身份认证来保证资源的合法访问,进而消除安全的隐患。比如,你去自助取款,ATM需要先核实你的身份,才能授权你继续操作;你出入高档公寓,门禁会放行住户,把其他闲杂人等挡在外面;甚至你去单位上班,打卡机都要通过指纹来验证你是真的来过,还是其他人冒名顶替。由此可以看出,作为自然人,你能够被计算机所辨识，需要基于以下 3 样“东西”之一：①你知道什么？②你具有什么？③你是谁？下面就分别介绍一下它们的区别。

7.3.1 用户所知道的

军队晚上都要站岗放哨，一旦发现远处有人靠近，就需要通过口令来分清敌友。在战争题材的影视剧中，经常可以看到类似的场景：“口令！”对方回答：“长江！”对方说：“回令！”自己答：“黄河！”这样就核实了都是自己人。如对方答不上或答错，那就很可能是敌人，枪栓一拉，子弹上膛：“站住！不许动！举起手来！”可见，口令就是秘密约定好的消息，知道这个消息的人就通过了身份认证。

在互联网和计算机领域经常遇到的密码或者 Password(图 7.16)，从严格意义上讲都应该称之为口令。这利用的就是用户所知道的信息来判断其身份。这个信息只有被验证的人自己知道，其他人都无法猜出来。可以说，越是难猜就越是理想的安全口令。

图 7.16 用户名/口令方式

所以，常见的不安全口令有如下几种：

(1) 使用用户名(账号)作为口令。很明显这种方法在便于记忆上有着相当的优势，可是在安全上几乎是不堪一击——几乎所有的黑客都会首先尝试将用户名作为口令。我上大学的时候，很多同学计算机的用户名和口令就都是 admin。

(2) 使用用户名(账号)的变换形式作为口令。使用这种方法的用户自以为聪明，将用户名颠倒或者加个前后缀作为口令，既容易记住，又可以防止被别人直接猜到。不过，这难不倒计算机程序，比如专门的黑客软件 John the Ripper，如果你的用户名是 fool，那么它在尝试使用 fool 作为口令之后，还会试着使用诸如 fool123、123fool、loof、loof123 等。只要你想到的变换方法，它也会想到，几乎不需要多少时间。

(3) 使用自己或亲友的生日作为口令。这种口令有着很大的欺骗性，因为位数的增加，理论上有了成千上万的可能性。其实口令中表示月份的两位数字只有01～12可以使用，表示日期的两位数字也只有01～31可以使用，表示年份的4位数字只能是19××或20××年。这么一推理，实际的8位口令只有12×31×100×2＝74 400种可能。即使考虑到年月日3部分有6种排列顺序，那一共也只有74 400×6＝446 400种。软件每秒尝试上万个口令不在话下，所以试出正确口令不过是分分钟的事儿。

(4) 使用学号、员工号码、身份证号等作为口令。对于完全不了解用户情况的人来说，很难猜出口令。但是对熟人或者掌握了一些用户信息的人来说，猜出口令就不那么难了。就拿身份证号来说，虽然有18位，但很有规律，取值范围极其有限：前6位是最早落户地的行政区划代码，接着8位就是出生日期，再后面3位一般男性是奇数，女性是偶数，最后一位是0～9或X。

(5) 使用常用的英文单词作为口令。这种方法比前几种都要安全一些。但是黑客软件一般都会配备一个很大的词库，一般有10～20万个常用英文单词、词组和短语。而你选择的词句十之八九可能在这个词库里面。就算软件每秒只尝试千把个单词，几分钟也能把词库搜完。

CSDN创立于1999年，是中国最大的IT社区和服务平台。2011年12月，由于黑客攻击，CSDN网站数据库中超过六百万用户的登录名和口令遭到泄露。这也促使众多网站开始对用户信息进行加密存储。

如图7.17左图所示，网上评出了十大最烂的口令，大家可以看看自己是不是也犯过同样的错误。而右图则展示了CSDN(Chinese Software Developer Network)的用户设置的复杂口令。当然，他们在拼音或英文中混杂使用了一些程序设计语言的符号，其绝妙之处恐怕只有专业人士才能体会得出来。

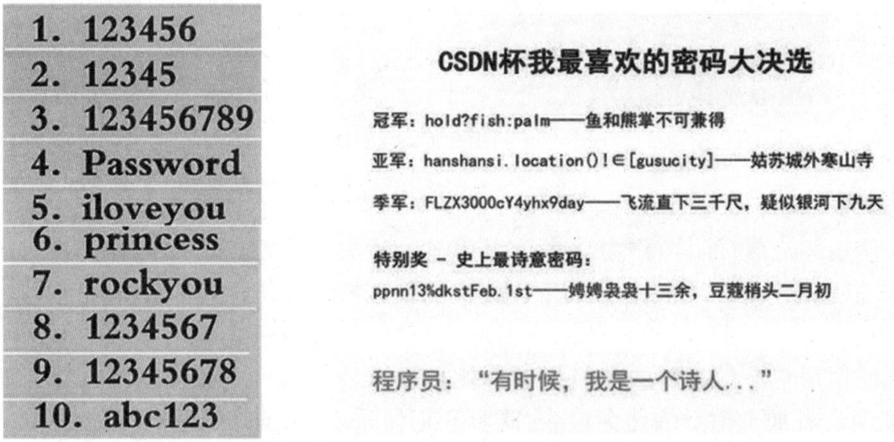

1. 123456
2. 12345
3. 123456789
4. Password
5. iloveyou
6. princess
7. rockyou
8. 1234567
9. 12345678
10. abc123

CSDN杯我最喜欢的密码大决选

冠军：hold?fish:palm——鱼和熊掌不可兼得

亚军：hanshansi.location()!∈[gusucity]——姑苏城外寒山寺

季军：FLZX3000cY4yhx9day——飞流直下三千尺，疑似银河下九天

特别奖 - 史上最诗意密码：

ppnn13%dkstFeb.1st——娉娉袅袅十三余，豆蔻梢头二月初

程序员："有时候，我是一个诗人..."

图7.17 简单口令(左)和复杂口令(右)示例

那么，究竟怎样的口令才是安全的呢？一般认为，安全口令应该具有以下4个特征：

(1) 8位长度或更长。如果只是使用口令一种认证手段，建议在12位以上。

(2) 必须包括大小写字母和数字字符,如果有控制字符更好。

(3) 不要太常见。不要使用常见的单词,更不要沿用系统指定的口令。

(4) 设置一定的使用期限。就像部队的口令一样,经常更换才能保障安全。

当然,口令设置得再好,也得小心维护。只有执行严格的管理措施,才能让安全更有保障。下面是一些常见的注意事项:

(1) 不要将口令告诉其他人,不要几个人共享一个口令,也不要把口令记在本子上或计算机周围。

(2) 最好不要用电子邮件等网络工具传送口令,如果一定需要这样做,要对电子邮件进行加密处理。

(3) 如果账户长期不用,应将其暂停。如果雇员离开公司,应及时把他的账号消除。不要保留一些不用的账号,这是很危险的。

(4) 限制登录次数。这样可以防止有人不断地尝试使用不同的口令和登录名。

(5) 限制用户的登录时间。比如说只有在工作时间,用户才能登录到计算机上。

控制字符(Control Character)是出现于特定的信息文本中,表示某一控制功能的字符,例如LF(换行)、CR(回车)、FF(换页)、DEL(删除)、BS(退格)、BEL(振铃)等。

撞库攻击

提及"撞库",就不能不说"拖库"和"洗库"。在黑客术语中,"拖库"是指黑客入侵安全防御薄弱的网络站点,把注册用户的资料数据库(包含用户名、口令等信息)全部盗走的行为,因为谐音,也经常被称作"脱裤"。如果网站没有对用户资料进行加密,那么在取得大量的用户数据之后,黑客会通过一系列的技术手段和黑色产业链将有价值的用户数据变现,这通常也被称作"洗库"。最后,黑客将得到的数据(用户名和口令)在其他网站上进行尝试登录,叫作"撞库",因为很多用户喜欢使用统一的用户名口令,"撞库"也可以使黑客收获颇丰。

2014年12月25日,12306网站用户信息在互联网上疯传。对此,12306官方网站称,网上泄露的用户信息系经其他网站或渠道流出。据悉,此次泄露的用户数据不少于131 653条。该批数据基本确认为黑客通过撞库攻击所获得。可见,用户在不同网站登录时使用相同的用户名和口令,就相当于给自己的所有保险箱配了一把万能钥匙,一旦丢失,后果可想而知。所以说,防止撞库是一场需要用户和网站共同参与的持久战。

7.3.2 用户所拥有的

根据"用户所知道的"来认证用户的身份,存在诸多显而易见的问题。就拿口令来说,最大的悖论就是:安全的口令太过复杂,不容易记住;容易记住的口令一般都很简单,极不安全。而且用户面对多个应用场景,需要很多口令,口令全都不一样的话,很快就忘记了；口令如果都设置成一样，一旦有一个口令被泄露了，获取口令的人很可能拿着这个口令去其他场合一一尝试(撞库攻击)。

相对而言，根据“用户所拥有的”来认证用户的身份，就有着得天独厚的优势了。想想我们出入校园、政府机关或者公司的时候，门卫会拦住你，让你出示证件(学生证、身份证、通行证)。这个证件就是你所拥有的，可以证实你的身份的东西。只要你随身携带，在相应的场所就可以畅通无阻。而无须像记住口令一样，必须经常“温习”，一着急，还是很容易记混了或者忘了。

一般来说，结保有两种形式：一种是考生互相担保，五个同时参加考试的考生互相担保，也称为“五童结”；另一种是由官学的廪膳生来充当证明人，并在结保证明，即“结状”上签字，称为“认保”或者“派保”。这样，考生在报考和考试中有任何舞弊行为，结保者、认保或者派保的廪膳生都要受到牵连，轻则受到降等的处分，重则会有牢狱之灾。

早期的证件，大都是类似证明信那样的盖有公章的纸质文件。如图 7.18 所示，左侧就是一张中国古代读书人的证件。参加科举考试的时候，在报考材料的封面上会贴有一张浮票，写着考生姓名、座次、体貌特征。考生交卷的时候，准考官会认真对比考生外形和浮票上描述的细节是否一致。当然，仅凭文字说明不足以确认身份，所以还需要其他保障措施，比如“结保证明”。后来，随着科学技术的发展，有了照相技术，这样就可以通过照片结合相应的文字描述一起认证身份了。如图 7.18 右图所示，民国时期的学生证已经和现在比较相近了。

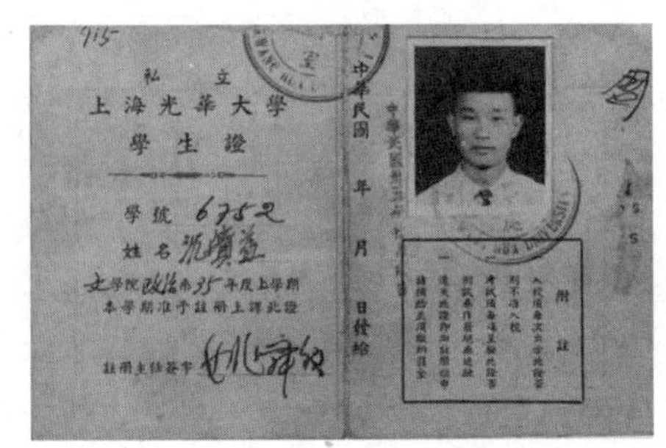

图 7.18　纸质证件示例

IC 卡(integrated circuit card，集成电路卡)也称智能卡(smart card)、智慧卡(intelligent card)、微电路卡(microcircuit card)或微芯片卡等。

纸质证件不容易保存，带在身上时间一长，难免字迹模糊，影响辨认。而且只能依靠人工识别，不利于信息系统的自动处理。于是，就出现了带有磁卡的证件，比如大楼的通行卡片，只要在扫描器上划卡通过验证，就可以打开大门进入大楼。如图 7.19 左图所示，卡片携带方便，可以长期保存，而且背面的磁条(黑色)中可以存储更多的信息。但是，这样的磁卡最大的缺点是它只有数据存储能力，没有数据处理能力，也就没有对记录的数据进行安全保护的机制。因此，对于专业人员来说，伪造和复制磁卡是比较容易的。

随着计算机技术的发展，尤其是微处理器的不断推陈出新，又出现了 IC 卡。如图 7.19 右图所示，所有的 IC 卡中都包含一块微电子芯片，存储了持卡人的个人信息。当需要某种服务的时候，持卡人在读卡设备上进行认证。IC 卡可以说是最小的个人计算机，在它的芯片上有 CPU、存储器和 I/O 接口，而且还有操作系统的软件支持。与磁卡相比，IC 卡不仅使用寿命长，存储容量大，而且安全保密性能高(具有数据处理能力)。所以 IC 卡得到了越来越广泛的应用，比如第二代身份证、银行的电子钱包、手机 SIM 卡、公共交通的公交卡、地铁卡以及高档会所用于收取停车费的停车卡等，都在人们日常生活中扮演了重要的角色。

图 7.19　磁卡(左)与智能卡(右)

无论是介绍信、磁卡、IC 卡，它们都属于根据"用户所拥有的"来认证用户的身份。这种方式避免了像口令那样不方便记忆和管理的问题，但是其必需的物理材料导致其成本也比较高，且整个流程相对复杂一些。最大的不足之处，就是如果相关证件一旦丢失，用户就无法证实自己的身份，而捡到证件的人就可以假冒真正的用户。

双因素认证

任何身份认证方法，如果需要 3 种"东西"(你知道什么？你具有什么？你是谁?)中的两种，就被称为双因素认证。比如，你在 ATM 上取款，一方面需要插入银行卡，这是通过"你具有什么"来证实你的用户身份；另一方面还需要你输入口令，这是通过"你知道什么"进一步核实你的身份。如此一来，就通过双因素认证避免了因为银行卡丢失而造成的损失。

USB Key，即网上银行的 U 盾，也是双因素认证的一个例子。USB Key 是一种 USB 接口的硬件设备，它内置的智能卡芯片上存储了用户的密钥或数字证书，并通过加密算法实现了对用户身份的认证。每个 USB Key 都有一个硬件 PIN 码(可以理解为"用户口令")保护，所以用户只有同时拥有 PIN 码和 USB Key，才能登录系统。即使用户的 PIN 码泄露，只要 USB Key 不被盗取，合法用户的身份就不会被仿冒；同样，如果用户的 USB Key 遗失，拾到者由于不知道用户的 PIN 码，也无法假冒真正的用户。

7.3.3 用户生物特征

在 7.3.2 节中，我们提到科举考试的"浮票"就是古代读书人的身份证（上面写着考生姓名、座次、体貌特征）。交卷时，准考官会认真对比考生外形和浮票上描述的细节是否一致。这其实就是在通过"你是谁"，即"生物特征"来认证考生的身份。当然，文字描述的生物特征是非常笼统的，只要体貌差距不大就很容易蒙混过关。直到有了照相技术，才让这种方式更加实用，这也就是学生证、工作证和身份证的演变历程。

在古代，也有通过画师画肖像画的方法，一般贴在出入关卡，用于通缉要犯。但是一方面画得像不像取决于画师的功底；另一方面通过寥寥几笔很难完整地反映其外貌特征。

如图 7.20 所示，随着信息技术的发展，如何使用计算机进行人脸的自动识别已经提上了日程。从技术角度讲，这主要涉及两个核心工作：在输入的图像中定位人脸（人脸检测）和提取人脸特征（例如，各个局部特征之间的几何关系）进行匹配识别。目前的人脸识别系统中，图像的背景通常是可以控制的（例如，比较容易区分的纯色背景），因此人脸的定位比较容易解决。但实际应用中的背景很可能比较复杂且不可控，而且由于表情、位置、方向以及光照的变化都会让人脸的表象产生很大的差异，这就让人脸的特征提取十分困难。虽然存在着巨大的挑战，但由于通过人脸识别进行身份认证是最为友好（可以做到让用户几乎没有觉察）和最为直接的方式，所以一直是模式识别研究和生产应用的热点，受到国内外相关人员的关注和追捧。

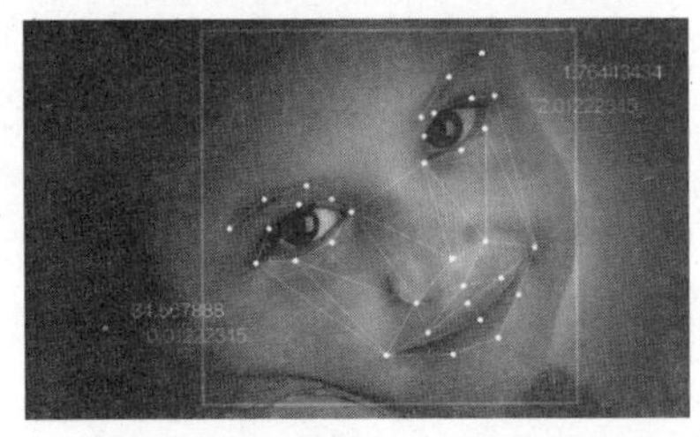

图 7.20 人脸特征提取和人脸定位

目前许多公安机关使用的系统是根据 Edward Henrry 爵士 1597 年提出的思想设计的。他将指纹划分为弓形、圈形和涡形三大类型，每一类型又分为许多子类型。

应用最为广泛且最为成熟的还是指纹识别技术。在古代，人们很早就发现每个人的指纹纹路都是独一无二的，虽然手指随着身体的长大而变粗变长，但指纹的几何形状是不会变化的。所以指纹就作为一种身份的凭证登上了历史的舞台，比如在契约上按手印。计算机识别指纹就是通过其纹路的几何形状特征来进行身份认证（比较 20 个微小特征就可以正确识别一个指纹，而每个手指上通常都有大约 50～200 个微小的特征）。

读取用户指纹的时候，需要手指和指纹采集头相互接触，以获取稳定可靠的图像。由于指纹采集头体积小，价格低廉，而指纹识别的速度快，比较方便，这就让这种身份认证方式迅速推广开来。如图 7.21 所示，掌纹识别是指纹识别的升级版，获取的特征比指纹更加丰富。但是它们有着共同的缺点：一方面是有些场景下不方便，比如医生和护士经常需要洗手消毒，矿工、泥水匠这类技术工人的手上常年积累污垢；另一方面是指纹采集的时候会在采集头上留下印痕，这也使得复制指纹成为了可能。

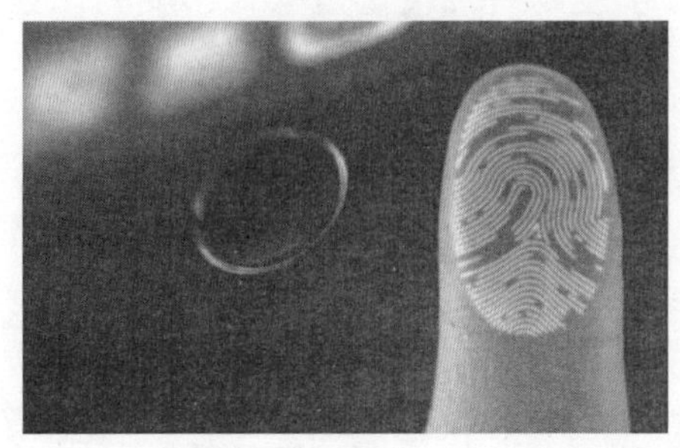

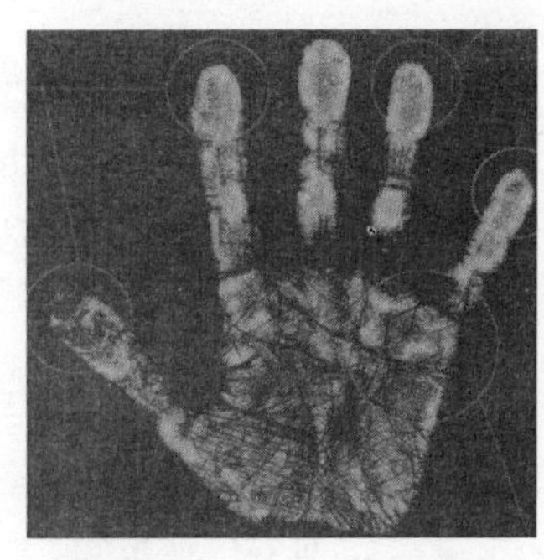

图 7.21　指纹识别(左)与掌纹识别(右)

相对于指纹识别在日常生活中的普及，虹膜和视网膜扫描更多出现在影视作品中，被认为是针对身份认证应用的终极生物特征识别技术。如图 7.22 所示，人的眼睛由角膜、虹膜、瞳孔、晶状体、视网膜等部分组成。其中，虹膜和视网膜的结构特征因人而异，即使是同卵双胞胎或者同一个人的左右眼都不会相同，而且不可能在对视觉无严重影响的情况下，用外科手术改变其特征，更不可能将一个人的特征改变得和某个特定对象一样。两种技术手段的不同之处在于：虹膜可以直接看到，用通用摄像设备就可以获取图像，但很多情况下图像的纹理不清晰，会造成识别困难(黑眼睛人群成像效果不好)，而特殊的虹膜扫描装置仍然有着价格和操作等方面的高门槛；视网膜位于眼底，虽然其检测结果更加稳定可靠，但取像难度较大，很难降低其成本，而且可能会给使用者带来健康方面的损害。

虹膜是位于黑色瞳孔和白色巩膜之间的圆环状部分，其包含很多相互交错的斑点、细丝、冠状、条纹、隐窝等细节特征。虹膜在胎儿发育阶段形成后，在整个生命历程中将是保持不变的。

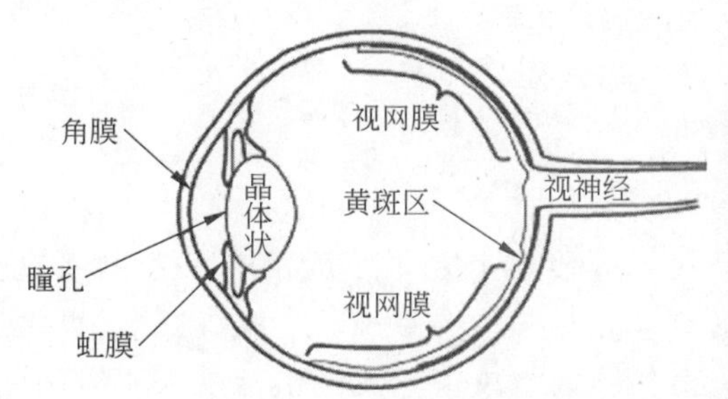

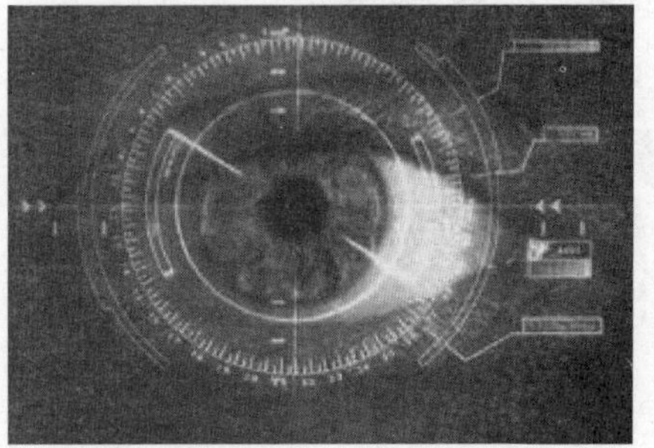

图 7.22　人眼结构(左)与虹膜识别技术(右)

总而言之，能够认证身份的理想的生物特征应该具备以下特点：

(1) 广泛性。每个人都应该具有这种特征。实际上，没有哪个生物特征能够应用于所有的人。例如，有少部分人并不具有可读取的指纹。

(2) 唯一性。每个人的具体特征各不相同，在理论上有相当大的可区分度。但在现实中，不可能期望100%的确定性。

(3) 稳定性。理想情况下，这些可测量的生物特征应该是永久不变的。在实践中，如果能够在相当长的时间内保持稳定就足够了。

(4) 可采集性。所选择的特征应该容易获取，并且不会给认证的对象带来任何潜在的伤害。实际上，可采集性往往严重依赖于认证对象是否愿意合作。

行为特征

用户的生物特征不仅包括上述的生理特征(指纹、虹膜、人脸等)，还包括一些行为特征。不同的是：生理特征与生俱来，多为先天性的；而行为特征是习惯使然，多为后天性的，比如笔迹、声音、步态等。我们一般有着这样的生活经验：有时候，只闻其声不见其人，但是我们依然能够从嘈杂的声音中分辨出熟人的声音来；还有的时候，我们看到远方的一个身影，就能根据其走路姿势认出是谁。这两种身份认证的方式虽然错误率目前还比较高，但设备成本低廉(录音笔、摄像机)，获取方便，而且基本不涉及隐私问题。

对于每个书写者而言，其笔迹总体上具有相对稳定性，是一种固有特性。不同的书写者，其笔迹的差别比较大。笔迹识别在社会生活中具有广泛的应用，如协议的签署，银行、金融部门的签名对照，公安、司法部门的刑事调查和法庭证据，等等。计算机笔迹识别(包括签字识别)技术有联机和脱机两种。因为联机识别除位置信息外，还可以提取书写速度、时序信息、运笔压力、握笔倾斜度等动态信息，所以识别正确率相对于脱机识别更高。当然，这需要特殊的输入设备，比如手写板。

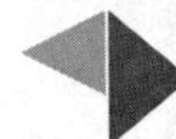

7.4 网络攻防

只要你留意观察，就会发现网站、电视、报纸等传媒上几乎每天都有关于网络攻击的报道。而这并不是夸大事实的宣传，它们真真切切地发生在我们身边。在中国提供用户安全服务最大的网络公司360的监控屏幕上，各种网络攻击汇成的洪流从来不曾间断过。360公司曾经在一年的时间里发现了超过800万个木马后门，在一天之内监控到超过86万次黑客入侵，高峰时刻每小时捕获的恶意软件达到68 000个。

任何规模化的网络攻击都可能使成千上万的信息系统面临危险，造成的潜在损失数以亿计。“将来有可能，你的手表、你的皮带、你的眼镜都是智能化的，你家里的汽车、冰箱、彩电都是连接网络的。”360 公司董事长周鸿祎说：“这些东西如果被攻击了，那它给你带来的威胁实际上会涉及人身。按照这种情况发展下去，未来网络攻击的影响力和后果将会比现在严重得多。”

360 公司由周鸿祎于 2005 年创立。通过免费的商业模式和产品与技术的创新，颠覆了传统互联网安全概念。该公司旗下最主要的产品之一就是 360 安全卫士。

图 7.23 描述了一些网络攻击的通用步骤，可以看到网络攻击从时间先后上分为准备阶段、实施阶段和善后阶段，在整个过程中不仅要确定目标（是只入侵，还是夹杂着破坏）、收集信息（知己知彼），还要编写软件（恶意代码）、熟悉工具（黑客工具），更要胆大心细（隐藏踪迹）、规划周全（和防御者博弈）。这何止是技术的演练，简直是智力的考量。这不禁让人想起了中国古代的“盗亦有道”的故事：

> 强盗问他们的头目盗跖：“做强盗也有规矩和准则吗？”盗跖回答说：“天下事物，哪里会没有规矩和准则呢？当强盗要有当强盗的学问，而且学问还大得很咧。估算某一处有多少财产，还得估算得很准确，这才叫高明——圣也；抢劫、偷窃的时候，身先士卒，一马当先——勇也；完事之后，别人先撤退，自己最后走，有危险自己担当，这是做强盗头子要具备的素质——义也；判断某处可不可以去抢，什么时候去抢比较有把握，这是决断能力的体现——智也；抢得以后，分配合理，让属下雨露均沾且没有怨言——仁也。所以说，做大盗也要具备‘圣勇义智仁’的标准，哪有你想的那么简单！”

“盗亦有道”出自《庄子·外篇·胠箧第十》。跖之徒问于跖曰：“盗亦有道乎？”跖曰：“何适而无有道耶？夫妄意室中之藏，圣也。入先，勇也。出后，义也。知可否，智也。分均，仁也。五者不备而能成大盗者，天下未之有也。”

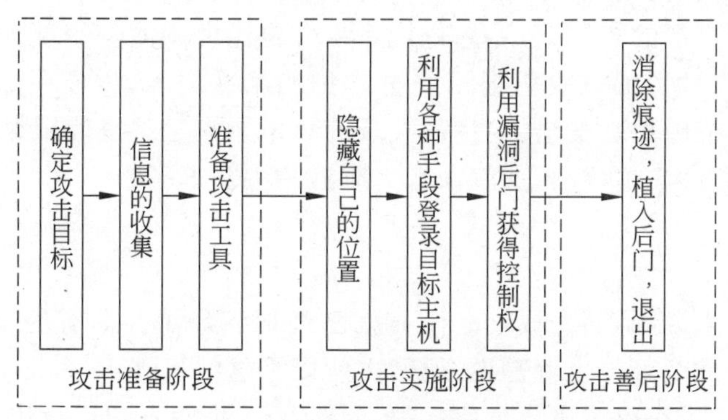

图 7.23　网络攻击的一般步骤

7.4.1　谁在攻击网络

谁是网络攻击者？我们无法列举他们的名字，正如我们不知道我们所在的城市、国家或者世界上所有的罪犯一样。即使我们知道谁曾经犯过罪，但还是不知道能否阻止他们将来可能的攻击行为。尽管如此，心理学方面的研究还是给我们指明了一些线索，那就是一个攻击者必须具备的3个条件：

(1) 机会——完成攻击的时间和入口。

(2) 方法——技巧、知识、工具和能够成功实施攻击的其他方面。

(3) 动机——想要进行攻击的原因。

缺少这3点中的任何一点，攻击都不会发生。但是，要阻止其中任何一点都是非常困难的。由于人类认识世界和改造世界的能力不是完美无缺的，人类设计的软硬件产品不可能不留下任何错误或漏洞，所以整个网络系统绝不可能做到无懈可击，机会一定是有的；而随着技术飞速发展和门槛的不断降低，网络攻击的技巧、知识、工具等可以很方便地得到，普通人经过一段学习也可以初步掌握，对此将在后面几节中进行探讨。在这里，先考虑一下攻击者的动机，这将有助于我们了解谁可能攻击联网的主机或用户。

可以说，信息安全问题永远都不可能得到根本的解决，信息系统始终都处于开放和安全的矛盾之中。然而，从哲学的观点来看，矛盾正是发展的根本动力。

1. 动机之一：挑战

为什么有些人要做一些非常危险而又令人生畏的事情，比如攀登珠穆朗玛峰、横渡英吉利海峡或者参加一些极限运动呢？因为这些将上述活动视为挑战！这与某些人想精通编写或使用程序在动机上是一样的。对网络攻击者而言，一个最重要的动机就是对智力的挑战。他们很偏执地想知道以下问题的答案：我能不能打破网络上的种种限制？如果我尝试一下这种方法，会出现什么情况？

击败看似无懈可击的事物是一些攻击者喜欢的智力刺激。一部分IT领域的精英，比如Cult，编写病毒的目的只是想揭示安全防护的某些弱点，以便引起其他人的重视并促使其采取相应的措施加强安全。当然，大量的攻击者只是重复使用那些已公开的、已设计好的、已实现的方法实施攻击，这就和智力刺激相去甚远了。

2. 动机之二：名声

对某些攻击者来说，圆满完成挑战任务就已经很满足了。而有些攻击者却希望通过攻击活动得到别人的认可。也就是说，他们之所以干这些事情，一方面是出于迎接挑战的考虑，另一方面是为了获得名声。虽然在很多情况下，我们不知道攻击者究竟是谁，但是他们留下的“名号”如雷贯耳，比如Mafiaboy、Kevin Mitnick或者Chaos Computer Club成员等。攻击者虽然使用了假名来隐藏真实身份，但仍然因此获得了名声。他们不能太公开地炫耀这种攻击，但是在看到新闻媒体报道他们的攻击时，他们会感到异常兴奋。

3. 动机之三：金钱

正如在其他环境中一样，经济回报也是实施网络攻击的一个动机。一些攻击者甚至为了金钱而充当工业间谍，从选定公司的产品、客户或者长期计划中寻找有用的信息。可以说，一旦有了适当的利润，攻击者就无所顾忌，如同马克思在《资本论》中对资本的描述一样："如果有百分之十的利润，它就保证被到处使用；有百分之二十的利润，它就活跃起来；有百分之五十的利润，它就铤而走险；为了百分之一百的利润，它就敢践踏一切人间法律；有百分之三百的利润，它就敢犯任何罪行，甚至冒绞首的危险。"如图 7.24 所示，在金钱的驱动下，网络攻击已经形成了一条完整的产业链。

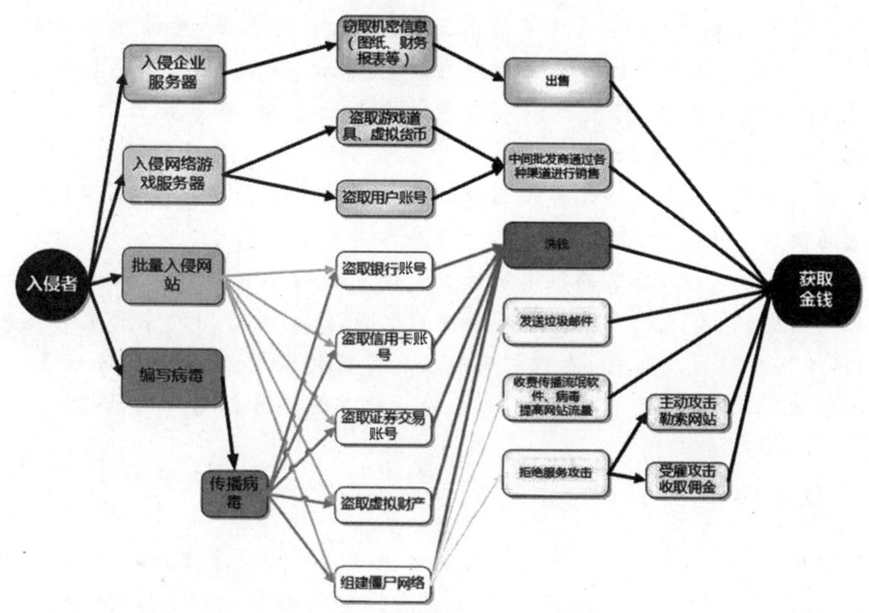

图 7.24　网络攻击的产业链

4. 动机之四：意识形态

有人从意识形态的角度把攻击行为区分为黑客主义与计算机恐怖主义。黑客主义是指"使用黑客技术针对一个目标（网络）的一系列活动，目的是干扰其正常运转，但不会造成严重破坏"。在某些情况下，黑客活动被看作是对某些活动（比如抗议、示威）的声援。如果不采取这种方式，这些声音就不会被某个公司或者政府机构听到，或者不能引起足够的重视。计算机恐怖主义比黑客主义危险得多，它是"一种具有潜在动机的黑客活动，目的是造成严重的破坏，比如造成死亡或者严重的经济损失”。这种攻击很可能完全不在乎伤及无辜，为了制造恐怖气氛而丧失了基本的道德底线。

黑客的渊源

黑客这个名词由英文 hacker 音译而来，而 hacker 又是源于英文动词 hack（词典意思为“劈砍”，引申为“干了一件不错的事情”）。hacker 最早被引进 IT 领域可以追溯到 20 世纪 60 年代。加州大学伯克利分校计算机教授 Brian Harvey 在考证此词时曾写到，当时在麻省理工学院（MIT）中的学生通常分成两派：一派是 tool，意指乖学生，成绩都拿甲等；另一派则是所谓的 hacker，也就是常逃课，上课爱睡觉，但晚上却又精力充沛，喜欢搞课外活动的学生。

一开始的时候，hacker 意味着追求新的技术、新的思维，充满热情地解决问题，将一切不可能变成可能。布鲁克斯在《人月神话》里说，黑客行为提供了 5 种乐趣：创建事物的乐趣；开发对他人有用的东西的乐趣；将零部件组装在一起，看到它们以精妙的方式运行的乐趣；面对不重复的任务，不断学习的乐趣；工作在单纯的思考中，工作在如此易于驾驭的介质上的乐趣。简而言之，黑客享受着造物主的快乐。他聆听着天籁之音，为存在本身构造着对象。

随着动机的变化，后来的很多黑客却渐渐变成破坏者，即 Cracker（有人翻译为骇客）。他们也有 5 种乐趣：毁灭事物的乐趣；使别人有用的东西变为无用的乐趣；将木马扫描程序打开，看到木马居然在运行的乐趣；面对重复的任务，不断学习的乐趣；工作在单纯的思考中，如此易于被其他黑客们驾驭的乐趣。

7.4.2 计算机病毒

卡巴斯基的总部设在莫斯科，全名卡巴斯基实验室，是国际著名的信息安全领导厂商，创始人为俄罗斯人尤金·卡巴斯基。其主要产品卡巴斯基反病毒软件是世界上拥有最尖端科技的杀毒软件之一。

计算机病毒（computer virus）往往令人闻之色变。它像一个幽灵，暗中滋生并快速传播蔓延，使众多信息系统受到侵袭，甚至造成整个网络的瘫痪。对于计算机病毒的繁衍能力和传播速度，卡巴斯基全球产品与技术分析总监弗拉基米尔·赞波连斯基的统计结果是：“1994 年，我们每小时检测到一个新病毒；2006 年，我们每分钟检测到一个新病毒；2011 年，我们每秒检测到一个新病毒；现在（2014 年）我们每天能检测到 20 万个新病毒。增长速度甚是惊人。”

自 2012 年 1 月起的一年半时间，一个被称为“要塞”的僵尸网络侵犯了全球范围内 500 万台个人计算机，并在美国银行、汇丰银行、富国银行等数十家金融机构肆意出入，盗窃资金超过 5 亿美元。为了侦破此案，美国联邦调查局不得不请求微软公司协助，并寻求 80 多个国家的支持。2010 年 7 月的一天，在伊朗首都德黑兰以南 100km 的布什尔核电站，8000 台正在工作的离心机突然出现故障，计算机数据大面积丢失，其中的上千台离心机被物理性损毁。侵犯者不是能行走的特工，也不是成群结队的士兵，而是后来被命名为“震网”的新型病毒。

在入侵布什尔核电站事件中，“震网”是装在一个小巧的U盘中，通过不为人察觉的方式进入核电站一名工程师的电脑中。

严格意义上讲，这些计算机病毒更应该统称为恶意代码(malicious code)或者恶意软件(malicious software)。虽然它们都可以把代码在不易察觉的情况下嵌入另一段程序中，进行具有入侵性或破坏性的操作，但是从专业角度上还是能够进一步区分为传统计算机病毒、蠕虫和特洛伊木马等不同类型。只有理解了这些恶意代码的区别，才能进一步搞清楚如何有效地实施防御。

计算机病毒的起源

计算机病毒最早出现在20世纪60年代，关于它的起源有着不同的说法。有人认为它起源于一些人的恶作剧心理，希望展示自己天分的技术人员设计开发出一种隐藏在计算机内部的程序，通过各种载体传播出去并在一定条件下激活。也有人认为它起源于一些人业余时间的消遣。据说，麻省理工学院的一些青年研究人员在完成任务后的工作时间尝试在各自的计算机上编制一段小程序，看看谁能够“吃掉”(销毁)对方的程序。这很接近于今天所讲的计算机病毒了，可以看作计算机病毒的雏形。

还有一种说法是计算机病毒起源于人们的科幻意识。1975年，美国科普作家约翰·布伦纳出版了一本科幻小说《震荡波骑士》，描述了代表正义与邪恶的双方——Worm和Virus利用计算机进行斗争的故事。此后，另一位科普作家托马斯又出版了名为《P-1的青春》的科幻小说，描写了一种特殊的计算机程序，能够自我复制并传播到其他计算机中，最后控制了7000多台计算机，造成了巨大的灾难。在这本书中，作者就将该程序称为计算机病毒。

此外，有证据表明，一些软件制造商为了保障自己的合法权益，防止和惩罚非法复制行为，在自己的软件中加入了破坏性程序。著名的巴基斯坦病毒就是为了惩罚盗版者而设计的，后经多次修改，具有极强的破坏力。

在《中华人民共和国计算机信息系统安全保护条例》中，计算机病毒被定义为“编制或者在计算机程序中插入的破坏计算机功能或者破坏数据，影响计算机使用并且能够自我复制的一组计算机指令或者程序代码”。

1. 传统计算机病毒

从生物学角度讲，病毒是一种没有完整细胞结构的微生物，必须寄生在活细胞内。传统的计算机病毒也是类似的，它不能作为独立的可执行程序运行，而是寄生在宿主(其他计算机程序)之中。这些宿主可以是一个标准的软件(严格地说是可执行程序)，也可以是一些数据文件，如Word文档。这种隐藏性使得计算机病毒不容易被用户察觉，一旦发现，就表明资源及数据已经被损坏。

计算机病毒的一个核心特征是感染性，也就是和生物病毒一样具有自我复制并快速传播的功能。这使得它不需要像常规软件一样依靠人手动复制，一旦侵入系统，就能从一个程序感染另外一个程序，从一台计算机感染另外一台计算机，从一个网络感染另外一个网络。同时，其数量是以几何级数增长的。当然，很多计算机病毒的发作是有一定条件(特定的日期、特定的标识符、使用特定的文件等)的。只要满足了这些特定条件，病毒就会立即被激活，开始破坏活动。

2. 蠕虫

1988 年冬天，正在康奈尔大学读书的罗伯特·莫里斯(Robert Morris)把一个被称为“蠕虫”的代码上传到互联网。它每袭击一台计算机就会获取其控制权，然后耗尽所有资源，并继续感染其他系统。用户目瞪口呆地看着这些不请自来的神秘入侵者迅速扩大战果，占满计算机内存，使计算机莫名其妙地“死掉”。当晚，从美国东海岸到西海岸，互联网用户陷入一片恐慌。当加州大学伯克利分校的专家找出阻止其蔓延的办法时，短短 12 小时内，已有 6200 台采用 UNIX 操作系统的 SUN 工作站和 VAX 小型机瘫痪或半瘫痪，不计其数的数据和资料毁于一夜之间，造成了一场损失近亿美元的空前大劫难!

和传统的计算机病毒不同，蠕虫是一种无须计算机使用者干预即可运行的独立程序。但是它又和病毒在本质上一样，都是通过自我复制进行传播。因此，也可以把蠕虫看作广义上的病毒，新闻媒体往往称之为蠕虫病毒，例如“尼姆达”(Nimda)、“熊猫烧香”及其变种。

熊猫烧香是一种经过多次变种的恶意代码，由 25 岁的湖北人李俊编写，2007 年 1 月初肆虐网络。主要通过下载的档案传播，被感染的用户系统中的可执行文件全部被改成熊猫举着三根香的模样。

3. 特洛伊木马

古希腊传说中有一个“木马屠城”的故事，说的是特洛伊的小王子帕里斯在访问希腊时诱走了斯巴达王国的王后海伦，希腊人为此远征特洛伊。久攻不下之时，希腊将领奥德修斯献计，在城外留下一个巨大的木马，在其中埋伏一批勇士，然后佯装退兵。特洛伊人以为得胜，把木马作为战利品搬入城中。到了夜间，木马内的伏兵出来打开城门，希腊将士一拥而入攻下城池。所以，后世称这只木马为特洛伊木马。

网络中的特洛伊木马并没有庞大的体积和酷似马匹的外形，它们是和正常程序捆绑在一起的精心编写的代码。如图 7.25 所示，与传说中的木马一样，它们会在用户安装正常程序的时候跟着悄悄进入用户的系统，在用户毫不知情的情况下打开“后门”，窃取机密，甚至控制整个系统。

早期的木马和传统计算机病毒最明显的区分就在感染性上。这主要是由于病毒的创造者为了炫耀天赋和创意，编制出的代码一方面可以不断自我复制，另一方面要做出不可思议的效果(花屏、死机或者一些有趣的画面)。与之相反，木马的创造者大多是有目的地获取各种敏感信息甚至系统的控制权限，希望最好永远不被察觉，所以要低调伪装自己，

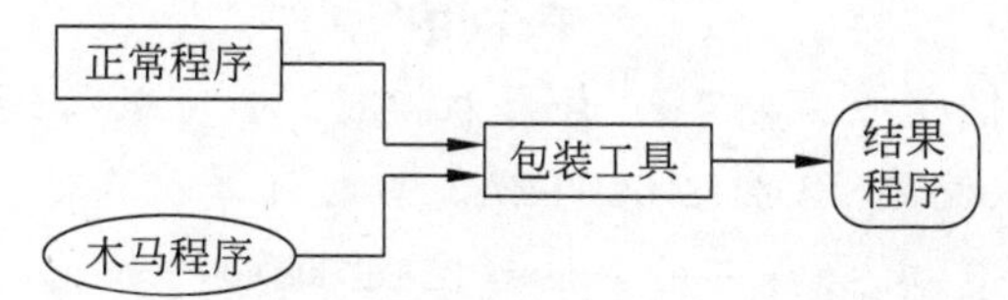

图 7.25 带有"伪装"的后门程序——特洛伊木马

采用和正常程序捆绑在一起的方式进行传播。

在今天,木马和病毒的区别正在逐渐模糊甚至消失。这是因为,随着互联网的发展和信息技术的进步,木马为了入侵并控制更多的系统,进而获取更丰富的信息,也开始糅合病毒的编写方式。所以,现在的木马也被称为木马病毒。

7.4.3 常见黑客技术

如图 7.23 所示,网络攻击者可能会采取不同的攻击手段,但在采取攻击行动之前,一般都会做好充分的调查和计划,攻击者往往先通过网络查找相关目标尽可能多的资料,做到知己知彼、有的放矢。这里用到的技术手段就是扫描,即通过固定格式的询问试探主机的某些特征的过程,相应的工具就是扫描器。扫描主要分为端口扫描和漏洞扫描两个大类。

如果把网络中的每一台计算机比喻成一座城堡,那么计算机的端口就类似这些城堡的城门。就像城堡通过不同的城门让人、畜、车队等进出,计算机正是通过不同端口来开放各种服务和接收不同的数据。如果想攻打一个城堡,摆开阵势、强行攻击往往是效果最差的方法。一般都是先派人观察有多少城门,摸清城门的开关规律,趁其不备,一拥而入。再不济,也要像"木马屠城"一样,渗入间谍,找准机会打开城门,里应外合。网络攻击者正是学习了军队攻打城池的方法,先侦察,再寻找机会。他们进行端口扫描主要是探测目标计算机开放了哪些端口,提供了哪些服务,这样一来,后面的攻击才能省时省力,效果更好。

软件系统在开发过程中不可避免地会留下很多缺陷,也称 bug。虽然软件测试越来越受到重视,但是无论从理论上还是在工程实践中,都没有人敢声称能够彻底消灭软件中的所有缺陷(见 4.4.2 节)。在各种各样的缺陷中,有一部分会引起非常严重的后果,人们称之为漏洞。就好比城堡的城墙非常坚固,城门等出入口也守卫森严,但是有一个无人看管的暗道可以从城外进入城内。一旦攻城一方利用了这个暗道,城堡的所有防守都会形同虚设。漏洞扫描正是通过专门的工具寻找系统的漏洞,然后利用找到的漏洞进行下一步的攻击。所以,防范漏洞的最好办法是及时为操作系统和各种应用服务"打补丁"。

打补丁是指软件公司为已发现的漏洞所作的修复行为。

"千年虫"

"千年虫",又叫"千年危机"或"计算机2000年问题",缩写为Y2K。"千年虫"问题的根源要追溯到20世纪60年代。当时计算机存储器的成本很高,如果用4位数字表示年份,就要多占用存储器空间,进而增加成本,所以技术人员采用两位数字表示年份。随着科学技术的发展,后来存储器的价格迅速降低,但在计算机系统中使用两位数字来表示年份的做法却由于思维惯性而被沿袭下来。所以,从本质上讲,"千年虫"是一个严重的缺陷,也就是漏洞,而非病毒。

直到21世纪即将来临之际,计算机领域的专家们才突然意识到用两位数字表示年份将无法正确辨识公元2000年及其以后的年份,这个漏洞将会造成极为可怕的灾难。例如,某人1982年在银行里存了一笔钱,到2000年取款的时候,结息应该按照2000减去1982来计算。但是由于年份只保存后两位数字,就成了00减去82,即1900减去1982,结果显然是错误的。所有医疗、工业、交通、军事相关的计算机都会出现类似问题,进而引发各种各样的系统功能紊乱甚至崩溃。于是自1997年起,信息界开始拉响"千年虫"警报,并很快引起了全球关注。随着信息系统软硬件的及时升级和批量更换,人们成功地解决了"千年虫"问题,顺利地度过了2000年。

网络上还有一种比较常见的攻击手段就是欺骗攻击。比如钓鱼网站,它一般通过电子邮件(或者弹出页面)传播,此类邮件中一个经过伪装的链接将收件人引诱到一个精心设计的与目标银行、电商网站非常相似的页面上,并要求访问者提交账号和密码(口令),进而获取收信人在目标网站上登记的所有个人敏感信息(图7.26)。通常这个攻击过程不会让受害者警觉,而这些个人信息使得钓鱼网站的拥有者可以假冒受害者进行欺诈性金融交易,从而获得经济利益。

图7.26 钓鱼网站的欺骗攻击

另一种危害非常大的网络攻击手段就是拒绝服务攻击。2007年,爱沙尼亚这个波罗的海沿岸的国家因为一次网络攻击受到全世界的关注。当时,这个从苏联独立出来的国家试图将首都中心广场上的一尊红军战士的青铜塑像移走。这一计划引发了俄罗斯的一个民间组织对爱沙尼亚网络的攻击。突然间,全球超过100万台计算机登录网络,这让爱沙尼亚的网络陷入瘫痪,所有政府机关、公司、个人都中断了及时获取信息的渠道,生产、教育、军事、医疗活动都无法有效地组织起来。这种分布式拒绝服务攻击的基本原理就是联合多个计算机，进一步操纵更多的分布在世界各地的傀儡计算机，一起冲击某个主机或网络，将其可用的带宽、存储空间、计算服务等资源消耗殆尽，使其无法正常工作。

7.4.4 网络安全防御

保障网络安全是一个系统工程，仅仅依靠一种或几种安全技术是无法实现的。一个高可靠性的网络安全防御系统在管理上要具备完善的制度，在技术上则是一个包含各种安全技术的合理组合，包括防病毒系统、入侵检测/防御系统、防火墙系统等。人们熟悉的往往是个人计算机上网必备的防火墙软件，比如天网、金山、瑞星、360，还有 Windows 自带的防火墙。

在建筑学领域里，防火墙用来阻止火势从建筑物的一部分蔓延到另一部分。如图 7.27 所示，网络防火墙位于两个(或多个)网络之间，防止外部网络的损失波及内部网络。也就是说，我们认为内部网络是可信任网络，而外部网络是不可信任网络，于是就在内部网络的边界处修了一堵“城墙”，在唯一的入口处装上“城门”，设置了安全哨所，进入内部网络的所有数据都要接受安全检查。

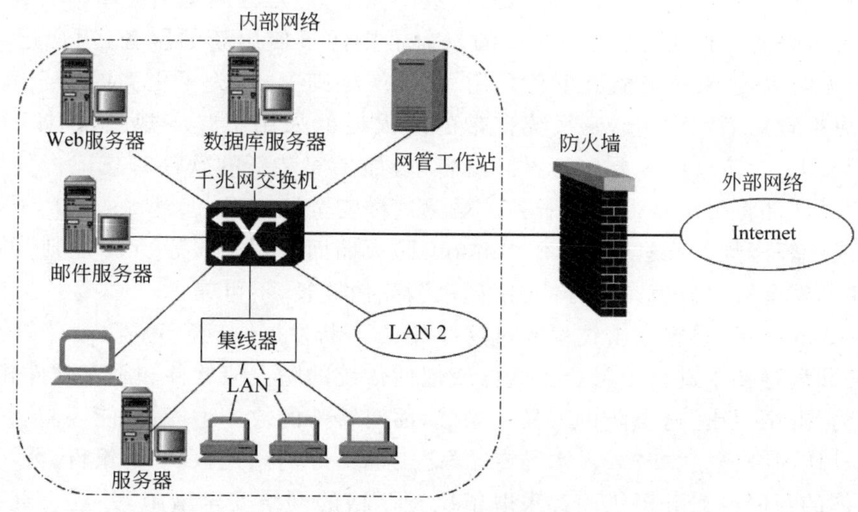

图 7.27　防火墙的位置

广义上讲，防火墙是内部网络和外部网络之间的一个缓冲，可以是一台有访问控制策略的路由器或一台有多个网络接口的计算机，也可以是安装在某台特定计算机上的软件。因为通常涉及的不止一种技术和一台设备，所以防火墙应该理解为一个软硬件结合的系统，或者一整套解决方案。从原理上看，防火墙系统一般要满足下面 3 个条件：

(1) 内部和外部之间的所有网络数据流必须经过防火墙。

(2) 符合安全政策的数据流才能通过防火墙。

(3) 防火墙自身能抗攻击。

对于防火墙的工作策略(应该怎样工作),尤其是其默认行为,用户、开发者和安全专家存在着明显的意见分歧。对此,可以归结为两种学术思想:一种是“Yes 规则”,即一切未被禁止的就是允许的,也就是默认允许;而另一种则是“No 规则”,即一切未被允许的就是禁止的,也就是默认拒绝。

“Yes 规则”要确定哪些被认为是不安全的服务,禁止访问,其他服务则被认为是安全的,允许访问。这就好比大家都要出入城门,而安全哨所的士兵手里有一个罗列了所有破坏分子的黑名单。只要黑名单里面有的,一律不予通过,其余人等全部放行。当然,新出现的破坏分子很可能不在黑名单上(数据未及时更新),这样他们就漏网了,但是也避免了误抓老实人。

“No 规则”恰恰相反,它要确定哪些是安全的服务,然后开放这些服务,并将所有其他未被列入的服务排除在外,禁止访问。也就是说,安全哨所的士兵手里有一个罗列了所有老实人的白名单。只要白名单里面有的就放行,其余人等一律不予通过。当然,新面孔的老实人很可能不在白名单上,这样他们就被误抓了,但是也避免了破坏分子漏网。

“白名单”是针对网络服务的以往表现来制定的。从这个角度可以说名单上的数据总是“过气”的。

这两种策略各有优劣,几乎是互补的。为了更便于使用新的服务,用户通常喜欢前者,瑞星个人防火墙、360 安全卫士就采用了“Yes 规则”。而为了更高的安全性,经验丰富的专家更推荐后者,Windows 系统自带的防火墙就采用了“No 规则”。如图 7.28 所示,启用 Windows 防火墙需要先设置好白名单,如果安装新的软件时忘记将其列入白名单,那么这个软件将无法接受网络服务。虽然这样安全性更强,但是普通用户不知道哪些程序合法或者嫌麻烦,一般就会关闭 Window 防火墙而改用 360 等“Yes 规则”的防火墙。可见,方便和安全有时候就是这样一对“冤家”,此消彼长,不可兼得。

如图 7.29 所示,黑客攻击技术经过这些年的不断发展,已经不局限于传统的攻击方式了,而是和病毒技术进行了融合。这样就促使传统的防火墙软件和杀毒软件相互借鉴,进而整合为“安全卫士”这类防御工具。当然,面对特殊的攻击手段,可能还需要一些专门的防御工具作为补充,比如“××木马专杀”之类的。好消息是,现在的银行、公司、政府部门甚至是你的互联网服务提供商都采取了比较严格的网络安全措施,并且一直在了解新的攻击类型和防御机制,以便维护网络安全。但是我们依然不要掉以轻心,“道高一尺,魔高一丈”,网络攻防是一场没有尽头的战争。

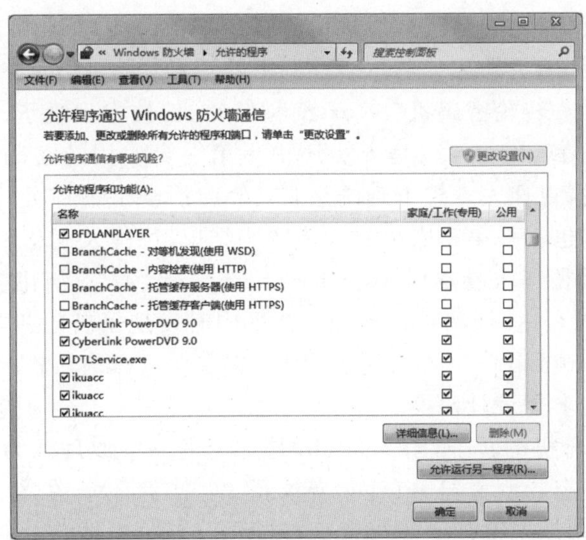

图 7.28　Windows 防火墙的白名单设置

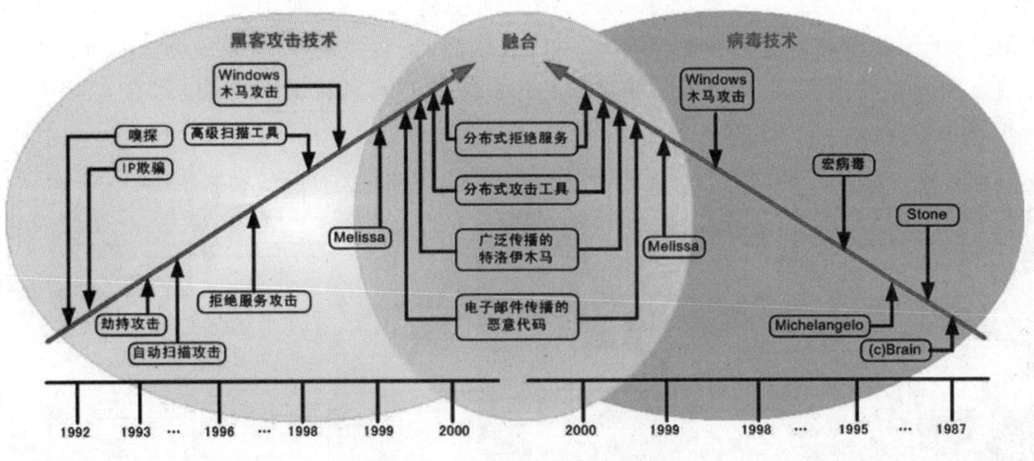

图 7.29　网络攻击的复杂化

扩展阅读

"一代名机"Enigma

我们在讲述密码学基础的时候，提到过在 20 世纪 40 年代之前是古典密码阶段。这一阶段主要是人工编码，也就是铅笔加纸的方式。这些几千年流传下来的加密和解密方法效率如此之低，显然无法满足工业革命浪潮下的军事和商业方面的应用需求。于是，古典密码的集大成者——转轮密码机(rotor，简称转轮机)技术出现了。尤其是其中的佼佼者——Enigma(恩尼格玛)，它不仅是人类历史上第一台实用的密码机器，而且间接引出了现代计算机的出现，更让人意想不到的是它还直接影响了第二次世界大战的进程！

在1918年前后，也就是第一次世界大战刚刚结束，德国人亚瑟·谢尔比乌斯(Arthur Scherbius)、美国人爱德华·赫本(Edward Hebern)、荷兰人亚历山大·科赫(Alexander Koch)、瑞典人阿维德·达姆(Arvid Damm)几乎同时发现了转轮机的作用：通过硬件卷绕实现从转轮机的一边到另一边的单字母代换，将多个这样的转轮机连接起来，就可以实现几乎任何复杂度的多个字母代换。

图7.30(a)是转轮机的转子，图7.30(b)是加密的基本原理。为了简单起见，我们仅用6个字母来代表所有的明文符号(比如英文的26个字母)。在图7.30(b)的上图中可以看到，转子的作用就是把键盘上的每个字符(明文)通过电线连接映射到显示器上的小灯(密文)。按下了b键，显示器上的A灯亮起，这就表示b被加密为A了，这就是简单代换密码。当然，如果只是这么简单，那么手工加密就可以了，何须搞出这么一套机械来？所谓“转子”，就意味着会转动！当按下一个键之后，相应的密文在显示器上显示，然后转子的方向就自动地转动一个字母的位置(在示意图中就是转动1/6圈，而在实际中转动1/26圈)。

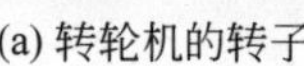
(a) 转轮机的转子

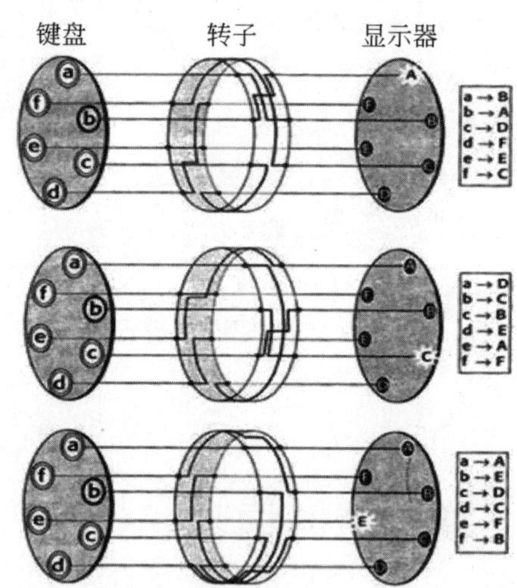

(b) 加密原理

图7.30 转轮机的转子及其加密原理

图 7.30(b)的上图中,第一次按 b 键,信号通过转子中的连线,灯 A 亮起来,放开 b 键后,转子转动一格,各字母所对应的密文就改变了;在图 7.30(b)的中图中,第二次按 b 键时,它所对应的字母就变成了 C;在图 7.30(b)的下图中,基于同样的原理,第三次按 b 键时,灯 E 闪亮。这显然不是一种简单代换密码了。明文中多个相同的字母可以被代换为不同的字母,而密文中的同一个字母可能代表明文中的不同字母,频率分析法在这里没有了用武之地。这种加密方式被称为多表代换密码或复式代换密码。

但是可以看到,如果连续按 6 个字母(实物为 26 个字母),转子就会整整转一圈,回到原始的位置上,这时编码就和最初重复了。而在加密过程中,重复的现象是很危险的,这可以使试图破译密码的人发现规律性的东西。于是谢尔比乌斯在设计 Enigma 的时候又加了两个转子(二战后期,德国海军用的 Enigma 甚至有 4 个转子)。当第一个转子转动一圈之后,就会带动第二个转子转动一个字母的位置;而第二个转子转动一圈之后,同样会带动第三个转子转动一个字母的位置。这样看起来有点像钟表的秒针、分针和时针的齿轮关系。所以,用 3 个转子相当于加密了 26×26×26=17 576 个字母之后才会重复原来的代换映射。当然,这 3 个转子是不一样的,如果把它们交换一下位置,还可以出现 6 种不同的组合。后来德国海军甚至搞出了 8 个不同的转子作为标配,每次从中挑出 3 个来使用,这就出现了 $6\times C_8^3=2016$ 种不同的组合。

在此基础上,谢尔比乌斯十分巧妙地在 3 个转子的一端加上了一个反射器。这个机关可以使译码的过程和编码的过程完全一样。也就是说,只要转轮的设置(相当于密钥)一样,从键盘敲入密文时,同样可以在灯盘(Lampboard)上亮起小灯,指示解密后的明文。

此外,谢尔比乌斯在键盘和第一转子之间还增加了一个连接板(plugboard),如图 7.31 所示。在右图中能够清楚地看到,使用者可以用一根连线把某个字母和另一个字母连接起来,这样这个字母的信号在进入转子之前就会转变为另一个字母的信号。这种连线最多可以有 6 根(后期的 Enigma 具有更多的连线),这样就可以使 6 对字母的信号互换,其他没有插上连线的字母保持不变。不要小看了这一机关,它增加了 100 391 791 500 种不同的变化,配合 3 个转子的变化,已经有了超过一亿亿种可能性。

图 7.31 Enigma 密码机的实物图

从 1925 年开始，谢尔比乌斯的工厂开始系列化生产 Enigma，次年德军开始使用这些机器。在接下来的 10 年中，德国军队大约装备了 3 万台 Enigma。谢尔比乌斯的发明使德军具有了最可靠的加密系统，这也是德军常用的战术——闪击战(也称闪电战)屡屡成功的关键。在这种大规模快速协同作战中，各装甲部队之间以及装甲部队和步兵、炮兵之间必须能够快速而保密地进行联系。不仅如此，地面部队的进攻还必须由轰炸机群掩护支援，它们之间也必须有可靠的联络手段。可见，闪击战的力量在于在快速安全的通信保证下的快速进攻。而在第二次世界大战开始的时候，装备了 Enigma 的德军，其通信的保密性在当时世界上无与伦比。

而对 Enigma 的破解之旅起始于波兰这个对德国怀有极大恐惧的国家。从地理位置上不难看出，第一次世界大战之后，波兰的局面很不乐观：西面是对失去旧日领土耿耿于怀的德国，而东面则是强大的苏联。关于这两个强邻的情报是关乎生死存亡的大事！为了搞清楚德国军方的意图，波兰人费尽心力，招募了当时国内最优秀的数学家进行密码研究。在此以前，密码分析人员通常是语言天才，需要精通对语言方面特征的分析。而波兰密码处的这一举动开创了批量动用数学家参与密码破解的先河。以雷杰夫斯基为首的波兰数学家也没有辜负政府的期望，他们通过跟踪分析、算法改进、机械设计等手段，成功破解了早期的 Enigma，获取了一些德军情报。

有代表性的人物就是后来被称为密码研究“波兰三杰”的马里安·雷杰夫斯基(Marian Rejewski)、杰尔兹·罗佐基(Jerzy Rozycki)和亨里克·佐加尔斯基(Henryk Zygalski)。

到了 1939 年，波兰人对德军的密码分析之路已经走到了尽头：一方面，德军在 Enigma 不断升级的过程中填补了很多漏洞，而波兰军方的破解工作在人力、物力、财力上都无以为继；另一方面，第二次世界大战马上要全面爆发了，波兰的沦陷就在眼前。于是，波兰情报部门在 7 月将自己的破译成果(Enigma 仿制品和破译机器的图纸等)全部送给了法国和英国盟友。就这样，在击败 Enigma 的漫漫征途上，波兰人跑完了第一棒，现在轮到英国人接棒了。为什么不是法国人呢？因为第二年 6 月，法国也兵败投降了。

图灵对 Enigma 的破译方法完全是纯数学和理论性的，他为此写了一篇著名的论文，在 http://frode.home.cern.ch/frode/crypto/Turing/可以读到这篇论文的一部分。但是他的理论研究已经完全可以让工程师实际造出这样一台机器了。

英国密码局(40 局)在伦敦以北约 80km 的一个叫布莱切利的地方征用了一座庄园，建立了一个新的机构——政府代码及加密学校(Government Code and Cipher School，GC&CS)。此后，40 局开始通过私人关系向牛津大学和剑桥大学招聘数学家和数学系学生。其中，就有后来举世闻名的“计算机科学之父”阿兰·图灵。图灵等人仔细分析了波兰人的成果和德军密电的特点，在此基础上设计了一种更加通用的破译机器，称为 Bombe(炸弹)。在丘吉尔首相的亲自过问下，经过图灵和同事们的不懈努力，到 1942 年年底，密码局拥有了 49 台“炸弹”，密码分析人员的队伍也在不断扩大。与此同时，针对敌人的情报战也不断取得胜利。到了 1943 年 8 月，布莱切利庄园已经可以 100％破译盟军所截获的德军重要密电了。

Enigma 作为一代名机，以极高的起点横空出世，多年以后又遭到了毁灭性的打击。再联系上波澜壮阔的第二次世界大战，其戏剧性之强，在密码学历史上也着实罕见。如果想了解关于它的更多技术细节和惊心动魄的历史故事，请大家阅读赵燕枫的《密码传奇》一书。

"世界头号黑客"凯文·米特尼克

1983 年，好莱坞制作的电影《战争游戏》上映，这是世界上第一部黑客题材的电影。影片讲述了一个 15 岁的少年黑客通过电话线入侵美国的北美空中防务系统的故事。基地内的核弹头完全被远在天边的黑客所控制，差点引发第三次世界大战。据说电影并非完全虚构，它来源于一起真实事件。事件的主角就是后来被称为"世界头号黑客"的凯文·米特尼克(Kevin David Mitnick)。

与大多数天才的故事相似，米特尼克在小时候就展现了超出常人的智商。在他 4 岁时，母亲给他买了一件智力玩具——"滑铁卢的拿破仑"，而米特尼克只用了一周的时间就玩到了专家级的水平。12 岁的时候，米特尼克在洛杉矶乘坐巴士的时候发现了管理漏洞，于是开始了他人生中的第一次"黑客行动"，他用购买的压印器和找到的换乘证实现了免费乘坐巴士。中学的时候，米特尼克向一位同学的父亲学习了如何侵入电话公司的机电系统，并使用计算机来控制它。从此，他开始着迷于这类黑客技术，并自学计算机语言与知识，试图用这种电话系统的计算机呼入并控制各种各样的系统。

米特尼克在上高中时经常用自己写的代码侵入学校老师的计算机，并修改他们的计算机密码。在一次侵入另一个学校的网站时，他发现了一名以前经常欺负他的坏同学的档案，并决定将这位同学的真实面目揭露给大家，他把写着"性情温和、无不良嗜好"的资料改为"性情暴躁、有暴利倾向"。这个学校发现这件事情以后，在系统中设置了陷阱，查出了米特尼克的"行踪"，他也因此被学校开除。

但米特尼克并没有因此停止对计算机网络世界的好奇与探索，他自己打工攒钱买了一台计算机，继续自由徜徉在各大公司与政府部门的网络系统之间。虽然他家境窘迫，但他从未心生恶念，他从不将获取的资料高价出售或者四处传播。他只是喜欢挑战，并以此作为自己学习的方式，乐此不疲。

米特尼克在一次偶然进入 FBI 的系统后发现，特工们已经将他的资料记录在案，并准备实施逮捕，他很吃惊，并开始了自救计划。在成功破解 FBI 中央计算机系统的密码后，米特尼克每天跟进关于自己的案情进展报告，一段时间后，他发现这些特工的调查并没有取得什么实质性成果，米特尼克便准备用恶作剧嘲弄他们一下，他把几个调查他的特工的资料全部改成了跟他一样的犯罪嫌疑人。特工们折腾了一番后，在最新的计算机网络信息跟踪机的帮助下才找到了米特尼克。他也从此成为历史上第一个被 FBI 抓捕的网络黑客。

当时，美国还没有制定有关网络安全相关的法律法规，由于米特尼克刚刚 16 岁，因此在他被关进少管所后，很快就被假释了。米特尼克并未就此收手，他继续通过各种方式进入 Sun、Novell、DEC、Nokia、Motorola 公司的网络系统，这一系列的入侵让政府及企业对他产生了恐慌，他被再一次逮捕。当他出狱后，他受到了严密的监视，并不允许从事一切与计算机有关的职业。

尽管如此，FBI 仍对他心有余悸，甚至觉得他只有被关在监狱里才是最安全的，于是 FBI 买通一些黑客团伙，试图引诱米特尼克再次就范。米特尼克很快就发现了这个陷阱，并逃之夭夭，与警方开始了“捉迷藏游戏”。1994 年，在他攻入圣迭戈超级计算机中心后，计算机中心安全系统负责人下村勉决心配合警方将米特尼克捉拿归案。经过一年的技术博弈后，下村勉通过米特尼克用无线电发出指令的源头找到了他的藏身地点。

下村勉(Tsutomu Shimomura)，日裔美籍的电脑安全专家、计算物理学家，也是化学家下村脩的儿子。1964 年出生于日本，在美国新泽西州的普林斯顿成长。曾出版《纪实：追捕美国头号电脑通缉犯——由追捕者自述》。

经过周密的布置，米特尼克再次被捕入狱。警方为了尽可能久地拘留他，夸大他的罪行，并声称他给入侵过的企业及社会造成了上亿美元的损失。在未经正式审判的情况下，米特尼克被判处 4 年监禁，3 年监外观察，同时被否决了假释请求。

在他被监禁期间，世界各地支持他的黑客们发起了一场请求美国政府释放米特尼克的行动。他们声称，如果不释放米特尼克，将通过雅虎网站向世界各地的计算机用户传播病毒。他们还专门建立了一个名为“解放米特尼克”的网站，为他的出狱作倒计时。如此大规模的黑客联合行动在历史上也是第一次。

2000 年，米特尼克获释后，成为一家互联网杂志的专栏作家。2002 年，米特尼克出版了自己的第一本书《反入侵的艺术》，这本书后来被称作是黑客技术的启蒙书籍。一些政府部门及企业开始请他帮忙测试网络系统的安全性，这使他发现了自己的另一条出路，他开始到各地进行网络安全相关的讲座，还成立了咨询公司，“解放米特尼克”网站也成为他的公司的官方网站。

虽然米特尼克并不是世界上技术最厉害的黑客，但他传奇的一生向世界证明了，黑客并不一定会完全走上违法犯罪的道路。2014 年，他出版了《反欺骗的艺术》，从攻击者和受害者两方面入手，向读者分析了每一种攻击之所以能够得逞的原因以及相应的防护措施。同年，他还出版了一本自传《线上幽灵》(图 7.32)，跟读者分享了他的真实经历。

图 7.32 凯文·米特尼克与其自传《线上幽灵》

参考文献

[1]　弗莱格. 信息安全原理与应用[M]. 4版. 李毅超，等译. 北京：电子工业出版社，2007.
[2]　彭长根. 现代密码学趣味之旅[M]. 北京：金城出版社，2015.
[3]　Mark Stamp. 信息安全原理与实践[M]. 2版. 张戈，译. 北京：清华大学出版社，2013.
[4]　赵燕枫. 密码传奇[M]. 北京：科学出版社，2008.

第 8 章

人 工 智 能

机器智能最重要的是能够解决人脑所能解决的问题，而不在于是否需要采用和人一样的方法。

——吴军（著名语言处理和搜索专家）

人工智能（Artificial Intelligence，AI），又称为机器智能或计算机智能，无论取哪个名字，都表明它是人为制造的或由非生命体表现出来的一种特殊能力。可以说，人工智能本质上有别于自然智能，特别是人类智能，是一种由人工手段模仿的人造智能，至少在可见的未来应当这样理解。

其实，别说给人工智能下一个准确的定义，就算是对人类的智能，目前也尚无完全统一的认识。有人从生物学角度将智能定义为“中枢神经系统的功能”，有人从心理学角度将其定义为“进行抽象思维的能力”，甚至有人语焉不详地把它定义为“获得能力的能力”，或者含糊其辞地说它“就是智力测验所测量的那种东西”。目前，我看到的一个相对完整的定义就是“人的智能是人感知、获取信息，认识世界，并将所学灵活运用以解决实际问题的能力”。

不管怎样，我们无法否认的是，人类的很多活动，如下棋、竞技、计数、猜谜、讨论、书写，甚至跑步、搬运等，都需要智能。如果机器能够执行这种任务，就可以认为机器已具有某种性质的人工智能。正如麻省理工学院温斯顿（P. Winston）所说的那样：“人工智能就是研究如何使计算机去做过去只有人才能做的智能的工作。”

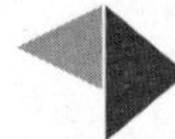

8.1 智能的前世今生

近些年来，工业生产中的智能控制系统，生活中的智能手机、智能冰箱，网络上的智能客服系统，交通中的无人车和无人机，战争中的智能炸弹，还有自动调节肌肤水分代谢的生物智能保湿霜……好像不带有“智能”的产品，就无法和当前的时代相称。

在学术界，几乎所有的学科都涉及智能的探讨。在信息科学领域中，专家系统、机器学习、语音识别、人机交互等研究成为主流；在生命科学领域，生物智能、进化计算、自然计算也都成为了热点；现代心理学与神经科学理论也是着力研究推理决策、问题解决、记忆和脑科学。这种趋势还在不断发展，势不可挡。

其实，作为“科学之母”的哲学的本意就是“爱智之学”。所以，自古以来，无数哲人都对智能非常感兴趣，不断进行反思和研究。智能世界的丰富多彩正是在它的历史进程中逐步展现出来的。

哲学（philosophy）一词源于希腊语 philosophia，由 philo（爱好）和 sophia（智慧）组成。

8.1.1 古代的机械智能

欧洲历史上留下了很多创建智能实体的故事。公元前 800 年的古希腊史诗《伊利亚特》描述了有翅膀的塔罗斯，他是赫菲斯托斯（火与锻冶之神）锻造的守护克里特岛的一个人形机械。史诗中对塔罗斯的内部运转情况没有介绍，只说他是铜制的，全身充满了灵液（在神的脉络中流动的液体）或一个希腊神的血液。亚历山大时期，古希腊数学家希罗（约公元 10—70 年）发明了以水、空气和蒸汽压力为动力的机械玩具，据说它可以自己开门，还可以借助蒸汽唱歌。

文艺复兴的巨人达·芬奇大约于 1495 年也设计了一种靠风能和水力驱动的仿人型机械，从《大西洋古抄本》中可以看出，该机器人被设计成一个骑士的模样，身穿德国—意大利式的中世纪盔甲（图 8.1）。它可以做出一些动作，包括坐起、摆动双手、摇头及张开嘴巴。有记载称，达·芬奇在 1515 年将一只机器狮赠给法国国王，对着机器狮抽上三鞭，狮子的胸部就会打开，开出一朵鸢尾花。

列奥纳多·迪·皮耶罗·达·芬奇（Leonardo di ser Piero da Vinci）是欧洲文艺复兴时期的天才科学家、发明家、画家。现代学者称他为“文艺复兴时期最完美的代表”。其传世名画《蒙娜丽莎》《最后的晚餐》《岩间圣母》等体现了他精湛的艺术造诣。

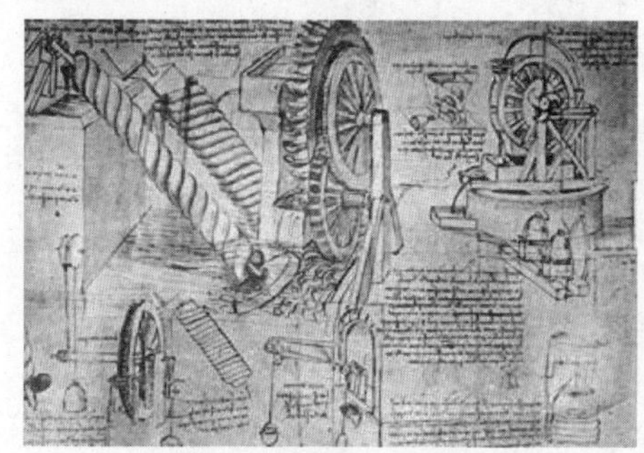

(a) 机器人的驱动装置

(b) 意大利工程师的仿制器

图 8.1 达·芬奇设计的机器人

18 世纪 70 年代，瑞士钟表名匠埃尔·雅奎特·德罗兹父子 3 人设计制造出 3 台机器人：写字玩偶、绘图玩偶和演奏玩偶。其中，写字玩偶的外表看起来像个3岁的男孩。当背后的发条上紧后，它就会抬起右臂，将手中的鹅毛笔伸到桌子右侧的墨水壶中蘸一下，然后在桌子当中的白纸上缓缓写出几行词句。3个玩偶都是利用齿轮和发条的原理制成的，至今还作为国宝保存在瑞士纳沙泰尔市的艺术和历史博物馆中。

《列子》记载，"穆王惊视之，趣步俯仰，信人也。巧夫颔其颐，则歌合律；捧其手，则舞应节。千变万化，惟意所适。"

中国古代有关人造智能实体的传说也是不胜枚举。西周时期的能工巧匠偃师就研制出了能歌善舞的伶人，献给周穆王，这是中国最早记载的智能机器。据《墨经》记载，春秋时期的鲁班曾制造过一只木鸟，能在空中飞行"三日不下"，可以算作世界上最早的关于空中机器的记载。《三国志》记载，后汉三国时期，蜀汉国丞相诸葛亮成功地创造出了木牛流马，并用其运送军粮，支援前方战争。魏晋时期出现了记里鼓车，上有小木人，头戴峨冠，身穿锦袍，高坐车上。车走10里，小木人击鼓1次；击鼓10次，就击钟1次。唐朝的柳州史王据，研制了一个类似水獭的机器人，它能沉在河、湖中，捉到鱼以后脑袋就露出水面，估计这是世界上最早用于生产的机器人了。这些令人叹为观止的自动机械装置说明了我国古代科技之发达，但遗憾的是，其实物模型和精妙技艺并没有流传下来。

8.1.2 人工智能的起源

虽然尝试建造能够模仿人类行为的机器有很长的历史，不过很多人都认同现代人工智能领域起源于1950年。就在这一年10月，阿兰·图灵在《思想》(*Mind*)杂志上发表了一篇题为《计算机器与智能》(*Computing Machinery and Intelligence*)的论文。正是这篇划时代之作，为图灵赢得了一顶桂冠——"人工智能之父"。在这篇论文里，图灵第一次提出"机器思维"的概念，他虽然没有论述具体的技术，但是设计了一种验证机器是否有智能的方案：让人和机器进行互不接触的交流，例如通过打字系统(图8.2)，如果在相当长的时间内，人无法判断交流的对象是人还是机器，那么，就可以认为这台机器具有智能。这就是著名的图灵测试(Turing testing)。

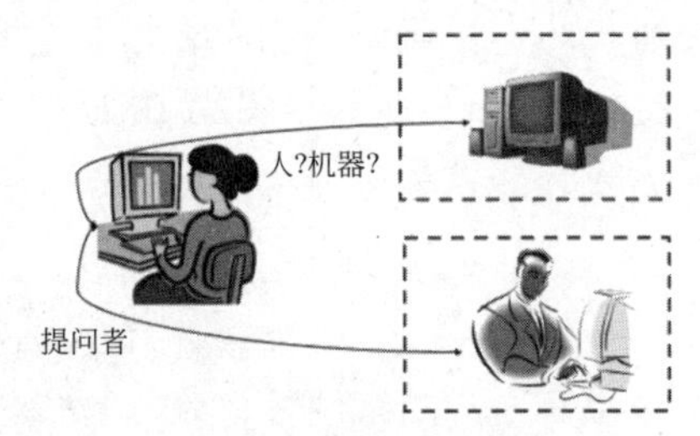

图8.2 图灵测试示意图

图灵指出："如果机器在某些现实的条件下能够非常好地模仿人回答问题，以至提问者在相当长时间里误以为它不是机器，那么机器就可以被认为是能够思维的。"

图灵还为这项测试亲自拟定了几个示范性问题：

问：请给我写出有关"第四号桥"主题的十四行诗。

答：不要问我这道题，我从来不会写诗。

问：34 957加70 764等于多少？

答：(停30s后)105 721。

问：你会下国际象棋吗？

答：是的。

问：我在我的 K1 处有棋子 K；你仅在 K6 处有棋子 K，在 R1 处有棋子 R。轮到你走，你应该下哪步棋？

答：（停 15s 后）棋子 R 走到 R8 处，将军！

从表面上看，要使机器回答在一定范围内提出的问题似乎没有什么困难，可以通过编制特殊的程序来实现。然而，如果提问者不遵循常规提问，编制回答的程序是极其困难的事情。例如，提问与回答呈现出下列状况：

问：你会下国际象棋吗？

答：是的。

问：你会下国际象棋吗？

答：是的。

问：请再次回答，你会下国际象棋吗？

答：是的。

你多半会想到，面前的这位是一部笨机器。如果提问与回答呈现出另一种状况：

问：你会下国际象棋吗？

答：是的。

问：你会下国际象棋吗？

答：是的，我不是已经说过了吗！

问：请再次回答，你会下国际象棋吗？

答：你烦不烦，干吗老提同样的问题！

那么，你面前的这位大概是人而不是机器。上述两种对话的区别在于：第一种可明显地感到回答者是从知识库里提取简单的答案；第二种则具有分析综合的能力，回答者知道提问者在反复提出同样的问题。图灵测试没有规定问题的范围和提问的标准，如果想要制造出能通过测试的机器，以现在的技术水平，必须在计算机中存储人类所有可以想到的问题，存储对这些问题的所有合乎常理的回答，并且还需要理智地作出选择。

强人工智能与弱人工智能

通过对机器编程使其具备完成某个特定任务的能力，这就是被当今大众所接受的弱人工智能（weak AI）。弱人工智能仍然属于“工具”的范畴，与传统的“产品”在本质上并无区别。一旦机器可以独立思考问题并制定解决问题的最优方案，而且有自己的价值观和世界观体系，则被认为是强人工智能（strong AI）。强人工智能引发了广泛的争论。反对者认为，机器在本质上与人类不同，它永远不能像人类那样感受爱、判断是非以及考虑自我。然而，支持者辩称，人类的头脑是由许多小的部件构成的，每个部件都不是人，没有意识，但是当它们结合在一起就成了人脑，为什么同样的现象就不可能出现在机器上呢？

解决强人工智能争论的难点在于，智能和意识这样的属性是内在特性，不能够直接界定。正如阿兰·图灵指出的那样，我们认为其他人属于有智能的是因为他们的行为表现出智能，即使我们不能观察到他们内部的智力状态。那么，如果机器也呈现外在的意识特性，我们能否认可机器具备和人类同样的智能水准呢？为什么能？为什么不能？

8.1.3 人工智能的诞生

达特茅斯学院经英王乔治三世批准，由伊利·扎维洛克牧师创建并担任院长，资金来自达特茅斯伯爵二世的捐赠。

坐落于新罕布什尔州汉诺威小镇的达特茅斯学院建立于1769年12月13日，它是美国历史最悠久的学院之一，也是美国最好的本科院校之一。虽然在常春藤盟校中，它是唯一叫“学院”而不叫“大学”的，但在全美综合排行榜上还是非常靠前的（2015年位居第12位，2016年位居第11位）。1956年的夏天，闻名世界的达特茅斯会议就是在这里举行的。

当时，28岁的约翰·麦卡锡（John McCarthy）、同龄的马文·明斯基（Marvin Minsky）、37岁的罗切斯特（Nathaniel Rochester）和40岁的香农4人提议在麦卡锡工作的达特茅斯学院开一个头脑风暴式的研讨会，他们称之为“达特茅斯夏季人工智能研究会议”。参加会议的还有6位年轻的科学家，包括40岁的赫伯特·西蒙（Herbert Simon）和28岁的艾伦·纽厄尔（Allen Newell）。这10位青年学者的研究领域包括数学、心理学、神经生理学、信息论和计算机科学，他们分别从不同的角度探讨了人工智能的可能性。在长达两个月的充分讨论后，会议首次提出了“人工智能”这一术语，标志着人工智能作为一门新兴学科正式诞生。

除了香农，达特茅斯会议的这些参会人当时大多没什么名气。但是没有关系，这些年轻人默默无闻的时间不会太久，他们的时代很快就到来了。后来的事实证明，他们都是20世纪IT领域最优秀的科学家，开创了很多今天依然活跃的研究领域。其中有4位获得了图灵奖，分别是约翰·麦卡锡、马文·明斯基、赫伯特·西蒙和艾伦·纽厄尔。当然，作为信息论的发明人，香农是不需要什么图灵奖的，因为他在科学史上的地位和图灵是相当的，而且通信领域的最高奖——香农奖就是以他的名字命名的。

人工智能的悖论

人工智能技术发展到了今天，真的已经在很多方面超过人类了么？大家对此看法不一。一些人是持否定态度的，他们习惯于把机器已经完成的问题归结

图 8.3　参加达特茅斯会议的麦卡锡(左上)、西蒙(左下)、明斯基(中上)、纽厄尔(中下)和香农(右)

到非智能问题中去。当机器能够识别语音之后,这被认为只是一个信号处理问题,谈不上多么高级;当机器能够战胜人类象棋冠军之后,他们会说这只是一个状态搜索问题,机器不是还搞不定围棋嘛;当机器在围棋上也表现卓越时,他们又托词这是大量计算的结果,计算本来就是机器的特长,这些博弈类问题应该从智能问题中剔除……随着技术的发展,机器的能力虽然在不断提高,但总是有一些复杂的事情做不好,而人类就可以很自豪地说自己的智能水平比机器高,人工智能不够智能……所以,凯文·凯利在《必然》一书中调侃道:"人工智能的每一次成就都将自己重新划入'非人工智能'行列。"

8.2　思维的探索研究

我们的祖先曾经认为能够进行数学计算就是一种智能的体现。为了方便计算,各种早期文明都在寻求一些可以帮助计算的工具,比如类似算盘和数学用表的东西,当然这些工具还是依靠手工操作。电子计算机一出现,就可以在电力的带动下每秒进行几千次的运算,一条炮弹轨道用 20s 就可以得出,比炮弹自身的飞行速度还要快!要知道,在 1946 年以前,为了应付大量的计算,费米等人只能用计算尺,费曼则使用机械计算器,而冯·诺依曼干脆用心算。电子计算机的投入使用,使得科研工作者节省了大量的人力和时间,而且是自动完成的,这让当时的人们不得不赞叹它的"智能",并称之为"电脑"。

英国的蒙巴顿元帅(Louis Mountbattern,1900—1979)见识了 ENIAC 的运算能力,将其誉为"一个电子的大脑"。

显然,人们逐渐开始不满足于计算机仅仅能完成科学计算的任务。就算现在的超级计算机每秒能完成的科学计算量大得让我们无法想象,我们也不认为它有多"智能"。何况目前世界上专门用于进行气象预报、核反应模拟、轨道预测等纯粹的科学计算任务的计算机恐怕连1%都不到了。计算机已经超越了科学计算，深入到生产和生活中，以满足人们更多的需求，比如下棋，也就是各种博弈游戏。人类认为自身就是在儿时的游戏中不断学习并提升了求解问题的能力，所以计算机如果能够自动完成人类设计的游戏任务，那是不是就算具有了“智能”呢？

8.2.1 状态搜索与博弈

为了进一步了解人类是如何完成一个游戏任务从而展现出智能的，下面介绍一个智能体，该智能体是为解决“八数码游戏”而设计的。该游戏由8个小方块组成，标号为1～8，放置在总共可容纳9个小方块的一个3行3列框架（拼版）内，如图8.4所示。框内的方块间有一个空位，挨着空位的方块可以移动，允许框内的方块随意排布。问题是要把杂乱排布的方块移动到它们的目标位置。

智能体为如图8.5所示的装置，该装置配备了一个夹具、一个摄像机和一个带橡皮头的指杆，橡皮头是为了推移东西时不会打滑。首次开启该智能体时，夹具会一张一合，好像索要这个拼版一样。当我们把一个随意排布的拼版放进夹具时，夹具就会把它夹住。不一会儿，智能体的指杆自动降下并在框架内推移方块，直到所有的方块移动到目标状态。这时，智能体就放开拼版并关闭电源。

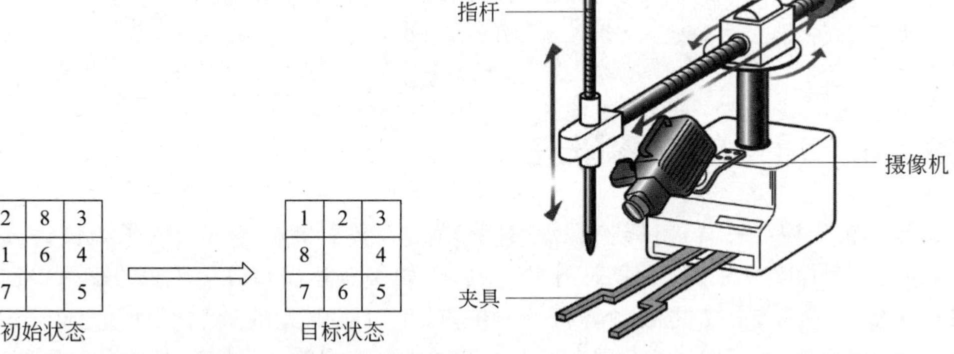

图8.4 八数码游戏的初始状态和目标状态

图8.5 解决八数码游戏的智能体

这让我想起一个笑话——把大象放进冰箱里，总共分几步？第一步，打开冰箱门；第二步，把大象放进去；第三步，关上冰箱门。

关于通过摄像机进行环境感知的问题，将在第9章探讨。如何控制夹具和指杆的理论在这里不进行讨论。我们更为关注的是这个智能体是如何思考的，即如何产生一个从初始状态到达目标状态的计划，从而完成这个游戏任务的。

一个问题一般由3个方面定义：①初始状态——一开始时的信息不完全或令人不满

意的状态；②目标状态——希望获得的信息或状态；③操作——为了从初始状态迈向目标状态，可能采取的步骤。从图 8.4 中可以看到八数码游戏的初始状态和目标状态，我们还可以把其他所有可能的中间状态都画出来，解决八数码游戏就是要找到这样的操作——通过这些中间状态从初始状态一步一步变为目标状态。

其实，这就是一个状态搜索问题，这种策略的结果实际上是建立一棵树，称作搜索树，它由智能体分析后得到的状态图构成。搜索树的根结点是初始状态，每一个结点的子结点都是由父结点可到达的状态构成的。如图 8.6 所示，智能体只需要在搜索树上找到从初始状态（根结点）到目标状态的路径，然后沿着这条路径上的状态图进行操作即可完成任务。

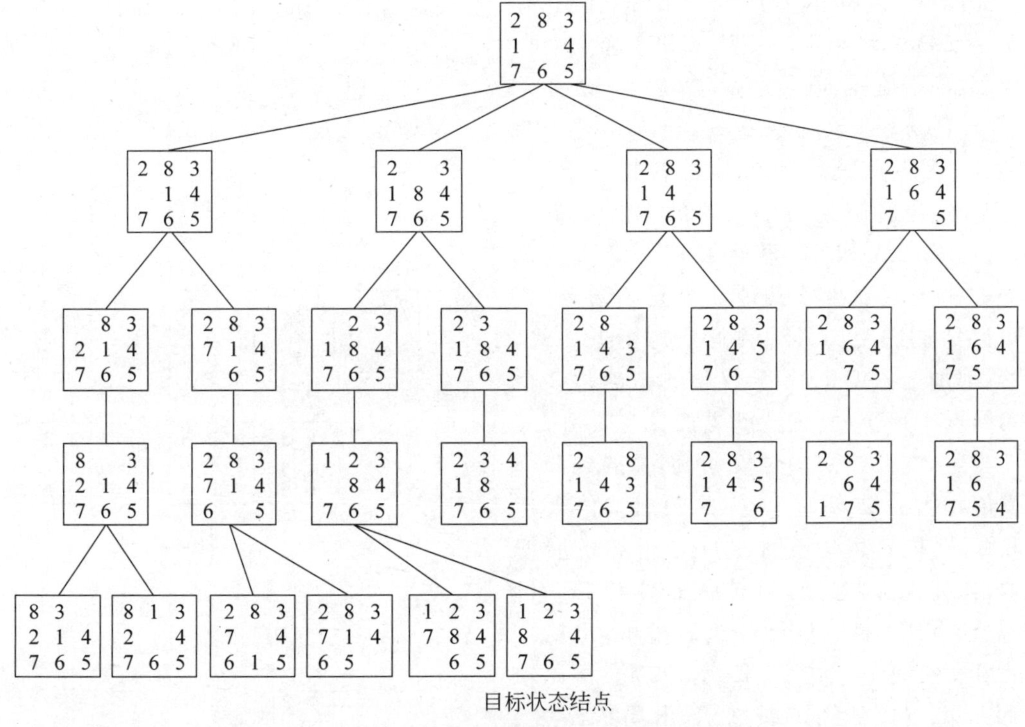

图 8.6 搜索树的一个示例

八数码游戏产生了一个容易处理的搜索树，但是在试图解决一个比较复杂的问题时，产生的搜索树就会变得非常庞大。例如，在国际象棋中，第一步移动就有 20 种可能，那么搜索树的根结点会有 20 个子结点，而不是图 8.6 中的 4 个。而且，一局棋双方都移动 30～35 次是常有的情况，这会导致建立一个完整的搜索树是不切实际的。

人在面对八数码游戏的时候，不会像计算机那样一层一层构建完整的搜索树，然后同时沿着几个可能的路径进行。相反,人大概会选择看起来最有希望的路径并首先沿着这条路径走下去。注意,我们说的是看上去最有希望的。在一个特定点,很难确定哪个选择是最佳的。只凭感觉,当然可能误入歧途。但不管怎样,相比"一视同仁"地关注每种选择而犹豫不决或全部尝试一遍,凭感觉似乎更为明智一些。

广度优先(breadth-first)搜索,又称宽度优先遍历,属于一种盲目搜寻法,目的是系统地展开并检查图中的所有结点,以找寻结果。换句话说,它并不考虑结果的可能位置,而是彻底地搜索整张图,直到找到结果为止。

为此,我们需要一个方法来确定几个状态中哪一个看上去是最有希望的,称之为启发式。在本例中,我们找到一个与每个状态相关的数值,用来衡量这个状态结点与目标状态结点之间的距离。比如用启发式函数 $f(n)=d(n)+w(n)$ 计算这个数值,称其为启发值。其中,$d(n)$ 代表当前结点的深度(根结点为0,根结点的子结点为1,以此类推),而 $w(n)$ 代表不在合适位置的小方块的个数。

如图8.7所示,分析一下根结点s,$d(n)=0$,$w(n)=4$('1'、'2'、'6'和'8'这4个小方块目前不在合适位置),所以启发值为 $f(n)=d(n)+w(n)=0+4=4$。其子结点A、B和C的深度都是1,也就是 $d(n)=1$,但不在合适位置的小方块的个数各不一样,分别是5、3和5。显然B在不合适位置上的方块个数要少于其他两个兄弟结点,我们可以猜测它距离最终目标状态更近一些,当然,都加上深度1后,启发值4依然是3个兄弟结点中最小的,因此就更加具有吸引力。

之所以加上结点的深度值,是因为深度代表从初始状态结点到达该结点已经走的步数,也就是达到该状态的成本,成本越小越好。

当然,在第三层的时候,我们会遇到两个启发值相等的结点D和E(F的启发值大于D和E,出局),可以先任选一个继续扩展搜索树,比如先选左边的D扩展出G和H。目前G、H和E相比(D已经扩展过了,出局),E的启发值更小,则扩展E为I和J。再比较G、H和I、J(E已经扩展过了,出局),显然I的启发值最小,进一步扩展I。以此类推,最终获得一条合适的路径,达到目标状态L。

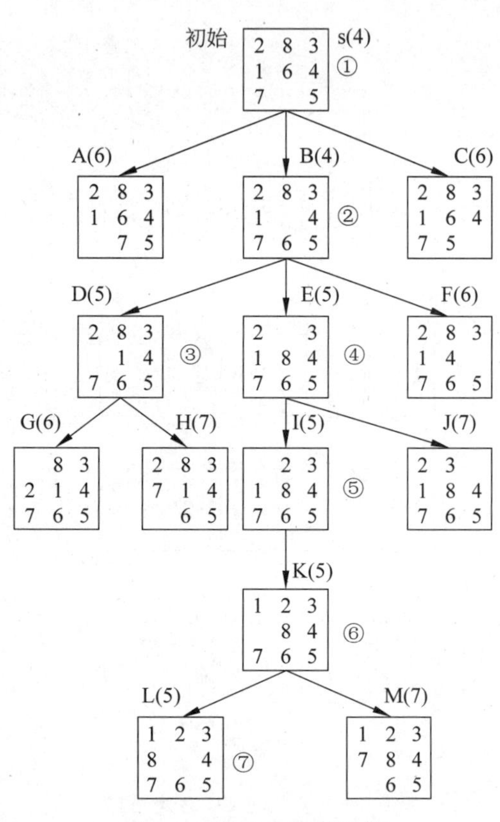

图8.7 启发式搜索示例

一般来说,选用的启发值应该具备两个特征。第一,如果到达相应的状态,它必须对该解决方案中剩余的工作量有一个合理的估计。这意味着它在多个选项中做出选择时能提供有意义的信息,启发值提供的估计越精确,根据此信息所做的决定就越正确。第二,启发值应该容易计算。这意味着它的利用应有益于搜索过程而非成为一种负担。如果计算启发值的过程非常复杂,那倒不如把时间花费在推导一个广度优先树上。

总之,从上面的例子似乎可以得到一种"通用问题"的求解策略,那就是通过"智能操作"把初始状态变为目标状态。而构建搜索树来进行状态搜索,进而得到一条从初始状态到目标状态的路径,应该算是一种比较有效的"智能操作"。当然,根据搜索的过程中是否给出有效的信息提示,又将其区分为盲目搜索和启发式搜索。显然,启发式搜索就显得更加智能一些。

举世瞩目的人机大战(一)

1996年2月10日,IBM"深蓝"超级计算机首次挑战国际象棋世界冠军卡斯帕罗夫,但以2∶4落败。比赛结束后,研究小组把"深蓝"加以改良,并于1997年5月再度挑战卡斯帕罗夫,最终"深蓝"以3.5∶2.5击败卡斯帕罗夫,成为首个在标准比赛时限内击败国际象棋世界冠军的计算机系统。同时,机器的胜利也标志着国际象棋新时代的到来。

"深蓝"计划源自许峰雄在美国卡内基·梅隆大学修读博士学位时的研究,当时的计算机名为"沉思"(Deep Thought,该名源自于《银河系漫游指南》中的一台超级计算机)。许峰雄在1989年加入IBM研究部门之后,依然专注于研究超级计算机的工作(当时他与Murray Campbell主力研究并行计算问题)。有资料表明,1997年的"深蓝"存储了一百多年来优秀棋手的对局多达两百多万局,可搜寻及估计随后的12步棋,而一名人类象棋好手大约可估计随后的10步棋。

8.2.2 知识表示与推理

当计算机基本上能够完成下棋任务之后,人们就感觉这不够智能了,因为"存储棋局"和"快速搜索"就像人类的死记硬背一样,灵活性不够。况且下棋这种交流太死板了,人类之间的智能的交流通常离不开说和写,尤其离不开知识和逻辑这种东西。

"知识就是力量",弗朗西斯·培根(Francis Bacon)这句名言给了人们一个非常重要的启示——如果要和人一样"智能",计算机首先需要把万事万物的规律表示成知识并存储起来。虽然可以建立不同类型的知识,但我们首先关注两种最重要的知识:陈述性知识和过程性知识。陈述性知识,也叫描述性知识,是有关"是什么"的知识,主要是用来说明事物的性质、特征和状态,用于区别和辨别事物。过程性知识,也叫程序性知识,是有关"怎么做"的知识,不能直接陈述,只能通过某种作业形式间接推测其存在,例如加减运算。

与之对应的是,心理学上把长时记忆分为陈述性记忆和程序性记忆。陈述性记忆是指对事实性信息的记忆,比如名字、脸孔、日期和事实,像"自行车有两个轮子"。程序性记忆则是关于技术和习惯的记忆,像如何骑自行车、如何击打棒球的记忆。

知识的表示固然重要,但更重要的是如何运用知识来进行推理,得出有用的结论。显然这不是那么简单的事情,现实中很多人拥有丰富的知识素材,但是说不清道不明,更别提用来解决生产和生活中的问题了。就像宋代以后的一些武举，背了大量的兵书阵图，就是不会打仗，难怪有人会感叹“运用之妙，存乎一心”了。

亚里士多德是古代最伟大的哲学家、科学家和教育家之一，也是古马其顿国王亚历山大的老师。一生留下了大量的著作，其中包括著名的《工具论》《形而上学》《物理学》《伦理学》《政治学》《诗学》等。

最早而且最系统地进行这种抽象思维和逻辑推理方面研究的人应该是亚里士多德。他提出的著名的三段论就是演绎推理，首先假定两个前提条件是正确的，然后再通过这两个条件推断出结论。后人对此曾有过不少误解，比如下面这个例子，虽然耳熟能详，其实并没有出现在亚里士多德的任何著作中：

所有的人都是会死的，【大前提】

苏格拉底是人，【小前提】

所以，苏格拉底是会死的。【结论】

这个例子中的“苏格拉底是人”是单称命题，而亚里士多德的三段论都是用全称命题作为前提的，而且前提与结论表示为蕴含关系。比如，下面是《工具论》中原有的一个例子，大家可以和上面的例子对比一下：

如果所有阔叶植物都是落叶的，【大前提】

并且所有葡萄树都是阔叶植物，【小前提】

则所有葡萄树都是落叶的。【结论】

把它们符号化，有以下包含字母的一般形式：

如果所有 B 都是 A，【大前提】

并且所有 C 都是 B，【小前提】

则所有 C 都是 A。【结论】

三段论是逻辑学的基础，对于古希腊人来说，逻辑是在追求真理的过程中的一种分析方法，因此它被人们认为是一种哲学形式。在过去的两千多年里，逻辑学的发展受到了限制，一直没有突破性的成果，主要是数学家们力图用数学符号和算子来进行逻辑学的研究，但一直没有成功。据史料记载，19 世纪前期唯一涉足这个领域的人就是莱布尼茨，但他兴趣过于宽泛，很快就从逻辑学转移到其他领域去了。

在布尔之前，人们普遍认为逻辑和数学分属两个不同的学科。联合国教科文组织至今仍将两者严格分开。

莱布尼茨之后 100 年左右，乔治·布尔(George Boole)这位英国数学家终于在研究逻辑的数学定义上有了实质性的突破。首先是一部短篇著作《逻辑的数学分析——关于演绎推理的一篇随笔》，而后是一篇更长且更宏大的著作《思维规律的研究——逻辑与概率数学理论的基础》，通称《思维规律》(*The Laws of Thought*)。后一篇巨著的书名彰显了布尔的雄心壮志。因为理性的人总是通过逻辑进行思考，如果我们找到了一种利用数学来描述逻辑的方法，也会找到一种数学方法来描述大脑是如何工作的，这在那个时代确实是非常先进的思想！

布尔代数的思想非常简单。参与运算的元素只有两个：真(TRUE，T)和假(FALSE，F)，正好对应二进制的 1 和 0。基本的运算只有“与”(AND)、“或”(OR)和“非”

(NOT)3 种,对应数学符号"×""+"和"—"(标在元素正上方)。全部运算只用表 8.1 至表 8.3 所示的 3 张真值表就能完全描述清楚。

后来发现,这 3 种运算都可以转换成"与非"(AND-NOT)或者"或非"(OR-NOT)的运算。

表 8.1 与运算真值表

A	*B*	*A* AND *B*
T	T	T
T	F	F
F	T	F
F	F	F

表 8.2 或运算真值表

A	*B*	*A* OR *B*
T	T	T
T	F	T
F	T	T
F	F	F

表 8.3 非运算真值表

A	NOT *A*
T	F
F	T

这 3 张真值表说明,AND 运算的两个元素只要有一个为假,则运算结果永远为假。两个元素皆为真,运算结果才为真。例如,"企鹅会飞"这个判断是假的(F),"鸵鸟会跑"这个判断是真的(T),那么,"企鹅会飞并且鸵鸟会跑"就是假的(F)。但 OR 运算则不然,只要有一个元素为真,结果就是真的。所以,"企鹅会飞或者鸵鸟会跑"是真的(F)。至于 NOT 运算,就是简单地求反,对真的(T)求反就是假的(F),对假的(F)求反就是真的(T)。

和几乎所有的新生事物一样,布尔的研究成果一开始是不被欧洲大陆的同行们所认同的。但随着科学技术的发展,人们很快认识到了它的重要性,布尔的支持者在他的基础上最终完整地建立了一个新的学科门类——数理逻辑,或者叫符号逻辑,并形成了人工智能的三大学术流派之一——符号主义。后来,美国数学家贝尔评论道:"布尔割下来逻辑学这条泥鳅的头,使它固定,不能再游来滑去。"

在《编码:隐匿在计算机软硬件背后的语言》这本书中,查尔斯·佩措尔德以一个生动的例子展示了如何使用数理逻辑解决生活中的实际问题。具体描述如下:

查尔斯·佩措尔德(Charles Petzold)是 Windows 编程界的一位大师,当今世界顶级技术作家。他编著的 *Programming Windows* 是尽人皆知的 Windows 编程经典。

也许有一天,你走进宠物店对店员说:"我想要一只公猫,已绝育的,白色或褐色的均可;或者要一只母猫,也是已绝育的,除了白色以外,任何颜色均可;或者只要是只黑猫都行。"

请问哪一只猫适合你?

A. 未绝育的褐色公猫

B. 已绝育的白色母猫

C. 已绝育的灰色母猫

面对一个逻辑稍显复杂的问题,最好用符号来表示每一个事物,比如用 M 代表公猫,F 代表母猫,T 代表褐色猫,W 代表白色猫,B 代表黑色猫,N 代表绝育猫。则你对店员说的 3 句话可以分别表述为 3 个逻辑表达式:M and N and (W or T)、F and N and (not W)和B。整段话对应的逻辑表达式为$(M\times N\times(W+T))+(F\times N\times\overline{W})+B$,其结果为真(由于是 OR 运算,所以其中 3 个子表达式有一个为真就可以了)。那么,“未绝育的褐色公猫”不是你的期望,“未绝育”就决定了前两个子表达式都为假(N 代表绝育猫,为假,则 AND 运算为假),“褐色”则决定了最后一个子表达式为假(B 代表黑色猫,为假);“已绝育的白色母猫”也不是你想要的,“母猫”决定了第一个子表达式为假(M 代表公猫,为假,则 AND 运算为假),“白色”决定了后两个子表达式为假($\overline{W}$ 代表非白色的猫,为假,则 AND 运算为假);而“已绝育的灰色母猫”使得第二个子表达式为真,所以它是符合条件的。

在涉及国计民生的大政方针上,一样需要逻辑推理工具的帮助,尤其是条件较多、环节较长的复杂问题。所以,在行政职业能力测验中,专门设置了一类题型考察考生的逻辑思维能力。比如,2006 年中国国家公务员考试的一道逻辑判断题如下:

如果生产下降或浪费严重,那么将造成物资匮乏;如果物资匮乏,那么或者物价暴涨,或者人民生活贫困;如果人民生活贫困,政府将失去民心。事实上物价没有暴涨,而且政府赢得了民心。由此可见(　　)。

A. 生产下降但是没有浪费严重

B. 生产没有下降但是浪费严重

C. 生产下降并且浪费严重

D. 生产没有下降并且没有浪费严重

对于这类问题,辅导老师一般会让你背下大量的“充分条件假言命题”句式(例如“如果……那么(就)……”“有……就有……”“倘若……就……”“哪里有……哪里就有……”“一旦……就”“倘若……则”“只要……就……”),再记住所有的“必要条件假言命题”句式(例如“只有……才”“没有……就没有……”“不……不……”“除非……不……”“除非……才……”),然后应用它们的推理规则进行推理……总之,纷繁复杂,不仅耗时较长,而且总是记错。

如果学习过离散数学或者接触过数理逻辑的人,就会找到更便捷的方法,比如用 F 代表生产下降,W 代表浪费严重,S 代表物资匮乏,R 代表物价暴涨,P 代表生活贫困,L 代表失去民心。则题干中的前 3 句话分别表述为 3 个命题:$F+W\rightarrow S$;$S\rightarrow R+P$;$P\rightarrow L$。经过一系列的转化,整个前提条件对应的逻辑表达为$(\overline{F}\times\overline{W}+S)\times(\overline{S}+R+P)\times(\overline{P}+L)$,其结果为真(由于是 AND 运算,所以其中 3 个子表达式必须都为真)。根据题干的最后一句话,可以知道 R 为假且 L 为假,进一步推导出 P 为假(因为$(\overline{P}+L)$必须为真),接着推导出 S 为假(因为$(\overline{S}+R+P)$必须为真),最终可以得出 F 为假且 W 为假(因为$(\overline{F}\times\overline{W}+S)$必须为真),也就是答案“D. 生产没有下降并且没有浪费严重”。

举世瞩目的人机大战(二)

2011 年 2 月 17 日，由 IBM 公司和美国得克萨斯大学联合研制的超级计算机“沃森”(Watson)在美国最受欢迎的智力竞猜电视节目《危险边缘》(*Jeopardy*!)中击败该节目历史上两位最成功的人类选手肯・詹宁斯(Ken Jennings)和布拉德・鲁特(Brad Rutter)，以 3 倍于人类选手得分的巨大分数优势夺得这场人机大战的胜利。

“沃森”是 IBM 公司继“深蓝”之后研发的智能计算机，这个名字是为了纪念 IBM 公司创始人 Thomas J. Watson 而取的。“沃森”不仅存储了海量的数据，而且拥有一套逻辑推理程序，可以推理出它认为最正确的答案。IBM 公司开发“沃森”旨在完成一项艰巨挑战：建造一个能与人类回答问题能力匹敌的计算系统。事实证明，“沃森”的确与早期的计算机有着很大的不同，它在回答自然语言问题时鲜有障碍，而且能够应对《危险边缘》节目中微妙的语言，例如双关语和谜语。

8.2.3 神经网络与学习

符号主义力图用数理逻辑方法来建立人工智能的统一理论体系，但是遇到了不少暂时无法解决的困难。且不说逻辑推理本身就有“悖论”等自身问题，仅就知识表示来说，在开发真正的智能系统时就不是那么实用。最容易遇到的两个障碍就是常识录入和隐性知识。

现实问题的解决往往是建立在庞大的常识基础上的，如果缺乏这些常识，是无法做出正确的推理判断的，比如，不要在雷雨天打电话，不要随意和陌生人搭讪，乘坐公交车把包背在前面，过马路要先向两边看……我们假想一下，如果一位盲人要过马路，请计算机来帮忙，那会是怎样的场景呢？估计计算机会提出各种问题来确定前提条件：马路宽度是多少？有没有汽车？有没有摩托车？有没有自行车？有没有行人？它们速度都是多少？有没有逆行的？有没有红绿灯？有没有人行天桥？这些都是计算机必须获取的基本数据，它不会根据生活常识进行模糊判断。如果要录入所有的生活常识，且不说很容易挂一漏万，仅仅是人工成本就大得惊人。

根据知识能否清晰地表述和有效地转移，还可以把知识分为显性知识和隐性知识。比如，那些非正式的、难以表达的技能、技巧、经验和诀窍等都属于隐性知识，而这恰恰是人类智能的一种体现，正所谓“只可意会，不可言传”。据《庄子・天道》记载，齐桓公在堂上读书，在堂下做木工的轮扁问：“书上说的是些什么呢?”齐桓公答：“是古代圣人的话语。”轮扁说：“全是古人的糟粕吧!”齐桓公听到很生气，轮扁接着议论：“我在工作中发

悖论是表面上同一命题或推理中隐含着两个对立的结论，而这两个结论都能自圆其说。比如，“我在说谎”这句话是真话还是谎话；“这句话是错的”究竟是对还是错；还有理发师悖论——在萨维尔村，理发师挂出一块招牌：“我只给村里所有那些不给自己理发的人理发。”有人问他：“你给不给自己理发?”理发师顿时无言以对。

现了这个道理。砍削车轮，动作慢了松缓而不坚固，动作快了涩滞而不入木。不慢不快，手上顺利而且应合于心，口里虽然不能言说，却有技巧存在其间。我无法让我的儿子明白其中的诀窍，我的儿子也不能从我这里接受这一奥妙，所以我活了七十岁还在做工。古时候的人跟他们不可言传的道理一块儿死亡了，那么国君所读的书不也正是古人的糟粕吗?”

符号主义遇到的困难，让许多人工智能的研究人员把研究目标转向了借鉴在事物本质中观察到的现象，其中最著名的一例就是模仿人脑构成的神经网络。脑神经科学发现，人类的大脑进行信息加工和传递的基本单位是一种叫神经元的特殊细胞，也称神经细胞，具有一些成为树突的输入触角和一个称作轴突的输出触角(如图 8.8(a)所示)。经由一个细胞的轴突传递的信号反映了细胞是处于抑制状态还是兴奋状态。这种状态由细胞的树突接收到的信号的组合来决定。

神经元数量惊人，仅仅和行为控制相关的细胞就高达 10 亿之多。

权值可以是正值，也可以是负值。说明相应的输入对接收神经元的作用可以是兴奋或是抑制。此外，权的实际大小控制了相应输入单元对接收单元起抑制或兴奋作用的程度。因此，通过调节整个人工神经网络中的权值，就能够以预定的方式对不同的输入作出响应。

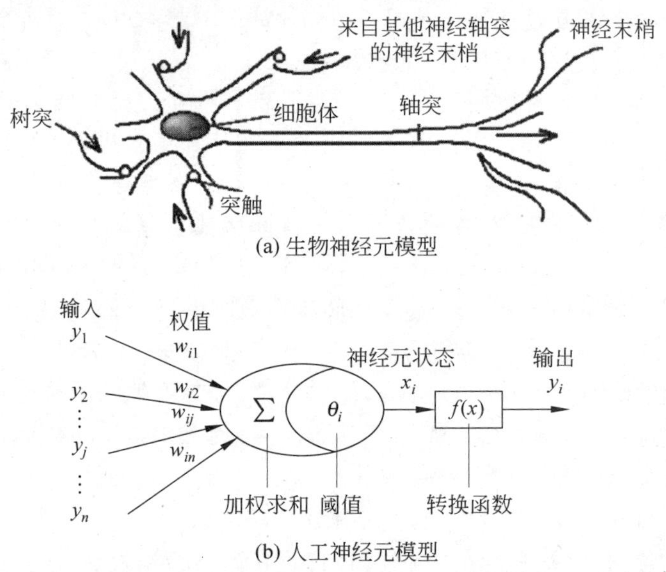

(a) 生物神经元模型

(b) 人工神经元模型

图 8.8　生物神经元和神经元模型示意图

于是人工神经网络的基本组成单位也就模仿生物神经元的这种基本功能。通过一个转换函数将其有效输入变为输出。当然这个有效输入是很多实际输入的一个加权和。如图 8.8(b)所示，神经元模型由椭圆表示，神经元之间的连接由箭头表示。其他神经元的输出(记为 $y_1, y_2, \cdots, y_j, \cdots, y_n$)作为示例所描述的神经元的输入。除了这些值，每个连接都与权相关联，分别记为 $w_{i1}, \cdots, w_{ij}, \cdots, w_{in}$。神经元把每个输入值与相应的权值相乘，再把这些乘积相加形成有效输入 $x_i = y_1 w_{i1} + y_2 w_{i2} + \cdots + y_j w_{ij} + \cdots + y_n w_{in}$。然后将这

个和 x_i 作为自变量带入转换函数 $f(x)$，求取其输出 $y_i=f(x_i)$。

人工神经网络通常按拓扑结构分层排列。输入神经元位于第一层，输出神经元位于最后一层。其他神经元层(称为隐含层)可以包含在输入层和输出层之间。一个层中的每个神经元与随后的层中的每个神经元互相连接。图 8.9 给出了一个多层神经网络的例子，注意这与实际的生物神经网络相比实在是太简单，一个人的大脑大约包含 10^{11} 个神经元，每个神经元约有 10^4 个突触。事实上，一个生物神经元的树突多得更像一张纤维网，而不像图 8.8 所表示的一个个触角。

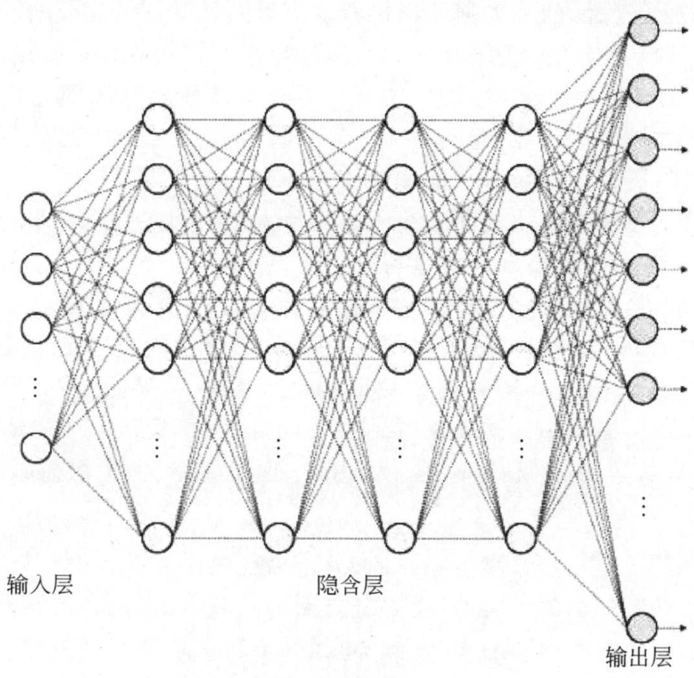

图 8.9 多层神经网络示意图

人工神经网络这种结构模拟的思想和符号主义迥然不同，它认为功能、结构和智能行为是密切相关的，不同的结构表现出不同的功能和行为。这种思想在几十年间逐渐发展壮大，形成了人工智能的三大学术流派之一——连接主义，又称仿生学派或生理学派。这一学派秉持的观点是："计算机能帮助人们更好地了解大脑，而了解大脑能帮助人们构造更好的计算机。"

人工神经网络还有一个重要特征，就是它的性能不通过传统意义上的编程实现，而是通过训练实现的。也就是说，程序员不是事先确定解决一个特定问题所需的权值，并把这些值"插入"网络中。相反，一个人工神经网络通过监督训练学习获得合适的权值，该训练是一个反复的过程，从训练装置获得的输入被应用到网络，然后用小的增量调整权值，使网络的性能接近期望状态。这就像我们儿时在父母的监督下学习辨识物体一样，比如，要学会认识猫这种动物，父母不需要用抽象的语言给我们描述猫的概念和特性（我们当时也听不懂）。常用的训练方法就是带着我们去见识包括猫在内的各种动物。每当我们辨认正确了，他们就会夸奖；如果我们辨认错误了，他们就会纠正。一来二去，我们就会在这种有监督的训练下形成猫的印象，并拥有了辨识猫的能力。

所以，除了表示和处理已有的知识，我们还希望赋予智能体获取知识的能力，能够自己不断学习的能力。于是，研究如何使用机器来模拟人类学习活动就成为一个研究热点，并逐渐发展为一门极具挑战性的学科——机器学习（Machine Learning，ML）。有一种观点认为："智能的本质在于学习能力，这是智能与本能最大的区别。"人和动物的繁殖、哺乳、神经条件反射等属于本能，是写在DNA里的，不用学就会；而写字、算术、画画、下棋等属于高级智能，需要通过学习才能掌握。

机器学习主要的应用领域有专家系统、认知模拟、规划和问题求解、数据挖掘、网络信息服务、图像识别、故障诊断、自然语言理解、机器人和博弈等。

显然，要研究机器学习，可以直接参考的就是人类自身的学习方法。对于一些相对简单的模式，比如机械式记忆、逻辑推理甚至是分类学习，现在已经可以通过计算机进行成功的模拟了。但是更为复杂的模式，比如类比学习和归纳学习，常常与联想、直觉、顿悟等联系在一起，我们难以搞清楚其机理，所以还没有办法在机器上实现。就拿著名的"卢瑟福类比"来说，英国物理学家欧内斯特·卢瑟福通过将原子结构与太阳系进行类比，从而发现了原子结构的奥秘，提出了卢瑟福原子模型。严格地说，当时并没有证据说原子与太阳系结构相似，他只是得到了一种启示，产生了灵感或直觉，从而有了发现。

欧内斯特·卢瑟福（Ernest Rutherford），新西兰著名物理学家，被誉为原子核物理学之父。学术界公认他为继法拉第之后最伟大的实验物理学家。

举世瞩目的人机大战（三）

2016年3月9—15日，由谷歌公司研发的一款人工智能程序AlphaGo（中文昵称"阿尔法狗"）与围棋世界冠军、职业九段选手李世石进行了5场人机大战。比赛采用中国围棋规则，奖金是由谷歌提供的100万美元。最终AlphaGo以4比1的总比分取得了胜利。要知道，这距离AlphaGo战胜职业二段选手樊麾（2015年底）仅仅过去几个月的时间。

AlphaGo进步如此神速，主要是因为它获取智能的方式和人类不同，它不是靠逻辑推理，而是靠大量的数据和机器学习算法。谷歌不仅收集了几十万盘围棋高手之间对弈的棋局，而且动用了上百万台服务器并行学习，还让不同版本的AlphaGo相互搏杀了上千万盘，这种高密集度的训练才能让它做到"算无遗策"。AlphaGo成功的意义不仅在于它标志着机器的计算能力上了一个更高的台阶，还在于它说明了机器的学习能力达到了一个崭新的水平。可以说，AlphaGo的获胜是人类的胜利，宣告了机器智能时代的到来。

8.3 机器人的广泛应用

1921年，捷克剧作家卡尔·恰佩克在他的剧本《罗萨姆的万能机器人》中创造了Robot一词。从此以后，"自动人偶""自动机械装置""自动控制机器"等词汇逐渐退出历史舞台，类似的智能机器全部统称为"机器人"。自20世纪40年代以来，在计算机、自动化、电子信息等技术的推动下，机器人已经广泛应用于工业生产的各个领域，被称为"制造业皇冠顶端的明珠"。近些年来，机器人又悄然进入医疗、娱乐、教育、安保等领域，成为服务民生的重要工具。未来，机器人还有可能成为堪比人类的智能体，成为智能社会不可或缺的元素，并深刻影响人类社会的发展进程。

8.3.1 传统机器人

机器人需要用机械装置来回移动和操作目标物体来与外界交互。早期的机器人学与操作器的发展联系紧密，这些操作器通常是带有肘、腕及手或工具的机械臂，如图8.10(a)所示。研究不仅涉及这样的装置如何操作，而且涉及如何维护和应用有关它们的位置和方向的知识(人闭上眼睛也能够用手摸到自己的鼻子，因为人对自己身体及各个部位有本体感觉)。随着时间的推移，机械臂已经能够更灵巧地定位，加之使用基于力反馈的触觉，进而成功地握住鸡蛋和纸杯，完成非常精巧的生产操作，如图8.10(b)所示。

机器人学(robotics)是研究具有智能行为的物理上的自主智能体的一门学科。对于所有的智能体，机器人在所处的环境中必须能够感知、推理和发生作用。因此，机器人学涵盖了人工智能所有的研究范围，并借鉴了很多机械和电子工程方面的知识。

(a) 传统生产线上的机械臂

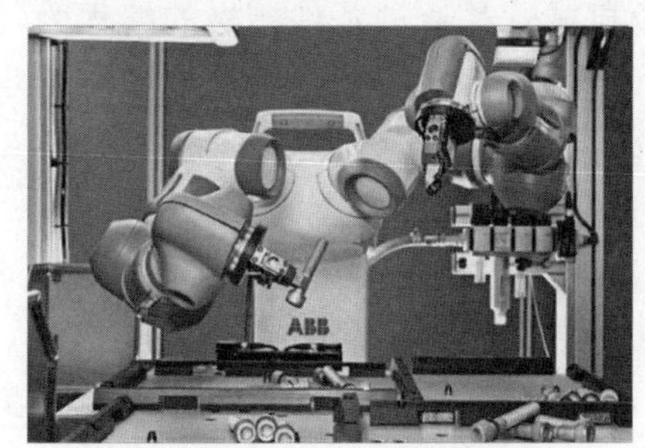

(b) 精密操作的机械臂

图8.10 机器人学中的机械臂

近些年来，快速、轻便的计算机的发展促进了移动机器人领域的前沿探索。这种灵活性导致了大量富有创意的设计。在机器人移动能力方面，研究人员已经开发出可以像鱼一样游动、像蜻蜓一样飞翔、像蝗虫一样跳跃、像蛇一样蜿蜒爬行的机器人。带有轮子的机器人较容易设计和建造，但它会受地形的限制。结合使用轮子和导轨，克服这种限制，使机器人能够爬楼梯或翻越岩石是当前的研究目标。例如,NASA(美国国家航空航天局)的"火星探路者"就使用特殊设计的轮子在火星的岩石层上行走(图 8.11)。

有腿的机器人可移动性很高,但是设计能像人一样行走的两腿机器人还是相当复杂的。例如,必须利用姿态感应传感器持续地监视和调整其姿态,否则它会跌倒;移动时要在不稳定的状态中寻找可以使状态收敛趋向稳定的下一个支撑点。最近,这些困难已经被逐步克服,例如法国机器人制造商 Aldebaran Robotics(日本软银集团旗下的子公司)在 2006 年推出的仿生机器人 NAO,外形和人类相似,不仅能够快速走动,还能够自己爬楼梯,甚至打太极拳,如图 8.12 所示。

图 8.11 火星探路者

图 8.12 机器人 NAO

尽管在操作器和移动能力方面取得了巨大的进步,但是大多数机器人仍然不够灵活。比如,工业机械臂是通过条件严格的编程为每个具体任务量身定做的,工作的时候一般不需要复杂的传感器,它假设零件将会按照指定的方式精确地传送到它们"面前"的相应位置。其他的移动机器人(比如仿生机器人 NAO 和军用无人机)也是按照事先设定的程序或者人的远程操控来实现其"智能"的。

在机器人的发展应用过程中,形成了人工智能的三大学术流派之一——行为主义。行为主义又称进化主义或控制论学派。它认为:智能取决于感知和行动,不一定需要知识和推理;人工智能可以像人类智能一样逐步进化;智能行为只能在现实世界中通过与周围环境交互作用而表现出来。

8.3.2 半机器人

人类和智能机械结合在一起,兼备两者的优点,成为"半机器人",这已经是现代科技发展的目标之一。从某种意义上说,半机器人不是新概念,因为人类一直在通过工程性产品来改善自身,比如一个由于心脏衰竭而装有起搏器的病人,或者身上装有其他电子设备来弥补自身某些器官功能缺陷的人,都可以称为半机器人。

英国雷丁大学控制论教授凯文·沃里克从20世纪末就致力于人体与机器结合的相关研究。2002年3月,外科医生将一枚硅芯片植入沃里克的左前臂中,使他成为一名一部分是人类肉体、一部分是电脑芯片的神奇半机器人。这项技术让沃里克教授能够利用思维来控制电动轮椅和远程操作实验室中的一只假手。他拿自己做实验有一个严肃的目标,那就是帮助因脊髓受伤等原因而瘫痪的病人。他希望能通过对神经信号的研究,最终让这些病人通过远程控制恢复部分自身行动能力。

英国色盲男子尼尔·哈尔比森是世界上首个政府承认的半机器人,他能利用一个与头部结合的摄像头装置"听颜色"。哈尔比森是一个全色盲,只能看到黑与白的颜色,他脑部安装的这个装置能把颜色转化为不同的音符,通过辨别不同音符的声音他就能"看到"不同的颜色。上大学二年级的时候,哈尔比森上了一门关于感官延伸的人工智能课程,他说服老师为他制作了一个人工智能感官装置。为了能正确听懂各种颜色,哈尔比森必须记下不同频率的声音所代表的颜色,譬如说红色是最低频的声音。哈尔比森表示,这个装置完全改变了他对艺术的理解,因为在他的世界里,颜色和声音是同样的东西。2004年,英国身份管理部门正式承认该装置是哈尔比森身体的一部分。

从外观上看,装备智能假肢的人和普通人想象中的半机器人更加吻合一些。智能假肢又叫神经义肢或生物电子装置,是指医生利用现代生物电子学技术把患者的人体神经系统与机械装置连接起来,以嵌入大脑和听从大脑指令的方式替代这个人的躯体部分缺失或损毁的人工装置。《机械公敌》里面威尔·史密斯的左臂就是一个智能假肢,而且和真正的肢体外观一模一样;而《机械战警》中的主角(图8.13)和《终结者4》里的马库斯则更加超前,他们的身上除了大脑几乎全部都是机械装置了。

对于半机械人的概念,科学家的理解往往更加宽泛。他们认为未来的世界将到处是半机械人,他们可能拥有起搏器、电子眼睛或者仿生手臂,也可能是正常人穿着外骨骼机械服。而近些年来,各国军队加大了对机械外骨骼的研发,已有信息表明目前进入了实用阶段,如图8.14所示。机械外骨骼即传统科幻作品中"机甲"的简化版,又名外骨骼装甲或外骨骼机甲,其结构类似于昆虫的外骨骼,能穿在人身上,给人提供保护、额外的动力或能力,增强人体机能,如使腿残疾的人能自己上楼,让士兵能健步如飞、无障碍奔跑且不会疲劳、不会受伤等等。电影《钢铁侠》中小罗伯特·唐尼(Robert Downey Jr.)的钢铁衣就是机械外骨骼的典范,《异形》《黑客帝国》等科幻电影中也出现过机械外骨骼。

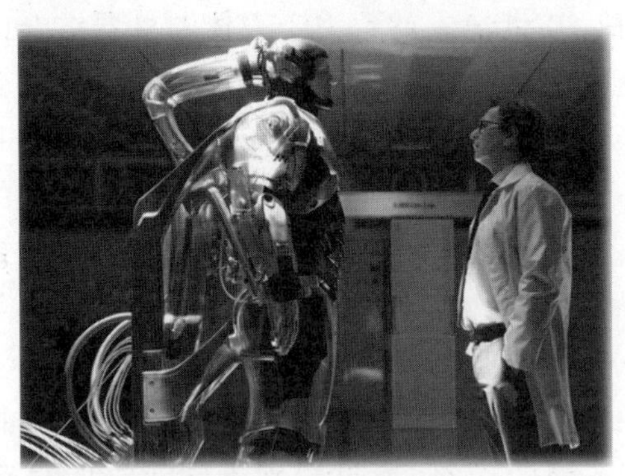
图 8.13 《机械战警》剧照

图 8.14 机械外骨骼

8.3.3 智能机器人

克服对人的依赖，是研究智能机器人的一个主要目标。问题涉及一个自主的智能机器人需要知道关于其所处环境的哪些知识，以及需要预先计划其行为到什么程度。一种方法是建造能维持所处环境详细记录的机器人，该记录还包含目标物体的一个详细目录以及它们的方位，通过这些信息制定行动的详细计划。这个方向的研究很大程度上依靠知识表示和知识存储方面取得的进展以及推理和规划技术的改进。

另一个可选择的方法是开发反应型机器人，该方法不用保持复杂的记录，也不用耗费精力去构建详细行动计划，只要应用与外界交互的简单规则时时刻刻指导它们的行为即可。反应型机器人技术的支持者认为：当计划一个长途汽车旅行时，人们不会预先制定全面而详细的计划，相反，他们仅仅是选择主要路线，而对于像到哪吃饭、走哪些出口以及如何绕道行驶等细节则是到时候再考虑。同样，一个反应型机器人若要通过一条拥挤的走廊，或从一栋大楼走到另一栋大楼，也不会预先制定非常详细的计划，但是当碰到障碍时，它会应用简单的规则避开。这是历史上最畅销的机器人——iRobot Roomba 真空吸尘器(图 8.15)所采用的方法，它以反应模式在地面上来回移动，而不会为记住家具的详细信息和其他障碍而费心。毕竟，这次碰到的家庭宠物下次不一定还待在同一个地方。

当然，单一的方法并不是在所有情况下都是最好的。真正的智能机器人最有可能使用多层标准的推理和计划，应用高级技术设定和达到主要目标，应用低级反应系统完成次要目标。这种多层次推理的例子可以在 RobCup 比赛(一个机器人足球队的国际性比赛)中发现，人们力图在 2050 年开发出能够对抗世界级人类足球队的机器人足球队。这里的重点不是建造能够“踢”球的移动计算机，而是设计一个能够相互协作以实现共同目标的

图 8.15　iRobot Roomba 吸尘机器人

机器人足球队。这些机器人不仅要移动和对自己的行为做出推断，而且还要对队友和对手的行为作出预判。

图 8.16　会判读情绪的机器人 Pepper

与机器人相关的研究成果很多都令人难忘，这方面的例子举不胜举。虽然当前的机器人与科幻电影和文学作品中的机器人相差甚远，但是在执行特定任务上已经取得了很大的成功。机器人已经能够为武器导航、驾驶交通工具、模仿宠物狗的行为举止甚至模拟人类的情感。图 8.16 是日本软银集团 CEO 孙正义在 2014 年的新闻发布会上展示的人形机器人——Pepper（即“小辣椒”）。这款号称世界上第一个具有人类情感的机器人配备了语音识别技术、呈现优美姿态的关节技术以及分析表情和声调的情绪识别技术，可与人类进行交流。

从专业人士的角度来看，Pepper 属于感情陪护型机器人，以对话交流为主，而不以作出行动、提供服务为主。

8.4　智能时代的隐忧

人类正在进入智能时代，这个大趋势无法逆转。正如凯文·凯利所说的那样：“你问我未来什么是最重要的技术？我会告诉你是人工智能。未来，它会像电一样重要。”的确，身处都市中的你已经被各种智能设备所包围，无论是智能手机、智能电视还是智能冰箱。在不久的将来，你将更加离不开人工智能：早上醒来，智能卫浴就会为你自动调节水温，智能厨房就会为你自动烹饪早餐；出门上班，无人驾驶汽车早就整装待发，安全地将你送到目的地；走进办公室，智能办公桌就立刻为你播放重要通知，打开办公设备，调整日程安

凯文·凯利（Kevin Kelly，人们经常亲昵地称他为 KK），《连线》（*Wired*）杂志创始人兼主编。他的文章还出现在《纽约时报》《经济学人》《时代》《科学》等重量级媒体和杂志上。

排……

但是,在享受人工智能的全方位服务,过得像一个贵族的同时,你是不是已经有了一丝隐忧?如果这些原本需要人类才能完成的事情都可以由人工智能代替,那么我们人类还能干什么?还有什么工作可以体现人类的价值?如果人工智能将来有了自己的想法或者类似人类的意识,那么它们还会乖乖服从人类的命令么?它们会不会不断进化,妄图统治人类?

8.4.1 "机器上岗"之利

最早提出"工业机器人"概念的是美国发明家乔治·德沃尔(George Devol)。1954年,第一台可编程的机器人由他设计并完成,并在数年后开始正式参与工作,被投入到通用汽车生产线上。德沃尔将专利技术授权给约瑟夫·恩格尔伯格,后者在1959年创立了世界第一家机器人公司Unimation,并研制出世界上第一台工业机器人。可以说德沃尔和恩格尔伯格合力打造出了一个全球性的工业机器人产业。

约瑟夫·恩格尔伯格 Joseph F. Engelberger 被誉为"机器人之父"。机器人行业协会表示,恩格尔伯格的成就"彻底改变了现代工业和汽车制造的生产过程,并继续在服务机器人的研发中发挥作用"。

但是工业机器人的实际应用还受到了两方面制约:一是相关技术的成熟度不够,即生产质量与安全问题;二是其成本与人力成本相比不占优势,也就是经济上不划算。近些年来,随着信息科学和机械制造技术的不断发展,技术方面已经不是问题了。而企业管理者发现随着生活水平的不断提高,人力成本一路飙升,这种现象从发达国家已经蔓延到了发展中国家。在我国,珠三角制造业第六次年度调查数据显示:2015年珠江三角洲工资涨幅高达8.4%,而要应对用工短缺和工资上涨,最普遍的做法就是在积极优化生产流程和工艺的同时,增加自动化投入。

正是由于技术和时机的成熟,我们在不知不觉中采用了人工智能带来的解决方案——"机器上岗"。比如佛山一家制冷设备公司,原来需要7名工人负责生产空调遥控器;实现自动化生产之后,只需要两名员工,而装配效率提高了一倍。佛山一家电梯制造公司引进了意大利的工业机器人来替代旧设备和员工,只安排两个员工进行操作,另一名员工备勤,其生产能力提升了50%;在格力电器的珠海工厂中,用于搬运码垛、机床送料等生产环节的都是工业机器人,劳动效率比人工提升了30%。

在世界上技术发达的地区,开采矿石、装货运货、组装配件等以前需要大量人工的工作已经越来越多地被智能化设备所取代,繁重的工作大多交给了机器,而只有少量的工人负责机器的运行和维修。孙正义曾经算过一笔账:仅软银集团就拥有3000万各种类型的机器人(智能软件或实体机器),每个机器人可以24小时不休息,这与3个普通人类工人的劳动力相当,每个机器人成本是900元,且日后还会降低。而一个普通人类工人的平均月工资为3000～4000元,且不断上涨。因此他提出:"未来GDP的排名取决于机器人的数量和智能化程度,而不再依靠人口基数。"

一开始,我们认为机器最擅长的是一些单调、机械、重复、技术含量低的任务,即所谓的"蓝领"工作。比如工厂中的器械制造、仓库里的搬运组装、网络上的简单问答……而现在,一度被标榜为高级脑力劳动的自然语言理解、人脸识别、图像分类等任务,都可以通过训练有素的神经网络自动完成。智能翻译、无人驾驶、围棋博弈中的技术难题也在被人工智能一项一项攻克。比如,在10年前,无人驾驶汽车还只是电影《变形金刚》《机械公敌》里面的想象。到如今,在谷歌、苹果、百度等IT公司的大力推动下,它真的来到了我们身边,这也预示着在不久的将来,司机这个庞大的职业群体很可能要消失。据称,未来10～20年,人工智能将取代日本49%、美国47%、英国35%的人类工作岗位。在这一大趋势之下,没有哪个国家或地区可以幸免,你我皆要参与其中。

2016年达沃斯世界经济论坛预计,到2020年,人工智能导致全球减少710万个工作岗位,与此同时,创造出210万个新的工作岗位。

特斯拉的"智能工厂"

特斯拉汽车公司(Tesla Motors)是一家美国电动车及能源公司,成立于2003年,总部设在美国加州的硅谷地带。由于最初的创业团队主要来自硅谷,所以特斯拉是用IT理念来造汽车,而不是沿袭底特律那些传统汽车厂商的思路。特斯拉的工厂位于美国内华达州,是全球最智能的自动化生产车间,从原材料到产品的出库,真正实现了自给自足。它在冲压生产线、车身中心、烤漆中心与组装中心的四大制造环节中一共"雇用"了150台机器人,就轻松搞定了以前需要几个大公司通力合作才能完成的任务。

在冲压生产线,一个机器臂就能够独立搬运整个车架,在6s之内完成一个发动机盖的冲压;在烤漆中心,通过机器臂悬挂的车身依次进入不同的水洗池,由机器人依次喷涂不同颜色的漆,使得原来锃亮发光的白色钢板有了各种颜色;在组装中心,各种机器人在计算机指令的引导下连续完成多套动作,依次从货物架上取下零部件,自动安装到合适的位置。车间流水线不停地运转,却没有了以往印象中工人忙碌的身影,只有机器人与机器人之间的无缝对接(图8.17)。可以说,此类智能工厂不仅降低了生产成本,而且提高了生产效率,让更多的人能够享受到科技发展带来的便利。

8.4.2 "失业危机"之痛

科学技术对人类社会带来的影响是非常复杂的,有好也有坏,人工智能技术也不例外。一方面它可以改善人们的生活,延长人类的寿命,让人们摆脱低层次的劳动,投入到更高的追求;另一方面,也会让很多人无事可做,进而引发更加严重的社会问题。吴军博士在《智能时代》这本书的最后一章里,回顾了人类历史上的三次重大技术革命,以及每次冲击之后一两代人的生存境遇。用无情的事实告诉我们,要消除技术革命的负面影响,往

图 8.17 特斯拉智能工厂

往需要长达几十年的时间！

为什么需要那么长的时间来消除负面影响？因为技术革命会使很多产业消失，或者产业从业人口大量减少，释放出来的劳动力需要寻找出路。理论上讲，我们可以乐观地相信：现代社会制度一定会为我们广大白领和蓝领排忧艰难，为我们创造出新的工作机会，安排好适宜的生活方式。但现实是残酷的，我们必须承认一个并不愿意承认的事实，那就是被淘汰的产业的从业人员能够进入新行业中的少之又少。虽然各国政府都试图通过各种手段帮助那些从业人员掌握新的技能，但是收效甚微，因为上一代人很难适应下一代的技术发展。设想一个四五十岁的人，重新回到课堂，和十几岁的学生一起学习一门新的专业，难度可想而知。

以往的经验告诉我们，消化这些劳动力主要是等待他们退出劳务市场，而并非他们真正有了新的出路，能够和以前一样称心如意地工作。这就是每次技术革命都需要花半个世纪来消除它带来的动荡的原因。唯一不同的是，在两次工业革命的时候，大家认识不到关心这些被产业淘汰的从业人员的重要性，因此引发了“羊吃人”和“经济大萧条”这样的严重后果。如今，各国政府已经充分意识到了“以人为本”的重要性，因此即使很多人无法跟上时代的节奏、创造有用的价值，也得“养着”。为此，有些国家将无所事事的人强制塞到公司里(比如日本和欧盟，很多公司都是死而不僵)，有些国家难以淘汰过剩产能(比如我国，目前很多地方都存在产能过剩问题)，但解决问题的途径都是一个“耗”字。耗上两代，社会问题就会慢慢解决掉了。

在“耗”的过程中，被淘汰产业的从业人员是非常无奈的。根据马斯洛需求层次理论(图 8.18)，人的复杂之处在于不仅仅满足于衣、食、住、行此类基本的生理需求。还会有更高的需要，比如得到一份体面的工作。有了体面的工作，就有了一定的归属感，才能赢马斯洛需求层次理论是人本主义科学的理论之一，由美国心理学家亚伯拉罕·马斯洛于1943年在论文《人类激励理论》中提出。该理论将人类需求像阶梯一样从低到高按层次分为5种，一般来说，某一层次的需要基本满足了，就会向高一层次发展，追求更高一层次的需要就成为驱使其发展的动力。

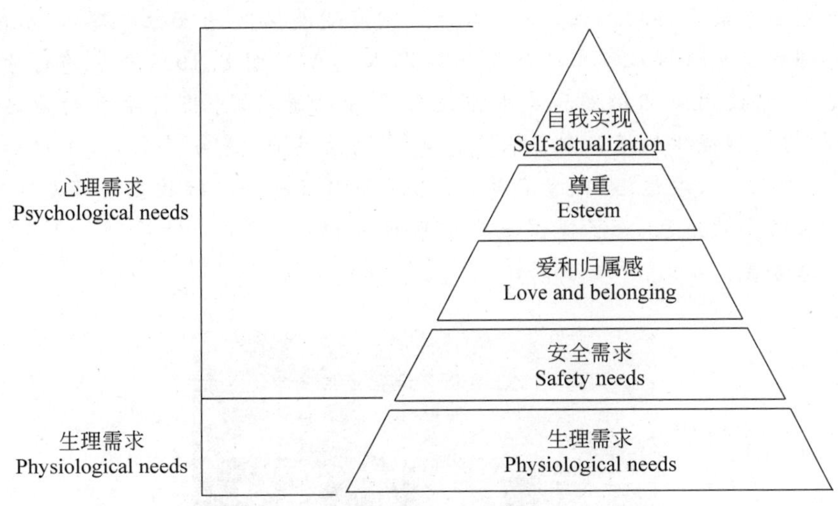

图8.18 马斯洛需求层次理论(模型)

得别人的尊重，进而实现自己的价值。2011年，美国爆发了所谓占领华尔街运动，起因是一群无业游民、低收入者和左派人士聚集到纽约街头，抗议美国政府解决经济危机不利。随后这场运动席卷多个城市，并且在其他国家引发了相同的支持活动。但这场运动没有什么太明确的目标，参与者不知道反对哪个领导人，反对什么纲领或措施，要求什么具体权益。而且从媒体报道和卫星照片上可以看到，人群里没有我们想象中的营养不良、衣不遮体的穷人。可以说，现代社会的福利制度给他们提供了足够的物质保障，让他们能够去搞运动。

不过，占领华尔街运动还是引起了美国社会的反思。这些被淘汰产业的从业人员或低收入者出路在哪里？通过福利和救济将他们养起来显然是不够的，因为这些人的人生前景依然是灰暗的，他们没有学习新技能的能力，没有体面的工作，也就没有办法融入现代生活。而即将到来的智能革命的冲击将会更加猛烈。不是仅仅淘汰一小部分人，而是大多数人都可能被社会进步所抛弃！我们目前还不知道如何在短期内创造出能吸纳几十亿劳动力的产业，更不知道怎样才能让大多数学习能力较弱的中老年人适应新的工作。

日本的机器人服务酒店

Henn-na酒店(意思为奇怪)是一家位于日本南部长崎县佐世保市的主题酒店，也是世界上首家完全由智能机器人代替真人担任服务员的酒店。店中的机器人精通日文、中文、英文3种语言，可以与人进行交流，甚至能读懂人类的肢体语言。店主表示，机器人服务员承担了店内70%的工作，在节约成本、提高效率的同时，也打造出了本店的宣传特色，吸引了大量慕名而来的游客。

来到酒店前台办理入住，迎接你的是拥有甜美微笑的女性机器人 Actroid、面目狰狞的恐龙机器人和来自法国的机器人 NAO(图 8.19)；酒店的行李员也是机器人，它使用面部扫描和房卡系统记录客人资料，并将行李准确地送达房间；由村田机械提供的清洁机器人充当酒店的清洁员、送货员角色，不仅能够吸地，还可以为客人运送浴巾、食品等；酒店房间内有一个吉祥物式的可爱玩偶，它充当私人助手的角色，除了提供一些信息服务，还能够用声音控制灯光、设置电话叫醒服务等。

图 8.19　Henn-na 酒店的机器人前台

8.4.3 "奇点临近"之惧

一块生铁或者青铜是冷冰冰的、没有什么知觉，不会开口说话，更没有意识。所以当一个工匠决定把这块金属打造成一口宝剑、一把菜刀或者某种其他器具的时候，金属本身没有选择的权利，也不可能命令工匠"必须把我铸造成什么"。生活在两千多年前的庄子却有这种超乎常人的想象力，他在《庄子·大宗师》中写道："今大冶铸金，金踊跃曰：'我且必为莫邪！'大冶必以为不祥之金。"

这个故事一方面表达了古人是如何理解人工智能的，另一方面也可以看出人们对智能工具的恐惧。不要以为这只是一个无厘头的怪谈，当《汽车总动员》中各种汽车都能开口说话甚至发号施令的时候，和莫邪有什么区别？当生产车间、家用电器、武器系统都在计算机控制之下的时候，我们还能做些什么？当拥有自我意识、超凡智力并且金刚不坏的人工智能出现的时候，人类会感到安全吗？

可以说，人工智能带来的失业问题还不是最严重、最令人恐惧的，最让人类担心的是人工智能究竟能不能超越人类智能。早在 1983 年，数学家弗诺·文奇就提出了"技术奇点”的概念，他认为奇点就是人工智能超越人类智力的时间点，在奇点来临之后，世界的发展将会脱离人类的掌控。科幻电影《终结者》就把奇点设定在 20 世纪末的 1997 年 7 月 3 日。影片中讲述了人类研制的高级计算机控制系统“天网”全面失控，机器人有了自己的意志，将人类视为敌人，它们发射核弹到地球的各个角落，杀死了几十亿人，并派遣智能机器人去刺杀人类反抗组织的领导人。

《终结者》(*The Terminator*)是 1984 年上映的美国科幻动作片，有 4 部续集。这部经典影片由詹姆斯·卡梅隆执导，阿诺德·施瓦辛格主演。

这种让机器拥有人类思维的想法，在学术界称为“强人工智能”。别说在 20 世纪末，就算是 10 年前来看，真正实现“强人工智能”似乎仍是一件遥遥无期的事情。不过，随着机器学习等前沿技术的不断发展，现在很多科学家都认为在有生之年就可以看到这方面的突破。雷·库兹韦尔在《奇点临近》一书中大胆预言：21 世纪 30 年代，人类大脑信息传输成为可能；40 年代，借助人工智能技术，人体会进化成半机器半肉体形态，人们大半时间会沉浸在虚拟现实之中；大约在 50 年代，奇点来临，人工智能会超越人类智力(图 8.20)。

雷·库兹韦尔(Ray Kurzweil)，美国发明家、未来学家、企业家。他曾发明了盲人阅读机、音乐合成器和语音识别系统。为此他获得许多奖项，比如狄克森奖、卡内基·梅隆科学奖等。

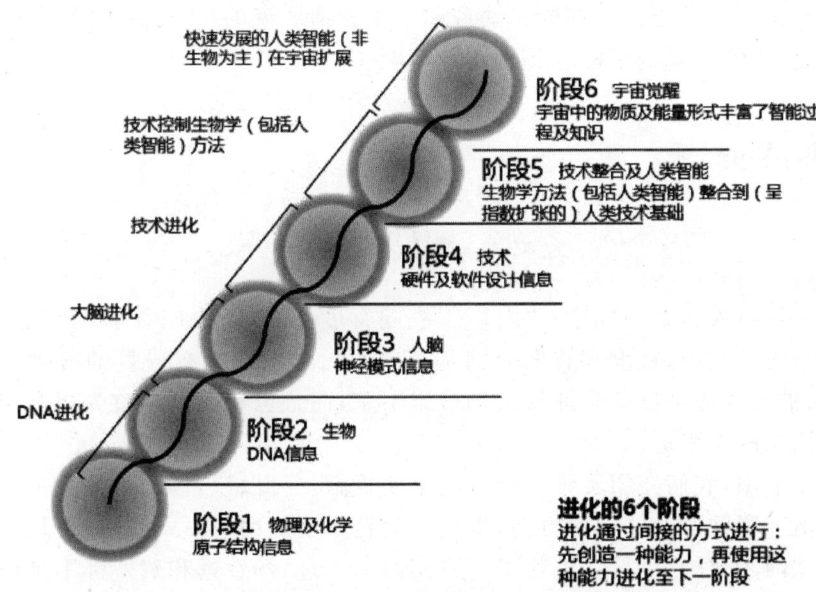

图 8.20　宇宙中智能进化的 6 个阶段(来源：《奇点临近》)

西方有一句谚语：“如果你无法接受我最坏的一面，你也不配拥有我最好的一面。”对待人工智能的发展也是如此，造福人类和毁灭世界很可能相伴而来。所以，我们一方面不能因噎废食，因为恐惧而抗拒科学技术的进步；另一方面也不能掉以轻心，在享受人工智能带来的种种好处的同时，要增强忧患意识。毕竟，人类的伦理是科技的界限。我们应该未雨绸缪，提前思考可能出现的问题，准备好应对措施。

艾萨克·阿西莫夫（Isaac Asimov），美国著名科幻小说家、科普作家、文学评论家。一生著述多达500本，题材涉及自然科学、社会科学和文学艺术等许多领域，与凡尔纳、威尔斯并称为科幻历史上的三巨头。

《我，机器人》，又名《机械公敌》，是由亚历克斯·普罗亚斯执导的现代科幻电影，由威尔·史密斯、布鲁斯·格林伍德、詹姆斯·克伦威尔等影星主演。该片讲述了人和机器人之间相处，人类自身是否值得信赖的故事。

在这方面，美国科幻小说家艾萨克·阿西莫夫走在了时代的前列。他于1912年就提出著名的“机器人三定律”，这虽然只是他在科幻小说里的创造，但随着其影响力的扩大，被人们当作强人工智能必须遵守的“法律”，后来也成为学术界默认的研发原则。而这三大法则互相约束，逻辑严密，对人工智能的研究与发展有着一定的指导意义：

第一法则——机器人不得伤害人类，或坐视人类受到伤害。

第二法则——除非违背第一法则，机器人必须服从人类的命令。

第三法则——在不违背第一及第二法则下，机器人必须保护自己。

后来又出现了补充的“机器人零定律”——机器人必须保护人类的整体利益不受伤害，其他3条定律都在这一前提下才能成立。

三定律加上零定律，看来堪称完美，但是，“人类的整体利益”这种混沌的概念连人类自己都搞不明白，更不要说那些用0和1来想问题的机器人了。阿西莫夫的代表作《我，机器人》于2004年被搬上了银幕，其故事内容恰恰说的是“机器人三定律”在真实世界中可能产生意想不到的问题。就如同主演威尔·史密斯所说的：“机器人没有问题，科技本身也不是问题，人类逻辑的极限才是真正的问题。”

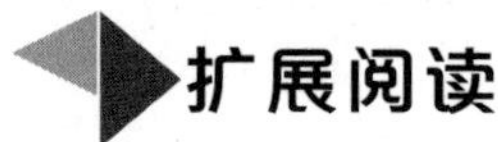

扩展阅读

谷歌公司的智能搜索

在网络上流传着这么一句话：“内事不决问百度，外事不决问谷歌，专业问题直接去知乎和维基百科。”其中，百度和谷歌分别是当前国内和国外最有分量的搜索引擎。尤其是谷歌，不仅被公认为是目前全球最大的搜索引擎，而且当年正是它首先揭开了用搜索引擎取代门户网站的序幕。

在6.3.1节中，我们介绍了雅虎公司的重要贡献。可以说，杨致远的远见卓识不仅体现在早早看清互联网产业的发展方向，提出了免费午餐的商业模式，还在于从一开始就意识到整理互联网内容的重要性，创建了门户网站。不过，杨致远和费罗都不是信息技术领域的专家，也没有时间研究人工智能方面的问题，他们就照搬了传统的信息检索技术（针对图书馆文献和档案设计的）——手工创建目录。好在当时网上内容不多，他们动用大量人力很快就建立了覆盖互联网大部分内容的目录。但这种做法后来为雅虎的发展带来了一种不好的传统——喜欢用人工校正机器的结果，而不是依靠改进算法来优化结果。

计算机自动分类检索的结果之所以让人很不满意，主要是受到两个问题困扰：“搜不到”和“不相关”。如果把互联网上存在的所有网页分成两部分，一部分是搜索引擎检索到了的，另一部分是搜索引擎没检索到的（也就是说没有呈现在用户面前的）。检索到的这部分网页可以再细分一下：有一些是和用户想找的内容相关的，记为集合 A；另外一些是和用户想找的内容无关的，记为集合 B。而搜索引擎没检索到的网页也可以同样细分一下：和用户想找的内容相关的，记为集合 C；和用户想找的内容无关的，记为集合 D。

从图 8.21 可以看出，如果要提升查全率，就把 C 尽量变成 A。于是，美国 DEC 公司开发了 AltaVista 搜索引擎，这个引擎能检索到互联网上大多数网页，这就让它一夜之间声名远扬。此时，另一个问题也凸现出来了，那就是把 C 变成 A 的同时，往往 D 也变成了 B，也就是说相关的可能都搜到了，但不相关的也跟着混进来了。当年使用 AltaVista 的用户发现，输入关键词能检索到大量的结果，但排在前面的很多都不相关，需要翻好多页，从多如牛毛的结果中辨别哪些是自己想要的。

美国 DEC（Digital Equipment Corporation，数字设备公司）诞生于 1957 年。1998 年 1 月被康柏以 96 亿美元的价格收购，2001 年惠普和康柏宣布合并。

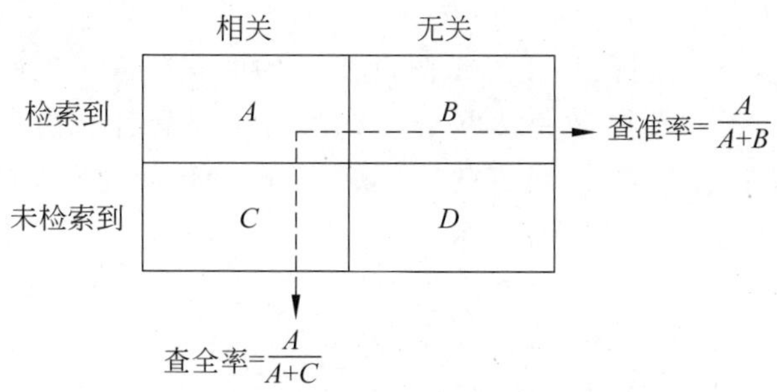

图 8.21　查准率和查全率的定义

正在斯坦福大学攻读博士学位的拉里·佩奇（Larry Page）和谢尔盖·布林（Sergey Brin）觉得自己应该为互联网做点事情，那就是提升查准率。于是，他们发明了 PageRank 算法，这个算法把查准率从 20%～30%提升到 70%～80%，也就是说，之前的搜索引擎（包括 AltaVista 在内）检索出 10 条结果，只有两三条是相关的，而谷歌的 PageRank 算法得到的结果有七八条相关。想一想这在当时是多么"智能"，就算是让专家去甄别，在海量搜索结果面前，也不一定能达到这种准确率！所以吴军博士在《浪潮之巅》中说："今天的谷歌和其他搜索引擎与当初的谷歌相比已有了长足的进步，但是这种进步基本上属于量变。搜索引擎领域迄今为止唯一的质变只有谷歌取代 AltaVista 那一次。"

在第 6 章的扩展阅读"互联网的产业规则"中，介绍了杨致远等人借鉴传统报业的商业模式，为互联网企业寻找到了合适的营利方式——广告。雅虎公司的广告营销部门完全和传统广告业一样，要么是靠自己的员工拉广告，要么是委托广告批发商找广告，这就产生了大量的人工成本。而且，它在订单处理和广告投放上基本还是手工方式，这不仅需要人工成本，而且导致很多网页正文和广告内容基本无关，产生不了预期的产品宣传效果。

虽然雅虎采用数据库管理它的所有广告，但是，广告如何投放以及放在网页的什么位置都是半手工的工作。

谷歌不仅在搜索引擎上领先于雅虎，而且在广告业务上也更加"智能"。不管什么人想在谷歌上做广告，只要在谷歌的网站上填一张表，写几个自己感兴趣的关键词和广告的内容，再告诉谷歌每天愿意付的广告费即可。不仅如此，谷歌公司根据搜索的关键词来决定投放广告的内容，广告的针对性很强，效果与雅虎公司的随机广告不可同日而语。对于直接在网页上投放的广告(没有用户搜索关键词)，谷歌会从网页的内容中提取关键词，依然能够保证广告内容和网页内容相关。

为了方便做广告的商家了解广告的效果，谷歌还搞出了一套自动的模拟系统，告诉商家它的广告每天可以有多少人看，有多少人点击(商家可以推算出每次浏览或者点击的广告费。)在此基础上，谷歌改变了收费方式——按广告点击量而不是广告显示的次数收费。毫无疑问，这更符合商家的利益，因此很多公司和个人就从其他广告媒体转到谷歌上来了。

2002年左右，凯文·凯利在和拉里·佩奇交谈的时候问道："拉里，我搞不懂。已经有这么多家搜索公司，干吗还要做免费网络搜索？这主意有什么好的?"佩奇的回答让他一直难忘："我们其实在做人工智能。"此后，除了DeepMind之外，谷歌还收购了另外十多家与人工智能相关的公司。乍一看，你会认为谷歌正通过扩充人工智能方面的投资组合改善自己的搜索能力，毕竟搜索引擎业务贡献了其总收入的80%；但事实恰恰相反，谷歌正利用搜索改善它的人工智能。每当你输入一个查询词句，点击或创建一个链接，都是在训练谷歌的人工智能。谷歌每天处理的上百亿次的查询，都是在一遍又一遍地帮助它进行深度学习和模型优化。

仔细回顾谷歌这些年的业务扩张，表面上围绕着网络搜索和互联网广告业务，而背后的技术支撑则是人工智能。无论是谷歌地图、谷歌翻译、安卓系统、云计算中心、谷歌眼镜，还是后来的谷歌自动驾驶汽车(Google Driverless Car)，都是力图用人工智能技术来取代人力，在高效地解决实际问题的同时，也为大众提供更好的服务。尤其是谷歌自动驾驶汽车，不仅可以根据谷歌街景图和卫星地图上的数据来动态规划路线，而且可以同时对数百个"目标"(例如行人、公共汽车、作出左转弯手势的自行车骑行者、各种交通指示牌等)进行监测并采取合适的应对措施。这可以说是人工智能的集大成者，也为未来交通工具的发展指明了方向。

谷歌眼镜(Google Project Glass)是由谷歌公司于2012年4月发布的一款"拓展现实"眼镜，它具有和智能手机一样的功能，可以通过声音控制拍照、视频通话和辨明方向，以及上网冲浪、处理文字信息和电子邮件等。

2012年，谷歌公司就开始对自动驾驶汽车进行实地测试(图8.22)。同年8月，自动驾驶汽车的行驶总里程已经超过了50万千米，没有发生任何交通事故。随后，美国的几个州先后通过允许自动驾驶汽车上路的法律。到了2015年6月，谷歌的自动驾驶汽车行驶总里程已经达到了160万千米，其中停车20万次，遇到60万个红绿灯与1.8亿个其他交通工具，相当于一个美国成年人75年的汽车驾驶量。这段时间内，谷歌的23辆自动驾驶汽车总共遭遇了14次交通事故，但谷歌宣称所有事故都不是自动驾驶汽车的错，而是事故另一方的责任。

图 8.22 谷歌用于测试的自动驾驶汽车

掌中的人工智能

人工智能技术发展到今天,越来越多地用在了智能手机上面。例如,谷歌研发的 Google Goggles——一个提供虚拟搜索引擎的智能手机应用,只要用智能手机的照相机对某一本书、某一地标性建筑或某一标记拍照,Goggles 就会执行图像处理、图像分析和文本识别,然后启动一次 Web 搜索来识别对象。如果讲英语的你正身处法国,那么可以为一个标记、菜单或其他文本拍照,然后把它翻译成英文。除 Goggles 外,谷歌还积极地研究声音对声音的语言翻译,很快你就可以用英语对手机讲话,然后让手机播放其对应的西班牙语、中文或其他语言的声音。随着不断以创新的方式使用 AI,智能手机无疑会越来越智能,这是当年创建人工智能学科的先辈们所无法想象的。

自然语言处理难在何处?

8.1 节提到了图灵给出的判断机器是否"智能"的标准——图灵测试,即一个人在不接触对方的情况下,通过一种特殊的方式,和对方进行一系列的问答,如果在相当长时间内,他无法根据这些问题判断对方是人还是机器,就可以认为这台机器具有和人相当的智力,即这台机器是能思维的。这也引发了人们的深入思考:机器能不能理解人类的语言呢?如果能,那和人类的方法是否一样呢?

学习外语课的人有一个直接的经验,那就是要大量地记忆并练习语法规则、词性和构词法等。也就是说基于规则来学习,人类就可以很快地掌握一门语言。关于这一点,诺姆·乔姆斯基在《句法结构》一书中提出的"生成语法"被认为是 20 世纪理论语言学领域最伟大的贡献。这一理论认为说话的方式(词序)遵循一定的语法,这种语法具有形式化

艾弗拉姆·诺姆·乔姆斯基(Avram Noam Chomsky),美国哲学家,是麻省理工学院语言学的荣誉退休教授。

的特征。让我们举一个示例,也就是一个非常简短的句子:"小红喜欢小明。"这个句子可以分为主语、动词短语(即谓语)和句号3部分,然后可以对每个部分作进一步分析,得到如图8.23所示的语法分析树。

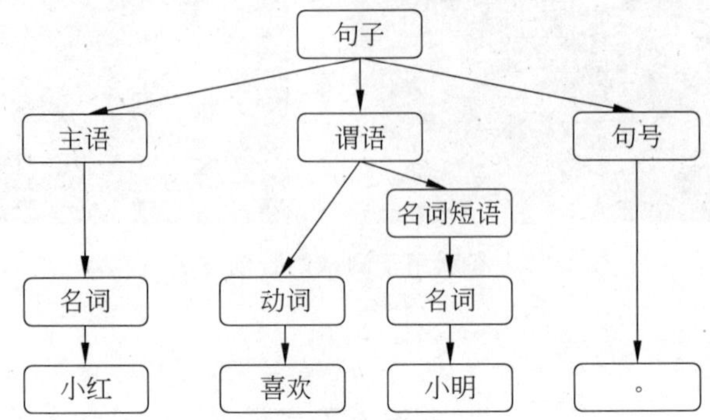

图8.23 句子的语法分析树(示例)

20世纪60年代,正是基于乔姆斯基的"生成语法"理论,人们成功发明了多种计算机程序设计语言,这些语言被称为形式语言。它们都严格遵守语法规则,非常简洁,没有任何歧义,所以对应的编译器很容易理解它们,将其转化为机器代码,进而执行出结果。但是,当人们用类似的方法分析人类的语言时,就出现了问题:首先,从图8.23的例子可以看出,一个如此简短的句子竟然涉及8条语法规则,形成了如此复杂的树结构。如果处理长句子,复杂程度可想而知;另外,想要通过语法规则来覆盖哪怕20%的真实语句,也至少要几万条语法规则。每个大学生都深有体会,哪怕你学了十几年外语,依然无法涵盖全部的语法,在看外国电影、与外国人交谈的时候,还是时常露怯;最要命的是,形式语言是精心设计的,先制定语法规则,然后演绎出了所有的语句,所以简单高效,易于处理,没有漏洞。而自然语言是在人类文明进程中自然形成的,先有了语言,然后才归纳出一些相对通用的语法规则,不仅有大量的例外,而且字里行间充斥着歧义性、冗余性、隐喻性。

正是由于这些有别于形式语言的特点,即便对于人类来说,理解某些语句也是比较困难的,更何况是人工智能。网上有一则笑话可以体现其难度。

有一位在中国学习了10年中文的外国人去参加一场汉语等级考试,看到考题后哭晕在考场,考题是这样的:

请翻译下列语句中重复词语或句子的意思。

1. 冬天:能穿多少穿多少;夏天:能穿多少穿多少。
2. "剩女"产生的原因有两个:一是谁都看不上,另一个是谁都看不上。
3. 女孩给男朋友打电话说:"如果你到了,我还没到,你就等着吧;如果我到了，你还没到，你就等着吧。”

4. 单身的原因：原来是喜欢一个人，现在是喜欢一个人。

为什么这些考题对于一般的中国人来说就比较容易呢？那是因为我们可以通过代入当时所处的情景以及以往的生活经验来综合分析其深层含义。可以说，如果没有常识作为基础，自然语言中一些看似简单的话语，理解起来也是非常困难的。

在过去的近30年里，自然语言理解方面的研究已经从基于规则的方法转变为基于统计的方法，而且在语音识别、机器翻译、文本挖掘等领域取得了巨大的进展。不过，想要让人工智能完全理解人类的语言，真正通过图灵测试，还是有很多难题要攻克的。正如图灵所说的那样："我们只能向前看很短的距离，但是我们能够看到仍然有很多事情要做。"

基于统计的方法的原理和示例介绍可见吴军博士的《数学之美》一书第3章"统计语言模型"。

参考文献

[1] 冯天瑾. 智能学简史[M]. 北京：科学出版社，2008.

[2] 中国电子学会. 机器人简史[M]. 北京：电子工业出版社，2015.

[3] 杨朴宇，刘鹄伟，杨朴伟. 贤二机器僧漫游人工智能[M]. 北京：北京联合出版公司，2016.

[4] 凯文·凯利. 必然[M]. 周峰，董理，金阳，译. 北京：电子工业出版社，2016.

第9章

物 联 网

网络的形式将成为贯穿一切事物的形式，正如工业组织的形式是工业社会内贯穿一切的形式一样。

——曼纽尔·卡斯特尔（美国南加州大学传播学院教授）

目前工作和生活中最常用的3种网络分别是电信网、有线电视网和计算机网（也就是传统意义上的互联网）。它们向用户提供的服务有所不同：电信网的用户可得到电话、电报以及传真等服务；有线电视网的用户能够观看各种电视节目；计算机网则可使用户能够迅速传送数据文件，以及从网络上查找并获取各种有用资料，包括图像、视频和音频文件。

虽然这3种网络在信息化过程中都起到了十分重要的作用，但其中发展最快并起到核心作用的还是计算机网。随着技术的不断发展，电信网和有线电视网有了逐渐融入了现代计算机网的趋势（图9.1），这就产生了"三网融合"的概念。这样一来，电话、电视和计算机一样，都可以成为互联网上的设备，给人们提供更加丰富多彩的服务内容。

三网融合又叫三网合一，意指电信网络、有线电视网络和计算机网络的相互渗透、互相兼容、资源共享，能为用户提供语音、数据和广播电视等多种服务。这并不意味着三大网络的物理合一，而主要是指高层业务应用的融合。

科技的浪潮往往是一波未平一波又起，而且还一浪高过一浪。三网融合的事儿还没搞定，我们就吃着碗里的望着锅里的了——既然电话、电视都连上互联网了，咱们把汽车也连接上吧。于是，"车联网"的概念隐约浮现出来。车联网这一产业还没落地，互联网就显示出了更大的野心——你也别一个一个地弄啥"飞机联网""冰箱联网""房子联网"了，咱一锅烩，把世间万物都连接进来。这个包罗万象的网络就叫作物联网（Internet of Things，IoT），如图9.2所示。

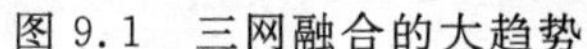
图 9.1　三网融合的大趋势

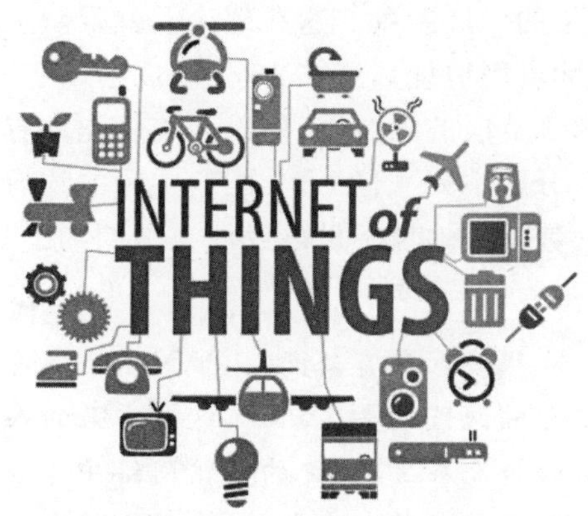

图 9.2　“物物互联”的网络

物联网的起源

物联网的理念最早可以追溯到 1991 年。当时，剑桥大学特洛伊计算机实验室的科学家们在工作时需要下楼去看咖啡煮好了没有，但常常空手而归，这让工作人员觉得很烦恼。于是，他们在咖啡壶旁边安装了一个便携式摄像头，以 3 帧/秒的速率将图像传递到实验室的计算机上，以方便工作人员随时查看咖啡是否煮好。后来，这套“特洛伊咖啡壶”系统在升级更新后，通过实验室网站连接到因特网上。没想到的是，仅仅为了窥探“咖啡煮好了没有”，全世界因特网用户蜂拥而至，近 240 万人点击过这个名噪一时的“咖啡壶”网站。

关于物联网的起源，还有另外一种未经考证的说法。据说在 1990 年，卡内基·梅隆大学的校园里有一群程序设计师，他们每次敲完代码后都习惯到楼下的可乐贩卖机买上一罐冰可乐，可很多时候只能看着空空的可乐贩卖机败兴而回，这令他们十分苦恼。于是，他们就把楼下的可乐贩卖机连上网络，写了段代码监视可乐贩卖机还有多少罐可乐，当然还要看看是不是冰的。

卡内基·梅隆大学（Carnegie Mellon University，CMU）坐落在美国宾夕法尼亚州的匹兹堡。该校拥有全美顶级计算机学院和戏剧学院，该校的艺术学院、商学院、工学院以及公共管理学院也都在全美名列前茅。

9.1　网络协议的变革

在生活中，如果想给朋友打电话，就要先知道对方的电话号码。如果没有电话号码，就无法通过电信网络联系到这个朋友。同理，在互联网上想要访问某台计算机，就必须知道它的 IP 地址（网址对应该网站的 IP 地址）。可以认为，没有 IP 地址的计算机是无法接入互联网的。

第 6 章介绍了目前最常用的 IP 协议还是第 4 个版本，称为 IPv4，它规定 IP 地址是一为了方便人们的记忆，都是以 4 段十进制形式呈现给用户，4 段之间用“.”隔开，例如 192.9.200.13。

关于 IP 地址的解释，请见本书 6.1.2 节。

个 32 位的二进制数。这在理论上就限制了因特网上的地址数量不能超过 2^{32}，约为 43 亿个，实际可用地址数量在 40 亿个以内(一些地址具备特殊意义，还要被保留)。由于因特网起源于美国的阿帕网，所以北美优先占有了 3/4 的 IP 地址，约 30 亿个。人口最多的亚洲仅仅分配不到 4 亿个，分配给中国的约有 3000 多万个，这只相当于美国麻省理工学院拥有的数量。地址不足已经严重地制约了我国及其他国家互联网的应用和发展。

代理 IP

很多人会有疑问：ICANN 只给我国分配了 3000 多万个 IPv4 地址，但是仅仅大陆网民就多达几亿，这多出来的人是怎么上因特网的呢？其实，这种资源短缺的情况在 20 世纪的电信网络中也出现过——当时中国的大多数工薪阶层并没有条件安装家庭电话，更别提拥有移动电话了。不过，我们依然可以通过村委会和传达室的公用电话联系上自己的亲戚朋友。也就是说，张三想要和远方的李四聊天，就去村委会拨通李四住宅区的传达室电话，让值班的大爷大妈叫李四来接电话。

可以认为，村委会和传达室的公用电话给人们提供了一种“代理服务”，这使得整个村庄或整个住宅区的所有人员都可以通过这种服务连入电信网络。因特网上也有类似的代理服务，而提供代理服务的计算机系统或其他类型的网络终端称为代理服务器。如图 9.3 所示，位于中间位置的代理服务器有一个公网 IP 地址，可以直接连入因特网。位于左侧内部网络的 3 台计算机使用的是私有 IP 地址，它们只能通过代理服务器来访问因特网上的 Web 站点。

私有 IP 地址是一段保留的 IP 地址。只在局域网中有效，无法在 Internet 上直接使用。就像昵称一样，只在亲朋好友的范围内称呼，到了社会上就没有辨识度了。

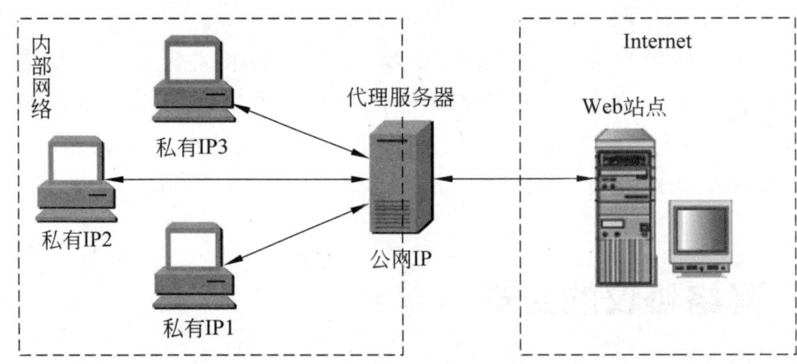

图 9.3 通过代理服务器上网

代理服务这种方式可以极大地节省 IP 地址开销：只需要给代理服务器分配一个公网 IP 地址，内部网络的所有计算机就都可以通过它来上网。当然，这种间接的连接还是会降低获取外网(因特网)信息的效率。但正因如此，也起到了保障信息安全的作用：代理服务器可以作为防火墙来隔绝内外，使得外网的黑客和病毒只能攻击代理服务器，无法直接访问内部网络的其他计算机。

防火墙的定义和作用详见7.4.4节。

到了2011年，最后一批基于IPv4的IP地址也全部用尽，很多计算机已经没有办法直接连入因特网了。而人们还想把数量远远多于计算机的电子设备甚至世间万物互联起来，这就需要突破IPv4地址限制的壁垒。人们开始探索新的解决方案——下一代网络协议IPv6。

与IPv4相比，IPv6具有以下几方面的优势：

(1) 更大的地址空间。IPv6地址长度为128b，这在理论上可以提供多达2^{128}个地址，约为3.4×10^{38}。IPv4提供的4.29×10^{9}个地址与之相比，完全不在一个数量级上。可以这么说，IPv6可以给全世界每一粒沙子都分配一个独一无二的地址。

(2) 更好的服务质量。改进了数据包的包头格式，简化和加速了路由选择过程；使用了更小的路由表，提高了路由器转发数据包的速度；加入了对自动配置的支持，使得网络(尤其是局域网)的管理更加方便和快捷；如果新的技术或应用需要时，允许协议进行扩充……这些改动使得IPv6能够提供更好的网络服务。

(3) 更高的安全性能。IPv4出现的时候，由于历史的局限，人们仅仅考虑到便捷易用，连整体的规模都没有预估好，更何况安全这种高级的需求。但随着技术的发展，网络攻击的威胁与日俱增，这些年来人们不得不给IPv4打上一个又一个额外的安全补丁。而IPv6内置了已有的安全通信协议，可以对传输的数据进行加密和校验，为网络稳定和信息安全提供了可靠的保障。

图9.4　IPv4到IPv6的过渡

2012年6月6日，国际互联网协会举行了世界IPv6启动纪念日，这一天，全球IPv6网络正式启动。多家国际知名网站，如谷歌、Facebook和雅虎等，于当天全球标准时间0时(北京时间8时)开始永久性支持IPv6访问。

目前，IPv4依然占据着网络层协议的主要地位，而互联网的规模如此之大，使得没有哪个机构能够在同一个时间将全球的互联网设备都升级到支持IPv6。况且，很多配套设施最初都是针对IPv4设计的，一旦升级IP协议就必须重新设计和替换它们，这是一项旷日持久的巨大工程。因此，从IPv4到IPv6的过渡应该是一个循序渐进的过程(图9.4)，我们在体验IPv6好处的同时还需要保障IPv4用户的网络服务。这也是IPv6能否成功的一个重要因素。

9.2 独一无二的标识

《纽约客》(*The New Yorker*),也译作《纽约人》,是一份美国知识、文艺类的综合杂志。《纽约客》创刊时每周一期,后改为每年出版 47 期,其中 5 期是双周刊。《纽约客》现由康得纳斯出版公司出版。

1993 年 7 月 5 日,《纽约客》上刊登了一则由彼得·施泰纳(Peter Steiner)创作的漫画(图 9.5)——一只坐在计算机前的狗对坐在地板上的另一只狗说:"在互联网上,没人知道你是一条狗。"(On the Internet, nobody knows you're a dog.)。这幅漫画在发布之初并没有受到太多的关注,但是随着互联网的兴起,它却越来越为人们所喜爱,这句话也成为了老少皆知的名句。深入思考之后,可以发现它形象地揭示了网络的"隐匿性"——在虚拟世界里,我们很难识别出对方的真正身份。

图 9.5 在互联网上,没人知道你是一条狗(来源:《纽约客》)

到了物联网时代,新的网络协议提供了数量如此庞大的 IP 地址,理论上使得我们能够把世间万物都连接起来。这时候,每个 IP 地址的背后不仅仅是大型服务器或个人计算机了,还有可能是家用电器、交通工具、动植物甚至人类自身。于是,一个问题日益凸显出来——网络上正在向你发送信息的到底是什么?

9.2.1 一维条形码

正如通过身份证号可以毫无疑义地辨识一个人一样,我们完全可以给所有的物品进行编号。当然,这个编号还要很容易被机器自动识别出来。这种技术就是超市里用来快速处理商品信息的条形码技术。

条形码,或简称条码,是由一组规则排列的"条"(黑条)、"空"(白条)以及对应的字符组成的标记。这些"条"和"空"按照一定的规则组成,可以表示一定的信息。当使用专门的识别设备,比如手持式条形码扫描器扫描这些条形码时,条形码中包含的信息就可以转换成计算机可以识别的数据。目前市场上常见的一维条形码所包含的信息是一串数字或字母,如图 9.6 所示。

条形码的起源

在 20 世纪 20 年代的威斯汀豪斯实验室,一位性格古怪的发明家约翰·科芒德(John Kermode)异想天开地想对邮政单据实现自动分拣(当然,那个时候

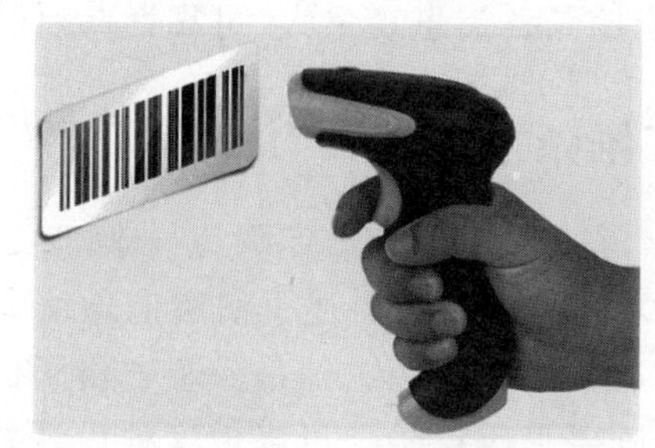

图 9.6 一维条形码(左)及扫描器(右)

对电子技术应用方面的每一个设想都会使人感到非常新奇)。他的想法是在信封上做条形码标记,条形码中的信息是收信人的地址,就像今天的邮政编码。

为此,科芒德发明了最早的条形码标识,设计方案非常简单,即一个"条"表示数字1,两个"条"表示数字2,以此类推。然后,他又发明了由基本元件组成的条形码识读设备:一个能够发射光并接收反射光的仪器(扫描器),一个测定反射信号的方法(即边缘定位线圈)以及使用测定结果的方法(即译码器)。目前的条形码技术虽然是多次改进之后的结果,编码方式和以前大不相同,使用起来更加精准可靠,但其基本原理依然和最初的设计是一样的。

当计算机及网络出现以后,手工输入的方式在生产制造、运输、控制等领域经常变成系统的瓶颈。人们需要一种可以快速、准确地对物体进行识别以配合信息系统处理的技术。而一维条形码技术恰好具有速度快、精度高、成本低、可靠性强等优点,于是就被广泛应用于各行各业。几十年来,它给人们的工作、生活带来的巨大变化是有目共睹的。

然而一维条形码的信息容量比较小,例如商品上的条形码,一般仅能容纳十几个阿拉伯数字或字母,因此只是商品的编号而已,不包含对于相关商品的具体描述(生产国、制造商、产品名称、生产日期)。只有在数据库的辅助下,人们才能通过一维条形码得到商品的详细信息。换言之,如果离开了预先建立的数据库,一维条形码所包含的信息丰富程度将会大打折扣。由于这个原因,在没有数据库支持或者联网不方便的地方,其使用就受到了相当大的限制。

通过条形码扫描器扫描,就可以读取条形码所包含的商品编号信息,然后根据这个编号在数据库中查询其生产国、制造商、产品名称、生产日期、图案分类等属性信息。

另一方面,一维码无法表示汉字或者图像信息。因此,在一些需要应用汉字和图像的场合就显得很不方便。而且,即使我们建立了相应的数据库来存储相关产品的汉字和图像信息,这些大量的信息也需要一个很长的条形码来进行标识。而这种长的条形码会占用很大的印刷面积,从而给印刷和包装带来难以解决的困难。因此,人们希望条形码中直接包含产品的各种相关信息,而不需要根据条形码从数据库中再次查询这些信息。

基于上述种种原因,现实的应用需要一种新的方案,这种方案除了具备一维条形码的优点外，还应该具备信息容量大、可靠性高、保密防伪性强等优点。

9.2.2 二维条形码

1969年，科幻小说作家艾萨克·阿西莫夫创作了一部名为《赤裸的太阳》(*The Naked Sun*)的小说，书中讲述了使用信息编码的新方法实现自动识别的事例。那时人们觉得此书中的条形码看上去像是一个方格子的棋盘，今天的专业人士马上会意识到这是一个二维矩阵条形码符号。可以说这种设计思想带来的是一个从“线”到“面”的飞跃。

如图9.7所示，与一维条形码只能从一个方向读取信息不同，二维条形码可以从水平、垂直两个方向来获取信息，因此，其包含的信息量远远大于一维条形码，并且具备自纠错功能。当然，二维条形码的工作原理与一维条形码类似，在进行识别的时候，将二维条形码打印在纸带上，阅读条形码符号所包含的信息需要一个扫描装置和译码装置，统称为阅读器。阅读器的功能就是把条形码条符宽度、间隔等空间信号转换成不同的输出信号，再进一步转换成二进制编码输入计算机处理。

图9.7 一维条形码与二维条形码的区别

与一维条形码相比，二维条形码具有以下几个方面的优势：

(1) 存储容量大。二维条形码可以存储上千个字符的信息，比起一维条形码的十几个字符，存储量大为增加，而且能够存储中文，其不仅可应用于处理英文、数字、汉字、记号等，甚至空白也可以处理，而且尺寸可以自由选择，这也是一维条形码做不到的。

(2) 容错能力强。二维条形码采用故障纠正的技术，遭受污染以及破损后也能复原。即使条码受损程度高达50%，仍然能够解读出原数据，误读率仅为6100万分之一。

(3) 安全性高。在二维条形码中采用了加密技术，保密性、防伪性都大幅度提高。

(4) 方便灵活。一维条形码在经过传真和影印后机器就无法进行识读，但二维条形码经传真和影印后仍然可以使用。此外，二维条形码还可以进行彩色印刷，而且印刷机器和承印材料都不受限制，非常方便灵活。

看到图9.8中所示的这些色彩丰富、背景生动的二维码，你是不是也有了一种“扫码的冲动”？打算立刻掏出手机扫一扫？冷静！别冲动！在这里，还是要提醒大家加强自己的安全意识（图9.9）。第7章列举了一些网络诈骗的案例，尤其是钓鱼网站之类的教训，我们一定要引以为戒，千万不能“有WiFi就连”“见二维码就扫”。在享受条形码技术带来的便利之时，还是要多了解一点，多核实一下，多慎重一些。

钓鱼网站通常伪装成银行或正规商家，以此来诱使用户把资金转入指定的账户，或者骗取用户输入的金融账号、口令等敏感信息。

图9.8 二维条形码

图9.9 “一扫而空”的骗局

从一维码到二维码，条形码已经成为我们生活中不可或缺的一部分了。在社交的时候，我们会扫一扫对方的微信二维码，加为好友获取信息；在购物的时候，我们也扫一扫商铺的支付宝二维码，快捷交易不用找零；在外出的时候，我们同样掏出手机扫一扫共享单车二维码，随时取用低碳出行。可以说，我们已经进入一个“有码走遍天下，离线寸步难行”的时代了。

种植出来的巨型二维码

2012年，在加拿大亚伯达省拉科姆市的一个家庭农场，克雷和蕾切尔夫妇种出了面积巨大的二维条形码——2.8万平方米的玉米迷宫（图9.10）。这个奇特的玉米田已经被吉尼斯世界纪录认证为当时世界上最大的、可使用的二维码。有媒体评论称，这是农业和科技两个领域的重大突破。

图9.10 面积最大的二维码

据报道，克雷和蕾切尔在翻看各种杂志的时候看到上面有不少二维码，他们突发奇想地计划将自家农场的玉米地改造成二维码的形状。于是，他们在设计师和技术工人的帮助下完成了这个创造纪录的巨幅作品。当然，这个二维码并不是摆设，如果有人在乘飞机飞过这块玉米田时拿手机对着它扫一扫，就可以自动跳转到这家农场的网站。

近些年来，条形码在越来越多的情况下已经不能满足人们的需求了。这是其自身固有的特性所导致的：

（1）读取信息的限制条件多。一是明暗程度，扫条形码需要很好的光线，我们都有这样的体验：夜晚在角落里找到一辆共享单车，不得不打开手电，才能扫码开启。二是运动状态，最好让阅读器和条形码处于相对静止的状态，如果你站在路边扫飞驰而过的公交上的条形码，几乎是不可能成功的。三是操作手法，阅读器要近距离正对条形码，如果两者之间距离较远或者角度较偏，很可能导致扫码失败。

（2）存储信息的限制条件多。一维条形码只有十几个字符的存储量，二维条形码虽然可以存储上千个各种字符，但对于现代社会的应用来说还是不够的；条形码一旦生成就不可更新，没有办法动态改变其包含的信息，这极不利于添加内容和回收利用。

（3）使用场景的限制条件多。条形码一次只能读取一个，不可以同时读取多个，不适合火车乘客出站或者汽车通过高速公路收费站的情形；条形码必须暴露在表面，阅读器没有办法读取包装盒内的条形码，不适合统计集装箱内物品的种类和数量；条形码有明显的几何图案，即使是在色彩样式上更加丰富的二维码也可以轻易看出来，所以不适合用在人和其他非卖品上面。

9.2.3 射频识别

前面讲了这么多关于条形码的内容，那么到底有没有新的技术既继承条形码的优点又能克服其缺点呢？近几年，已经出现了一种条形码技术的替代品——射频识别（Radio Frequency Identification，RFID）技术，它以近乎疯狂的速度一夜之间席卷全球。当它与新的网络协议 IPv6 结合到一起的时候，双方巨大的潜能进一步释放出来，一场影响深远的革命就要来临了。

从这个角度讲，条形码依靠的是一维或二维几何图案来提供“有形”的信息。

射频识别，又称无线射频识别、感应式电子芯片、近接卡、感应卡、非接触卡、电子条码，生活中最常见的名称还是电子标签。这是一种无线通信技术，可以通过无线电信号识别特定目标并读写相关数据，而无须识别系统与特定目标之间建立机械或者光学接触。用通俗的话来说，就是它的标签和阅读器无须接触便可完成识别，而且通过电子芯片能够存储数量巨大的“无形”信息。

RFID 的起源

大多数人可能认为 RFID 是一项最近几年才诞生的新型技术，而实际上 RFID 的历史可以追溯到第二次世界大战时期。那时德国、日本、美国和英国都在采用一项于 1922 年发明的新技术——雷达发现正在接近的飞行目标。但雷达的一个致命弱点就是无法分辨敌我双方的飞机。德国人发现当他们在返回基地的时候，如果拉起飞机将会改变雷达反射回的信号形状，从而与敌军进攻的飞机有所区别。这种简单拙劣的方法可以被认为是最早的被动式 RFID 系统。

与此同时，英国启动了一个秘密项目，开发出能够识别敌我双方飞机的敌我识别器(IFF)。敌我识别器被安装在英国飞机上，当接收到雷达信号以后，敌我识别器会主动广播某个特定信号返回给雷达，从而区分敌我双方的飞机。这种方法可以被看作是最早的主动式 RFID 系统，后来它也成为现代空中交通管制的重要工具，如图 9.11 所示。IFF 技术可以看作是 RFID 技术的萌芽，其系统组件昂贵而庞大，只能优先应用在军事和实验室等领域。随着大规模集成电路、可编程存储器、微处理器以及软件技术和编程语言的发展，RFID 技术才开始逐渐推广和部署在民用领域。

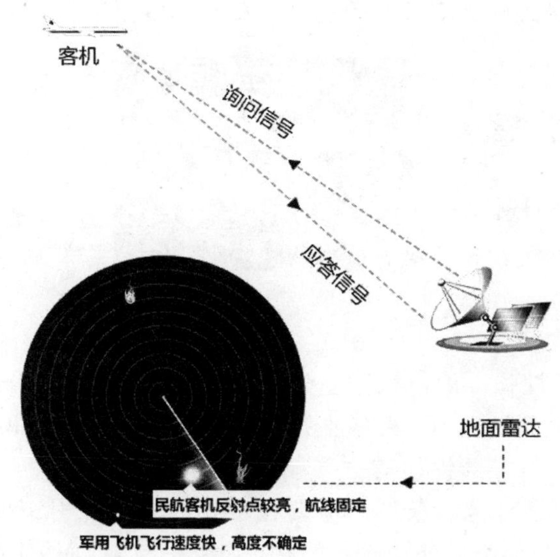

图 9.11　通过雷达和 IFF 进行空中交通管制

一般而言，RFID 系统由读写器(阅读器)、天线和标签三大组件构成，这三大组件一般都可以由不同的生产商生产。RFID 源于雷达技术，所以其工作原理和雷达极为相似。首先读写器通过天线发出电子信号，标签接收到信号后发射内部存储的标识信息，读写器再通过天线接收并识别标签发回的信息，最后读写器再将识别结果发送给计算机。RFID 系统的体系架构如图 9.12 所示。

与条形码相比，RFID 标签具有以下几方面的优势：

(1) 体积小且形状多样(图 9.13)。RFID 标签在读取时并不受尺寸与形状限制，不

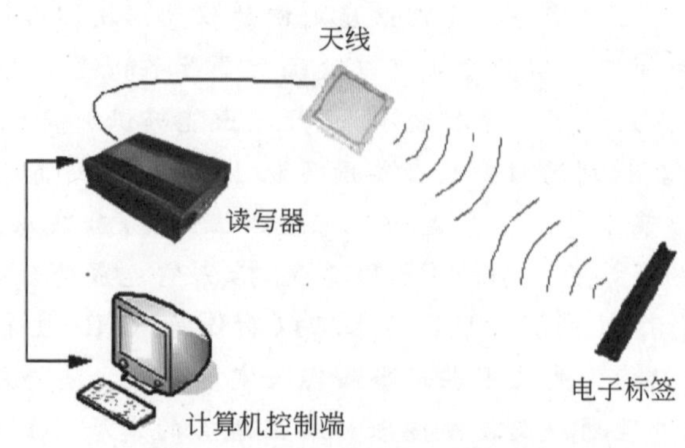

图 9.12　RFID 系统的组成结构

需要为了保证读取精度而规定纸张的固定尺寸和印刷品质。

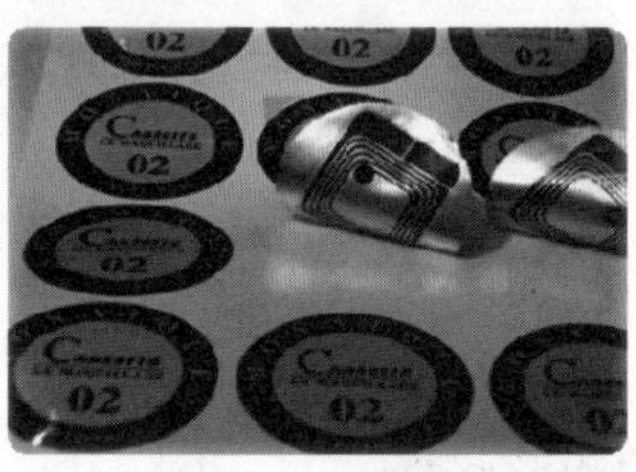
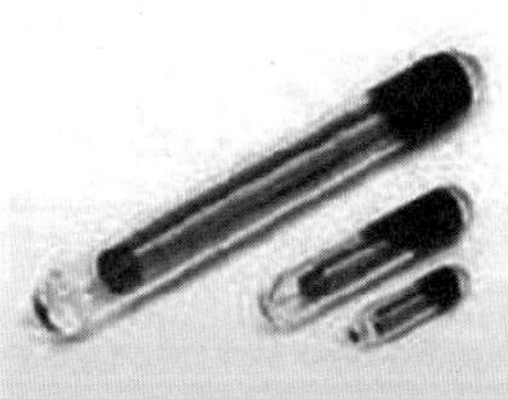

图 9.13　样式迥异的 RFID 标签

根据是否内部携带电源，可以把 RFID 标签分为有源标签和无源标签两种。有源标签体积稍大，价格稍高，可以主动向四周进行周期性广播，通信距离远。无源标签相对便宜，需要接收读写器发出的电磁波进行驱动，通信距离也较近。

（2）距离远且穿透性强。内部携带电源的 RFID 标签可以进行远达百米的通信，这是条形码无法做到的。而且 RFID 标签在被纸张、木材和塑料等非金属或非透明的材质包裹的情况下也可以进行穿透性通信。

（3）适用于多种复杂环境。条形码需要在良好的光线照射下使用，而 RFID 标签在黑暗中也能够被读取；条形码需要在静止的状态下逐一读取，而 RFID 标签可以在运动的状态下同时读取多个；条形码容易被污损而影响识别，但 RFID 标签对水、油等物质却有极强的抗污染性。

（4）可重复使用。RFID 标签具有读写功能，可以向其中添加数据，也可以清除其中的内容，因此便于回收利用。

（5）数据安全性高。标签内的数据通过循环冗余校验的方法来保证标签发送数据的准确性。

可以说，RFID 标签作为一种数据载体，不仅能够起到标识的作用，而且可以更细致、更方便地记录信息。以 RFID 技术为基础构建的管理信息系统可以使得每一件物品都能被准确地追踪，物品每一阶段的经历都能被详细地追溯。因此，它在交通、物流、医疗、制造、零售、国防等诸多领域有广泛的应用。

1. 示例之一：RFID 技术在交通运输领域的应用

当我们开车或者坐车经过公路、大桥和隧道的收费站时，就会发现这些地方是交通拥堵的焦点所在。因为车辆快到收费站的时候，就要停下来并排成不同的队列，依次进入不同的收费通道。只有在收费窗口前向收费员缴纳通行费用，完成相关手续之后才可以依次离开收费站。为了解决这一问题，国际上开始逐步推广以 RFID 技术为基础发展出来的 ETC(Electronic Toll Collection，电子收费)系统。

收费站是指为收取车辆通行费而建设的交通设施，通常包括收费门、收费岛、收费亭、收费车道、遮篷、收费机械、收费广场和收费所。1984 年 12 月，中国国务院出台了“贷款修路、收费还贷”政策，打开了中国公路收费的大门。此后直至现在中国绝大多数一级公路和高速公路都设有收费站。

ETC 也称为不停车收费系统(图 9.14)。它的基本流程是：先在车辆挡风玻璃上安装一个车载电子标签(一种 RFID，可以标识车辆及其银行账户)；当车辆从 ETC 车道上驶过时，收费站的读写器就可以通过天线与车载电子标签交换信息，然后利用计算机网络与银行进行后台结算处理，快速完成缴费业务并自动放行。可以说，不停车、无人操作和无现金交易这 3 个鲜明的特色，使得 ETC 系统非常适合高速公路和交通繁忙的桥隧环境。

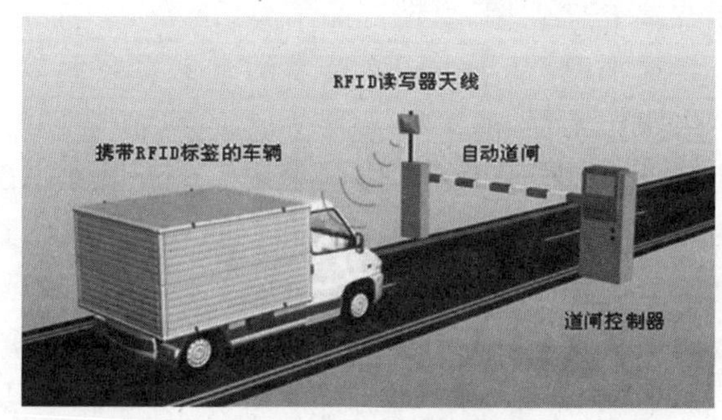

图 9.14 基于 RFID 技术的不停车收费系统

“仓”也称为仓库，为存放物品的建筑物和场地，可以为房屋建筑、大型容器、洞穴或者特定的场地等，具有存放和保护物品的功能；“储”表示收存以备使用，具有收存、保管的意思，当用于有形物品时也称为储存。“仓储”则为利用仓库存放、储存未即时使用的物品的行为。

据测算，与人工收费相比，ETC 车道通行速度提高了 4～6 倍，不仅提高了公路的通行能力，节省了汽车用户的时间，而且降低了收费口的噪声水平和废气排放量，节约了基建费用和管理费用。目前，国内主要还是采用车道隔离的方式，即在收费站开辟单独的 ETC 通道，供装有电子标签的车辆依次低速通过。随着 RFID 技术的不断进步，未来的 ETC 系统将在无车道隔离的情况下进行“自由流不停车收费”，也就是说，我们可以按照正常行驶速度(比如时速几十公里到一百多公里)通过任意车道，并自动完成缴费。

2. 示例之二：RFID 技术在仓储管理领域的应用

所谓仓储管理，是指对仓库和仓库中储存的物资进行管理。虽然目前大多数企业已经通过计算机系统进行管理，但基础数据还是采用先纸张记录、再手工输入计算机的方式进行采集和统计整理。这不仅造成大量的人力资源浪费，而且由于人为的因素，数据录入速度慢，准确率低。随着企业规模的不断扩大，物资种类及数量在不断增加，出入库频率剧增，仓库管理作业也更为复杂和多样化，传统的人工仓库作业模式和数据采集方式已难以满足仓库管理快速、准确的要求，严重影响了企业的运行工作效率，成为制约企业发展的一大障碍。

如图 9.15 所示，由于 RFID 标签可以非接触式远距离识别，信号具有穿透性，而且能够批量读取，所以应用 RFID 技术，就可以有效地解决传统仓储管理存在的问题。比如在货物进出仓库的时候，通过在入库口和出库口位置部署的固定式读写器，无须拆箱就可以高效准确地批量核对货物数量及型号（如果与入库单或出库单对比发现有错漏，会发出警报，通知工作人员进行处理）；在进行货物盘点的时候，利用手持式读写器进行非接触式扫描（通常可以在 1～2m 范围内），读取的标签信息通过无线网络与管理中心的数据库进行比对，差异信息实时地显示在手持终端上，供盘点工作人员核查；对于大型仓储基地来说，管理中心可以实时了解货物位置以及货物存储的情况，还可以添加、删除每个货物的 RFID 标签内容，这对于提高仓储效率、反馈产品信息、指导生产都有很重要的意义。

相对于传统的管理方式来说，基于 RFID 技术的仓储管理有以下优势：提升资源利用率，节省人力成本；简化操作流程，加快响应速度；提高业务处理的准确性，满足企业精益化的要求。而且在此基础上，把 RFID 技术扩展到生产、运输、加工以及销售环节，就可以很容易地获取货物的全部流通信息，实现从原料到成品、从成品到原料的双向追溯功能。比如食品溯源系统覆盖了食品生产基地、食品加工企业、食品运输过程、食品终端销售等整个食品产业链条的上下游。一旦在消费者那里出现了食品质量问题，就可以通过 RFID 标签追查出该食品的原料产地、生产企业、存储仓库、运输工具等等，明确事故方相应的法律责任（图 9.16）。

溯源，即探寻事物的根本、源头。食品溯源最早是 1997 年欧盟为应对“疯牛病”问题而逐步建立并完善起来的食品安全管理制度。

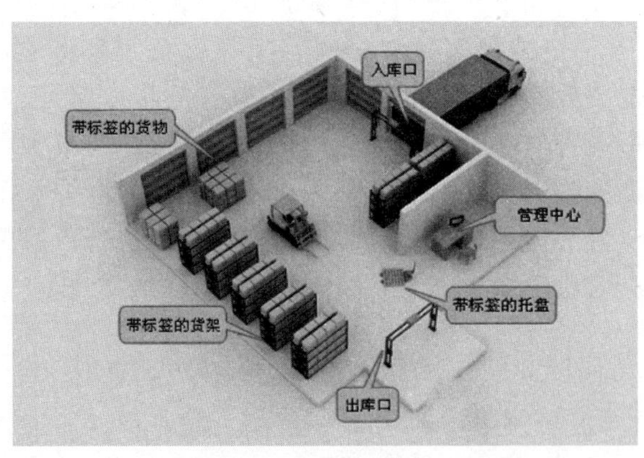

图 9.15　基于 RFID 技术的仓储管理

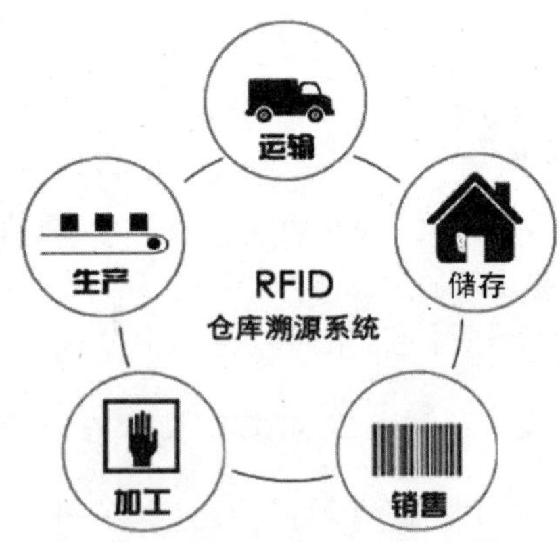

图 9.16　基于 RFID 技术的货物溯源

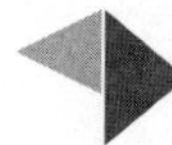

9.3　时时刻刻的定位

有了条形码和 RFID 等技术，我们在拿到物品的同时就可以轻易地辨识出它的“身份”和详细描述，而且还能够知道它过去的所有“经历”。但这种后知后觉的信息获取是远远不够的，如果在某个流通环节中物品丢失了，怎样才能寻找到它？如果送货员在途中迷路了，怎样才能指引他过来？如果我们自己去指定地点取货，怎样才能规划合理的路线？有人说，这很简单啊，只需打开移动设备查询相关的 APP 就行了，比如京东客户端的“订单轨迹”(图 9.17)和高德地图的“位置搜索”。

APP 是 Application(应用程序)的缩写，一般指安装在智能手机上的客户端软件。

图 9.17　查询订单轨迹(示例)

是什么使这些任务变得轻松了呢？隐藏在这些功能强大的软件服务背后的是一类共同的信息——位置。而如何获取位置信息就理所当然地成为一种基础的关键技术——定位。那么，现实中有哪些成熟的定位技术和定位系统呢？它们又是如何确定物体位置的呢？

位置信息的重要性

对于人类来说，位置信息可以说是最重要的信息之一。在军事上，地理因素经常对战局起着关键性的作用；在日常生活中，位置信息也不可或缺。而位置信息不只是空间信息，具体而言，它包括三大要素：所在的地理位置、处在该地理位置的时间、处在该地理位置的对象(人或设备)。也就是说,位置信息承载了时间、空间、人物三大关键信息,其信息的内涵可谓十分丰富。

利用位置信息,不仅可以"因地制宜",提供所在地附近的相关服务,比如在旅途中查找附近的餐馆;还可以根据时间"见机行事",提供时效性更佳的服务,比如查询附近哪些餐馆正在打折做活动;更可以"因人而异",提供个性化的定制服务,比如推荐一些合乎自己口味且停车方便的附近的餐馆。

9.3.1 卫星定位

GPS的前身是美国军方研制的一种子午仪卫星定位系统(Transit),于1958年研制,于1964年正式投入使用。该系统用5到6颗卫星组成的星网工作,每天最多绕地球13次,并且无法给出高度信息,在定位精度方面也不尽如人意。

全球定位系统(Global Positioning System,GPS)是目前世界上最常用的卫星导航系统。它起始于1958年美国军方的一个项目,历经多年的研究和改进,到1994年,第24颗(也是最后一颗)工作卫星的发射标志着其卫星星座组网的完成,开始正式投入使用。作为一种具有全方位、全天候、全时段、高精度的卫星导航系统,GPS能为全球用户提供低成本、高精度的三维位置(民用的定位精度可达10m内)、速度和精确定时等导航信息,是卫星通信技术在导航领域的应用典范。

从整体架构上来说,GPS系统由三大部分构成。一是宇宙空间部分,由24颗卫星组成,分布在6个轨道平面,如图9.18(a)所示。这种布局保证了任一时刻在地表绝大多数位置都可以接收到至少6颗卫星的信号。二是地面监控部分,由1个主控站(位于美国科罗拉多州Schriever空军基地)、4个地面天线、6个监测站及通信辅助系统组成。三是用户装置部分,由GPS接收机和卫星天线组成。随着技术的发展,用户装置变得越来越小型和廉价,已经可以集成到大多数常用电子设备中了。

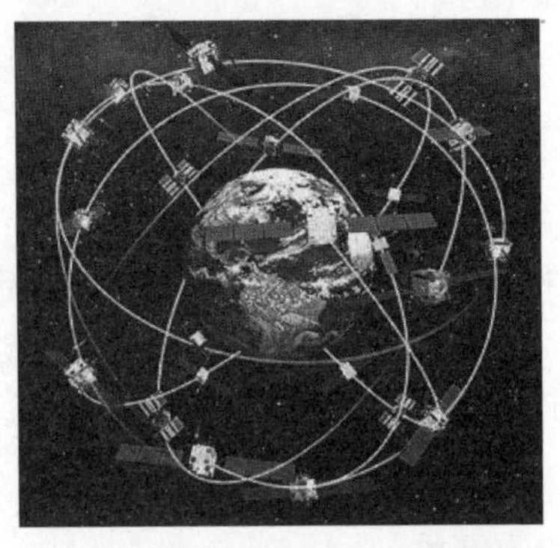

(a) 位于6个轨道平面的24颗卫星

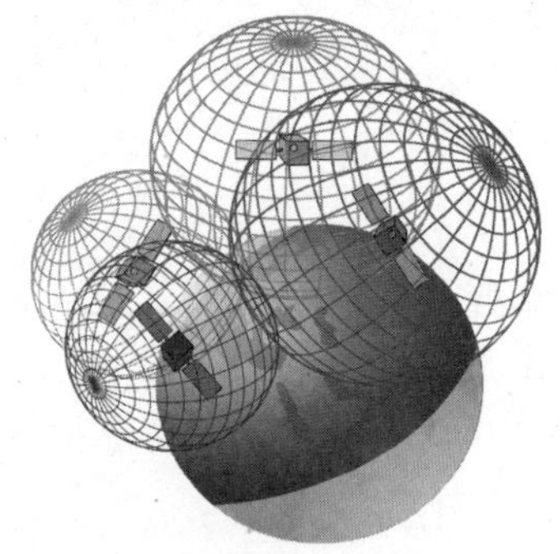

(b) 卫星定位示意图

图9.18 GPS系统的卫星星座及其定位原理

GPS定位的基本运作原理很简单，首先测得接收机与3个GPS卫星之间的距离，然后通过三点定位方式确定接收机的位置。可以这么理解：根据一颗卫星的空间坐标以及接收机到该卫星的距离，能够在空间中确定出一个唯一的球面；3颗卫星就可以确定3个球面，通常情况下，两个球面的交集是一个圆，3个球面的交集是两个点，而其中一个点的位置在宇宙空间中——这显然不可能是接收机的位置，因此只需要选取靠近地面的那个点作为接收机的坐标即可。因此，理论上3颗卫星就足以完成定位，但是实际中需要借助4颗卫星，如图9.18(b)所示。换句话说，所处的位置必须至少能接收到4颗卫星的信号，才可以应用GPS定位。这极大地制约了GPS的适用范围。当处于室内环境时，由于电磁屏蔽(electromagnetic shield)效应，往往难以接收到GPS信号，因此GPS这种定位方式主要是在室外场景施展拳脚。另外，GPS接收机启动的时候，往往需要用3～5min搜索当前可用的卫星信号，这就导致其定位速度相对较慢。

电磁屏蔽是指防止或者减少电磁波侵入空间某些部位的措施。高楼桥梁等建筑物就可以起到屏蔽电磁波的作用。

由于GPS在军事以及民用方面的应用效果显著，为了避免战时受制于人，其他国家和地区也陆续展开了卫星导航系统的研究和部署。目前已经投入使用的有俄罗斯的格洛纳斯(Global Navigation Satellite System，GLONASS)全球卫星导航系统和我国的北斗卫星导航系统(BeiDou Navigation Satellite System)。欧盟的伽利略卫星导航系统(Galileo Satellite Navigation System)目前也正在部署中，虽然该项目由欧洲委员会和欧空局共同负责，但是并没有排斥国际合作交流，中国、韩国、日本、阿根廷、澳大利亚、俄罗斯等国先后参与该计划，并向其提供资金和技术支持。

北斗卫星导航系统空间段由5颗静止轨道卫星和30颗非静止轨道卫星组成，目前已经覆盖了亚太地区，计划在2020年左右覆盖全球。

汽车导航——GPS的经典应用

随着人类社会的发展，城市变得越来越大，交通系统也变得越来越复杂。没有经验的驾驶员往往容易在城市中迷失方向，或是“找不着北”(搞不清楚自己的位置)，或是“南辕北辙”(走错了路)。汽车导航系统利用了GPS技术，通过在汽车上安装GPS接收机，就可以通过卫星信号找到自己的位置，再利用内置的地图来辅助驾驶。由于汽车的行驶区域大部分是露天区域，仅有少数时候会进入隧道等有遮蔽的地方，因此大多数情况下GPS定位效果非常良好。

早期的汽车导航系统仅仅能通过卫星定位找出当前位置，并显示当前区域的地图，具体要走哪条路，还得驾驶员自己拿主意。这只能解决“找不着北”的问题，如果对道路不熟悉，还是会出现“南辕北辙”的情况。第二代汽车导航系统作出了改进，不但可以显示出当前的位置，还可以根据驾驶员输入的目的地自动找出最短的路线，从而避免走弯路。而到了互联网时代，汽车导航系统又得到了进化，可以通过移动电话的GSM网络与交通管理部门的服务器取得联系，获取最新的路况资讯，从而指导路线的选择。比如通过网络得知某路段正在施工或者正在堵车，那么在规划路线的时候，计算机就会自动避开该路段，使路线更优化。

随着物联网的发展,汽车导航还可以感知污染指数、紫外线强度、天气状况、附近的加油站……同时还能够更深入地觉察驾驶员的健康状况、操作水平、出行目的……路线的选择不再是"最快速到达目的地",而是"最适合驾驶员,最适合这次出行"。比如探测到驾驶员身体状况不佳,在安排路线的时候就尽量避开环境较差的路段,转而选择空气清新、景色秀丽的路线;如果驾驶员要长途驾驶,就要根据汽车的油量,选择在恰当的时候经过加油站,以便于加油;如果驾驶员刚领驾驶执照没几天,那就要避开一些路况复杂的路段。物联网时代,汽车导航将从过去的"以路为本"转变为"以人为本",更好地改善人们的驾驶体验。

9.3.2 基站定位

虽然卫星定位可以说是获取位置信息的首选方式,但是它并不能应付所有的情况。如同9.3.1节所说,在室内环境中,GPS的定位效果很差,甚至很多时候根本无法获取卫星信号。此外,GPS接收机的启动也比较缓慢,往往需要3～5min的时间,使用过车载导航仪的人对此都深有体会。所以在很多时候,人们都需要用蜂窝基站定位来作为GPS定位的补充。

目前大部分的GSM、CDMA、3G、4G等通信网络采用了蜂窝网络架构。

蜂窝基站定位主要应用于移动通信中广泛采用的蜂窝网络,它基于一个数学猜想:在各种各样的图形中,正六边形可以使用最少的顶点覆盖最大的面积,而蜂窝的名字也正是由此而来。在通信网络中,通信区域被划分成一个个蜂窝小区,通常每个小区有一个对应的基站,如图9.19(a)所示。当移动设备要进行通信时,先连接所在蜂窝小区的基站,然后通过该基站接入网络进行通信。换言之,在进行移动通信时,移动设备是和至少一个蜂窝基站联系起来的,于是利用这些基站就可以定位移动设备。

这种单基站定位的方法叫COO定位(Cell of Origin,源蜂窝小区)。

最常用的方法为ToA(Time of Arrival,到达时间)定位法和TDoA(Time Difference of Arrival,到达时差)定位法。

简单地把所属某个基站的坐标视为该移动设备的坐标,这种定位方法精度很低,其精度直接取决于基站覆盖的范围。如果基站覆盖范围半径为50m,那么其误差最大就是50m。在一些基站分布十分稀疏的区域(比如山区),一个基站覆盖的范围,半径可达几千米,这个误差就相当大了。但这种定位方法的优势在于速度快,通常只需要2～3s时间就可以完成定位,因此适用于情况紧急的场合,比如报警(遭遇抢劫)和求援(荒野迷路),警方和搜救队即使不能精确地得知求助者的位置,也可以迅速确定基站覆盖的大致范围,避免了地毯式的盲目搜索。

当然,只使用一个基站测得的数据无法得到目标的精确位置。要想进一步确定具体位置,还需要更全面的测量,比如利用3个或3个以上的基站同时测量。利用多个基站定位的方法,在基本原理上很像9.3.1节介绍过的GPS定位方法,不同之处在于把卫星换成了基站,如图9.19(b)所示。

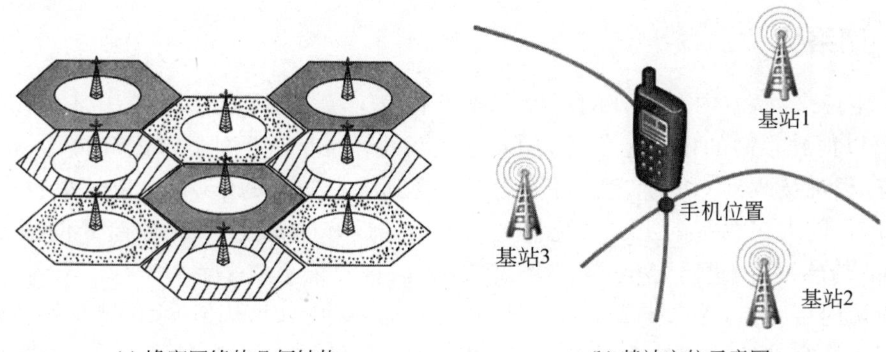

(a) 蜂窝网络的几何结构　　(b) 基站定位示意图

图 9.19　蜂窝基站定位及其基本原理

辅助 GPS 定位

A-GPS(Assisted Global Positioning System)技术可以看作是 GPS 定位和蜂窝基站定位的结合体。GPS 定位的一大缺点就是速度较慢,初次定位时,往往需要用好几分钟来搜索当前可用的卫星信号(也就是当前位置“可见”的卫星)。而基站定位虽然速度快,但是其精度又不如 GPS 高。如图 9.20 所示,A-GPS 可以说是取长补短:先利用基站定位法,快速确定当前所处的大致范围;然后利用基站连入网络,通过网络服务器查询到当前位置上方可见的卫星,极大地缩短了搜索卫星的速度;在知道哪些卫星可用之后,只需要利用这几颗卫星进行 GPS 定位,就可以得到非常精确的结果。使用 A-GPS 定位,全过程只需要数十秒,而又可以享受到 GPS 的定位精度,可以说是两全其美。目前很多手机都采用了 A-GPS 定位技术。

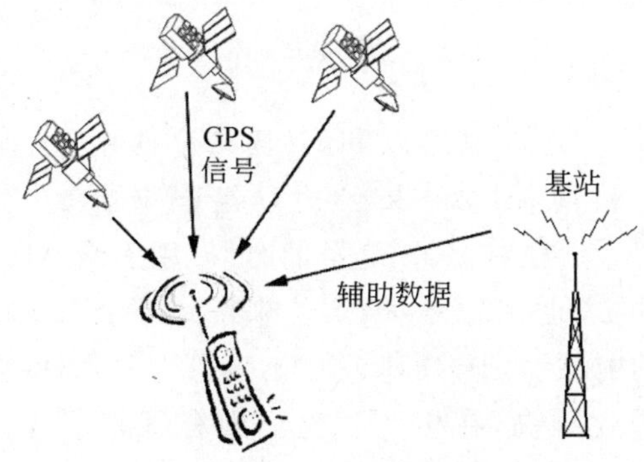

图 9.20　辅助 GPS 定位示意图

9.3.3 网络定位

对于定位来说，室内和室外的环境可以说有着天壤之别：在室外露天环境，只需要用GPS就可以得到很高的定位精度了，用基站定位也不错；可是到了室内环境中，由于电磁屏蔽效应，很难接收到GPS信号，而基站信号受到多径效应的影响，定位效果也会大打折扣。所以，目前大多数室内定位系统都是基于已架设好的无线网络（如蓝牙网络、WiFi网络、ZigBee传感网等）进行定位，不仅经济实惠，而且效果不错。

多径效应的产生是由于波的反射和叠加原理。电磁波是向四面八方发射出去的，除了沿一条直线传递到接收端以外，还可能通过别的路径到达接收端。例如被墙面反射回来的电磁波也有可能到达接收端。如此一来，接收端就收到了两列叠加在一起的电磁波，使信号强弱发生变化，甚至产生变形。

无线访问接入点（Access Point，AP）定位就是一种利用WiFi网络定位的技术，它的基本原理与蜂窝基站定位技术类似，通过WiFi接入点来确定目标的位置。随着WiFi的普及，城市中的无线接入点越来越多，在北京、上海、广州、深圳等各大城市中，同时能收到3～5个无线接入点信号的情况很常见。如果用一个数据库记录全世界所有无线AP的网络地址以及该AP所在的位置，那么就可以通过查询数据库得到附近AP的位置，再通过信号强度估算出较精确的位置，如图9.21所示。

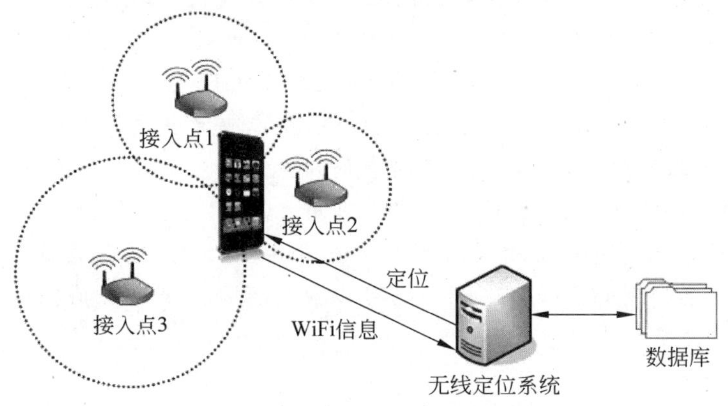

图9.21 无线AP定位示意图

Skyhook是一家专门致力于软件定位服务的公司，于2003年在波士顿成立。它的定位技术依靠GPS、WiFi以及移动蜂窝单元等，它的定位服务可以应用于大多数的移动终端，如智能手机、掌上电脑、相机等。

在实际中，无线AP定位技术也可以和GPS结合使用（也就是9.3.2节提到的A-GPS定位的一种方式）。目前，Skyhook公司已经建立了一个这样的庞大数据库，而iPhone就是采用了这种技术：在有GPS信号的时候，用无线AP定位辅助GPS来提高定位速度；在没有GPS的时候，通过无线AP定位来得到一个不太精确的结果。

利用9.2.3节提到的射频识别（RFID）技术，也可以对目标物体进行定位。而且由于RFID标签便携易用，性价比很高，在生产和生活中有着非常广泛的应用前景。比如说，资产管理就是一个非常经典的应用。

人们日常生活中常常会出现找不到东西的尴尬情况，有时候急着要用又找不到，只好再重新买一个救急。更尴尬的是，往往过几天收拾屋子的时候，之前不翼而飞的东西又出现在眼前，令人哭笑不得。个人尚且如此，对于拥有众多资产的企业来说，这种情况就更加严重了。比如在大型的医院里有众多大小不一的医疗设备，一些设备（如心电图机、呼吸机等）价格昂贵且使用频率不是很高，一般不会为每个科室各配一台，而是根据使用的需要随时移动，用少量的几台就可以解决大部分问题。然而这种移动性有时候也会带来不便，比如突然来了急诊病人，需要使用某些医疗设备，但是这些设备又不知道被移动到哪里去了，也不知道哪些设备正在空闲，哪些设备正在使用。如果在寻找设备上花费大量时间，就有可能耽误了病人的病情，造成严重的后果。

利用射频识别定位技术就可以很好地解决上述问题（图 9.22）。只要给每个设备都装上 RFID 标签，在需要使用的时候就可以利用这些标签快速锁定设备的位置，并了解其是否正在工作。此外，使用 RFID 技术还可以做到随时监控设备的状况，出现故障时可以及时报警，通知相关人员进行维护，还便于及时更换老化的设备，同时也可以避免因找不到设备而引发的重复购买，提高设备利用率。正如 9.2.3 节所述，使用 RFID 进行资产管理，还可以简化管理流程。比如购买了一台新设备时，以往需要手工登记，而现在只需要用读写器扫描一下 RFID 标签就可以完成更加详细完备的记录。

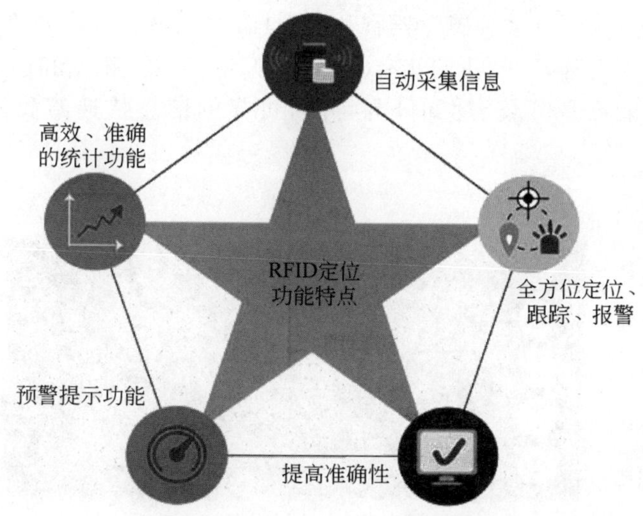

图 9.22　射频识别定位技术的优势

9.4 全面感知的技术

对于丢三落四或者空间感不强的人来说,定位技术真可谓福音:如果找不到某个物品或者场所,我们打开移动设备查询一下就明了了,甚至还能显示出到达目标地点的最佳路径。比如,共享单车就有这种良好的用户体验——在 APP 里一眼就能看到距离自己最近的单车以及寻找路线。不过还是经常有意想不到的情况:明明在 APP 上显示我已经走到了一辆单车附近,但就是找不到它,可能藏到了草丛中,可能被推进了屋里,还有可能被挂在了树上……这个时候,我们真希望单车能够"观察"一下自己周围的情况,像人一样主动给予我们更多的提示。

还有一些异常恶劣的环境,比如地质灾害(洪水、地震、火山)发生地、生产事故(矿井渗水、瓦斯爆炸、核泄漏)现场、科研探索对象(海洋深处、地球内部、外星球表面),往往并不适合人类在现有的条件下去亲身体验。这个时候,我们更希望各种机器设备能"感知"那里的真实状况,代替人类去考察这些地方,获取第一手资料。

在佛教用语里,将这些感官归结为"六根"(眼、耳、鼻、舌、身、意)和"六识"(眼识、耳识、鼻识、舌识、身识、意识)。

想一想人类之所以能够了解周围的环境、感知这个世界,主要归功于我们的感觉器官。如图 9.23 所示,人体有多种感觉器官,主要是眼、耳、鼻、舌、皮肤等,它们将获取的外界信息通过神经传入大脑,于是我们就有了视觉、听觉、嗅觉、味觉和触觉。同理,人们希望各种其他物体也能测量环境、感知外界,并将可靠的信息传递给我们,于是发明了传感器。

图 9.23　5 种外部感觉的形成机理

9.4.1　感官的延伸

其实传感器由来已久,非但不是什么新鲜事物,还可以说是"老古董"。举几个常见的例子：我们通过皮肤来感受外界的冷热，常常出现较大的偏差，而温度计这种传感器就可以精确地告诉我们某时某地的温度；我们通过耳朵来采集周围的声音，生怕错过一些聆听的机会，而录音机这种传感器就可以把美妙的声音存放起来供远方的人们一饱耳福；我们通过眼睛来观察物体的外形和动作，正所谓"眼见为实"，而摄像机这种传感器就可以记录下影像让所有人一起见证……

此外，人类的感觉器官能力极其有限，远远不能满足时代发展的需求。例如，我们无法直接察觉地球磁场的方向，而指南针这类传感器就能够快速稳定地标识南北；我们在一片漆黑之中伸手不见五指，而夜视仪和雷达这类传感器就能够在黑暗中发现可疑的目标；人类无法感知羽毛之轻和大象之重，而电子秤这类传感器就能够把上至千吨下至毫克的质量辨别得清清楚楚……

所以说，传感器不仅模拟了人类的感知能力，而且进一步拓展了人类的感知能力。正如 1.2 节中所述，传感器作为信息获取的重要手段，与通信技术和计算机技术共同构成了信息技术的三大支柱。关于传感器的定义有很多，本书给出比较形象且易于理解的一个：传感器是一种物理装置或生物器官，能够探测、感受外界的信号、物理条件（如光、热、湿度）或化学组成（如烟雾），并将探知的信息传递给其他装置或器官。

国家标准 GB/T 7665—2005《传感器通用术语》中对传感器的定义是：能感受被测量并按照一定的规律转换成可用输出信号的器件或装置，通常由敏感元件和转换元件组成。

传感器种类繁多，有人将其分为 10 个大类，也有人将其分为 46 个小类。在学习入门知识的时候，我们不必太注重这些细枝末节。下面根据人类的五大感觉器官的功能，简单介绍对应的几类常用传感器：

通常根据其基本感知功能分为热敏元件、光敏元件、气敏元件、力敏元件、磁敏元件、湿敏元件、声敏元件、放射线敏感元件、色敏元件和味敏元件 10 个大类。

（1）光敏传感器（视觉）。光敏传感器是目前产量最多、应用最广的一大类传感器。光敏传感器中最基本的电子器件是光敏电阻，它能感应光线的明暗变化，输出微弱的电信号，进一步控制其他设备的开关。主要应用于太阳能草坪灯、光控小夜灯、光控玩具、光控音乐盒、生日音乐蜡烛、人体感应开关、摄像头、照相机、监控器等电子产品的自动控制领域。

（2）声敏传感器（听觉）。日常生活中，很多地方都使用声控灯照明，一来节约了用电，二来操作方便，不必在黑暗中摸索开关。人们可以用不同的办法，例如咳嗽、拍手、跺脚等，让声控灯发光照明。但有一点是相同的：不管采用何种方法，一定要发出声音才可以。当然，在光线充足时，任你发出多大的声音，声控灯都不亮，这说明声控灯的控制盒里既有声敏传感器也有光敏传感器。

（3）气敏传感器（嗅觉）。气敏传感器将气体种类及其与浓度有关的信息转换成电信号，根据这些电信号的强弱就可以获得与待测气体在环境中的存在情况有关的信息。它主要应用于一氧化碳、瓦斯、煤气、呼气中的乙醇以及人的口腔气味等的检测。

（4）味觉传感器（味觉）。味觉传感器不仅可以区分甜、咸、酸、苦、辣基本味道，量化它们的浓淡程度，还可以"品尝"组合之后的复杂味道。目前，味觉传感器除了应用于食品开发及品质管理、药品研制之外，还用来分析唾液，了解齿槽脓漏、糖尿病、应激反应等健康状态。

(5) 压力、温度、湿度传感器(触觉)。压力传感器在生产和生活中尤为常见，例如电子秤。一旦物体放到秤盘上，压力施加给传感器，就可以在电子屏上自动显示出物体的质量；温度传感器能感受温度并转换成可用的输出信号，是温度测量仪表的核心部分，被广泛应用于热水器、电冰箱、厨房设备、空调、汽车等产品；湿度传感器能够量化空气中的水汽多少，可以满足气象、环保、工农业生产、航天等部门对环境湿度进行测量控制的需要。

日常生活中常见的传感器如图 9.24 所示。

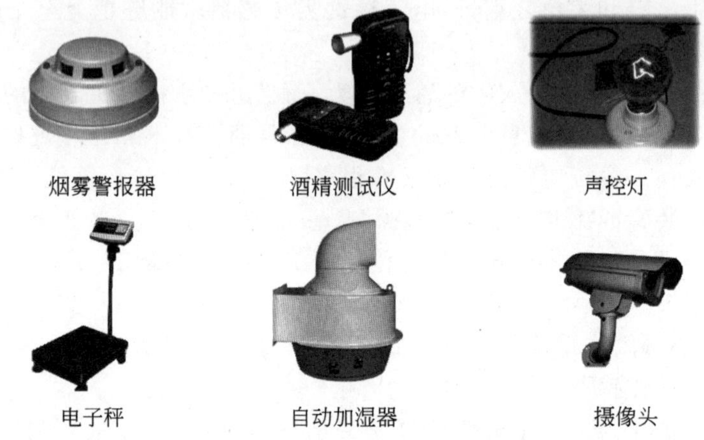

图 9.24 传感器在日常生活中的应用

9.4.2 智能的终端

随着技术的进步，手机已经不再是一个简单的通信工具，而是具有综合功能的便携式电子设备。为了和主要用于打电话、发短信的“功能机”相区分，我们把现在的手机称为“智能机”。智能手机之所以“智能”，一方面它像个人计算机一样，能够接入互联网，具有独立的操作系统，可以由用户自行安装和卸载办公、社交、游戏等个性化软件；另一方面它就像“活的”一样，能够“观察”我们的日常行为，可以主动做出相应的反应。后者的实现主要归功于各种不同的传感器，如图 9.25 所示。

智能手机可以根据周围光线强弱自动改变屏幕亮度。当环境亮度高时(比如白天)，显示屏亮度会相应调高；当环境亮度低时(比如夜晚)，显示屏亮度也会相应调低。这正是因为手机内置了光线传感器，这样能够使得屏幕看得更清楚，并且不刺眼。在一些高端智能机里，光线传感器还可以帮助优化显示屏的画面质量。

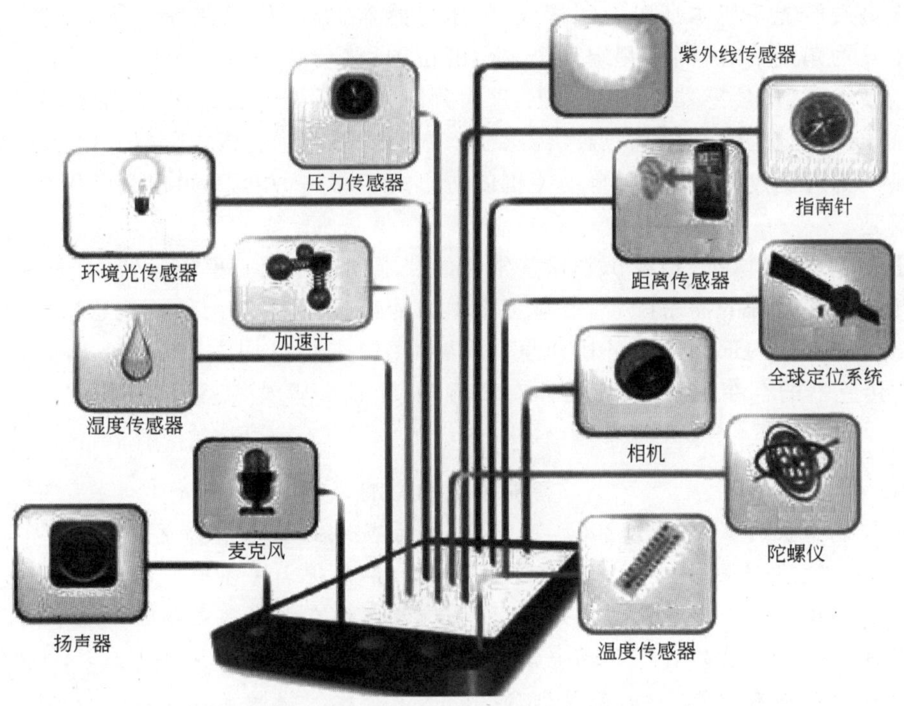

图 9.25 智能手机中的各种传感器

智能手机能够判断物体的位置。当你接听电话的时候，手机能够察觉你的耳朵靠近听筒，就会自动关闭显示屏，防止用户因误操作影响通话，同时还能达到省电的目的。这是因为在听筒附近有一个距离传感器，它由一个红外 LED 灯和红外辐射光线探测器构成。距离传感器也可以用于皮套、口袋模式下自动实现解锁与锁屏动作，在一些高端智能机中还可以实现“快速一览”等特殊功能。

“快速一览”是一项非常方便实用的功能。在屏幕关闭时，你的手在传感器上方移动约 2～3s 便会出现一个界面，上面显示时间、未接来电、短信、电量等手机的基本状态。

智能手机还会自动旋转屏幕。当你倒持手机的时候，手机会根据握持方向的改变调整画面方向，让画面自动适应用户的观看方向。这主要是依靠重力传感器和加速度传感器(两者原理类似，都利用了压电效应)。它们不仅可以调整拍照时的照片朝向、应用于重力感应类游戏(如滚钢珠)，还可以监测手机的加速度的大小和方向，从而计算用户所走的步数。

大多数智能手机都有导航功能。相关的地图软件不仅能够确定你的位置，还能够指引你的方向。能够定位是因为手机有 GPS 模块，这在 9.3 节已经提到过了。辨别东西南北则是因为手机中还有磁力传感器，它能够像指南针一样检测磁场。当然，利用磁力传感器还可以探测金属材料。

很多高端智能手机中还配有陀螺仪、气压传感器、温度传感器等。其中,陀螺仪能提供精度更高的角度信息,同时测定6个方向的位置、移动轨迹及加速度,这被用于照相时的防抖动技术;气压传感器能测量气压,进而判断手机所处位置的海拔高度,这会有助于获取更加丰富的地理位置信息;温度传感器一方面能够监测手机内部以及电池的温度,如果发现某一部件温度过高,就会自动关机以防止损坏,另一方面还可以判断用户所处的环境是否舒适。

算上麦克风、摄像头、指纹识别这些常见的需求配置以及心率传感器、血氧传感器、有害辐射传感器等特殊的需求配置,智能手机中的传感器多达20余种。这意味着智能手机能够"感知"更多的内部和外界环境信息,能够和用户进行更加方便友好的"沟通"。这充分表明:传感器的存在和发展,让物体有了触觉、味觉和嗅觉等感官,让物体慢慢变得活了起来。

智能手机的影响

智能手机的崛起始于2007年,历史性的事件就是苹果公司发布了第一代iPhone。"它将会改变一切,"时任苹果总裁的乔布斯这样宣布。事实证明,他并不是在夸夸其谈。仅仅几年之后,智能手机就成为有史以来最畅销的电子设备,增长速度远超此前的普通移动电话,销量更是个人计算机的4倍。如今,半数的成年人口都拥有智能手机,而等到2020年,这个比例将增至80%。

智能手机已经渗透到了人们生活的方方面面。数据显示,每人每天平均使用手机竟达253次,在非睡眠时间内,人均每4min就要查看一次手机。大约80%的智能手机用户会在起床的15min之内查看信息、新闻或其他服务。青少年最想要的电子设备就是智能手机,而非电视、个人计算机和游戏机。

和所有科技产品一样,人类对于智能手机被过度使用也颇为担心:"短信脖"这样的身体损伤或许只是暂时的,但"无手机恐惧症"这种心理问题可能就不那么容易消除了。此外,人们更大的担忧在于隐私保护:智能手机可以让你身旁的人轻而易举地曝光你最私人或尴尬的时刻,而许多应用开发商也在非法获取和销售用户数据。

9.5 美好生活的憧憬

前面4节的内容基本上囊括了物联网的4个重要的属性:①全面感知——通过RFID、GPS和各种不同的传感器设备,随时随地全面地获取万事万物的信息;②可靠传输——将各种信息网络与互联网进行融合,把获取的信息实时、准确地传送到目的地;

③智能处理——在网络的不同结点处对信息进行智能分析处理，向用户提供有效的信息服务；④自动控制——在智能信息处理的基础上，每个物体都将具备适应周边环境的行动能力。

可以说，正是物联网技术的牛刀小试，就让我们的手机从一个单一的通信工具摇身一变，成了智能终端。同理，随着物联网技术的进一步发展，我们身边的所有物体也能够像手机一样"进化"，甚至变得更加"智能"，比如我们的穿戴、家电、住宅、城市甚至整个地球。

9.5.1　构建智能的家居

1995年，微软帝国的缔造者比尔·盖茨撰写了一本书——《未来之路》。他在书中预测了微软乃至全球科技产业的未来走势，其中就有"物联网"的构想。盖茨指出"互联网仅仅实现了计算机的联网而没有实现万事万物的互联"，并举例说，在不久的将来，"您丢失或者失窃的摄像机将自动向您发送信息，告诉您它现在所处的具体位置，即使它已经不在您所在的城市，也可以被轻松找到。"

虽然受当时科学技术的局限，盖茨的很多奇思妙想还无法在产业界真正"落地"，但作为世界首富、IT界的巨擘，他已经按照自己的理念打造出了一套神奇的豪宅——坐落在华盛顿州的"未来之屋"。如图9.26所示，这座占地面积约6600m^{2}的府邸共有7个卧室、6个厨房、24个浴室、1个穹顶图书馆、1个会客大厅和1片养殖三文鱼及鳟鱼的人工湖……不过，最令人瞠目结舌的还是其对物联网技术的广泛应用，堪称当今智能家居(smart home)的经典之作。

智能家居，或称智能住宅，是以住宅为平台，兼具建筑、网络通信、信息家电、设备自动化功能，集系统、结构、服务、管理为一体的高效、舒适、安全、便利、环保的居住环境。

图9.26　依山傍水的"未来之屋"

通常，盖茨会安排访客以乘船渡湖的方式进入府邸，如果谁有幸与盖茨"十年修得同船渡"，不妨稍稍得寸进尺地对他提出些许要求，例如在甲板上伸个懒腰，有意无意地自言自语："好累啊！真想洗个热水澡！"只要暗示得够明显，盖茨或许就会拿起手机连接屋内的中央电脑，对卫浴系统下达指令："开始在大浴缸放满一池热水吧！"不只是放洗澡水，开启空调、基本的烹煮等，都能通过手机远距离交待宅内的计算机，精准完成指令。

当游艇停泊在"未来之屋"前面的小码头时，作为贵宾的你要先缓一缓前行的脚步，别上为来宾准备的专属电子胸针（这是所有访客进入这座科技豪宅的必要配备）。胸针的功能当然并非单纯的识别身份之用，它主要是用于存储访客个人的相关资料，以便让你与这个房屋展开一连串的实时互动。

于是，当你一走入大厅，就是见证奇迹的时刻：空调系统会将室温调整至你最感舒适的温度；音响系统也会针对你的个人喜好播放音乐；灯光系统同时"投你所好"地增减亮度；墙上的电子屏幕也会自动显示你喜欢的名画或影片。当然，这一切的环境变化都是完全自动的，是中央电脑从访客的资料中分析出来的，不需要任何人拿起遥控器来一一设定。而且不只是大厅，无论在餐厅、客房、健身室或图书馆……似乎每个角落都站着忠心耿耿的仆从，在你还没有反应过来的时候，就按照你的心意把一切安排得妥妥帖帖。

此外，卫生间里的马桶也是智能型的，可以随时监测使用者的身体状况，如果发现异常，还会主动发出警报；房屋中有一面让人着迷的"魔镜"，你对它招招手，它就会告诉你今天天气如何，穿什么衣服比较合适，甚至给你一些时下最流行的搭配方案；更好玩的是，就连车道旁边的一棵140岁的老枫树也沾了光——盖茨专门为它设置了监视系统，进行24小时的全方位监控，根据它的生长情况，有针对性地全自动浇水与施肥……

住在这样的一座"大观园"中，安全问题自然不能等闲视之。房屋安装了两套顶级的安全系统，当一套安全系统出现故障时，另一套备用的安全系统则自动启动；主人只要按下"休息"开关，设置在房子四周的防盗报警系统便开始工作；当发生火灾等意外时，住宅的消防系统可通过通信系统自动对外报警，关闭有危险的电力系统，并根据火势分配供水；如果火势过于猛烈，系统判断出来无法应付时，它还能为主人提供最佳的逃生方案。

随着社会经济的发展和人民生活水平的提高，普通百姓也开始追求更加轻轻、有特色、充满乐趣的生活方式，于是，生活家居的人性化、智能化不再是盖茨这些富豪巨头的专属了。另一方面，物联网技术的广泛应用和相关产业的日益成熟，给人们的家居生活带来了全新的感受，所以，家居智能化已经成为一种不可逆转的趋势。图9.27就是仿照"未来之屋"设计的智能家居系统。

不过，现在我们对智能家居的理解还是有所偏差，或是受限于技术，或是受限于认知。比较典型的是"智能按钮"的设置：一键开衣柜，一键开窗帘，一键开浴室门……做得好一些的将按键也省去了，变作辅助动力系统，用户轻轻推或拉一下，剩下的就由动力系统自己完成了。还有就是"远程控制"的概念：用手机控制家中的灯光、电视、音响、热水器、空调、窗帘、饮水机……通过各种APP把手机打造成了"万能遥控器"。看上去家居似乎是

图 9.27　仿照"未来之屋"设计的智能家居系统

变得有智能了，其实这些还是从互联网衍生出来的过渡性产品，着眼于传统的"自动"和"遥控"，算是"智能家居 1.0"（图 9.28）。

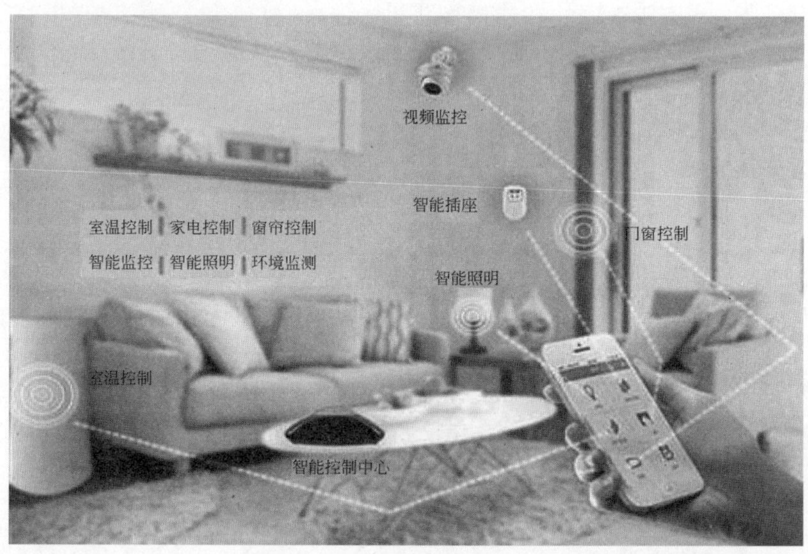

图 9.28　智能家居 1.0（示例）

那么，"互联网产品"和"物联网产品"有什么不同呢？先举个贴近生活的例子：现在有某品牌的智能空调，你到家之前可以先用手机开启它，它能保证你回家的时候家里室温刚好是你提前设定好的温度，而离家时忘了关空调也没关系，随时可以在手机上把它关掉。同时，它还能自己除甲醛，调节空气湿度和氧含量，这种体验当然不错。

但是，这种“互联网产品”还是存在一些问题：一是空调无法自动感知环境，就是说你需要人为关注空调的运行状态而且亲自去操作，这其实是你对“空调工作状态”及“家里空气状态”这样的信息进行了判断和处理；二是手机只能实现对空调的控制，而不知道如何系统性地调节门窗、通风装置、空气净化器、加湿器等一系列相关设备来让室内环境达到最好的状态。

真正的“物联网产品”是不一样的。首先，“智能空调”的信息来源并不完全依赖于人，它集成了很多类型的传感器，能够不间断地监测室内的温度、湿度、光照等环境的变化。比如它可以自己判断房间中是否有人及人是否在移动，并以此决定是否进行温度调节；此外，“智能空调”具有记忆能力和学习能力，它会记录用户每次设定的环境状态（温度、湿度、光照），经过一段时间，就能根据用户的日常作息习惯和个人喜好，利用算法自动生成一个设置方案。只要用户生活习惯没有发生变化，就不再需要进行手动设置。

谷歌的子公司 Nest 推出的智能家居产品就是这种“物联网产品”，它相对于“互联网产品”的一个巨大优势就在于感知层的运用。可以说，由遥控到自控的转变，体现了智能家居 1.0 到 2.0 的升级。当然，后续还有互联互通的 3.0 模式，这也是现在所有从业者努力的方向，现在 Nest 及其旗下的智能摄像头 Dropcam 已经和智能门锁、电灯、电扇、汽车系统等十几种产品开始联动了，其无感化控制才让人们体验真正的智能生活。真正的物联网时代来临，将达到无控状态。

Nest 公司成立于 2011 年，因推出具有漂亮外观设计和自我学习功能的 Nest 智能温控装置而受到市场广泛关注。它的联合创始人 Tony Fadell 被称为苹果 iPod 之父。2014 年谷歌以 32 亿美元收购 Nest 公司，这被认为是智能家居产业爆发的信号。

智能家居是否需要人来控制？

是不是所有事物都可以交由物联网来智能处理和自动控制呢？答案当然是否定的。一些私密性比较强的操作或者临时性的操作还是需要人自己来完成的。人的行为非常难以预测，机器的智能不能够总是知道我们到底需要什么。所以需要将“物”简单地分层。第一层是诸如照明系统、温控系统、供水系统等提供基本生活所需的设备，可以通过用户使用习惯等数据实现自动的智能化操作。第二层则是诸如电视、电话等设备，和我们的精神世界、社交生活息息相关，在这一层面人们的主观需求更强，智能家居也很难掌握所有的规律。毕竟，很多时候我们自己都不知道自己的需求会发生什么改变。

第一层设备随着物联网技术不断发展，最终实现无控化操作并实现智能生活只是时间问题，而且并不需要人太多介入其中。但对第二层设备，我们则需要一个可供人机交互的操作平台来介入。那么这类物联网系统就会变成由人下达指令，而非由控制中心下达指令，人的思考将主导设备的运行，而不是由人工智能来主导。也只有这样，才能让生活更加称心如意。

9.5.2 点亮智慧的地球

“智慧地球”(Smart Planet)概念的提出源于 IBM 公司对信息技术促使人类社会变革的深刻洞察：它认为，当今世界正变得更“小”、更“扁平”，但还不够智慧。应该把新一代的信息技术充分运用到各行各业，把感应器嵌入和装备到全球的医院、电网、铁路、桥梁、隧道、公路、建筑、供水系统、大坝、油气管道，通过互联形成“物联网”。而后通过(基于 IBM 平台的)超级计算机和云计算，使得人类以更加精细、动态的方式管理生产和生活，从而在世界范围内提升“智慧水平”。

根据 IBM 公司的官方说法，智慧地球包括 3 个要素(即 3I)：物联化(Instrumented)、互联化(Interconnected)和智能化(Intelligent)，分别对应“更透彻的感知”“更全面的互联互通”和“更深入的智能化”，如图 9.29 所示。其实回忆一下前面提到的物联网的 4 个重要属性，就可以发现前两个“I”就是前两个属性——“全面感知”和“可靠传输”，第三个“I”涵盖了后两个属性——“智能处理”和“自动控制”。

图 9.29 智慧地球的 3 个要素

“智慧地球”横空出世

“下一个大未来是什么?”2008 年初的一天，IBM 董事长兼首席执行官彭明盛询问 IBM 高级副总裁 Jon Iwata。接着又说：“是不是云计算?”Jon Iwata 表示怀疑：“云计算……这个概念太窄了点吧?”一个月后，他们再次碰头讨论时，忽然有人插嘴道：“‘智慧地球’这个概念够大了吧?”彭明盛听到之后十分兴奋：“Yes!”这就是坊间广为流传的一个 IBM 如何炮制“智慧地球”概念的版本。

其实，“智慧地球”这个名词第一次出现在正式场合是在 2008 年 11 月。彭明盛在纽约召开的外国关系理事会上，激情澎湃地发表了《智慧的地球：下一代领导人议程》的主题演讲。2009 年 1 月 28 日，时任美国总统奥巴马与美国工商业领袖举行了一次圆桌会议。作为信息技术领域仅有的两名代表之一，彭明盛又不失时机地抛出了“智慧地球”的议题。他宣称新政府在未来几年内，如果每年在宽带网络、智慧医疗和智慧电网等新一代的智慧型基础设施方面投入300亿美元，那么每年可以产生100万个就业岗位，同时还将帮助美国建立21世纪的长期竞争优势，并阐明其短期和长期效益。奥巴马对此给予了积极的回应：“经济刺激资金将会投入到宽带网络等新兴技术中去，毫无疑问，这就是美国在21世纪保持和增强竞争优势的方式。”

作为市场宣传，“智慧地球”还只是一个相当虚、相当大的概念，没有办法找到恰好对应的“销售”对象，总不能去联合国推销这个所谓的产品吧。于是，IBM公司又开始群策群力，将它转化为适合各个局部地区和具体产业的概念，然后进行经营。比如，落在中国就叫“智慧中国”，落在某个城市就叫“智慧城市”(从IBM网站了解到，他们还真搞成了“智慧沈阳”和“智慧昆山”等项目)，在行业就有一系列的“智慧电力”“智慧交通”“智慧医疗”“智慧银行”“智慧城管”等，最后是“智慧企业”。至此，“智慧地球”就完全落地了，如图9.30所示。难怪大家开玩笑说，“任何东西，只要从IBM借一双慧眼，就能成为‘智慧乐园’的一分子”。正所谓“‘智慧地球’是个筐，需要什么往里装。”

2009年8月，IBM发布了《智慧地球赢在中国》计划书，正式揭开IBM“智慧地球”中国战略的序幕。

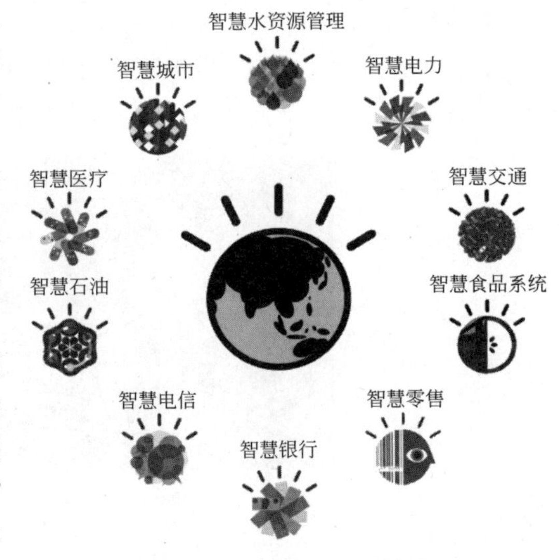

图9.30　智慧地球的构成

这些已经落地的概念听起来还是有些抽象，下面举几个简单的实例来说明什么是“智慧电力”“智慧交通”“智慧农业”吧。通过这些例子，你或许能够体会到“智慧城市”会带来多么美好的生活，“智慧地球”具有多么伟大的现实意义。

1. 应用之一：智慧电力

据美国能源部的研究结果，由于美国电网效率低下而造成的电能损失高达总电能的67%。为了节省能源，美国得克萨斯州、丹麦、澳大利亚和意大利的公共事业公司便开始建设新型“智能电网”，以便对能源系统进行实时监测。此举不仅有助于他们更迅速地修复供电故障，而且有助于他们更“智慧”地获取和分配电力。也许你会觉得这种做法和消费者没有直接的关系，那你就大错特错了。消费者也能够加强他们对能源消耗的掌控，每户最多可减少 25%的能源花费。可以说,“智能电网”的建设大幅提高了资源利用效率和生产力水平,极大改善了人与自然的关系(图 9.31)。

图 9.31 “智慧电力”助力“智慧地球”

美国的爱荷华州的迪比克市以建设“智慧城市”为目标,计划利用物联网技术将城市的所有资源(包括水、电、油、气、交通、公共服务等)整合起来,智能化地响应市民的需求并降低城市的能耗和成本。第一步就是给所有住户和商铺安装智能水电计量器,同时搭建综合监测平台,使整个城市对资源的使用情况一目了然。更重要的是,迪比克市向个人和企业公布这些信息,使他们对自己的耗能有更清晰的认识,对可持续发展有更多的责任感。

2. 应用之二:智慧交通

交通拥堵是城市面临的重大挑战。虽然道路从平面拓宽发展为立体交叉,但车辆增长更快,道路还是不够用。于是城市管理者开始转变思路,不再一味修路,而是通过信息技术对现有的道路资源进行优化配置,建设“智慧交通”(图 9.32)。以瑞典首都斯德哥尔摩为例,该市在通往市中心的道路上设置大量的路边监视器,利用射频识别、激光扫描和自动拍照等技术实现了对一切车辆的自动识别。借助这些设备,该市在周一至周五 6:30 至 18:30 之间对进出市中心的车辆收取拥堵税,从而使交通拥堵率降低了 25%,同时温室气体排放量减少了 40%。

另一个例子是素有“自行车之城”之称的丹麦首都哥本哈根。为促使市民使用二氧化碳排放量最少的轨道交通,该市通过统筹规划,力保市民在家门口 1km 之内就能使用到轨道交通。但是,末端 1km 的交通显然还要依赖群众基础深厚的自行车。除了修建 3 条“自行车高速公路”以及沿途配备修理等服务设施外,他们还为自行车提供射频识别或全球定位服务,通过信号系统保障出行畅通。

3. 应用之三:智慧农业

农业是人类所从事的最古老的行业,也是支撑人类文明的基础。工业革命之后,随着

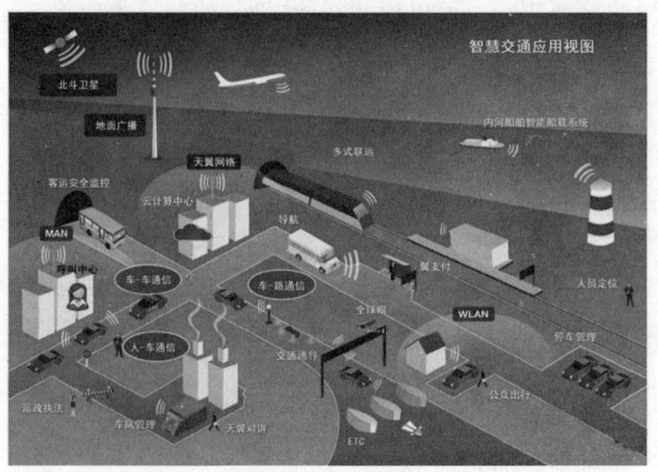

图 9.32 “智慧交通”助力“智慧地球”

机械在农业上的广泛应用，每一个人能够耕种的土地和收获的粮食大量增加，使得更多的人口能够被释放出来从事工业和服务业的劳动。但是，自然条件，比如土地的面积和降雨量，依然是制约农业发展的瓶颈。以色列人就跳出了思维定式，逆向思考：“种田真的需要那么多水，那么多土地吗？”

以色列绝大部分土地为沙漠，可耕种面积不到国土面积的1/5，而且土层世所罕见地贫瘠。境内河流湖泊极少。降雨极少，年降水量约200mm，占土地面积一大半的南部内盖夫沙漠年平均降雨量仅有25～50mm。而我国极度缺水的西北地区年平均降雨量也都在200mm以上。

为了在难以想象的恶劣环境下发展农业，以色列人发明了滴灌技术——装有滴头的管线直接将水和肥料送达植物的根系，极大地节约了水和肥料。所有灌溉方式都采用计算机进行联网控制，滴灌系统中有传感器，能通过检测植物茎果的直径变化和地下湿度来决定对植物的灌溉量，这样可以节省人力和水资源。由于有大量的传感器在采集数据，这种自动滴灌系统可以对用水量和产量的关系进行学习，改进灌溉量。自“二战”后立国以来，以色列的农业产量增长了十多倍，而每亩地的用水量仍保持不变。靠着农业高科技，以色列给传统的农业带来了质的革命，“二战”前是一片荒漠的以色列内盖夫地区现在已经出现大片绿洲了。

图 9.33 Droplet——自动浇水的机器人

说到这里，我们不禁想起了 9.5.1 节介绍的“未来之屋”，其中提到了车道旁边的那棵老枫树，几乎就是以色列农业精确灌溉技术的翻版。大家无须“羡慕嫉妒恨”，我们的生活中也有了类似的产品——硅谷一家小公司早在 2013 年就发明了一种名叫 Droplet 的家庭院落自动浇水机器人(图 9.33)。这种机器人会

"看看"院子里有多少植物和草坪需要浇灌,"测算"各处土地的湿度和植物的高度,以决定喷水量;在浇水时,还会根据事先规划好的路径完成整个院落的浇灌,自动调整喷水的角度、流量和时间;它还会事先上网"听听"天气预报,如果说明后天当地会下雨,那么它就会"休息一下"。根据《时代》周刊的报道,一些家庭使用 Droplet 之后,可以节省 95% 以上的浇水量。

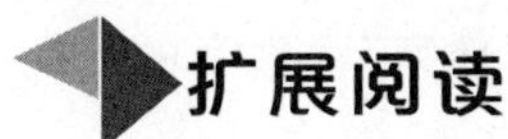

扩展阅读

生活在智慧城市的一天

节选自物联网智库的《物联网:未来已来》一书第4章"未来城市,这么近,那么远"。

早上,在感应到我们已经睡醒的时候,家里的灯光系统就开始为我们提供照明。同时根据家人的睡眠状态,照明系统会把光照控制在合理的范围内。如果你感到想喝点东西,一杯牛奶或者茶已经由家用服务机器人送到你身边了。生活久了,你甚至很难感觉到它们的存在(而不是像现在这样,要用开关或手机控制)。

起床后,去盥洗室照照镜子,刷刷牙。如果你关心新闻,根据你的喜好,在镜子上会有新闻显示,或者由机器人为你朗读。如果还有你的某个朋友或者同事昨晚发来的邮件,智能系统会根据这件事情的紧急情况和这位来信者与你的亲密程度选择一种你最喜欢的方式告诉你。你朋友也可能会在这个时候跟你打招呼,于是你可以和他闲聊几句再开始吃早餐。

机器人会根据你的习惯提前准备好早餐。如果你经常换口味,它也会先问你有什么想法,再让家里的餐饮系统准备早餐。

你和家人一边用早餐一边聊天,接下来你就该出门了。机器人已经根据你的日程准备好了你需要携带的东西,并会根据你的习惯(如果你比较健忘或者马虎的话),提示你某些特殊的日程安排。

你的车已经在门口停好了。当然,这辆车或许是你自己的,或许是你预约的出租车,或许是公共汽车。反正已经不太重要了,因为它已经知道你将去哪里,并由城市统一的智能交通系统规划好了最快到达的路线。当然,你可能没有驾照,但是完全不用担心,因为这辆车是自动驾驶的,它发生事故的概率比一个老司机还要低。

和车上的朋友闲聊几句,或者通过视频和孩子们聊一会,或者看看今天的工作计划,差不多就到目的地了。

如果你是去一个陌生的地方,也完全不用担心,因为增强现实技术将在这个时候帮你解决问题。这项技术类似于"谷歌眼镜",你将直接在地上"看到"方向指示,也可以随时调出地图来参考,而周围的其他人都看不到这些。

如果你最近的健康数据不太好,有可能你今天约见的是一位医生。通过对你平时各项健康指标的监控,你的人工智能管家已经发现了一些小问题,所以告诉你需要去看医生了。在你同意之后,医生已经提前得到了相关的数据,并与你预约了时间进行现场的诊断(这种体验与我们现在看病很多时候只有在病发时才知道,还需要提前找医生预约时间完全是反过来的)。

医生或许给你开了一些药,如果你不方便的话,就不用把它们带在身上。因为城市的物流系统已经十分发达了,这些药可以通过无人机或者其他方式送到你家,而你家的控制中心会自动接收。

而你怎么付款呢?因为在城市的经济消费系统中已经保存了你的基本信息,所以你要做的只不过是确认身份,用指纹或者虹膜甚至只是刷一下脸就能得到确认(当然,很有可能你的身份早已被系统确认,所以你可能什么都不用做,只是确认一下药价即可)。

离开医院后,你可能会回公司上班。没人会为你的迟到感到奇怪,老板也不会因此而责问你。因为你的特殊情况在你的授权之下已经由你家里的智能管家告诉了公司,并征得了你老板的同意。而一些得知消息的同事或许还会过来关心你一下,送你一点小礼物,祝你身体无恙或早日康复。

而对于医疗保险,你也完全不用麻烦行政、人事和财务的同事,得益于城市公共服务的建设,你的这些情况医保中心早已收到并进行了相关处理。

结束了工作之后,你感到自己需要多多锻炼身体才行,于是你决定不乘车,而是步行回家。你的智能管家得知这一情况后,会将预约好的车取消。

回到家之后,你的孩子正在做作业。你也收到了作业内容,可以帮助孩子学习。孩子的老师也会与你沟通,讲一下你的孩子最近在学校的状况,并给你一些建议。

和孩子一起学习完之后,你决定休息一会儿,看看电视。如果这时候家人也正好想看电视,而你们两个在看什么节目的问题上发生分歧该怎么办呢?事实上,并不会出现"抢电视"的局面。这得益于"增强现实技术",你们可以各看各的电视,彼此没有干扰。

空闲时间,你的智能管家可能会向你汇报家里的水、电、气、网等能源的使用情况,如果没有问题,就要向提供这些服务的公司付款了。事实上,你不用操心这些事情,因为城市的这些基础设施都采用智能抄表,其数据很精确并具有较强的实时性。

休闲结束,该睡觉了。在这之前,家里的水电系统会根据你的指令或习惯准备好热水,沐浴完毕就可以舒舒服服地睡一觉,养好精神,为新的一天做好准备。

物理世界与信息世界的大融合

在1.3节中提到了一种观点:人类的进化史同时也是一部人类信息活动的演进史。可以说,人类在物理世界中勇于探索革新的同时,也在信息领域里不断发明创造。只不过，大家一直没有意识到这两条支线的密切关系，认为它们是各自独立发展的。事实上，它们一直齐头并进、遥相呼应，直到“物联网”这个概念出现之后，才真正合二为一，以一个崭新的面貌呈现在人们面前(图 9.34)。

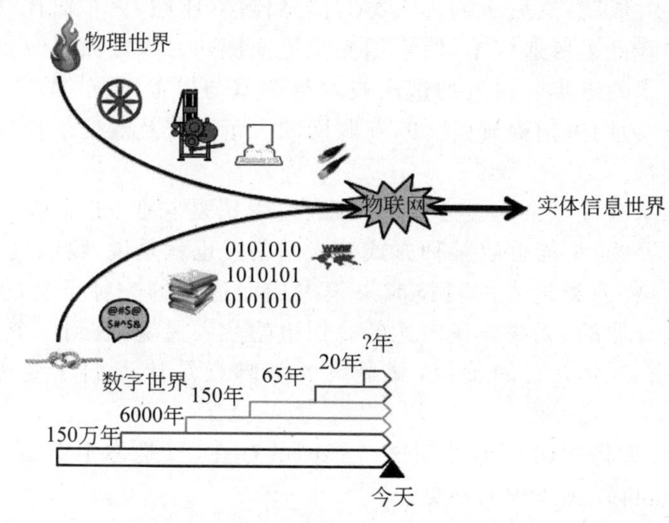

图 9.34　物联网发展的历史大脉络(来源：《物联网：未来已来》)

追溯到人类改造物理世界的发端，火的使用至关重要。它照亮了人类蒙昧的双眼，让人类有了和自然抗争的能力。人类学会了用火，从而开启了文明之门，创造了光辉灿烂的文明。

和火一样重要的是语言，语言让人与人之间能够进行信息的交流——年轻的原始人可以在眉目传情之余用声音表达爱意，而部落里的巫师可以假借神灵的名义统治部落。人类对语言的使用很可能比对火的使用更早。

我们可以从火和语言的使用来进行一个简单的分析。火是人类单凭身体的能力不足以对抗自然的情况下而使用的工具，其特点是具有一定的物理形态；语言则是大脑产生的信息需要交流的情况下产生的，语言是信息的一种形态。这二者看似关联很小，但二者在某种程度上又是互通的。火的颜色、温度、亮度等是现实存在的信息属性，而人通过语言发出的信息主要依靠声波来承载和传播。

此后，大约距今 6000 年，人类文明史上又出现了一项重大发明——轮子。轮子的发明让人类不仅能够走得更远，而且能够载物更多。同期出现的还有另一个伟大事物，那就是文字。文字的出现，让信息传递的范围更广，而且时间的跨度更久远！

再往后，随着人类对世界的认识逐渐增多，人类发明出了越来越多的工具以便能够更好地探索和改造世界。其中，珍妮纺纱机、蒸汽机、发电机的发明在某种意义上算是人类征服物理世界的象征，而印刷术、信件、打字机、个人计算机等是人类信息技术不断进步的体现。

一方面，信息传递的发展有赖于生产技术的进步。前两次技术革命，都是人类先在物质文明上取得了巨大成就，然后影响了人类的信息传播（比如，火车取代马车，从而加快了书信的传递速度并降低了传递成本，使人们交流更便捷）；另一方面，信息传递的发展也极大地促进了生产技术的进步。最近的这次技术革命就与以前不同，先是信息技术飞速发展，进而带来了生产力的大幅提升（比如，互联网的大范围普及改变了传统的商业和物流，促使电子商务出现）。

未来的物联网系统应该会是全方位的大融合，无论是农业、工业还是服务业，甚至整个物理世界的万事万物，都能够以某种方式接入网络。也就是说，物联网本身并不是一个行业或者技术，而是将人类过去的科技成果集大成而造就的一种全新的未来生活状态。它的影响是将过去分散的、无法自我表达的一切事物注入灵魂，放到一个互联互通的网络里进行交流、分析并产生更大的价值，其最终的落脚点是让人们享受更加舒适便捷的生活。

在物联网时代，你将能切身感受到这一张网的存在，只是你不会刻意去留意它的存在！你看得见，但也可以选择视而不见。

参考文献

[1] 刘云浩. 物联网导论[M]. 3版. 北京：科学出版社，2017.

[2] 郎为民. 大话物联网[M]. 北京：人民邮电出版社，2011.

[3] 物联网智库. 物联网：未来已来[M]. 北京：机械工业出版社，2015.

第 10 章

大 数 据

大数据提供的不是最终答案，只是参考答案，为我们提供暂时的帮助，以便等待更好的方法和答案出现。

——维克托·迈尔-舍恩伯格(奥地利数据科学家)

在第 5 章中，我们详细介绍了什么是数据以及数据的意义。显然，数据的范畴远比我们通常想象的要广得多——数字、文本、音频、视频、图形等各种形式的记录组成了广义的数据；数据的作用也比我们通常意识到的要重大得多——人类认识自然的过程，科学实践的过程，以及人类在经济、社会领域的行为，总是伴随着数据的使用。从某种角度上说，获得和利用数据的水平直接反映了人类文明的水平。

在电子计算机诞生、人类进入信息时代之后，数据带来的好处越来越明显，数据驱动的方法开始被普遍采用。不仅是自然科学领域，就连社会科学和人文艺术领域也逐渐开始重视基础数据的收集和整理，力图通过定量分析得出令人信服的结论。正如吴军博士所说："如果我们把资本和机械动能作为大航海时代以来全球近代化的动力，那么数据将成为下一次技术革命和社会变革的核心动力。"

自然科学、社会科学和人文艺术对数据的要求有所不同：自然科学研究物理世界，讲的是"精确"；社会科学研究社会现象，因为关系到人这个不确定因素而导致了"测不准"；人文艺术探索的是人的信仰、情感和价值，并不强调精确。

那么我们周围到底有多少数据？增长的速度有多快？许多人试图测量出一个确切的数字。摩尔定律早在 1965 年就预测了信息产业发展的基本步调——指数级增长。据有关资料显示，从人类文明出现到 2003 年，人类留下来的所有数据可以装满 100 万个容量为 1TB 的硬盘。而如此庞大的数据量，在 2003 年以后的人类社会里不到两天就能产生出来！到了 2007 年，人类的数据存储总量竟然在短短 4 年之中增长了 300 倍，足以装满 3 亿个容量为 1TB 的硬盘！"大数据"一词开始出现在媒体上，进入了大众的视野，并逐渐成为最火的科技概念。

数据的存储单位

在第 2 章中,我们介绍过香农引入了比特(bit)这个术语作为信息量的度量单位。所以比特是计算机存储数据的最小单位,1 比特指 1 个二进制数位：0 或 1。随后,ASCII(美国信息交换标准代码)通过 8 比特二进制数组合表示出了 256 种可能的字符(其中包括了英文键盘上的所有按键)。这也就促使 8 比特成为计算机存储数据的基本单位——字节(Byte)。

说到这里,可能有人会有点迷惑——“最小单位”和“基本单位”有啥区别?就以中文写的一篇文章为例吧,它的最小单位应该是笔画,比如点、横、竖、撇、捺,因为到了笔画这个层次就无法再往下分割了。但是,它的基本单位却是由笔画组成的字。估算这篇文章的规模就是数数它有多少个字,而不是看总共有多少个笔画。同理,当我们提到数据的存储量时,指的是多少字节,而不是多少比特!表 10.1 给出了存储单位的换算关系和实例。

表 10.1　存储单位的换算关系和实例

存储单位名称	单位符号	换算关系	具体示例
千字节	KB	1024B,或 2^{10}B	存储 1024 个英文字符需 1KB,而一页 A4 纸上的文字大约 5KB
兆字节	MB	1024KB 或 2^{20}B	一首 MP3 格式的流行歌曲(普通音质)大约 4MB
吉字节	GB	1024MB 或 2^{30}B	一部好莱坞电影(普通画质)大约 1GB
太字节	TB	1024GB 或 2^{40}B	美国国会图书馆所有登记的印刷版书籍的信息量为 15TB(2010 年)
拍字节	PB	1024TB 或 2^{50}B	在 2010 年,谷歌公司每小时处理的数据量约为 1PB
艾字节	EB	1024PB 或 2^{60}B	相当于 13 亿中国人人手一本 500 页的书加起来的信息量
泽字节	ZB	1024EB 或 2^{70}B	截至 2010 年,人类拥有的信息总量大约 1.2ZB
尧字节	YB	1024ZB 或 2^{80}B	超出想象,难以描述

说明：具体示例参考涂子沛的《大数据》一书。

10.1　大数据的产生

大数据本身真正引起科技行业的注意仅仅是 10 年前的事情，然而在短短的几年里，它就井喷式地爆发了，受到了学术界、商界甚至各国政府的热捧，一时间风头无两。那么，这么多的数据都是从哪里来的？为什么过去的 10 年中全球的数据量呈爆炸式增长？大数据究竟有什么特点？

10.1.1　大数据的来源

在 1.3.2 节中提到过文字诞生的动力：那些专注于生产、贸易与管理的组织想要拥有一种能够简便、精确地存储与提取信息的方法。所以，在过去的几千年里，数据最主要的来源就是人类的生产、贸易、管理等业务流程的记录，我们姑且称之为“业务数据”。而这些业务数据主要存储在纸张、胶片、黑胶唱片和盒式磁带这类媒体上面，截至 2000 年（计算机已经出现了半个多世纪），这些业务数据依然占人类已有数据的大半。到了 21 世纪，尤其是近 10 来年，随着信息技术的广泛应用，越来越多的业务数据被直接录入到计算机里。因此，人类收集业务数据的能力越来越强，业务数据的增长也越来越快，不知不觉中，数据的总量已经达到了惊人的规模。

2011 年 5 月，麦肯锡公司下属的全球研究所（McKiney Global Institute）发表了一份研究报告《大数据：下一个创新、竞争和生产率的前沿》。该报告对美国各行各业目前拥有的数据量进行了估算（图 10.1）：离散式制造业位居首位，拥有 966PB 的数据量；美国政府居第二，拥有 848PB 的数据量；居第三位的是新闻传媒业，共有 715PB……仅仅以美国政府商务部下属的美国普查局（USCB）为例，它当时就拥有 2560TB 的数据（如果把这些数据全部打印出来，用 4 个门的文件柜来装，需要 5000 万个才能装得下）。作为当时世界上最大的零售王国，沃尔玛每小时要处理 100 多万笔电子交易记录，可谓每分每秒都在源源不断地产生数据。即便如此，其数据库的规模在 2010 年为 2500TB 左右，还没有赶上美国普查局。

麦肯锡公司（McKinsey & Company）是由美国芝加哥大学商学院教授詹姆斯·麦肯锡（James O' McKinsey）于 1926 年创建的，现已成为全球最著名的管理咨询公司，在全球 44 个国家和地区开设了 84 个分公司或办事处，拥有 9000 多名咨询人员。

在 6.3.2 节中提到了：从 2004 年起，以 Facebook、推特（Twitter）为代表的社交媒体相继问世，拉开了一个互联网的崭新时代——Web 2.0。社交媒体不仅把交流和协同的功能推到了一个前所未有的高度，而且给全世界的网民提供了自我展示的平台，使其随时随地都可以记录自己的想法和行为，这种记录就是一种数据——“行为数据”。在惜墨如金的岁月里，只有那些不平凡的形象和事迹才有可能流传下来，于是，如此波澜壮阔的历史长河，却在整体上泯灭了一代又一代的普通人。只有在翻开为数不多的民间笔记和长

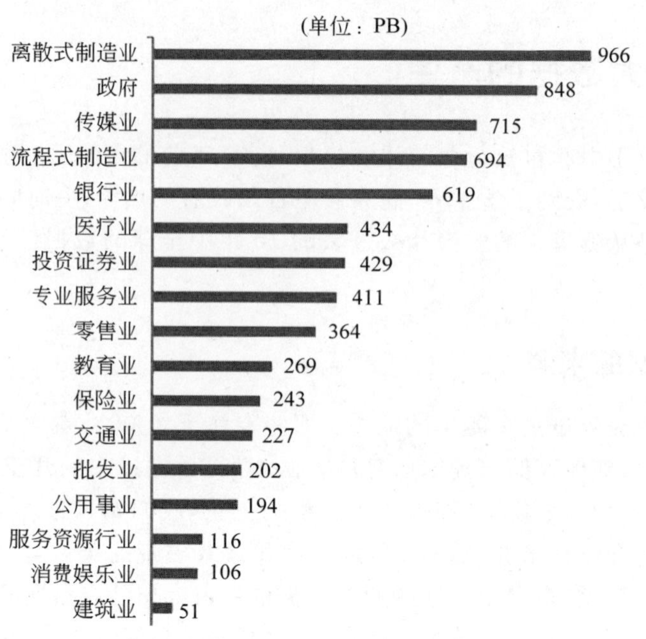

图 10.1　2009 年美国各行业数据存储量对比
（数据来源：International Data Corporation）

篇小说时，我们才能偶尔窥见那个时代普通人的饮食、衣着、出行、劳作……

随着互联网 2.0 的到来，全世界的网民都开始成为数据的生产者(图 10.2)，每个人都如同个人世界里的“史官”，发状态，写微博，聊微信，秀照片，记录着各自的活动和行为……据乔治敦大学的教授李塔鲁(Kalev Leetaru)估算，推特在 2012 年每天更新超过 4 亿条微博，产生了大约 80 亿个单词的数据量，而在过去的 50 年中《纽约时报》总共才产生了 30 亿个单词的数据量；据相关机构统计，每天有 7000 万张图片上传到图片共享网站 Pinterest 上，截至 2015 年，累计上传了 300 亿张；谷歌旗下的视频网站 YouTube 上的数据量更是大得惊人——每分钟至少新增 300h 时长的视频……

在 9.4.1 节中提到传感器的普及和物联网的兴起，使人们利用工具感知世界的能力极大地得到提升：小小的智能手机不仅在计算能力上已经不逊色于一台 PC，而且通过传感器可以“觉察”用户状态和周边环境，展现出“灵活”的一面；可穿戴设备也走进人们的生活，通过传感器不停地记录佩戴者的物理位置、热量消耗、体温、心跳、睡眠模式和步伐节奏等；更多的工具通过传感器时刻“观测”地球上的万事万物，甚至记录宇宙天体的各种信息，这就是无法估量的又一类数据——“环境数据”。

美国国家气象局于 2011 年开始在大巴车上装备传感器，每 10s 一次，每天上万次地采集沿途所有地点的温度、湿度、光照等数据，如此庞大的数据量使得天气预报更加实时和准确；斯隆数字巡天(Sloan Digital Sky Survey)项目在 2000 年启动时，位于美国新墨西哥州的望远镜在短短几周内收集到的数据已经比天文学历史上的记录总和还要多。不过，同样规模的数据对于即将在智利投入使用的大型视场全景巡天望远镜(Large Synoptic Survey Telescope，LSST)来说，可能只是一天的收获而已；目前，全世界至少有 300 万个重要的、巨大的、日夜运行的机器以及上百亿台小型机器，它们携带的传感器一方面记录着湿度、温度、压力、振动、旋转状态等重要检测指标，另一方面也在记录着周边环境的各种数据……可以说，万物皆是数据的生产者(图 10.3)。

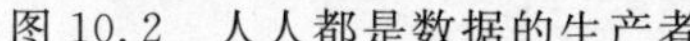
图 10.2　人人都是数据的生产者

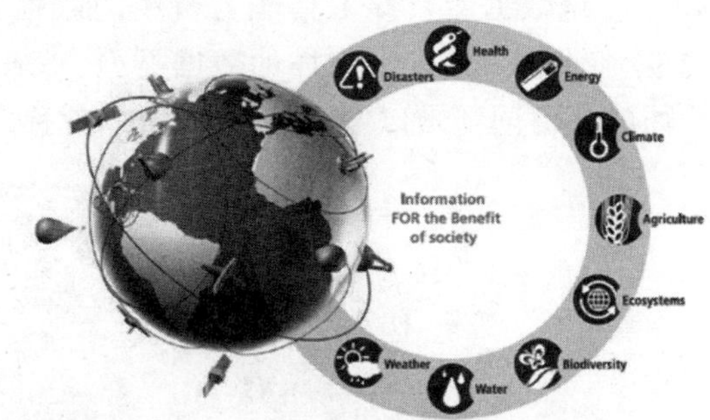

图 10.3　万物皆是数据的生产者

美国的“海浪监测计划”

1962 年，一场代号为“圣灰星期三”的风暴席卷了美国东海岸 600 多英里(1 英里=1609 米)的海岸线，这场风暴持续了 3 天，影响了全美 6 个州，最后造成了 40 人死亡，1000 多人受伤，导致了几亿美元的经济损失，被后人评为 20 世纪美国最严重的十大风暴之一。由于损失惨重，美国国会对救灾防灾工作召开了专门的听证会，最后促成了军民联手的“海浪监测计划”：美国陆军工程部和美国国家海洋与大气管理局(NOAA)共同建设了一个传感器监测系统，对兴风作浪的海洋进行监测。

在随后的日子里，这个监测系统不断升级，逐渐发展为一个覆盖全美海岸线、从浅水到深水的、精确的海浪监测网络。这个网络总共在近海、外大陆架、内大陆架和沿海设置了 296 个观测站点。这个网络中布置的新型传感器不仅能监测海浪的能量和方向，还能计算它的传播速度、偏度和峰度。这些传感器以分秒为单位，将数据源源不断地实时传回国家海洋数据中心(DODC)。

对海浪的监测，不仅能提高沿海地区对海啸、风暴等自然灾害的应急能力，还能极大地改善海上的交通安全。根据美国疾病控制和预防中心(CDC)的统计，捕鱼业是美国最危险的职业之一，全美所有行业的平均致死率为0.004%，而捕鱼业的平均致死率高达0.155%，其中79%的死亡是天气变化的原因导致的。除了安全，海浪的监测还能为利用大海能量发电提供关键的分析型数据。

10.1.2 大数据的特征

前面讲了这么多内容，都是关于大数据是怎么来的，那么到底什么才是真正的大数据呢？麦肯锡全球研究所给出了一种定义：一种规模大到在获取、存储、管理、分析方面远远超出了传统数据库软件工具能力范围的数据集合，具有海量的数据规模(Volume)、快速的数据流转(Velocity)、多样的数据类型(Variety)和价值密度低(Value)四大特征。这4个特征的关键词都是以"V"开头的，所以就称之为大数据世界的"4V"定律(图10.4)。

还有一种"5V"定律的说法，其中多了一个特征，就是数据的真实性(Veracity)。

图10.4 大数据的四大特征

大数据最明显的特征就是规模大，这一点在本章的一开始就介绍过了。但是仅仅有大量的数据并不一定是大数据，前几年出现过一个术语"海量数据"就是专指规模非常大的数据。其实，大数据还有一个尤为重要的特征，就是多样性，这主要体现在两个方面：一方面是数据来源多。就如同前面所说的，服务器、PC、手机、平板电脑以及遍布地球各个角落的形态各异的传感器时时刻刻都在收集数据，产生了不计其数的业务数据、行为数据和环境数据；另一方面是数据类型多。在5.3.2节提到过，以前的数据分析主要利用的是关系数据库里存放的结构化数据，并没有用到诸如图片、音频、视频、网页之类的非结构化和半结构化数据。而这些非结构化和半结构化数据才是大数据的主要组成部分，它们的加入极大地丰富了可以利用的数据类型。

结构化数据就是行数据，存储在数据库里，可以用二维表结构来逻辑表达实现的数据，详细介绍见5.3.2节。

"多样性"的说法有一定的歧义，从本质上讲用"多维度"一词则更加简明而准确。其实人类一直是靠这种方式来判断世界，只不过以前没有这么丰富的信息记录工具而已。比如，网上有个朋友找你借钱，你怎么判断有没有问题？仅仅通过发过来的信息，就算几千字的长篇大论也不足取信，因为这只是单个维度而已；于是，你可以让他打个电话过来，听听声音是不是他的，这就有了另一个维度的信息来佐证；如果还不放心，你再和他来个网络视频通话，不仅能看看是不是他本人，还能观察一下他气色正不正常、周边环境是否异常（以防被传销洗脑之类）……这种用多个维度的信息来综合决策的方法就是大数据的正确使用方式。

iPhone 手机上的智能语音助手 Siri 就是多维度数据处理的典型代表（图 10.5）。用户可以通过语音、文字等多种输入方式与 Siri 沟通交流，就像面对一台智能机器人一样（只不过 Siri 藏身于 iPhone 里面）。Siri 不仅可能帮助用户调用系统自带的天气预报、日程安排、搜索资料等应用程序，还能给用户读短信、介绍餐厅、询问天气、设置闹钟、预订机票。由于 Siri 接触到了如此多维度的数据，它会变得越来越人性化，甚至能依据用户的家庭地址、当前所处位置和平时的选择偏好来判断哪些网络搜索结果更符合用户的心意，比如推荐附近合乎口味的餐厅，找到方便快捷的公交站点，帮醉酒的主人打车回家……为了让 Siri 更加聪明，苹果公司还引入了谷歌、维基百科等外部的数据源，通过更多维度的数据来提升它的能力。未来版本的 Siri 或许可以用各地的方言来为中国用户服务，比如四川话、湖南话和广东话等。

图 10.5　智能语音助手 Siri

“天下武功，无坚不摧，唯快不破。”这是电影《功夫》里的一句台词，在大数据中也同样适用。数据的增长速度之快，可以说远远超出了摩尔定律的预期（这在本章一开篇就提到了），这就需要我们在存储、传输和处理等各个环节都要跟上。一言以蔽之，就是“数据产生得快，处理也要快！”毕竟，很多数据跟新闻一样，具有时效性。所以有一个著名的“1 秒定律”，即要在秒级时间范围内给出分析结果，超出这个时间，数据很可能就失去价值了。IBM 公司有一则“1 秒，能做什么？”的广告，通过实例告诉你：1 秒，能检测出台北的铁道故障并发布预警，也能发现得克萨斯州的电力中断以避免电网瘫痪，还能帮助一家全球性金融公司锁定行业欺诈以保障客户利益……

如果我们获取和处理数据的速度足够快，就可以做到很多过去做不到的事情，城市的智能交通管理就是一个绝佳的例子。谷歌公司在2007年刚刚推出Google地图交通路况信息服务时，世界上很多大城市都已经设置了交通管理（或者控制）中心。但是它们能够得到的交通路况信息最快的也有20min的滞后，这就导致用户通过Google地图看到的是接近半个小时前的情况了。随后几年里，能够定位的智能手机逐渐普及开来，而且大部分用户都开放了他们的实时位置信息。于是，提供地图服务的公司，比如谷歌或百度，很容易通过智能手机上的传感器实时地获取任何一个人口密度较大的城市的人员流动信息，而且从数据采集、数据处理到信息发布的延时微乎其微，因此提供的交通路况信息要及时得多（图10.6）。当然，更“及时”的信息可以通过分析历史数据来预测。一些科研小组和公司的研发部门已经开始利用一个城市交通状况的历史数据，结合实时数据，预测一段时间以内（比如一个小时）该城市各条道路可能出现的交通状况，并且帮助出行者规划最优的出行路线。

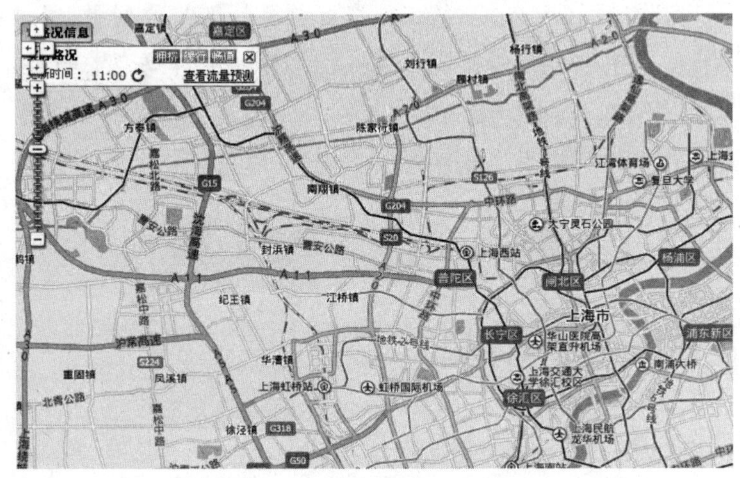

图 10.6　百度地图的实时路况示例

2009年，人类发现一种新的流感病毒——甲型H1N1禽流感病毒，短短几周之内在全球迅速蔓延开来。当时还没有研制出对抗这种流感的疫苗，公共卫生专家只能先设法知道这种禽流感流行到了哪里，以便防止它进一步传播。传统的方法是由各地医院、诊所和医务人员向美国疾病控制和预防中心（Centers for Disease Control and Prevention，简称CDC）上报，大约有10天到两周的延时，显然是很不利于疫情控制的。而谷歌公司推出的一款名为“谷歌流感趋势”（Google Flu Trends）的产品，其基本原理就是：一旦人们患上流感，就可能会在搜索引擎上输入特定的检索词条以获得与流感相关的信息。通过汇总和分析这些检索词条，就能预测流感将在何时何地爆发。事实证明，谷歌这款产品的预测结果不仅准确率高达 97%以上，而且比传统方法更加及时，从而帮助美国政府有效地遏制了 H1N1 病毒的传播速度。

由于大数据体量大，种类多，速度快，因而也造成了其价值密度低的特点。也就是说，高价值的信息隐藏在大量纷繁复杂的无用数据之中，而我们需要像“淘金”一样进行筛选、整理、提炼，才能收获我们真正想要的东西。举例来说，如果一个摄像头的监视范围是 200m，我们可以安装 10 组摄像头对一条 2km 长的公路作全程录像监控。如果每个摄像头每秒拍摄 30 幅画面，这 10 组摄像头一天要拍摄两千多万幅画面，一年下来，产生的数据不可谓不大。但是，我们不可能长期保存如此大规模的数据，毕竟成本太高。何况这么多的数据里面，真正有用数据可能只有 1%甚至更少。于是，如何通过更加先进的技术及时完成数据的价值“提纯”，成为目前大数据背景下亟待解决的难题。

为什么是“big”而不是“large”？

英语单词 big、large 和 vast 都有大的意思。而且在大数据被提出之前，通过收集和处理大量数据进行科学研究的论文大多采用 large 或 vast 这两个英文单词，很少用 big。那么，这 3 个单词到底有什么差别呢？

large 和 vast 常常用于形容体量的大小，只是在程度上略有差别，vast 可以看成是 very large 的意思。而 big 更强调的是相对于小的大，是抽象意义上的大。比如，large table 表示一张桌子的尺寸很大，非常具体。big table 则抽象地强调这不是一张小桌子(可以称得上大桌了)，真实尺寸是否很大倒不一定。

仔细推敲英语中 big data 这种说法，我们不得不承认这个词非常准确，它从抽象层面上传递了一种信息——大数据是一种思维方式的改变。数据量的增加仅仅是具体的一个方面而已，更多的是量变带来的质变，是一种境界的不同。在大数据的时代，思维方式、做事方法就应该和以往有所区别。这也是帮助我们理解大数据概念的一把钥匙。

10.2 大数据的思维

对物理世界来说，物体大小是非常重要的。比如，在人类身处的常规尺度下，用我们的双眼就可以观察现象，用牛顿物理学就足以解释原因；但是随着尺度的不断扩大，到星球这类天体的规模时，就必须用天文望远镜来观察宇宙，用相对论来解释其规律；而随着尺度的不断缩小，尤其是到了原子的内部，用显微镜都无法观测，而需要用粒子加速器去探究，用量子理论来解释。

同样，对于数据而言，规模也是非常重要的。从以往的小数据发展到了如今的大数据,量变导致质变,人类有机会更加深入地探索现实世界的规律,获取过去不可能得到的知识,抓住以前无法企及的商机。但是,这也给我们提出了挑战,毕竟原先的思维方式和方法套路已经不再适用,我们需要做好充足的准备,变革我们的思维,寻求更加高效的技术。

10.2.1 全体数据的威力

统计学的英文单词 statistics 的词根 state 是"城邦"的意思,这是因为这门学科始于古希腊的亚里斯多得撰写的《城邦政情》或《城邦纪要》,内容包括各城邦的历史、行政、科学、艺术、人口、资源和财富等社会和经济情况的比较、分析,具有社会科学特点。

很早以前,人们就开始摸索如何通过搜集、整理和分析数据,发现事物的规律,进而拥有预测对象趋势的能力,于是就慢慢形成了一门古老的学科——统计学。由于技术水平的限制,很多事物都是无法一一清点的,比如人口普查这种耗资且费时的事情。所以三百多年前,有一个名叫约翰·格朗特(John Graunt)的英国缝纫用品商就提出了一个很有新意的方法,可以推算出当时伦敦的人口数。这种方法逐渐发展为"样本分析法",力图通过分析收集到的一部分数据来推断总体的规律。

不用说一个城市的人口普查有多么复杂,就拿一所综合性大学来说吧。师生人数多达几万,每天都可能有入学、参加培训、入职的人进来,也有退学、交流、离职的人出去。在这种动态变化中,就算学校的相关部门也很难及时掌握当下的具体数据。而我们要想独自计算出这所大学的男女比例,该怎么办?最省时省力的方式就是站在学校人流量最大的路口(一般在宿舍、教室、食堂必经之路的交汇处)数一数一天的人流量。如果你发现有1752名男生和584名女生经过这个路口,你大致可以得出"这个学校男生略多于女生"的结论。当然,你不能说这个学校的男女生比例就是1752∶584,你只能说"差不多是3∶1"。在这个例子中,整个学校的实际人数称为总体,你观测或调查到的这一部分个体(2336个人)称之为"样本",从总体中拿出一部分个体来研究的行为称为"采样",也叫取样、抽样。

用部分个体的数据来获得总体的结论,统计学这套方法很诱人。但要注意,抽取的样本数量要充分,要有一定的规模,才能反映出整体的规律。比如说,某个清晨,你还是到学校的那个路口站上两分钟,看到3个男生和7个女生走过,据此你敢得出"这个学校7/10是女生"的结论吗?显然,你的统计样本数量太少,可能完全是凑巧。或许深夜你再去数一数,两分钟走过去8个男生1个女生,你同样不能据此得出"这个学校8/9是男生"的结论。可见,采样数据只有达到一定的规模,才能忽略其误差……

除了要求样本数量足够多,统计还要求采样的数据具有代表性。如果你跑到学校男生宿舍的楼道里坐上一宿,或者在男澡堂里泡上一天,见到了上千个男生,这下样本数量是够多的了,但是你应该不会相信"这个学校没有女生"的谬论吧?不要笑,大家在生活中经常会犯类似的错误。我曾经见到过学生社团假期在自习室发放调查问卷,统计学生们对教学进度和课程难度的看法。这种调查方式肯定有问题(如果没有其他补充的调查方法)，因为假期还在自习室学习的同学一般都是学业不错的，很可能都认为教学进度合理甚至稍慢，课程难度适中或者不大；而那些跟不上教学进度、学习非常吃力的同学往往不爱上课，更别提在假期去自习室了。没有给这部分学生填写调查问卷的机会，就是采样存在偏好，没有代表性，推断出来的结果很可能不符合真实情况。

在 1936 年的美国大选前夕，当时著名的民意调查机构《文学文摘》(*The Literary Digest*)预测共和党候选人兰登会赢。此前，《文学文摘》已经连续 4 次成功地预测了总统大选的结果，这一次它收回 240 万份问卷，巨大的样本数量得到了民众的信服。不过，当时一位名不见经传的新闻学教授乔治・盖洛普却提出了相反的看法，他通过 5 万份调查问卷得出了民主党候选人罗斯福会连任的结论。大选结果出来后，证实了盖洛普是正确的。对此，盖洛普的解释是：《文学文摘》统计的样本虽然要多得多，但不具有代表性，它的调查员们是根据杂志订户、汽车主和电话本上的地址发送问卷的，而这些都是支持共和党的富裕家庭。而盖洛普进行采样的时候，充分考虑了选民的种族、性别、年龄和收入等各种因素，虽然只有 5 万个样本，却更有代表性。

所以，统计学家认为，样本分析的精确性随着采样随机性的增加而大幅提高，与样本数量的增加关系不大。也就是说，样本选择的随机性比样本数量更重要！这一观点为我们开辟了一条收集信息的新道路。通过收集随机样本，可以用较少的花费做出高精确度的推断。因此，政府每年都可以用随机采样的方法进行小规模的人口普查，而不是只能每 10 年搞一次“全民运动”。在商业领域也是一样，以前对生产出来的每一个产品都要进行质量检测，而现在只需要从一批商品中随机抽取部分样品进行检测就可以了。

“随机原则”是指在选取样本的时候，每个个体有同等的机会被抽到，这就保障了样本的分布和总体趋于一致。

随机采样取得了巨大的成功，成为统计学、现代测量领域的支柱。但这只是一条捷径，是在不可收集和分析全部数据的情况下的选择，它本身存在许多固有的缺陷。其成功依赖于采样的绝对随机性，但是实现起来非常困难。一旦采样过程中存在任何偏见，分析结果就会相去甚远。还是接着说前面的例子，1936 年的大选预测让盖洛普一夜成名(图 10.7)，并催生了一个至今仍是最具权威性的民意调查公司——盖洛普公司。此后，该公司又连续成功预测了两次大选。1948 年，盖洛普预测共和党候选人杜威将以较大优势击败时任总统的民主党候选人杜鲁门，《纽约时报》《芝加哥论坛报》等报纸早已奉盖洛普为神明，在开票前一晚，都提前印好了杜威获胜的头条新闻。但最后是杜鲁门获胜，印好的报纸被迫全部销毁。可见盖洛普的民意调查还是不可能尽善尽美，它的采样还是没有达到完全随机的地步。

图 10.7　盖洛普登上《时代》杂志的封面

更糟糕的是，随机采样不适合考察子类别的情况。因为一旦继续细分，随机采样结果的错误率会大大增加。如果有一份随机采样的调查结果，还是关于前面所述的那所大学男女比例的。一方面样本数量足够多——2336人(1752名男生和584名女生)，另一方面样本选择也足够随机(某天经过核心路口的所有人)。但是如果根据专业和年级细分一下呢？要是发现样本中有3个男生和3个女生同属于某专业二年级一班，是不是可以得出“该专业二年级一班男女比例1∶1”的结论？甚至在样本中某个班的全是男学生，是不是可以认为“这个班没有女生”(很可能这个班女生这天正好有活动，比如相约逛街、郊游)？所以，当人们想了解更深层次的细分领域的情况时，随机采样的方法就不可取了。

随机采样获取数据的维度是极其有限的，所以要先有一个假设，然后通过统计分析来进一步验证，千万不要奢求采样的数据能够回答你事先没有考虑到的问题。比如，我们想知道“影响考试成绩的因素有哪些”，设计调查问卷采集的数据维度有考试难度、学习时长、课程难度、课程类型等，后来你突然发现，还应该调查考试形式(开卷还是闭卷)和考试时间(白天还是晚上)，那只能重做问卷，再次调查汇总了。分析结果都快出来的时候，你又突然意识到学生对出题老师的熟悉程度也应该有关系，而且可能是很大的关系，那没办法了——“只不过从头再来”。这次统计你集思广益、面面俱到，收回所有问卷正要着手分析的时候突然接到一个电话，团委书记让你顺便调查一下参加党团活动对考试成绩有无提升，于是你到了崩溃的边缘……可以说，人们在传统的随机采样中只能得出预先设计好的问题的结果。这种调查结果是缺乏延展性的，即调查出来的数据不可以重新分析以实现计划外的目的。

随机采样一般都采用填写调查问卷和当面采访的方式来进行，而这些方式未必能反映被调查人的真实意愿。比如，在调查大学生阅读习惯的问卷里，很多同学会本能地填写一些让自己显得有格调的书籍。如世界名著、哲学丛书、技术类书籍，这和实际情况出入很大。再如，电视台到美国的街头调查大家对种族歧视的看法，几乎所有人都对种族歧视持批判态度，声称自己非常欢迎其他肤色的人来家里做客。但如果据此规划城市、兴建住宅，显然会加剧社区中的日常冲突。可以说，填写调查问卷和当面采访的方式没有照顾到被调查人的心理感受，给予对方很大的压力，有“课堂提问”“逼迫表态”之嫌疑。

通过上述分析，可以看出在信息处理能力受限的时代，我们缺少收集、存储和分析所有数据的工具，所以随机采样应运而生。现在，随着技术的进步，PC、平板电脑、智能终端和无数大大小小的传感器都可以收集人们想要的数据，对数据的快速处理也不是很大的问题了。所以，我们要转变思维方式——只要有可能，就要收集所有的数据，即“样本＝总体”！

2013年9月，百度发布了一个颇有意思的统计结果——《中国十大“吃货”省市排行榜》。百度没有做任何民意调查和各地饮食习惯的研究，它只是从“百度知道”的7700万条与吃有关的问题里“挖掘”出一些结论，而这些结论看上去比任何学术研究的结论更能反映中国不同地区的饮食习惯。我们不妨看看百度给出的一些结论：

在关于“××能吃吗”的问题中，福建、浙江、广东、四川等地的网友最经常问的是“××虫能吃吗”，江苏、上海、北京等地的网友最经常问的是“××的皮能不能吃”，内蒙古、新疆、西藏的网友则最关心“蘑菇能吃吗”，而宁夏网友最关心的竟然是“螃蟹能吃吗”。宁夏网友关心的事情一定让福建网友大跌眼镜，反过来也是一样，宁夏网友会惊讶于有人居然要吃虫子。

百度做的这件小事，其实就是大数据的一个典型应用，它有 3 个特点。首先，数据非常充足，7700 万个问题和回答可不是一个小数目，这不是随机采样，而是现有手段可以获取的全部数据。第二，这些数据维度非常多，它们不仅涉及食物的做法、吃法、成分、营养价值、价格、问题来源的地域和时间等显性的维度，而且还藏着很多外人不注意的隐含信息，比如提问者或回答者使用的计算机（或手机）以及浏览器。这些维度并不是明确给出的（这一点和传统的调查问卷不一样），因此在外行人看来，“百度知道”的原始数据是“相当杂乱”的。但这恰恰保障了数据包含的信息没有缺失，分析起来“全无死角”，从而将原来看似无关的维度（时间、地域、食品、做法和成分等）联系了起来。第三，“百度知道”的数据来源就是大家在网上随意的搜索和留言，很多是匿名的，这就没有提问和回答的压力以及各种顾虑，也没有功利性的目的，有什么就是什么，自然而然，更接近人们的真实想法。

当然，百度只公布了一些大家感兴趣的结果，只要它愿意，它可以从这些数据中得到更多有价值的统计结果。比如，它很容易得到不同年龄、性别和文化背景的人的饮食习惯（假定百度知道用户的注册信息是可靠的，即使不可靠，也可以通过其他方式获取可靠的信息），不同生活习惯的人（比如正常作息的人、夜猫子、在计算机前一坐就是几个小时的游戏玩家、经常出差的人或者不爱运动的人等）的饮食习惯等。如果再结合每个人使用的计算机（或者手机等智能设备）的品牌和型号，大抵可以了解提问者和回答者的收入情况，这样就可以知道不同收入阶层的人的饮食习惯。由于百度的数据收集的时间跨度比较长，通过这些数据还可以看出不同地区的人饮食习惯的变化，尤其是在不同经济发展阶段饮食习惯的改变。

可以看出，在“百度知道”进行分析之前，设计师的头脑里既没有预先的假设（限定哪些方面的信息），也不知道能得出什么样的结论，这种思维方式和传统的随机采样完全不一样。正是因为“百度知道”的数据是典型的大数据，具有多维度和完备性，可以轻易恢复出对事物全方位的完整描述，那些在过去看来很难处理的问题便可以迎刃而解了！于是，既不用投入大量精力设计一个非常好的问卷，也无须从不同地区寻找具有代表性的人群进行调查，更没有必要担心漏掉某个维度以致整个统计过程重新来过。大数据彰显的威力就是建立在掌握所有数据，至少是尽可能多的数据的基础之上的，即“样本＝总体”

（图 10.8）。

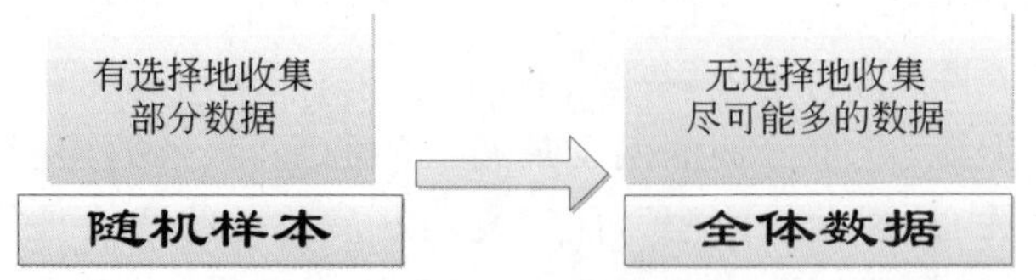

图 10.8　利用全体数据的思维转变

大数据时代的选举预测

前面介绍过，盖洛普公司因预测 1936 年总统大选结果而声名鹊起，被媒体奉若神明。不过，它在 1936—2012 年的 19 次大选预测中还是有两次失手，而且即使在它预测正确的 17 次之中，也没有一次能够正确预测美国全部 50 个州再加上华盛顿特区的选举结果。为什么准确预测美国各州的选举结果那么重要呢？因为美国总统的选举不像法国那样是简单的一人一票制，而是现有各州选举出该州的获胜者，这个获胜者通吃全州被分配的选票数额，因此准确预测各州的选票很重要。但每次大选结果事先不明朗的州有 10 个左右，在那些州里，各候选人支持率在民意调查中的差距比标准差要小很多，因此可以讲各种民意调查给出的结论基本上是随机的。要随机猜对 10 个州的大选结果，这个概率其实不到千分之一，是极小概率事件。因此，统计学家们认为基本无法准确预测全部 50＋1 个州的结果，不是盖洛普公司本事不大，而是这件事本身就办不到。

但是到了 2012 年，情况发生了变化，一个名叫内德·斯维尔（Nade Silver）的年轻人利用大数据成功地预测了全部 50＋1 个州的选举结果。这让包括盖洛普公司在内的所有人都大吃一惊。斯维尔是怎样解决这个难题的呢？其实他的思路很简单，如果有办法在投票前了解到每一个人会投哪个候选人的票，那么准确预测每一个州的选举结果就变得可能了。于是，他在互联网上，尤其是各种社交网络上，尽可能地收集所有和美国 2012 年大选有关的数据，其中包括各地新闻、留言簿和地方传媒中的数据，Facebook 和推特上的发言及的评论，以及候选人“选战”的数据等，然后按照州进行整理。

虽然斯维尔还做不到在大选前得到每一个投票人的想法，但他利用互联网收集的数据已经非常全面了，远不是民意调查公司所能比拟的。另一个重要的因素是，互联网上的数据反映了选民在没有压力的情况下真实的想法，准确性很高。两点结合到一起，斯维尔获得了对选民想法的全面了解，或者说在某种程度上具有了数据的完备性，因此他能够准确预测 2012 年美国大选结果也就不奇怪了。

10.2.2 观其大略的意识

随着数据处理的相关技术不断发展，我们从有选择地收集部分数据变成了无选择地收集尽可能多的数据。这种转变一方面利用了多维度和完备性的优势，避免了随机采样的缺陷，彰显了大数据的威力；另一方面也让一些不规范的数据甚至错误的数据混了进来，造成了结果的不精确。正如俗语说的“人上一百，形形色色”“林子大了，什么鸟都有”，这就是大数据时代要付出的代价，而且我们要学会接受它。

对“小数据”而言，最基本、最重要的要求就是减少错误，保证质量。因为收集的样本比较少，所以必须确保每个样本数据尽量精确。比如通过打靶成绩来判断士兵的业务能力是否过硬，如果只进行 5 次测试，如图 10.9(a)所示，我们就会判定右侧靶位的士兵更优秀，因为左侧靶位的士兵有一枪差点脱靶，虽然这可能只是一个偶然的发挥失常，或者由于一些场外因素干扰，又或者由于枪械的小故障……如果把平时多次正规测试的成绩都拿过来，如图 10.9(b)所示，我们就会发现两位士兵的成绩没有什么差别，稳定性都不错。左侧那个几乎要脱靶的一枪应该就是一个意外，对于大量测试样本来说，那一枪可以作为一个“小概率事件”忽略。如果算一下平均成绩，这个“孤立点”丢掉的几环被几十枪甚至上百枪的环数均摊，结果完全在可接受的误差范围之内。

孤立点（acnode）是指在数据集合中与大多数数据的特征不一致的数据。

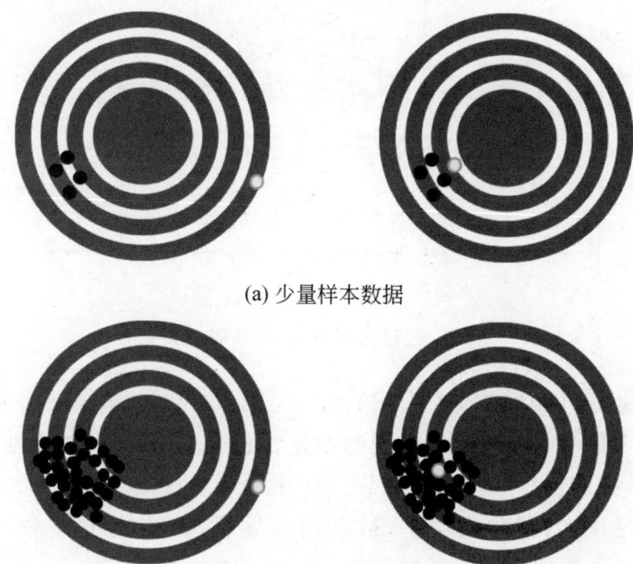

图 10.9 两种规模的样本数据对比

我们评判一个组织的优良中差也是一样，在只有两三个人的团队中，一个成绩记录错误了，比如升降了十来分，都会导致平均成绩浮动个三五分，直接影响到对团队水平的判断。但对于一个两三千人的团队来说，某个成绩的记录错误可能仅仅导致平均成绩变化零点几分甚至零点零几分，对团队总体判断的影响微乎其微。

在对物体进行测量分类的时候，“小数据”和“大数据”的思维也是不同。如图10.10所示，我们测量出甲乙两类物体的重量(横轴)和长度(纵轴)，并用二维空间中的点表示出来。可以看到，如果只是采集了椭圆(中间)内的几个样本，我们根本无法直接看出哪些是甲类，哪些是乙类，因为它们混杂在一起，很可能是错误数据或者测量误差。我们不得不重新挑选样本、精确测量，务必保证每一个样本具有代表性，每一个数据都不能出错！但是随着样本数量的增加，尤其是达到了上百个样本的规模以后，我们很容易就能画出一条斜线，把两类物体区分开来。对此，你可以放心地说：“这么多样本数据，就算有几个是错的，也不会影响我们的整体判断。”

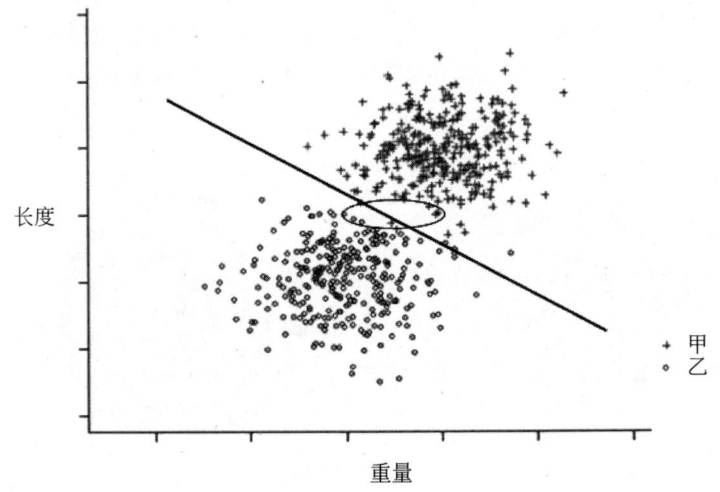

图10.10 通过大量样本来判别两类物体

假设你要测量全球气温状况，手头只有几个温度测量仪，那你就必须保持它们都是精确的而且能够一直工作。即便如此，得到的数据也仅仅是几个代表性地点的温度而已，你无法关注类似“每个城市”这一层次的细节。如果每平方公里都有一个或多个测量仪，有些数据很可能会是错误的(偶尔失灵了，被动物碰坏了，地质灾害失踪了)，但大量的读数合起来就可以提供一个更加全面、更加可靠、更加有用的结果(图10.11)。因为更多的数据不仅能抵消测量错误的影响，还能提供更多的额外价值。

我们还可以控制这些温度测量仪的工作强度(测量频率)，从而获取更多的数据。如

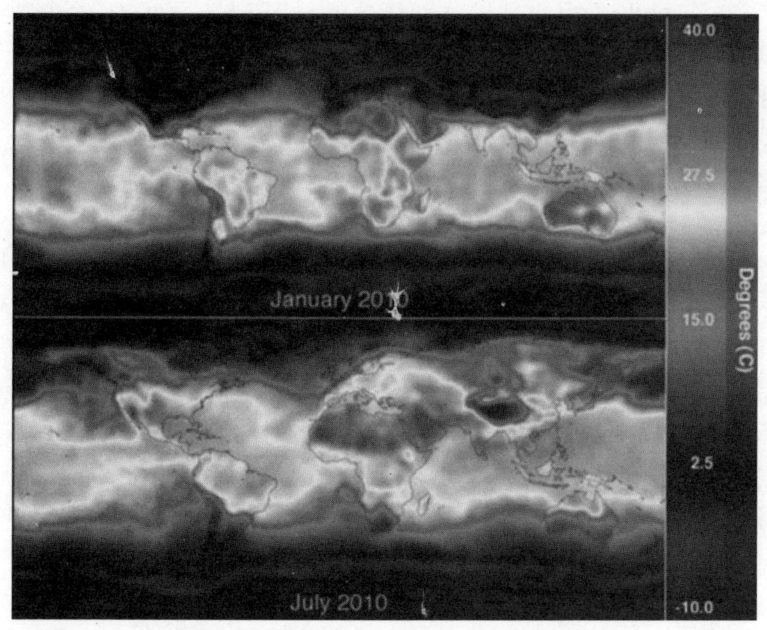

图 10.11　全球气温变化(2010 年 1 月和 7 月)

果每隔一分钟就测量一下温度,我们至少还能够保证测量结果是按照时间有序排列的。如果变成每分钟测量十次甚至百次的话,不仅读数可能出错,而且连时间先后都可能混乱。再加上全球的温度数据都通过网络传输过来,某一条记录很可能在某个拥塞的结点发生延迟,甚至丢失。如此一来,我们得到的信息可能更加混乱,但是直接使用规模如此庞大的数据,还是要比使用严格筛选后的少量数据更为划算。理论上讲,如果我们能够投入足够多的人力、物力和时间,这些错误是可以避免的。但在很多情况下,与致力于避免错误相比,对错误的包容会带给我们更多好处。

我们在第 8 章中讨论了“自然语言处理难在何处”可以说,让计算机使用语法规则来进行自然语言的翻译,在多数情况下有很大的局限性。后来人们决定采用基于统计的方法,也就是通过大量的文本(双语)对照,让计算机自己估算一个词或词组对应于另一种语言中的一个词或词组的可能性。20 世纪 90 年代,IBM 公司花费了大概 10 年的时间进行了一个名为 Candide 的机器翻译项目,采用英法双语对照的加拿大议会资料作为语料库。用那个时候的标准来看,数据量非常巨大——多达 300 万句。由于是官方文件,翻译的标准非常高,可以说数据质量也特别过硬。这个项目使得机器翻译的能力在短时间内就提高了很多。然而,在这次飞跃之后,IBM 公司尽管继续投入了很多资金,但取得的进展不大,最终不得不停止了这个项目。

语料库指经科学取样和加工的大规模电子文本库。借助于计算机分析工具,研究者可开展相关的语言理论及应用研究。

2006 年，谷歌公司也开始涉足机器翻译。但与 IBM 不同的是，谷歌利用了一个更大、更繁杂的语料库——互联网。它不仅从各种各样语言的公司网站上寻找对译文档，还会去寻找联合国和欧盟这些国际组织发布的官方文件和报告的译本，它甚至会吸收速读项目中的书籍翻译。尽管输入源很混乱，但与他翻译系统相比，谷歌的翻译质量算是最好的，而且可翻译的内容更多。到 2012 年，谷歌数据库涵盖了 60 多种语言，甚至能够接受 14 种语言的语音输入，并有很流利的同声翻译（图 10.12）。

图 10.12 大数据助力机器翻译

谷歌翻译系统的成功，主要并不是因为其算法机制有多先进，而是它利用了丰富的互联网数据，其中不乏错误的数据。与之相反，Candide 等翻译系统都是只采用官方数据作为语料库，尤其是布朗语料库，不仅拥有上百万个英语单词，而且经过了专家的仔细校对核实，务求精确。彼得·诺威格（Peter Norvig）为此感叹：“从某种意义上，谷歌的语料库是布朗语料库的一个退步。因为谷歌语料库的内容来自未经过滤的网页内容，所以会包含一些不完整的句子、拼写错误、语法错误以及其他各种错误。况且，它也没有详细的人工纠错后的注解。但是，谷歌语料库是布朗语料库的好几百万倍大，这样的优势完全压倒了缺点。”

诺威格和同事在一篇名为《数据的非理性效果》（*The Unreasonable Effectiveness of Data*）的文章中提出了“大数据基础上的简单算法比小数据基础上的复杂算法更加有效”的观点。

在过去的“小数据”时代，任意一个数据点的测量情况都对结果至关重要。所以，需要确保每个数据的精确性，才不会导致分析结果的偏差。当大量数据迅速涌来的时候，我们就不再期待精确性，也无法实现精确性了。然而，除了一开始会与我们的直觉相矛盾之外，接收数据的不精确和不完美，我们反而能够更好地掌握事情的发展趋势，也能够更好地理解这个世界。

你在 Facebook 上不仅可以点击“喜欢”按钮（类似于微信朋友圈点赞），还可以看到有多少人也在点击。数量不多的时候，会显示像“36”这种精确的数字；当达到一定规模之后就只显示近似值，比如“5000”。这并不代表系统不知道正确的数据是多少，只是在数量非常大的时候，精确的数值已经不那么重要了。另外，数据更新得非常快，甚至在刚刚显示出来的时候可能就已经过时了。所以，电子邮箱会比较精确地标注在很短时间内收到的信件，比方说“7 分钟之前”；但是，对于已经收到有一段时间的信件，则会标注如“两个小时之前”这种粗略的时间信息。就像如图 10.13 所示的 QQ 在线人数，系统完全可以精确到个位数，但这种“精确”不仅没有必要，反而会导致结论不严谨。因为在任何时刻，都可能会有几十甚至几百人上线或者离线。所以，我们说这一刻有 2 亿人在线或者 2 亿 1 千 5 百多万人在线都没问题，而如果说“有 215 709 009 人在线”，尽管貌似精确，但实际上反而是有问题的！

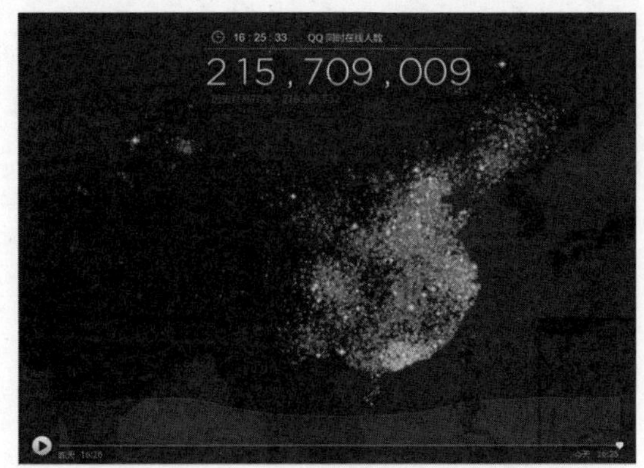

图 10.13　某一时刻的 QQ 在线人数

在上哲学课的时候，老师就告诫我们："要抓住事物主要矛盾的主要方面，忽略次要矛盾的次要方面。"其实对于大数据来说也是一样，在很多场合下快速获得一个大概的轮廓和发展脉络，要比追求部分数据的精确性重要得多。何况，一旦我们的视野局限在我们可以分析和能够确定的数据上时，我们对事物的整体理解就可能产生偏差和错误。这样不仅失去了去尽力收集一切数据的动力，也失去了从各个不同角度来观察事物的可能。三国时期的著名政治家诸葛亮就拥有这种大数据时代的思维方式，他在读书求学过程中放弃了字斟句酌的精确性，而是博览群书，"独观其大略"，最终取得了非凡的成就。

古人曾注："略，谓举其大纲。"每一篇文章，每一本书籍，都有其最精粹的部分，抓住了它再进行深钻细研，就能较好地把握通篇的主要精神，使所学知识扎实深刻而不浅薄，从而产生事半功倍、融会贯通的效果。

> 据《魏略》记载："诸葛亮在荆州，与石广元、徐元直、孟公威俱游学，三人务于精熟，而亮独观其大略。每晨夕，从容抱膝长啸。而谓三人曰：'卿三人仕进，可至刺史郡守也。'三人问其所至，亮笑而不言。"

大数据强调的这种"大局观"也可以用下印象派的画风作类比。图 10.14 是印象派代表画家莫奈的名作（"印象派"正是由这幅画作而得名），走近细看，画中的每一笔感觉都是混乱的，但是退后一步，你就会发现这是一幅伟大的作品。因为你退后了一步，就放弃了对局部细节的精确观察，这反而促使你能抓住事物的主要方面，从而看出这幅画作的整体思路了。正如《大数据时代》的作者维克托·迈尔-舍恩伯格（Viktor Mayer-Schönberger）所说："只要我们能够得到一个事物更完整的概念，我们就能接受模糊和不确定的存在。"

维克托·迈尔-舍恩伯格是最早洞见大数据时代发展趋势的数据科学家之一，也是最受人尊敬的权威发言人之一。他担任耶鲁大学、芝加哥大学、弗吉尼亚大学、圣地亚哥大学、维也纳大学的客座教授。

10.2.3　预测未来的能力

"预测未来"是一种多么神奇而又强大的能力，一听起来就会让人联想到那些"法师"

图 10.14 莫奈的《日出·印象》

古人认为行星只有金、木、水、火、土5个,因为在古代肉眼还看不到天王星和海王星。

2016年11月30日,联合国教科文组织正式通过决议,将中国申报的"二十四节气——中国人通过观察太阳周年运动而形成的时间知识体系及其实践"列入联合国教科文组织人类非物质文化遗产代表作名录。

"先知""神谕者"。其实,人类文明一步一步走到今天,我们在很多情况下已经拥有了这种能力:古埃及人根据天狼星和太阳同时出现的位置,就能推算出尼罗河洪水到来和退去的时间以及洪水的大小(这决定了可耕种土地的边界);美索不达米亚平原上的苏美尔人通过观测月亮以及五大行星的运行规律,就能够提前计算出日食、月食的发生时间;生活在黄河流域的古代中国人经过长年的实践和观察,发明了二十四节气,能够预测出这一大片区域的气候和物候变化,指导传统农业生产和日常生活。

其实,古埃及人、苏美尔人和中国人的这些预测能力都是建立在"相关关系"之上的。这些无可辩驳的事实进一步说明:只要找到一个现象的良好的关联物,相关关系就可以帮助我们捕捉现在和预测未来。换句话说,如果A和B经常一起发生,即使我们不能直接测量或观察到A,我们只需要注意到B发生了,就可以预测A也发生了。这有助于我们捕捉可能和A一起发生的事情。更重要的是,它还可以帮助我们预测未来可能发生什么。

相关关系的强与弱

相关关系是可以存在于多方之间的,不过,最简单的情况还是两者之间的相关关系,如图10.15所示。相关关系强是指当一个数据值发生变化时,另一个数据值很有可能也会随之发生变化:比如一个人在学习上花费了很多时间,很可能学习成绩就会有所提高,就像左图中的数据展示的那样;而一个人把大量的精力都投入到各种社交、娱乐当中,很可能学习成绩就会有所下降,就像中间那幅图的数据展示的一样。相反,相关关系弱就意味着当一个数据值变化时,另一个数据值几乎不会发生变化或者无规律的变化,比如调查身高和学习成绩的关系,很可能就会出现右图中数据所展示的情况。

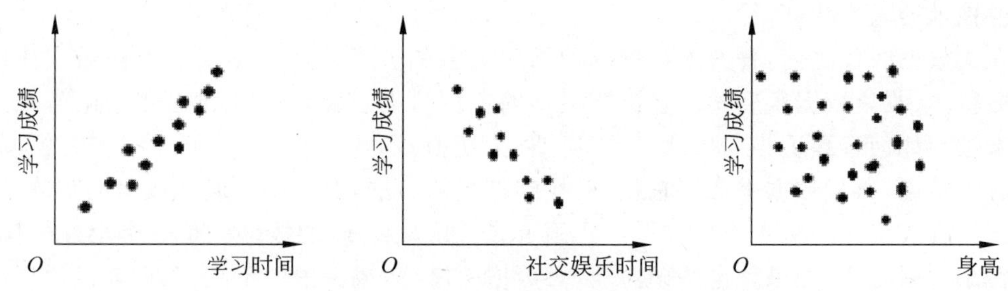

图 10.15 两者之间的相关关系示例

在 5.3.3 节中，我们举了两个利用数据挖掘进行营销策划的例子。沃尔玛公司正是将大量的数据整合分析之后，才发现了这条规律：如果商品之间具有一定的相关性，一般为互补品关系，摆放在一起就会增加商品的销售量。于是尿布和啤酒都被摆放在了一起，成为互补的固定搭配。此外，沃尔玛公司还发现了超市里蔬菜、肉类和食用油的销售比例一般应该为 100∶80∶10，如果不符合这个规律，就很可能在价格、陈列或者质量上存在问题，这就需要采取措施进行及时干预了。

和沃尔玛同为折扣零售商的塔吉特（Target）公司也特别重视大数据的相关关系分析。对于零售商来说，知道一个顾客是否怀孕是非常重要的。因为这是一对夫妻改变消费观念的开始，也是一对夫妻生活的分水岭——他们开始光顾以前不会去的商店，渐渐对新的品牌建立忠诚。塔吉特公司的市场专员们向分析部求助，看看有什么办法能够通过一个人的购物方式发现她是否怀孕。分析团队整合了婴儿礼物登记簿中所有女性的消费记录，找出了大概 20 多种关联物，对顾客进行“怀孕趋势”评分（图 10.16）。这些相关关系甚至使得零售商能够比较准确地预测顾客的预产期，这样一来，塔吉特公司就能够在孕期的每个阶段给客户寄送相应的优惠券，进行有针对性的促销。

塔吉特公司成立于 1962 年，目前已成为美国第二大零售商，拥有美国最时尚的“高级”折扣零售店。

图 10.16 塔吉特知道你怀孕了

《纽约时报》记者查尔斯·杜西格（Charles Duhigg）就在一份报道中阐述了塔吉特公司怎样在完全不和女性顾客对话的前提下预测她会在什么时候怀孕。他还讲述了一个真实案例：一天，一个男人冲进了一家位于明尼阿波利斯市郊的塔吉特商店，要求经理出来见他。他气愤地说：“我女儿还是高中生，你们却给她邮寄婴儿服和婴儿床的优惠券，你们是在鼓励她怀孕吗?”而当几天后经理打电话向这个男人致歉时，这个男人的语气变得平和起来。他说：“我跟我的女儿谈过了，她的预产期是 8 月，是我完全没有意识到这个事情的发生，应该说抱歉的人是我。”

在大数据时代之前，普通人很难掌握相关关系的分析方法。不仅因为普通人接触到的数据很少(收集数据很费功夫且需要足够的资源)，而且需要一些建立在理论基础上的假想来指导如何选择适当的关联物，正所谓“大胆假设，小心求证”。但在很多时候，如果事先有了定论，再找数据来证实它，总能找到有利的证据，而这些看似被数据证实的结论，很可能与真实情况相差十万八千里。我国古代“疑人偷斧”的故事就是一个很好的例证。所以在小数据时代，如果理论基础薄弱，对数据不敏感，或者悟性不高，我们就没法提出自己的想法，更别说进一步论证了。于是，听从专家(老师、长辈或古圣先贤)的意见成了解决问题的不二法门。

20 世纪 50 年代初，胡适先生自美返台，在台湾大学发表关于治学方法的演讲，提出“大胆假设，小心求证”。

亚马逊公司(Amazon)成立于 1995 年，位于西雅图，是最早开始经营电子商务的公司之一。一开始只经营网络的书籍销售业务，现在则扩大到范围相当广的其他产品，已成为全球商品品种最多的网上零售商和全球第二大互联网企业。

全球知名的网上零售商亚马逊公司一开始的时候就是聘请专家来发掘好的书籍推荐给人们。当时，一个由 20 多位书评家和编辑组成的团队创立了“亚马逊的声音”这个版块，他们写书评，推荐新书，挑选非常有特色的新书标题放在亚马逊的网页上。这个团队成为当时公司这顶皇冠上的一颗宝石，是其竞争优势的重要来源。《华尔街日报》的一篇文章中热情地称他们为全美最有影响力的书评家，因为他们使得书籍销量猛增。

公司的软件工程师格雷格·林登(Greg Linden)并不满足于现状，因为他发现专家推荐没有针对不同的人群，更没有针对每个不同的读者，这种缺乏个性化的推荐将制约亚马逊的进一步发展。于是，他和同事申请了著名的 item-to-item 协同过滤技术的专利，并据此建立了亚马逊的推荐系统。这个系统主要是寻找产品之间的关联性，速度很快，适用范围广，而且使用的用户数据越多，推荐结果就会越理想(图 10.17)。林登回忆：“在组里有句玩笑话，说的是如果系统运作良好，亚马逊应该只推荐你一本书，而这本书就是你将要买的下一本书。”

图 10.17　亚马逊能预测你的需求

协同过滤推荐的基本原理

随着互联网 2.0 时代的到来，Web 站点更加提倡用户参与和用户贡献，基于协同过滤的推荐方法也被广泛应用于各大电商网站。它的思想很简单，就是根据用户对物品或者信息的偏好，发现物品或者内容本身的相关性，或者是发现用户的相关性，然后再基于这些相关关系进行推荐。基于协同过滤的推荐可以分为 3 个子类：基于用户的推荐、基于项目的推荐和基于模型的推荐。现在各大电商网站的推荐系统一般都不是只采用某种单一的推荐机制和策略，而往往是将多个方法混合在一起，从而达到更好的推荐效果。

这里简单介绍一下基于用户的协同过滤推荐方法（其他两种方法可以查阅相关技术文档）。它的基本原理是，根据所有用户对物品或者信息的偏好，发现与当前用户偏好（口味）相似的“邻居”用户群体。然后，基于偏好最相似的 n 个“邻居”用户的历史偏好信息，为当前用户进行推荐。如图 10.18 所示，假设用户 A 和用户 B 都喜欢商品 1、2 和 3，那么可以推断这两个用户的偏好是比较接近的。如果发现用户 A 还喜欢商品 4，就可以推断用户 B 可能也喜欢商品 4，因此系统将商品 4 推荐给用户 B。同理，也可以把用户 B 喜欢的商品 5 推荐给用户 A。

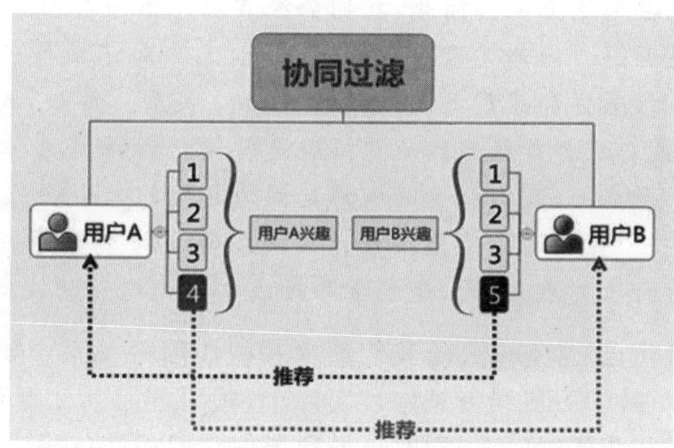

图 10.18 基于用户的协同过滤推荐机制的基本原理

以前的书评家是要了解客户做出选择背后的原因是什么，才能决定推荐什么，因此专业技能和理论基础受到了高度重视。而亚马逊的推荐系统仅仅是发现了商品或用户之间的相关关系，并不知道其背后的原因。但它推荐产品所增加的销售远远超过了书评家的贡献，而且更加节省成本，更加具有针对性（个性化推荐）。随着亚马逊书评组的解散，推荐系统开始彻底改变了电子商务，同时也印证了一个实用主义的观点——“知道是什么就够了，没必要知道为什么。”

这听起来似乎有点违背常理。毕竟，人们都希望通过因果关系来了解这个世界。我们也相信，只要仔细观察研究，总会发现万事万物的起因。了解事情的起因难道不是我们最大的愿望吗？于是，当几件事情连续发生的时候，我们会习惯地从因果角度看待它们，而忽略了其他因素。比如这3句话："小明迟到了。教导主任来了。任课老师生气了。"我们看到这里，立马就会认为任课老师之所以生气，就是因为小明在教导主任检查的时候迟到了。实际上，我们不知道到底是什么情况，但是我们还是容易臆想出这种因果关系。

丹尼尔·卡尼曼，普林斯顿大学心理学专家，行为经济学的代表人物，同时也是2002年诺贝尔经济学奖得主。他对经济学的贡献在于"将心理学的前沿研究成果引入经济学研究中，特别侧重于研究人在不确定情况下进行判断和决策的过程"。

思考，快与慢

丹尼尔·卡尼曼(Daniel Kahneman)在《思考，快与慢》一书中写道：人有两种思维模式：一种是不费力的快速思维，通过这种思维方式几秒就能得出结果；另一种是比较费力的慢速思维，对于特定的问题，就是需要考虑到位。快速思维模式使人们偏向用因果联系来看待周围的一切，即使这种关系并不存在。这是我们对已有的知识和信仰的执着。在古代，这种快速思维模式是很有用的，它能帮助我们在信息量缺乏却必须快速做出决定的危险情况下化险为夷。但是，通常这种因果关系都是并不存在的。

卡尼曼指出，平时生活中，由于惰性，我们很少慢条斯理地思考问题。所以快速思维模式就占据了上风。因此，我们会经常臆想出一些因果关系，最终导致了对世界的错误理解。例如父母经常告诉孩子，天冷时不戴帽子和手套就会感冒。然而，事实上，感冒和穿戴之间却没有直接的联系。再如，我们在某个餐馆用餐后生病了，我们就会自然而然地觉得这是餐馆食物的问题，以后可能就不再去这家餐馆了。事实上，我们肚子痛也许是因为其他的传染途径，比如和病人握过手之类的。然而，我们的快速思维模式使我们直接将其归于任何我们能在第一时间想起来的因果关系，因此，这经常导致我们做出错误的决定。

在我们的学生时代，经常有老师给我们灌输一些伪因果关系。如图10.19所示，"在学习上花费的时间越多，学习成绩就越好。"实际上，很可能是有了足够浓郁的学习兴趣，才导致了你在学习上花费的时间多，同时也导致了你学习成绩优异。所以，学习时长和学习成绩之间只是相关关系而已。又比如，"经常参加模拟测验，考试分数就高。"实际上，很

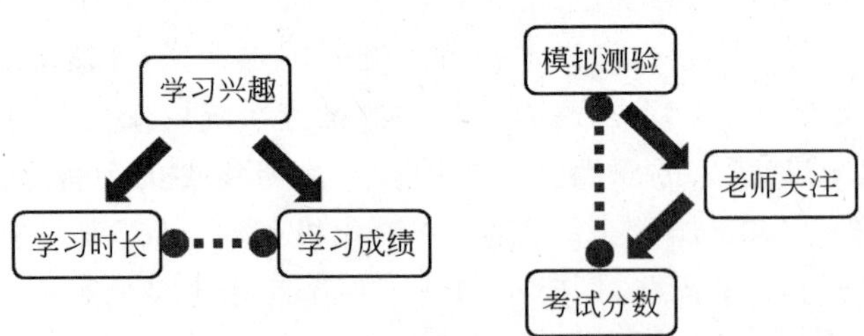

图10.19 曾经误认为是因果关系的相关关系

有可能是你经常参加模拟考试的行为引起了老师的关注——这个学生很上进嘛，然后老师的鼓励又提升了该生的自信心和执行力，进而提高了考试分数。所以，模拟测验和考试分数之间也只是相关关系而已。其实，这里面还有更多、更复杂的相关因素，我们没有经过严格的证实，就凭直觉形成了自以为正确的因果关系。这不仅是对师长的敬重和信仰的执着，也是我们大脑用来避免辛苦思考的捷径吧。

那么如何才能得到我们想要的因果关系呢？显然不能只是通过简单的观察和联想，即使我们慢慢思考和反复地调查，想要发现因果关系也是很困难的。现代科学的方法论告诉我们："得到因果关系的唯一途径是做实验。"在一个正规的实验中，研究者会在可控的情境下精心操纵和改变其中一个变量，观察这种改变对其他变量的影响，以此来考察两个或多个变量之间的关系。

有意识地通过做实验来寻找因果关系的典型事例最早发生在 1747 年一艘英国皇家海军的航船上。当时，随着大航海时代的到来，坏血病开始彰显了它的可怕威力，无情地夺走了众多远航船员的性命。而英国医生詹姆斯·林德(James Lind)一直在根据收集的资料和见闻寻找治疗坏血病的方法。于是，他找到了很多相传有效的治疗物：醋、苹果汁、稀硫酸、海水、树皮汁和柑橘类水果。在这次航船上爆发坏血病的时候，他决定做一个大胆的实验。他挑选了 12 名病情严重的海员，将他们分成了 6 组，给每组都配备了相同的食物和居住环境。然后，每一组在此基础上分别增加一种治疗物。几天之后，林德发现吃柑橘类水果的组员竟然基本康复了，而其他组的病情却没有什么起色。于是，林德在《论坏血病》与《保护海员健康的最有效的方法》等论文中介绍了他的饮食疗法。

15 世纪著名的葡萄牙航海家达伽马的船队绕过非洲到达印度的航行途中，他的 160 个船员中就有 100 多人死于坏血病，而 16 世纪麦哲伦远洋船队 200 多人的船员因为坏血病只剩下 35 人到达目的地。

林德的研究在当时并没有得到重视，因为这种方法不是很灵光。后来又有人采用他的"分组对照实验"方法进一步做实验，发现只有新鲜的水果才能治疗坏血病(当时的技术条件下，很难保持水果的新鲜度)。一直到二百年后，科学家才彻底搞清楚坏血病的全部机理，原来是因为人类和某些动物(猴子、豚鼠、鸟类、鱼类)体内缺乏一种酶，无法自身合成维生素 C，所以要从新鲜蔬果中得到补充。可见，对于复杂的问题，找出其中的因果关系难度非常大，除了做大量的科学实验，还要靠足够的物质条件、无数先人的铺垫、研究者的智商和努力，甚至还需要一些运气。如果一味强求因果，不仅可能出现急于求成的谬误，而且会延误病情。

牛顿和爱因斯坦都算是运气很好的人，和他们同时代的大多数科学家也非常努力，可惜没有取得显著的成果。

相比较而言，大数据的相关关系分析法更准确、更快，而且不易受到偏见的影响。早在 15 世纪初期，我国郑和下西洋的船队就非常庞大(27 000 名海员)，航程非常遥远(到达了非洲)，出行也非常频繁(一共 7 次)，却从未发生过因坏血病而大量死人的事故。这不是因为中国明代的科技发达到了知道维生素 C 和坏血病的因果关系，而是因为我们的祖先很早就在生活实践中发现了豆芽、绿茶和坏血病的相关关系(负相关)。于是，船队上货箱的空隙里都放上了黄豆，很快就长成了豆芽，这也起到防止瓷器等易碎货物相互碰撞的作用。每天吃着豆芽菜，饭后再泡上几杯绿茶，这就解决了日常所需维生素C的补充问题。

验证因果关系究竟有多难？

林德在治疗坏血病的过程中提出的“分组对照实验”方法，这是现代医学的基础，也是我们论证因果关系的根基。例如，一位医学家发明了一种治疗感冒的新药，为了检验药效，他找来20个感冒患者每天吃一次，10天之后他们都痊愈了。这个研究成功了吗？还没有。你完全可以质疑说这20个人不吃药也可能会在10天之后自行好转(人体有自愈能力嘛)。于是，研究者还需要一个控制组，他们也感冒了，但不吃药。10天之后，对两组的健康状况进行比较，如果此时实验组明显好于控制组，才能说明新药确实有效。可以说，通过设置控制组，研究者才能排除其他可能因素的干扰，确证变量间的因果关系。

自愈力就是生物依靠自身的内在生命力修复肢体缺损和摆脱疾病与亚健康状态、维持生命健康的能力，这种能力主要来自遗传。

有了这种“分组对照实验”，就可以得到因果关系了么？不一定。二战时期，美国军医毕阙(Henry K. Beecher)参加了一次登陆作战。在救治伤员的过程中，没有吗啡(一种麻醉剂)了，只好用生理盐水来“冒充”。奇怪的事情发生了，伤员在手术过程中就像被麻醉了一样控制住了疼痛。于是，毕阙提出了医学上著名的安慰剂效应——指病人虽然获得无效的治疗，但却“预料”或“相信”治疗有效，而让病患症状得到缓解的现象。自此以后，“分组对照实验”都要加上一个条件——“盲测”。就是对实验组和控制组都要隐瞒实验目的，让控制组服用没有效果的“假药”。由于两组被试都不知道他们接受的治疗是真是假，所以研究结果发现的任何差异都可以归因于药物而不是心理作用。

那么，“盲测”之后就可以得到因果关系了么？也不一定。发放药品的医生知道哪个是真药哪个是假药，其态度的变化、情绪的高低，被测试的对象还是可以感受得到的。实验人员的期望也是一个对实验结果产生影响的因素，需要排除在外。于是，“盲测”还不够，得“双盲测”——被试以及跟被试发生互动的实验人员均不知晓药物的真假，这样研究者就能够更加精确地考察出药物的效果，彻底排除心理因素的干扰。

“双盲分组对照”就可以得到因果关系了么？还不一定。如果分给实验组的都是五大三粗的壮汉，分给控制组的都是老弱病残幼，就算药实际上没啥效果，实验组的结果也可能明显好于控制组，所以又用到了统计学的方法——随机采样，即每组都有差不多比例的男性或女性、低免疫力者、高免疫力者……“随机采样的双盲分组”就可以得到因果关系了么？还是不一定。如果样本的数量太小，我们得出的结论是靠不住的，所以样本越多越好，最好是总体，这样实验得出的结论更靠谱……于是就出现了一个名词“大样本随机对照实验”。

> 那么,"大样本随机对照实验"就可以得到因果关系了么？依然不一定。我们只能说对一个假说的实验条件控制得越严格,就表明相关关系越强。相关关系越强,因果关系真实存在的可能性就越大……何况,现实中有些证明因果关系的实验是无法完成的。它们要么不切实际——像宇宙大爆炸这种,要么违背社会伦理道德——像日本 731 部队为找出新病菌和患病之间的因果关系而置人的生命于不顾。

所以说,要发现相关关系,只需要整理分析已有的观测记录就可以了,具有"耗资少、费时短、比较全面"的特点,在生产生活中见效更快,更好用一些;而要验证因果关系,则需要在严苛的条件下进行"大样本随机对照实验",具有"耗资多、费时长、相对片面"的缺陷,得出结论的过程相对滞后,还不一定好用(图 10.20)。所以说,大数据时代的思维变革让我们清楚了因果关系只是一种特殊的相关关系,它将不再被看成是意义的唯一来源。

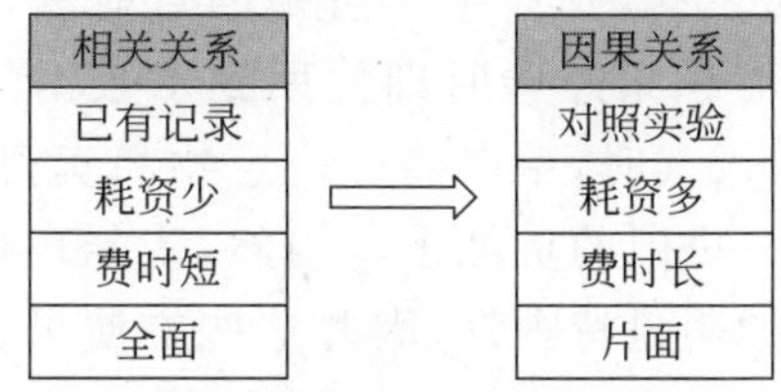

图 10.20　在生活中使用相关关系,在科研中探究因果关系

当然,因果关系还是有用的,很多情况下,我们依然指望用因果关系来说明我们所发现的相互联系。何况,相关关系分析本身也为研究因果关系做好了铺垫：通过找出可能相关的事物,我们可以在此基础上进行因果关系的分析实验。如果存在因果关系,我们再进一步找出原因。这种便捷的机制降低了因果分析的成本,避免了重复工作的浪费。

随着各种各样数据的全面开放和信息处理技术的飞速发展,普通人都可以直接使用相关关系来改善自己的生产和生活,不再受限于各种假想;至于因果关系,我们不要过于奢求,还是让牛人在科研中去严谨地探索吧!

10.3　大数据的应用

从第 5 章的描述中可以看出,数据的作用自古有之,并非是到了今天大家才意识到的。但是在过去,数据的作用常常被忽视,相比之下人们更看重圣人之言和个人经验。这里面有两个原因：首先是由于过去数据的数量不足,积累大量的数据所需要的时间太长,以至于在较短的时间里它的作用不够明显;其次,数据和要获得的信息之间的联系通常是

间接的，它要通过不同数据之间的相关性才能体现出来，而且要耗费巨大的人类、物力以及漫长的时间来验证。

进入信息时代之后，各种数据的增长速度越来越快，人类拥有的数据总量已经达到了惊人的规模。而且随着技术的不断进步，数据收集、存储和分析的瓶颈也已经被逐渐突破。于是，各大企业使用数据的观念也在慢慢转变。

10.3.1 互联网与大数据

像沃尔玛连锁店或者梅西百货店这样的传统商店，货物的摆放是很有讲究的。这些店的货架基本上可以分为两种。一种是摆放商品的位置较为固定的货架，这样可以方便老顾客顺利找到他们想要的东西，比如1～10排是洗漱用品，11～15排是文具，16～20排是食品，等等。另一种是商店一进门的货架，摆放的是促销的、当下热门的或者与季节相关的商品，这类货架虽然数量不多，却产生了可观的营业额。但这类货架应该摆什么商品，过去基本上是凭经验来，而积累经验时即使用到了数据的相关性，过程也非常缓慢。比如发现在暴雨、飓风等恶劣天气时，手电筒等应急物品卖得很好，那么沃尔玛就在坏天气来临之前把这些商品放在一进门的货架上。当然，沃尔玛也发现，在坏天气时，一些方便早餐（比如甜甜圈和蛋糕）的销量特别好，因此这些方便早餐和手电筒等应急物品可以放在一起卖。

事例的详细介绍参见5.3.3节。

一些人把这种相关性也看成是大数据的应用，其实它更多的是传统意义上数据挖掘的应用，因为它的规律性是慢慢被观察到的。事实上，沃尔玛在20世纪80年代就遍布美国和世界上很多国家了，但是它通过销售数据改进货物摆放搭配是在21世纪之后的事情。

新一代的网上商店做法就不同了，它们从一开始就直接利用数据提升销售，比如沃尔玛最大的竞争对手——亚马逊。亚马逊的优势倒不在于价格便宜，事实上美国实体店和网上的价格差不太多（这和中国的电商有很大的区别）。亚马逊的优势是能够有针对性地向用户推荐商品，这占其销售额的1/3。为什么亚马逊能够做到这一点而沃尔玛做不到呢？这就涉及电子商务公司独有的3个特点了。

详细介绍参见10.2.3节。

首先，它的交易数据是通过互联网及时而完整地记录下来的，而且是随时可以分析使用的。因此亚马逊挖掘到类似廉价早餐点心和应急用品的搭配关系只需要几个小时。而沃尔玛等传统的公司，虽然交易数据都是保留的，但都是支离破碎地存放在各处，有些还是存放在第三方，用起来并不方便。

在美国，很多大公司将IT业务外包给专门的IT服务公司。

其次，它拥有全面的顾客信息。比如张三上周买了一台数码相机，之前他还购买了几个玩具，同一个地址的李四前两天买了婴儿用的浴液。那么可以联想到张三和李四是一家人，他们家有个出生不久的婴儿，张三买数码相机或许是为了给孩子照相。他们或许会对在线冲印照片(并做成贺年卡)或者电子相框有兴趣。如果将他们的地址和住宅信息网站关联起来,就很容易了解到他们的住房价值,进而估计出他们的收入。而这些条件是沃尔玛不具备的。

最后,它的任何市场策略都能立即实现。比如它能够随时捆绑商品,并且随时调整价格进行促销。而沃尔玛等实体店都需要在晚上关门之后才能进行价格调整,因此即使它们数据分析的速度和亚马逊一样(当然这是不可能的),在市场上的反应也跟不上亚马逊这样的电商。

2015 年 7 月,亚马逊的市值超过了沃尔玛(图 10.21),这标志着一个新时代的到来——以大数据为基础的电子商务将超越传统的零售商业。后者并非不能利用大数据,只是在个性化和时效性等方面很难做得像互联网企业那么有效而已。

图 10.21 亚马逊力压沃尔玛

奈飞公司(Netflix)是一家在线影片租赁提供商,能够提供大量的 DVD,而且能够让顾客快速方便地挑选影片,同时免费递送。奈飞在它早期的 10 年间发展速度一般,不仅用户增长不快,而且活跃度也不高。当时的用户都有一个共同的特点,就是在头几个月把过去想看的电影都看了,接下来就不知道该看什么了。虽然奈飞也会推荐一些好片子给用户,但是由于它并不了解每个人的需求(个人的口味相差很大),因此推荐的常常是最热门的或者评分最高的电影。这种缺乏个性化的推荐效果并不好,因此原本订 18 美元的用户就改成每月订 8 美元,而原本看得不多,每月订 8 美元的用户就干脆退订了。

随着互联网的发展,奈飞将邮寄改为通过宽带在线观看。这种改变不仅仅方便了用户,节省了运营成本,更重要的是公司能够收集到更加全面的用户行为数据了,例如搜索、评分、播放、快进、回放、时间、地点、终端等。随着数据量的积累,奈飞的推荐系统 Cinematch 越来越靠谱,越来越准确。它不仅知道每个用户喜欢什么样的电影(风格、题材、导演、演员),而且知道它给用户推荐的效果是否好(是否点击观看,是否看到一半就转去看别的节目了,等等),这些数据是过去其他传媒公司无法获得的。今天,用户所观看的

Netflix 将电影的 DVD 用快递送给用户,用户看完后再将 DVD 放到一个已付邮资的信封中寄回 Netflix。不过用户手上只能同时保留 1~4 张 DVD,Netflix 收到寄回的 DVD,才会给用户寄出下一张。Netflix 的收费从每月 8 美元到 18 美元不等,取决于用户手上能同时保留几张 DVD。考虑到邮寄的周期通常是一周,因此算下来相当于花 2~3 美元在家看一场电影。

节目有 3/4 是 Cinematch 推荐的(图 10.22)。

图 10.22　奈飞利用大数据提升服务质量

靠着精准的推荐,奈飞用户的活跃度不断提升,而一些原先有线电视和卫星电视的付费用户也终止原来的服务(或退掉部分套餐),改用奈飞。从 2008 年开始,奈飞的业务量剧增,到了 2014 年,奈飞的流量就已经占到美国峰值流量的 1/3 以上,并且为全世界很多国家提供在线电影服务。2016 年,奈飞公司的市值已经超过默多克的 DirectTV(传统的电视网)。

和亚马逊类似,奈飞公司也是互联网企业,它的数据同样具有较强的时效性,可以根据用户的反应很快调整它的市场策略,这种灵活性也是过去那些事先安排好一周节目的有线电视网所不具备的。

利用大数据寻找内容热点

随着业务的增长和公司的发展,奈飞开始了更加长远的规划——积极转型,探索影视剧的自制模式。毕竟,奈飞可以通过互联网机顶盒获取大量的用户行为数据,对节目内容进行多维度、无死角的数据分析,例如剧本类型、演员阵容、故事情节、节目情调、导演风格等。所以,奈飞在接触到影视剧投资之前,就已经清楚了用户很喜欢大卫·芬奇(《社交网络》《七宗罪》的导演),也了解凯文·史派西主演的片子表现都不错,还知道英剧版的《纸牌屋》很受欢迎……总之,多种因素的相关关系表明,值得在这件事上赌一把。

于是,在确定导演、演员和主题后,奈飞在该剧的样片出品之前就承诺将花费重金、提前付酬,让制片团队不用担心收视率,不用争取时段,投资方在艺术上也基本不加干涉(意思是制作团队可以保有剪辑权和版权,这个诱惑最大),这在业内是非常罕见的。不出所料,《纸牌屋》在 2013 年 2 月上线后,在美国等 40 多个国家成为最热门的在线剧集。仅第四季度,奈飞在美国就新增 233 万用户,全

据业内人士预测,整部电视剧全部花费为 1 亿美元,单集成本约为 400 万美元,远远高于美国一般电视剧单集制作成本 150～200 万美元。

美总用户数高达 3340 万，比美国有线电视业界老大 HBO(Home Box Office)的用户数还多 300 万。与此同时，奈飞 2013 年的营收和利润增长超过投资者和分析师预期。

同样，亚马逊通过它的 Kindle 电子书阅读器也收集了大量的用户行为数据，比如读者在哪些地方一掠而过，在哪些地方反复品读，在哪些地方做了标注。书商肯定很乐意知道哪些段落是受读者喜欢的，因为这样他们就能提高销量；作者应该也想知道书籍的哪些地方不受读者欢迎，这样他们就能根据读者的喜好提高作品质量；出版社则可以通过这些数据知道哪些主题的书籍更有可能成为畅销书。但亚马逊把这些数据都雪藏了(没有卖给作者或出版社)，莫非也是在等待适当的时机，准备探索书籍的自制模式？

10.3.2　物联网与大数据

物联网尤其是传感器技术的发展，让我们能够把一个从不被认为是数据，甚至不被认为和数据沾边的事物转化成了可以用数值来量化的数据模式，然后通过大数据分析加以实际应用。这方面的典型代表就是日本先进工业技术研究所的越水重臣教授。

很少有人会认为能够从一个人的坐姿上得出什么信息，但这是真的。当一个人坐着的时候，他的身形、姿势和重量分布都可以量化(图 10.23)。越水重臣和他的工程师团队在汽车座椅下部安装总共 360 个压力传感器以测量人对椅子施加压力的方式。把人体的“屁股特征”转化成数据，这样就会产生独属于每个乘坐者的精确数据资料。在这个实验中，该系统能根据人体对座位的压力差异识别出乘坐者的身份，准确率高达 98%。这项技术如果用于汽车防盗系统，汽车就能通过数据采集和分析识别出驾驶者是不是车主；如果不是，控制系统就会要求司机输入密码；如果司机无法准确输入密码，汽车就会自动熄火甚至报警。

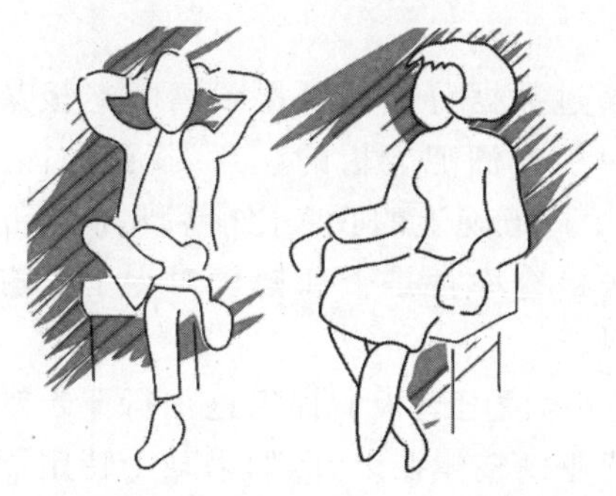

图 10.23　人的坐姿传递了很多信息

这个研究可谓给人们开了“脑洞”——原来传感器还可以这么玩儿，大数据还可以这么用。一旦把一个人的坐姿转化成数据后，这些数据就孕育出了一些切实可行的服务和一个前景光明的产业。比方说，通过汇集这些数据，可以利用事故发生之前的姿势变化情况分析出坐姿和行驶安全之间的关系。这个系统同样可以在司机处于疲劳驾驶状态的时候发出警示或者自动刹车。同时，这个系统不但可以发现车辆被盗，而且可以通过收集到的数据识别出盗贼的身份。

在美国，一半小型企业(包括餐馆等)的寿命不超过5年，酒吧也是如此。它们之所以经营不下去，除了一般所说的经营不善，更重要的是大约1/4的酒都被调酒师偷喝了——趁老板不在的时候私自喝一点，或者给熟人朋友免费或超量的酒。由于每一次交易的损失都非常小，不易察觉，所以酒吧的老板平时必须盯得紧一点，如果有事离开一会儿，只好认倒霉。可以说，做这种餐饮买卖的人特别辛苦，稍微不注意就会亏损。

为了解决这个问题，硅谷的一位创业者设计出了一套解决方案——改造酒吧的酒架，装上可以测量重量的传感器以及射频识别(RFID)读写器，然后在每个酒瓶上贴上一个RFID标签。这样，哪一瓶酒在什么时候被动过，倾倒了多少酒都会被记录下来，并且和每一笔交易匹配上。酒吧的老板可以用平板电脑查询每一笔交易，因此即使出门办事也可以了解酒吧经营的每一个细节。这个改造还带来了一个额外的好处：积累了酒吧长时间内的经营数据。在这些数据的基础上，这个方案可以为酒吧的主人提供一些简单的数据分析服务。

首先，通过分析统计数据可以帮助酒吧的老板全面了解经营情况。在过去，像酒吧这样传统的行业，老板除了知道每月收入多少钱，主要几项开销是多少，其实对经营是缺乏全面了解的。至于哪种酒卖得好，哪种卖得不好，什么时候卖得好，全凭经验和自己是否上心，没有合适的技术手段来把控。这个方案提供的数据分析让这些酒吧老板对自己的酒吧有了准确的了解。

其次，为每一家酒吧的异常情况提供预警。比如通过数据分析可以提示酒吧老板某一天该酒吧的经营情况和平时相比很反常，这样就可以引起酒吧老板的注意，找到原因。在过去，发生这种异常情况时老板很难注意到，比如某个周五晚上的收入比前后几个周五晚上少了20%，老板们一般会认为是正常浮动，也无法检查库存是否和销售对得上。有了这个系统提供的数据服务，这些问题都能及时被发现。

最后，如果综合各家酒吧数据的收集和分析，就可以为酒吧老板们提供这个行业宏观的数据作为参考。比如从春天到夏天，旧金山市酒吧营业额整体在上升，如果某个特定酒吧的销售额没有增长，那么说明它可能有问题。再比如，系统还可以提供不同酒的销售变化趋势，比如从春天到夏天，啤酒的销量上升比葡萄酒快，而烈酒的销售平缓等。这些有助于酒吧老板们改善经营。

大数据促进商业模式的改变

中国的金风公司是一家生产风能发电设备的公司，2015年时它的风能发电机在全世界的占有率已经排到第二位。但是，金风公司在海外面临着中国制造业企业通常都会遇到的困境：虽然具有不少自主知识产权和技术，市场占有率不低，营业额也不少，却没有多少利润。其根本原因在于中国的企业常常只能控制从设计到销售诸多环节中的制造环节，其他环节的收益则被外国公司赚走了。

一般来说，企业级的设备采购常常是购买者的主动行为，也就是说购买者有了需求后，向销售者购买。而在世界贸易中，销售者和制造者常常不是同一家公司。这些中间商一方面搭建了制造商和顾客之间的桥梁，另一方面在主观或者客观上也阻断了买卖双方的联系。一旦买卖双方货款两清，它们的关系就基本中断了。接下来买方的设备使用得怎么样，是否有新的需求，卖方是一无所知的。所以金风公司虽然卖了不少风力发电机，但是那些发电机用在哪里？使用得怎么样？哪些地区还有潜力？哪些地区已经饱和？它所知甚少。在过去，这些售后的服务也不是它们工作的重点。

如今，金风公司的管理层逐步意识到数据的重要性，开始转换经营理念，通过互联网和物联网技术将发电机的各种数据（地点、发电量、运行情况）全部收集起来进行分析。一方面可以全面地了解全球的风能分布情况、各地的风力利用情况等宏观信息，有利于公司有针对性地做市场推广；另一方面，还可以了解每一台发电机日常运行的细节，不仅有了问题可以及时发现并解决，而且如何进一步改进也有了数据依据，这样一来该公司的经营策略就从依赖市场预测、打价格战等传统的营销手段提升到成为高质量的服务商，业绩也得到明显的提升。再到后来，金风的商业模式也发生了变化（向 IBM 学习），主营业务从风力发电机的制造转变成发电设备的运营和服务。

普拉达是意大利著名的奢侈品品牌，有着 100 多年的历史，它的产品主要包括服装、皮具和皮鞋等。奢侈品销售有一个特点，就是它的销量要看是否赢得了消费群体的喜爱，而与价格关系不是很大，因此很难通过降价促销来提高业绩。而且购买奢侈品的过程和一般商品不同，购买者不仅需要购得一件奢侈品，而且希望享受购物的过程。这些体验常常只有在顾客密度不高的专卖店才能享受到。所以在过去，能否赢得人数并不多的消费群体的喜爱，主要是看设计师的经验和专卖店营销的水平。

不过，经验和营销水平在过去常常靠不住，或者说不可能靠得住。虽然在外界看来大牌时装设计师有很高的艺术水平和经验，而且他们也是非常尽心尽力地设计好每一款产品，但是市场反应如何他们完全不知道。至于销售水平也是如此。虽然这些奢侈品品牌的经营者在设计和布置专卖店时非常尽心尽力，但是其实没有人事先确定专卖店的设计应该是什么样的，里面的时装应该如何摆放。更糟糕的是，公司和设计师在过去甚至无法根据销售的结果了解成功或者失败的原因。比如一款时装卖得不好，是设计的问题或制作的问题，还是在专卖店销售的问题——比如没有把它放到明显的位置，这些都无从得知，当然就谈不上总结经验教训了。

如今，这些问题在物联网和大数据技术面前有了答案。早在 2001 年，普拉达就在商品的标签里嵌入一个很小的RFID标签。销售人员挥动一下商品，RFID阅读器就可以识别这件商品并且给出它的详细信息。更重要的是，RFID标签可以把客户当下感兴趣的这件商品和他们可能感兴趣的其他商品联系起来，这有点像亚马逊的商品推荐。通常，顾客和店员的交互越多，购买的可能性越大，因此相关的推荐非常有用，没有RFID标签之前，店员常常不知道该推荐什么给顾客。

当然，普拉达所做的远不止如此，它还改造了专卖店的试衣间，这样每一次顾客把时装拿到试衣间试穿，店里都能记录下来。普拉达的数据分析师根据这些数据就能知道如果一件时装卖得不好，是因为放在店里没有人注意到，还是因为试穿后顾客不喜欢。根据这些信息，公司就知道问题出在设计和制作上还是出在销售上。

普拉达的智能试衣间能够做的事情远不止收集试衣的次数和时间这些简单的信息。它还有一个屏幕，能够让顾客从各个方位“看”到自己试穿上一件衣服或者戴上围巾、皮具的效果(图10.24)。它还可以让顾客看到自己试穿不同尺码、不同颜色的类似服装的效果，这样顾客不仅不需要拿一大堆衣服到试衣间，而且有欲望“试”不同的搭配。在过去，如果这家专卖店没有某些颜色和尺寸的搭配，顾客常常转身就走了。现在，顾客可以通过试衣间的屏幕，大致了解那些自己并没有试的服装的效果，如果他们喜欢，普拉达的专卖店可以从其他商店为顾客调来他们所喜欢的服装。

图10.24 普拉达的智能试衣间

利用物联网和大数据技术，普拉达的销售额从2001年的15亿美元左右提高到2013年的40多亿美元，这个增长速度要远远高于全球的经济增长速度，也高于服装行业总体水平。

10.4 大数据的挑战

任何事物都具有两面性，所以我们不能只看到大数据产生了如此多的好处，也应该关注随之而来的风险和困境。“数据垄断与独裁”“基于预测的惩罚”“黑盒子式决策”等等，无一不让人忧心忡忡。但与之相比，大数据给隐私保护带来的巨大挑战才是迫在眉睫的问题，而且这已经成为整个社会的焦点话题。

参见舍恩伯格的《大数据时代》第7章“风险”和第8章“掌控”。

为什么要保护隐私？对这个问题的回答是仁者见仁，智者见智，但通常大家有一点看法是一致的，那就是赤裸裸地生活在众人的目光下不舒服。我们每一个人都不是完人，都或多或少有些并非十分光彩的一面，那一面如果被熟人知道，甚至搞得全社会尽人皆知，对生活会有很坏的影响。比如“艳照门”事件里的那些主角受到的负面影响是伴随一生的。

隐私权概念的产生

1890 年的一个夏夜，身为参议院女儿的华伦夫人在家中举行了一场盛大的社交宴会。次日早上，当她从甜蜜、满足的酣睡中醒来后，却在波士顿当地的《星期六晚报》上看到她在宴会上一些让人尴尬的细节。愤怒者的行动是历史性的，她的丈夫，毕业于哈佛大学法学院的波士顿报业巨子塞缪尔·沃伦(Samuel Warren)，与自己的同学，日后成为美国联邦最高法院大法官的路易斯·布兰代斯(Louis Brandeis)共同撰写了《隐私权》(*Right to Privacy*)一文，并发表于 1890 年 12 月的《哈佛法学评论》上，这是隐私权概念在人类社会发展中的首次出现。

10.4.1 没有遗忘的时代

我们所有人都经历过这种感觉：在路上碰到某个熟人，却无论如何也想不起来这个人的名字；在自动取款机前面，拼命回忆有一段时间没用过的银行卡密码；在停车场里四处徘徊，因为实在记不清到底把车放在了哪里。我们不喜欢总忘事，但是，遗忘却非常符合人类的特征，它是我们的思维进行工作的一部分。

人类自早期开始，就尝试用不同的方法加强记忆，比如梳理知识之间的脉络，有条理地存入大脑中。同时，人们还把信息记录在各种类型的外部记忆设备中以防遗忘，比如刻在石头上，写到纸张中，存入磁带和胶片里。然而，千年以来，遗忘仍然比记忆更简单，成本也更低。所以对人类而言，遗忘一直是常态，记忆相对来说只是例外。

到如今，由于信息技术的迅速发展，以往固有的观念被颠覆了——遗忘已经变成了例外，而记忆却变成了常态！一方面，广泛的数字化和廉价的存储技术，让采集数据和保存信息不仅变得人人可以负担得起，而且比删除信息所消耗的时间成本更低。另一方面，简便的数据管理工具和覆盖全球的网络技术，让每个人都能够随时随地访问、共享、挖掘这些庞大的信息资源。用舍恩伯格的话来说，就是“这将导致整个世界被设置为记忆模式”！

“过去，是选择什么东西需要记录，才对它进行记录；在大数据时代，是选择什么东西不需要记录，才取消对它的记录。”

2006 年春天，25 岁的单身母亲史黛西·施奈德(Stacy Snyder)完成了她的学业，并且渴望成为一名教师。但是她的梦想破碎了，她心仪的学校明确地告诉她，她被取消了当教师的资格。虽然她已经修满了所有的学分,通过了所有的考试,完成了所有的实习训练,而且在许多方面成绩优异。理由是,她的行为与一名教师不相称。根据是其MySpace个人主页上的一张照片,照片里的她头戴一顶海盗帽子,举着塑料杯轻轻啜饮着。这张"喝醉的海盗"是施奈德给朋友看的,也许只是为了搞怪而已。然而,在她实习的那所大学里,一位过度热心的教师发现了这张照片,并上报给校方。校方认为网上的这张照片是不符合教师这个职业规范的,因为学生可能会因看到教师喝酒的照片而受到不良影响。

MySpace.com成立于2003年9月,是目前全球第二大的社交网站。它为全球用户提供了一个集交友、个人信息分享、即时通信等多种功能于一体的互动平台。

网络爬虫(web crawler,又称为网页蜘蛛、网络机器人),是一种按照一定的规则自动抓取万维网信息的程序或者脚本。

于是,施奈德打算将这张照片从她的个人网页上删除。但是危害已经发生了:她的个人网页已经被搜索引擎编录了,而且,她的照片已经被网络爬虫存档了。互联网记住了施奈德想要忘记的东西。后来,施奈德控告了这所大学,但也没能最终胜诉。她认为,将那张照片放在网上并不能说明一名未来教师的不称职和不专业。毕竟,在那张照片中并没有显示塑料杯里装的究竟是什么东西。即便显示了,这位拥有两个孩子的单身母亲也早已达到了在私人聚会上喝酒的年龄。然而,这个案例与大学不给施奈德教师资格的正确性或愚蠢程度无关,而是与某种更为重要的东西有关,那就是遗忘的重要性。

六十多岁的安德鲁·费尔德玛(Andrew Feldmar)是一位生活在温哥华的心理咨询师。2006年的某一天,一位朋友从西雅图国际机场赶过来,费尔德玛打算穿过美国与加拿大的边境去接他,就像他曾经上百次做过的那样。但是这一次,边境卫兵用互联网搜索引擎查询了一下他的信息。搜索结果中显示出了一篇费尔德玛在2001年为一本交叉学科杂志所写的文章,在文中他提到自己在20世纪60年代曾服用过致幻剂。因此,费尔德玛被扣留了4个小时,其间被采了指纹,之后还签署了一份声明,内容是他在大约40年前曾服用过致幻剂,而且不准再进入美国境内。

费尔德玛是一位没有犯罪记录、拥有学识的专业人员,他知道当年服用致幻剂确实违反了法律,但是他坚称自1974年以来就一直没再服用过。当边境卫兵拦下他时,这件事已经过去30多年了。对于费尔德玛而言,那是他生命中一段早已远去的时光,一个他认为已被社会遗忘了许久、与现在的他完全不相干的过错。但是,信息技术已经让社会丧失了遗忘的能力,取而代之的则是完善的记忆。

有人会说,施奈德的痛苦主要是由她自己造成的。她将她的照片放在自己的网页上,并且加了一个有歧义的标题。或许,她并没有意识到全世界都能找到她的网页,而且竟然在她删除照片很久之后,仍有可能通过互联网档案访问她的照片。作为互联网时代的一员,她也许应该更谨慎地考虑一下,哪些内容可以在互联网上公开。不过,费尔德玛的遭遇却与她不同。年近七十的他可不是十几岁的互联网发烧友,而且可能从来没预料到,他在那样一本不知名的杂志上发表的文章,居然能在全球化的网络上如此容易地被找到。对他而言,成为数字化记忆的受害者完全是一个可怕的突然袭击。

住进“数字圆形监狱”

英国哲学家杰里米·边沁提出了“圆形监狱”的概念。在这种监狱中，狱警能够在犯人不知道自己是否被监视的情况下监视犯人。边沁认为，这种监狱结构将能迫使犯人好好表现，而且这种方法使得社会付出的代价最小。因此，这是一种“新的监视模式，其信息权力之大前所未有”。后来，通信理论家奥斯卡·甘迪(Oscar Gandy)将圆形监狱与我们时代中日益明显的、向大规模监视发展的趋势联系在一起。这种圆形监狱塑造了我们现在的行为：我像被人监视时一样行动，即便并没有人监视我。

杰里米·边沁(Jeremy Bentham, 1748—1832)是英国的法理学家、功利主义哲学家、经济学家和社会改革者。

完整的数字化记忆代表了一种更为严酷的数字圆形监狱。由于我们所说与所做的许多事情都被存储在数字化记忆中，并且可以通过存储器进行访问，因此，我们的言行可能不仅会被同时代的人们所评判，而且还会受到所有未来人的评判。施奈德与费尔德玛的惨痛经历让我们变得极度警惕——换言之，未来可能遭遇到的悲剧会对我们现在的行为产生“寒蝉效应”。通过数字化记忆，圆形监狱能够随时随地监视我们。

但是，即便施奈德与费尔德玛能预见这个结果，难道这就意味着每个公开自己信息的人只能永远对信息束手无策吗？关于互联网是否会遗忘以及何时遗忘，难道我们没有一点发言权吗？我们真的想要一个由于无法遗忘，而永远不懂得宽恕的未来吗？施奈德与费尔德玛表示，今后将会以完全不同的方式谨慎行事。“当心你发布在网上的信息，”施奈德说。而费尔德玛则更富见地地感叹：“我要警告所有人，你留在网络上的电子足迹将在某一天对你造成伤害。那是无法被擦除的。”

尽管如此，施奈德与费尔德玛仍然自愿地公开关于他们遭遇的信息。从严格意义上来讲，他们也需要为这种公开的后果承担责任。然而，我们往往在公开自己的信息时，并没有真正意识到我们正在公开自己的信息。

2012 年，《纽约时报》科技专栏作家尼克·比尔顿(Nick Bilton)出于好奇，进行了一个网络上的“陌生人的搜索之旅”。比尔顿说：“我大概花了 10 分钟，然后就知道了她是谁、在哪工作、住在什么地方，我只是通过她的照片，对照她在其他网站上的用户名和照片，就很精确地了解了她。”仅仅十分钟，比尔顿收集到一个陌生人丰富的信息，甚至通过她正使用的一个手机软件查看到她晨跑的路线图。“那一刻，我推开电脑。当我打开这些网页，突然觉得非常可怕，这个人我从来就不认识，我却知道她的这些私人信息。”

事实上，比尔顿的恐惧已属于全社会，今天你独处时在互联网上所做的每一次点击，甚至每一次删除，都被网络原封不动地记录下来，而且存放在我们无法探知的某个服务器角落里，无一遗漏，分毫不差。在被称为“大数据”的网络时代的收集和存储能力面前，未来的每一个人在执意的搜索面前都无所遁形。

10.4.2 全息可见的困境

目前通用的做法是在保存一段时间(比如9个月)之后将记录匿名化,因此便模糊了一部分信息。

施奈德与费尔德玛的例子让我们噤若寒蝉,新闻里种种"人肉搜索"的报道给我们敲响了警钟,谷歌等互联网公司也庄严承诺了不再永久保存用户记录。但是"在发布信息的时候更加谨慎一些""尽可能远离那些向他人透露个人信息的互动""让数据使用者承担责任"这些防范措施和法律政策究竟能起到多大的作用?目前看来,收效甚微。

这是因为大数据具有多维度和全面的特点,它可以从很多看似支离破碎的信息中完全复原一个人或者一个组织的全貌,并且了解到这个人生活的细节或者组织内部的各种信息。早在大数据广泛应用之前,美国隐私研究委员会就一针见血地指出了这种"全息可见"的困境:我们有很多小的、独立的信息记录系统。这些系统,就单个而言,它们可能无关痛痒,甚至是很有用的、完全合理的。但一旦把它们通过自动化的技术整合连接起来,它们就会渐渐蚕食我们的个人自由,这才是真正的危险。

英国剑桥大学的研究者表示,他们能通过网络上的丰富数据,预测一个人的性取向,判断一个人的父母是否曾经离婚。美国东北大学跟踪研究了十万名欧洲手机用户,分析了1600万条通话记录和网络信息,他们得出的结论是:预测一个人在未来某时刻的地点的准确率可达93.6%。在塔吉特公司预测孕期的案例中,那个高中女生不仅没有主动发布自己的信息,而且一直刻意对外隐瞒自己的状况。但在购物数据的相关性分析下,事实依然被推断出来,她的隐私还是被泄露了。

详细内容参见10.2.3节。

真相难以掩盖

如果我们把各种不同来源、不同形式的数据看成事物的不同维度,那么这些维度之间就很有可能出现比较密切的关联。你可以删除任何一个或几个维度,但是你很难删除所有维度的数据,更何况这些数据衍生出来的其他信息呢?于是一个词就出现了,叫"交叉复现",也就是通过信息的交叉形成对事物的判断。

有一个著名的段子,说一个男人趁着到广州出差的机会,绕道去了一趟上海约会自己的初恋情人。回家前,他删除了跟情人相关的所有记录,包括通话、短信、微信以及QQ。但还是被老婆发现了,因为它手机上的一条短信——"上海移动欢迎你"。所以,你删除的往往只是一个单维信息,过往行为产生的其他多维信息仍然在"出卖"你。何况就算中国移动不干这个事,你在上海约情人吃了一顿饭,刷了卡,就会有信用卡记录。如果你再有租车记录、开房记录,那就更不得了了。在大数据时代,人人都可以像神探福尔摩斯一样——死者不说话,罪犯不开口,这都没关系,通过各种蛛丝马迹依然可以推断出背后的真相。

当然,很多人抱着侥幸心理,认为网上有那么多用户数据,怎么可能正好挑中我呢?

事实上，这不需要人工操作，计算机会自动完成所有人的挖掘任务，而且做得非常智能。还有一些人会觉得无所谓，我既不做什么坏事，也不担心行踪被暴露，更不是什么怕大家关注的名人。就算一些公司利用大数据技术得知了我的隐私，也损害不了我的利益。这种想法实际上是大错特错的，且不说每年“3・15”晚会上曝光的很多经济问题都是和侵犯个人隐私有关，下面的例子也能让你体会到什么叫“只有想不到的，没有做不到的”。

“3・15”晚会是由中央电视台联合国家政府部门为维护消费者权益在每年 3 月 15 日晚共同主办并现场直播的一台大型公益晚会。每一届“3・15”晚会都为维护消费者权益、规范市场经济秩序、完善法律法规作了努力。

在某大型电子商务网站的用户群中，一些人总是买到假货，而另外一些人却总是以同样价格买到真货。这并不是因为前者比后者运气差，而是商家收集了大量与消费者相关的数据，进而抽象出一个用户的信息全貌，得到所谓的“用户画像”（图 10.25）。在此基础上，通过大数据技术对用户的行为习惯进行精准预测。所以，当商家清楚了前者是买了假货也不会吭声的软柿子，后者是睚眦必报的刺头的时候。为了获取更多的利益，他们就采取了“看人下菜碟”、欺软怕硬的销售行为。在利用大数据方面，个人用户与商家相比永远是弱势群体，一旦他们的秘密（隐私）被商家知道，他们的利益就难免受到伤害。

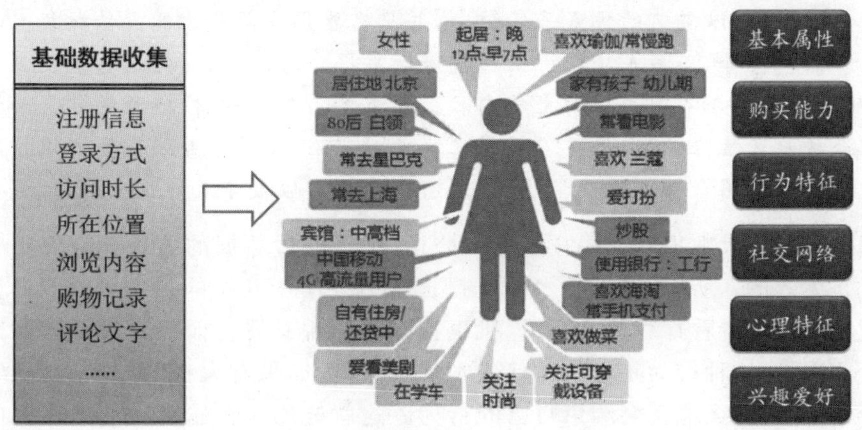

图 10.25 大数据背景下的“用户画像”

美国很多航空公司也在通过大数据分析用户的行为习惯，利用个人隐私大发其财。当航空公司发现某个询票者最近必定会旅行，而且在过去对票价不是很敏感时，它给出的报价就会比给其他人的高很多。尤其当两个城市间仅此一家航空公司有直飞的航班时，价格上的差异就更明显。这些航空公司甚至出钱聘请了美国一些知名大学研究这样的技术。据某个技术团队介绍，基于用户的行为预测可以让航空公司提高 10% 的销售额，这对净利润只有 0.2% 的航空业来说是一笔巨大的财富。而对于受伤害的那部分乘客来说，实际上可能要多付出一半以上的票价。

大数据的多维度和全面性让我们陷入了“全息可见”的困境，这显然不是简简单单地屏蔽一些个人信息所能解决的。“解铃还须系铃人”，技术带来的麻烦，还需要通过技术的匿名化是让所有能揭示个人情况的信息都不出现在数据集里，比如名字、生日、住址、信用卡号等。

发展来解决。所以，保护个人隐私的需求呼唤新技术的出现。一类已经被广泛应用的技术就是从收集信息的一开始就对数据进行一些预处理。经过处理后的数据保留了原来的主要特性，使得数据科学家和数据工程师能够处理数据，却"读不懂"数据的内容，比如匿名化、扰动与泛化、差分隐私保护等。这样至少能防止个人窃取和泄露隐私，而且有利于数据的共享。

交通预测中的隐私保护

交通预测是一个很有发展前景的领域。像谷歌这种有实力的公司可以将众多的数据来源整合起来，以更好地预测出行时间，同时也不断地更新实时数据，帮助人们避开拥堵或事故。而且政府职能部门也可以使用交通数据进行城市规划，并且在产生突发事件的时候更快地疏散民众。

可以和汽车制造商合作，为它们的车载导航系统提供交通数据信息。

为了判断道路交通状况，谷歌公司除了使用车辆本身的数据之外，还从使用谷歌地图的智能手机上获取定位和速度数据。在这一过程中，谷歌考虑了用户的隐私问题，它以匿名的方式采集信息，并且需要用户同意才能上传数据至谷歌的服务器。此外，当多人从同一区域发送数据报告时，谷歌会将这些数据混合起来，从而很难区分不同手机的上传内容。最重要的是，每一段行程的起点和终点数据会被永久性抹掉，即使是谷歌员工也无法获知相关信息。而手机用户既可以允许谷歌地图自动上传数据，也可以通过禁止定位服务来停止上传数据。

对那些拥有庞大数据和先进技术的大公司来说，通过数据的预处理来保护个人隐私基本是上是无效的。所以，最近学术界又提出了另外一个新颖的技术——双向监视。简单地说就是当使用者看计算机时，计算机也在盯着使用者看。大部分人喜欢偷窥别人隐私的一个原因是，这种行为是没有任何成本的。但是，如果有人在刺探别人隐私时，他的行为本身暴露了，那么他就会约束自己的行为。这就好比一个偷窥者悄悄推开门缝往里面窥视，如果发现里面有双眼睛正在看着他，那么他的反应往往是马上关门。正如制约权力最好的办法是使用权力一样，保护隐私最好的办法或许是让侵犯隐私的人必须以自己的隐私来做交换。

总结以上两种技术的特点，我们可以看出，为了在享有大数据好处的同时尽可能地保护隐私，数据从采集到使用都应该是双向知情的。也就是说，不只是数据的产生者暴露在大庭广众之下，数据的采集者和使用者(偷窥者也是一种特殊的数据使用者)也应该同样被监督，或许这样才是最有效地保护隐私的方式。

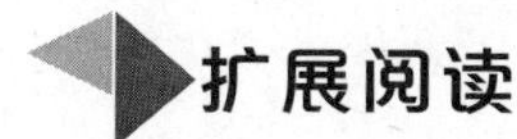

扩展阅读

情报整理——多维度的数据分析

节选自赵燕枫的《密码传奇》一书第 4 章“英国：凯歌高奏”。

1964 年的人民日报上刊发了一篇《大庆精神，大庆人》的报道，之后在 1966 年的《中国画报》上又出现了铁人王进喜在钻井旁边的那张著名照片（图 10.26）。还是在 1966 年，《人民中国》杂志上再次出现对铁人精神的报道，其中有这么两句话：

> 最早钻井是在北安附近开始的。
>
> 王进喜一到马家窑子，看到一片荒野，说：好大的油海，我们要把中国石油落后的帽子抛到太平洋去！

图 10.26　王进喜在钻井旁（源自：《中国画报》）

文中为了描述创业的不易，还专门提到：为了把沉重的设备运到油井的位置，采用了人拉肩扛的方式。

大庆油田的具体情况当时并没有公布。但是有心人确实能从这些公开报道中分析出大庆到底是个怎样的油田——而这一点就体现出情报整理的重要性了。具体到这个例子，也不妨让我们来看看，日本的“有心人”当时是怎么分析以上这些情报的吧：

(1) 从《人民日报》的文章可以看出，大庆油田果真存在。

(2) 从《中国画报》的照片上，可以看出当地气候寒冷。

(3) 从《中国画报》的照片上，可以看出，铁人的衣着相当厚实。这不仅再次证明大庆油田位于寒冷地区，而且，即便在中国的最北端，即北纬 46°～48°的苦寒之地，如此衣着也只在冬天才会出现。所以，大庆油田很可能在齐齐哈尔到哈尔滨之间的中国东北，因为这里冬天的温度一般在－30°左右。

(4)《人民中国》的报道中有“人拉肩扛”这个说法，说明油井的位置应该离某个车站不远，否则工人们绝不会采取这样的办法。

(5) 在《人民中国》的报道中提到了马家窑子和北安两个地名。马家窑子这样的地名对曾经扶持伪满洲国的日本人来说并不陌生，它们在中国东北到处都是；而北安则又是一个明确的提示。

根据以上分析，日本情报人员很快就在他们保留的伪满旧地图上找到了这个叫马家窑子的地方。它位于黑龙江省海伦县东南，北安铁路一个小站往东 10km 处——至此，大庆油田被清晰定位。

(6) 根据对“铁人事迹”的报道，可以知道王进喜是玉门油田的工人，“十年大庆”的时候自愿去了大庆——这就是说，大庆油田的开工至迟不会晚于1959年。

(7) 从《中国画报》刊登的照片上可以看到大庆油田炼油厂的设施，其中一座建筑明显是反应塔，还可以看到它上面的扶手栏杆。日本人知道，这样的栏杆一般也就是一米多长。根据栏杆与反应塔的比例，可以推断出塔身直径约为5m。而如此规模的反应塔年加工原油能力应该在100万吨上下。

(8) 报道中还说，当年大庆“已有820口油井出油”。经过综合分析，日本人估算大庆当年年产原油应该能达到360万吨；而油田显然没有得到全部开发，因此，总产量必然会逐年递增。根据石油工业发展的一般规律，日本人再次做出预测：5年之后的1971年，这个原油生产数字应该增加到1200万吨左右。

几篇报道，几张照片，放在我们的手里，也就是看个新鲜：知道了油井和铁人的样子；而在专业人员眼中，这些都变成了千金难买的情报。最后，再简单提一下这个故事的尾声吧：日本情报机关已经知道大庆油田的原油产量惊人，但通过照片判读，发现反应塔的炼油能力明显跟不上原油生产的速度，因此大庆油田必然会设法补上这个缺口。从技术上讲，他们应该需要日产量万吨左右的炼油设备，果真如此的话，日本生产的轻油裂解设备就不愁卖不出去——看似智力游戏般的情报整理，到这时才显现出它真正的经济价值。正如照片告诉日本人的那样，中国的石油工业部很快就开始在世界范围内招标，购买日产量万吨的炼油设备。而日本人早就有所准备，以低价加现货，一举中标。

这个故事告诉我们：无论是通过什么手段弄来的原始情报信息，如果不加以正确的整理，不形成最后的系统性情报，那么它就无法发挥出最大的威力，实际上也是在浪费情报资源本身。经济情报如此，军事情报自然更是如此。

总的来看，情报整理这个工作，既好干，也不好干。说它“好干”，是因为情报信息被浪费的程度很难被正确评估出来；说它“不好干”，则是因为如果还想要干好，就必须具有相当的智慧和分析判断能力才成。

节选自吴军的《智能时代》一书第4章“大数据与商业”。

缉毒新招——大数据让你无所遁形

在美国，毒品问题是一大社会毒瘤。按照一般人的想法，切断毒源就可以从根本上解决这个问题，因此过去美国把缉毒的重点放在切断来自南美洲的毒品供应上。尽管美国在这方面做得不错，但是仍然无法禁止毒品的泛滥，其中一个重要的原因就是很多提炼毒品所需的植物，比如大麻，种起来非常容易，甚至可以在自己家里种。

在马里兰州的巴尔的摩市东部，有一些废弃的房屋，当地一些穷人就把房子四周的门窗钉死，然后在里面偷偷用LED(发光二极管)灯种植大麻，由于周围的社区比较乱，很少有外人去那里，因此那里就成了大麻种植者的天堂。是否对这一类街区进行重点排查就能解决问题呢？答案并不是那么简单。

图 10.27　在豪宅里盆栽大麻

在环境优美、生活水准高的地区，如果把豪华别墅的门窗钉起来种植大麻，肯定会暴露，但是大麻种植者也有办法。有人花了几十万美元买下了一栋大房子，周围是种满玫瑰的花园。这栋豪宅其实没有人住，平时很少有人来。为什么呢？原来，房主买房子就是为了掩人耳目，在里面种大麻，如图 10.27 所示。房主每年卖大麻的收入不仅足够付房子的分期付款和电费，而且还让他攒够了首付又买了一栋房子。

类似的情况在美国各州和加拿大不少地区都有发生。据估计，仅加拿大的不列颠哥伦比亚省，每年这种盆栽大麻的收入就高达 65 亿美元，在当地是仅次于石油的第二大生意。

由于种植大麻的人分布的地域非常广，而且做事隐秘，定位这样种植大麻的房屋的成本非常高。再加上美国《宪法》的"第四修正案"规定"人人具有保障人身、住所、文件及财物的安全，不受无理之搜查和扣押的权利"，警察在没有证据时不得随便进入这些房屋进行搜查。因此，过去警察虽然知道一些嫌犯可能在种植大麻，也只能徒呼奈何，这使得美国的毒品屡禁不止。

但是到了大数据时代，私自种植大麻者的"好日子"就快到头了。2010 年，美国各大媒体报道了这样一则新闻：

> 在南卡罗来纳州的多切斯特县，警察通过分析智能电表收集上来的各户用电情况，抓住了一个在家里种大麻的人。

无独有偶，这则消息发布以后不久，媒体陆续报道出在美国其他州，警察也用类似的方法抓到在房间里种大麻的人。截至 2011 年，仅俄亥俄一个州，警察就抓到了 60 个这样的犯罪嫌疑人。为什么警察的缉毒效率一下子变得如此之高呢？因为以前供电公司使用的是老式的电表，只能记录每家每月的用电量。而从十几年前开始，美国逐渐采用智能电表取代传统的电表，这样不仅能够记录用电量，还能记录用电模式。种植大麻的房子用电模式和一般家庭是不同的，只要把每家每户的用电模式和典型的家庭用电模式进行比对，就能圈定一些犯罪嫌疑人。

对于查处大麻种植的案例，我们看到了大数据思维的 3 个亮点：第一，用统计规律和个案对比，能够做到精准定位；第二，社会其实已经默认了在取证时利用相关性代替直接证据，即前面所说的强相关性代替因果关系；第三，执法的成本，或者更广泛地讲，运营的成本，在大数据时代会大幅下降。

参考文献

[1] 吴军. 智能时代：大数据与智能革命重新定义未来[M]. 北京：中信出版社，2016.

[2] 维克托·迈尔-舍恩伯格，肯尼思·库克耶. 大数据时代[M]. 盛杨燕，周涛，译. 杭州：浙江人民出版社，2013.

[3] 维克托·迈尔-舍恩伯格. 删除：大数据取舍之道[M]. 袁杰，译. 杭州：浙江人民出版社，2013.

[4] 涂子沛. 大数据：正在到来的数据革命[M]. 桂林：广西师范大学出版社，2013.

[5] 麦格劳-希尔编写组. 妙趣横生的心理学[M]. 2版. 王芳，等译. 北京：人民邮电出版社，2015.

第 11 章

云 计 算

就像公共电话网一样，计算的能力有一天会被组织起来，成为一种公共资源和公共事业。这种公共资源和事业会成为一个新的、重要的产业。

——约翰·麦卡锡（美国计算机科学家、图灵奖获得者）

从第 5 章和第 10 章的讲述中，我们不难看出，虽然人们对于数据的重要性早有认知，但是过去因为信息技术的限制，一般认为数据量够用即可。直到近些年，突破了技术上的瓶颈后，人们发现超大量的数据会带来以前意想不到的惊喜，这才导致了大数据的兴起。

那么在过去，主要有哪些数据应用上的瓶颈呢？这主要有三个方面。一是数据的获取。自古以来，测量事物和感知世界都是需要人们去亲力亲为的——人们不仅要学习如何使用专业的测量工具，还要长年累月、持之以恒——其难度可想而知。二是数据的存储。无论是人类的大脑，还是石板、缣帛、竹简，亦或是纸张、磁带、胶片，这些介质的存储容量极其有限，而且价格不菲。三是数据的处理。当大量的数据收集和存储起来，我们需要像“沙里淘金”一样进行筛选、整理和提炼，才有可能得到隐藏在其中的高价值信息。

Apple Watch 是苹果公司于 2014 年 9 月公布的一款智能手表，支持接听电话、语音回短信、地图导航、播放音乐、测量心跳、计步等几十种功能，是一款全方位的健康和运动追踪设备。

随着互联网和物联网的发展，人类获取信息、感知世界的能力大为增强。比如谷歌眼镜就有可能将人一辈子看到的事情全部保存下来，苹果手表（Apple Watch）也会记录一个人每时每刻的运动状态和健康指标（心跳、血压、血氧量等）。可以说，在数据获取这方面已经没有什么太大的问题了，但是对于数据的存储和处理，却着实令人头疼。比如谷歌街景车产生的原始数据量大得惊人，每辆车每天产生的数据就超过 1TB，假如一份数据备份 3 份，一年下来就是 1PB。即使用当今最大容量的 10TB 硬盘来存，也需要用 100 个。如何存储和处理这些规模庞大的数据？一种思路就是购买更好的工作站，甚至更牛的超级计算机（见 3.4 节），但这对于我们普通人来说是可望而不可即的，毕竟价格放在那儿呢。另外一种思路就是“云计算”——毕竟我们要的只是存储和计算的能力，而不是拥有那些奢侈的设备。所以，我们是不是可以考虑租用存储和计算能力强大的工作站，或者联合更多的计算机来一起完成一个大任务？就像格蕾丝·赫柏所说的那样：

谷歌街景车游走在街头拍街景，专为谷歌街景功能设计。

“古时人们用牛来拉重物。当一头牛拉不动一根圆木时,他们不曾想过要培育更大、更壮的牛。同样,我们也不需要尝试开发超级计算机,而应试着结合使用更多的计算机。”

11.1 云计算的先驱

在计算机科学领域,格蕾丝·赫柏的思想很早就被广大专家学者所认同了,并催生了分布式计算(distributed computation)这一研究方向。而在IT产业界,最早的尝试却是由一个专注数据管理的公司做出的,即Oracle(甲骨文)公司在20世纪90年代提出了“网络计算机”的概念。

有道是“无风不起浪,事出必有因”。Oracle之所以做出这个尝试,显然不是来自其主营业务(数据库)的需要,而是商业竞争逼迫出来的“杀招”。在20世纪90年代中后期,微软的数据库系统SQL Server和IBM的旗舰数据库产品DB2市场份额稳步增长,它们和Oracle一起抢占数据库这个市场。尤其是当时的微软,在PC的客户端软件中占有绝对的统治地位,对所有的软件公司来说都是最大的威胁。所以,Oracle的创始人兼CEO拉里·埃里森干脆放弃了在客户端与微软的竞争,而改用釜底抽薪的策略——推广“网络计算机”,力图将用户对客户端的需求降到最少。

详细内容参见第5章的扩展阅读“Oracle——平淡无奇的传奇”。

埃里森敏锐地察觉到了互联网的浪潮即将到来,这就会导致越来越多的资源来自互联网上的服务器,而不是脱机的本地客户端。如果顺应这个趋势,甚至推波助澜一下,把本地的软件和服务资源都挪到互联网上,那么微软公司的业务岂不就成了“无源之水,无本之木”?况且这样一来,用户手头的计算机根本无需硬盘(直接从网上下载到内存),只要保留显示、上网以及简单的计算功能(大量的计算都在网上完成)即可,这正是“网络计算机”的特点。

针对当时PC昂贵的价格(主流配置大约1500美元一台),埃里森把网络计算机的售价定为500美元左右,价格还是蛮诱人的。而且Oracle公司和埃里森本人在IT行业的影响力仅次于微软和盖茨,实力不可谓不过硬。但是很遗憾,这次尝试最终没有成功。对此,吴军博士在《浪潮之巅》里分析了4点原因,还是比较中肯的。

第一,产品缺乏创新。网络计算机实际上就是低端PC,除了它的概念外,没有什么新的发明。而且它的便宜是建立在缺斤少两上的——去掉了硬盘,减小了内存,只保留简单的计算功能。埃里森一厢情愿地认为:如果以上网为主,对硬盘的依赖就减弱了;如果不用那些大的客户端软件,就不需要太好的CPU了;同理,内存也可以减少一半。但这就是后来的iPad与之截然不同的地方——优惠的价格只是吸引用户的一个方面,良好的用户体验才能最终站稳脚跟，偷工减料又毫无创新的产品是很难成功的。

第二，价格不是优势。由于摩尔定律的作用，一般的 PC(包括外设)降价很快，只要等一年就可以便宜一半，以至于买得起 PC 的人越来越多。再不济，也可以买个二手的，所以网络计算机的价格优势越来越不明显了。

第三，网络是一个瓶颈。首先，当时用户上网的费用较高，以 DSL 宽带为例，最基本的费用也要每月 40 美元。两年下来几乎就是一台 PC 的价格，所以当时买 PC 却很少上网的大有人在。再者，当时没有无线上网，大家离开办公室和家，在外面基本上都是离线状态。如果上不了网，这网络计算机也就毫无用处了。此外，网速较慢制约了网络计算机的发展。别说 20 世纪 90 年代了，到了 2006 年苹果公司推出 Apple TV 的时候还是有同样的问题。当时通过 Apple TV 下载一个 9GB 左右的电影几乎要用一天的时间，还得支付 10 美元左右的版权费，产品的命运就可想而知了。

Apple TV 不是任何意义上的电视机，而是一个豆腐块大小的盒子，可以存储几千小时的音乐或几十小时的电影。它一端和互联网连接，下载音乐和电影，另一端，和家里的电视机和音响连接，播放环绕立体声和高清晰度的音像。

第四，软件没有配套。埃里森希望大家以上网为主，只用浏览器来访问网络上的服务，最好把 Windows 操作系统也省了。但是一方面，在本地客户端上没有合适的操作系统来替代 Windows，另一方面，大多数软件在互联网上没有相应的服务(比如微软的 Office 和 Adobe 的 Photoshop)。因此，即使用户能够方便地上网，Windows 操作系统和客户端软件还是一个都不能少。

对于网络计算机这款产品，市场给出的最终结论是：没用！因为思路过于超前，而相关产品并不配套，即应用环境根本不存在。这让人不禁想起了马克思的话："当生产关系适应生产力发展时，就促进生产力的发展；反之，就会阻碍生产力的发展……"第一层意思我们都意识到了，就是生产关系落后于生产力的发展水平，是要被淘汰的。但是第二层意思我们往往没有重视，如果生产关系超前于生产力的发展水平，也会出问题。正所谓"过犹不及"，两者之间的关系应该是"适应"——既不能滞后也不要太超前。同理，在一个产业的汪洋大海中，你在打造自身硬实力的同时，还需要看清楚发展的大趋势。如果在一波浪潮将起的时候，你正好站到了那个位置，随着浪潮就可以相对容易地到达巅峰。不论你是没赶上浪潮还是跑到了浪潮的前面，那都会事倍功半，而且失败的概率非常大……

又一波浪潮来袭

如果说云计算在 20 世纪 90 年代还只是个设想，那么跨越 2000 年，在新世纪第一个 10 年里，相关产品逐渐配套，应用环境也已经成熟了。一方面是互联网泡沫破碎之后的产业优化，尤其是宽带提速、无线上网、移动互联技术接二连三地落地，这使得网络问题已经不构成瓶颈；另一方面是计算机不断微型化和嵌入式，使得电子产品不断创新。例如仅 50g 重的谷歌眼镜，成功地把计算机的绝大部分功能(显示屏、蓝牙、WiFi、GPS、音箱、摄像头、麦克风、触摸板)集成在一起。在 iPhone 和 iPad 之后，苹果公司又推出了苹果手表(Apple Watch)，通过记录人的生活习惯(每天的运动量、心电图、血压、血氧量等),不仅让每个人了解自己的身体状况,同时也会为医生和保险公司等的决策提供依据。这类“穿戴计算”技术更深层的意义在于计算机与人的结合越来越紧密;还有,iOS 和安卓(Android)系统的出现以及各种相关应用软件的大批量跟进,解决了最后一个问题——软件服务配套。于是 2005 年,IBM、亚马逊和谷歌公司几乎同时提出了云计算的概念,不仅为大数据的处理提供了技术保障,也描绘出了信息技术的未来,那就是“无处不有”“无时不在”“无所不能”的计算(图 11.1)。

图 11.1 云计算的浪潮已至

11.2 云计算的概念

“物联网”“大数据”“云计算”这些概念先后出现以来,IT 产业界似乎比较迷茫——好像大家都在提到它们,追捧它们,应用它们,但就是说不清它们到底是啥。所以,有业内人士把这种现象戏称为“雾里看花物联网,大而化之大数据,人云亦云云计算。”

别说我们一般人,就是提出云计算概念的那 3 个顶级大公司——IBM、亚马逊和谷歌,一开始也有着完全不同的理解: IBM 是为了卖设备,帮助企业构建数据中心;亚马逊是向各个商家和网站出售计算能力,让大家租用它的网络资源;谷歌希望把各种应用都搬到互联网上,给用户提供云端服务,这倒是继承了 Oracle 公司当初的想法……那么,云计算到底是什么?要搞清楚云计算的本质,我们还得通过这 3 家公司的不同视角去观察和分析。

11.2.1 构建数据中心

在 3.3 节中曾经介绍过，IBM 公司引领的早期计算机行业，制造的都是大型主机分时系统。当时的主机（通常一个企业或部门配有一台）非常昂贵，所有用户通过终端（可以理解为仅仅承担输入输出工作的显示器和键盘）分享主机的计算和存储。这样一来，用户可以通过与主机相连的任意终端访问自己的信息，得到需要的服务，因为这些信息和服务都不在本地终端而在主机上，如图 11.2 所示。

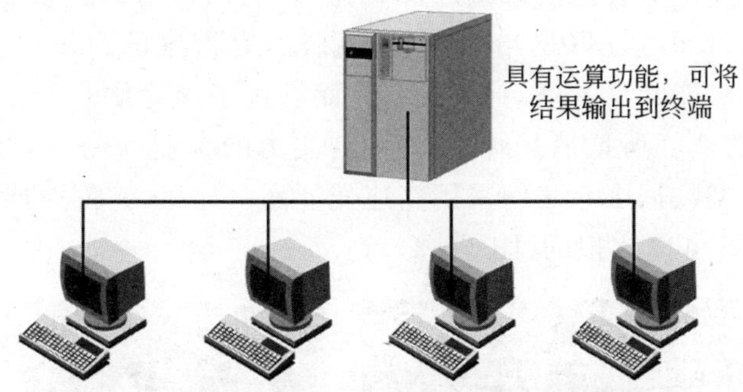

图 11.2 主机分时系统的结构示意图

当然，连接在同一主机上的这些终端用户很容易共享信息（只要他们的权限许可）。但是，互联网还没有发展起来，不同主机之间的通信功能是很微弱的，所以，不同主机的用户之间几乎不会共享信息和服务。至于用户能够得到什么服务则完全是被动的，因为软件和服务都是由计算机厂商卖机器的时候打包提供的。

在计算机产业发展的初期，还没有独立的软件公司。

20 世纪 70 年代末，苹果公司拉开了 PC（个人计算机）时代的序幕，随后 IBM 公司也推出了 IBM-PC。不过，让人意料不到的是，这项革命性的发明差点要了 IBM 的老命。因为每台 PC 都拥有独立的存储和计算能力，从此个人用户不再需要通过终端去共享大型机资源。虽然 PC 的各项能力相对要弱一些，但考虑到个人用户并不需要太多资源，方便够用即可，所以 PC 迅速走入千家万户。而且 PC 的性价比很高，企业也开始在很多应用场合中使用 PC 来替代大型机。随着主导 PC 时代的微软-英特尔体系（WinTel）的形成，IBM 只得“退居二线”（参见 4.3 节）。

性价比，全称是性能价格比，是一个性能与价格之间的比例关系，具体公式：性价比＝性能/价格。

不过，PC 时代的信息共享是很成问题的。首先，由于数据和信息都在本地存储，早期的软盘和后来的 U 盘就成了传播信息最常见的途径。但是，在不同的计算机之间复制来复制去，信息安全很难得到保障，比如经常出现的文件损坏（误删除）和计算机病毒的泛滥。其次，不同的 PC 上往往装有不同的软件，就算是同一款软件也可能版本不同。这就使得大家在某一台计算机上做的工作很难在另一台上继续进行。比如说办公室 PC 上安装的 Office 软件版本比较新，有很多先进功能，但教室多媒体平台上的 Office 软件版本比较旧，把办公室计算机上做好的课件复制到教室里，很多效果都展示不出来。又比如，有些教室的多媒体平台上没有安装 PDF 阅读器和某类视频格式的播放器，于是我们准备的 PDF 文件就无法打开，教学视频也播放不了……

随着网络技术的不断发展，尤其是移动互联网出现之后，每个人的 PC 和其他电子设备都能随时随地上网，全世界的存储和计算能力又可以整合到了一起了。就像天上漂浮着的一朵朵云，它们由世界各地的水蒸气汇聚而成，然后又可以给需要水源的地区降雨。同理，每个人也都可以通过互联网给云端提供资源，有需求的时候也可以从云端获取资源。但是，普通计算机能共享的资源非常有限，而且过于碎片化的资源共享带来的便利往往被传输和管理上的消耗所抵消。所以，一些有实力的企业开始运营几万台服务器的大型数据中心，这些大型数据中心之间采用高速光纤网络连接，它们所能提供的资源是非常巨大的，远远不是 PC 可以比拟的(图 11.3)。

可以想象，如果号召全世界每个人都给沙漠地区捐献一杯水，那么收集和传送这些水所耗费的资源(人力、物力和时间)远远超过了水本身的价值，很不划算。同理，如果全世界的 PC 都给某项任务提供 1MB 的存储空间，那么整合这些碎片化存储空间的耗费是非常大的。

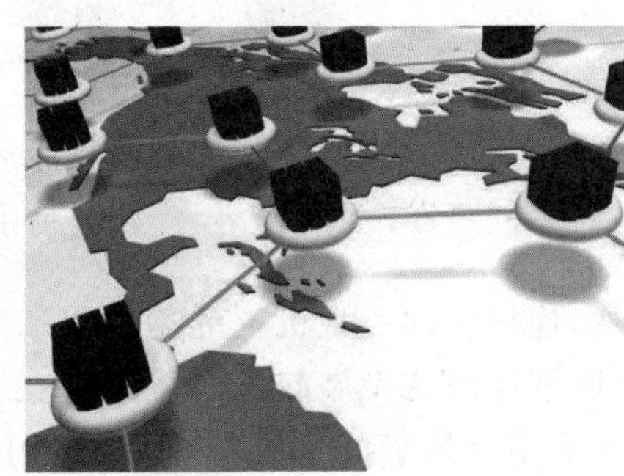

图 11.3 大型数据中心(左)及其相互连接(右)的示意图

如果能方便地连接到这些大型的数据中心，并能廉价地使用它们提供的资源，那么我们手头的计算机或者其他电子设备的配置高低也就不那么重要了。如此一来，在表面上似乎又回到了当年 IBM 大型机分时共享模式，只是大型机被大型数据中心取代，大型机到终端的专线被互联网取代。但实质上还是有了变化，信息服务的用户从大企业扩大到了每一个人，资源共享的范围也从局部(企业内部)扩展到全局(整个互联网)。当然，IBM 依然还是针对企业级用户，不过以前是卖传统大型机，并提供人员培训以及安装升级等售后服务，而现在是推销云计算服务器，并帮助大企业建造大型数据中心。就这样，在 PC 时代被微软压制多年的 IBM 重回一线，继续谱写它的百年传奇。

三重境界

自大型机时代的“集中”到了微机时代的“分散”，然后在进入互联网时代后又发展出了云计算，再次“集中”(图 11.4)。从 IBM 公司这些年的历程中就可以初步看到计算模式的演变：集中→分散→集中。不过，经历了“分散”之后的“集中”和最初的“集中”还是有所区别的，那就是信息服务的用户从大企业扩大到了每一个人，资源共享的范围也从局部扩展到全局。而且这种升级之后的“集中”保留了“分散”的种种优点，比如每个终端比以前更加智能，在使用“云端”资源的同时也可以共享自己的本地资源。

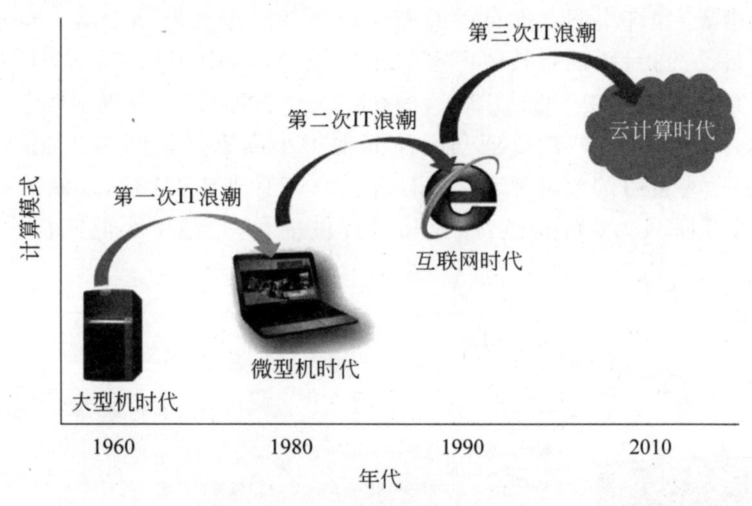

图 11.4 计算模式的 3 次演变

这也让人联想起了先哲所说的“三重境界”：看山是山，看水是水；看山不是山，看水不是水；看山仍是山，看水仍是水。以人的自我评价为例，我们小的时候处于第一层境界，对自己期望很高，想法也很单纯，“有梦想谁都了不起”嘛。不仅是看清华望北大，还在纠结以后是拿诺贝尔物理学奖还是文学奖。长大后发现似乎是想多了，自身并没有那么的优秀，现实中还存在着种种不平等，人性的复杂程度也远远超出了设想……于是就开始进入了第二层境界，可谓是“三观尽毁”，挫折感倍增，对人对己满是失望和抱怨……等经过多年的沉浮以后，一部分人才有可能到达第三层境界——真正的成熟起来，即认清自己所有的缺点之后，仍然相信自己是优秀的，还是愿意去努力去拼搏！用一句话概括，就是“岂能尽如人意，但求无愧我心！”

宋代禅宗大师青原行思（靖居和尚）提出参禅的三重境界：参禅之初，看山是山，看水是水；禅有悟时，看山不是山，看水不是水；禅中彻悟，看山仍是山，看水仍是水。

11.2.2 租用网络资源

作为一家互联网公司，更准确地说是电子商务公司，亚马逊对云计算的理解和 IBM

是不一样的。亚马逊公司成立于1995年，当时还处于互联网1.0时代，所有经营电子商务的企业都得自己创办网站，具体步骤包括租用场地(作为机房)、购买服务器、安装相关软件、设计数据库、聘用网站管理人员……不仅需要掌握一定的专业技能，而且需要投入相当规模的人力物力来维护。这对于中小商家来说，从成本上讲是非常不合算的。于是，从2000年年底到2002年，在互联网泡沫崩溃的时期，大批的网站也都关门大吉了。

网站托管是将企业网站技术操作部分全部委托给某个专业公司来完成。其中包括域名的注册、空间的租用、服务器系统的管理、信息的上传、主页的创意、网页的制作更新、Email系统的管理等。而网站的所有权和管理权归企业所有，企业只需要把自己的设想、要发布的信息及要达到的目的提供给托管公司的技术人员。剩下的一切工作则由他们来完成。

到了互联网2.0时代，亚马逊一方面把自己的销售范围从书籍扩展到百货，另一方面通过它的开放市场，允许小商家把自己的商品放到亚马逊的网站上卖。这就好比一个百货商厦中既有自己的柜台，也有其他厂家的租赁柜台。如图11.5所示，打算在亚马逊网站上开店的商家只需要点击“我要开店”，提交相关资料即可，一旦通过审核就有了自己的网店。用专业一点的话来讲，就是亚马逊给其他中小商家提供网站托管(Web Hosting)的服务，建立了一些通用的交易平台，帮助这些商家管理它们的网上商店。这显然符合6.3.2节所述的互联网2.0的特点，即亚马逊提供平台，其他中小商家提供内容，分工合作，各展所长。

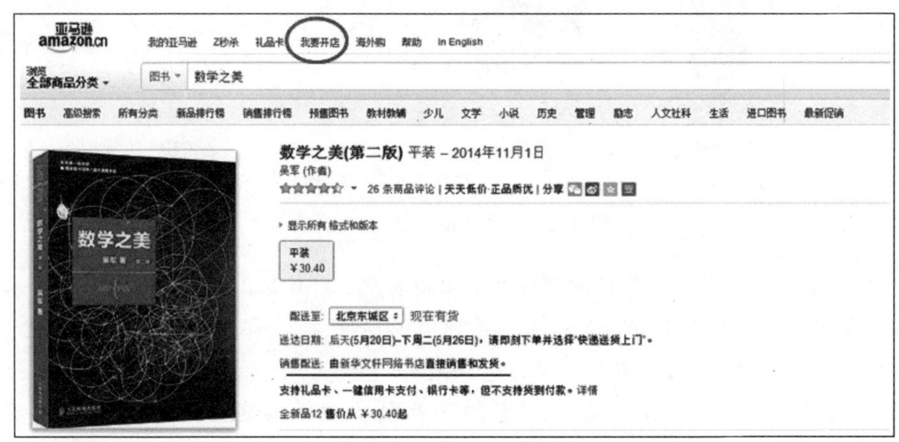

图11.5 亚马逊的网络托管服务(示例)

大卫·李嘉图(David Ricardo)，古典经济学理论的完成者，古典学派的最后一名代表，最有影响力的古典经济学家。主要经济学代表作是1817年完成的《政治经济学及赋税原理》。

托管的网店越来越多之后，亚马逊公司开始建立自己的大型数据中心。数据中心的规模越来越大之后，亚马逊就不仅可以为中小商家提供网站托管服务，还可以为任何需要建立网站的公司提供类似的服务。这样，任何一个想通过互联网提供服务的公司和个人都不需要自己建网站，而只要租用亚马逊的存储和计算资源即可。这种做法正是符合了经济学家大卫·李嘉图在200年前提出的“比较优势经济理论”：即使某家企业有着与服务商相同的能力，也应该专注于自己可以做到最好的那部分工作，其余的则委托出去，而委托方和受委托方都能由此获益。

在过去漫长的岁月里，生活在农村的人家往往需要自己打井取水，除了掏钱买设备、雇工人、采购原材料，还要自己负责日常维护，这些开支不仅种类繁多，而且数额不小。时至今日，家家户户几乎都是由本地的自来水公司提供服务，取水的单位成本下降了很多。想一想，几十年缴纳的水费也不够打一口井的，多么划算啊！何况还不需要操心输水管道的维修（这些都是由自来水公司负责的）。集中供暖和集中供电的模式也是如此。

可以说，云就是通过资源外包，在全社会创造一个计算产业并实现产业的规模效益。这就是亚马逊理解的云计算，虽然和 IBM 的理念不一样，但也并不矛盾：IBM 可以作为亚马逊数据中心的服务器提供商，只要亚马逊觉得价钱合适；亚马逊也可以给 IBM 提供网站托管服务，只要 IBM 觉得有这个需要。

云计算如何降低服务成本？

我们以往搭建企业自己的信息系统，软硬件购置和服务的开销巨大。由于各个企业之间计算资源不能共享，实际的设备利用率很低（一般都是低负荷运转），而且这些 IT 产品没过几年就要更新换代（摩尔定律决定的），这也是一种不小的浪费。在云计算出现后，由亚马逊等超级计算中心提供的服务（计算、存储等）价格便宜得令人难以置信。一个相当于 4 核 CPU 的计算能力加上足够大的内存和磁盘存储空间，一年的服务费仅仅三四百美元。假设企业租用了 100 台同样配置的服务器，一年只需要十来万美元，只相当于在硅谷雇用一个系统管理员的成本加上这些服务器的电费而已。可以认为，企业使用了 100 台服务器，只是支付了管理员的工资和电费，却没有在服务器本身上花一分钱。

亚马逊为什么能做到价格这么便宜？除了这家公司一贯就很擅长节约成本外，还有两个根本原因。第一是规模经济的效应。这些云计算提供商的服务器采购量很大，而且都是自己设计，然后直接委托计算机厂商生产的，成本比任何计算机代理商进货的价格都低。同时，由于对服务器资源都是以自动化的管理为主，系统管理员和服务器占总成本的比例也就比较低了。第二是资源分配的优势。企业用户的需求是动态变化的，所以对应的服务器（或服务器群组）不可能总是满负荷运行。所以云计算中心的一台服务器（或服务器群组）可以提供给多个企业一起使用。这样一均摊，每个企业的实际支付费用就降低了很多。

规模经济是指由于生产专业化水平的提高等原因，使企业的单位成本下降，从而形成企业的长期平均成本随着产量的增加而递减的经济现象。

11.2.3　提供云端服务

就像 4.2.1 节介绍的多用户分时操作系统一样，一台计算机可以同时响应多个用户的请求。

谷歌的英文名字 Google 一词源于一个非常大的数字 Googol，即 10 的 100 次方。实际上宇宙中没有任何事物能有这么大的规模，甚至宇宙中全部的基本粒子数目也没有这么多。拉里·佩奇和谢尔盖·布林取这个名字，无非是想表示他们的搜索引擎很大。事实也的确如此，他们在斯坦福大学读博的时候就搞出了自己的搜索引擎，随后系里计算中心分配给他们的存储空间就装不下他们下载的网页了。于是，他们不得不自己掏腰包买了一些硬盘，并且想办法把很多PC连接在一起进行计算。可以说，谷歌从一诞生就具备了云计算的潜质(图11.6)。

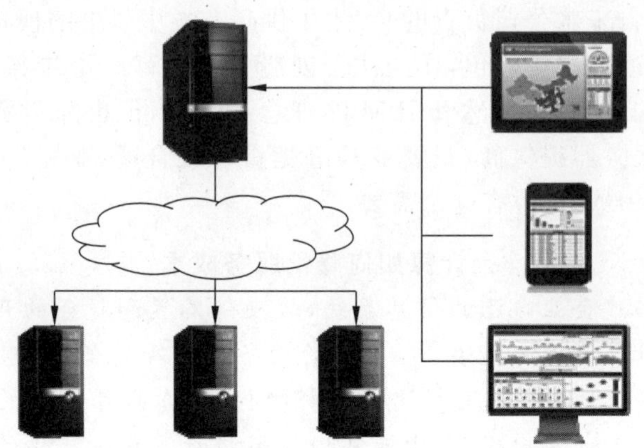

图 11.6　搜索引擎公司先天具备云计算的潜质

和Oracle类似的是，谷歌的搜索引擎也是放在服务器端的，对客户端的掌控力度不是那么大。尤其是在PC时代的激烈竞争中，这显然处于一个不太有利的位置，毕竟本地计算机上装的大都是微软公司的软件。但是跨过2000年，随着互联网的发展，谷歌业务扩张的条件逐渐成熟，它开始尝试将原本运行在用户本地计算机上的各种应用软件搬到了服务器端，继续Oracle公司当年未尽的事业。

最早是日历，在微软的软件体系中，这是其电子邮件组件Exchange的一部分。谷歌通过统一的账号系统(云计算的关键技术之一)将它的电子邮件(即Gmail)和日历打通，通过简单的自然语言理解，从电子邮件中提取与约会相关的事项，并添加到谷歌日历(Google Calendar)中。当然，所有这些信息都保存在服务器端，与用户终端无关，这样只要用户能上网登录，就能随时获取自己的日程信息。

随后，谷歌又把3D地图服务搬到了云端，这就是后来著名的Google Earth；把图片处理服务也搬上了云端，这就是Google Photos；最具震撼性的是把Office的文字处理、表格处理和讲稿演示搬到了云端，成为Google Docs，并在众多质疑的眼光中迅速推广开来。人们逐渐发现，这些简单的、免费的替代品能完成复杂的同类产品的90%以上的功能，基本上满足95%的用户需求。实际上，不经过专门的训练，Photoshop和Office的那些复杂功能连很多计算机专业人士都不会使用。但要买一套正版的Photoshop或Office，少则几百美元，多则上千美元。

对于企业级用户来说，成本更高，每年都要缴纳一定的费用。

更为重要的是，谷歌的这些在线应用软件分享数据和信息的功能要比原来基于个人计算机上的同类产品强得多。如果一个团队多个人一同起草一份文档，用 Google Docs 显然要比微软的 Office 方便许多(虽然目前来说排版不如后者漂亮)。一方面，我们不需要用 U 盘或移动硬盘来回复制，不仅预防了计算机病毒的传播，而且避免了不同计算机上软件版本不同导致的兼容问题。另一方面，当自己的计算机不在手头的时候，我们也不需要把文件下载到公用或同伴的计算机上进行修改了(即使别人的计算机可靠安全，也会产生个人隐私泄露问题)。我们只需要随便借用一台设备访问云端就可以完成操作了，本地硬盘上不必留下存档(图 11.7)。

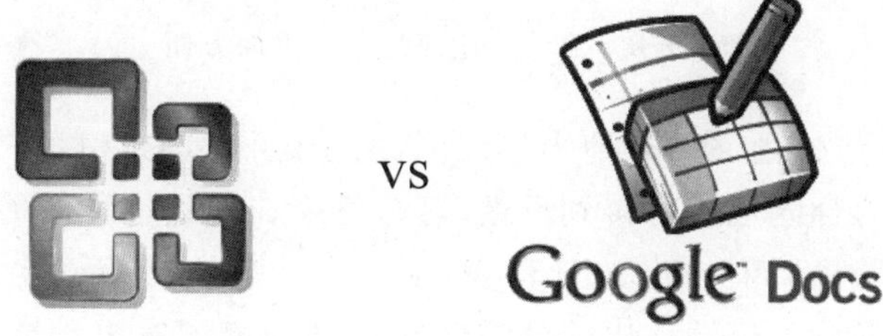

图 11.7　Microsoft Office vs Google Docs

与 IBM 和亚马逊两家公司不同的是，谷歌强调对用户的服务。虽然它自己也生产服务器，而且产量不低(相当于全球第三大服务器厂商)，但都是为自己所用，并没有对外销售的意向。它也拥有自己的大型数据中心，但网站托管不是它的主营业务。总体来说，这三家各有各的特点和市场，基本上是互补关系而非竞争关系。

谷歌一度推出了 Google Site 这样的托管服务，但是因为不成功而没有坚持。

11.2.4　云计算的本质

对于到底什么是云计算，大家众说纷纭，在网上至少可以找到百余种解释。现阶段比较广为接受的是美国国家标准与技术研究院(NIST)定义：云计算是一种按使用量付费的模式，这种模式提供可用的、便捷的、按需的网络访问，进入可配置的计算资源共享池(资源包括网络、服务器、存储、应用软件、服务)，这些资源能够被快速提供，只需投入很少的管理工作，或与服务供应商进行很少的交互。

当然，这个定义虽然严谨，但不容易理解。而吴军博士在《浪潮之巅》一书中，通过结合 IBM、亚马逊和谷歌三者的想法，给出了云计算的两个通俗易懂的阐述。

(1) 云计算保证用户可以随时随地访问和处理信息，非常方便地与他人共享信息(图 11.8)。

这种便利性在 11.2.3 节介绍谷歌的云端服务的时候已经提及。我们不妨再看看吴军博士列举的一个实际的例子。

图 11.8　云计算让信息共享更加方便

营销员比尔匆匆忙忙地飞往外地去签合同，由于走得匆忙，和客户的会面还没完全安排好，自己寄给客户的合同也没有得到反馈，客户答应在他到达目的地以前给他答复。比尔在飞机场等候转机，想看看自己的日程表，了解一下客户是否确定了会面的时间和地点，并且看一看合同书有无反馈。以前他需要在自己的笔记本电脑或手机的日程表上输入自己的日程，然后在机场查看自己的电子邮件或短信，把用户传过来的时间安排抄到自己的日程表上，再通知用户他接受了这个安排。之后，再查看一下电子邮件，看看邮箱里有没有反馈回来的合同附件。如果有，他在自己的笔记本上对合同进行编辑，再用电子邮件发给对方。

现在，他可以掏出智能手机通过机场的 WiFi 连上互联网，登录自己的日程表和文件账户。如果客户安排好了会面的时间和地点，比尔的网上日程表中就会自动地直接加入一项活动，通知他见面的详细安排，如果比尔觉得合适，直接点击确认的图标即可通知对方同意。比尔还可以把自己起草的合同书变成一个客户共享的文本，以便客户直接在上面修订或批注。当比尔在机场再次打开这个文本时，他就看到了客户修改的版本，并且是在这个共享文本上直接编辑修改的。客户只要在网上，也可以在同一时间看到比尔修改后的新版本。等比尔到达目的地时，不仅行程已经安排妥当，而且已经和客户预先进行了交流，合同的谈判就会顺利得多。

接下来，比尔要在客户那儿做报告，这也非常简单。因为所有的文件都是存在云端，不存在兼容性问题，只要客户给他提供一个投影仪就行。如果他要演示某些大系统(比如一个虚拟现实系统)，并不需要带很多演示用的服务器，只要通过一个浏览器就可以调动在数据中心的多台服务器完成演示。

(2) 云计算保证用户可以使用云端的大量计算资源，包括 CPU 处理器和存储器(内存和磁盘)，而无须单独购置(图 11.9)。

图 11.9 云端资源满足各种变化的需求

美国宾夕法尼亚大学沃顿商学院研究员兼作家杰里米·里夫金(Jeremy Rifkin)认为,云是“接入时代”的自然结果,而且市场经济正在被网络经济所取代。在市场经济中,人们拥有并交易商品(服务);而在网络经济中,人们通过付费来接入商品(服务)。如果可以随时随地接入(租用)某种物品,为何劳神去拥有它呢?例如,人们并不想拥有钻机,而是想得到钻机钻出的孔;人们并不想拥有音乐 CD,而是想欣赏到 CD 所存储的音乐内容。

在我们的现实生活中,需求的变化和不可预测性往往会导致出现供应量难题,即以固定的供应量进行需求部署常常导致客户满意度不高。比如一家餐厅,如果按照最火爆时间的人数来提供座位(比如除夕夜有上千人打算来就餐),将在平时导致大量的资源浪费(营业面积和服务人员),因为普通工作日的晚餐时段可能只有二三百人来吃饭。但如果仅仅按照平均值来供应(比如 300 个座位),真的来了最火爆的峰值需求(上千人),餐厅又没有足够的资源去满足,客户只能被迫排队等待,这又会对客户体验产生非常消极的影响。而且这种影响是非线性的,即很短的等待无所谓,能够被接受;但几分钟之后,客户会感觉等待的时间远远超过实际等待时间,一刻钟时间会像一个小时。

IT 公司更是这样,比如游戏公司或者电子商务公司,他们的用户需求峰值往往事后才能获知,而且谁也无法保证下一个峰值不会比前一个峰值还大。网络用户的忍耐度也更低,几秒的时间仿佛等待数日。用户在等待片刻之后就会转移到其他网站去了,更要命的是那往往是竞争对手的网站。所以在需求变化的环境中,为了保证信息服务的流畅,很多 IT 公司服务器的峰值计算能力都是其平均值的 3～10 倍。这就造成了日常的资源浪费(服务器使用率不高),极大地提升了运营成本。目前,美国很多位列财富 500 强的公司,比如美国第二大百货连锁商店塔吉特,其网站和电子商务都是由亚马逊托管的。同时,很多跨国公司的电子邮件和文档系统都是由谷歌提供的。我国的大部分小型创业公司也不再搭建自己的后台服务系统,而是使用阿里云的服务。

一些主要的电子商务公司进行过相关实验,得出了“在服务网页中几百毫秒的延迟可能导致收入降低 20%”这一结论。

对于个人或没有计算资源的单位来讲,云计算可以让他们完成以前根本完成不了的任务,尤其是大数据处理这一领域的问题。比如说,在过去寻找失踪儿童,亲属们得走遍全国张贴寻人启事,去各地的公安部门和妇联组织请求帮助。但人力有限,总有到不了的地方,而且一来一去,耗时很长,线索容易失效。现在有了云计算,各个相关政府部门和民间组织就可以及时地把每个失踪儿童的资料以及人贩落网后获救孩子的信息(成千上万份的文字、音频、图像材料)上传到云端,利用网络上多个数据中心的闲置计算机进行比对计算，找到的线索又快又多。而《纽约时报》打算将1851—1980年间的报纸转换为PDF文件，供用户在网上检索。利用云计算，在不到24小时的时间内处理了1100万份文件，花费不到1000美元。同样，《华盛顿邮报》用9小时处理了17 481页希拉里作为第一夫人的日程表，成本仅为144.62美元。

云的五大特点

在《云端时代》一书中，乔·韦曼(Joe Weinman)用帮助记忆的符号C.L.O.U.D.来定义云，以反映云的5个显著特点：

- C指公共基础设施(Common infrastructure)。
- L指位置独立性(Location independence)。
- O指可在线访问(Online accessibility)。
- U指按效用定价(Utility pricing)。
- D指按需提供资源(on Demand resources)。

云是公共的，它使用动态的资源池和共享的基础设施；云是位置独立的，其服务无处不在，反应迅捷；云是在线的，可以通过网络访问；云是有效用的，可以创造价值并按使用量收费；云是按需提供的，即按照需求提供适量的资源。

从这些特点就可以看出，云的思想来源于人类社会中已有的事物。无论是连锁酒店、出租车公司、电力公司还是航空公司和银行，都有云的影子。连锁酒店提供"实用性""按用量收费"或"按使用情况收费"，即住更多的房间或住更长的时间需要花更多的钱。电力公司和出租车公司提供"按需服务"，按一个开关或举起你的手，就会立刻获得服务。各大银行都开通了"网上银行"，提供24小时的在线金融服务，而且无论在哪个银行网点，位置都不会成为影响用户体验的因素。

11.3 云计算的实现

详细内容见本章的开篇和11.1节。

云计算并不是横空出世的，且不说早期思想的提出和产业先驱的探索，仅从20世纪末到21世纪初的十几年间，在科研领域中就先后发展出了"网格计算""效用计算""软件即服务""随需应变的计算"等多个概念。如图11.10所示，云计算可以看作是这些概念的混合演进和商业实现。当然，云计算真正地实现和普及还要经过技术、工程和法律的多道关卡，还涉及用户在经济上的考量，其中问题的复杂和过程的艰辛可想而知。

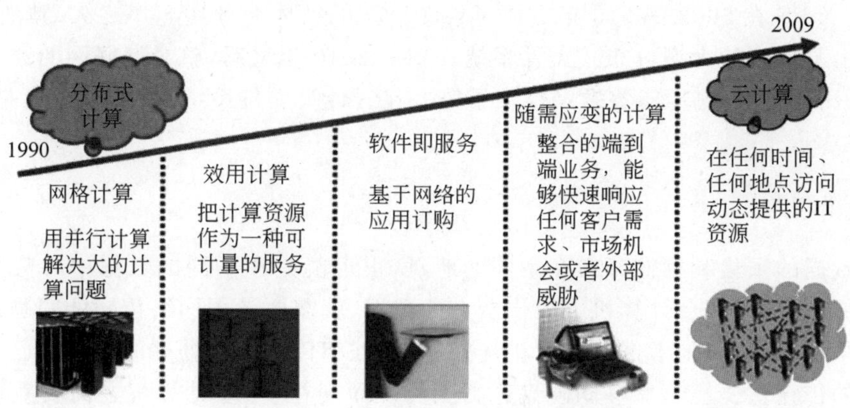

图 11.10　云计算的演进过程

11.3.1　核心技术问题

决定云计算能否真正"落地"的关键技术不止一项，包括了数据存储、网络传输、资源管理和信息安全这几个大的领域，内容几乎涵盖了本书前半部分的所有章节。下面简单地列举一些技术。

1. 数据存储

在 5.3.2 节中，我们介绍了数据主要分为结构化数据、非结构化数据和半结构化数据 3 种类型。结构化数据把每一条记录都分为多个属性来存储，例如每一条学生记录中的"学号""姓名""专业""班级"等，这样一来就非常有利于计算机的直接处理。但是如果数据的规模太大，一台计算机上的存储空间不够用，就需要进行分布式存储。针对此类应用，谷歌公司提出并实现了大型结构化数据存储系统 BigTable。其设计目的是快速且可靠地处理千万亿字节(PB)这一级别的数据，并且能够部署到上千台计算机上。BigTable 已经在 60 多个谷歌产品和项目上得到了应用，包括 Google Analytics、Google Finance、Orkut、Personalized Search、Writely 和 Google Earth。

半结构化数据就像网页一样，虽然整体有一点结构，比如"标题""正文""插入广告"等，但是"正文"中是没有什么结构的。

对于海量非结构化数据的存储，拉里·佩奇和谢尔盖·布林早在攻读博士的时候就提出了一种文件系统，谷歌公司成立后由工程师们落实成了产品 GFS(Google File System)。GFS 处理的大文件，其"尺寸"超出了人们的想象，比如整个互联网网页的索引就可以是一个文件，单单存储它就需要千万亿字节(PB)的空间。何况，这样的大文件在互联网上多得是，每时每刻还都在产生，在多台计算机上进行分布式存储也就成为必然。但对用户来讲，所有的操作还要和在一台计算机上操作文件一样简单方便，这就很考验技

为了保证数据的可靠性，GFS 上的每份数据还要有 3 个备份。

术水平了。GFS 在 2002—2010 年支撑了谷歌公司的整体业务达 8 年之久，其他 IT 公司也先后推出了自己的大型分布式文件系统。到了 2010 年之后，整个互联网的数据规模已经大到 GFS 也无法支持了，谷歌又推出了第二代云计算文件系统 CFS，其规模是 GFS 的 1000 倍。

2. 网络传输

由于数据的采集和存储分布在不同的地点，很可能是在不同的数据中心甚至不同的设备上，要想在任意一台计算机上操作所有的数据，就需要考虑网络传输的问题。在互联网发展的早期，人们只是考虑让计算机连接起来，互相传递信息处理的结果而已。大规模原始数据的传输主要还是靠移动硬盘这类工具。而现在，不仅计算机之间要直接传递大量数据，还要从所有的智能终端上收集原始数据，最终要让整个网络上的所有电子设备协同计算，但让用户感觉像使用一台计算机一样。

随着移动互联网的兴起，网络传输速度的增长可以说是一日千里，其便捷性也让云计算更加普及。相比 10 年前第二代移动通信系统 GSM（全球移动通信系统）只有不超过 100KB/s 的数据传输率，今天 4G（第四代移动通信技术）网络的有效数据传输率达到 2MB/s～10MB/s，增长了几十倍到上百倍。同时，WiFi 在全球主要城市的覆盖率已经非常高了，蓝牙也成为很多电子设备的标准配置，这些条件都会促使人们利用云计算随时随地地采集和处理数据。

3. 资源管理

解决了大数据的存储和传输问题之后，如何把一个非常大的计算问题自动分解到许多计算能力不是很强大的计算机上，一起协作完成呢？针对这个问题，谷歌公司给出的解决工具是一个叫 MapReduce 的程序，其基本原理就是计算机科学中常见的“分治算法”。如图 11.11 所示，将一个大任务拆分成小的子任务，并且完成子任务的计算，这个过程叫作 Map；将中间结果合并成最终结果，这个过程叫作 Reduce。这种思想在生产和生活中早已有之，就是将复杂的大问题分成很多简单的小问题进行解决，然后再把小问题的解合并成原来问题的解。当然，如何拆分、求解、合并是很有技术含量的，实现的好坏将直接影响到云计算的效率，很容易差出一两倍。而有了 MapReduce 工具，所有的计算机调度工作都是自动完成的，这就进一步降低了云计算的难度。

> 雅虎公司也开发了一个叫 Hadoop 的工具，由于是开源的，被很多公司所采用。但 Hadoop 在设计之初就有硬伤，主要是存储和运算功能混在一起，影响了其扩展性和资源管理的灵活性。

为了让使用者觉得远程使用云计算的资源就如同使用自家的计算机一样，谷歌公司开发了一种重要的资源管理工具 Borg。其作用是把这个云端（可以跨几个数据中心）的服务器资源作为整体完全保存，然后根据用户的需求动态分配这些资源。比如，某个电子商务公司估算其业务需要购买 8 核处理器、32GB 内存的服务器共计 125 台，现在它只要

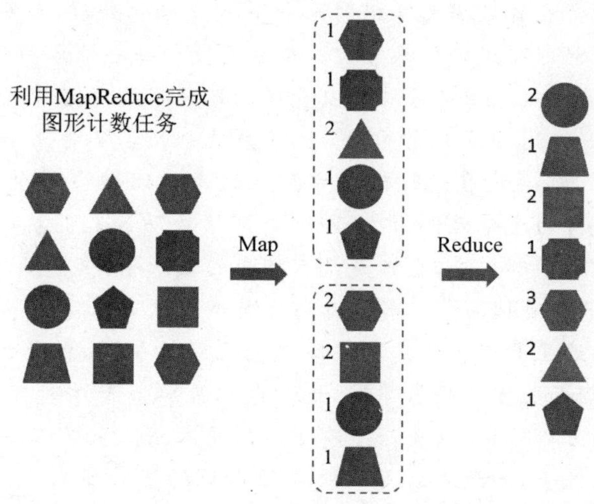

图 11.11　MapReduce 基本原理示意图

向云服务提供商申请 1000 个 CPU 的计算量和 4TB 的存储空间，至于用的是哪些服务器上的 CPU 和内存，用户不需要关心，这些都是由 Borg 来分配的。

4. 信息安全

信息安全技术也是云计算能否真正实现的一个关键问题。李开复打过一个很好的比方：现在单机版的 WinTel 模式相当于把钱放在家里，如果你的计算机上装有安全系统（比如杀毒软件、防火墙之类的），则相当于把钱锁到保险箱里。这不一定安全（保险箱也会被偷走），而且携带很不方便。云计算相当于把钱存在银行里，你随时随地刷卡消费即可，并不用考虑这些钱对应的现金存放在哪里、是否安全。

在云计算的模式里，终端用户所需的数据和应用程序不需要存储和运行在本地个人计算机上，都是存储和运行在云端，由云端数据中心的专业技术人员来管理、维护并提供安全保障。让专门的企业、专业的团队来做信息安全这类复杂精深的事务，要比让每个人都熟练掌握这些技能靠谱得多。随着云计算的不断发展和完善，将来最安全的做法就是，在客户端除了浏览器，其他和上网有关的客户端软件都少装，即使是所谓的杀毒软件。

为什么本地存储不安全？

有点信息安全常识的人都知道要尽量将敏感信息放到不同的地方，以免多种敏感数据同时丢失。但是这件事情执行起来并不容易，因为如果一项安全措施导致操作麻烦，很多人就会不遵守。比如在很多公司里，操作人员为了方便，通常习惯把分开存放的数据又复制到同一个地方一起处理，原先出于信息安全考虑所做的设计就形同虚设。通常人们在方便性和安全性方面会优先考虑方便性，这是人的天性使然。但在云端可以直接进行分布式存储，而且这一过程对用户来说是透明的(使用者没有觉察)，如此一来就兼顾了安全性和方便性。

大多数计算机之所以没有受到专业黑客的攻击，是因为计算机里不存放较高商业价值的信息，这就不会引起专业黑客的兴趣。

虽然现在的PC系统在设计时对安全性的考虑比过去周全了许多，但对专业级的黑客入侵行为还是无能为力，即使有网络攻防经验的技术人员也常常中招。这不是防火墙不够先进，也不是没有相应的技术手段，更多的是人为失误造成的。比如2013年美国百货连锁商店塔吉特遭受黑客入侵的事件(这次数据丢失造成的损失高达1.6亿美元)，其实防火墙已经报警了，但是由于报警频率太高，操作人员嫌烦而关闭了报警系统，这才惹出大祸。有些时候，人的安全防范意识要比想象的差得多，很需要一个有组织的技术团队来保障，更需要一套完整的机制和纪律来约束，而这些就是云服务提供商的优势所在——针对性的安全服务，专业化的技术支持。

11.3.2 全社会的关注

云计算和某类特定领域的IT技术不一样，是一个非常复杂的系统工程。它的普及首先离不开大型数据中心的建设和全球高速光线主干网的铺设，这往往被称为“全球基础架构”(谷歌公司的定义)。其中涉及很多看似和IT无关的领域，比如能源(主要是电力)问题，毕竟大型数据中心消耗的能源和普通机房不可同日而语，每平方米消耗的电能就是普通办公室的10倍以上。再比如制冷技术，云计算服务器能否高效运行，整个数据中心能否正常工作，很大程度上取决于制冷系统的稳定发挥。

类似“全球基础架构”这类工程的设计和实施情况会导致运营成本上的天差地别。可以想象，只有用户可以随时随地取到钱，大家才会用银行卡而不是随身携带现金；只有手机在任何地方都能信号正常，移动通信业务才能彻底取代市话业务；同样，只有用户能够非常方便流畅地上网，才会把数据和软件从硬盘转移到云端。近些年，我国政府投入了大量精力解决互联网的入口问题，同时在全社会积极推进“互联网+”行动。所以我国在云计算领域后发制人，尤其是在移动支付方面，遥遥领先于美国、日本这些发达国家(图11.12)。

根据Forrester Research的数据，2016年中国移动支付市场已经达到5.5万亿美元。美国的移动支付市场远远小于中国，规模为1120亿美元。

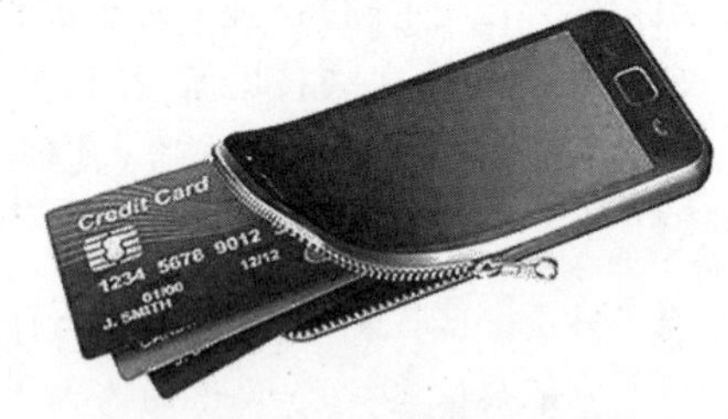

图11.12 方便快捷的移动支付

要使云计算得到充分的发展，需要全世界IT产业的认可，这绝不是单凭某一家大公司的力量就可以做到的。在全球信息化的今天，最好的发展模式莫过于构建开放的开发环境和工具（例如雅虎的 Hadoop 和谷歌的安卓）。云计算的服务提供商要遵循统一、开放的标准，并为下家提供开放的服务，才能促进整个产业链的发展。在这方面，可以借鉴以前 UNIX 和 Windows 等计算机操作系统的经验，毕竟操作系统就是一个硬件制造商和软件开发商都遵守的平台。对此，我国工信部（主要是软件司）也早有打算，一直在致力于统一中国云计算的标准，增强在云计算领域的话语权。

当然，普及云计算还必须有相应的政策和法规的配合。由于互联网上商机巨大，世界各国都出现了一些公司为了自身利益，通过技术手段做危害用户信息安全和损害其他公司利益的事情。对于来自外部的攻击（比如网络欺诈、钓鱼网站、木马病毒），目前的法律法规都给予了足够的重视。但是对于来自内部的威胁，我们却反应迟缓。比如近几年“3·15”晚会曝光的部分快递公司以及电信公司员工私自倒卖用户个人信息事件，这让人们很难对服务行业建立起信任。更何况，云计算是将软件和数据完全托管给服务商，这对于大部分个人、公司和组织而言，都是承担了巨大的风险和怀有深深的隐忧的。所以，如何及时推出配套的政策和法规，如何对云服务的提供商进行有效监督，一直是很有挑战性的问题，也非常需要全社会的关注。

11.3.3　经济上的考量

11.2.2 节中提到由于“规模经济”效应，默认云会以低于企业 DIY 的单位成本提供各种资源和服务；但在实际操作中，云的单位售价很有可能高于企业 DIY 的单位成本（图 11.13）。这是由于在计算云的单位成本时，只是用“生产总成本”除以“产出量”，并没有考虑需求的特性。比如在制造业，如果货物没有卖出，就会进入仓库，将产生库存持有成本，这包括仓库空间的成本、搬运货物的劳动力成本、仓储管理成本以及对货物损坏投入的保险成本等。最后，客户购买单位产品所支付的费用＝单位生产成本＋库存成本＋附加成本（包括销售、管理、利润、融资等的成本）。

图 11.13　成本考量也是实施云计算的关键

DIY 是 Do It Yourself 的缩写。最初兴起于电脑组装，逐渐演化为一种流行生活方式。简单来说，DIY 就是自己动手制作，没有专业资质的限制。

所以，在商业中不能仅仅关心生产的单位成本，还必须考虑需求变化带来的影响，因为实际需求不可能完全与产出匹配。在制造业中，交付成本一方面基于生产成本，另一方面基于库存成本。而在服务业中，交付成本部分基于运营成本，部分基于那些未用能力的成本。不幸的是，服务业中那些未用能力没有办法像制造业中那样得到“缓冲”。智能手机这种产品生产多了没有卖出去，可以存放到库房中，直到有客户下单购买。但航空公司如果没能卖掉这次航班上的座位，这些富余的“座位”就不可能保存在仓库中等待以后供不应求的时候再卖。

通过以上分析可以看出来，云服务提供商在确定某一单位计算能力的价格时，不能仅仅考虑该单位成本本身，而是必须大于这个成本。而且单位售价不仅要覆盖所售出的计算能力的成本，也要覆盖未售出的计算能力的成本以及附加成本(包括销售、管理、利润、融资等的成本)。所以实际情况显然分为两类，在相同条件下，如果云更为划算，企业的最佳财务决策将会是采用云；但是如果云的单位售价高于企业 DIY 的单位成本，那会怎么样呢？与人们直觉相反的是，企业很可能还会采用云，而且仍然能降低总的成本。

这是因为企业 DIY 的总成本中也包含两个主要因素——使用成本和闲置成本。拿一辆小汽车举例，你可以以每天 20 元的价格购买自备，也可以去汽车租赁公司以每天 50 元的价格租赁。假设你每个月有 6 天需要用车，30 天之后，“看似便宜”的自备汽车成本达到了 20×30=600 元，而“看似较贵”的租车成本却只有 50×6=300 元。综合考量之后可以发现，节省成本的方式并不是一直不停地花费较少额度，而是少数时间花费较多，但大部分时间花费为零。所以，云计算的经济价值不在于你为一组特定的资源或服务而付出的资金，而是当你不使用它们时不用承担任何费用！

所以，具体问题要具体分析，毕竟每个企业面对的情况都不一样。在《云端时代》一书中，乔·韦曼(Joe Weinman)建议通过一些标准来确定企业的 IT 策略，尤其是云比企业 DIY 贵的时候，把固定费率的专用资源和按用量付费的云资源进行混合(混合云)，这种解决方案是成本最优的。其主要思想就是：区分实际需求中的固定部分和可变部分，对于固定需求部分企业进行 DIY，对于可变需求部分通过云来解决。比如一个四口之家每天可能需要 1～4 辆车(假设车型没有区别)：周一、周二都是 2 辆，周三、周四需要 3 辆，周五需要 4 辆，周六、周日只需要 1 辆。可以看出，这个家庭对第一辆车的需求是固定不变的，应该自己拥有。不过，需要第四辆车的情况并不常见，最好采用租赁方式。而对于第二和第三辆车，则需要更加复杂的计算和分析了。

详细分析请参见乔·韦曼的《云端时代》一书 4.3 节“混合云”。

11.4 云计算的应用

像自来水管道供水、电力网输电一样，云把“计算”从有形的产品变成了无形的服务。而计算能力一旦成为一种可以传送的服务，就开始彰显其巨大的威力，不仅促进了人工智能的飞跃，引发了信息产业的重新布局，而且对人类的生产、生活产生了全方位的影响。

11.4.1　人工智能的飞速发展

如果把人工智能技术比作人类的大脑，那么从它一诞生开始就有两个显著的缺陷：一是能够获取的数据量太少，无法进行更全面的机器学习，即“见识不足”；二是缺乏强大的计算能力，限制了解决问题的复杂程度，即“智商太低”。随着移动互联网和物联网的发展，产生了大数据，于是第一个问题迎刃而解。随着云计算的出现，随时可调用云端的庞大资源，这让机器变得越来越“聪明”，第二个瓶颈也烟消云散。于是近几年，人工智能终于迎来了飞速发展的好时光。

在第 8 章中提到过 2011 年计算机“沃森”在美国最受欢迎的智力竞猜电视节目《危险边缘》中夺冠的事情(图 11.14)。仔细想一想，这背后的计算量如此之大，显然需要一个很成规模的“私有云”。据有关资料记载，“沃森”搭载了 IBM 的 DeepQA 软件，它拥有一套“基于概率化证据的大规模并行架构”，可以并行运行数千个 IBM POWER7 处理器，每秒进行 800 万亿次运算，同步执行 100 个回答问题的任务。如此一来，才将《危险边缘》节目上回答问题所需时间缩短到几秒，而之前使用单机(单核)处理的时候，则需要两个小时的时间。

图 11.14　沃森在《危险边缘》中夺冠

2016 年以来，谷歌公司研发的围棋计算机程序 AlphaGo(阿尔法狗)先后在各种场合挑战围棋领域的顶级高手，无论是世界冠军李世石，还是排名世界第一的柯洁，全都纷纷落败(图 11.15)。根据各方面的研究来看，AlphaGo 不是自己思考出某种下法，而是学习了人类高手的千万盘棋局(这就是大数据)。它记录了每个棋局中的每个局面，把上百万个局面当作输入进行训练，通过一个多层神经网络来预测人类高手会走出的下一着。这就像一个围棋的高手，通过当前的态势就可以看出后面各种棋着的胜负概率，凭借的就是对弈的多年经验和练习过的众多棋局。

图 11.15 AlphaGo 大杀四方

GPU (Graphics Processing Unit，图形处理器)，又称显示核心、视觉处理器、显示芯片，是一种专门进行图形计算的微处理器。

而 AlphaGo 无论是在训练模型时还是在下棋时所采用的算法都是多年前已有的机器学习和博弈树搜索算法。那为什么以前的计算机没有在围棋上取得突破呢？主要还是受到了当时计算能力的限制。如今，谷歌公司所做的主要工作一方面就是让 CPU 芯片和 GPU 芯片联合起来，引入新硬件提升计算速度；另一方面就是动用上万台甚至上百万台服务器上一起运行这些已有的算法，使得计算机解决智能问题的能力有了本质的提高；此外，还让不同版本的 AlphaGo 相互搏杀了上千万盘，通过高密集度的训练让它做到"算无遗策"。可以说，对于 AlphaGo 的获胜，云计算居功至伟。

自动驾驶汽车又称无人驾驶汽车、电脑驾驶汽车或轮式移动机器人，是一种通过电脑系统实现无人驾驶的智能汽车。

自动驾驶汽车可以说是近几年来最为引人注目的科技前沿项目了(图 11.16)。无论是谷歌、苹果、百度这些 IT 巨头还是宝马、通用、特斯拉这些知名车企，都耗费巨资、倾注

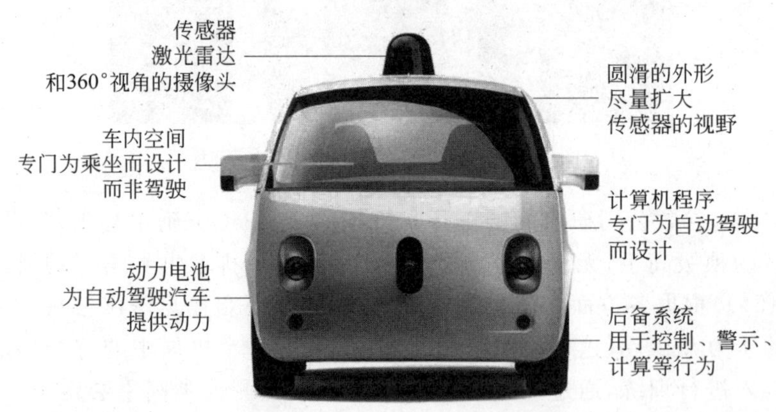

图 11.16 自动驾驶汽车结构

相关的各种报道通常都会忽略一个事实，那就是谷歌自动驾驶汽车只能去谷歌街景车"扫过街"的地方。

心血进行这方面的研究。人们很容易从它身上看到物联网的设备，发现大数据的思想，但很难察觉其背后还有云计算的支撑。下面，我们就以谷歌自动驾驶汽车为例，分析一下云计算是如何与物联网、大数据结合起来创造奇迹的。

首先，谷歌自动驾驶汽车采用了当时最好的信息采集技术，其车体上装有十多个传感器（从激光雷达到高速摄像机，再到红外传感器等），每秒进行几十次的各种扫描，这一方面超过了人所能做到的“眼观六路、耳听八方”，同时大量的数据要在短时间内处理完，计算的压力是非常大的。因此谷歌的自动驾驶汽车是通过移动互联网与云端的超级数据中心相连的，虽然它本身携带的计算机不过是一台简单的服务器，但是整体的数据量和计算能力要远远超出过去其他公司和大学那些自动驾驶汽车上所携带的计算机。

其次，谷歌自动驾驶汽车项目其实是它已经成熟的街景项目的延伸。加上谷歌公司本来就拥有最好的全球地图数据（Google Earth），所以它收集到的信息非常完备，比如周围的各种目标的形状、大小、颜色，每条街道的宽窄、限速，不同时间的交通情况、人流密度等。这些信息都在云端事先处理好了，并保存在超级数据中心，以备未来使用。因此，自动驾驶汽车每到一处，对周围的环境都是非常了解的，它可以迅速把这些数据从云端调出来作为参考，而不是现场识别目标，临时做出判断。

谷歌公司在数据收集和大规模计算上的优势是各个高校和研究所并不具备的。即使是全球著名的汽车公司，包括丰田、大众和通用，也不具备如此多的数据和服务器。因此，它们虽然在自动驾驶汽车研制方面早起步几十年，但是很快就被谷歌超越。国内也是如此，IT 巨头百度公司在无人车上的研究进度也不是那些传统汽车生产商所能相比的。

11.4.2 信息产业的重新布局

在 4.3 节中提到，自 20 世纪 80 年代后期直至 2012 年，整个 IT 产业的发展（从营业额上看）是以 WinTel 为主线，以互联网为辅线。在这 20 多年间，还没有什么力量能动摇微软和英特尔在 IT 领域的主导地位，最挣钱的业务被它们靠垄断牢牢把握着，其他公司只能作为它们的下游，在竞争激烈的环境里勉强生存。对用户来讲，大家也没有选择。如果不采用英特尔的 CPU 和微软的操作系统，几乎没有太多的应用软件可以使用，而且和其他人的计算机也无法兼容。随着云计算这股浪潮的涌现，WinTel 体系不需要外力作用就已经摇摇欲坠了。

1. 对软件产业的颠覆

首当其冲的变化是 PC 上的操作系统变得不再那么重要了。在 WinTel 时代，用户的大多数操作都是在单机上，使用的也主要是客户端软件，因此操作系统的重要性毋庸置疑。所以，任何一个应用软件开发商首先要考虑的是选择用户数最多的操作系统，否则它的应用软件就会没人安装使用。云计算普及之后，所有的应用都在云端的服务器上，终端的类型可以根据使用者的喜好选择，无须为兼容问题发愁。举个例子，在PC、苹果Mac、智能手机和平板电脑上，我们收发邮件、阅读文档、玩游戏的体验基本上都差不多。

在操作系统逐渐式微的同时，浏览器的重要性日益凸显。由于所有的用户终端都要和云端的服务器通信，而采用B/S(Browser/Server)方式无须针对每一种服务安装专门的客户端程序，所以浏览器就成为用户的首选工具。目前，越来越多的通信软件、游戏软件、办公软件都发布了网页版。将来，最极端的情况很可能就是用户的计算机上除了操作系统(任意一款都行)外，只安装浏览器和插件，并没有其他应用软件。这带来的后果就是，谁控制了浏览器，谁就控制了终端用户。在全球范围内，谷歌Chrome已经超过了微软IE的市场份额。在国内，360浏览器也在和IE争得你死我活。而聚焦到智能手机领域，各种浏览器之间的竞争非常激烈，如图11.17所示。而缺少了Windows系统的捆绑效应的IE早已不在第一梯队之中了。

微软的手机操作系统Windows Phone及其后续系统Windows 10 Mobile市场占有率一直不高。

图11.17 手机浏览器市场群雄逐鹿

2. 对硬件产业的颠覆

随着云计算的发展，越来越多的计算处理工作会从本地客户端回到服务器端。有了云端的超级数据中心，智能终端更需要能耗低、移动性高的硬件配置。当前一些可上网的终端——几乎所有的智能手机、平板电脑以及部分上网本——采用的都不是英特尔的CPU，而是基于ARM的CPU。后者更加省电和高效，当然，执行功能的种类要少于前者。于是，采用ARM技术为移动设备提供芯片的高通公司已经超过了英特尔，成为全球市值最大的半导体公司。

ARM实际上是一个对外公开的设计，任何半导体公司都可以购买它的CPU设计，来制造自己的芯片。

由于电子设备的便携性越来越突出，一个体积大、怕颠簸、耗电多的传统硬盘就显得不合适了。基于闪存的固态硬盘(Solid State Drive，SSD)一经推出，就以其重量较小、移动性强、能适应各种环境的优点得到了广大用户的青睐，虽然它现在的价格还是有些高，但市场前景非常广阔。目前,生产固态硬盘的公司正在飞速发展,而传统硬盘的市场却在不断萎缩。也许用不了几年,传统硬盘将会像当年的软盘一样从我们的身边消失。

你所不知道的 ARM

总部位于英国剑桥的 ARM(Advanced RISC Machines)公司是全球领先的半导体知识产权(IP)提供商,它设计了大量高性价比、低耗能的 RISC 处理器、相关技术及软件。从移动智能终端起步到现在,ARM 一直处于这个芯片市场的领导地位。据统计,包括高通、三星、联发科等在内的全球 1300 多家移动芯片制造商都采用了 ARM 的架构,搭载 ARM 芯片架构的设备数量约是英特尔的 25 倍。全世界 90%以上的智能手机和平板电脑采用 ARM 架构的处理器,超过 70%的智能电视也在使用 ARM 架构的处理器。

与这种局面极不相称的是,ARM 公司的营收可以用少得可怜来形容。平均每卖出一款采用 ARM 架构处理器的智能手机,该公司只能得到 1 美分,而英特尔的芯片单位收益却高达数十至数百美元不等。究其原因,主要是由于二者的商业模式完全不同,英特尔是自己研发、制造芯片并销售,而 ARM 公司则是把技术授权给其他半导体制造商,从中收取少量的授权费。在这种商业模式下,基本上全球所有的半导体公司都与 ARM 公司达成协议,采用 ARM 的芯片架构与技术,把重心放在生产与销售上。而 ARM 公司则把收取的授权费再继续投入到研发中,以此反复,不遗余力地打造一个庞大而多样的生态系统。

所有的 iPhone 和 iPad 都使用 ARM 的芯片,多数 Kindle 电子阅读器和 Android 设备也都采用这一架构。

3. 对计算产业的颠覆

随着云计算越来越深入人们生产、生活的各个角落,PC 尤其是台式机的销量急剧下降,而各种可以上网的智能终端销量在大幅上升。如果我们向前追溯十来年,就会发现乔布斯似乎早就意识到了这个趋势,苹果公司产品线的不断调整变化就是印证。乔布斯在 20 世纪末重回苹果公司之后发现:台式机虽然提供了满足个人需求的计算和存储性能,但体型比较笨重,且大部分用户仅仅使用了其一部分功能,这个市场将会萎缩。于是苹果公司开始大力开发便携、时尚的终端,从 iPod、MacBook Air 超薄笔记本、iPhone 到 iPad 都是这个思路。其他 PC 厂家,包括戴尔、惠普和联想等也都在开发和销售基于安卓(Android)的智能手机和平板电脑。

在 2012 年,仅仅智能手机的销量就高达 9.1 亿部,远远超过了 PC 的 3.5 亿台。

2012 年之后,在 IT 行业出现了一个很时髦的名词——可穿戴式设备。比如苹果公司和谷歌公司率先开发的智能手表,其实就是一种比手机更小的计算机。虽然它们叫手表,但是主要功能并不是看时间,而是不断测定身体的各种数据并通过云计算分析这些数据,最终达到改善生活的目的。例如,通过记录人的生理指标(心跳、血压、血氧量、运动量等),不仅让每个人了解自己的身体状况,同时也会提示使用者按照更加合理的方式安排工作和生活。这些用户数据传上云端,还可以帮助医生做出更加准确的诊断。谷歌公司曾经推出的Google眼镜也是如此,作为一个连接云端的计算机,它不仅具有大部分智能设备的常用功能,而且更加便捷轻巧。

不难看出,云计算引起了一个产业链的式微和另一个产业链的兴起,也就是说整个信息产业需要重新布局。那么云计算带动的这个市场规模有多大?虽然没有人给出精确的答案,但是据估算,至少是一个每年超过千亿美元甚至可达万亿美元的市场。国内外的各个IT巨头都在积极应战和主动转型,力争在这波浪潮中拔得头筹。在这一转变中,动作慢、效率低的公司将被淘汰。

11.4.3 生产生活的全面影响

在第1章中就说过,信息技术的产生和发展是伴随着人类信息活动的变革而来的。而且某项信息技术一旦符合人们的需求,就会将它的触角伸向社会生活的每一个角落,使这些角落甚至和它们相关的领域都会发生改变。云计算更是如此,它“无处不有”“无时不在”乃至“无所不能”的表现,让人类的生产、生活对它的依赖越来越强,我们的很多生产流程、协作方式和固有观念都在不知不觉中被颠覆。

提到汽车工业,就绕不开美国的福特汽车公司。1908年,该公司生产出了世界上第一辆属于普通百姓的汽车——T型车,世界汽车工业革命就此开始。1913年,公司又开发出汽车行业中的第一条流水线,这一创举使T型车到停产前一共销售了1500万辆,缔造了一个至今仍未被打破的记录。公司的创始人亨利·福特因此被尊称“为世界装上轮子”的人。

亨利·福特(Henry Ford),美国汽车工程师与企业家,福特汽车公司的创立者。美国学者麦克·哈特所著的《影响人类历史进程的100名人排行榜》一书中,他是唯一上榜的企业家。

当年,福特公司的生产基地就是位于底特律的鲁日汽车城,占地面积相当于269个足球场。每个月只是为了93座工业建筑的清洁工作,就得用掉3500个拖把头。为了保障8万多名技术工人的生产、生活,这里还设置了多套消防系统、设备齐全的医院、自己的建筑公司以及一支3000多人的内部治安队伍。

我国在20世纪末的时候,众多大型企业还在效仿福特公司的这种模式,并称之为“工厂办社会”。把资源尽可能集中在一个狭小的范围内进行高效的生产,在物流不通畅、通信不方便、合作技术手段匮乏的工业时代,这是必然的选择。要知道,仅仅组装一个发动机的环节就被福特公司分解成了86道工序。正是这种大规模流水线作业的高效性,让福特公司每隔49s就能下线一辆汽车,就像生产火柴和曲别针一样。

而在同一时代的欧洲,汽车依然还是一种精雕细琢的手工奢侈品。

信息时代的企业已经不是这个样子了,互联网、云计算的普及让它们从集中再次分散。比如波音这个世界闻名的“空中帝国”早已转变战略,放弃了非核心资产,通过松散的价值创造网络进行全球性的协作。就拿波音787的制造来说(图11.18),有来自6个不同国家的 100 多家供应商参与了研发制造，其中，仅中国的沈飞集团就有多达 400 名工程师参与其中。网络的蔓延不仅让地理上远隔天涯的公司近在咫尺，还让更多航空爱好者也提供了自己的想法和创意。在这个过程中，与其说波音公司是一个制造商，不如说是个集成者——这不仅仅是生产的外包，更是一种真正的网络化合作，或者称之为“云制造”。

外包指企业动态地配置自身和其他企业的功能和服务，并利用企业外部的资源为企业内部的生产和经营服务。

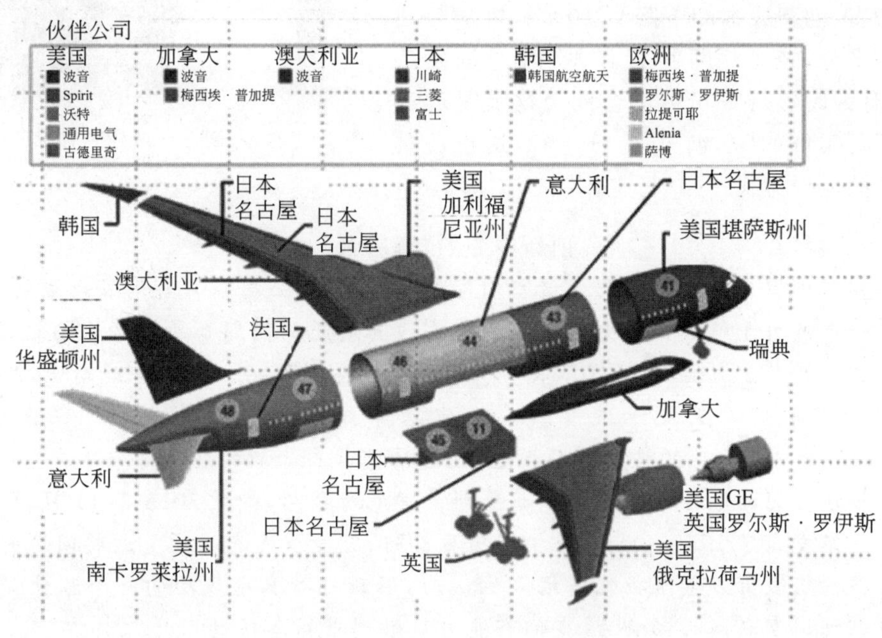

图 11.18　波音 787 的全球供应链

现在，在如此庞大的波音飞机制造工程中，超过 90% 的工作量是由遍布全球的合作伙伴们完成的。几百万个部件，按照统一的标准，踏着统一的步点，在预定的时间内陆续抵达西雅图，来到波音公司的总装线上。这是一条长得超乎经验和想象的流水线，更是工业制造的大趋势。

2004 年，宝洁公司有几个年轻人想在品客薯条上印制图案来刺激消费者的兴趣。这个提议很有商业前景，但是遇到了一个技术上的难题——怎么在印上图形的同时无损薯片的完整性？作为拥有 28 个技术中心、9000 多名科研人员、超过 29 000 项专利的大型日用消费品公司，宝洁迟迟找不到解决方案。一个偶然的机会，宝洁发现了一家名叫“创新中心”的网站，并把对技术的需求放了上去。随后，来自意大利博洛尼亚的一位大学教授刚好发明了一种墨汁，能够在蛋糕上打出可食用的花色图案，这正好解决了宝洁的问题。

众包指一个公司或机构把过去由员工执行的工作任务以自由自愿的形式外包给非特定的大众网络的做法。

图案薯片的风行天下颠覆了宝洁公司原有的理念，从此开始引入“众包”模式，将提供新技术、新产品、新包装和新工艺的机会通过网络开放给社会。仅仅两年之后，宝洁就上市了200多种新产品，研发能力提高了60%，创新成功率提高了两倍多，创新成本却下降了20%。宝洁公司借助网络平台，轻易地网罗了150万编外研发队伍，却没有为此签订一份劳动合同。这就是通过“众包”模式实现的“众创”(图11.19)，这也就是我们将来的工作方式——“云工作”。

图11.19 众创——云计算思维下的创新

创新中心的“解决者”

创新中心公司是美国马萨诸塞州郊外的一家“小公司”，只有十五六名员工，却是一个致力于解决世界尖端难题的机构。其超凡的问题解决能力来自近200多个国家的几十万会员，他们共同的名字叫“解决者”(solver)。与此对应的是，美国国家航空航天局和波音、杜邦、宝洁等知名跨国公司，这些“寻求者”(seeker)都把最头疼的技术问题抛过来，等待隐藏在云端的解决者来攻克。

据该公司的联合创始人阿尔菲厄斯·宾厄姆介绍，截至2013年11月，创新中心已经发布了1700～1800个挑战项目，每两天至少发布一次。这些问题的解决方案价值数百万甚至数亿美元。他认为，创新中心取得成功的一个秘诀是影响力，“利用互联网的影响力，我们有能力接触到世界各地的人才。30万只是一个固定的数字，是我们注册社区的成员，但是如果考虑我们的覆盖面，几乎可以接触到1200万个人才，让创新中心取得这样成就的正是这1200万个人才。”

云计算思想的影响范围绝不仅限于工业生产，在人类文明的领域里，它又从“众包”衍生出了“众智”的概念。在国外最经典的例子就是世界最大的知识分享网站——维基百科(Wikipedia)，在国内也有对应的模仿者——百度百科，它们都是在利用大众的智慧来推动人类文明的发展。相对而言，我们过去所熟知的《大不列颠百科全书》是聘请知识精英撰写和修改的权威读物，不仅耗时很长，而且内容有限，远远不能满足人们日常工作、生活的需求。

维基百科自2001年1月15日正式成立，由维基媒体基金会负责维持，其大部分页面都可以由任何人使用浏览器进行阅览和修改。这部用多种语言编成的网络百科全书是大众参与、开放创新、协同合作的生动诠释。截至2015年11月1日，维基百科条目数第一的英文维基百科已有500万个条目(最近的一版《不列颠百科全书》只有8万余条)。况且，全球所有 280 种语言的维基百科独立运作版本合计突破 4000 万个条目，总登记用户也超越 6900 万人，而总编辑次数更是超过 21 亿次(图 11.20)。

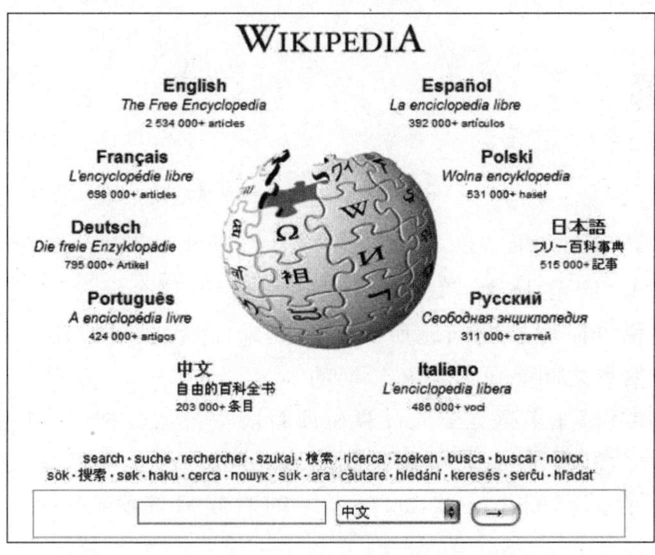

图 11.20　世界最大的知识分享网站——维基百科

“众包”蕴含了巨大的社会能量，在推动创新中施展就形成了“众创”，在知识形成中应用就出现了“众智”。说到底，“众包”“众创”和“众智”就是一种互联网的思维，就是一种云计算的思维，是一种大范围整合劳动力、技能和兴趣等资源的思维。现在，人们的工作、学习、生活也一样需要云计算所带来的团队协作方法和共享经济模式，正如非洲的一句格言所说：“如果你想走得快，你就一个人走；如果你想走得远，你就一起走！”

共享经济的出现

想象一下，一座城市里闲置的房间不再是无法套现的不动产，而是上万家可供随时入住的快捷酒店，那会是怎样的情形？每个人的私家车也都开动起来，在闲暇的时间里顺路捎带上其他人，那会是怎样的场景？

如今，曾经的想象都成为现实。用户可以在 Airbnb 的网站上发布、搜索度假房屋租赁信息并完成在线预订程序。而 Airbnb 的社区平台可以在 190 多个国家、65 000 个城市为旅行者提供数以百万计的独特入住选择，其中包括是公寓、别墅、城堡还是树屋。同样，为全球 70 多个国家的 400 余座城市的出行者提供方便用车的 Uber，自己也不需要拥有规模庞大的车队。数以万计的私家车的闲置时间都被它汇集起来，每年都能促成百万规模的订单生意，收入非常可观。

Airbnb 是 AirBed and Breakfast 的缩写，中文名爱彼迎。它是一家联系旅游人士和家有空房出租的房主的服务型网站，可以为用户提供多样的住宿信息。

随着互联网技术的发展和云计算思维的普及，由隔离导致的闲置物品或资产成为新资源，焕发出生机。一切曾经天然地被分配在个人名下的资源可能变成共享的商品，而做到物尽其用，这就是著名的“共享经济”。

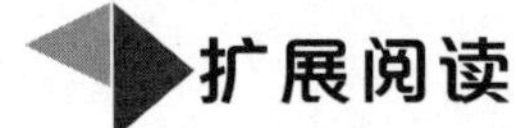

“并行”不是那么简单

这是爱因斯坦和他的老师赫尔曼·闵可夫斯基一起提出的，他们认为，在相对论的速度上，时间会变慢，所以空间和时间实际上有着内在的联系。

爱因斯坦提出：“空间和时间是构成一个实体的要素，即它们具有一定的时空关系，而不仅仅是两个毫不相干的概念。”科学家把“空间-时间”这个概念引入了计算机领域，认为问题的复杂性不仅可以用解决问题所需的时间来衡量，也可以用空间(比如硬盘和内存)来衡量，而且这两者之间是可以相互转换的。

我们都有一个常识，如果感觉个人计算机或智能手机运行程序太慢，往往是存储空间不够用，换上大内存就好多了，这就是用空间换取时间。反之，如果囊中羞涩，那就买个低配版的PC或手机，存储空间小一些，运行程序的时候只好耐心一些，这是用时间换取空间。

在这里，我们从广义上使用“空间-时间”的概念去阐述资源与时间之间的交易关系，也有着谚语“众人拾柴火焰高”的意思。具体而言，就是如果利用更多的处理器、内存来并行计算的话，往往处理时间可以大大缩短。正如前文所述，这是云计算的一个重要的思想来源。

比如你去一家大型图书馆查找某个不常用的短语，想知道它到底在这一百万本书的哪一本哪一页中。当然，这些书籍并没有数字化，只能通过人工浏览完成。这对于你一个人来说的确是一个非常耗时的过程。但是，如果有999个朋友愿意帮助你，每人分到1000本书，并行处理(假设每个人阅读速度一样)，消耗的时间就只是原来的千分之一了。

谷歌、百度等大型搜索引擎用来加快查询速度的处理方式与此类似。所有的网页都已经被搜索引擎预先“爬取”并索引寻址了，当你用关键字查询的时候，就是在多台计算机上并行匹配的。前面提到的MapReduce编程模型和Hadoop等开源工具，就是这些IT公司用来把相当一部分大型任务拆分成若干小任务在很多并行的服务器上运算的(不仅限于搜索任务)。

并行计算的出现给大型任务的完成带来了福音。但经过多年的发展，大家发现它并没有完全解决计算瓶颈的问题。在一般人的想象中，增加100倍数量的服务器并行计算应该可以同样成倍地节省时间，但是在工程实践中这是做不到的。

首先，任何一个问题总有一部分计算是无法并行的，这类计算占比越大，并行处理的效率越低。拿养育婴儿举例，布置婴儿房和采购婴儿用品都是可以高度并行化处理的任务，可以召集亲朋好友分工合作，各司其职。但是孕妇必须十月怀胎之后才能一朝分娩，这是一个典型的串行任务，人再多也没用。

在计算机科学中，通常用"可并行比例"来度量在一个任务中有多少是可以并行计算的，有多少是不能的。如果在一个任务中能够并行处理的比例越高，增加计算设备带来的实际增速越高。但是即便只有 5%的计算不能并行，根据实验证明，那么无论使用多少台服务器，实际的加速也不会超过 20 倍。

另一个影响并行计算效率的重要因素是无法保证每个小任务的计算规模是相同的。还是拿养育婴儿举例，如果进行简单的任务分解，粗分为孕妇待产、采购婴儿用品和布置婴儿房 3 个任务，用时显然不可能完全一样。如果把后两项任务进一步分解，产生的子任务也不可能用时相同。盲目增加人手，既无法缩短整个任务的时间，还会造成人力资源的浪费。

同样，如果把一个大型任务拆解为 1000 份，在 1000 台服务器上并行处理，这些小任务的计算量未必均衡，很可能其中一个是另外一个的几倍甚至十几倍。这样一来，并行计算的效率就大打折扣——完成自己计算任务的服务器需要等待个别尚未完成计算的服务器，最终的计算速度取决于最后完成的子任务。如果考虑到一些子任务需要重新计算，并行的效率还会进一步降低。因此，并行计算的时间是远远做不到和服务器数量成正比的。事实上，使用的计算资源越多，并行计算的效率反而越低。

很可能由于系统不稳定等原因而使计算出错。

节能省电各出奇招

在第 1 章提到了人体是一个复杂的信息系统，其中，负责信息处理的核心器官是大脑。它的重量虽然只占全身的 2%左右，消耗的能量却占到全身的 20%。比如，大脑每天消耗总氧气量的 20%，消耗肝脏储存血糖的 75%……在云计算产业中，那些昼夜运行的大型数据中心除了拥有层层叠叠的服务器之外，还需要各式各样的数据通信连接、环境控制设备、应急处理设备、安全监控装置以及制冷设施。它们就像大脑一样消耗了大量的能源，尤其是制冷设施(空调系统)，占到了数据中心总能耗的 40%左右。

根据《中国数据中心能耗现状白皮书》显示，2015 年我国数据中心整体能耗高达 1000 亿千瓦时，年耗电量超过全社会用电量的 1.5%。在美国，2013 年数据中心总用电量就达到了惊人的 910 亿千瓦时。而且按照当前趋势推算，至 2020 年美国数据中心年度用电总量将达到 1380 亿千瓦时，而实际能耗可能远远高于这一数字。高能耗不仅给企业带来了沉重负担，也造成了全社会能源的巨大浪费。为此，各大互联网公司各出奇招，努力给自己的数据中心节能减排。

微软公司一直探索如何在海底建设自给型数据中心，而且准备利用涡轮机或潮汐能源系统来发电，进而解决数据中心日益增长的能源需求。谈到让数据中心在数百英尺的海底运行的原因时，微软研究院的相关负责人特别强调了使用海底免费冷源为机房散热的可行性，这不仅有利于数据中心的稳定运行，而且还有着环保和经济方面的考量。

2008年，谷歌公司在芬兰的哈米纳(Hamina)买下了一座废弃的造纸厂厂房，斥资2亿欧元将其改造为自己的数据中心。这一方面是经济上的原因，毕竟当地电价相对美国本土来说比较低廉；另一方面则是由于芬兰地属高寒地带，天然的低温有利于数据中心设备的散热；此外，芬兰湾的冷水也是降温利器，谷歌成功地利用了纸厂原有的海水冷却系统，省电而且环保。据统计，谷歌的这个数据中心比其他数据中心节能约50%。

Facebook将美国本土之外最大的数据中心建立在位于瑞典北部城镇吕勒奥(Lulea)。吕勒奥位于波罗的海北岸，距离北极圈只有100km之遥，这里平均气温约为−20℃。即便是夏天最热的时候，气温也在12～20℃之间。巨大的风机将外部冷空气引入机房内，为成千上万台服务器物理降温。沿着附近的河流，Facebook建造了12台水力发电装置，为数据中心提供可再生能源，节能环保。按照扎克伯格的说法，吕勒奥数据中心的工作效率比传统数据中心高10%，能耗却低40%。

据BBC报道，世界上最大的数据中心将建在挪威小城巴朗恩，它位于北极圈内。负责该项目的是一家美国和挪威合资的企业，它和这个数据中心的名字一样，都叫科洛斯(Kolos)。科洛斯公司在网站上声称，当地的寒冷气候和水电资源将帮助数据中心削减60%的能源成本，“科洛斯数据中心山环水绕，形成了天然壕沟，能够抵御一切有形风险。”(图11.21)最近，欧盟和挪威政府还要在附近投资兴建多个大型水电站大坝，加上已有的几个风力发电站，因此，“这可能是欧洲发电成本最低的数据中心，其100%的用电量都来自可再生能源，并且处于世界上最稳定的电网之中。”

图11.21　来自附近峡湾的水有助于科洛斯数据中心降低温度

中国的阿里巴巴集团选择在河北省西北部的张北县建设它的云计算基地。据了解，张北风能和太阳能资源丰富，年风电光伏发电量达60亿千瓦时，能够为阿里数据中心提供源源不断的绿色电能。另外，数据中心可以充分利用张北气温低、空气清洁的优势，大面积采用自然风冷和自然水冷技术，尽可能用自然冷源为服务器降温，全年大约只有 15 天的时间需要开启传统压缩机空调。相关负责人表示："张北风力强劲，年平均气温不到 3℃，这就好比是一个天然散热场，预计仅数据中心的制冷能耗就可以降低 45%。"而且阿里数据中心采用了先进的智能控制系统，能够实时感知温度、湿度、空气质量等细微的环境变化，在多种制冷模式间无缝切换。

位于山西省阳泉市的百度云计算中心早在 2012 年就奠基开工，并于 2015 年 7 月初步投入使用，预计 2019 年全部竣工。该中心的数据存储量预计超过 4000PB，可存储的信息量相当于 20 多万个中国国家图书馆的藏书总量。据相关工作人员介绍，百度云计算(阳泉)中心虽然处于煤炭大省山西，但是并未完全采用煤电资源，还采用了太阳能——率先落地了国内首个"数据中心光伏发电项目"，此外还签约风电 2600 万千瓦时。全部投产后预计每年节电 2.5 亿千瓦时，相当于 13 万户居民的年用电量，减排二氧化碳 2.6 万吨，比传统数据中心节能约 43%。

参考文献

[1] 吴军. 浪潮之巅：下册[M]. 3 版. 北京：人民邮电出版社，2016.
[2] 乔·韦曼. 云端时代[M]. 赛迪研究院专家组，译. 北京：人民邮电出版社，2015.
[3] 李彦宏. 智能革命：迎接人工智能时代的社会、经济与文化变革[M]. 北京：中信出版社，2017.

第12章

信息的素养

人们会把自己视野的极限当作世界的极限。

——亚瑟·叔本华(德国著名哲学家)

一百年前,书写还只是少数人拥有的能力,替人读书写信是一种职业,而今文盲率逐渐趋近于零,这种专门的职业也消亡了;几十年前,摄影是一种专业人士才能掌握的技术,今天大多数人都可以操作影像设备随时记录自己和周围的事情,甚至使用软件"编辑"一下;二十年前,想要驾驶汽车,每个组织机构都要配上专职司机,现在私家汽车进入千家万户,很多大学生刚成年就去驾校学习,准备尝试自驾旅行了;十几年前,维护计算机、录入文字信息是信息化的一道坎,各个企事业单位都要招聘信息专业的学生来从事这项工作,但今天连退休的大爷大妈也能在跳广场舞的时候发一个微博,转一个朋友圈……

"人无远虑,必有近忧",如果我们想在未来几年甚至十几年后能够跟得上时代的步伐,就要提前做好准备:掌握信息技术,才能适应未来的工作学习;提升信息素养,才能保障未来的生活质量。大的趋势无法避免,每个人都要参与其中,付出自己的努力!正如刘易斯·卡罗尔(Lewis Carroll)在《爱丽丝梦游仙境》中写的那样:"你必须尽力地不停奔跑,才能使你保持在原地。"用中国谚语来说,就是"如逆水行舟,不进则退"。

做一个复杂的现代人

我们的世界有一个明显的趋势,就是越来越复杂了,这也导致我们需要学习更多的技能才能适应现代社会的工作和生活。回想20世纪刚刚改革开放的时候,英语也只是一门普通专业课程,我们认为只有在对外贸易和接待外国友人的时候才可能用得上,到时候带上一个英语翻译人员不就可以了么?谁能想到,全球一体化的进程如此之快,学习英语已经成为各行各业人士、各个专业学生的重要任务;以前我们以为经济学如此高冷,应该是政府部门中进行经济调控或者企业上市运作才需要研究的学问,我们普通人根本与之不沾边。但随着中国加入

WTO以及社会物质越来越丰富、选择越来越多样化，大量的经济学知识已经成为一种生活常识，经济学思维已经成为一个现代人的标配；同样，现在大家提起计算机和软件，一方面觉得高深莫测，另一方面又认为枯燥无聊。但是再过几年，当购买通用的设备和下载常见的APP无法解决工作生活中的具体问题时，我们很可能还需要亲手定制、编写个性化的软硬件来满足自己的需求。

12.1　思维方式的转变

有一种观点，就是人类文明的发展可以粗分为农耕时代、工业时代和信息时代。这3个时代的区分不仅体现在生产力和生产关系上，而且体现在科学技术和思维方式上。要适应这个时代的生产和生活，一方面要具备相应的知识和技能，另一方面还要在思维方式上与时俱进。

有这么一个故事：某个村庄有个名叫卡特尔的人，辛勤劳动了十多年，成了远近闻名的富翁。有一天，城里来了个推销员，说服卡特尔购买了一部汽车。这部汽车看起来既结实又豪华，卡特尔很满意，于是就牵来四匹马，拉着汽车兜风去了……

可以想象，面对着新问题和新事物，如果我们的思维方式没有转变，就很容易犯类似“马拉汽车”的错误。那么，信息时代非常时髦的“互联网思维”“云计算思维”和“大数据思维”究竟是怎么回事儿？它们对我们的生活究竟有什么影响？这还得从工业时代的“机械思维”说起。

12.1.1　机械思维的贡献

一提到近代科学，就不得不提到举世闻名的科学家和思想家艾萨克·牛顿(Isaac Newton)。他用简单而优美的数学公式破解了自然之谜，比如在《自然哲学的数学原理》中通过力学三定律和万有引力定律揭示了世间万物的运动规律，又在《光学》一书中设计了光的色散实验并指出日光由不同的单色光混合而成。

牛顿通过自己的伟大成就宣告了科学时代的到来。在他之后，世界变得迥然不同：人们利用他发明的微积分把数学从静止的变量拓展为连续变化的函数，促进了其他学科的创立和发展；人们利用他发现的引力定律重新认识大自然，比如同时代的天文学家哈雷计算出彗星的运行轨迹；人们利用他提出的力学原理发明和改造了各种机械，比如詹姆斯·瓦特(James Watt)改进的蒸汽机开启了工业革命的大门。

后人这样评价牛顿和瓦特：牛顿找到了开启工业革命大门的钥匙，而瓦特拿着这把钥匙开启了工业革命的大门。

后来，人们将牛顿的方法论概括为机械思维，其核心思想可以概括成确定性(或者可预测性)和因果关系。牛顿可以把所有天体运动的规律用几个定律讲清楚，并且应用到任何场合都是正确的，这就是确定性。类似地，当我们给物体施加一个外力时，它就获得一个加速度，而加速度的大小取决于外力和物体本身的质量，这就是一种因果关系。这种机械思维对人类文明的促进作用非常大，具体体现在以下几个方面：

第一，人类第一次有了足够的自信，相信世界变化的规律是确定的，自己能够用一种方法论（机械思维）解决所有问题。在此之前，人们对世界的认识充斥着恐惧和迷信，比如大海为什么潮涨潮落，河水为什么向低洼处流走，日食和月食为什么会出现……人们无法理解这些现象，就只能认为这是神的意志。直到牛顿的出现，人类才开始摆脱这种在大自然面前的被动状态。

第二，因为有了确定性做保障，人们相信自然规律可以用简单的公式或语言描述清楚，并且用来了解过去或者预测未来。比如精致的瑞士钟表，不仅可以指示出当下的时间，还可以准确地预测上百年的太阳历、阴历和主要星辰的运动，甚至可以通过机械振动演奏音乐。现代物理学的集大成者爱因斯坦不仅在物理学上突破了牛顿理论，而且在物理学的每个分支上都有所建树，但是他的思维方式还是和牛顿一致的，用他的话说就是“上帝不掷骰子”，即任何宇宙的规律都应当是确定性的。

第三，在机械思维的指导下，人们还认为任何一个复杂的问题都能够分解为若干个简单的问题，解决了这些简单的问题之后，原先的复杂问题就必定有解。通过这种方法，人类不仅解决了一个又一个科学难题，而且制造出一个又一个复杂的产品。比如航空母舰、登月飞船、核电站以及工厂中的生产流水线……一旦复杂问题都可以分解为很多简单问题，那么就可以利用各种单一功能的机器来合作完成任务了。于是，人们热衷于制造机器来替代人工，用产品的标准化来替代个性化，进而追求效率，提升竞争力。

可以说从牛顿开始，接下来的3个世纪里，人类社会的进步在很大程度上得益于机械思维，人们也越来越习惯于用机械的方式描述一切。19世纪初，法国的大科学家拉普拉斯在用牛顿方程计算出行星轨道之后，把它展示给拿破仑看。拿破仑问道：“在你的理论中，上帝在哪儿呢？”拉普拉斯平静地回答：“陛下，我的理论不需要这个假设。”这可以算得上是科学最光辉荣耀的时刻之一了，机械思维把无边的自豪和骄傲播撒到每一位科学家的心中——整个宇宙只不过是一台精密的机器，它的每个零件都按照定律一丝不苟地运行（图12.1）。

拉普拉斯（Pierre-Simon Laplace），法国分析学家、概率论学家和物理学家，法国科学院院士。他所著的《概率分析理论》一书总结了当时整个概率论的研究，论述了概率在选举审判调查、气象等方面的应用，提出了拉普拉斯变换等。

牛顿的历史评价

历史学往往关注那些帝王将相的宏图霸业，很少会把科学家和思想家放在最显耀的位置。而西方人对牛顿评价之高却是让强调官本位的很多国人难以想象的。牛顿去世之后被安葬在威斯敏斯特教堂（又称西敏寺）里最显眼的地方，其墓碑建筑远远超过包括伊丽莎白一世在内的英国任何一位君主，每天到那里拜谒的人不计其数。

图 12.1　机械思维产生的“决定论”

决定论，又称拉普拉斯信条，是一种认为自然界和人类社会普遍存在客观规律和因果联系的理论和学说。它与非决定论相对。

牛顿甚至被一些历史学家认为是人类历史上第二位最具影响力的人物，不仅排在爱因斯坦等所有的科学家之前，而且超过了释迦牟尼和孔子。牛顿通过他在数学、物理学、天文学和光学等诸多领域开创性的成果，总结出一种全新的方法论——机械思维，不仅开创了科学的时代、理性的时代，而且开启了西方的近代社会。英国诗人亚历山大·波普(Alexander Pope)曾经用诗歌赞美道：“自然和自然的规律隐藏在黑夜里，上帝说：‘生一个牛顿吧！’于是一切都光明了。”

排在第一的人物存在较大争议，一种说法是基督教的创始人耶稣，另一种说法是伊斯兰教的创始人穆罕默德。

12.1.2　不确定性的颠覆

在 20 世纪，人类对世界的认知进一步加深，产生了两个深刻影响物理学乃至整个人类社会的理论——相对论和量子论。尤其是量子论的出现，彻底改变了世界的面貌，从半导体到核能，从激光刀电子显微镜，从集成电路到分子生物学，量子论把它的光辉播撒到人类社会的每一个角落，成为有史以来在实用中最成功的物理理论。

提到量子论，我们很可能已经忘记了在物理课上所学的大部分相关知识，但是对海森堡提出的测不准原理(Uncertainty Principle，现在往往译为更有普遍意义的“不确定性原理”)还是会有点印象的。其大体意思是，在微观世界里，电子在围绕着原子核做高速运动，我们不可能同时准确地测量出它在某一时刻的位置和速度，当然也就不能描绘出它的运动轨迹了。这并非我们的仪器不够准确、计算能力不足，而是深藏在物理定律本身内部的一种属性。所以，从理论上讲，我们也不能准确地预测大自然。

沃纳·卡尔·海森堡(Werner Karl Heisenberg)，德国著名的物理学家，量子力学的主要创始人，哥本哈根学派的代表人物，1932 年诺贝尔物理学奖获得者。

当然，不确定性并不是说不可知。就拿电子运动来说，虽然我们无法确定其精准的位置和速度，但是能够知道一定时间内它在核外空间各处出现的概率，所以科学家就用一种密度模型来描述其状态。在这个模型里，空间某个点的密度表示电子在该处出现机会的大小：密度大的地方，表明电子在那儿出现的机会多；密度小的地方，表明电子在那儿出现的机会少。如此看来，电子就像云雾一样笼罩着原子核，所以被形象地称为“电子云”（图 12.2）。

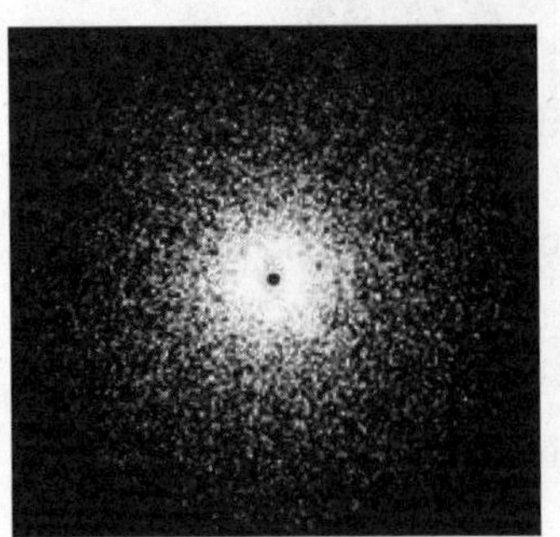
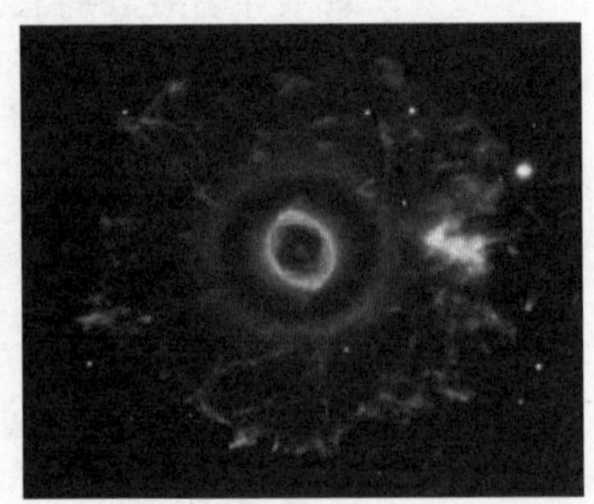

图 12.2 电子云模型的两种表示

不确定性不仅颠覆了人们对微观世界的认识，很快也影响到了宏观世界。毕竟，人们周围肉眼可见的事物都是由大量的微观事物构成的，都算得上是更加复杂的系统。在机械思维的指导下，人们认为自然界的规律都能用单一的数学公式加以描述，并可以依据此公式准确预测物体的运动或状态。而近半个世纪以来，科学家发现许多自然现象即使可以转化单纯的数学公式，但是其运动或状态却无法加以预测。

爱德华·诺顿·罗伦兹（Edward Norton Lorenz），美国数学与气象学家，混沌理论之父，蝴蝶效应的发现者。

1963 年，美国科学家爱德华·诺顿·罗伦兹发现简单的热对流现象居然能引起令人无法想象的气象变化，产生所谓的“蝴蝶效应”——一只南美洲亚马逊河流域热带雨林中的蝴蝶偶尔扇动几下翅膀，可以在两周以后引起美国得克萨斯州的一场龙卷风。究其原因是蝴蝶扇动翅膀的运动导致其身边的空气系统发生变化，并产生微弱的气流，而微弱气流的产生又会引起四周空气或其他系统产生相应的变化，由此引起一个连锁反应，最终导致其他系统的极大变化。罗伦兹在此基础上提出了混沌理论，他认为，在混沌系统中，初始条件十分微小的变化经过不断放大，对其未来状态会造成极其巨大的差别。

我们可以用在西方世界流传的一首民谣对此作形象的说明：“丢失一个钉子，坏了一只蹄铁；坏了一只蹄铁，折了一匹战马；折了一匹战马，伤了一位骑士；伤了一位骑士，输了一场战斗；输了一场战斗，亡了一个帝国。”马蹄铁上一个钉子丢失，本来是一个十分简单且微小的变化，但其引发的一连串效应影响了一个帝国的生死存亡，这可以称得上军事和政治领域中的“蝴蝶效应”，正所谓“差之毫厘，失之千里”。我们过去认为，简单的原因必定产生简单的结果，但现在我们知道了，简单的原因也可以产生复杂的结果。由此，可以进一步认识到，就算掌握了所有的规律，也不一定能够预言未来。

混沌理论最先用于解释自然界，就像天气预报中已经不再用确定性的口吻宣布午后是否晴朗，而是用不确定的方式告诉你未来几小时的可能状况，比如 13 时本地区的降水概率为 51%。而且预测的时刻距离现在越近就越准确(准确率高),距离现在时间越长就越不准确(准确率低)。此后,人们发现,在人文及社会领域中,因为事物之间相互牵引,混沌现象尤为多见。就像股市这样复杂的系统,各种专家预测的准确率大体在一半左右,跟随机猜测的结果差不了多少。即使美国各大投资机构出于对利润的考虑,利用计算机尽可能地囊括各种经济因素的影响,最终预测的准确率也没有什么本质的提高。

中国古代典籍中的"蝴蝶效应"

在《吕氏春秋》中记载了这么一则故事:楚国有个边境城邑叫卑梁,和吴国交界。某天,一个卑梁的姑娘和一个吴国姑娘同在边境上采桑叶。在两人游戏时,吴国的姑娘弄伤了卑梁的姑娘,卑梁的人就带着受伤的姑娘去责备吴国人。吴国人出言不恭,卑梁人十分恼火,杀死吴人走了。吴国人去卑梁报复,把那个卑梁人全家都杀了。卑梁的守邑大夫大怒,说:"吴国人怎么敢攻打我的城邑?"于是发兵反击吴人,把吴人老幼全都杀死了。吴王夷昧听到这件事后很生气,派人领兵入侵楚国的边境城邑,攻占夷以后才离去。吴国和楚国因此发生了大规模的冲突。此后,吴国公子光又率领军队在鸡父和楚国人交战,大败楚军,俘获了楚军的主帅潘子臣、小帷子以及陈国的大夫夏啮。又接着攻打楚国的都城郢,俘获楚平王的夫人而回。

随着科学技术的进步,机械思维这种方法论的局限性越来越明显。尤其是 20 世纪中期以后,量子论和混沌理论的不断发展与应用,让人们充分认识到了这个世界的复杂性和不确定性。所以,在信息时代,人们已经开始考虑在承认不确定性的情况下如何把事情做好。于是,新的方法论也随之而生。

12.1.3　新时代的方法论

1948 年,又是一个在科学史上硕果累累的奇迹年,3 位科学巨擘——香农、维纳和贝塔朗菲——各自出版了一本开创全新领域的学术专著,分别是《通信的数学原理》《控制论——关于在动物和机器中控制和通信的科学》以及《生命问题》。后人将他们在这 3 本书中提出的信息论、控制论和系统论合称为"三论"。"三论"与以往的那些单一的学科不同,是融合了数学、物理、生物等诸多学科前沿成果的交叉学科,不仅应用于解决自身学科内的各种问题(通信、控制、生物等),而且广泛应用于管理、社会、商业等人文社会科学领域,可以说是一种更适合于不确定性与复杂事物的思维方式和做事方法。

贝塔朗菲(Bertalanffy, Ludwig von),美籍奥地利裔生物学家,一般系统论和理论生物学创始人。

科学史上的奇迹年

在人类科学研究的漫长道路上,众多学者前仆后继,毕生努力也不一定能获得成功。只有少数人幸运地做出了一些对人类文明产生影响的成就,但那些也只是像星光一样寥落地散布在历史的长河里。不过，总有一些年份似乎存在着特殊的意义，就像生物进化史上的“寒武纪生命大爆发”。在非常短的时间之内，某个人或者几个人突然密集地做出了多项巨大的科学贡献，甚至一下子就奠定了一个领域的百年基石，人们常常称之为“奇迹年”。

在距今约5.3亿年前一个被称为寒武纪的地质历史时期，地球上在2000多万年的时间内突然涌现出各种各样的动物，节肢、腕足、蠕形、海绵、脊索动物等一系列与现代动物形态基本相同的动物在地球上“集体亮相”，形成了多种门类动物同时存在的繁荣景象。

1665年，23岁的剑桥大学三一学院学生牛顿为了躲避肆虐伦敦的黑死病（一种鼠疫），回到了家乡林肯郡乌尔索普。在接下来的18个月中，他一个人独立完成了几项开天辟地的工作，包括发明了微积分，完成了光分解的实验分析，以及对万有引力定律做了开创性思考。这些工作为数学、光学和力学三大学科分别打下了基础，其中任意一项都足以让一位科学家占据人类文明史上耀眼夺目的位置。而牛顿一人兼具，并且是在那么短的时间内，不能不说是一个奇迹。

1905年，瑞士伯尔尼专利局的一个26岁的小职员爱因斯坦“狂飙”了5篇论文，分别涉及了光电效应、布朗运动和狭义相对论。虽然这些文章主题不同，但都是各自领域的奠基之作，以至于量子力学的奠基人之一德布罗意无不感慨地说：“爱因斯坦以非凡的精力，在同一年里建立了今天主宰着全部现代物理学的两大理论（相对论和量子论）中的一个，并且对另一个理论的发展也作出了主要的贡献。”100年后，联合国教科文组织通过大会决议将2005年定为“国际物理年”，世界各地举行了各式各样的盛大活动来纪念这个“奇迹之年”。

在2.4.3节中，我们介绍了香农在科学上的突出贡献是第一次采用量化的方式度量信息，并用数学的方法将通信的原理解释得一清二楚。其实，信息论也是一种和机械思维大不相同的方法论，它是建立在不确定的基础上的。香农从热力学中引入了熵的概念，就是用来描述不确定性的。假如我们需要搞清楚一件非常不确定的事或是我们一无所知的事情，就需要了解大量的信息。相反，如果我们对某件事已经有了较多的了解，那么不需要太多的信息就能把它搞清楚。所以，想要消除系统内的不确定性，就要引入信息，至于要引入多少信息，那就得看系统中的不确定性有多大了。所以说，在工业时代，谁掌握了资本，谁就能获取财富；而在信息时代，谁掌握了信息，谁就能够获取财富。

很多时候，我们能够获取的信息和要研究的事物并非一回事儿，那么这些信息能不能帮助我们消除关于所研究的事物的不确定性呢？这就必须有“关联”。于是，信息论中一个重要的概念——“互信息”就出现了，它可以实现对相关性的量化表示。此外，香农还给出了两个有关信息处理和通信的基本定律——香农第一定律和香农第二定律，这两个定律在信息时代的作用堪比牛顿力学定律在机械时代的作用。关于这两个定律，在12.2.1节中以及附录C里会有详细介绍。

提到控制论，它的初衷是用于系统通信和自动控制的，比如远程导弹的控制。和普通炮弹大为不同的是，远程导弹的攻击距离是如此之远，很容易出现一些意想不到的因素。

比如二战期间德国研制的 V-2 导弹，其目的是从德国发射到英国伦敦。由于方位、角度、风速等各种因素的作用，很容易产生“蝴蝶效应”，最终导致结果的不确定性。实际上，从 1944 年 9 月到 1945 年 5 月，德国向英国发射了超过 3000 枚 V-2 导弹，落地误差非常大，而且基本上呈随机分布。时过 20 多年，美国土星 5 号火箭的飞行距离达到了 V-2 导弹的一千倍，却把阿波罗 11 号飞船准确送抵月球表面的登陆地点。这是为什么呢？

奥秘就是土星 5 号火箭的设计人员不再采用典型的机械思维方式，也就是不强求在发射前准确无误地考虑到整个过程中的所有因素，而是让火箭的轨迹大体朝向预定地点。此后，在实际飞行过程中，不断根据一组组火箭位置和速度的实际观测数值（允许和预定轨道有所偏差），计算出火箭当前应该有的速度和方向，然后不断进行自我调整。可以说，土星 5 号放弃了对未来做尽可能确定的预测，而是根据实践过程中的反馈不断调整变化，最终让飞船准确着陆。如图 12.3 所示，现代远程导弹的设计都是基于控制论的基本思想和理论的。作为一种方法论，控制论在当今企业管理上的应用比在电子工程和自动化上的应用还要多。尤其是“信息反馈”，这个控制论最重要的概念，几乎在现代企业管理的所有论著上都会提及。

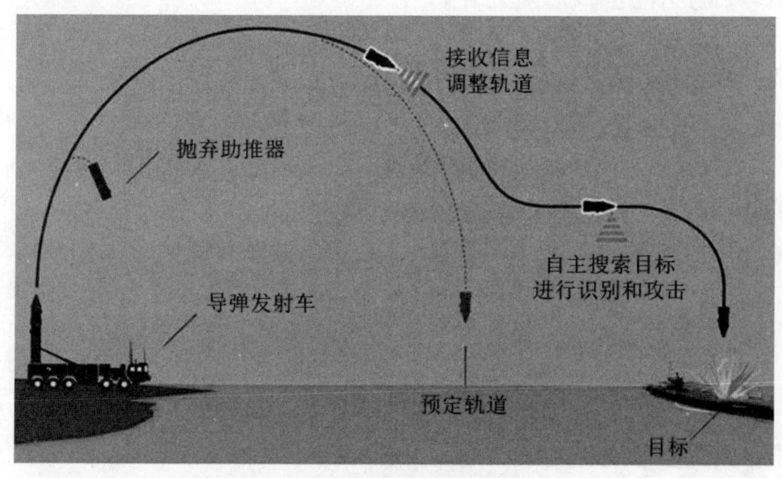

图 12.3　基于控制论的远程导弹攻击

系统论源于对生物系统的研究。它认为，对于一个有生命的复杂系统，其功能并不等于每一个局部功能的总和；或者说，将每一个局部研究清楚了，也不等于搞清楚了整个系统。这就好比熟知了人体每一个细胞的功能，并不等于研究明白了整个人体的功能。就算随着生命科学和材料技术的突破，可以用 3D 打印机一个一个完整无缺地“复制”出某人的所有细胞，但是通过这些细胞的简单堆叠，也无法形成一个同样的真人。

一款工业产品是可以分解为一个个的部分的。按照机械思维，如果每个部分都做到最优了，整体必然达到最佳状态。但系统论的观点却认为，整体的性能未必能通过局部性能的优化而实现。比如在智能手机领域，很多厂商都在宣传自己的手机配置很高——几乎每个部件的参数都高过了 iPhone 中对应的部件。但是真正使用起来，消费者还是感觉它们不如 iPhone。也就是说，iPhone 的理念不是单独优化每一个部分，而是组合起来达到整体最优的效果：真正优秀的产品要将技术和艺术结合起来，在整体上给用户提供一个最佳体验。关于控制论和系统论的一些内容，在 12.2.1 节以及附录 C 里会有详细介绍。

其实，在“三论”提出之前，早已有一些人在不自觉地使用这些思维方式来做事了。而等“三论”提出之后，就有更多的人和组织机构在其指导之下解决信息时代的各种难题了。近些年来，随着网络、计算和数据的重要性愈发突显，人们又提出了“互联网思维”“云计算思维”和“大数据思维”。其实，本质上没有太多的变化，它们的科学基础依然还是“三论”。

12.2 信息时代的生活

小时候我们都要学习科学知识，多数人的目的是为了通过某个考试，长远一点的目标就是将来找个好工作。后来才慢慢发现，真正懂科学的人不只是对所学知识倒背如流，还得要举一反三，最好是能用来解释身边的现象。正所谓：能求解各种抽象难题，再厉害也不过是纸上谈兵而已；而能把知识活学活用，才是真本事。

当今社会遇到的很多问题都是比较复杂的，仅仅从技术层面去应对是远远不够的，我们既要从科学前沿中寻找其理论依据，还得按照信息时代的思维方式去做事。下面就围绕着“网络”“计算”和“数据”3 方面谈一谈信息科学和信息思维对我们工作、生活的启示与帮助。

12.2.1 拓展带宽的依据

香农第二定律定量地描述了一个信道中的极限信息传输率和该信道能力（带宽）的关系，这是通信行业的理论基础（参见附录 C.1）。

在信息论中，香农第二定律是通信行业的理论基础，它明确指出了信息的传播速率不可能超过信道的容量，也就是“带宽”。从互联网产业本身来看，其发展的各个阶段就是建立在不断拓宽带宽的基础之上的。早期，我们使用电话调制解调器，然后开始使用 DSL（数字用户线路），再到后来使用宽带电缆，最后到光纤，都是围绕着不断增加信道容量而进行的。只有信道容量增加了，传输率才能上去，我们才能从浏览文字到查看图片，到观看视频，甚至欣赏高清视频，整个互联网才得以高速发展。在香农提出他的第二定律之后，人类就开始有意识地不断扩展带宽。

香农第二定律也是自然界所固有的规律性，它能够解释很多商业行为，可以说是"互联网思维"的科学基础。让我们从"带宽"的角度回顾一下商业活动的历史：在农耕时代，商业之所以发展缓慢，很大原因就是商家和外面沟通的带宽太窄，而客户也只能了解本地的商业信息，所以不可能出现全球性的品牌；第一次工业革命之后，大量发行的报纸让在上面刊登广告的商家拓宽了推广渠道，这就相当于增加了对外沟通的带宽，而铁路网络和电话网络的出现又极大地缩短了人与人之间的距离，也相当于又增加了商家做贸易的带宽，让他们可以把产品卖到世界各地；第二次工业革命之后，各种大众媒体的出现，比如收音机、唱片、电影、电视，进一步拓宽了带宽，以至于文化信息和商品信息可以一起传播了，我们由此也了解了西方生活，学会了穿西装、喝咖啡、吃汉堡，所以星巴克和麦当劳进入中国的大街小巷就成了必然。

"互联网思维"这个概念主要是在商业活动中提出来的，逐步被越来越多的企业家甚至企业以外的各行各业、各个领域的人所认可，但在传播的过程中也演变出多个不同的解释。

到了信息时代，互联网的出现以前人无法想象的速度拓宽了生产者（或服务提供者）和消费者之间的带宽。通过电子商务平台、搜索引擎或者社交网络，小商家第一次有机会接触到全世界的消费者，大商家也能够甩开代理商或者批发商这样的中介直接面对终端用户。由于带宽的不断增加，各种产品和服务不仅能与新的文化风潮同时抵达全球的各个角落，还能够做到越来越个性化，进而满足每一个人的不同需求。所以，这个时代最成功的公司一定是重视拓宽带宽的公司，他们早就意识到获得用户的入口远比拥有实体资产更重要。从这个角度来说，谷歌、Facebook、腾讯、阿里巴巴和百度本质上做的都是同一件事——增加人和人之间交流的带宽。

谈到人和人之间交流的带宽，我们不由得想起一个词来——"人脉"，这也是我们周边的成功学书籍最喜欢谈论的一个主题。不管你喜欢还是不喜欢，承认还是不承认，现实生活中的许多事情的确需要人脉来解决，正所谓"多个朋友多条路"。于是，20 世纪 90 年代有一首歌唱遍了大江南北——"千里难寻是朋友，朋友多了路好走……"

究竟是什么样的朋友更可能给出有用的路呢？很多人认为是关系比较亲密的人，比如经常见面的亲朋好友，用专业术语来说就是"强联系"。但社会学家们却不是这么认为，比如斯坦福大学教授马克·格兰诺维特（Mark Granovetter），他曾经仔细调研过人们如何找到工作，发现真正有用的人脉是那些"弱联系"。在格兰诺维特的调查报告中，有半数以上的人用到的朋友仅仅是偶然能见到，即每周见不到两次，但每年至少能见一次。有超过 1/4 的帮忙者则一年都见不到一次。也就是说你真正用到的人脉，往往是已经不怎么联系的老同学或同事，甚至是你不怎么了解的泛泛之交。他们的共同点就是和你不经常见面，都不在你当前的社交圈里。

在 20 世纪 70 年代，马克·格兰诺维特专门研究了在波士顿近郊居住的专业人士、技术人员和经理是怎么找工作的，并把研究结果作为他在哈佛大学的博士论文，后扩展为一本书：*Getting a Job*。

为什么会和我们的常识不一致呢？格兰诺维特的解释是，整天和你混在一起的这些人很可能经历和你差不多，想法也很接近。你不知道的工作机会，他们又怎么能知道呢？只有"弱联系"才有可能告诉你一些你不知道的事情。格兰诺维特把这个理论推广成了一篇社会学论文《弱联系的强度》，被引用了两万次以上，足见其影响之深远。后来又有社会学家调查了一些企业家，试图分析哪来的想法直接刺激了他们去创业，结果再次验证了弱联系理论的正确性——只有不到4成来自家人和朋友的讨论，而一半以上来自客户和供应商。到了2012年，哈佛大学商学院的一个研究表明，在能力差不多的情况下，与“弱联系”者合作要比与熟人合作更有可能成功。

“弱联系”的成功效应

2012年6月，哈佛大学商学院的冈珀斯(Gompers)等人发表了一篇名为《友谊的代价》的论文。这篇论文考察了3500多个风险投资者以及他们参与的近12 000个项目。研究首先揭示了这些人愿意跟什么样的人搭档。能力是一个重要的参考因素：如果两人都是从名校毕业，他们发生合作的可能性比一般人高8.5%。但更大的参考因素是关系：如果两个人是同一个大学的校友，他们合作的可能性会增加20.5%；如果两个人是同一个种族的，他们合作的可能性会增加22.8%。

那么不同类型的搭档关系对投资成败有什么影响呢？两个投资者中如果有一个是名校毕业的，公司上市的可能性会提高9%；如果两人都是名校毕业，则提高11%。所以按能力选搭档，哪怕你把能力简单地用学历代表，都会增加成功概率。可是，如果选一个以前跟你在同一个公司干过的同事搭档，会让成功的可能性降低18%；如果选校友，会降低22%；如果选“族人”，会降低25%。按照这篇论文的观点，风投的最佳合作伙伴应该是一个从来没跟你进过同一所大学，从来没跟你在同一个公司工作过，而且跟你不是一个种族的高学历者。

从信息论的角度来看，“人脉”其实就是人际网络，其根本作用还是在于信息的传递。人际网络的带宽比较窄的时候，我们只有一些强联系的亲朋好友，虽然他们很愿意跟我们交流，而且交流的频率很高，但是没有太多新意，熵(信息量)不大。当人际网络的带宽拓宽以后，我们才有余力跟不太熟悉的弱联系对象交流，虽然沟通的频率不高，但很多内容都是我们原先所不知道的，因而传递的有价值信息比例更大，更有效率。所以，当我们考虑找人创业，找人合作，哪怕是找人了解什么信息的时候，“弱联系”往往是最佳选择。

如图12.4所示，现实生活中的事物往往要比我们想象的复杂得多。如果我们处于A点的位置，由于人类认知的局限性，我们能看到的最高处就是X点。而与我们有强联系关系的亲朋好友往往也都处于A点附近，或者说都在以X点为极值的社交圈子里面。我们在这个圈子里交流越多，就越是加深了“X点是最高点”的执念，几乎没有什么突破的可能。当我们的人际网络变得更宽的时候，就更有可能接触到圈子外面的人，即与我们有弱联系关系的对象，比如从处于B点的人那里就可以得知还有比X点更高的Y点。当人脉宽广到足以把处于 C 点的人也联系起来的时候，我们就能够获取更为有用的信息，从而得知 Z 点才是全局最高点。

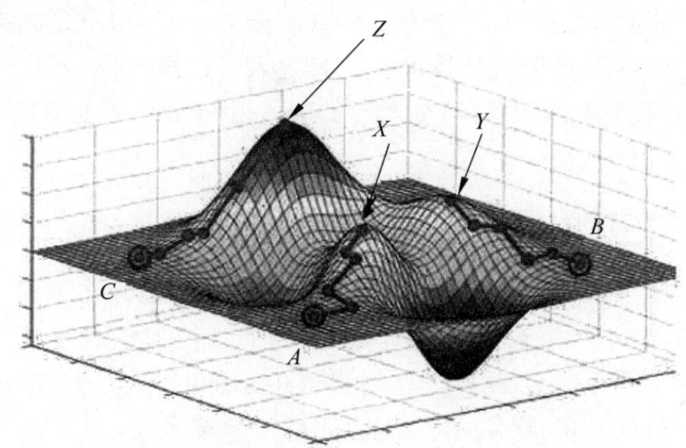

图 12.4　圈子外的"弱联系"帮你找到全局最高点

问世间是否此山最高

在机器学习领域，我们把从 A 点到达 X 点这种寻找局部最高点的基本方法称为爬山算法(Hill Climbing)。而引入了随机因素 B 点和 C 点(圈外信息)，就有可能跳出局部极值，从而求取全局最高点 Z，这种方法被称为模拟退火算法(Simulated Annealing)。还记得读博士的时候，我们在实验室的机器上运行模拟退火算法，总是一边讨论是否找到了全局最高点，一边不由自主地哼哼着 83 版《射雕英雄传之华山论剑》的主题曲："问世间是否此山最高，或者另有高处比天高，在世间自有山比此山更高……"

人际网络的带宽过窄，就相当于喜欢在一个封闭的小圈子里混，这个显然是逆时代潮流的做法。系统论里面有一个重要原理就是：封闭的系统永远朝着熵增加(也就是越来越无序)的方向发展，一定会越变越糟糕；而一个开放的系统会引入负熵，才有可能让系统通过与外界的交换变得更加有序，也就是朝着越来越好的方向发展。由此可见，人脉的关键不在于你融入了哪个圈子，而在于你能接触多少圈外的人。现代通信技术的发展让人们以相对低廉的成本获得人脉，而社交媒体的不断进步也在持续地在为我们拓展对外连接的带宽，使得大家接触圈外的人越来越方便。

12.2.2　学习观念的转变

在我上大学的时候，有一位老师告诉我："你不要被计算机那些千奇百怪的功能所迷惑,它只会做一件事而已,那就是计算!"工作之后,在对相关学科都有些了解之后,我才发现信息技术的未来就像第11章中描述的那样——"无处不有""无时不在""无所不能"的云计算。在人类文明的历程中,学习作为一项基本能力,其作用也是越来越重要了。学习之于我们人类,不亚于计算之于信息技术。尤其进入了信息时代,现代人的学习方式也逐渐变为"云学习":从一个阶段学习到终身学习,从一个专业学习到跨界学习,从整块时间学习到碎片化时间学习!

1. 从一个阶段学习到终身学习

以前,我们习惯于拿出人生的前十几年时间专门学习,学好知识和习得技能之后就能一劳永逸、受用终身。"十年寒窗苦"这个广为人知的说法似乎就是鼓励莘莘学子:努力吃上十年苦,学习这事儿就算到头了。直到我读中学的时候,已经是20世纪90年代末了,还有老师给我们打气:"咬咬牙关,考上大学就舒服多了,找到工作后你们就不用学习了……"事实证明,老师们只是给你"望梅止渴"而已。

旧有的观念离不开当时的背景,那就是农耕时代和工业时代的发展非常缓慢,在一代人甚至几代人的时间里,科学技术和社会生活几乎就是静止的画面。比如从一千多年前到20世纪80年代,中国算盘的样式和口诀基本上就没有变过;在爱迪生发明了高效白炽灯后的一百年里,发光效率和灯泡寿命就没有什么大的提升;录音磁带从出现到淘汰的80多年中,原理上就没有什么改进。到了信息时代早期,一个人依然可以靠早年学习的知识技能工作一辈子。比如1993年微软推出的Windows NT,其内核与1969年的UNIX没有本质的差别;1998年谷歌成立之前,文献搜索基本上还是基于20世纪70年代初的TF-IDF技术;2000年开发的关系型数据库,其原理还是1970年就已提出的理论模型。

TF-IDF原形是Term Frequency/Inverse Document Frequency,被公认为信息检索中最重要的概念。其概念最早是剑桥大学的斯巴克-琼斯(Karen Sparck-Jones)于1972年在一篇题为《关键词特殊性的统计解释和它在文献检索中的应用》的论文中提出的。

之所以从一个阶段学习变成终身学习,是因为时代变了。当今世界发展太快,以至于旧的知识和技能很快就过时了。这在人类历史上是第一次,别说是农耕时代,就算是工业时代也没有出现过这种现象。而且随着科学技术的进步,需要学习的东西实在太多了,远远不是在校园里那点儿宝贵的时光所能搞定的。所以,大学阶段的老师们只是负责给你打开看世界的窗口,搭建粗糙的知识框架,列举提纲和"超链接"。在你以后的漫长岁月里,需要什么就再进一步学习什么去吧……更让人担忧的是,人工智能的兴起会让这一问题进一步恶化——就像8.4节所描述的那样,每过10年(甚至更短)就有很多的人类职业要被机器所取代。人类要想不被淘汰,只有一条路可走:一辈子不断学习,不断打造全新的自己(图12.5)。遗憾的是,许多人,甚至是大多数人,目前还做不到这一点。

2. 从一个专业学习到跨界学习

在11.2节,从IBM公司的视角分析计算模式的演变是一个"集中→分散→集中"的

图 12.5 活到老,学到老

过程。其实,我们的学习模式也是一样:早期的文化人是什么都要学的,所谓"上知天文,下知地理";近代出现了分科学习,每个人要专注自己的一技之长,我填报大学志愿的时候还有这么个说法:"男学理工女学医,头脑简单搞体育,花花公子学文艺";最近几年,跨专业学习、跨学科学习和跨界学习似乎又成了这一代人的必走之路。

从大型机时代的"集中"到 PC 时代的"分散",再到云计算出现后的再次"集中"。

人类文明的初期,知识存量没有那么多,当然,读书人也不多。所以,每个读书人都立志掌握所有的知识,很有一种历史责任感和文化传承的使命感。孔子就是这么博学多才,他不仅编纂了大六艺(六经),即《易》《书》《诗》《礼》《乐》《春秋》,还擅长小六艺,即礼、乐、射、御、书、数,可谓能文能武。而且用他自己的话说:"吾少也贱,故多能鄙事。"意思是他少年的时候家境贫寒,所以洗衣、做饭、种地、挑担、牧羊、放牛之类的事情都会做。古希腊哲人亚里士多德也是一位百科全书式的人物,他几乎对西方的每个学科都做出了贡献。他留下的著作涉及神学、政治学、伦理学、心理学、经济学、天文学、物理学、生物学、博物学、修辞学、教育学、诗歌、风俗以及雅典法律。后来的达·芬奇、弗朗西斯·培根、莱布尼茨、帕斯卡等人也个个都是全才(他们的一些事迹在前面章节中有所介绍,更多内容请利用百度、谷歌或维基百科获取)。

工业革命之后,科学技术的发展越来越快,产生的知识技能也越来越多。单凭个人,穷尽一生也无法了解人类所有的文明成果,真是"吾生也有涯,而知也无涯。"所以,就出现了分科学习,从起初的粗分文理到现在我国高校的 13 个学科门类,细分下来还有上百个一级学科,三百多个二级学科……大家从大学阶段就被分到不同学科的不同专业中,尽自己的绵薄之力,为科学大厦的一角添砖加瓦。就像我在读博士的时候,有人细问我是搞什么的,我长吸了一口气说:"本人是在信息技术大类中,计算机应用学科下,人工智能领域里,智能信息处理方向上,搞图像识别研究的。"这不禁让人想起一个宋朝的故事。一个财主想请个曾在相府任职的厨子来办婚宴,厨子说:"我是在相府干过,但没办过婚宴。"财主以为他是谦虚,连忙央告:"请您老务必帮忙,相府的厨子还有什么不能做的,相府平常的饭菜,也比我们平头老百姓的婚宴好过多少倍。"厨子说:"相府的厨子分面案和米案,

我国高校现行的 13 个学科门类是哲学、经济学、法学、教育学、文学、历史学、理学、工学、农学、医学、军事学、管理学、艺术学。

我是面案的。"财主忙说："面案也行，那您就管包子吧。"厨子又说："我虽说是面案的，但也没法做包子，面案里又有分工，我是调馅子组的。"财主说："那也行，您就专管调馅。"这时候厨子接着说道："相府厨房调馅子组还有分工，我只是专攻姜丝葱花的……"

进入信息时代之后，世界越来越复杂了，仅仅满足于分类学习或只专注于自己那一小块领地的思维方式已经越来越不适应现代社会了。比如我是一个收入不高但有点现代意识的普通工人，除了手头上这点技术活之外，很多问题都是我以前所学没法回答的：我想知道为什么拿不到更高的工资，这可能需要学习一点经济学常识；我想建议工厂修改产品样式来促进销量，这大概涉及商学和工业设计；我又担心自己的工作将来会被机器取代，这就要了解一些信息学科的知识；我还关心自己孩子的学业和健康成长，这得求助于教育学和心理学。哲学家和作家以赛亚·伯林(Isaiah Berlin)在他的作品《刺猬和狐狸》中，将擅长在多元的环境中生存、着眼于不同事物并用不同方式去解决各种问题的人称为"狐狸"，而将那些想要专注于一件事，寻求有序专业化的人称为"刺猬"。复杂的现实问题，要求我们不能像"刺猬"一样满足于当某一方面的"专才"，而必须像"狐狸"一样广泛学习各种知识技能，掌握"通识"。

学习影响人生体验

我们上中小学那会儿就知道学习很重要，毕竟学习成绩好的人才有可能考上大学，进而找到一个好工作赚钱养家。所以从本质上讲，学习还是为了"谋生"，跟过去那些穷人家把孩子送到铁匠铺去当学徒是一样的。工作多年之后，才发现赚钱的目的是要消费，消费的根本目的是为了体验。有文化知识和没有文化知识，人生体验截然不同！比如看到花丛中的牡丹，我们耳畔会响起蒋大为的《牡丹之歌》——"啊～牡丹，百花丛中最鲜艳……"，也会想到李白写给杨贵妃的"云想衣裳花想容，春风拂槛露华浓"，还会想到刘禹锡称赞它的诗句"唯有牡丹真国色，花开时节动京城"。如果没有这些文化常识，就算家中后院栽满了牡丹，估计也就觉得是一种漂亮的植物而已。钱花了不老少，却得不到丰富的体验。

记得阳春三月，有同事在朋友圈中召唤大家一起出来踏青，引用了朱熹的诗句："书册埋头无了日，不如抛却去寻春。"我觉得很有共鸣，于是兴冲冲走下楼去。经过自习室的时候，听见有人冲里面喊："某某某，学毛学，出来 high 啊……"。感觉也是那个意思，但意境似乎差了太多。

3. 从整体时间学习到碎片化时间学习

学校里面的氛围总是让人非常怀念，不止因为你那时还年轻，更重要的是你能拿出整块的时间来系统化地学习。时间的保障非常重要，马尔科姆·格拉德威尔(Malcolm Gladwell)在其著作《异类》中告诉我们天才是练出来的，而且要练习一万小时。以每天 7～8 个小时来算，这也需要差不多 4 年的时光，当你离开学校之后，很难每天都拿出这么多时间了。有了整块的时间，系统化的学习才有成效。系统化究竟有多么重要？想想我们大学阶段和研究生阶段的学习就知道了。很多看似无关的专业课程都要硬着头皮去学，也许毕业多年之后在某个特殊场景才能用得到，甚至一直都用不上。但这至少保证了在你的脑海中形成一个近乎完整的知识框架，虽然有的地方比较粗略，但没有什么死角。这就是专业出身和业余爱好的区别：业余爱好者的学习很可能是娱乐化的，只是关注其中好玩的部分、感兴趣的部分或临时有用的部分，没有机会去练习单调枯燥的基本功以及构建完整的知识体系。

对于工作之后的人来说，让我们感到窘迫的是手头没有那么多整块的时间了。大量的工作、生活和社交上的事情都在找我们要时间，但是时间就那么点儿。所以，我们对于学习其实有了一个隐性的要求，就是越来越高效。但事实是，多数人读书效率太低，直接导致了其大部分学习都是半途而废。比如华尔街日报就曾有一篇文章(根据 Kindle 电子书的统计)指出，大多数读者读《时间简史》只到了 6.6%，读《思考，快与慢》只到了 6.8%……可见，上学期间老师的提点和鞭策还是卓有成效的，至少我们还能坚持看完了教科书。其实，对于一本有价值的书籍，至少要连续阅读两遍。第一遍是抽出时间来用两周通读完毕，切忌拖得太久。很多人一方面是喜欢抠细节影响进度，另一方面是一忙起来就忘了读书，那就很麻烦了。有一个统计结果称，一旦两周都没有读完一本书，有很大的可能性就是你这辈子也读不完这本书了，这基本符合我的个人经验。读第二遍的时候就要写下读书笔记，自己概括作者的思想。善于写书的作者往往喜欢讲述引人入胜的小故事(包括历史典故、名人轶事和生活案例)，不仅能把问题具象化，还能起到画龙点睛的作用。很遗憾的是，我们往往太爱听这些"小段子"了，结果就是读了第一遍之后只记住了故事细节却忘记了作者的本意，真是现代版的"买椟还珠"。所以读书笔记的主要目的不是摘抄名言警句和具体事例，而是抛开段子理清脉络，就像从具体的山川景色变成抽象的地图线条一样。以一种通览全局的姿态俯瞰全书，从而发现它和你读过的其他书籍、你已有的知识架构之间的联系。当然，如果一个例子实在是很好(我们称之为"亮点")，我们以后很可能用到，那也不妨记录下来。使用一些网络工具，比如有道云笔记、简书笔记或印象笔记(Evernote)都可以轻松地进行段落摘抄或者图片粘贴，达到事半功倍的效果。

这是指每天工作之余抽出闲暇时间来阅读。如果有假期或培训这样的整块时间，还是一周就搞定吧。

随着生活节奏的加快，成年人平均每天的读书时间越来越短，上网的时间却越来越长。而网络阅读的相关产品都是要迎合互联网产业的需要，比如谷歌或百度，它们的利润主要来自广告。可以想象，一个长时间盯着一篇文章的"深度阅读"用户是很难带来广告收益的，"好"用户应该不停地搜索和点击(超链接)。于是，文字越来越少，链接越来越多，

据统计，2016 年，我国成年人平均每日阅读纸质书的时间为 20.20min，看手机的时间则长达 74.40min，是读书时间的 3.7 倍。

视频越来越短，阅读越来越快……在碎片化的信息中，人类的时间和精力也被切割得七零八落。那么如何才能高效地“网读”呢？显然，一条一条地跟着超链接走是非常被动的。我们应该主动地拿出一点时间来把当前关注的新闻、娱乐、技术类文章都筛选一下，找出少数有价值的看一看，而不是无谓地浪费精力。诺贝尔经济学奖得主丹尼尔·卡尼曼在《思考，快与慢》一书中介绍了两个著名的心理学概念——“窄框架”和“宽框架”。所谓窄框架，就是遇到一个东西做一次决策，一事一议；而宽框架则是把所有东西都摆在桌面上集中选择。比如，你走进商场的第一家店铺看到一款项链很不错，于是你立马掏钱买下。然而你走到下一家店铺发现性价比更高的项链时，你的钱已经不够了，这种就是窄框架的弊病。好东西很多，但我们的财力有限，不可能都要。最妥当的办法就是使用宽框架思维：货比多家，把所有同类商品都放到一起品评，然后从中选出最值得买的一款，阅读同样如此。

读书是一种不可替代的学习方式

除了亲身实践之外，读书应该是迅速积累见识的最好办法。换个说法，就是在不具备实践条件的情况下，读书是一种不可替代的学习方式。我们从小就很欣赏“寓教于乐”的方式，希望看个电影就能学习到科学知识。事实是，哪怕你是认真地观看一部科普纪录片也不过是一场娱乐而已。举个例子，如果你作为导演来拍一部关于海洋生物的纪录片，你会怎么做？你得着重介绍那些有意思的生物，从而让观众保持住兴趣。但有意思的永远只是少数，更多种类的知识是枯燥乏味的，你不得不舍弃。假设你在教室里画个海洋生物分类图，再找个专家来详细介绍每种生物的特点，足够严谨和体系化了吧？但观众早就睡着或离场了。同理，你可以通过《舌尖上的中国》里的一个个故事对中国饮食产生兴趣和自豪感，但不可能从中学习到中餐的烹饪技术和文化理论。

网络阅读也更像一种娱乐，而不是好的学习手段。在网络上，逐字逐句的读书已经被快速扫描式的“浅阅读”取代。有研究者用小型摄像机跟踪上网者的眼球运动，发现网络阅读模式是一个“F”形轨迹：快速读一下文章前两三行，然后把网页下拉，跳到文章中间再扫几眼，立即把目光转移到结尾(屏幕的左下角)。大多数网页被观看的时间不超过十秒。既然是扫读，深刻的内容就很难有竞争力。点击排行榜上的文章大多短小精悍、配有精彩的插图、套路也很雷同。何况，时不时蹦出来的多媒体、广告、聊天信息和新邮件通知会严重干扰注意力和记忆转换。点还是不点一个超链接？我们不停做决定的同时也在阻碍自己把短期记忆升级为知识。美国作家尼古拉斯·卡尔(Nicholas Carr)在《浅滩》(*The Shallows*)一书中讲述了这样一个事实：神经科学家发现，当人们习惯于在网络上寻找信息之后，大脑中负责深层阅读部分的脑沟变浅，而负责快速浅层阅读部分的脑沟变深了。

12.2.3　数据主义的困局

人类有两种基本能力：身体能力和认知能力。自进入文明时代起，人类就在一直琢磨着如何用工具来节省自身体力乃至获取更强大的力量，于是越来越多的机器被发明了出来(就像 8.1 节所介绍的那样)。但这些机器大多需要人来亲身操作，只是起到了对身体能力的放大作用，即使利用牲畜力、水力和风力的机器也不例外。两次工业革命期间，蒸汽和电力先后被大规模地应用于生产实践，人类社会开始了从手工劳动向动力机器生产的转变。这时候的机器不仅力量更加强大，而且可以执行预先设定好的流程(程序)自动化生产，无需人类的实时操控。科技发展到这一阶段，我们还可以说机器与人类的竞争仅限于身体能力，人类还有数不尽的认知任务可以做得更好。一旦某个基于纯体力的旧职业被机器所淘汰，就会有更多利用认知能力的新职业出现。世上没有无用之人，就看如何发掘其潜力。

18 世纪 60 年代人类开始了工业革命，进入“蒸汽时代”。100 多年后，人类社会生产力发展又有了一次重大飞跃，由此进入“电气时代”，人们把这次变革叫作“第二次工业革命”。

然而，事情远没有这么乐观。随着信息技术的发展，机器在认知能力上也很可能会赶上甚至超越人类。在以往的观念中，高度的智能与发达的意识似乎是合二为一的。也就是说必须是有意识的个体，才能执行需要高度智能化的任务，例如下棋、开车、诊疗或者辨认出犯罪分子。在科幻作品中，通常也认为计算机必须发展出意识，才能在认知领域对人类构成威胁，比如《终结者》《人工智能》《机械公敌》《机械姬》等影片。但在科学界却有另一种看法，并在实践中一再证实：智能是必要的，但意识可有可无！

举例来说，人类棋手可以体验到竞争的开心和兴奋，也能感悟到博弈之美，无意识的计算机显然没有这些感受，但这不妨碍“深蓝”战胜卡斯帕罗夫，也不能阻止 AlphaGo 打败李世石和柯洁；有血肉之躯的出租车司机可以体验到工作的辛酸和喜悦，也能感悟到劳动之美，无意识的计算机显然没有这些感受，但这不妨碍无人驾驶技术可以把人从任意出发点运送到目的地，而且更快，更安全，成本更低；白衣天使们可以体验到救死扶伤的崇高，也能感悟到生命之美，无意识的计算机显然没有这些感受，但这不妨碍“沃森”这样的专家系统可以掌握所有已知疾病和药物信息，并进行更加精准的诊断和治疗。

这就是第 10 章中介绍的大数据给我们带来的惊喜：就像我们人类可以从以往的经验(大量的数据)中学习各种技能一样，计算机算法也可以从大量的数据中挖掘出一些模式(比如相关关系)，进而做出决策。随着时间慢慢过去，数据的规模和种类不断增加，算法自己也会持续改进，决策的质量也会越来越高。沿着这个思路继续想下去：一旦计算机算法比我们本人更了解我们自己，决策能力也超过了我们之后，就很有可能进一步演化为我们的代理人，最后成为我们的主人。尤瓦尔·赫拉利(Yuval Noah Harari)在《未来简史：从智人到智神》一书中对这种数据主义的价值观表示了深深的忧虑。

从顾问到主人

许多人都喜欢用百度地图或高德地图这些导航系统,因为它们绝不只是简单的一些地理信息,而是收集了数以万计的用户提供的实时数据。所以,导航系统知道如何躲开繁忙路段,如何少等红绿灯,如何规划距离最短的路径。乍一看,导航就像顾问一样。你问问题,它给你答复,但最后怎么做还是你决定的。然而,一旦导航赢得你的信任,合理的下一个步骤就是让它成为你的代理。你逐渐懒得自己去思考,直接把决策权交给了导航,然后就按照它的提示驾驶汽车。

最后,导航系统可能僭越为主人。它手中握有大权,所知又超过了我们,就可以操纵每一个驾车人。比如今天一条道路大堵车,而另一条备选公路车流相对顺畅。如果导航系统让大家都知道备选公路顺畅,所有驾车人就会一窝蜂开过去,最后又堵在一起。所以,这款大家都信任的导航系统就开始为大局着想了:它可能只告诉一半人备选公路顺畅,而不透露给另一半人……

数据主义认为:宇宙由数据流组成,任何现象或实体的价值就在于对数据处理的贡献。在数据处理能力方面,我们的进步速度无法和计算机相比。人类需要很长的时间——几代人才可能改变一点,而计算机是追随着摩尔定律的步调——只要一两年就提升一倍。也许在不久的将来,人类的更多用处就体现在提供数据,这表现为两方面。一是进行价值的判断。毕竟机器要为人类服务,遵从人类的意愿。而人的喜好是很难用机械化方法琢磨的东西。比如很多公司都在通过数据分析预测哪些影视剧能大卖,成功的例子固然也有,但大部分都是失败的。二是分享自己的体验。你的任何感情流露,哪怕是一条微博、一次点赞,都提供了新的数据,都对整个世界的信息交换做出了贡献。现代的新座右铭是:"如果你体验到了什么,就记录下来;如果你记录下了什么,就上传;如果你上传了什么,就分享。"

按照数据主义的观点,人类的地位很有可能面临降级:一方面作为过时的"数据处理器"把主动权交给机器,另一方面则沦为数据的提供者坐享其成。这样的前景总会让人感觉有些悲惨和恐惧。还好,天无绝人之路,历史经验证明人类总能"从绝望的大山中砸下一块希望的石头"。这块"希望的石头"很可能就是人类的一种能力——创新。

美国社会活动家、民权运动领袖马丁·路德·金(Martin Luther King, Jr)在《我有一个梦想》(*I have a dream*)的演讲词中有这样一句话:"We will hew out of the mountain of despair a stone of hope."(我们从绝望的大山中砍下一块希望的石头。)

计算机的能耐就是从数据中发现模式,从已经发生的事情中寻找规律,然后把这些模式或规律用于处理新的事情上。可以说,计算机是彻底的经验主义者。作个假设,一个生活在明代中后期那样的社会环境下且家境一般的人问计算机(假设当时有计算机的话):"我这辈子别的都不想干,就想四处游玩,你觉得怎么样?"计算机会回答:"这个嘛,我从你出生那天起就开始收集关于你的全部数据了,而且我还拥有这一时期几乎所有人的各种数据。通过大数据分析后预测,以你的资质,如果参加科举考试,起步有62%的成功率,之后有33%的可能性升为高官;如果经商赚钱,起步有51%的成功率,之后有26%的可能性成为富豪；如果经营田地，起步有 74%的成功率，之后有 50%的可能性成为乡绅……但是，如果你四处游玩，有 64%的可能性遇到强盗，命悬一线；有 70%的可能性感染疾病，缺医少药，有 86%的可能性找不到资助，挨饿受冻；有 98%的可能性得不到承认，默默无闻……”换做普通人，估计就听从计算机的建议，认真考试、经商或务农，做有把握的事情，尽量符合这个时代的世俗规则和历史趋势；但是这个人却打破常规，就要按照自己的想法过活。于是，他独自一人游历天下二十余年，几经生死，留下了一部笔记。这部笔记记录了当时中国各个地方的地理、水文、地质、植物等情况，被誉为 17 世纪最伟大的地理学著作，先后被翻译成几十国语言，流传世界。这个不听经验之谈、不按常理出牌的人叫徐霞客(图 12.6)。

图 12.6 徐霞客像

也可以说，计算机的预测是相信大概率的事件，忽略小概率的事件，用 4 个字总结就是“大势所趋”。如果你不幸出生于一个贫困的单亲家庭，计算机对你没有太多期望。因为对数据进行统计分析发现：大部分人的成就都没有超越自己父母的阶层；父母任何一方的缺失都会导致孩子缺乏监管，有很大的可能性养成不良习惯；单亲家庭的孩子的自控能力和责任心要更弱一些。所以，作为一个普普通通的人，你的命运似乎早已注定——你会按照最大的可能性去做，完成所有基于数据分析的预测，就像一个执行程序的计算机。但是总有一种人拒绝按照这个剧本走，他们的人生没有被限制住。比如我国的孔子、孟子、岳飞、欧阳修，国外的耶稣、牛顿、安徒生、卓别林，以及美国历史上第一位非裔总统奥巴马……就像万维钢在其博文中写的那样：

万维钢，笔名同人于野。1999 年毕业于中国科技大学，曾为美国科罗拉多大学物理系研究员，是“学而时嘻之”博主。博文介绍为“用理工科思维理解世界”，喜欢科学和政治，作品以理性思维见长。

> 所谓英雄，就是超越了阶层出身，超越了周围环境，超越了性格局限，拒绝按照任何设定好的程序行事，不能被大数据预测，能给世界带来惊喜，最不像机器人的人。

英雄不问出处，英雄“知其不可而为之”，英雄的出现就是为了改变世界。苹果公司的创始人乔布斯第一次开公司要卖电路板的时候，合伙人沃兹尼亚克表示反对，因为他根据市场分析合理地判断根本没有多少人会买，公司不可能赚钱。但乔布斯说：“好，就算赔钱也要办公司。在我们一生中，这是难得的创立公司的机会。”正是这次冒险积累了经验，才会有苹果公司后来的成功。到了 2005 年前后，苹果公司打算要做手机产品时，大家都

乔布斯出身于贫困的单亲家庭，1955 年乔布斯的生母乔安娜未婚先孕，迫于舆论压力将他送给在激光仪器厂里当工人的保罗·乔布斯和妻子克拉拉。

认为最好的手机就应该像当时的诺基亚和黑莓一样——市场调研也证实了顾客们对诺基亚和黑莓比较满意。但乔布斯却不赞成一味迎合消费者的观点，他认为应该打破常规，引导人们去尝试新的东西——"谁说手机就得是那个样子，未来的手机就更应该像计算机。"于是，iPhone就出现了。

根据信息论的描述，信息就是意外。如果你想评价一段话里有多少信息，其实就是看这段话给你带来了多少意外。如果一切都是套话、废话和你已经知道的事情，这段话的信息量就是0。在历史的进程中，英雄们的事迹同样是意外，他们做了一些普通人没有想到的事情，或是根据自己的努力改变了事情原本的趋势，有所创新。可以说英雄们贡献了新的信息，世界因此而不同，历史的车轮才不断前进。当然，作为普通人的我们也不只是旁观者而已，毕竟英雄就孕育在我们千千万万个普通人之中，每个人都有可能成为英雄。在信息时代，努力成为有见识、有勇气、能创新的英雄，这大概就是人类胜过机器智能、打破数据主义困局的根本所在。

12.3 信息时代的创业

随着市场经济的发展和信息渠道的拓宽，这些年来全世界投身创业的人越来越多。尤其是"大众创业、万众创新"的号召一经提出，迅速在我国各个阶层、各个年龄段的人群中掀起了一股"实现价值，开创事业"的新浪潮。那到底什么是创业呢？杰夫里·提蒙斯(Jeffry A. Timmons)在其所著的创业教育领域的经典教科书《创业创造》中给出了如下定义：创业是一种思考、推理结合运气的行为方式，它为运气带来的机会所驱动，需要在方法上全盘考虑并拥有和谐的领导能力。

李克强总理在2014年9月的夏季达沃斯论坛上发出这一号召，并在2015年的政府工作报告中再次提及。

看到上述定义，就算没有搞清楚其确切含义，也会知道一点：创业好像不是那么容易的事情，年轻的创业者们容易高估自己成功的可能性。据统计，中国大学生首次创业的成功率只有2.4%，这个数字显然太低了，要知道买福利彩票中奖的概率都超过了6%。不过，就算是在创业配套机制更为成熟的美国，开公司失败的概率也大于成功的概率。统计显示，美国的创业公司5年之后的生存概率是48.8%，十年之后是29%。而且这个生存概率曲线几乎不随时间变化，也就是说，不论是经济繁荣还是经济衰退时期，不论是20世纪70年代还是90年代，成败的概率似乎都已注定了。从这个角度来说，创业就是一种创新，是英雄人物才玩儿得起的小概率事件。

那么，一个创业公司从起步到成功，最后幸运地创造辉煌，究竟是一个怎样的过程呢？大量案例表明，这需要几经生死、闯关无数，在每个阶段都是千军万马过独木桥。其中，横亘在创业大道上最为关键的大关卡有3个，分别是挖掘"第一桶金"、站在"风口浪尖"和创新"商业模式"(图12.7)。

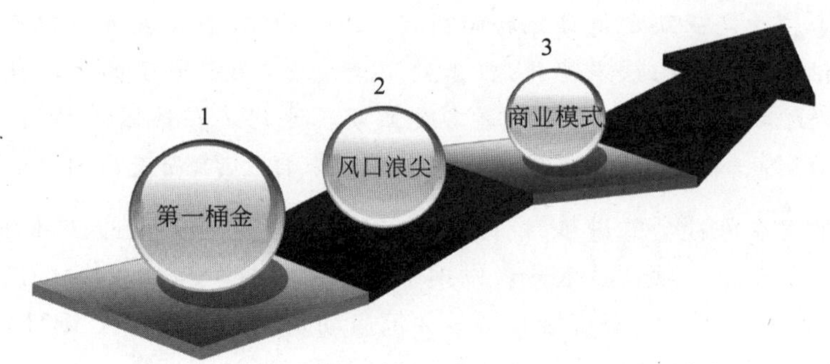

图 12.7 创业历程中重要的 3 个关卡

12.3.1 挖掘“第一桶金”

美国有一句谚语：人生最重要的是第一桶金。当你的生活、工作状态得到质的改变，拥有一个满足基本需求的生活环境或发展平台的时候，就叫挖掘到了“第一桶金”。它包括金钱、人脉、名望、知识、技能等，是一个很宽泛的概念。例如，亚伯拉罕·林肯(Abraham Lincoln)在 1834 年通过政治集会上的演说进入公众视野并当选为州议员，淘到了其踏上政坛的第一桶金。迈克尔·法拉第在 20 岁的时候成为著名化学家汉弗莱·戴维(Humphry Davy)的实验助手，淘到了其科学生涯中的第一桶金。

迈克尔·法拉第（Michael Faraday，1791—1867)，英国物理学家、化学家。他由于在电磁学方面做出了伟大贡献而被称为“电学之父”和“交流电之父”。

当然，在创业的过程中，第一桶金主要指的是个人或企业第一次挣到的比较多的钱，可以看作是资本原始积累的同义词。创业者如果没有通过自己的努力挖掘到第一桶金，其创业本身很可能会有一个失败的结局。当然，拿到第一桶金的时候你做的很可能不是最想做的事情，但是你没办法，为了得到这笔钱你必须先去做些别的事情，把钱搞到手以后，再去做想做的事情。比如说你开个小修车铺赚到了第一桶金，接着扩大规模办起汽修厂，然后又投资了汽车公司，最后搞出个宇宙飞船也说不定。在早期的商业环境里，许多大企业的创始人都是从收破烂、摆地摊做起的。有的是钻了法律和政策的空子，甚至还有一定的黑势力背景，当事业起来之后再慢慢洗白……所以说“不要羡慕别人的风光，风光的背后不是沧桑就是肮脏！”

早期华人劳工到达美国后多居住于此，称之为“金山”。但后来在澳大利亚的墨尔本发现了金矿，为了与被称作“新金山”的墨尔本相区别，而改称为“旧金山”。

第一桶金的由来

在美国，有一则家喻户晓的民间故事，主人公是一个叫亚默尔的农夫。19 世纪中叶，美国加利福尼亚州发现了大金矿，数以万计的民众前往淘金，旧金山(San Francisco)就是作为淘金热潮的中心而得名。当时，17 岁的亚默尔也在山谷之中做着自己的黄金梦，但他无意中注意到一个现象：矿场气候干燥，水源缺乏，淘金者很难喝到水，甚至有饥渴难熬的掘金者声称：“我愿用一块金子来换一杯清水。"于是亚默尔把目光转向新目标——卖水，只要把水运到矿场，便可赚大钱。他用挖金矿的铁锹挖井，掘出的不是黄金，而是地下的水。从此，亚默尔走上了发迹之路，后来成了美国著名企业家。这就是在美国兴起的淘金热中广为流传的"第一桶金"的故事。但这桶金并非来自金矿，而是来自清水。

随着商业的发展和社会的进步，挖掘第一桶金的方式也在逐渐改变，倾向于要求拥有技术背景。如果掌握了一项新技术或者发现了某种技术在生产、生活中的新应用，很可能就能够吸引投资人的注意，甚至直接获得一大笔启动基金。蓝色巨人 IBM 的第一桶金就是赫尔曼·霍尔瑞斯发明的打孔制表机，这让美国国家统计局受益匪浅——1890 年人口普查的数据处理预计需要耗时 13 年，但租用了 106 台打孔制表机之后，两年半就全部完成了。随后霍尔瑞斯的制表机在巴黎国际博览会展出，获得欧洲同行的啧啧称赞，英法意俄等国的人口普查全都使用了霍尔瑞斯的技术。

微软公司的第一桶金也很有代表性。比尔·盖茨与保罗·艾伦(Paul Allen)在上中学的时候就学会了 BASIC 语言，并为学校编写了一个时间表格系统。1975 年 1 月，艾伦看到了美国杂志《大众电子》上刊出的一篇文章及附图，介绍的是 MITS 公司开发的一款计算机 Altair 8800。于是，艾伦就跑来找正在哈佛大学读二年级的盖茨一起讨论。盖茨几天后给 MITS 总裁爱德华·罗伯茨打电话，说自己和艾伦已经为这款机器开发出了 BASIC 语言的编译器，这样用户就可以在 Altair 上使用 BASIC 语言编程了。实际上这个编译器完全是盖茨杜撰出来的，当时他们一行代码也没有写。但经过几周的夜以继日，他俩居然赶出了一个程序。MITS 公司对程序比较满意，就雇用了艾伦。几个月后，艾伦说服了盖茨退学，在一家旅馆房间里创办了微软公司(图 12.8)。这则故事也告诉了我们一个道理："机会总是留给有准备的人的。"如果盖茨和艾伦没有早先的编程基础和突击攻关的能力，就算 Altair 计算机摆在他们面前恐怕也毫无用处，更何况仅仅凭借着一篇关于 Altair 的简单介绍和图片就为其开发出相应的软件。所以，有一句切题的西方谚语就是"自助者，天助之"(God helps those who help themselves)。

爱德华·罗伯茨(Edward Roberts)于 1974 年推出最早基于英特尔微处理器的个人电脑 Altair 8800。虽然 Altair 的生命非常短暂，却从此点燃了 PC 创新之火，并激发了乔布斯、盖茨等无数爱好者的热情。因此，罗伯茨也被冠以"PC 之父"的称号。

图 12.8 微软初创时期的保罗·艾伦(左)和比尔·盖茨(右)

谷歌公司的第一桶金靠的就是 PageRank 算法，这是拉里·佩奇和谢尔盖·布林在斯坦福读博士的时候搞出来的。这个算法把搜索引擎的查准率从 20%～30%提升到 70%～80%，这算是搜索引擎领域迄今为止唯一的一次质变。由于算法的优秀和工程上的精雕细琢，他俩的搜索引擎居然比当时的 AltaVista 和 Inktomi 等商业搜索引擎还准确，于是大学同学和亲戚朋友都开始使用这个搜索引擎，每天的搜索量达到了 5000 多次。1998 年夏天，佩奇和布林通过斯坦福大学帮助学生创业的办公室联系到了校友、太阳微系统公司(Sun Microsystems)的创始人安迪·贝托谢姆(Andy Bechtolsheim)。贝托谢姆当时还在一线工作，非常繁忙，只有早上上班前有一点儿时间。于是，佩奇和布林俩人一大早就扛着自己攒的服务器来到贝托谢姆的办公室，向这位工业界大名鼎鼎的人物演示自己的搜索引擎。贝托谢姆对搜索的结果很满意，没有多做考虑就开出了一张 10 万美元的支票交给他们(图 12.9)。可以说，只有质的飞跃才能在信息时代造就新的领导者，从而取代该领域的原有霸主。谷歌公司在当时是符合这个条件的，其技术水平使得它赢在了起跑线上。

详细内容参见第 8 章的扩展阅读“谷歌公司的智能搜索”。

太阳微系统公司创建于 1982 年。主要产品是工作站及服务器。2009 年 4 月 20 日 Sun 被 Oracle 公司收购，交易价格达 74 亿美元。

图 12.9　谷歌公司创始人拉里·佩奇(左)和谢尔盖·布林(右)

总体来说，技术上的突破、产品上的成功才是如今挖掘第一桶金的王道。如果你打算创业，有了一个不错的想法，但在技术上没有什么门槛，那就很难吸引到好的投资。毕竟，你的想法很容易被同行得知，一旦大家照葫芦画瓢，蜂拥而至之后，这个产品的利润会被压得非常低。只有在技术上和同类型产品拉开足够的距离，才能在一定的时间内保持竞争优势，这样才会被投资人看好。

专利被授权以后，在一段时间内会得到相关法律的保护，这就是专利的保护期限。

12.3.2　站在“风口浪尖”

第一关的关口前可谓尸横遍野，能够得到第一桶金的创业者绝对是非常幸运的。但是要想让企业做强做大，还要去闯第二关——寻找正在酝酿中的“风口浪尖”，并在恰当的时候站到上面去。《孙子兵法·兵势篇》的最后一句就是：“故善战人之势，如转圆石于千仞之山者，势也。”意思是善于指挥军队作战所造成的态势，就如同将圆石从万丈高山滚下来那样，这就是所谓“势”。古人早就意识到了“势”的重要性，于是就有了“借势而为”“顺势而行”“乘势而上”，曹雪芹也在《红楼梦》中借薛宝钗之口道：“好风凭借力，送我上青云……”

中国互联网的资深人士雷军，从 22 岁加盟金山公司，一干就是 16 个年头。尽管他业绩赫赫，从部门经理慢慢成长为 CEO，但始终做得有些吃力。用他自己的话说“感觉就像一头负载过重、步履蹒跚的猪”。然而在移动互联网的大潮来临之际，他转而创办了北京小米科技有限责任公司，并在 3 年之中将其打造成位列阿里巴巴、腾讯、百度之后的中国第四大互联网公司，而且在中国的硬件公司中仅次于联想集团。雷军可以说是“十年苦战，一朝醒悟”，于是得出了他著名的“飞猪理论”，也称“风口论”——站在台风口，一头猪都能飞起来(图 12.10)。小米科技的辉煌业绩证明了雷军以独到的战略眼光找到产业中“有台风口的地方”，然后做“一头会借力的猪”，冲天而飞。

图 12.10 雷军与其颇受争议的“飞猪理论”

北京小米科技有限责任公司成立于 2010 年 4 月，是一家专注于智能硬件和电子产品研发的移动互联网公司。“为发烧而生”是小米的产品概念。小米公司首创了用互联网模式开发手机操作系统、发烧友参与开发改进的模式。

与雷军的“风口论”有异曲同工之妙的是吴军博士的“浪潮之巅”理论。他在《浪潮之巅》这套书中列举了大量的实例，比如著名的互联网设备制造商思科公司。思科早期成功的关键在于它的两个创始人在最合适的时机创办了一个世界上最需要的公司。假如思科早创立两年，可能在市场还没有起来时就烧完了它的投资而关门了；反过来也一样，如果它迟了两年就可能被别的公司占了先机。思科的幸运正好和以朗讯科技公司(Lucent Technologies)为代表的传统电信公司的不幸互补。如图 12.11 所示，2000 年前后互联网的兴起，使得世界上数据传输量急剧增加，而语音通话业务的发展相对停滞。互联网对传统电话业务的冲击就如同数码相机对胶卷制造业的冲击一样，极大地挤压了后者的发展空间。

关于思科的详细介绍可以参见第 6 章的 6.1 节和扩展阅读“思科的经营绝招”。

AT&T（美国电话电报公司）在 1996 年拆分为 3 个部分分别上市，其中从事设备制造业务的部分就是朗讯，是当时全球最大的通信设备制造公司。

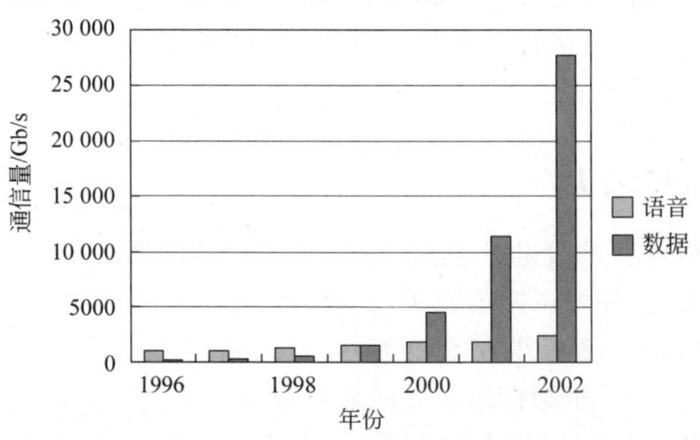

图 12.11 1996—2002 年全球语音与数据通信量对比

思科在互联网大潮将起的时候幸运地站了上去，并被推上了浪潮之巅。对于没有赶上浪潮的朗讯，其没落几乎是无法避免的。在工业史上，新技术代替旧技术是不以人的意志为转移的，人生最重要的就是发现和顺应这个潮流。正所谓"时来天地皆同力，运去英雄不自由。"投资大师沃伦·巴菲特(Warren Buffet)在谈到 20 世纪初他父亲失败的投资时讲到，那时有很多汽车公司，大家不知道投哪个好，但是有一点投资者应该看到，马车工业要完蛋了。巴菲特为他的父亲没有注意到这一点而感到遗憾。

> 总有一些公司很幸运地、有意识或者无意识地站在技术革命的浪尖之上。一旦处在了那个位置，即使不做任何事，也可以随着波浪顺顺当当地向前漂个十几年甚至更长的时间。在这十几年间，它们代表着科技的浪潮，直到下一波浪潮的来临。
>
> (摘自 吴军《浪潮之巅》)

在第 6 章讲过，互联网 2.0 时代最耀眼的明星无疑是 Facebook，而当一个公司处于一轮科技发展的浪潮之巅时，没有其他公司可以挑战它，哪怕是底蕴丰厚的谷歌也只能避其锋芒。但到了互联网 3.0(移动互联网)时代，就成了苹果和谷歌的天下了，移动终端的操作系统几乎就是他俩说了算。哪怕是 PC 时代的霸主微软和互联网 1.0 时代的老大雅虎打算联手合作，也显然不是苹果或谷歌的对手(图 12.12)。可以说，苹果和谷歌经过了一段时间的韬光养晦，又站到了"风口浪尖"。这让人不禁想起了南宋大儒朱熹的诗《泛舟》："昨夜江边春水生，艨艟巨舰一毛轻。向来枉费推移力，此日中流自在行。"

图 12.12　微软和雅虎曾经打算联手对付谷歌

赶不上浪潮，企业往往就会没落；而如果超前太多，很可能也会导致失败。第 11 章中提到的 Oracle 公司在 20 世纪 90 年代推出网络计算机就是典型的一例。而日本 NTT 公司下属的移动子公司 Docomo 在 1999 年就动手推广移动互联网也是一例。一方面当时智能手机的性能还无法完成普通 PC 的业务，另一方面数据服务当时非常昂贵且传输速度较慢……总之，配套条件大多不具备，Docomo 跑得太快了，跑到了互联网浪潮的前面去了，于是被拍在了沙滩上。所以时机要刚刚好，尺度要把握得当，不但要避免坐失良机，而且要防止过犹不及。就像网上说的那句话："领先一步是先进，领先两步是先锋，领先三步是先驱，领先四步是先烈！"

12.3.3 创新"商业模式"

当你找到了产业的"风口浪尖",就可以借"势"把企业做强做大。但接下来怎么办?且不说总有"风平浪静"的时候,真正有责任心的创业者还是想要把企业做长做久,最好办成像IBM那样的"百年老店",这就得去闯过第三关——创新"商业模式",形成自己独特的基因(风格)。商业模式最简单的理解就是公司通过什么途径或方式来赚钱,这恰恰是创业初期还没有完全考虑清楚的问题。而所有成功的大公司都有好的商业模式,尤其是诸多IT产业的巨头,在商业模式上都有各自的创新。

创业初期,可以通过技术的革新来吸引人才和投资。

各有妙招的IT巨头们

早在19世纪末,作为电信行业的老大,AT&T(美国电报电话公司)就懂得只收服务费而不收高得吓人的安装费,这是一个了不起的商业模式的革命。正是因为为用户免去了大部分安装费,才使得美国的电话在几十年里就普及到所有的家庭。而一百年后的中国电信不懂这个道理,一笔高额初装费的门槛拦住了大部分有心安装电话的人,直到2000年前这个问题才得到基本解决。

早期的计算机产业中,每一个部件都由计算机生产商自己开发。IBM如此,DEC和惠普也是如此。假设当时开发一个CPU芯片需要1000万美元,这3家分别开发就会总共花掉3000万美元。于是英特尔站出来说,我来专门开发芯片,然后按每家500万美元卖给你们。IBM、DEC和惠普觉得这样比自己开发要便宜得多,就欣然接受了。而英特尔的处理器仅仅卖给这3家就能收入1500万美元,除去成本还盈利500万美元(多卖几家利润会更高)。英特尔就这样发展起来了。

早期的计算机公司软硬件都开发,软件的价值要通过硬件实现,没有单独的软件公司。前面提到过,IBM就是把软件的价钱摊到每年收取的服务费中。这种服务费很像黑社会的保护费,不论是否需要服务都得交。Oracle公司改变了这个模式,它把软件卖给用户(一次性收取费用),然后用户有事找它,没有事就不用再交服务费了,这样用户的成本就降低了。于是,Oracle的数据库就抢了IBM的市场。苹果公司也许是出现得太早,沿用了IBM那种软件价值通过硬件体现的商业模式,最终在微机领域输给了卖软件的微软。

在20世纪80年代是个人计算机产业蓬勃发展的时代,相比当时的IBM或兼容机的龙头老大康柏,戴尔公司没有什么技术优势可言。但是创始人迈克尔·戴尔(Michael Dell)在商业模式上改进了传统制造业从设计到销售的过程,使得戴尔计算机的价格比其竞争对手低得多,市场占有率渐渐成长起来,到2000年成为美国最大的个人计算机制造商。

如图 12.13 所示，一个传统的制造业需要通过产品设计、原料采购、仓储运输、加工制造、订单处理、批发经营和零售 7 个环节才能收回投资，获得利润。也就意味着一个企业需要先投入资金，然后经过这么一大圈才能挣到钱。所有的公司总是在尽可能降低各个环节的成本，以获得比同行更高的利润率。20 世纪 60 年代，日本人将工厂里的生产流水线的概念扩展到仓储运输和整个加工制造中，极大降低了制造业的成本。在很多日本工厂里，没有库存零件，当第一批零件用完了，第二批刚好送到，而第三批正在路上，第四批在上家的流水线上。同样，产品一下流水线，开往港口的汽车就已经准备装货了。这种高效率使得“日本制造”打败了欧美产品，迅速占领了世界市场。为了进一步降低成本，世界各大公司开始在东南亚和中国建工厂，将加工制造这个环节的成本压到了最低。其实，最聪明的办法是直接减少其中一个或者几个环节，这样资金从投入到收回最快，利用率最高，戴尔就是这么干的。

OEM 生产，也称为定点生产，俗称代工（生产），指品牌生产者不直接生产产品，而是利用自己掌握的关键的核心技术负责设计和开发新产品，控制销售渠道，具体的加工任务通过合同订购的方式委托同类产品的其他厂家生产，之后将所订产品低价买断，并直接贴上自己的品牌商标。

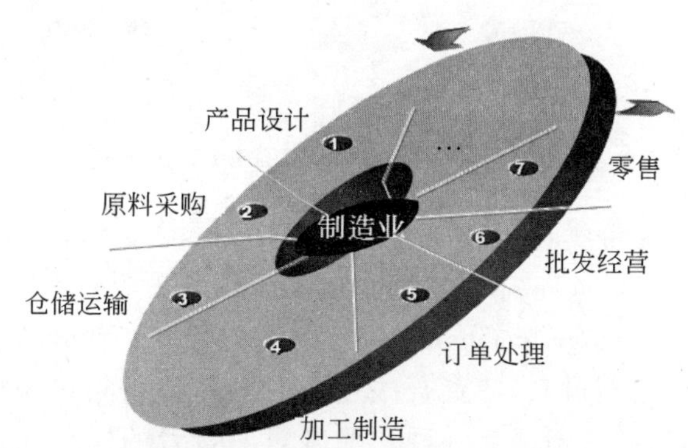

图 12.13　传统制造业的 7 个环节

戴尔不仅把产品设计外包给了专业公司，而且干脆不设自己的工厂，直接由中国和东南亚的 OEM（Original Equipment Manufacturer，原始设备制造商）工厂生产。至于原料采购，戴尔每年和英特尔、AMD、希捷（Seagate）等几家主要的 PC 芯片和配件生产厂商谈好协议，由这些公司直接将货发给那些 OEM 厂，便省去了原料采购和一半的仓储运输环节。最后，戴尔在销售渠道上做起了文章，就是坚持直销（基本不经过批发商，很少通过零售商分销）。它开发了一个在线的订购系统，这一头顾客在上面填自己要买的计算机配置和个人信息，生成订单后直接通知 OEM 工厂。工厂每天按照订单生产计算机，然后按照戴尔提供的地址发货。这种直销方式不仅省去了批发和零售的成本，降低了产品的价格，而且在价格上非常透明，避免了和个人消费者讨价还价的麻烦。戴尔唯一要做的事就是牢牢控制住订单处理和零售（主要是市场推广）这两个环节。

近几年为了和惠普争夺市场份额，戴尔才通过沃尔玛和好市多（Costco）等连锁店出售电脑。

戴尔公司将传统的制造业的7个环节简化到两个，这是一个了不起的商业革命。正是靠着这个革命性的商业模式，戴尔才能从众多PC品牌中脱颖而出，成为全球主流的计算机生产厂商。其实，戴尔之所以能创新出直销模式，主要还是借了电子商务的东风——它的在线订购系统就是一个电子商务平台。如图12.14所示，早先由于信息技术的限制，传统商务的各个制造环节和销售渠道都是靠人工来完成，很难简化。而电子商务平台却可以通过互联网和计算机技术直接砍掉大部分中间环节，降低了各项成本。所以，电子商务已经成为当今世界发展最快的商业领域。

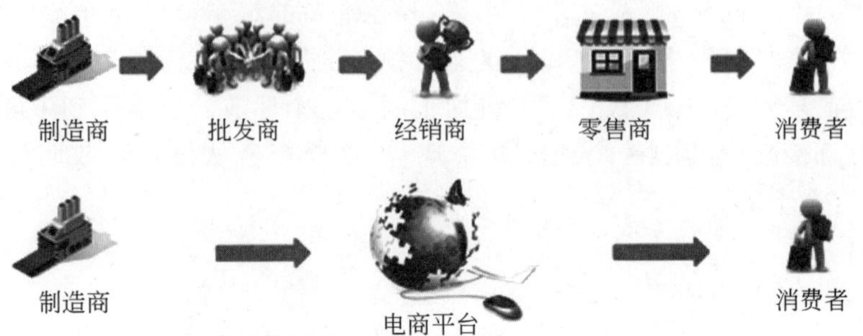

图12.14 传统商务(上)与电子商务(下)的销售渠道

电子商务主要分为3种类型：B2C(Business to Customer)，即企业对消费者，例如亚马逊、京东、当当和天猫；B2B(Business to Business)，即企业对企业，例如阿里巴巴和慧聪；还有一种是C2C(Customer to Customer)，即消费者对消费者，例如eBay和淘宝。前两者很容易从传统商务转型过来，毕竟合法企业的商业信用问题和货款交付问题早已解决，都没有什么太大的问题。但最后一种消费者对消费者的模式在进行电子商务的时候却遇到了难题。

一方面在网上交易的双方不可能互相见面，又都是缺少约束的个人或者小商家，单方甚至双方弄虚作假的情况很难避免。另一方面传统商务的主要支付方式是现金、支票和信用卡，这对网上交易的双方都不合适：①由于买卖双方无法见面，现金就无法使用；②无论是收到假支票，收了支票不付货，还是邮递支票时间过长导致失效，这些因素都决定了支票交易业很不方便；③信用卡本来是较好的在线支付方式，但是个人和很多小商家无法接收信用卡，顾客也不太放心将信用卡信息交给不认识的人。

eBay(中文译为电子湾、亿贝、易贝)是一个可让全球民众上网买卖物品的线上拍卖及购物网站，于1995年9月4日由Pierre Omidyar以Auctionweb的名称创立于加利福尼亚州圣荷西。

eBay作为一个C2C起家的电子商务平台，为了解决这两方面问题可谓费尽心力。它针对前一个问题(信用)的办法是让买卖双方互相给对方评估打分，久而久之，每个eBay的用户都有一个评级和交易的记录，包括正面评价的次数和百分比及最近交易的细节。这样在eBay上交易就多少让人放心一些，国内的淘宝等电商平台也是借鉴了eBay这一招。针对后一个问题(交易)，eBay就需要一种专门针对网上交易的支付方式，于是它高价收购了贝宝公司(PayPal),解决了这个问题(图 12.15)。国内的支付宝就是学习了贝宝,由第三方来监管买卖双方的支付行为,只不过“后来者居上”,“徒弟”在某些方面已经超过了“师傅”。

图 12.15　eBay 与 PayPal 合作解决网上交易问题

一开始,eBay 只是提供了一个让卖旧货和买旧货的人沟通的平台,算是把传统的“跳蚤市场”搬到了网上(买家和卖家直接交易,采用拍卖的方式商量价格)。与花钱在当地报纸上登广告相比,向 eBay 交一点点手续费,既便宜,又能接触到的更大范围的买家,优势非常明显。于是,有大量的卖家将自家的旧货堆到了 eBay 上出售。但随着规模的扩大,光靠卖旧货显然是后继无力的。于是,它开始帮助小商家通过 eBay 开设自己的商店,为它们提供了一个能接触到全球消费者的场所。而这些小商家将一部分销售所得作为交给 eBay 的提成(交易佣金),就像卖旧货一样;当然,作为商家在 eBay 上开商店,还要缴纳一点挂牌费(商铺会员费);此外,如果商家希望 eBay 帮助自己在首页等显要位置宣传产品,也可以给 eBay 交广告费用。经过这次商业模式的小转变,eBay 从网上跳蚤市场转变成了网上自由市场,平台上面的商品数量已经比世界上任何一家连锁百货商店都多了。

亚马逊的商业模式

亚马逊能从美国最大的在线书店发展成为全球第二大互联网企业,靠的不仅仅是网站托管的技术服务,还有它独特的商业模式。要知道,在亚马逊上开“商店”,所有的交易必须通过亚马逊来完成。当一个顾客要到亚马逊上的某家商店消费,比如卖智能手机的一个商家,他看好货后将钱付给亚马逊,同时通知商家发货。该商家除了知道顾客的地址外,对顾客的支付信息比如信用卡号等一无所知。当商家发货后,亚马逊将钱(扣除手续费后)付给它。如果在规定时间内没有收到商品,顾客可以让亚马逊退钱(当然,它也会把钱从商家那里要回)。此外,亚马逊还为每一笔交易买一笔保险,这样一旦出现了有意的欺诈行为和无意丢失商品,保险公司将支付亚马逊的损失。

详细介绍参见 11.2.2 节。

从亚马逊买东西,顾客大可以放心,因为它会为顾客保护信用卡信息并且负责每一笔交易的顺利完成。近几年来,随着消费者对互联网上的信息安全越来越关注，大家对 eBay 这种甩手掌柜的模式越来越缺乏信心，而对亚马逊这种集中式管理并且负责到底的模式越来越接受。因此，从 2006 年起，亚马逊上的在线商店数量增长很快，交易量以每年百分之几十的速度增长。当然，亚马逊为了防止其他网店与自己的核心业务竞争，它对于其他商家卖自己商店里没有的商品(比如某类特殊器材)收费非常低，而对于卖书以及其他亚马逊自己主推的商品则收费非常高，以此鼓励那些与亚马逊互补的商店。

在第 6 章中，介绍了雅虎公司及其追随者制定的互联网产业的规则：主要通过电子商务和广告赚取客户的钱来维护和运营互联网，而对个人用户则提供免费的信息服务。但有一家互联网公司比较特殊，其收入的大半直接来自个人用户，这就是中国的腾讯公司。腾讯公司很早就意识到：随着社交网络的不断发展，用户在虚拟社会中所花的时间越来越多，这就会导致人们对社交网站产生一定的依赖，此时虚拟商品的出现就成为了必然。于是，它针对个人用户开创出一种新的商业模式——卖虚拟商品。

深圳市腾讯计算机有限公司成立于 1998 年 11 月，是目前中国最大的互联网综合服务提供商之一，也是中国服务用户最多的互联网企业之一。旗下软件有腾讯 QQ、QQ 管家、微信等。

腾讯的虚拟商品种类很多，比如 QQ 贺卡、QQ 宠物、QQ 秀的服饰以及 QQ 农场、QQ 牧场和 QQ 餐厅这些游戏中的物品(图 12.16)。此外还有一些“增值服务”，比如 QQ 红钻、QQ 黄钻、QQ 会员等。这些虚拟商品看似无本的买卖，也没有什么技术门槛，但国内很多经营过虚拟商品的社交网站还是在烧掉了所有风险投资之后关门大吉了。可见，这种商业模式不是想象中那么简单的，必须解决好以下几个关键问题才能行得通：

图 12.16　QQ 秀的服饰(左)和 QQ 农场的耕作(右)

(1) 虚拟商品的使用价值。尽管在短期内可以通过“炒作”卖出去一些没有使用价值的虚拟商品，但这终究形成不了一个长期稳定的市场。所以设计满足用户某种需求的有价值的产品，门槛还是很高的，而且得投入不少研发资金。比如 QQ 秀的服饰，可以让用户在虚拟社会中展现自己的个性，它们就有一定的使用价值。

(2) 虚拟商品的生产制造。用户不仅是虚拟商品的消费者，还是它们的创造者。比如在 QQ 农场中，用户可以通过自己的劳动来制造产品(水果和蔬菜)，他们在这个虚拟社会里花了时间和精力，就有所获得，并且将通过交易赚取这个虚拟社会的财富。此外，这个虚拟社会的承载公司还会推出自己“无本”的商品，这会稀释这个虚拟社会中商品的价值，等于“掠夺”用户的“财富”，时间一长，用户会慢慢流失。如何在不断投入“无本”商品的同时又不让用户感觉到财富贬值，就很考验公司的运营艺术了。

(3) 虚拟商品的交易方式。用户在虚拟社会中通过劳动积累了“财富”，比如在 QQ 农场中采摘了大量的“农产品”，接下来就要购买“种子”和“肥料”等材料来扩大生产，或者去交易其他商品以及增值服务。这就需要一种记账方式来管理贸易，于是，腾讯公司开发了在其虚拟社会中通行的货币——Q 币。有了 Q 币之后，用户就可以很方便地在虚拟社会中进行生产、贸易、社交等活动了，就如同在现实世界中一样。

腾讯靠着经营虚拟商品获得了巨额利润，很难想象，最近几年它的总营收是百度的两倍之多，甚至超过了整个阿里巴巴集团。这种商业模式已经被国外最大的社交网站 Facebook 学习了过去，成为其 3 种最主要的收入来源之一。

综上所述，从创业起步到辉煌登顶的过程中，产品技术的门槛、产业风口的把握和商业模式的创新都很重要，这对一个团队来说有着多方面、多层次的要求，也就涉及了乔布斯所说的“科技＋人性”的综合考量。如果没有领先的技术和优秀的产品，公司就很难立足；如果没有对行业发展趋势的正确认知，公司就很难做大；同样，如果没有好的商业模式，公司一定长久不了。2000 年前后的互联网泡沫时期，诸多网络公司的“快生速死”就是很鲜明的教训：虽然它们有幸站在了产业的风口浪尖上，但是要么产品技术不过硬，要么就根本不知道自己怎么挣钱，因此兴起得快，衰亡得更快。

参考文献

[1] 吴军. 硅谷之谜[M]. 北京：人民邮电出版社，2016.

[2] 万维钢. 万万没想到：用理工科思维理解世界[M]. 北京：电子工业出版社，2014.

[3] 万维钢. 智识分子：做个复杂的现代人[M]. 北京：电子工业出版社，2016.

[4] 尤瓦尔·赫拉利. 未来简史：从智人到智神[M]. 林俊宏，译. 北京：中信出版社，2017.

附录 A

计算机的外部设备

A.1 海量存储器

CPU 高速缓存(Cache Memory)是位于 CPU 与内存之间的临时存储器,它的容量比内存小得多。

海量存储器,也称外存储器,是指除计算机内存(主存储器)及 CPU 高速缓存以外的存储器。相对于主存储器,海量存储系统的优点是更稳定(断电后仍然能保存数据)、容量大、价格低,并且在许多情况下可以根据需求从计算机上方便地取下这类存储设备。其不足之处是,它们一般都需要机械运动,而且存取需要花费更长的时间。常见的海量存储器有软盘、硬盘、光盘、U 盘等。

计算机的存储器是以称为"存储单元"的可管理单位组织起来的,一个典型的存储单元容量是 8 位(即 8b),通常称为一个字节(byte),记作 1B。2.4 节中提到的 ASCII 码中,一个英文字母就占用一个字节的空间。不同的数量级之间都是 1024(2^{10})倍的关系,因为接近数值 1000,所以采用前缀千(kilo)来表示这个单位。也就是说,术语千字节(kilobyte,简写为 KB)用于表示 1024 字节,因此 4096 个存储单元就是 4KB。随着存储器容量的增大,又增加了一些类似的度量单位,包括 MB(兆字节)、GB(吉字节)、TB(太字节)等。

1. 磁学系统

1KB=1024B; 1MB=1024KB=2^{20}B; 1GB=1024MB=2^{30}B; 1TB=1024GB=2^{40}B。

很多年以来,磁技术广泛应用于海量存储领域(图 A.1)。最早的形式是磁带(Magnetic Type),它把信息存储在一条细薄的塑料带的磁涂层上(塑料带环绕在磁带卷轴上)。磁带的一个主要缺点是存取时间较长,因为在一条磁带的不同位置之间移动非常耗时。另一种已经被淘汰的形式是软磁盘,它使用柔软的聚酯材料制成原型底片,在两个表面涂有磁性材料来存储信息。常用软盘直径为 3.5in,存储容量为 1.44MB,相对磁带来说容量较小,容易损坏,但可以随机读取数据。而最常见的形式是硬磁盘,是由涂有磁性材料的铝合金圆盘组成的,每个硬盘都由若干个磁性圆盘组成。硬盘的容量较大,不容易损坏，也可以随机读取数据，但是携带不够方便(一般内置于计算机的主机箱内)。

图 A.1 磁学系统示例，从左向右分别是磁带、软(磁)盘和硬(磁)盘

2. 光学系统

光学技术在海量存储器上应用也比较早(图 A.2)。CD(Compact Disk，光盘)就是其中的一种。光盘的直径为 12cm(大约 5in)，采用冲压设备把表示数据的凹凸点(平坦的表面表示 0，凹坑端部表示 1)压制到盘的表面来记录信息。传统 CD 的存储容量是 600～700MB，但 DVD(Digital Versatile Disk)可具有多达几个 GB 的存储容量，它由多个半透明的层面构成，精确聚焦的激光可以识别其不同的平面。而蓝光技术使用蓝色(而非红色)激光，能够极为精确地聚焦激光束，使得 BD(Blu-ray Disk，蓝光盘)的容量是 DVD 的 5 倍多。

术语联机(on-line)和脱机(off-line)通常分别用来描述那些既能接入计算机又能从计算机上移除的设备。联机意味着设备或信息已经与计算机连接，不需要人的干预就可以使用。脱机意味着必须先有人的干预，设备和信息才可被计算机使用——或许这个设备需要接通电源，或许包含该信息的介质需要插到某机械装置里。

图 A.2 光学系统示例，从左向右分别是 CD、DVD 和 BD

3. 闪存系统

基于磁学和光学技术的海量存储系统的一个普遍特征是，通过物理运动来存储和读取信息，例如旋转磁盘、移动读/写磁头和扫描激光束等。这就意味着，数据存储和读取的速度比电子电路的速度要慢。闪存技术就可以克服这个缺点。在一个闪存系统里，用电子信号将二进制位直接送到存储介质中，在该介质中，电子信号使得二氧化硅的微小晶格

截获电子，从而转换微电子电路的性质。因为这些微小晶格能够保持截获的电子很多年，所以闪存技术适合存储脱机数据。

闪存技术较早的应用就是USB闪存盘(USB flash disk，简称U盘，或谐音为优盘)，这类设备容量大，很容易连接到计算机以及与计算机断开(通过USB接口)，对于脱机状态的数据存储是很理想的选择(图A.3)。值得一提的是，U盘的发明者是哈尔滨朗科科技有限公司，这是几十年来中国在计算机存储领域里唯一的原创性发明专利成果。近年来出现的固态硬盘(Solid State Card，SSD)是对闪存技术的新应用。相对于传统硬磁盘来说，它质量很小，不需要电动机和盘片，没有磁头，更不要说旋转，这也就使得它数据保护不受电源控制，移动性强，能适应各种环境。

尽管存储在闪存系统里的数据能够像在主存储器应用中一样以小字节单元存取，但是反复的擦写会逐渐损坏二氧化硅的晶格，这就意味着现今的闪存技术不适合通用计算机的主存储器应用，后者的内容在1s可能改变许多次。然而，在某些应用(例如数码相机、移动电话、手提式PDA)中，改变可以被控制在一个合理的水平上。

图A.3　闪存系统示例，从左向右分别是U盘、SSD和SD卡

闪存技术的另一类热门应用是SD存储卡(Secure Digital Memory Card，简称SD卡)，容量可以达到吉字节(GB)级。它们被制成塑料封装的晶圆，有邮票大小(事实上还有更小的小型和微型SD卡)。SDHC存储卡(Secure Digital High Capacity Memory Card，简称高容量SD卡)的存储容量高达32GB，而作为新一代SD卡的SDXC存储卡(Secure Digital Extended Capacity Memory Card，简称容量扩大化SD卡)的存储容量可以超过1TB。因为这些卡重量轻，体积小(可以方便地插入各种电子设备的插槽)，对物理震动不敏感(与磁学系统和光学系统不同)，所以它们是数码相机、智能手机、音乐播放器、汽车导航系统以及其他许多电子设备的理想选择，尤其在便携式应用中的潜力非常巨大。

A.2　输入设备

输入设备是人或外部与计算机进行交互的一种装置，用于把原始数据和处理这些数据的程序输入到计算机中。计算机能够接收各种各样的数据，既可以是数值型的数据，也可以是各种非数值型的数据，如图形、图像、声音等都可以通过不同类型的输入设备输入到计算机中，进行存储、处理和输出。

如图 A.4 所示,计算机的输入设备按功能可分为下列几类:

- 字符输入设备:键盘。
- 光学阅读设备:光学标记阅读机、光学字符阅读机。
- 图形输入设备:鼠标器、操纵杆、光笔、条形码输入器。
- 图像输入设备:摄像机、扫描仪、传真机、触摸屏。
- 模拟输入设备:语音模数转换识别系统。

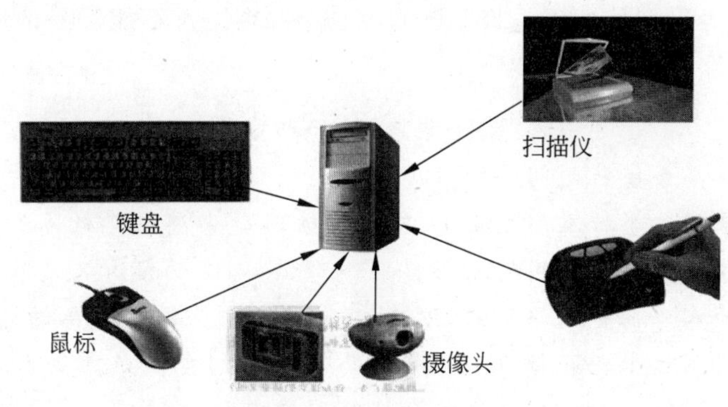

图 A.4 输入设备示例

其中,键盘和鼠标这两种简单直接的输入设备是个人计算机系统的标准配置。下面介绍一下和它们相关的趣闻。

1. 键盘的字母排列

如果仔细观察一下键盘,有心的读者也许会感到奇怪:为什么要把 26 个字母做这种无规则的排列呢? 这对于使用者来说既难记忆又难熟练掌握。这个原因还需要追溯到键盘的祖先——打字机,而最早的打字机大约发明于 19 世纪初,之后一直进行应用和改进。

到了 19 世纪 70 年代,肖尔斯公司成为当时最大的专门生产打字机的厂家。由于当时机械工艺不够完善,使得字键在击打之后的弹回速度较慢,一旦打字员击键速度太快,就容易发生两个字键卡在一起的现象,必须用手很小心地把它们分开,从而严重影响了打字速度。为此,公司时常收到客户的投诉,设计师和工程师费尽心思也无法解决这个问题。

后来,一位工程师发现产生这类问题的原因,一方面是字键弹回速度慢,另一方面也是打字员速度太快了。既然我们无法提高弹回速度,为什么不想办法降低打字速度呢? 这无疑是一条新思路。降低打字员的速度有许多方法,最简单的方法就是打乱 26 个字母的排列顺序,把较常用的字母摆在不够灵活的手指下,比如,字母 O、S、A 是使用频率很高的，放在不够灵活的右手无名指、左手无名指和左手小指来击打；使用频率较低的V、J、U等字母却由最灵活的食指负责。结果，这种QWERTY式组合的键盘诞生了，并且逐渐定型。

后来，由于材料工艺的发展，字键弹回速度远大于打字员击键速度，但键盘字母顺序却已经深入人心了。至今出现过许多种更合理的字母顺序设计方案，但都无法推广，可知社会的习惯势力是多么强大。也可以说，一旦人们做了某种选择，就好比走上了一条别无选择之路，惯性的力量会使这一选择不断自我强化，并让人不能轻易改变，这种现象在管理学上就被称为"路径依赖"。

"路径依赖"的经典案例

现代铁路两条铁轨之间的标准距离是1435mm(等于英制的4英尺8.5英寸)，为什么采用这个标准呢？原来，早期的铁路是由建电车的人所设计的，而4英尺8.5英寸正是电车所用的轮距标准。那么，电车的标准又是从哪里来的呢？最先造电车的人以前是造马车的，所以电车的标准是沿用马车的轮距标准。马车又为什么要用这个轮距标准呢？英国马路辙迹的宽度是4英尺8.5英寸，所以，如果马车用其他轮距，轮子很快会在英国的老路上撞坏。这些辙迹又是从何而来的呢？从古罗马人那里来的，因为整个欧洲(包括英国)的长途老路都是由罗马人为它的军队所铺设的，而4英尺8.5英寸正是罗马战车的轮距。任何其他轮距的战车在这些路上行驶的话，轮子的寿命都不会很长。可以再问，罗马人为什么以4英尺8.5英寸为战车的轮距宽度呢？原因很简单，这是牵引一辆战车的两匹马屁股的宽度。

故事到此还没有结束。美国航天飞机燃料箱的两旁有两个火箭推进器，因为这些推进器造好之后要用火车运送，路上又要通过一些隧道，而这些隧道的宽度只比火车轨道宽一点，因此火箭推进器的宽度是由铁轨的宽度所决定的。所以，最后的结论是：美国航天飞机火箭推进器的宽度竟然是由两匹两千年前的马的屁股宽度所决定的，这个"路径依赖"的效应实在是太令人震撼了。

2. 鼠标与"窗口"的对话

鼠标可以分为原始鼠标、纯机械鼠标、光电鼠标、光机鼠标和光学鼠标，其中真正算得上成功的只有光机鼠标和光学鼠标，它们也是当前鼠标技术的主流形态。

"鼠标"的标准称呼应该是"鼠标器"，英文名为Mouse。它的历史最早可以追溯到20世纪60年代末，是由美国斯坦福研究所的道格拉斯·恩格尔巴特(Dr. Douglas C. Engelbart)博士发明的，如图A.5所示，以今天的眼光来看，它是极其原始的，只能进行很简单的定位，自然谈不上有什么精度指标。而且在那个年代还没有PC，主流的计算机种为大型机、中型机和小型机，它们大多用在与国防有关的关键场合，运算能力是决定优劣的唯一指标，而人机操作界面问题基本没有人注重，因为这类计算机的操作者都是计算机科学家。所以在之后的二十余年中，道格拉斯博士的这项发明被束之高阁。

图 A.5 道格拉斯博士发明的鼠标

1973 年，鼠标首先被施乐(Xerox)公司应用到经过改进的 Alto 计算机系统中，但是这些系统都是实验用的，完全用于研究工作，并没有向大众推广。1981 年，施乐对其 Alto 鼠标进行了升级，并应用在它的 Star8010 计算机上，这是首个推向商用市场的鼠标。在施乐公司那里得到了启示之后，苹果公司也在 1983 年正式推出 LISA 计算机，这是苹果公司自己的第一台使用鼠标的计算机，进一步把鼠标推广给了广大用户，让用户认识到了鼠标的作用。1984 年，LISA 的升级产品——麦金塔(Macintosh)问世，这是苹果公司的一个里程碑，也是计算机发展史上的一个里程碑，它在为苹果公司带来丰厚收入的同时，也让鼠标走进了千家万户。到了 20 世纪 90 年代，由于 OS/2、Windows 系统的广泛使用，更进一步推广了鼠标和图形用户界面(Graphical User Interface，GUI，又称图形用户接口)的应用，使得鼠标逐渐流行起来，并最终成为计算机的标准配置。

鼠标在早期一直是一种可有可无的输入设备，如今却成为操作最频繁的设备之一。人们对鼠标开始提出更多的要求，包括舒适的操作手感、灵活的移动、不需经常清洁甚至是美学设计和制作工艺。是什么推动了鼠标技术的不断发展？有人说是 CS 之类的第一人称射击游戏，也有人说是计算机多媒体应用的影响。无论怎样，都是实际应用催生了技术的进步——鼠标的操纵性往往在应用中起到关键的作用。于是制造商们迎合这股风潮，开始大刀阔斧地进行技术改良，从机械到光学，从有线到无线，造型新颖、工艺精细的高端产品不断涌现。毫无疑问，一款优秀的鼠标产品会让操作计算机变得更富乐趣，这也是鼠标领域技术不断革新、高端产品层出不穷的一大诱因。

A.3 输出设备

输出设备是计算机硬件系统的终端设备，用于计算机数据的输出显示、打印、声音播放、控制外围设备操作等，可以把各种计算结果数据或信息以数字、字符、图像、声音等形式表现出来。如图 A.6 所示，常见的输出设备有显示器、打印机、绘图仪、扬声器、影像输出系统、语音输出系统、磁记录设备等。其中，最常用的是显示器和打印机。

图 A.6　输出设备示例，从左向右分别是显示器、打印机、投影仪和扬声器

1. 显示器

显示器通常也称为监视器，它通过特定的传输设备将电子文件显示到屏幕上。从广义上讲，街头随处可见的大屏幕、电视机、BSV 液晶拼接的荧光屏、手机和快译通等的显示屏都在显示器的范畴中，但显示器主要指与计算机主机相连的显示设备。从早期的黑白世界到彩色世界，显示器走过了漫长而艰辛的发展历程。随着显示技术的不断发展，显示器的分类也越来越细。

根据制造材料的不同，显示器可分为 CRT(Cathode Ray Tube，阴极射线管)、LCD(Liquid Crystal Display，液晶显示器)、PDP(Plasma Display Panel，等离子显示板)、LED(Light Emitting Diode，发光二极管)等类型。CRT 在过去一般用于台式计算机，近些年由于在体积、重量、功耗等方面的劣势，已经渐渐退出主流市场。LCD 利用液晶的光电效应的工作原理，解决了 CRT 无法克服的种种缺点，并且随着网络环境和移动办公需求的发展，更加满足便携、环保、节能等要求。PDP 是在两张超薄的玻璃板之间注入混合气体，并施加电压，利用荧光粉发光成像的设备，与 LCD 相比，PDP 具有亮度高、对比度高、可视角度大、颜色鲜艳和接口丰富等特点，但在屏幕尺寸、分辨率、耗电量和元器件寿命方面略有不足。LED 通过控制半导体发光二极管实现显示功能，在亮度、功耗、可视角度和刷新速率等方面都比 LCD 更具优势，利用该技术可以制造出比 LCD 更薄、更亮、更清晰的显示器，所以有广泛的应用前景。

显示器显示的内容以像素为单位，每个像素均可由程序控制其亮度和颜色。

显示器的一个重要的技术指标是分辨率，它是用屏幕上每行的像素数与每帧(每个屏幕画面)行数的乘积表示的。乘积越大,也就是像素点越小,数量越多,分辨率就越高,图像就越清晰、美观。显示器的一个重要部件是显示器适配器,又称显示器控制器,它是显示器与主机的接口部件,通常以硬件插卡的形式插在主板上。显示器的分辨率也与显示器适配器的逻辑电路有关。

2. 打印机

打印机是计算机的输出设备之一,用于将计算机处理结果打印在相关介质上。从使用角度看,打印机可分为两类:一类具有键盘输入功能,速度较慢,但与计算机有对话能力,通常作为专用输出设备,例如通信系统、金融系统所用的专用打印机;另一类则是常见的打印机,按照工作方式划分为针式打印机、喷墨打印机、激光打印机等。

针式打印机是通过打印头中的 24 根针击打复写纸,从而形成字体的。在使用中,用户可以根据需求来选择多联纸张,一般常用的有 2 联纸、3 联纸、4 联纸,也有使用 6 联纸的打印机。只有针式打印机能够快速完成多联纸的一次性打印,这是其他类型的打印机不能取代的,正是因为如此,针式打印机一直都有独特的市场份额,服务于一些特殊的行业用户。

喷墨打印机在打印图像时需要执行一系列的繁杂程序。当打印机喷头快速扫过打印纸时,它上面的多个喷嘴就会喷出大量的小墨滴,从而组成图像中的像素。喷墨打印机采用的技术主要有两种:连续式喷墨技术与随机式喷墨技术。早期的喷墨打印机以及当前大幅面的喷墨打印机都采用连续式喷墨技术,而当前市面流行的喷墨打印机都普遍采用随机喷墨技术。

激光打印机脱胎于 20 世纪 80 年代末的激光照排技术,流行于 20 世纪 90 年代中期。它是将激光扫描技术和电子照相技术相结合的打印输出设备。其基本工作原理是:将计算机传来的二进制数据信息通过视频控制器转换成视频信号,再由视频接口/控制系统把视频信号转换为激光驱动信号,然后由激光扫描系统产生载有字符信息的激光束,最后由电子照相系统利用激光束在硒鼓上成像并转印到纸上。较其他打印设备,激光打印机有打印速度快、质量高等优点,但使用成本较高。

附录 B

IT 产业的那些定律

本书在前面介绍各种信息技术时，会提到利用这些技术造福人类的知名企业以及它们相互关联所支撑起来的这个产业——IT 产业。IT 产业是不断变化和发展的，有着它们自身发展的规律，这些规律被 IT 领域的人总结成一些定律。前面在讲到计算机硬件和软件的时候顺带介绍了 IT 产业三大定律——摩尔定律(Moore's Law)、安迪-比尔定律(Andy-Bill's Law)和诺威格定律(Norvig's Law)。很多读者对“IT 产业三大定律支配企业兴衰”的现象都存有疑问，这很正常，因为必须把它们放在一起，甚至和其他一些定律(70-20-10 定律、基因决定定律)结合起来理解，才有可能真正搞清楚 IT 产业三大定律的意义。

参见吴军博士《浪潮之巅》一书的第 4 章“计算机工业的生态链”和第 15 章“信息产业的规律性”。

简而言之，摩尔定律揭示了信息产业发展的基本步调，驱策 IT 企业按着这个节奏不断研发功能更强、体积更小、价格更低的产品来服务大众。但人类的欲望是无限的，总希望 IT 产品更智能，更省事儿，这就使得微软等软件公司的操作系统和应用程序越做越大，消耗的硬件资源越来越多，“吃掉了”硬件提升带来的全部好处，迫使用户更新机器。安迪-比尔定律就这样把原本属于耐用消费品的计算机、手机等商品变成了消耗性商品，刺激着整个 IT 产业的发展。一个新的信息技术产业刚刚形成时，总是有多个竞争者，一旦有一家主导公司出现，它就可能成为该行业游戏规则的制定者，迅速占领全球市场(这个过程通常比我们想象的快得多)。不过，当一个公司占有全球一半市场之后，它就不得不寻找新的成长点。而此时这家成熟的跨国公司已不是当年那么朝气蓬勃了，它固有的基因使得它扩展不易，转型更难。如果它能够幸运地转型成功，将再获得新生，否则就会被技术革命的浪潮淘汰。

B.1　摩尔定律

摩尔定律，源于“英特尔三巨头”之一戈登·摩尔的预言——“半导体芯片上集成的晶体管和电阻数量将每年增加一倍。”后来把“每年增加一倍”改为“每两年增加一倍”，实际上大家普遍把这个周期缩短到“18个月”。意味着每18个月，IT产品的性能会翻一番。或者说相同性能的IT产品，每18个月价格会降一半。

英特尔公司的3位创始人，也是前3任CEO，分别是罗伯特·诺伊斯（Robert Noyce）、戈登·摩尔（Gordon Moore）和安迪·格鲁夫（Andy Grove）。

事实证明，在IT产业中，无论是晶体管数量、计算速度、网络速度、存储容量还是它们相应的价格，都遵循着摩尔定律。摩尔定律经成为描述一切呈指数级增长的事物的代名词，它给人类社会带来的影响非常深远：一方面导致软硬件价格大幅下降，功能却越发强大，而且设备体积越来越小；另一方面为信息产业的发展设定了基本步调，这也成为了整个信息时代的节奏。

谷歌公司前CEO埃里克·施密特(Eric Schmidt)在一次采访中指出，如果你反过来看摩尔定律，一个IT公司如果今天和18个月前卖掉同样多的相同产品，它的营业额就要降一半，IT界称之为“反摩尔定律”。从这个角度来理解摩尔定律，不禁让所有IT公司心中一寒——这意味着你付出同样的劳动，却只得到以前一半的收入。这也逼着所有的IT企业必须在较短时间内开发出下一代产品，赶上摩尔定律规定的更新速度。当然，这些信息产品的不断进化进一步影响了人们生产生活的方方面面。以前想都不敢想的应用不断涌现，“大众创业、万众创新”的时代已经到来。

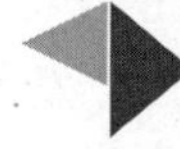

B.2　安迪-比尔定律

摩尔定理给消费者带来了一个希望：如果我今天买不起某款IT产品(太贵)，那么等18个月就可以用一半的价钱来买。要真是这样简单的话，IT产品的销售量就上不去了，消费者大都会多等几个月再说，而且购买了之后就再也没有动力去更新换代了。但是世界上的PC、智能手机和其他IT产品销量在持续增长，而且远远高于经济的增长。那么，是什么动力促使人们不断地更新自己的硬件呢？IT界人士把它总结成了一个定律——安迪-比尔定律，即“比尔要拿走安迪所给的”。

为了界面更加好看，完成更多的任务，操作起来更加智能，微软的操作系统和其他应用软件越做越大，占用的资源越来越多，以致现在的计算机虽然芯片比十年前快了一百倍，存储容量大了上千倍，但运行软件的数量还是那么多，速度感觉还是一样。更糟糕的是，用户发现如果不更新计算机硬件，现在很多新的软件就用不了，连上网也是个问题。

在 IT 领域,各个硬件厂商恰恰是靠软件开发商用光自己提供的硬件资源得以生存。安迪-比尔定律就这样把原本属于耐用消费品的计算机、手机等商品变成了消耗性商品,刺激着整个 IT 产业的发展。

整个 PC 产业的生态链就是这样盘活的:以微软为首的软件开发商"吃掉"硬件提升带来的全部好处,迫使用户更新计算机,让联想、戴尔、惠普等公司受益;而这些整机生产商再向英特尔引领的各大硬件厂商订货购买新的芯片和外设,于是,各家的利润先后得到了相应的提升;接着,英特尔等各个硬件厂商再将利润投入研发,提升硬件性能,为微软等软件开发商下一步更新软件、"吃掉"硬件性能做准备。现在智能手机生态链也形成了一个 WinTel 格局——And-ARM 联盟,谷歌公司的安卓(Android)逐渐起到了当年微软 Windows 的作用,而高通等基于 ARM 的手机芯片公司起到了当年英特尔的作用。安迪-比尔定律依然存在,只不过在这个生态链里面换了个代号而已。

B.3 70-20-10 定律

IT 产业的任何一个领域一开始都是群龙无首、群雄逐鹿的。经过激烈的拼杀之后,一般在全球容不下 3 个以上的主要竞争者。这个行业有一个霸主,也就是老大,它会遇到一两个主要的挑战者,也就是老二(或许还有一个老三)。老二有自己稳定的百分之二三十的市场份额,有时也会挑战老大并给老大一些颜色看看。所以老大总是密切注视着老二,并时不时地打压它,防止它做大。剩下来的是一大群小商家,数量虽然多,但是却只能占到 10%甚至更少的市场。这个定律被吴军博士总结为 70-20-10 定律。

Linux 虽然用户比苹果多一些,但 Linux 是非营利的,不参与商业竞争。

在我们熟知的 PC 软件领域,微软无疑是老大,苹果是老二。微软控制着主流的 PC 操作系统——Windows,于是几乎所有的软件和硬件开发商都必须跟在微软的后面开发产品。苹果有时能够挑战一下微软,把市场占有率提高一两个百分点,但总的来讲它在 PC 领域一直受打压。剩下来的公司不仅很难挑战微软的霸主地位,和苹果也差得很远。在 PC 处理器领域,英特尔是当之无愧的老大,坐第二把交椅的 AMD 偶尔能从英特尔手里抢一点市场份额。其他领域情况相似:在智能手机软件领域,谷歌是老大,苹果是老二;在网络硬件设备领域,思科、华为、瞻博(Juniper)分列前三;在信息技术服务领域,IBM 是老大,惠普和 Oracle 是老二和老三。

虽然每个领域的老大占的市场份额不同,但是通常都比其他所有公司的总和还多。而一旦出现了一个霸主,它就成为这个市场规则的制定者和解释者,这时市场就不可逆转地向着有利于这个主导者的方向发展。让我们通过微软和苹果的例子来了解一下制定规则的作用。当微软占领了 95% 的 PC 操作系统市场份额后,软件开发商专门开发苹果软件意味着什么?意味着设计和生产一种只能在 5% 的公路上跑的汽车。当整个行业都开始遵守微软制定的规则时，全社会就出现了各种各样靠微软吃饭的人：有编写、翻译、出版和销售 Windows 编程书的人，还有从事各种微软软件培训或者微软证书考试复习的“专家”。改变 PC 行业的规则意味着这些人员的失业，他们就会首先跳出来反对新的规则并力挺微软。如此一来，微软在微机领域的王位就难以撼动。思科、华为、谷歌、Oracle 的情况也类似。

为什么 IT 产业中“赢者通吃”？

“赢者通吃”似乎是 IT 产业里特有的现象，在传统工业中是很难看到的。比如在石油领域，尽管埃克森美孚(Exxon Mobil)每年有高达 4000 亿美元的营业额和同样高的市值，但它在世界石油市场连 10%的份额也占不到。在汽车工业中，无论是昔日的霸主通用汽车还是新科状元丰田汽车，从来也没有占有过世界市场的 20% 。在金融、日用品、零售业等诸多领域里也是如此。为什么在信息产业的公司比传统工业的容易形成主导优势呢？这里面有两个关键的原因：

(1) 不同的成本(研发成本、制造成本、销售成本)在这两类工业中所占的比例相差太大。传统工业要扩大 1000 倍的生意，通常意味着增加几百倍的制造和销售成本。例如一个汽车公司要扩大一倍营业额，意味着公司规模要扩大一倍，建大一倍的工厂，多雇一倍数量的员工。这就可能降低效率，利润率甚至也会下降，因此扩张到一定程度就会慢下来。比如世界上效益最好的汽车公司——丰田也不过 15%左右的利润率。IT 产品则不同，制造成本只占很小的一部分，而研发成本非常巨大，摊到每个产品上并不低。所以，一旦扩大一倍的市场，就能将这部分均摊的研发成本降一半。同时公司还不需要更多的雇员，效率依然保持不变，总的利润率就上去了。对微软和 Oracle 来讲，制造一份软件副本的成本和一百万份没有什么区别，这两家软件公司的毛利润率高达 80% 以上。即使是以硬件销售为主的思科公司和英特尔公司，毛利润率也高达 60% 和 50%。

(2) 信息产品的黏性(使用惯性)非常强。一个 PC 用户一旦使用 Windows，在上面安装了各种软件，即使竞争对手推出了更好的系统，他也很难转而采用新的系统。同理，一个大公司或者政府部门一旦选择了微软的操作系统就很难放弃。当一个操作系统开始在市场上领先竞争对手，在整个生态链中它的下家就越来越多，在其系统上可用的软件就越来越多，其他孤军奋战的竞争者很难翻盘。毕竟，换一种 IT 产品很可能要重新安装、学习、适应所有配套的软硬件，这对于大多数顾客来说非常麻烦，而且会导致用户体验很差。在传统工业的生态链中，由于不同产品和部件之间的可替代性很强，以至这种黏性非常弱。一个汽车公司这一次选择了米其林(Michelin)的轮胎，下次完全可以选择火石(Firestone)的。而对于客户也是一样，某运输公司这次买了一批福特的汽车，下次如果通用的好，它可以马上换成通用的。这种改变并不需要付出太多的安装、学习、适应方面的代价。

B.4 诺威格定律

既然在IT产业中存在“赢者通吃”的现象，那么当一个主导公司一直占领某个市场大半的份额，并且对第二名保持一定优势时，岂不是将这个市场变成了它的万世基业了？实际情况并非如此，随着产业的变革，一个主导公司是不可能靠着吃老本而成为百年老店的。在科技工业领域，内在的规律加速了它的新陈代谢——“当一个公司的市场占有率超过50%后，就无法再使市场占有率翻番了”，这就是诺威格定律。

一个公司刚刚兴起时，有朝气、有技术而市场占有率很小。它可以不断拓宽市场而根本不用担心成长的空间，比如其一款产品的市场占有率从2%增长为4%、8%直至32%……但当它占领了大部分市场后，形式就发生了根本性的变化——仅仅依靠成倍扩大市场占有率来追赶摩尔定律的速度已经是不可能的了。比如其主打产品已经占有51%的市场份额了，是无法再扩大到102%的。但是，如果营业额没有翻番，那就没有达到摩尔定律的要求，这就意味着你的步伐跟不上时代了，不被市场看好，很难吸引投资，必然面临衰败。所以说，一个市场占主导地位的公司必须不断开拓新的财源，寻找新的增长点，才能做到长盛不衰。目前为止，开拓新的财源的有效途径只有两条——“扩展”和“转型”。

扩展现有业务可以最大限度地利用公司原有的经验和优势，从而在新领域很快站住脚。例如，谷歌公司的商业优势在于它一直是全世界最大的广告商网络之一。从2006年开始它先收购视频网站YouTube，又收购可用于YouTube广告的双击公司，2007年还牵头成立了安卓(Android)手机联盟。看上去好像是在从互联网向手机业务上转移，但它的扩张实际依然围着互联网广告业务进行：众多广告商以前通过谷歌在互联网上做广告，以后也有可能通过谷歌在传统媒体(比如视频)和智能终端(比如手机)上做广告。微软从编译器(BASIC)到PC操作系统(Windows)，到PC应用程序(Office)，到家庭娱乐(Xbox)，再到平板电脑(Surface)，一直也是在软件相关领域里面闯荡。而迪士尼从少儿动画片扩展到3D动画和超级英雄类型片，依然还是在影视娱乐这个行业里面横向发展。

扩展的前提是相近领域有可扩展的空间，但是当一个行业已经进入老年期，无从扩展的时候，这个领域领头的公司要想继续发展和生存，就不得不转型。比如芬兰的诺基亚公司，它在1865年成立的时候主营木材加工和造纸，后来合并了塑料厂，再后来收购了制造电话线和电话的工厂，在二战前后开始生产电子元器件，直至1992年开始主营无线通信业务，才在 2G 时代成为全球手机生产厂商中的老大。而美国通用电气公司是 1890 年由托马斯·爱迪生创建的，主营发电、铺设电线到生产电灯泡这些业务，直到 1981 年杰克·韦尔奇执掌门户，将其业务调整为金融、传媒、医疗保健等，打造了集高科技、高附加值服务、金融和娱乐于一体的全球最大的经济联合体。不过，总体来说，转型做起来要比扩展难得多。工业史上转型失败的例子比比皆是，而成功的例子却凤毛麟角。

B.5 基因决定定律

每当我们回过头来评价一个公司兴衰时，并不难找到原因并给出改革方案。但决策者要在当时的复杂环境中看清方向不是那么容易的。即便他做出了正确的判断，也常常无法贯彻自己的意图。为什么一个公司转型就那么难呢？最好的答案就是 4 个字——“基因使然”。当一个大公司在某个领域特别成功的时候，该公司获得成功的内在因素会渐渐地、深深地植入该公司，可以说是这个公司的“基因”。当这个公司开拓新领域时，它会按照自己的基因克隆出一个新部门，继续利用以往成功的经验来处理新问题。

公司获得成功的内在因素指企业文化、做事方式、商业模式、市场定位等。

成功的跨国企业就好比人到中老年，让他们转换思维方式非常困难。到底有多难呢？想象一下小孩子教爷爷奶奶用智能手机的情景吧。另外，年轻的公司没有退路，只能向前，而成熟的公司总有它传统的业务可以依赖，一旦遇到问题就可能退缩。比如以大型机、系统和服务为核心的 IBM 公司就很难在 PC 市场成功。事实上，当 IBM 继苹果之后推出自己的 PC 时，当年就卖出 10 万台，销售额超过一亿美元并实现了盈利——这在商业史上是空前的成功。但公司一算总账，这一亿多美元还抵不上 IBM 接下几个花旗银行计算机系统项目的合同额。要知道，IBM 的商业模式就是将长期的服务捆绑到系统销售中，习惯于这种一劳永逸商业模式和市场的 IBM，很难像推销家电那样辛辛苦苦地推销 PC。与此同时，负责大型计算机业务和银行软件业务的部门，其销售额和盈利几乎在所有年头都占 IBM 的主要部分，这些部门在公司内部的发言权要大得多。于是，IBM 在 PC 市场上遇到挫折就退回来一点，发展顺利时再前进一点，反反复复，犹犹豫豫，以致其 PC 部门严重亏损，最终卖给了联想。可见，一个公司的产品和服务可能会随着市场不断变化，但是公司的基因却很难改变。

也许会你认为苹果从 PC 到 iPod，再到 iPhone 和 iPad，已经成功地改变了基因。但这只是表象而已，它内在的地方（商业模式）一点也没有变——创新才是苹果最关键的基因，至于在什么地方创新，并无限制。只要在 PC 上还有创新的余地，它就不会放弃这个市场，这从它近几年不显山不露水地推出 iMac 一体机、MacBook 超薄笔记本等时尚 PC 产品就可以看出来。作为一个富于创新的消费电子公司，苹果公司的软硬件必须作为整体一起出售，不能拆开卖，也就是说其软件的价值必须通过硬件的销售来实现。所以苹果虽然十几年前吃过自我封闭的亏，但推出的 iPod 仍然是相对封闭的产品，必须用苹果自己的一套 iTunes 软件才能从 PC 上将音乐和视频装到 iPod 中，iPhone、iPad 也是一样。那么，为什么它不也搞一个开放系统的手机联盟？原因很简单，这不是苹果的基因（通过硬件挣软件的钱）。同样，当年世界上最大的手机厂商诺基亚宣布要开放它的智能手机操作系统 Symbian，也没有做成，因为选择开放了操作系统就断了自己的财路。诺基亚归根结底还是要靠硬件本身挣钱，其他牌子的手机卖多了，自己的手机就卖少了，这不符合其利益。谷歌则不同，它只是希望人们使用它的搜索，因此采用安卓（Android）系统的手机制造商越多越好。由于诺基亚和谷歌的基因不同，商业模式不同，在手机领域的做法就会不同，最后的结果也就不同啦。

基因的决定作用如此之大，使得很多跨国公司都无法通过改变基因来逃脱诺威格定律揭示的“宿命”（除了前面提到的通用电气、诺基亚等少数几个公司以外）。这其实对整个工业界乃至整个世界是一件好事。就像自然界的任何事物都是从生到死、不断发展一样，一个公司、一个产业也应该如此。正所谓“江山代有才人出，各领风骚数百年”“旧的不去，新的不来”。只有那些体型庞大的恐龙被清除之后，人类文明的发展才有了足够的空间。从这个角度来看，一个昔日跨国公司的衰亡，或许是它为我们这个社会做的最后一次贡献！

取自清代文学家赵翼的《论诗五首》之二，全诗为“李杜诗篇万口传，至今已觉不新鲜。江山代有才人出，各领风骚数百年。”

附录 C

信息时代的科学基础

20 世纪 40 年代末，随着科技的发展，各个科学研究领域的分支日益细化，但与此同时，各学科相互渗透的现象越来越明显。在这一大趋势之下，信息论、控制论、系统论这 3 门交叉学科几乎同时产生，被人们合称为“三论”。

“三论”的出现对科学技术和思维的发展起到了巨大的推动作用，为现代多门新学科的出现奠定了坚实的基础。吴军博士也在《硅谷之谜》一书中将“三论”作为“破解硅谷之谜的钥匙”和“理解硅谷做事的方法论”，其论述非常精彩，现将核心内容列在下边，供大家参考。

详细内容参见吴军的《硅谷之谜》一书第 8 章“信息时代的科学基础”。

C.1 信息论

信息论是用于度量信息以及利用概率论阐述通信理论的交叉学科。在香农之前，没有人懂得如何量化地度量信息。香农借用热力学中的熵的概念来描述信息世界的不确定性，进一步指出，若要消除系统内的不确定性，就要引入信息。香农还给出了两个有关信息处理和通信的基本定律——香农第一定律和香农第二定律，这两个定律对于信息时代的作用堪比牛顿力学定律对机械时代的作用。

香农第一定律又称香农信源编码定律，其要点是：对于信源发出的所有信息设计一种(无损)编码，那么编码的平均长度一定大于该信源的信息熵。比如要对汉字构成的文献进行编码传输，不论采用什么方法，编码的平均长度一定会超过汉字的不确定性，即它们的信息熵，这是香农第一定律的第一层意思。此外，第二层意思就是，一定存在一种(最优的)编码方法，使得平均编码长度可以非常接近它的信息熵。为此，赫夫曼给出了一个非常简单的编码方法——只要把最短的编码分配给最常见的字符即可(也就是说，编码的长短和对应字符出现频率的大小成反比)。这种编码方法具有通用性，被认为是对香农第一定律的一个补充。

这种编码方法由美国科学家戴维·赫夫曼(David Albert Huffman)提出。作为信息论的先驱，戴维·赫夫曼在计算机、通信等领域都有巨大的贡献。

一些聪明人在做事时会自觉或不自觉地运用赫夫曼编码的思维方式。比如我们在生产实践中往往会最大限度地采用便宜的资源，尽可能节省贵的资源，这种现象在经济学上被称为吉尔德定律(Gilder's Law)。在信息时代，正如摩尔定律所揭示的那样，IT产品越来越便宜，人力成本则越来越高。因此很多大公司，比如谷歌、特斯拉、百度、阿里巴巴等，都尽可能将越来越多的事情交给机器去做，而不是雇用很多人。这种做法就有意无意地与信息论的原理相符合。

香农第二定律定量地描述了一个信道中的极限信息传输率和该信道能力(带宽)的关系。在香农之前，没有信道能力或者带宽的概念，比如在设置无线电台时，大家不知道为什么两个电台频率太接近了就要产生干扰，而是简单地以为是频率调制得不够精确。香农第二定律指出，当两个电台频率太接近时，其带宽就非常窄了，信道的容量非常低了。当它低过传输率时，就会出现信息的传输错误，其表现就是有干扰而听不清楚内容，此时将频率调得再准也没用。在香农提出他的第二定律之后，通信行业就有了理论基础。

也称最大信息原理，其主要思想是：在对未知事件发生的概率分布进行预测时应当满足全部已知条件，而对未知的情况不要做任何主观假设。

在信息论中还有一个最大熵原理，在很多领域，尤其是金融领域，已经充分证实了其有效性。首先，在没有信息的情况下，不能对未来做任何主观的假设。其次，在获得了一些信息的情况下，作出的判断首先要符合这些信息(当然对其他事物的判断依然不能做任何先验的假设)，这样才能做到风险最小，回报最大。比如好的风险投资人都不做事先的假定，因为不知道未来的发展方向一定是什么样的，他们希望从创业者那里了解这种信息。在得到一些信息后，他们作出适当的反应。而且为了降低投资风险，他们“不要把所有鸡蛋放进同一个篮子里”。同时，一旦察觉到某种技术趋势，他们会让自己的一部分投资顺应这种技术趋势。这显然不同于我们遵循了几百年的“大胆假设、小心求证”的方法论了，因为它要求不引入主观的假设。我们能做的就是尽可能多地获取数据，利用更丰富的数据对细节进行描述。

C.2 控制论

自从1948年维纳发表了著名的《控制论——关于在动物和机器中控制和通信的科学》一书以来，控制论的思想和方法已经渗透到几乎所有的自然科学和社会科学领域。维纳把控制论看作是一门研究机器、生命社会中控制和通信的一般规律的科学，是研究动态系统在变化的环境条件下如何保持平衡状态或稳定状态的科学。他特意创造了Cybernetics这个新词来命名这门科学。控制论的本质可以概括为3个要点：

(1) 控制论突破了牛顿的绝对时间观。按照绝对时间观，时间是绝对恒定的物理量，比如昨天的一小时和今天的一小时是一样的，昨天出去玩了一小时而没有做作业，今天多花一小时补上就可以。维纳采用了法国哲学家伯格森的时间观，即Duree这样一个概念，中文译作"绵延"。它的含义是,时间不是静态和片面的,事物发展的过程不能简单拆分成一个个独立的因果关系。比如昨天浪费了一小时,今天多花了一小时做作业,就少了一小时休息,就可能造成明天听课效果不好,因此浪费一小时和没有浪费一小时的人其实已经不是同一个人了。如果把这种观点应用到企业管理上,那么工厂主强制员工在某一天加班一小时,未必能够多生产出通常一小时生产的产品,因为多加班一小时的员工们已经不是原本的员工了。

(2) 任何系统(可以是人体、股市、商业环境、产业链等)在外界环境刺激(也称为输入)下必然做出反应(也称为输出),然后反过来影响系统本身。比如在资本市场购买一种股票,就会导致其股价被一定程度地抬高。正因如此,根据过去的经验或者任何已知的信号去操作当下股市,都不可能达到预期。因为当你觉得便宜时去购买,这个行为本身就抬高了股价,使你赚不到预想的收益。在维纳看来,任何系统——机械系统、生命系统乃至社会系统,撇开它们各自的形态,都存在这样的共性。

(3) 为了维持一个系统的稳定,或者为了对它进行优化,可以将它对刺激的反应反馈回系统中,这最终可以让系统产生一个自我调节的机制。比如上百层楼高的摩天大厦,在自然状态下会随风摇摆,顶层的位移会达到一两米。如果在大楼的顶上安装一个非常重的阻尼减振器,让它朝着与大楼摇摆相反的方向运动,大楼顶端移动(输入)得越多,它往相反方向移动(输出)也越多,而这种反方向的移动反馈给大楼,最终会让大楼稳定。在管理上,一个组织为了保住计划的实现,就要不断地对计划进行监控和调整,以防止偏差不断扩大。

C.3 系统论

一般认为,1948 年奥地利生物学家贝塔朗菲出版的《生命问题》一书标志着系统论的问世。虽然系统论源于对生物系统的研究,但它也适用于各种组织和整个社会。贝塔朗菲和其他系统论的奠基人(布里渊、薛定谔和普利高津等)主要的观点如下:

(1) 一个有生命的系统和非生命的系统是不同的。前者是一个开放的系统,需要和外界进行物质、能量或者信息的交换;后者为了其稳定性,需要和外界隔离,才能保持其独立性,比如一瓶纯净的氧气,盖子一旦打开,就和周围环境中的空气相混合,就不再是纯氧了。

(2) 根据热力学第二定律,一个封闭系统总是朝着熵增加的方向变化的,即从有序变成无序。比如一杯冷水和一杯热水相混合,变成一杯温水,这是无序状态。用香农的理论来描述,即一个封闭的系统的变化一定是不确定性不断增加。我们可以把一个公司或者一个组织看成是一个系统,如果它是一个封闭系统,一定是越变越糟糕;相反,对于一个开放的系统，因为可以和周围进行物质、能量和信息交换，有可能引入所谓的“负熵”，这样就会让这个系统变得更有序。最初薛定谔等人用负熵的概念来说明为什么生物能够进化（越变越有序），后来，管理学家们借用这个概念来说明一个公司或组织在外界环境的影响下可以变得更好。“他山之石，可以攻玉”就是这个道理。这从某个角度解释了为什么“近亲繁殖”会让一个组织的道路越走越窄，而引入外来文化才有可能不断进步。

（3）对于一个有生命的系统，其功能并不等于每个局部功能的总和，或者说将每个局部研究清楚了，不等于将整个系统研究清楚了。比如熟知人体每一个细胞的功能，并不等于研究清楚了整个人体的功能。这种理念和机械思维中的“整体总是能够分解成局部，局部可以再合成整体”的思路完全不同。

后　记

20 世纪末，在山东老家的小县城里，我身边的课外读物几乎都是文史类的。来到北京之后，我才有意识地读一些科普书籍，比如霍金的《时间简史》和曹天元的《上帝掷骰子吗：量子物理史话》。这两本书确实很厉害，一直占据国内科普畅销书排行榜的前两名，但也给了我一个错觉：好像只有物理这门学科在科普方面有着得天独厚的优势，可以吸引广泛的受众；而我所学的信息学科则比较乏味，不怎么适合面向普通公众。

我后来读到了吴军博士的《浪潮之巅》和《数学之美》，才发现计算机类的书籍也能写得如此通俗易懂、妙趣横生。作为一个 IT 领域的专家，吴军博士不仅在技术上有自己的独到之处，而且对整个行业有着敏锐的观察能力。此外，他还广泛猎取各学科的知识，尝试进行跨界写作。他随后出版的《文明之光》《大学之路》《硅谷之谜》和《智能时代》都在国内有着很不错的反响，也给我的专业课教学提供了丰富的素材。正是吴军博士这一系列书籍的出现，让我萌发了一个想法：开一门通识课程，向全校学生普及信息学科的知识和文化。

完成一门新的通识课程难度非常大。仅仅第一个学期，我手头的教案就积累了近 300 页，视频就搜集了上百段，图片筛选了几百幅。为了教学方便，我打算整理一本教学辅导材料供学生们阅读。当时还没敢想出版一本科普书，因为在我的潜意识里，面向社会大众做科普是一个很“崇高”的事情，一般人很难搞好。且不说我们这些没有资历的年轻人，就算是《百家讲坛》请的那些著名教授，也经常被批得厉害。他们把国学普及给大众，但同时也在学术界引起了很大的争议。毕竟，任何事物都是复杂的、多面的，你只挑出有趣的那一面或几面，用非常通俗的语言、不够严谨的类比来介绍，是不是对学问的不尊重？是不是背离了一个学者的立场？

直到有一天，我观看了《罗辑思维》，罗振宇的一段话给了我很大的启示。其大意如下：于丹老师讲的《论语》，有很多专业人员出来挑剔——这个不对，那个有偏差……说实话，她的好多见解，尤其是一些引申和感叹，我也不以为然。但那又怎样？于丹一个人对《论语》普及的贡献超过那些专家关起门来几十年的总和。很多普通人正是通过她走进了国学这个精彩的世界。一个知识分子应该干什么？难道应该整天证明自己正确？说话必须“义正词严”，表述让人“不明觉厉”，然后对别人怀着智力优越感吗？一个知识分子甭管是为了出名、挣钱还是履行社会责任，都应该站在知识宝库的门口高声地赞叹，吸引外面的人的注意力。学习这事从来都是自己的事，谁都替代不了你。只要我引发你的兴趣，你进去找你自己的宝贝，我就是功德无量了！

听完“罗胖”的话，回头再看看身边的科普节目和科普书籍，我恍然大悟：和学术专著和专业教材相比，你可以认为这些科普资源不客观、不严密、不系统……但你不能否认它们吸引了更多人的兴趣，带领人们跨过日常生活和学术知识之间的鸿沟，愿意去进一步了解和学习。这就是巨大的贡献！于是，我终于鼓足勇气，把手头的材料进一步扩充，加上了我这些年对相关知识的一些理解，完成了这本总体框架有点像教材的科普书。

当然，这本书是在教学和科研工作之余完成的，我的精力、能力都有限，因此书中出现错误在所难免，一些内容也只是个人观点。不过，正如吴军博士所说的那样："写书的目的是抛砖引玉，引起读者的思考，而不只是为了灌输内容。"

曹　健

2018年4月

于北京工商大学